JN247660

ま　え　が　き

　消費税は、消費に広く公平な負担を求めるという観点から、国内において行われるほとんどすべての商品の販売やサービスの提供等を課税の対象としており、取引段階で課税する間接税です。

　消費税は申告納税方式を採用しており、消費税が課税されるか否か、各種制度を選択するか否かなどについて、納税者の方が自ら法令の解釈やその取扱いを十分に理解した上で、判断していただく必要があります。

　加えて、近年の消費税法の改正内容について見ていきますと、平成26年には税率の引上げ、平成27年の改正では、国境を越えた役務の提供や芸能・スポーツ等の役務の提供に係る課税方式の見直しが行われ、いわゆる「リバースチャージ方式」が導入されました。

　さらに、平成28年には、「社会保障の安定財源の確保等を図る税制の抜本的な改革を行うための消費税法の一部を改正する等の法律等の一部を改正する法律」が公布・施行され、令和元年10月１日から消費税率が10％に引き上げられ、併せて、消費税率引上げに伴う低所得者対策として、軽減税率制度が実施されました。

　また、令和５年10月１日からは、インボイス制度が実施されるなど、近年は、事業者等の皆様にとって大きな改正が行われていることから、改正事項に理解を深めていただく必要があります。

　そこで、本書は実務に携わっておられる方はもちろん、事業者等の方にも活用いただけるよう、消費税の法令の解釈やその取扱いに加え、近年の改正内容にも一問一答方式で分かりやすく解説しています。

　本書が、消費税を理解する上での一助となり、皆様方のお役に立てれば幸いです。

　なお、本書は、大阪国税局課税第二部消費税課に勤務する者が、休日を利用して執筆したものであり、本文中の意見にわたる部分につきましては、執筆者の個人的見解であることをお断りしておきます。

　　令和元年12月

編　　者

＜目　次＞

第1章　軽減税率制度の概要等

【問1－1】「軽減税率制度」の概要……………………………………………　1

【問1－2】「飲食料品」の意義…………………………………………………　2

【問1－3】コーヒーの生豆の販売 ……………………………………………　4

【問1－4】苗木、種子の販売 …………………………………………………　4

【問1－5】水の販売 ……………………………………………………………　4

【問1－6】ウォーターサーバーのレンタル及びウォーターサーバー
　　　　　用の水の販売 ………………………………………………………　5

【問1－7】酒の販売 ……………………………………………………………　6

【問1－8】食品の原材料となる酒類の販売 …………………………………　6

【問1－9】栄養ドリンクの販売 ………………………………………………　6

【問1－10】健康食品、美容食品等の販売 ……………………………………　7

【問1－11】金箔の販売 …………………………………………………………　7

【問1－12】化粧品メーカーへの「添加物」の販売 …………………………　8

【問1－13】炭酸ガスの販売 ……………………………………………………　8

【問1－14】「一体資産」の意義…………………………………………………　9

【問1－15】飲食料品を譲渡する際の包装材料等の取扱い …………………　10

【問1－16】キャラクターを印刷したお菓子の缶箱等 ………………………　10

【問1－17】飲用後に回収される空びん ………………………………………　12

【問1－18】桐の箱の容器 ………………………………………………………　13

(1)

【問 1-19】 食品と食品以外の資産が選択可能である場合の一体資産
該当性 ……………………………………………………… 14

【問 1-20】 食品と非売品のおもちゃの一括譲渡 ……………………… 15

【問 1-21】 販促品付きペットボトル飲料 ………………………………… 16

【問 1-22】 一体資産に含まれる食品に係る部分の割合の売価による
判定 ……………………………………………………… 17

【問 1-23】 自動販売機 …………………………………………………… 18

【問 1-24】 食品の加工 …………………………………………………… 19

【問 1-25】 自動販売機の手数料 ………………………………………… 19

【問 1-26】 輸入される飲食料品 ………………………………………… 20

【問 1-27】 軽減税率が適用される「新聞の譲渡」…………………………… 20

【問 1-28】 1週に2回以上発行する新聞 ……………………………… 21

【問 1-29】 発行の回数の異なる新聞 …………………………………… 21

【問 1-30】 ホテルに対して販売する新聞 ……………………………… 22

【問 1-31】 電子版の新聞 ………………………………………………… 23

【問 1-32】 紙の新聞と電子新聞のセット販売 ………………………… 23

【問 1-33】 飲食店業等を営む者が行う食事の提供（いわゆる「外
食」）の意義……………………………………………… 24

【問 1-34】 飲食に用いられる設備（飲食設備）の意義 ………………… 24

【問 1-35】 持ち帰り販売の取扱い ……………………………………… 25

【問 1-36】 「ケータリング」や「出張料理」…………………………… 25

【問 1-37】 配達先での飲食料品の取り分け …………………………… 27

【問 1-38】 社員食堂での飲食料品の提供 ……………………………… 28

【問 1-39】 屋台での飲食料品の提供 …………………………………… 29

【問 1-40】 コンビニエンスストアのイートインスペースでの飲食 …… 30

【問 1-41】 スーパーマーケットの休憩スペース等での飲食 ………… 31

【問 1-42】 飲食可能な場所を明示した場合の意思確認の方法 ………… 32

【問 1-43】 イートインスペースで飲食される物の限定 ……………… 34

(2)

目　　次

【問1－44】コーヒーチケットの取扱い …………………………………… 35

【問1－45】セット商品のうち一部を店内飲食する場合 ………………… 36

【問1－46】合意等の範囲 …………………………………………………… 36

【問1－47】遊園地の売店 …………………………………………………… 37

【問1－48】映画館の売店での飲食料品の販売 …………………………… 39

【問1－49】適用税率の判定時期 …………………………………………… 39

【問1－50】免税事業者からの課税仕入れの取扱い ……………………… 40

【問1－51】令和元年10月以降の税額計算方法 …………………………… 41

【問1－52】売上税額の計算の特例の概要 ………………………………… 45

【問1－53】仕入税額の計算の特例の概要 ………………………………… 48

【問1－54】税額計算の特例の適用関係 …………………………………… 51

【問1－55】税額計算の特例を用いた税額計算の方法 …………………… 52

【問1－56】簡易課税制度を適用していない場合の売上税額の計算

　　　　　　の特例 ………………………………………………………… 55

【問1－57】簡易課税制度を適用している場合の売上税額の計算の

　　　　　　特例 …………………………………………………………… 56

【問1－58】「軽減売上割合の特例」と「小売等軽減売上割合の特例」

　　　　　　の適用関係 …………………………………………………… 57

第2章　通　則

【問2－1】共同事業の場合の納税義務 …………………………………… 58

【問2－2】非居住者、外国法人の納税義務 ……………………………… 59

【問2－3】非居住者、外国法人の納税地 ………………………………… 59

【問2－4】人格のない社団等の納税義務 ………………………………… 61

【問2－5】破産財団に属する課税資産の処分に係る納税義務者 ……… 62

【問2－6】委託販売等の場合の納税義務者 ……………………………… 62

【問2－7】信託財産に係る資産の譲渡等の帰属 ………………………… 63

【問2－8】 組織変更の場合の課税期間 ……………………………… 64

【問2－9】 課税期間の短縮についての届出の効力発生時期 ………… 65

【問2－10】 新規設立法人の場合の課税期間の短縮 ………………… 66

【問2－11】 課税期間の特例適用法人が解散した場合の課税期間 ……… 67

【問2－12】 短縮した課税期間を原則に戻す場合の手続 …………… 68

第3章　課税範囲

【問3－1】 「資産の譲渡等」及び「資産」の意義 ………………… 70

【問3－2】 消費税法上における「事業」の定義 …………………… 72

【問3－3】 講師謝金の取扱い …………………………………… 73

【問3－4】 副業としての不動産収入 ……………………………… 74

【問3－5】 アルバイト料 ………………………………………… 75

【問3－6】 個人事業者の生活用資産の売却 ……………………… 75

【問3－7】 個人事業者の株式の売買 ……………………………… 76

【問3－8】 地方公共団体からの委託料収入 ……………………… 77

【問3－9】 公益法人等の課税範囲 ………………………………… 77

【問3－10】 個人経営の建築業者が自己の家屋を建築した場合 ……… 78

【問3－11】 事業用固定資産の売却 ………………………………… 79

【問3－12】 家事用資産の売却 …………………………………… 80

【問3－13】 保証債務を履行するための資産の譲渡 ………………… 81

【問3－14】 ゴルフ会員権の課税関係 ……………………………… 82

【問3－15】 個人事業者が所有するゴルフ会員権の譲渡 …………… 83

【問3－16】 ゴルフ場による預託金方式のゴルフ会員権の買取り ……… 84

【問3－17】 ゴルフ会員権の買取消却に係る課税関係 ……………… 85

【問3－18】 会社員が自宅に設置した太陽光発電設備による余剰電力
　　　　　 の売却 ………………………………………………… 86

【問3－19】 先物取引の課税 ……………………………………… 87

目　　次

【問3－20】損害賠償金等の取扱い …………………………………… 87

【問3－21】駐車違反車両の移動料金の取扱い ……………………… 88

【問3－22】立退料 ……………………………………………………… 88

【問3－23】自ら管理する施設を移設する場合の移設補償金 ………… 89

【問3－24】租税特別措置法上の「対価補償金」とされる「移転補償金」… 90

【問3－25】土地収用法に基づく対価補償金 ………………………… 91

【問3－26】移転困難として収用を請求し収用された建物に係る補償

　　　　　　金 …………………………………………………………… 92

【問3－27】経営指導料、フランチャイズ手数料等 …………………… 93

【問3－28】日本以外の二以上の国で登録されている特許権の譲渡 …… 93

【問3－29】特許権等のクロスライセンス取引 ……………………… 94

【問3－30】京都メカニズムを活用した排出クレジットの取引 ………… 95

【問3－31】自動販売機設置手数料 …………………………………… 97

【問3－32】会報、機関紙（誌）の発行 ……………………………… 97

【問3－33】補助金、奨励金、助成金 ………………………………… 99

【問3－34】譲渡担保等 ………………………………………………… 100

【問3－35】広告宣伝用資産の贈与 …………………………………… 101

【問3－36】法人が役員に退職金としてゴルフ会員権を支給した場合 … 102

【問3－37】共同企業体（ＪＶ）の出資金、配賦金 ………………… 103

【問3－38】共同企業体における内部取引 …………………………… 104

【問3－39】ホテルの客のタクシー代の立替払 ……………………… 105

【問3－40】別途収受する配送料の課税 ……………………………… 105

【問3－41】実費弁償金の課税 ………………………………………… 106

【問3－42】下請業者に対する立替金 ………………………………… 107

【問3－43】荷主に代わって購入する運送用パレット ……………… 107

【問3－44】テナントから領収するビルの共益費 …………………… 108

【問3－45】百貨店等が顧客サービスとして発行するお買物券等の課

　　　　　　税関係 ……………………………………………………… 109

(5)

【問3-46】消費者が集めたスタンプを商品券と引き換えた場合の取
扱い ……………………………………………………… 110

【問3-47】建設中に不可抗力により生じた損害の負担 ……………… 111

【問3-48】火災による資産の焼失と損害保険金収入 ………………… 112

【問3-49】輸送事故に伴う損害賠償金 …………………………………… 113

【問3-50】クレーム処理の賠償金 ………………………………………… 113

【問3-51】遅延損害金 ……………………………………………………… 114

【問3-52】割増賃貸料 ……………………………………………………… 115

【問3-53】違約者から受け取る使用料相当額 ………………………… 116

【問3-54】違約金として徴収する保管料 ……………………………… 117

【問3-55】ガスボンベの長期停滞料、貸付保証金 …………………… 118

【問3-56】情報提供契約の解除に伴う違約金 ………………………… 119

【問3-57】税務上のリース取引 …………………………………………… 120

【問3-58】所有権移転外ファイナンス・リース取引の解約損害金 …… 122

【問3-59】所有権移転外ファイナンス・リース取引に係る残存リー
ス料の取扱い ………………………………………………… 123

【問3-60】賃借人が賃貸借契約を解除した場合に支払う解約金 ……… 126

【問3-61】キャンセル料として領収する予約金 ……………………… 127

【問3-62】早期完済割引料 ………………………………………………… 128

【問3-63】セミナー等の会費 ……………………………………………… 129

【問3-64】会費名目の情報の提供料 ……………………………………… 129

【問3-65】同業者団体等の通常会費 ……………………………………… 130

【問3-66】カタログ作成のための負担金 ……………………………… 131

【問3-67】共同販売促進費の取扱い ……………………………………… 131

【問3-68】同業者組合が宣伝事業に充てるために徴収する負担金 …… 132

【問3-69】記念行事の費用を賄うために徴収する特別負担金 ……… 133

【問3-70】電気、ガス等の工事負担金 ………………………………… 133

【問3-71】輸入品について海外の購入先から受ける割戻し ………… 134

目　　次

【問3－72】建物賃貸借に係る保証金から差し引く原状回復費用 ……… 135

【問3－73】貸ビル建設期間中に借主が支払う地代相当額 ……………… 136

【問3－74】無事故達成報奨金、工事竣工報奨金 ……………………… 137

【問3－75】親会社の支払う事務委託費 ………………………………… 138

【問3－76】ロイヤリティ、デザイン料 ………………………………… 138

【問3－77】共同施設の負担金 …………………………………………… 139

【問3－78】未経過固定資産税等の取扱い ……………………………… 140

【問3－79】不動産の引渡しに伴う移転登記が遅れた場合の固定資産
　　　　　　税 ……………………………………………………………… 141

【問3－80】材料等の有償支給の場合 …………………………………… 142

【問3－81】従業員に対する食事の提供 ………………………………… 143

【問3－82】研修寮の実費弁償的な寮費 ………………………………… 145

【問3－83】給与負担金等の取扱い――その1 ………………………… 146

【問3－84】給与負担金等の取扱い――その2 ………………………… 147

【問3－85】従業員を派遣して対価を得る場合 ………………………… 148

【問3－86】船員融通に対する取扱い …………………………………… 149

【問3－87】分割に伴って行われる資産の移転 ………………………… 150

【問3－88】担保物件に対し担保権が行使された場合の取扱い ………… 151

【問3－89】自己株式の取扱い …………………………………………… 151

第4章　内外判定

【問4－1】国外に所在する資産の譲渡 ………………………………… 153

【問4－2】三国間貿易に係る船荷証券の譲渡 ………………………… 154

【問4－3】輸入貨物に係る船荷証券の譲渡 …………………………… 155

【問4－4】株券の発行がない株式の譲渡に係る内外判定 …………… 156

【問4－5】外国から資産を賃借する場合の内外判定 ………………… 157

【問4－6】所有権移転外ファイナンス・リース取引の内外判定 ……… 158

(7)

【問4－7】 海外からのソフトウェアの借入れ ……………………………… 159

【問4－8】 特許権の使用許諾に係る課税関係 ……………………………… 160

【問4－9】 国外に支払う技術使用料、技術指導料 ……………………… 161

【問4－10】 海外で制作したCMフィルムの制作料 ……………………… 161

【問4－11】 派遣員の海外出張旅費等 ……………………………………… 162

【問4－12】 広告請負に係る内外判定 …………………………………… 163

【問4－13】 国外で引渡しを行う機械設備の製作請負 ………………… 164

【問4－14】 外国法人に対する技術指導契約 …………………………… 165

【問4－15】 海外工事に対する人材派遣 ………………………………… 166

【問4－16】 海外旅行の添乗員の派遣に係る内外判定 ………………… 167

第5章 非課税取引

【問5－1】 庭石等と宅地の一括譲渡 …………………………………… 168

【問5－2】 土地に設定された抵当権の譲渡 …………………………… 169

【問5－3】 耕作権の譲渡 ………………………………………………… 170

【問5－4】 借地権の設定の対価 ………………………………………… 170

【問5－5】 借地権の譲渡又は転貸に際して地主が受け取る名義書換

料、承諾料 ……………………………………………………… 171

【問5－6】 日曜日のみに土地を貸し付ける契約 ……………………… 172

【問5－7】 駐車場の貸付け ……………………………………………… 172

【問5－8】 建物部分と敷地部分を区分記載した賃貸契約 …………… 173

【問5－9】 貸し付けた更地を賃借人が駐車場として使用した場合 …… 174

【問5－10】 掘込みガレージ付土地の譲渡 ……………………………… 175

【問5－11】 土地の賃貸借形式による採石等 …………………………… 176

【問5－12】 土地取引に係る仲介手数料 ………………………………… 176

【問5－13】 電柱使用料と電柱の使用料 ………………………………… 177

【問5－14】 譲渡性預金証書 ……………………………………………… 178

目　　次

【問5-15】匿名組合の出資者の持分の譲渡 ……………………………… 179

【問5-16】リース契約書において利息相当額を区分して表示した場
　　　　　合の取扱い …………………………………………………… 180

【問5-17】参考資料として交付を受けるリース料に係る「計算書」
　　　　　の取扱い …………………………………………………… 181

【問5-18】支払手段の意義 ……………………………………………… 182

【問5-19】変動金利によるリスクヘッジのために支払う手数料 ……… 183

【問5-20】売掛債権に係る金利 ………………………………………… 184

【問5-21】前渡金等の利子 ……………………………………………… 184

【問5-22】カードキャッシング手数料 ………………………………… 185

【問5-23】信販会社が受領する手数料 ………………………………… 186

【問5-24】クレジットカードの年会費 ………………………………… 187

【問5-25】クレジットローン紹介手数料 ……………………………… 188

【問5-26】学校債 ………………………………………………………… 189

【問5-27】輸入取引に係るユーザンス金利 …………………………… 189

【問5-28】金銭消費貸借契約の締結の際に受領する手数料 ………… 190

【問5-29】債権の買取り等に対する課税 ……………………………… 191

【問5-30】手形の買取り等に対する課税関係 ………………………… 192

【問5-31】信用保証の保証料 …………………………………………… 194

【問5-32】法人の借入れについて役員が担保提供した場合 ………… 194

【問5-33】公共工事に係る保証料 ……………………………………… 195

【問5-34】非課税とされる物品切手等の対象範囲 …………………… 195

【問5-35】物品切手等に係る課税関係 ………………………………… 197

【問5-36】郵便切手、テレホンカード、株主割引優待券の売却 …… 201

【問5-37】委託による入場券の販売の課税関係 ……………………… 202

【問5-38】印刷業者が行う郵便はがきへの印刷 ……………………… 203

【問5-39】フリーデザインプリペイドカードの課税関係 …………… 204

【問5-40】自動車保管場所証明書の交付手数料 ……………………… 205

(9)

【問5－41】指定認定機関が収受する認定手数料 ……………………… 205

【問5－42】薬局の薬剤販売 …………………………………………… 206

【問5－43】社会保険医療等のうち課税されるものの範囲 ……………… 206

【問5－44】健康保険で取り扱う高度先進医療 ………………………… 208

【問5－45】自動車事故の被害者に対する療養 ………………………… 209

【問5－46】地方公共団体の職員に対する健康診断等 ………………… 210

【問5－47】ＮＰＯ法人が介護保険サービス事業を行う場合の消費税
の取扱い ……………………………………………………… 211

【問5－48】非課税となる介護サービス等の範囲 ……………………… 211

【問5－49】要介護者が負担する介護サービス費用の取扱い ………… 216

【問5－50】有料老人ホームにおける介護サービスの取扱い ………… 217

【問5－51】福祉用具貸与に係る取扱い ………………………………… 217

【問5－52】住宅改修費の支給に係る消費税の取扱い ………………… 218

【問5－53】社会福祉法人が行う施設の受託経営 ……………………… 219

【問5－54】小規模な児童福祉施設 ……………………………………… 220

【問5－55】福祉施設における固定資産の譲渡 ………………………… 221

【問5－56】認可外保育所における利用料 ……………………………… 222

【問5－57】助産に係る資産の譲渡等の非課税の範囲 ………………… 223

【問5－58】死産、流産、人工妊娠中絶の取扱い ……………………… 224

【問5－59】葬儀代等の取扱い …………………………………………… 225

【問5－60】身体障害者用物品の範囲 …………………………………… 225

【問5－61】非課税となる身体障害者用物品の範囲 …………………… 233

【問5－62】身体障害者用物品の部分品の譲渡 ………………………… 234

【問5－63】身体障害者用物品である自動車の附属品の販売 ………… 235

【問5－64】学校が徴収する設備充実費 ………………………………… 235

【問5－65】学校が徴収する受託研究手数料 …………………………… 236

【問5－66】学校における給食費 ………………………………………… 237

【問5－67】非課税となる在学証明等手数料の範囲 …………………… 238

目　　次

【問5－68】私立幼稚園の授業料 ……………………………………… 238

【問5－69】入学検定料 ………………………………………………… 239

【問5－70】非課税となる教科用図書の範囲――その1 …………… 239

【問5－71】非課税となる教科用図書の範囲――その2 …………… 240

【問5－72】教科用図書の譲渡相手 …………………………………… 241

【問5－73】教科書の取次手数料 ……………………………………… 241

【問5－74】住宅の貸付けに伴う駐車場の貸付け …………………… 242

【問5－75】共益費の取扱い …………………………………………… 243

【問5－76】貸別荘の課否 ……………………………………………… 243

【問5－77】下宿の非課税 ……………………………………………… 244

【問5－78】マンスリーマンションの貸付け ………………………… 245

【問5－79】店舗併設住宅の取扱い …………………………………… 246

【問5－80】社宅、独身寮の貸付け …………………………………… 246

【問5－81】転貸住宅 …………………………………………………… 247

【問5－82】用途変更の取扱い ………………………………………… 248

【問5－83】非課税となる住宅家賃等の範囲 ………………………… 248

【問5－84】行政機関等が行う手数料を対価とする非識別加工情報に

　　　　　　係る役務の提供 …………………………………………… 249

【問5－85】仮想通貨の譲渡 …………………………………………… 249

第6章　輸出免税

【問6－1】「非課税」と「免税」の違い……………………………… 251

【問6－2】商社が行う共同輸出に係る輸出免税 …………………… 253

【問6－3】輸出向け物品の下請加工 ………………………………… 254

【問6－4】商社経由の場合の輸出者の判定 ………………………… 254

【問6－5】名義貸しがある場合の輸出免税の適用者 ……………… 255

【問6－6】保税工場製品の商社への譲渡 …………………………… 257

(11)

【問6-7】 保税地域で外国貨物を原材料として使用した場合 ………… 258

【問6-8】 保税地域経由の三国間貿易 ……………………………… 258

【問6-9】 輸出物品の返品による引取り ………………………… 259

【問6-10】 出国に際して携帯する物品の輸出免税 ………………… 259

【問6-11】 船舶運航事業者等の範囲 …………………………… 260

【問6-12】 外航船舶等の範囲 ………………………………… 261

【問6-13】 外航船舶の救命設備の修理の取扱い …………………… 263

【問6-14】 外航機の整備を行う場合の輸出免税 ………………… 264

【問6-15】 外国の漁船から徴収する岸壁使用料 ………………… 265

【問6-16】 輸入貨物の運送 …………………………………… 265

【問6-17】 免税とされる保税地域における役務の提供の範囲 ………… 266

【問6-18】 非居住者に対する役務の提供 ……………………… 267

【問6-19】 外国企業の広告掲載 ……………………………… 269

【問6-20】 京都メカニズムを活用したクレジットを外国法人に有償
で譲渡した場合の取扱い …………………………… 270

【問6-21】 非居住者へノウハウを提供する場合 ………………… 270

【問6-22】 本船扱いした貨物に係る役務の提供 ………………… 271

【問6-23】 指定保税地域における役務の提供に係る免税 …………… 272

【問6-24】 非居住者に対する役務の提供で課税されるもの ………… 273

【問6-25】 外国貨物に対する警備の取扱い ……………………… 274

【問6-26】 輸出証明 …………………………………………… 275

【問6-27】 書籍等の輸出の場合の輸出証明 ……………………… 278

【問6-28】 海外からの外国人旅行者等に対する免税販売 …………… 279

【問6-29】 免税販売手続の電子化 ……………………………… 281

【問6-30】 一般型輸出物品販売場の許可 ……………………… 283

【問6-31】 手続委託型輸出物品販売場の許可 …………………… 285

【問6-32】 商店街の地区等に所在する大規模小売店舗内の販売場に
係る特例 …………………………………………… 286

(12)

目　　次

【問6－33】承認免税手続事業者の承認申請手続 ……………… 287

【問6－34】臨時販売場制度の概要 ……………………… 288

【問6－35】事前承認港湾施設の承認を受けていた場合 ……… 290

【問6－36】輸出物品販売場を移転する場合の手続 …………… 291

【問6－37】輸出物品販売場の許可を受けている法人が合併された場
　　　　　　合の手続 …………………………………… 292

【問6－38】輸出物品販売場における免税購入者の制限 ……… 292

【問6－39】免税販売における旅券等の呈示 ………………… 293

【問6－40】外国公館等に対する免税 ………………………… 294

第7章　小規模免除

【問7－1】事業者免税点制度の概要 ………………………… 296

【問7－2】特定期間の判定における「短期事業年度」………… 297

【問7－3】特定期間の判定における給与等支払額に含まれる範囲 …… 299

【問7－4】特定期間の判定と「消費税の納税義務者でなくなった旨
　　　　　　の届出書」………………………………… 300

【問7－5】人格のない社団が公益法人となった場合の納税義務 ……… 301

【問7－6】人格のない社団がNPO法人となった場合の納税義務 …… 302

【問7－7】決算期を変更した場合の基準期間 ………………… 303

【問7－8】免税事業者の判定に係る課税売上高の範囲 ……… 304

【問7－9】基準期間が免税事業者であった場合の課税売上高 ………… 305

【問7－10】前々年の中途で開業した個人事業者 ……………… 307

【問7－11】個人事業者が法人成りした場合の納税義務 ……… 307

【問7－12】基準期間が1年未満の法人の課税売上高 ………… 309

【問7－13】基準期間における課税売上高の判定単位 ………… 310

【問7－14】輸出免税取引がある場合の基準期間の課税売上高 ………… 311

【問7－15】「固有事業者」と「受託事業者」の納税義務の免除の判定… 312

(13)

第8章 小規模免除の特例

【問8－1】課税事業者となるための届出 …………………………… 313

【問8－2】新たに法人を設立した場合の課税事業者の選択 ………… 314

【問8－3】課税事業者の選択の取りやめ ………………………… 315

【問8－4】相続があった場合の納税義務の免除の特例 ……………… 317

【問8－5】前年又は前々年に相続があった場合の納税義務の免除の
特例 …………………………………………………………… 318

【問8－6】合併があった事業年度の納税義務の免除の特例 ………… 319

【問8－7】前事業年度又は前々事業年度に合併があった場合の納税
義務の免除の特例 ………………………………………… 320

【問8－8】分割があった事業年度の納税義務の免除の特例 ………… 321

【問8－9】新設法人における納税義務の免除の特例 ………………… 323

【問8－10】設立後2期目に「新設法人」に該当する場合の納税義務
の免除の特例 ……………………………………………… 324

【問8－11】新設法人の範囲 ……………………………………………… 325

【問8－12】外国法人である「新設法人」…………………………………… 326

【問8－13】新設法人に該当する場合の届出 …………………………… 327

【問8－14】新設法人と簡易課税制度の適用 …………………………… 328

【問8－15】特定新規設立法人の納税義務の免除の特例 ……………… 329

【問8－16】他の者により新規設立法人が支配される一定の場合（特
定要件）……………………………………………………… 331

【問8－17】特定要件の判定の基礎となった他の者の特殊関係法人の
範囲 ………………………………………………………… 333

【問8－18】判定対象者の新規設立法人の当該事業年度の基準期間相
当期間 ……………………………………………………… 334

【問8－19】高額特定資産を取得した場合の中小事業者に対する特例

(14)

目　　次

措置の適用関係の見直し ……………………………………… 336

第9章　資産の譲渡等の時期

【問9－1】資産の譲渡等を行った時の意義 ……………………… 338

【問9－2】長期の手形で受け取る場合のキャッシュベース処理 ……… 339

【問9－3】委託販売による資産の譲渡の時期 …………………… 339

【問9－4】船荷証券等と資産の譲渡時期 ………………………… 340

【問9－5】所有権移転外ファイナンス・リース取引の場合の資産の
譲渡等の時期 …………………………………………… 341

【問9－6】部分完成基準で処理する場合の課税の時期 ………… 341

【問9－7】賃借人における所有権移転外ファイナンス・リース取引
の消費税法上の取扱い ………………………………… 342

【問9－8】所有権移転外ファイナンス・リース取引について賃借人
が分割控除している場合の残存リース料の取扱い ………… 344

【問9－9】リース会計基準に基づき会計処理を行う場合の資産の譲
渡等の時期の特例の適用 ……………………………… 345

【問9－10】所有権移転外ファイナンス・リース取引における転リー
ス取引の取扱い ………………………………………… 346

【問9－11】ロイヤリティ収入に係る資産の譲渡等の時期 ……… 347

【問9－12】先物取引に係る資産の譲渡等の時期 ……………… 348

【問9－13】設立準備期間中の課税関係 ………………………… 349

【問9－14】前受金、仮受金 ……………………………………… 350

【問9－15】消化仕入れの場合の資産の譲渡の時期 …………… 350

【問9－16】対価未確定の販売に係る資産の譲渡等の時期 ……… 351

【問9－17】リース譲渡に係る特例の適用関係 ………………… 351

【問9－18】延払基準により経理しなかった場合の処理 ………… 352

【問9－19】仕入税額控除の時期 ………………………………… 353

(15)

【問 9 － 20】建設仮勘定の税額控除の時期 ……………………………… 353

【問 9 － 21】販売側、仕入側で計上時期が異なる場合 ……………… 354

【問 9 － 22】現金主義会計適用者の課税仕入れの時期 ……………… 355

第10章　課税標準

【問10－ 1】先物取引の現引き、現渡しに係る課税標準等 …………… 356

【問10－ 2】源泉所得税がある場合の課税標準 ……………………… 357

【問10－ 3】代物弁済 ……………………………………………………… 358

【問10－ 4】安値販売の場合の課税標準 ……………………………… 359

【問10－ 5】家事消費をした場合の消費税 …………………………… 360

【問10－ 6】法人の役員に対する低額譲渡の場合の時価 ……………… 362

【問10－ 7】土地と建物を一括譲渡した場合 ………………………… 363

【問10－ 8】外貨建取引に係る対価 …………………………………… 364

【問10－ 9】外貨建取引に係る本邦通貨の額が、その計上を行う日ま
　　　　　　でに先物外国為替契約により確定している場合の取扱い … 364

【問10－10】外貨建てによる仕入金額の換算を社内レートによってい
　　　　　　る場合の取扱い ……………………………………………… 366

【問10－11】土地付建物の交換 ………………………………………… 367

【問10－12】安売りしている商品を物品切手により引き換えた場合 …… 369

【問10－13】所有権移転外ファイナンス・リース取引における残価保
　　　　　　証額の取扱い …………………………………………………… 370

【問10－14】事業の譲渡をした場合の対価の額 ……………………… 371

【問10－15】中古車販売における未経過自動車税 …………………… 372

【問10－16】委託販売等における課税関係 …………………………… 373

【問10－17】資産の貸付けに伴う共益費 ……………………………… 374

【問10－18】返品、値引き等の処理 …………………………………… 374

【問10－19】別途収受する配送料等の処理 …………………………… 375

目　　次

【問10－20】連帯納税義務に係る印紙税額の課税関係 ……………………… 376

【問10－21】自動車重量税等を売上げに含めた場合 ………………………… 377

【問10－22】下取りがある場合の課税標準 …………………………………… 378

【問10－23】確定していない対価の処理 ……………………………………… 378

【問10－24】パック旅行の対価の額 …………………………………………… 379

【問10－25】旅行業者の消費税の取扱い ……………………………………… 380

【問10－26】値引き販売した入場券と課税資産の譲渡等の対価の額 ……… 382

【問10－27】現物出資の場合の課税標準 ……………………………………… 383

【問10－28】手形で受領した場合の課税標準 ………………………………… 384

第11章　税額控除

【問11－1】外交員、集金人等に支払う報酬 ………………………………… 385

【問11－2】外部講師の講演に対して支払う謝金 …………………………… 386

【問11－3】マネキン（派遣店員）に対する支出 …………………………… 387

【問11－4】社員の発明等に対する社内報償金 ……………………………… 387

【問11－5】出向社員の給与等を負担する場合 ……………………………… 388

【問11－6】出向先法人が支出する退職給与の負担金 ……………………… 389

【問11－7】出向社員に係る旅費等の実費負担分 …………………………… 390

【問11－8】従業員からの自家用車の借上げ ………………………………… 391

【問11－9】給与とされる出張旅費 …………………………………………… 392

【問11－10】所得税の非課税限度額を超える通勤手当 ……………………… 393

【問11－11】自動車通勤の場合の通勤手当 …………………………………… 394

【問11－12】転勤に伴い支払われる支度金 …………………………………… 395

【問11－13】外国貨物の保税運送の場合の運送代 …………………………… 396

【問11－14】航海日当 …………………………………………………………… 397

【問11－15】会社が一部負担する社員の借家料 ……………………………… 398

【問11－16】利子補給金 ………………………………………………………… 398

【問11-17】従業員クラブのレクリエーション費用 ……………………… 399

【問11-18】レジャークラブの入会金 ……………………………………… 400

【問11-19】物品切手の仕入税額控除 ……………………………………… 401

【問11-20】専属下請先の従業員への災害見舞金 ………………………… 402

【問11-21】建設協力金 ……………………………………………………… 403

【問11-22】特約店等のセールスマンに直接支払う販売奨励金等 ……… 404

【問11-23】神主に支払ったおはらいの謝礼 ……………………………… 404

【問11-24】大学で行う社員研修の授業料 ………………………………… 405

【問11-25】交際費等に対する仕入税額控除 ……………………………… 406

【問11-26】祝金、せん別と仕入税額控除 ………………………………… 407

【問11-27】贈答品等の仕入れ ……………………………………………… 407

【問11-28】渡切り交際費 …………………………………………………… 408

【問11-29】永年勤続者を旅行に招待する費用 …………………………… 409

【問11 30】販売奨励金を支払った場合の税額控除 ……………………… 409

【問11-31】有価証券の譲渡等がある場合の課税売上割合の計算 ……… 410

【問11-32】信用取引により有価証券の譲渡を行った場合の課税売上
割合 …………………………………………………………… 412

【問11-33】売掛債権を譲り受ける場合の課税売上割合 ………………… 413

【問11-34】輸出免税取引がある場合の課税売上割合 …………………… 414

【問11-35】再ファクタリングの場合の課税売上割合の計算 …………… 415

【問11-36】リース機材を国外の支店等で使用する場合の課税売上割
合の計算 ……………………………………………………… 416

【問11-37】課税売上割合に準ずる割合 …………………………………… 417

【問11-38】たまたま土地の譲渡があった場合の課税売上割合に準ず
る割合の承認 ………………………………………………… 418

【問11-39】課税売上割合の端数処理 ……………………………………… 419

【問11-40】薬品の仕入れについての仕入税額控除 ……………………… 420

【問11-41】カタログ印刷や企業イメージ広告 …………………………… 421

(18)

目　　次

【問11－42】 建設現場で支出する交際費 ……………………………… 422

【問11－43】 宅地の造成費 …………………………………………… 423

【問11－44】 試作用、サンプル用資材の税額控除 ………………… 423

【問11－45】 株式の売買に伴う課税仕入れの取扱い ……………… 424

【問11－46】 土地付建物の仲介手数料 ……………………………… 425

【問11－47】 利子等を明示した場合のリース資産の仕入税額控除 ……… 426

【問11－48】 グリーン・エネルギー・マークの使用料 …………… 427

【問11－49】 休業補償金・収益補償金・営業補償金など ………… 429

【問11－50】 貸ビル建設予定地上の建物の撤去費用等 …………… 430

【問11－51】 海外工事に要する課税仕入れ ………………………… 431

【問11－52】 新株発行費用等の仕入れに係る消費税額の控除 …… 432

【問11－53】 割賦、延払いの方法による課税仕入れの場合の税額控除 … 432

【問11－54】 売上割引と仕入割引 …………………………………… 433

【問11－55】 代理店助成のために支払う奨励金 …………………… 434

【問11－56】 事業分量配当金の対価の返還等 ……………………… 435

【問11－57】 実質的な輸入者と輸入申告者が異なる場合 ………… 436

【問11－58】 課税売上割合が著しく変動した場合の調整 ………… 437

【問11－59】 調整対象固定資産の範囲 ……………………………… 439

【問11－60】 調整対象固定資産の支払対価 ………………………… 440

【問11－61】 通算課税売上割合の計算方法 ………………………… 441

【問11－62】 資本金1,000万円以上の法人が設立1期目に調整対象固定
　　　　　　 資産を購入した場合の取扱い ……………………… 442

【問11－63】 調整対象固定資産を中途で売却した場合の調整 …… 443

【問11－64】 資本的支出があった場合の調整対象固定資産 ……… 444

【問11－65】 課税業務用固定資産を非課税業務用に転用した場合の調
　　　　　　 整 ………………………………………………………… 444

【問11－66】 免税事業者であった課税期間に仕入れた棚卸資産 ……… 445

【問11－67】 免税事業者となる場合の棚卸資産に係る消費税額の調整 … 446

(19)

【問11－68】貸倒引当金勘定に繰り入れた損失見込額と貸倒れに係る
消費税額の控除等 ……………………………………………… 447

【問11－69】課税事業者となった後における免税期間に係る売掛金等
の貸倒れ ……………………………………………………… 448

【問11－70】消費者に対するキャッシュバックサービス ………………… 448

【問11－71】免税期間の資産の譲渡に係る対価の返還等の取扱い ……… 449

【問11－72】いわゆる「95％ルール」の適用要件 ………………………… 450

第12章　帳簿及び請求書等の保存その1
（請求書等保存保式・区分記載請求書等保存方式）

【問12－1】仕入税額控除の適用要件請 ………………………………… 452

【問12－2】仕入税額控除の適用要件区 ………………………………… 455

【問12－3】軽減対象資産の譲渡等である旨の記載区 ………………… 457

【問12－4】軽減対象資産の譲渡等である旨等の記載がない請求書等
への追記区 …………………………………………………… 460

【問12－5】少額な課税仕入れと帳簿及び請求書等の保存請区 ………… 461

【問12－6】請求書等の交付が受けられない場合の取扱い請区 ………… 461

【問12－7】3万円未満の請求書等に係る記載事項区 ………………… 463

【問12－8】請求書等の記載内容と帳簿の記載内容の対応関係請区 …… 464

【問12－9】一取引で複数の商品を購入した場合の帳簿の記載方法
請区 …………………………………………………………… 465

【問12－10】一定期間分の取引をまとめる場合の帳簿への記載方法請 … 466

【問12－11】軽減対象資産の譲渡等に係るものである旨の帳簿への記
載区 …………………………………………………………… 468

【問12－12】軽減対象資産の譲渡のある一定期間分の取引をまとめて
記載する請求書等区 ………………………………………… 471

【問12－13】旧税率対象が混在する請求書等区 ………………………… 472

目　　次

【問12−14】 小売業における毎月の仕入先ごとの一括記帳帳区 ………… 475

【問12−15】 帳簿に記載すべき氏名又は名称帳区 …………………… 475

【問12−16】 帳簿に記載すべき課税仕入れに係る支払対価の額帳区 …… 477

【問12−17】 帳簿の範囲帳区 ……………………………………………… 477

【問12−18】 伝票会計の場合の帳簿の保存帳区 ………………………… 478

【問12−19】 買掛金集計表の取扱い帳区 ………………………………… 479

【問12−20】 コンビニエンス・ストアにおける帳簿の取扱い帳区 ……… 480

【問12−21】 仕入税額控除の要件としての帳簿代用書類の保存の可否

帳区 …………………………………………………………… 481

【問12−22】 請求書等の記載内容帳区 …………………………………… 482

【問12−23】 商品の全てが軽減税率の対象である請求書等区 ………… 483

【問12−24】 軽減税率の適用対象となる商品がない請求書等区 ……… 483

【問12−25】 相手方の確認を受けた仕入明細書等帳区 ………………… 484

【問12−26】 一括値引があるレシートの記載区 ………………………… 486

【問12−27】 売上げに係る対価の返還等がある請求書等区 …………… 489

【問12−28】 電子帳簿保存法と仕入税額控除帳区 ……………………… 491

【問12−29】 カード会社からの請求明細書帳区 ………………………… 492

【問12−30】 テナント家賃の銀行振込み帳区 …………………………… 493

【問12−31】 家賃を口座振替により支払う場合の仕入税額控除の適用

要件帳区 ……………………………………………………… 494

【問12−32】 実費精算の出張旅費に係る仕入税額控除の適用要件帳区 … 495

【問12−33】 ＪＶ工事に係る請求書等帳 ………………………………… 497

【問12−34】 所有権移転外ファイナンス・リース取引に係るリース料

支払明細書等の取扱い帳 …………………………………… 498

(21)

第13章　帳簿及び請求書等の保存その2
（適格請求書等保存方式）

【問13-1】　仕入税額控除の要件 ……………………………………… 500

【問13-2】　「適格請求書等保存方式」の概要……………………………… 502

【問13-3】　登録の手続 ………………………………………………… 506

【問13-4】　登録の効力 ………………………………………………… 507

【問13-5】　登録の経過措置 …………………………………………… 508

【問13-6】　免税事業者の登録 ………………………………………… 509

【問13-7】　登録の任意性 ……………………………………………… 510

【問13-8】　登録の取りやめ …………………………………………… 511

【問13-9】　適格請求書発行事業者が免税事業者となる場合 …………… 513

【問13-10】　登録事項の公表方法 ……………………………………… 513

【問13-11】　登録番号の構成 …………………………………………… 514

【問13-12】　適格請求書の交付義務 …………………………………… 515

【問13-13】　適格簡易請求書の交付ができる事業者 …………………… 515

【問13-14】　適格請求書の様式 ………………………………………… 516

【問13-15】　適格請求書の交付義務が免除される取引 ………………… 517

【問13-16】　農協等を通じた委託販売 ………………………………… 518

【問13-17】　媒介者交付特例 …………………………………………… 520

【問13-18】　適格返還請求書の交付義務 ……………………………… 523

【問13-19】　適格請求書の電磁的記録による提供 ……………………… 524

【問13-20】　適格請求書の記載事項の誤り …………………………… 524

【問13-21】　適格請求書の記載事項 …………………………………… 526

【問13-22】　適格請求書発行事業者の氏名又は名称及び登録番号 ……… 528

【問13-23】　適格簡易請求書の記載事項 ……………………………… 529

【問13-24】　適格返還請求書の記載事項 ……………………………… 533

(22)

目　　次

【問13-25】一定期間の取引をまとめた請求書の交付 ……………………… 535

【問13-26】適格請求書と仕入明細書を一の書類で交付する場合 ……… 538

【問13-27】令和5年9月30日以前の請求書への登録番号の記載 ……… 540

【問13-28】消費税額等の端数処理 ………………………………………… 541

【問13-29】複数書類で適格請求書の記載事項を満たす場合の
　　　　　　消費税額等の端数処理 ………………………………………… 543

【問13-30】一括値引がある場合の適格簡易請求書の記載 …………… 544

【問13-31】軽減税率の適用対象となる商品がない場合 ………………… 548

【問13-32】立替金 …………………………………………………………… 550

【問13-33】帳簿のみの保存での仕入税額控除の要件 …………………… 552

【問13-34】適格請求書等保存方式の帳簿の記載事項 …………………… 553

【問13-35】免税事業者からの仕入れに係る経過措置 …………………… 556

【問13-36】税額計算 ………………………………………………………… 557

第14章　簡易課税制度

【問14-1】簡易課税制度 …………………………………………………… 561

【問14-2】簡易課税制度とその他の税額控除との関係 ………………… 564

【問14-3】簡易課税制度を選択した場合の届出書の効力存続期間 …… 565

【問14-4】決算期を変更した場合の基準期間 …………………………… 567

【問14-5】新設法人と簡易課税制度 ……………………………………… 569

【問14-6】合併法人が簡易課税制度を選択する場合の基準期間の
　　　　　課税売上高の計算 ……………………………………………… 571

【問14-7】分割があった場合と簡易課税制度 …………………………… 572

【問14-8】「固有事業者」と「受託事業者」の簡易課税制度の
　　　　　適用の判定 ……………………………………………………… 573

【問14-9】第一種事業における「性質及び形状を変更しない」こと
　　　　　の意義 …………………………………………………………… 575

(23)

【問14-10】 いわゆる製造問屋の事業区分 ………………………………… 576

【問14-11】 食料品小売業における軽微な加工 ……………………… 577

【問14-12】 デパートのテナントと卸売業の範囲 ……………………… 578

【問14-13】 現金売上げと簡易課税制度における事業区分 …………… 579

【問14-14】 簡易課税制度における第三種事業の範囲 ……………… 580

【問14-15】 製造業者の事業区分 ………………………………………… 581

【問14-16】 建設業者の事業区分 ………………………………………… 582

【問14-17】 塗装工事業に係る事業区分 ………………………………… 583

【問14-18】 不動産業者が行う取引と事業区分 ………………………… 584

【問14-19】 旅館業者における売上げと事業区分 ……………………… 585

【問14-20】 印刷業者が行う取引と事業区分 …………………………… 586

【問14-21】 自動車整備業者等において行われるタイヤ交換等の事業

　　　　　区分 ………………………………………………………… 587

【問14-22】 飲食物を提供する場合の事業区分 ………………………… 588

【問14-23】 サービス料等の事業区分 …………………………………… 589

【問14-24】 事業用固定資産の売却収入の事業区分 …………………… 589

【問14-25】 2種以上の事業に係る課税売上げがある場合 ………… 590

【問14-26】 3種以上の事業に係る課税売上げがある場合——その1 … 591

【問14-27】 3種以上の事業に係る課税売上げがある場合——その2 … 592

【問14-28】 簡易課税制度における事業の区分方法 …………………… 593

【問14-29】 簡易課税制度において事業の区分を行っていない場合 …… 594

【問14-30】 災害等があった場合の簡易課税制度の届出に関する特例 … 595

【問14-31】 消費税法第37条の2の災害その他やむを得ない理由の範

　　　　　囲 …………………………………………………………… 596

【問14-32】 調整対象固定資産を購入した場合の簡易課税制度の適用

　　　　　制限 ………………………………………………………… 596

【問14-33】 高額特定資産を購入した場合の簡易課税制度の適用制限 … 597

目　　次

第15章　申告・納付・還付

【問15－1】中間申告制度 ……………………………………………… 599

【問15－2】仮決算による中間申告制度 ……………………………… 603

【問15－3】3か月中間申告対象期間において仮決算による申告額が
100万円以下である場合の中間申告の要否………………… 604

【問15－4】仮決算により還付が生じた場合の中間申告 …………… 605

【問15－5】中間申告における原則法と仮決算の併用 ……………… 606

【問15－6】修正申告書が提出された場合の中間申告 ……………… 606

【問15－7】第2四半期中に修正申告があった場合の中間申告 ……… 607

【問15－8】中間申告が必要な事業者 ……………………………… 610

【問15－9】課税売上げがない場合の中間申告納税義務 …………… 611

【問15－10】提出期限を徒過した場合の中間申告書 ………………… 612

【問15－11】任意の中間申告制度の概要 ……………………………… 613

【問15－12】任意の中間申告制度における納付税額 ………………… 614

【問15－13】任意の中間申告制度を適用した事業者が中間申告書を期限ま
でに提出しなかった場合の取扱い ……………………… 614

【問15－14】法人税の確定申告期限延長と消費税 …………………… 615

【問15－15】個人事業者の確定申告期限 ……………………………… 616

【問15－16】相続人の申告義務 ………………………………………… 617

【問15－17】被相続人の事業を承継した場合の納税義務 …………… 618

【問15－18】設立1期目の還付申告 …………………………………… 619

【問15－19】非居住者が提出した「消費税課税事業者選択届出書」の
適用開始課税期間 ………………………………………… 620

(25)

第16章　国・地方公共団体等

【問16－1】公益法人の申告単位 …………………………………………… 621

【問16－2】地方公共団体の特別会計 ……………………………………… 623

【問16－3】資産の譲渡等の時期の特例 …………………………………… 624

【問16－4】地方公営企業の出資の金額の範囲 …………………………… 625

【問16－5】特定収入の意義 ………………………………………………… 626

【問16－6】公益法人における諸収入 ……………………………………… 627

【問16－7】公益法人における仕入税額控除 ……………………………… 629

【問16－8】借入金の利子として使用することとされている補助金 …… 631

【問16－9】特定収入割合の計算 …………………………………………… 633

【問16－10】翌期に支出される負担金 ……………………………………… 634

【問16－11】過去に行われた起債等の返済に充てるために収入した他会
計からの繰入金等の使途の特定方法 ……………………………… 635

【問16－12】免税期間における起債の償還元金に充てるための補助金を
収入した場合の調整計算 …………………………………………… 636

【問16－13】地方公共団体の申告期限 ……………………………………… 637

【問16－14】地方公営企業の中間申告期限 ………………………………… 638

【問16－15】地方公共団体の中間申告期限 ………………………………… 640

第17章　経理処理

【問17－1】税込経理と税抜経理の併用 …………………………………… 644

【問17－2】免税事業者の消費税等の経理処理 …………………………… 645

【問17－3】期末における税抜処理 ………………………………………… 646

【問17－4】消費税等が転嫁されていない場合の税抜経理処理 ………… 647

【問17－5】割賦販売と税抜処理 …………………………………………… 648

目　　次

【問17－6】仕入返品、売上返品と経理処理 ……………………………… 649

【問17－7】貸倒れの場合の経理処理 ……………………………………… 650

【問17－8】税込経理方式の場合の消費税等の損金算入の時期 ………… 651

【問17－9】控除対象外の仕入税額 ………………………………………… 651

【問17－10】税込経理方式の場合の交際費等 ……………………………… 654

第18章　総額表示

【問18－1】「専ら他の事業者に課税資産の譲渡等を行う場合」の意義… 655

【問18－2】総額表示義務の対象となる価格の表示媒体 ………………… 656

【問18－3】「希望小売価格」の取扱い…………………………………… 657

【問18－4】単価、手数料率の取扱い ……………………………………… 657

【問18－5】レシートや請求書における表示 ……………………………… 658

【問18－6】値引販売における価格表示の取扱い ………………………… 658

【問18－7】消費税転嫁対策特別措置法の概要 …………………………… 659

【問18－8】総額表示義務の特例に関する基本的な考え方 ……………… 660

【問18－9】個々の値札等において税抜価格であることを明示するこ
とが困難な場合 ………………………………………… 661

【問18－10】誤認防止措置の掲示の大きさ等 ……………………………… 662

【問18－11】値札の貼り替え等を行う移行期間中の価格表示 ………… 663

第19章　国境を越えた役務の提供に係る消費税の課税関係

【問19－1】国境を越えた役務の提供に係る消費税の課税関係 ………… 665

【問19－2】電気通信利用役務の提供の範囲 ……………………………… 667

【問19－3】事業者向け電気通信利用役務の提供の範囲 ………………… 669

【問19－4】消費者向け電気通信利用役務の提供 ………………………… 670

(27)

【問19－5】 リバースチャージ方式 ……………………………………… 672

【問19－6】 芸能・スポーツ等の役務の提供に係る消費税の課税関係 … 674

【問19－7】 「国外事業者」の意義………………………………………… 676

【問19－8】 「特定資産の譲渡等」の意義………………………………… 676

【問19－9】 「特定仕入れ」・「特定課税仕入れ」の意義………………… 677

【問19－10】 国外事業者の納税義務の判定——その1 ………………… 677

【問19－11】 国外事業者の納税義務の判定——その2 ………………… 678

【問19－12】 特定課税仕入れに係る消費税の課税標準 ………………… 679

【問19－13】 特定課税仕入れに係る消費税額 …………………………… 679

【問19－14】 事業者向け電気通信利用役務の提供に該当するかどうかの
判断 ………………………………………………………… 680

【問19－15】 事業者向け電気通信利用役務の提供である旨の表示 ……… 681

【問19－16】 特定課税仕入れに係る帳簿及び請求書等の保存 ………… 682

【問19－17】 課税売上割合の計算方法 …………………………………… 682

【問19－18】 消費者向け電気通信利用役務の提供の税額控除 ………… 683

【問19－19】 「登録国外事業者」の意義…………………………………… 684

【問19－20】 登録国外事業者の確認方法 ………………………………… 685

【問19－21】 登録日以前の消費者向け電気通信利用役務の提供の仕入
税額控除 …………………………………………………… 686

【問19－22】 登録番号の記載のない請求書等 …………………………… 686

【問19－23】 登録国外事業者になるための要件等 ……………………… 687

【問19－24】 登録国外事業者の取消等 …………………………………… 688

【問19－25】 登録国外事業者の発行する請求書等への記載事項 ……… 689

【問19－26】 事業者向け電気通信利用役務の提供のみを行っている場
合の登録の可否 …………………………………………… 690

【問19－27】 特定課税仕入れがある場合の納税義務の判定 …………… 691

【問19－28】 免税事業者からの特定課税仕入れ ………………………… 692

【問19－29】 事業者向け電気通信利用役務の提供を受けた場合の内外

目　　次

判定基準 ……………………………………………………………… 693

【問19－30】 特定課税仕入れがある場合の経理処理 ……………………… 693

第20章　令和元年10月1日の消費税率の引上げに係る経過措置

【問20－1】 経過措置の概要 ………………………………………………… 695

【問20－2】 経過措置の選択適用の可否 …………………………………… 700

【問20－3】 31年施行日前後の取引に係る消費税法の適用関係の原則 … 700

【問20－4】 31年施行日前後の返品等の取扱い …………………………… 701

【問20－5】 事業者間で収益・費用の計上基準が異なる場合の取扱い … 702

【問20－6】 月ごとに役務提供が完了する保守サービスの適用税率 …… 703

【問20－7】 保守料金を前受けする保守サービスの適用税率 …………… 704

【問20－8】 リース資産の分割控除 ………………………………………… 705

【問20－9】 メンテナンス料を含むコピー機のリース料 ………………… 706

【問20－10】 部分完成基準が適用される建設工事等の適用税率 ………… 707

【問20－11】 不動産賃貸の賃借料に係る適用税率 ………………………… 708

【問20－12】 未成工事支出金として経理したものの仕入税額控除 ……… 709

【問20－13】 建設仮勘定として経理したものの仕入税額控除 …………… 710

【問20－14】 短期前払費用として処理した場合の仕入税額控除 ………… 711

【問20－15】 出来高検収書に基づき支払った工事代金の仕入税額控除 … 713

【問20－16】 26年施行日から31年施行日の前日までの間に「領収して
　　　　　　いる場合」の意義 ……………………………………………… 714

【問20－17】 乗車券等が発行されない場合 ………………………………… 716

【問20－18】 ＩＣカードのチャージによる乗車等 ………………………… 717

【問20－19】 31年施行日以後のプラン変更による追加料金に係る適用税率… 718

【問20－20】 携帯電話の料金 ………………………………………………… 719

【問20－21】 定額通信料金 …………………………………………………… 719

(29)

【問20－22】 貸ビルオーナーがテナントから受け取る電気料金の取扱い　720

【問20－23】 令和元年10月31日後に初めて料金の支払を受ける権利が
確定する場合　……………………………………………………　721

【問20－24】 工事の請負等に係る契約の範囲　…………………………………　723

【問20－25】 契約書等のない工事　……………………………………………………　724

【問20－26】 工事の請負の着手日　…………………………………………………　725

【問20－27】 機械設備等の販売に伴う据付工事　…………………………………　725

【問20－28】 「仕事の目的物の引渡しが一括して行われること」の意義…　727

【問20－29】 「仕事の内容につき相手方の注文が付されていること」の
範囲　……………………………………………………………………　728

【問20－30】 「建物の譲渡を受ける者の注文」の範囲…………………………　729

【問20－31】 建物の譲渡を受ける者の注文の有無の確認方法　……………　730

【問20－32】 青田売りマンション　……………………………………………………　731

【問20－33】 工事の請負等の税率等に関する経過措置が適用される
建設工事の値増金の取扱い　…………………………………………　732

【問20－34】 経過措置適用工事に係る請負金額に増減があった場合　……　733

【問20－35】 経過措置の適用を受ける工事のための課税仕入れ　…………　735

【問20－36】 経過措置の適用を受けているものであることの通知　………　735

【問20－37】 資産の貸付けの税率等に関する経過措置の概要　……………　736

【問20－38】 売買として取り扱われるリース取引　…………………………………　737

【問20－39】 自動継続条項のある賃貸借契約　……………………………………　738

【問20－40】 貸付期間中の解約条項がある場合　…………………………………　740

【問20－41】 「対価の額が定められている」の意義…………………………………　741

【問20－42】 賃貸料の変更があらかじめ決まっている場合　………………　742

【問20－43】 「協議により同意があった場合に対価を変更することが
できる」旨の定め　……………………………………………………　743

【問20－44】 一定期間賃貸料の変更が行えない場合　…………………………　744

【問20－45】 「消費税率の改正があったときは改正後の税率による」旨

(30)

目　　次

　　　　の定め ……………………………………………………… 744

【問20-46】正当な理由による対価の増減 ……………………… 745

【問20-47】指定役務の提供の税率等に関する経過措置の概要 ………… 746

【問20-48】通信販売等の税率等に関する経過措置の概要 …………… 747

【問20-49】「不特定かつ多数の者に販売条件を提示すること」の範囲… 748

【問20-50】「提示する準備を完了した場合」の範囲…………………… 748

【問20-51】工事の請負に係る資産の譲渡等の時期の特例を受ける場
　　　　　合における税率等に関する経過措置の概要 ……………… 749

【問20-52】リース延払基準の方法により経理した場合のリース譲渡
　　　　　に係る資産の譲渡等の時期の特例を受ける場合における
　　　　　税率等に関する経過措置の概要 ……………………………… 750

【問20-53】リース譲渡に係る資産の譲渡等の時期の特例を受ける場合に
　　　　　おける税率等に関する経過措置の概要 ………………………… 751

【問20-54】リース譲渡の特例計算の方法により経理した場合のリース
　　　　　譲渡に係る資産の譲渡等の時期の特例を受ける場合におけ
　　　　　る税率等に関する経過措置の概要 ………………………… 752

【問20-55】インターネット通販に係る経過措置の適用関係 …………… 753

【問20-56】販売価格が変動しうることを示している場合 …………… 754

第21章　特定非常災害に係る消費税の届出等に関する特例

【問21-1】特例の概要 ………………………………………………… 756

【問21-2】届出の特例の概要 ………………………………………… 757

【問21-3】事業者免税点制度及び簡易課税制度の適用制限の一部解除… 758

(31)

◆付　録◆

付録1. 消費税及び地方消費税申告書・付表記載例

1 申告書（一般用）の作成手順及び記載例………………………………… 760

2 申告書（簡易課税用）の作成手順及び記載例………………………… 772

付録2. 適格請求書発行事業者の登録申請書様式例

凡　　例

本書において使用した次の省略用語は、それぞれ次に掲げる法令等を示すものである。

平成24年改正法……………………社会保障の安定財源の確保等を図る税制の抜本的な改革を行うための消費税法の一部を改正する等の法律（平成24年法律第68号）

平成28年改正法……………………所得税法等の一部を改正する法律（平成28年法律第15号）

平成30年改正令……………………消費税法施行令等の一部を改正する政令（平成30年政令第135号）

平成24年改正法附則………………社会保障の安定財源の確保等を図る税制の抜本的な改革を行うための消費税法の一部を改正する等の法律（平成24年法律第68号）附則

平成25年改正令附則………………消費税法施行令の一部を改正する政令（平成25年政令第56号）附則

平成27年改正法附則………………所得税法等の一部を改正する法律（改正27年法律第9号）附則

平成27年改正令附則………………消費税法施行令等の一部を改正する政令（平成27年政令第145号）附則

平成27年改正省令附則……………消費税法施行規則等の一部を改正する省令（平成27年省令第27号）附則

平成28年改正法附則………………所得税法等の一部を改正する法律（平成28年法律第15号）附則

平成28年改正令附則………………消費税法施行令等の一部を改正する政令（平成28年政令第148号）附則

平成28年改正省令附則……………消費税法施行規則等の一部を改正する省令（平成28年財務省令第20号）附則

平成29年改正令附則………………消費税法施行令の一部を改正する政令（平成29年政令第108号）附則

平成29年改正省令附則……………消費税法施行規則の一部を改正する省令（平成29年財務省令第21号）附則

平成30年改正令附則………………消費税法施行令等の一部を改正する政令（平成30年政令第135号）

法……………………………………平成28年改正法による改正前の消費税法

新法…………………………………平成28年改正法及び所得税法等の一部を改正する法律（平成30年法律第7号）による改正後の消費税法

(33)

法附………………………	消費税法附則
令…………………………	消費税法施行令
新令………………………	平成30年改正令による改正後の消費税施行令
令附………………………	消費税法施行令附則
規…………………………	消費税法施行規則
新規………………………	消費税法施行規則等の一部を改正する省令 （平成30年財務省令第18号）による改正後の 消費税法施行規則
規附………………………	消費税法施行規則附則
所法………………………	所得税法
所令………………………	所得税法施行令
法法………………………	法人税法
法令………………………	法人税法施行令
措法………………………	租税特別措置法
措令………………………	租税特別措置法施行令
措規………………………	租税特別措置法施行規則
輸徴法……………………	輸入品に対する内国消費税の徴収等に関する 法律
通則法……………………	国税通則法
基通………………………	消費税法基本通達
外通………………………	外国公館等に対する課税資産の譲渡等に係る 消費税の免除の取扱いについて（通達）
様式通達…………………	消費税関係申告書等の様式の制定について （通達）
総額表示通達……………	事業者が消費者に対して価格を表示する場合 の取扱い及び課税標準額に対する消費税額の 計算に関する経過措置の取扱いについて（通 達）
軽減通達…………………	消費税の軽減税率制度に関する取扱通達の制 定について（通達）
インボイス通達…………	消費税の仕入税額控除制度における適格請求 書等保存方式に関する取扱通達
電帳法……………………	電子計算機を使用して作成する国税関係帳簿 書類の保存方式等の特例に関する法律
電帳規……………………	電子計算機を使用して作成する国税関係帳簿 書類の保存方式等の特例に関する法律施行規 則

(34)

経過措置通達……………………平成31年10月1日以後に行われる資産の譲渡
　　　　　　　　　　　　　　　等に適用される消費税率等に関する経過措置
　　　　　　　　　　　　　　　の取扱いについて（通達）
消費税転嫁対策特別措置法………消費税の円滑かつ適正な転嫁の確保のための
　　　　　　　　　　　　　　　消費税の転嫁を阻害する行為の是正等に関す
　　　　　　　　　　　　　　　る特別措置法
地法………………………………地方税法
地法附則…………………………地方税法附則
地令………………………………地方税法施行令
所基通……………………………所得税基本通達
法基通……………………………法人税基本通達
（用語）
新消費税法………………………改正法第3条《消費税法の一部改正》の規定
　　　　　　　　　　　　　　　による改正後の消費税法
旧消費税法………………………改正法第3条《消費税法の一部改正》の規定
　　　　　　　　　　　　　　　による改正前の消費税法
新税率……………………………新消費税法第29条《税率》に規定する税率
旧税率……………………………旧消費税法第29条《税率》に規定する税率

　（注）　令和元年11月30日現在の法令通達による。

第1章

軽減税率制度の概要等

「軽減税率制度」の概要

【問1－1】 「軽減税率制度」とは、どのようなものですか。

【答】

1 軽減税率の対象品目

「軽減税率制度」は、令和元年10月1日以降に行う次の①及び②の品目の譲渡を対象として実施されます（消費税及び地方消費税（以下「消費税等」といいます。）を合わせた税率が、軽減税率（8％）と標準税率（10％）の複数税率になります。）。

① 飲食料品（酒類を除く。）

② 週2回以上発行される新聞（定期購読契約に基づくもの）

なお、①の飲食料品の譲渡には、いわゆる「外食」や「ケータリング」は含まれません。

また、保税地域から引き取られる飲食料品についても軽減対象課税貨物として軽減税率の対象となります。

2 区分記載請求書等保存方式（令和元年10月1日から令和5年9月30日までの請求書等及び帳簿の記載と保存）

軽減税率制度の実施に伴い、消費税等の税率が、軽減税率（8％）と標

1

準税率（10％）の複数税率になりますので、消費税等の申告等を行うためには、事業者の方に取引等を税率の異なるごとに区分して記帳するなどの経理（以下「区分経理」といいます。）を行っていただく必要があります。

また、これまでも消費税の仕入税額控除を適用するためには、請求書等及び帳簿の保存が要件とされていましたが、今後は、こうした区分経理に対応した請求書等及び帳簿の保存が要件となります。

3　税額計算の特例

中小事業者の方には、売上税額や仕入税額の計算の特例に係る経過措置が設けられています。

4　適格請求書等保存方式（令和5年10月1日以降の請求書等及び帳簿の記載と保存）

複数税率に対応した仕入税額控除の方式として、令和5年10月1日から「適格請求書等保存方式」（いわゆる「インボイス制度」）が導入されます。

参 考　法30①、57の2、57の4、平成28年改正法附則34①②④、38〜40

「飲食料品」の意義

【問1−2】　軽減税率が適用される「飲食料品の譲渡」の「飲食料品」とは、どのようなものですか。

【答】「飲食料品」とは、食品表示法に規定する食品（酒税法に規定する酒類を除きます。）です。ここでいう「食品」とは、人の飲用又は食用に供されるものをいいますので、例えば、工業用として販売される塩など、人の飲用又は食用以外の用途で販売されるものは該当しません。

なお、食品表示法に規定する「食品」とは、全ての飲食物をいい、「医薬品、医療機器等の品質、有効性及び安全性の確保等に関する法律」に規定する「医薬品」、「医薬部外品」及び「再生医療等製品」（以下「医薬品等」といいます。）を除き、食品衛生法に規定する「添加物」を含むものとされています。

また、食品と食品以外の資産が一体として販売されるもの（あらかじめ一の資産を形成し、又は構成しているものであって、当該一の資産に係る価格のみが提示されているもの）（以下「一体資産」といいます。）のうち、一定の要件を満たすものも「飲食料品」に含まれます。

　ただし、次の課税資産の譲渡等は飲食料品の譲渡に含まれません。

① いわゆる「外食」（食品衛生法施行令に規定する飲食店営業及び喫茶店営業並びにその他の飲食料品をその場で飲食させる事業を営む者が行う食事の提供）（以下単に「いわゆる『外食』」といいます。）

② いわゆる「ケータリング」（相手方の指定した場所において行う加熱、調理又は給仕等の役務を伴う飲食料品の提供）（以下単に「いわゆる『ケータリング』」といいます。）

《参考》　軽減税率の対象となる飲食料品の範囲（イメージ）

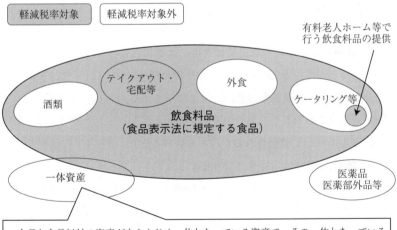

参考　平成28年改正法附則34①一、平成28年改正令附則3

コーヒーの生豆の販売

> 【問1-3】 当社は、コーヒーの生豆の販売を行っていますが、軽減税率の適用対象となりますか。

【答】「食品」とは、人の飲用又は食用に供されるものをいいますので、人の飲用又は食用に供されるコーヒーの生豆は「食品」に該当し、その販売は軽減税率の適用対象となります。

参考 平成28年改正法附則34①一、軽減通達2

苗木、種子の販売

> 【問1-4】 果物の苗木及びその種子の販売は、軽減税率の適用対象となりますか。

【答】「食品」とは、人の飲用又は食用に供されるものをいいますので、果物の苗木など栽培用として販売される植物及びその種子は、「食品」に該当せず、その販売は軽減税率の適用対象となりません。

　なお、種子であっても、おやつや製菓の材料用など、人の飲用又は食用に供されるものとして販売されるかぼちゃの種などは、「食品」に該当し、その販売は軽減税率の適用対象となります。

参考 平成28年改正法附則34①一、軽減通達2

水の販売

> 【問1-5】 水の販売は、軽減税率の適用対象となりますか。

【答】「食品」とは、人の飲用又は食用に供されるものをいいますので、人

第1章　軽減税率制度の概要等

の飲用又は食用に供されるものであるいわゆるミネラルウォーターなどの飲料水は、「食品」に該当し、その販売は軽減税率の適用対象となります。

　他方、水道水は、炊事や飲用のための「食品」としての水と、風呂、洗濯といった飲食用以外の生活用水として供給されるものとが混然一体となって提供されており、例えば、水道水をペットボトルに入れて、人の飲用に供される「食品」として販売する場合を除き、軽減税率の適用対象となりません。

参　考　平成28年改正法附則34①一、軽減通達2

ウォーターサーバーのレンタル及びウォーターサーバー用の水の販売

> **【問1−6】**　当社は、事業所及び一般家庭に対し、ウォーターサーバーをレンタルしてレンタル料を受け取るとともに、ウォーターサーバーで使用する水を販売して販売代金を受け取っています。このウォーターサーバーのレンタル及びウォーターサーバーで使用する水の販売は、軽減税率の適用対象となりますか。

【答】　軽減税率が適用されるのは、「飲食料品の譲渡」であるため、「資産の貸付け」であるウォーターサーバーのレンタルについては、軽減税率の適用対象となりません。

　また、「食品」とは、人の飲用又は食用に供されるものをいいますので、人の飲用又は食用に供されるウォーターサーバーで使用する水は、「食品」に該当し、その販売は軽減税率の適用対象となります。

参　考　平成28年改正法附則34①一、軽減通達2

5

酒の販売

> 【問1-7】 酒の販売は、軽減税率の適用対象となりますか。

【答】 酒税法に規定する酒類は、軽減税率の適用対象である「飲食料品」から除かれていますので、酒類の販売は軽減税率の適用対象となりません。

参考 平成28年改正法附則34①一、酒税法2①

食品の原材料となる酒類の販売

> 【問1-8】 「食品」の原材料となるワインなど酒類の販売は、軽減税率の適用対象となりますか。

【答】 「食品」の原材料となるワインなどであっても、酒税法に規定する酒類は、軽減税率の適用対象である「飲食料品」から除かれていますので、その販売は軽減税率の適用対象となりません。

参考 平成28年改正法附則34①一、酒税法2①

栄養ドリンクの販売

> 【問1-9】 栄養ドリンク（医薬部外品）の販売は、軽減税率の適用対象となりますか。

【答】 医薬品等は、「食品」に該当しません。したがって、医薬品等に該当する栄養ドリンクの販売は軽減税率の適用対象となりません。

なお、医薬品等に該当しない栄養ドリンクは、「食品」に該当し、その販売は軽減税率の適用対象となります。

参考 平成28年改正法附則34①一

第1章　軽減税率制度の概要等

健康食品、美容食品等の販売

> 【問1－10】　特定保健食品、栄養機能食品、健康食品、美容食品などの販売は、それぞれ軽減税率の適用対象となりますか。

【答】　人の飲用又は食用に供される特定保健用食品、栄養機能食品は、医薬品等に該当しませんので、「食品」に該当し、また、人の飲用又は食用に供されるいわゆる健康食品、美容食品も、医薬品等に該当しないものであれば、「食品」に該当しますので、それらの販売は軽減税率の適用対象となります。

参考　平成28年改正法附則34①一

金箔の販売

> 【問1－11】　当社は、食品添加物の金箔を販売していますが、軽減税率の適用対象となりますか。

【答】　「食品」とは、人の飲用又は食用に供されるものをいいますので、食品衛生法に規定する「添加物」として販売される金箔は、「食品」に該当し、その販売は軽減税率の適用対象となります。

参考　平成28年改正法附則34①一、軽減通達2

7

化粧品メーカーへの「添加物」の販売

> 【問1－12】 当社は、食品衛生法に規定する「添加物」の販売を行っています。取引先である化粧品メーカーが、当社が食用として販売している「添加物」を化粧品の原材料とする場合があるのですが、この場合の「添加物」の販売は、軽減税率の適用対象となりますか。

【答】「食品」とは、人の飲用又は食用に供されるものをいいますので、人の飲用又は食用に供されるものである食品衛生法に規定する「添加物」として販売されるものは、「食品」に該当します。したがって、取引先が化粧品の原材料とする場合であっても、「添加物」を「食品」として販売する場合には、軽減税率の適用対象となります。

参考 平成28年改正法附則34①一、軽減通達2

炭酸ガスの販売

> 【問1－13】 当社は、食品添加物の炭酸ガスを仕入れて飲食店等に販売しています。この炭酸ガスは、金属のボンベに充てんされた状態で販売しますが、使用後の空ボンベは、飲食店等から回収し、当社の仕入先に返却しています。この場合、当社の販売する炭酸ガスは、軽減税率の適用対象となりますか。

【答】「食品」とは、人の飲用又は食用に供されるものをいいますので、食品衛生法に規定する「添加物」として販売される炭酸ガスは、「食品」に該当し、その販売は軽減税率の適用対象となります。

なお、御質問の炭酸ガスが充てんされたボンベは、炭酸ガスの販売に付帯して通常必要なものとして使用されるものと考えられますので、ボンベについて別途対価を徴している場合を除き、ボンベも含め「飲食料品の譲渡」に

8

第1章　軽減税率制度の概要等

該当し、軽減税率の適用対象となります。

（注）　炭酸ガスを消費等した後において空のボンベが返却された際に返還すること
とされている保証金等の取扱いについては、**【問1－17】**をご参照ください。

参　考　平成28年改正法附則34①一、軽減通達2

「一体資産」の意義

【問1－14】　「一体資産」とは、どのようなものですか。

【答】　「一体資産」とは、食品と食品以外の資産があらかじめ一の資産を形
成し、又は構成しているもので、「一体資産」としての価格のみが提示され
ているものをいいます。「一体資産」の譲渡は、原則として軽減税率の適用
対象ではありませんが、次のいずれの要件も満たす場合は、飲食料品として、
その譲渡全体につき軽減税率が適用されます。

① 　一体資産の譲渡の対価の額（税抜価額）が1万円以下であること

② 　一体資産の価額のうちに当該一体資産に含まれる食品に係る部分の価額
の占める割合として合理的な方法により計算した割合が3分の2以上であ
ること

　なお、ここでいう合理的な方法とは、例えば、（1）一体資産の譲渡に係
る売価のうち、食品の売価の占める割合や、（2）一体資産の譲渡に係る原
価のうち、食品の原価の占める割合による方法があります。

参　考　平成28年改正法附則34①一、平成28年改令附則2、軽減通達5

飲食料品を譲渡する際の包装材料等の取扱い

> 【問1-15】 通常、食品や飲料を譲渡する場合、容器や包装を使いますが、これら容器等の取扱いはどのようになりますか。

【答】 飲食料品の販売に際し使用される包装材料及び容器（以下「包装材料等」といいます。）が、その販売に付帯して通常必要なものとして使用されるものであるときは、当該包装材料等も含め軽減税率の適用対象となる「飲食料品の譲渡」に該当します。

　ここでいう「通常必要なものとして使用される包装材料等」とは、飲食料品の販売に付帯するものであり、通常、飲食料品が費消され又はその飲食料品と分離された場合に不要となるようなものが該当します。

　なお、贈答用の包装など、包装材料等につき別途対価を定めている場合のその包装材料等の譲渡は、「飲食料品の譲渡」には該当しません。

　また、例えば、陶磁器やガラス食器等の容器のように飲食の用に供された後において食器や装飾品として利用できるものを包装材料等として使用しており、食品とその容器を組み合わせてあらかじめ一の商品として価格を提示し販売している場合には、その商品は「一体資産」に該当します。

参　考　平成28年改正法附則34①一、軽減通達3

キャラクターを印刷したお菓子の缶箱等

> 【問1-16】 当社は、小売業を営んでおり、キャラクターを印刷した缶箱にお菓子を詰めて販売していますが、この缶箱は、通常必要なものとして使用される容器に該当し、この缶箱入りのお菓子の販売は、軽減税率の適用対象となりますか。

【答】 飲食料品の販売に際し使用される包装材料等が、その販売に付帯して

第1章　軽減税率制度の概要等

通常必要なものとして使用されるものであるときは、その包装材料等も含め「飲食料品の譲渡」に該当します。

　飲食料品の販売に際して付帯するビニール袋、プラスチック容器、紙箱、缶箱等は、購入者によっては再利用されることがありますが、通常、販売者は、これらの包装材料等を、自らが販売する飲食料品の包装材料等以外の用途（以下「他の用途」といいます。）に再利用させることを前提として付帯しているものではないと考えられます。

　このため、御質問のような缶箱は、キャラクター等が印刷されたものであっても、基本的には、その販売に付帯して通常必要なものとして使用されるものに該当し、その缶箱入りのお菓子の販売は、軽減税率の適用対象となります。

　（注）　飲食料品の販売の際に付帯する包装材料等が、例えば、その形状や販売方法
　　　　等から、装飾品、小物入れ、玩具など、顧客に他の用途として再利用させるこ
　　　　とを前提として付帯しているものは、通常必要なものとして使用されるものに
　　　　該当せず、その商品は、「一体資産」に該当します。

飲用後に回収される空びん

> 【問1－17】 当社は、ガラスびん入りの清涼飲料を飲食店等に卸しており、販売に当たっては、顧客から「容器保証金（容器等の返却を担保するために預かる保証金）」を預かることなく、全体を軽減税率の適用対象として販売しています。
>
> ところで、当社では、飲用後の空びんを飲食店等から回収し、「びん代」を飲食店等に支払っていますが、この「びん代」は、軽減税率の適用対象となりますか。
>
> また、当社では、飲食店等から回収した空びんを、当社の仕入先である飲料メーカーに返却していますが、当社は、仕入れの際、飲料メーカーに「容器保証金」を支払っていますので、返却の際は、支払った「容器保証金」が返還されます。この「容器保証金」はどのような取扱いになりますか。

【答】 飲食料品の販売に際し使用される包装材料等が、その販売に付帯して通常必要なものとして使用されるものであるときは、その包装材料等も含め「飲食料品の譲渡」に該当します。

　御質問の場合、飲食店等に対して清涼飲料を販売する際に使用するガラスびんは、その販売に付帯して通常必要なものとして使用されるものであるため、清涼飲料の販売は、ガラスびんも含めて「飲食料品の譲渡」として軽減税率の適用対象となります。

　他方、飲用後の空びんを回収する際に飲食店等に支払う「びん代」は、飲食店等から受けた「飲食料品の譲渡」の対価ではなく、「空びんの譲渡」の対価であることから、軽減税率の適用対象となりません。

　なお、この場合、「びん代」を売上げに係る対価の返還等として処理することも差し支えありません。

　また、容器等込みで飲料を仕入れる際に支払い、飲料を消費等した後に空

第1章　軽減税率制度の概要等

の容器等を返却したときに返還を受けることとされているいわゆる「容器保証金」は、消費税の課税対象外であり、課税仕入れに該当しません。

　このため、御質問の飲料メーカーに空びんを返却する際に返還される「容器保証金」も、資産の譲渡等の対価に該当せず、消費税の課税対象外となります。

(参考)　「容器保証金」について、容器等が返却されないことにより返還しないこととなった保証金等の取扱いは、次によることとされています。

・　当事者間においてその容器等の譲渡の対価として処理することとしている場合、資産の譲渡等の対価に該当します。

・　当事者間において損害賠償金として処理することとしている場合、その損害賠償金は資産の譲渡等の対価に該当しません。

※　上記のいずれによるかは、当事者間で授受する請求書、領収書その他の書類で明らかにするものとされています。

参　考　基通5－2－6

桐の箱の容器

> 【問1－18】　当社では、果実を専用の桐の箱に入れて販売していますが、このような桐の箱も通常必要な容器として取り扱ってよいでしょうか。

【答】　飲食料品の販売に際し使用される包装材料等が、その販売に付帯して通常必要なものとして使用されるものであるときは、その包装材料等も含め「飲食料品の譲渡」に該当します。

　例えば、桐の箱等の容器に入れられて飲食料品が販売されることがありますが、このような場合にあっては、桐の箱にその商品の名称などを直接印刷等して、その飲食料品を販売するためにのみ使用していることが明らかなときは、その飲食料品の販売に付帯して通常必要なものとして使用されるもの

13

に該当するものとして取り扱って差し支えありません。

（注）　容器等に商品の名称などを直接印刷等したとしても、その飲食料品を販売するためにのみ使用していることが明らかでないもの（例えば、その形状や販売方法等から、装飾品、小物入れ、玩具など、他の用途として再利用させることを前提として付帯しているもの）については、その飲食料品の販売に付帯して通常必要なものには該当しませんのでご留意ください。

参考　軽減通達3

食品と食品以外の資産が選択可能である場合の一体資産該当性

> 【問1－19】　当社は、店内飲食と持ち帰りのどちらもすることができる飲食店を経営し、お菓子とドリンクとおもちゃをセット商品として販売しています。このセット商品のお菓子・ドリンクは、顧客がメニューの中から選択することができるようにして販売していますが、顧客がこのセット商品を持ち帰る場合、一体資産に該当しますか。

【答】　「一体資産」とは、食品と食品以外の資産があらかじめ一の資産を形成し、又は構成しているもの（一の資産に係る価格のみが提示されているものに限ります。）をいいます。

　御質問のように、そのセット商品を構成する食品又は食品以外の資産について、顧客が選択可能であれば、あらかじめ一の資産を形成し、又は構成しているものではないため、一体資産に該当せず、一括譲渡（課税関係の異なる2以上の資産（軽減税率の適用対象とならない資産、軽減税率の適用対象資産又は非課税対象資産のうち異なる2以上の資産）を同一の者に同時に譲渡すること）に該当することから、個々の資産の譲渡等の対価の額が合理的に区分されていない場合には、それぞれの資産の価額に基づき合理的にあん分する必要があります。

14

第1章　軽減税率制度の概要等

　なお、御質問のお菓子とドリンクの販売は、「飲食料品の譲渡」に該当し、軽減税率の適用対象となりますが、おもちゃの販売は、軽減税率の適用対象となりません。その場合、売価や仕入原価などからそれぞれの対価の額等によりあん分するなどして、軽減税率適用対象の対価の額、軽減税率適用対象外の対価の額を算出することとなります。

（参考）　セット商品を構成する食品又は食品以外の資産について、選択可能な組合せのパターンを提示し、それぞれ組合せに係る価格のみを提示している場合には、一体資産に該当しますのでご留意ください。

参　考　平成28年改正法附則34①

食品と非売品のおもちゃの一括譲渡

> 【問1－20】　当社は、飲食店を経営しています。当社では、ハンバーガーとドリンクとおもちゃで構成されるセット商品（500円：税抜き）を持ち帰り用に販売しています。このセット商品の販売は、顧客がメニューからハンバーガーとドリンクを選択することができるため、一体資産ではなく、一括譲渡に該当しますが、おもちゃは非売品なので対価を設定していません。この場合、おもちゃの対価はどのように計算すればよいですか。なお、セット商品のハンバーガーとドリンクは、単品で販売する場合、ハンバーガーは販売価格300円（税抜き）、ドリンクは250円（税抜き）です。

【答】　一括譲渡においては、税率の異なるごとに資産の譲渡等の対価の額を合理的に区分する必要があります。

　御質問のセット商品は、おもちゃが非売品であるため、例えば、セット商品の売価から実際に販売されている商品の単品の価格（御質問の場合はハンバーガーの売価300円とドリンクの売価250円の合計額550円）を控除した後の残額を非売品の売価とし、おもちゃの売価を０円とすることも合理的に区

15

分されたものと考えられます。

　また、実態として、おもちゃが付かない場合でもセット商品の価格が変わらない場合には、おもちゃの対価を求めていないと認められますので、非売品の売価を０円とすることも合理的に区分されたものと考えられます。

参考　平成28年改正令附則6

販促品付きペットボトル飲料

> **【問1−21】**　当社は、小売店を経営しています。当社では、販売促進の一環として、キャンペーン期間中は特定のペットボトル飲料に非売品のおもちゃを付けた状態で販売することがありますが、このような商品は、「一体資産」に該当しますか。なお、おもちゃが付かない場合であってもこのペットボトル飲料の価格は変わりません。

【答】　「一体資産」とは、食品と食品以外の資産があらかじめ一の資産を形成し、又は構成しているもの（一の資産に係る価格のみが提示されているものに限ります。）をいいます。

　御質問の商品は、特定の食品にあらかじめ販促品を付けて販売されているところ、「食品と食品以外の資産があらかじめ一の資産を形成し、又は構成しているもの」であり、また、一の資産に係る価格のみが提示されているものであるため、「一体資産」に該当します。

　なお、御質問の場合、おもちゃは非売品であり、また、おもちゃが付かない場合でも価格が変わらないことから、おもちゃの価格は０円であると認められるため、一体資産の価額のうち食品に係る部分の価額の占める割合は3分の2以上となり、一体資産の譲渡の対価の額（税抜価額）が1万円以下である場合、その販売は「飲食料品の譲渡」に該当し、全体が軽減税率の適用対象となります。

参考　平成28年改正法附則34①、平成28年改正令附則2一

16

第1章　軽減税率制度の概要等

一体資産に含まれる食品に係る部分の割合の売価による判定

【問1－22】　当社では、税抜価格500円で販売しているティーカップに、当社が栽培したハーブを原料とした自家製ハーブティーをパッケージングしてセット商品として税抜価格1,500円で販売しようと考えています。

当社は、ハーブティーを単品で販売していないため売価を設定していませんが、セット商品の価格からティーカップの売価を控除した後の金額をハーブティーの売価とすることで「一体資産の価額のうちに当該一体資産に含まれる食品に係る部分の価額の占める割合として合理的な方法により計算した割合が3分の2以上であること」の判定を行うことはできますか。

【答】　一体資産の価額のうちに当該一体資産に含まれる食品に係る部分の価額の占める割合として合理的な方法により計算した割合は、事業者の販売する商品や販売実態等に応じ、例えば、次の割合など、事業者が合理的に計算した割合であればこれによって差し支えないとされています。

　　イ　その一体資産の譲渡に係る売価のうち、合理的に計算した食品の売価
　　　　の占める割合

　　ロ　その一体資産の譲渡に係る原価のうち、合理的に計算した食品の原価
　　　　の占める割合

御質問のセット商品は、ハーブティーが単品で販売されていないため、原則として、それぞれの商品の原価（上記ロの方法）により計算していただくことが合理的であるといえます。

ただし、御質問のように、セット商品の売価から実際に販売されている商品の価格（御質問の場合はティーカップ500円）を控除した後の残額をハーブティーの売価とすることにより合理的に計算できる場合には、それによっても差し支えありません。

17

したがって、御質問のセット商品について、御質問の方法により計算した場合、次のとおり食品に係る部分の割合が３分の２以上であるものに該当しますので、軽減税率の適用対象となります。

○　ハーブティーの売価とする金額

一体資産の譲渡の売価　　ティーカップの売価　　ハーブティーの売価とする金額
　　1,500円　　　－　　　500円　　　＝　　　　1,000円

○　一体資産の譲渡の売価のうち、食品の占める割合

ハーブティーの売価とする金額　　一体資産の譲渡の売価　　一体資産の譲渡の売価のうち、食品の占める割合
　　1,000円　　　　／　　　　1,500円　　　＝66.666…％≧３分の２(66.666…％)

参　考　軽減通達５

自動販売機

> 【問１－23】　自動販売機のジュースやパン、お菓子等の販売は、軽減税率の適用対象となりますか。

【答】　自動販売機により行われるジュース、パン、お菓子等の販売は、飲食料品を飲食させる役務の提供を行っているものではなく、単にこれらの飲食料品を販売するものであることから軽減税率の適用対象となる「飲食料品の譲渡」に該当することとされています。

参　考　平成28年改正法附則34①一、軽減通達６

第1章　軽減税率制度の概要等

食品の加工

> 【問1－24】　当社は、取引先からコーヒーの生豆の支給を受け、焙煎等の加工を行っています。当社の行う加工は、軽減税率の適用対象となりますか。

【答】　「飲食料品の譲渡」には、軽減税率が適用されますが、コーヒーの生豆の加工は、役務の提供に該当しますので、軽減税率の適用対象となりません。

参　考　平成28年改正法附則34①一

自動販売機の手数料

> 【問1－25】　当社は、清涼飲料の自動販売機を設置しており、飲料メーカーから、この自動販売機による清涼飲料の販売数量等に応じて計算された販売手数料を受領しています。この販売手数料は、軽減税率の適用対象となりますか。

【答】　御質問のような販売手数料は、自動販売機の設置等に係る対価として支払いを受けるものであるため、その対価の額が販売数量等に応じて計算されるものであったとしても、飲食料品の売上げ（又は仕入れ）に係る対価の返還等には該当せず、「役務の提供」の対価に該当することから、軽減税率の適用対象となりません。

19

輸入される飲食料品

> 【問1－26】 輸入される飲食料品は、軽減税率の適用対象となりますか。

【答】 保税地域から引き取られる課税貨物のうち、「飲食料品」に該当するものについては、軽減税率が適用されます。

なお、課税貨物が「飲食料品」に該当するかどうかは、輸入の際に、人の飲用又は食用に供されるものとして輸入されるかどうかにより判定されます。

参　考　平成28年改正法附則34①一

軽減税率が適用される「新聞の譲渡」

> 【問1－27】 軽減税率が適用される「新聞の譲渡」とは、どのようなものですか。

【答】 軽減税率が適用される「新聞の譲渡」とは、一定の題号を用い、政治、経済、社会、文化等に関する一般社会的事実を掲載する週2回以上発行される新聞の定期購読契約に基づく譲渡です。

いわゆるスポーツ新聞や各業界新聞なども、政治、経済、社会、文化等に関する一般社会的事実を掲載するものに該当するものであれば、週2回以上発行され、定期購読契約に基づき譲渡する場合は軽減税率が適用されます。

なお、駅売りの新聞など定期購読契約に基づかない新聞の譲渡は、軽減税率の対象となりません。

参　考　平成28年改正法附則34①二

第1章　軽減税率制度の概要等

1週に2回以上発行する新聞

【問1－28】　当社が販売する新聞は、通常週2回発行されています
が、休刊日により週に1回しか発行されない場合があります。この
場合の新聞の販売は、軽減税率の適用対象となりますか。

【答】　軽減税率の適用対象となる「1週に2回以上発行する新聞」とは、通
常の発行予定日が週2回以上とされている新聞をいいますので、国民の祝日
及び通常の頻度で設けられている新聞休刊日によって発行が1週に1回以下
となる週があっても「1週に2回以上発行する新聞」に該当します。

　したがって、御質問の新聞が、定期購読契約に基づくものであれば、軽減
税率の適用対象となります。

参考　平成28年改正法附則34①二、軽減通達14

発行回数の異なる新聞

【問1－29】　軽減税率が適用される新聞か否かは、「週2回以上発
行」と「定期購読契約」が要件ですので、例えば週1回発行の新聞
は標準税率、週2回以上発行の新聞は軽減税率というように、同種
の新聞でも発行回数次第で異なる税率が適用されますか。

【答】　同種の新聞であっても、週1回発行のものは標準税率、週2回以上発
行されるもので、定期購読契約に基づくものは、軽減税率の適用対象となり
ます。

参考　平成28年改正法附則34①二

21

ホテルに対して販売する新聞

> **【問1-30】** 当社は、新聞販売店を経営しています。当社がホテルに販売する週2回以上発行される新聞は、ホテルが従業員の購読用とするもののほか、ロビーに設置するもの、そのホテルの宿泊客に無料で配布するものがあります。この場合、当社の新聞の販売は、軽減税率の適用対象となりますか。
>
> なお、当社とホテルとの間では、定期購読契約に基づき毎日一定の固定部数を納品するほか、当日の宿泊客数に応じて追加部数を納品しています。

【答】 軽減税率の適用対象である「新聞」は、定期購読契約に基づくものとされており、「定期購読契約」とは、その新聞を購読しようとする者に対して、その新聞を定期的に継続して供給することを約する契約をいいます。

ここでいう「購読」とは、「購入して読むこと」をいい、購入した者が「自らの事業に使用すること（再販売することは除きます。）」も含まれます。

このため、御質問のように、ホテルの従業員の購読用とするもののほか、ホテルの宿泊客の閲覧用としてロビー等に設置するものや無料で配布するものも、ホテルが「自らの事業に使用すること」に含まれますので、御質問の新聞の販売は、「購読」しようとする者であるホテルに対して販売するものに該当します。

また、毎日一定の固定部数を納品するものは「定期的に継続して供給する」ものに該当しますが、当日の宿泊客数に応じて追加で納品するものは、「定期的に継続して供給する」ものに該当しません。

したがって、御質問の場合、毎日納品する固定部数部分については、軽減税率の適用対象となりますが、当日の宿泊客数に応じて納品する追加部数部分については、軽減税率の適用対象となりません。

（注）　ホテルで再販売（ホテルの売店等での販売や、宿泊客から新聞代を徴して配

第1章　軽減税率制度の概要等

布すること）するためのものとして新聞を販売する場合、ホテルは「購読」し
ようとする者には当たらないことから、軽減税率の適用対象となりません。

参　考　平成28年改正法附則34①二

電子版の新聞

> 【問1−31】　インターネットを通じて配信する電子版の新聞は、軽
> 減税率の適用対象となりますか。

【答】　軽減税率の適用対象となる「新聞の譲渡」とは、一定の題号を用い、
政治、経済、社会、文化等に関する一般社会的事実を掲載する新聞（1週に
2回以上発行する新聞に限ります。）の定期購読契約に基づく譲渡をいいま
す。

　他方、インターネットを通じて配信する電子版の新聞は、電気通信回線を
介して行われる役務の提供である「電気通信利用役務の提供」に該当し、「新
聞の譲渡」に該当しないことから、軽減税率の適用対象となりません。

参　考　法2①八の三、平成28年改正法附則34①二

紙の新聞と電子新聞のセット販売

> 【問1−32】　週2回以上発行される紙の新聞と電子新聞の定期購読
> 契約に基づくセット販売は、軽減税率の適用対象となりますか。

【答】　紙の新聞と電子新聞のセット販売を行う場合は、紙の新聞の譲渡の対
価の額と電子新聞の提供の対価の額を区分の上、紙の新聞は軽減税率、電子
新聞の提供は標準税率が適用されます。

参　考　平成28年改正令附則6

23

飲食店業等を営む者が行う食事の提供（いわゆる「外食」）の意義

> 【問1－33】 軽減税率が適用されない「飲食店業等を営む者が行う食事の提供」（いわゆる「外食」）とは、どのようなものですか。

【答】 軽減税率が適用されない「飲食店業等を営む者が行う食事の提供」（いわゆる「外食」）とは、

① 飲食店業等を営む者がテーブル、椅子、カウンターその他の飲食に用いられる設備（以下「飲食設備」といいます。）のある場所において、

② 飲食料品を飲食させる役務の提供

をいい、例えば、レストランやフードコートでの食事の提供があります。

　なお、「飲食店業等を営む者」とは、食品衛生法施行令に規定する飲食店営業、喫茶店営業その他の飲食料品をその場で飲食させる事業を営む者をいい、飲食設備のある場所において飲食料品を飲食させる役務の提供を行う全ての事業者が該当します。

参　考 平成28年改法附則34①一イ、平成28年改正令附則3①、軽減通達7

飲食に用いられる設備（飲食設備）の意義

> 【問1－34】 「飲食に用いられる設備」（飲食設備）とは、どのようなものですか。

【答】 「飲食に用いられる設備」（飲食設備）とは、飲食に用いられるテーブル、椅子、カウンター等の設備であれば、飲食のための専用の設備である必要はなく、飲食料品の提供を行う者と設備を設置又は管理する者（以下「設備設置者」といいます。）が異なる場合であっても、飲食料品の提供を行う者と設備設置者との間の合意等に基づき、当該飲食設備を飲食料品の提供を行う者の顧客に利用させることとしているときは、「飲食設備」に該当します。

24

第1章　軽減税率制度の概要等

|参　考| 軽減通達8、9

持ち帰り販売の取扱い

> **【問1−35】** 飲食店業等を営む者が、「店内飲食」と「持ち帰り販売」
> の両方を行っている場合の持ち帰り販売には、軽減税率が適用され
> ますか。

【答】 飲食店業等を営む者が行うものであっても、飲食料品を持ち帰りのための容器に入れ、又は包装をして行う譲渡（いわゆる「テイクアウト」や「持ち帰り販売」）は、テーブル、椅子等の飲食設備のある場所において、飲食料品を飲食させる役務の提供には当たらない単なる飲食料品の販売であることから、軽減税率が適用されます。

　なお、店内飲食と持ち帰り販売の両方を行っている飲食店等においては、その飲食料品を提供する時点で、「店内飲食」（標準税率）か「持ち帰り販売」（軽減税率）かを、例えば、顧客に意思確認を行うなどの方法により判定することになります。

|参　考| 平成28年改正法附則34①一イ、軽減通達11

「ケータリング」や「出張料理」

> **【問1−36】** 顧客の自宅で調理を行って飲食料品を提供する「出張
> 料理」は、軽減税率の適用対象となりますか。

【答】 軽減税率の適用対象となる「飲食料品の譲渡」には、「相手方が指定した場所において行う加熱、調理又は給仕等の役務を伴う飲食料品の提供」（いわゆる「ケータリング、出張料理」）は含まれないこととされています。

　いわゆる「ケータリング、出張料理」は、相手方が指定した場所で、飲食

25

料品の提供を行う事業者が食材等を持参して調理して提供するものや、調理済みの食材を当該指定された場所で加熱して温かい状態で提供すること等をいい、具体的には以下のような場合が該当します。

① 相手方が指定した場所で飲食料品の盛り付けを行う場合

② 相手方が指定した場所で飲食料品が入っている器を配膳する場合

③ 相手方が指定した場所で飲食料品の提供とともに取り分け用の食器等を飲食に適する状態に配置等を行う場合

したがって、御質問のいわゆる「出張料理」は、顧客の自宅で調理を行って飲食料品を提供していることから、「相手方の指定した場所において行う役務を伴う飲食料品の提供」に該当し、軽減税率の適用対象となりません。

なお、「相手方が指定した場所において行う役務を伴う飲食料品の提供」であっても、次の施設において行う一定の基準を満たす[※1]飲食料品の提供については、軽減税率の適用対象とされています。

① 老人福祉法第29条第1項の規定による届出が行われている有料老人ホームにおいて、当該有料老人ホームの設置者又は運営者が、当該有料老人ホームの一定の入居者[※2]に対して行う飲食料品の提供

② 「高齢者の居住の安定確保に関する法律」第6条第1項に規定する登録を受けたサービス付き高齢者向け住宅において、当該サービス付き高齢者向け住宅の設置者又は運営者が、当該サービス付き高齢者向け住宅の入居者に対して行う飲食料品の提供

③ 学校給食法第3条第2項に規定する義務教育諸学校の施設において、当該義務教育諸学校の設置者が、その児童又は生徒の全て[※3]に対して学校給食として行う飲食料品の提供

④ 「夜間課程を置く高等学校における学校給食に関する法律」第2条に規定する夜間課程を置く高等学校の施設において、当該高等学校の設置者が、当該夜間過程において行う教育を受ける生徒の全て[※3]に対して夜間学校給食として行う飲食料品の提供

⑤ 「特別支援学校の幼稚部及び高等部における学校給食に関する法律」第

第1章　軽減税率制度の概要等

２条に規定する特別支援学校の幼稚部又は高等部の施設において、当該特別支援学校の設置者が、その幼児又は生徒の全て※3に対して学校給食として行う飲食料品の提供

⑥　学校教育法第1条に規定する幼稚園の施設において、当該幼稚園の設置者が、その施設で教育を受ける幼児の全て※3に対して学校給食に準じて行う飲食料品の提供

⑦　学校教育法第1条に規定する特別支援学校に設置される寄宿舎において、当該寄宿舎の設置者が、当該寄宿舎に寄宿する幼児、児童又は生徒に対して行う飲食料品の提供

※1　上記①～⑦の施設の設置者等が同一の日に同一の者に対して行う飲食料品の提供の対価の額（税抜き）が一食につき640円以下であるもののうち、その累計額が1,920円に達するまでの飲食料品の提供であることとされています。また、累計額の計算方法につきあらかじめ書面で定めている場合にはその方法によることとされています（平成28年財務省告示第100号）。

※2　60歳以上の者、要介護認定・要支援認定を受けている60歳未満の者又はそれらの者の配偶者に限られます。

※3　アレルギーなどの個別事情により全ての児童又は生徒に対して提供することができなかったとしても軽減税率の適用対象となります。

参　考　平成28年改正法附則34①一ロ、平成28年改正令附則3②、軽減通達12

配達先での飲食料品の取り分け

【問1－37】　当社は、味噌汁付弁当の販売・配達を行っています。弁当と味噌汁を配達する際には、配達先で味噌汁を取り分け用の器に注いで一緒に提供していますが、この場合の味噌汁付弁当の販売は、ケータリングに該当しますか。

【答】　軽減税率の適用対象となる「飲食料品の譲渡」には、「相手方が指定した場所において行う加熱、調理又は給仕等の「役務」を伴う飲食料品の提

27

供（いわゆる「ケータリング、出張料理」）は含まないこととされています。

　この「役務」には、「盛り付け」を含むとされていますが、飲食料品の譲渡に通常必要な行為である、例えば、持ち帰り用のコーヒーをカップに注ぐような、容器への「取り分け」行為は、含まれません。

　したがって、御質問の「味噌汁を取り分け用の器に注ぐ」という行為は、味噌汁の販売に必要な行為である「取り分け」に該当し、ケータリングに該当しません（味噌汁付弁当の全体が軽減税率の適用対象となります。）。

【参　考】　平成28年改正法附則34①一ロ、軽減通達12

社員食堂での飲食料品の提供

> 【問1－38】　社員食堂で提供する食事は、軽減税率の適用対象となりますか。

【答】　軽減税率の適用対象とならない「食事の提供」とは、飲食設備のある場所において飲食料品を飲食させる役務の提供をいいます。

　会社内や事業所内に設けられた社員食堂で提供する食事も、その食堂において、社員や職員に、飲食料品を飲食させる役務の提供を行うものであることから、「食事の提供」に該当し、軽減税率の適用対象となりません。

【参　考】　平成28年改正法附則34①一イ、軽減通達10

第1章　軽減税率制度の概要等

屋台での飲食料品の提供

【問1－39】　屋台のおでん屋やラーメン屋、フードイベント等での飲食料品の提供は、軽減税率の適用対象となりますか。また、テーブル、椅子などを設置せずに行う縁日などにおける屋台のお好み焼きや焼きそばの販売は、軽減税率の適用対象となりますか。

【答】　軽減税率の適用対象とならない「食事の提供」とは、飲食設備がある場所において飲食料品を飲食させる役務の提供をいい、「飲食設備」とは、テーブル、椅子、カウンター等その他の飲食に用いられる設備をいいます。

　屋台のおでん屋やラーメン屋、フードイベント等で、テーブル、椅子、カウンター等の飲食設備で飲食させている場合は、軽減税率の適用対象となりません。

　ここでいう飲食設備は、飲食のための専用の設備である必要はなく、また、飲食料品の提供を行う者と設備設置者が異なる場合であっても飲食料品の提供を行う者と設備設置者との間の合意等に基づき、当該飲食設備を飲食料品の提供を行う者の顧客に利用させることとしているときは、「飲食設備」に該当します。

　そのため、屋台を営む事業者が、

① 自らテーブル、椅子、カウンター等を設置している場合

② 自ら設置はしていないが、例えば、設備設置者から使用許可等を受けている場合

は、軽減税率の適用対象となりません。

　一方、

③ テーブル、椅子、カウンター等がない場合

④ テーブル、椅子、カウンター等はあるが、例えば、公園などの公共のベンチ等で特段の使用許可等をとっておらず、顧客が使用することもあるがその他の者も自由に使用している場合

29

は、軽減税率の適用対象となります。

参考 平成28年改正法附則34①一イ、軽減通達8、9

コンビニエンスストアのイートインスペースでの飲食

> 【問1－40】 店内にイートインスペースを設置したコンビニエンスストアにおいて、ホットドッグ、から揚げ等のホットスナックや弁当の販売を行い、顧客に自由にイートインスペースを利用させていますが、この場合の弁当等の販売は、軽減税率の適用対象となりますか。

【答】 イートインスペースを設置しているコンビニエンスストアにおいて、例えば、トレイや返却が必要な食器に入れて飲食料品を提供する場合などは、店内のイートインスペースで飲食させる「食事の提供」であり、軽減税率の適用対象となりません。

ところで、コンビニエンスストアでは、御質問のようなホットスナックや弁当のように持ち帰ることも店内で飲食することも可能な商品を扱っており、このような商品について、店内で飲食させるか否かにかかわらず、持ち帰りの際に利用している容器等に入れて販売することがあります。このような場合には、顧客に対して店内飲食か持ち帰りかの意思確認を行うなどの方法で、軽減税率の適用対象となるかならないかを判定していただくこととなります。

なお、その際、大半の商品（飲食料品）が持ち帰りであることを前提として営業しているコンビニエンスストアの場合において、全ての顧客に店内飲食か持ち帰りかを質問することを必要とするものではなく、例えば、「イートインコーナーを利用する場合はお申し出ください」等の掲示をして意思確認を行うなど、営業の実態に応じた方法で意思確認を行うこととして差し支えありません。

参考 平成28年改正法附則34①一イ、軽減通達10(3)

第1章　軽減税率制度の概要等

スーパーマーケットの休憩スペース等での飲食

【問1－41】　当社は、スーパーマーケットを運営し、弁当や惣菜等の販売を行っています。店舗には、顧客が飲食にも利用することができる休憩スペースがあります。このようなスペースであっても、いわゆるイートインスペースに該当することから、軽減税率の適用対象となるかならないかを判定するために、顧客に対して店内飲食か持ち帰りかの意思確認が必要でしょうか。

　また、従業員専用のバックヤードや、顧客が利用するトイレ、サッカー台（購入した商品を袋に詰めるための台）についても同様でしょうか。

【答】　軽減税率の適用対象とならない「食事の提供」とは、飲食設備のある場所において飲食料品を飲食させる役務の提供をいいます。「飲食設備」とは、テーブル、椅子、カウンターその他の飲食に用いられる設備であれば、その規模や目的を問わないため、スーパーマーケットの休憩スペースであっても、飲食設備に該当します。

　そのため、その休憩スペースにおいて顧客に飲食料品を飲食させる役務の提供は「食事の提供」に該当し、軽減税率の適用対象となりません。

　したがって、飲食料品の販売に際しては、顧客に対して店内飲食か持ち帰りかの意思確認を行うなどの方法で、軽減税率の適用対象となるかならないかを判定していただくこととなります。

　その際、大半の商品（飲食料品）が持ち帰りであることを前提として営業しているスーパーマーケットの場合において、全ての顧客に店内飲食か持ち帰りかを質問することを必要とするものではなく、例えば、「休憩スペースを利用して飲食する場合はお申し出ください」等の掲示を行うなど、営業の実態に応じた方法で意思確認を行うこととして差し支えありません。

　なお、「飲食はお控えください」といった掲示を行うなどして実態として

31

顧客に飲食させていない休憩スペース等や、従業員専用のバックヤード、トイレ、サッカー台のように顧客により飲食に用いられないことが明らかな設備については、飲食設備に該当しません。そのため、ほかに飲食設備がない場合には、持ち帰り販売のみを行うこととなりますので、意思確認は不要となります。

（注）　「飲食はお控えください」といった掲示を行っている休憩スペース等であったとしても、実態としてその休憩スペース等で顧客に飲食料品を飲食させているような場合におけるその飲食料品の提供は「食事の提供」に当たり、軽減税率の適用対象となりません。したがって、店内飲食か持ち帰りかの意思確認を行うなどの方法で、軽減税率の適用対象となるかならないかを判定していただくこととなりますのでご留意ください。

参　考　平成28年改正法附則34①一イ、軽減通達8、10(3)

飲食可能な場所を明示した場合の意思確認の方法

> 【問1－42】　当社は、スーパーマーケットを運営し、弁当や惣菜等の販売を行っています。店舗には、顧客が飲食にも利用することができる休憩スペースのほか、階段脇や通路沿いにもベンチ等を設置しています。当社では衛生上の観点から、休憩スペースでのみ飲食を可能としており、「飲食される場合には休憩スペースをご利用ください」といった掲示を行っています。
>
> 　そういった掲示を行っている場合に、顧客に対して店内飲食か持ち帰りかの意思確認はどのように行うこととなりますか。

【答】　軽減税率の適用対象とならない「食事の提供」とは、飲食設備のある場所において飲食料品を飲食させる役務の提供をいいます。「飲食設備」とは、テーブル、椅子、カウンターその他の飲食に用いられる設備であれば、その規模や目的を問わないため、スーパーマーケットの休憩スペースやベンチ等

であっても飲食設備に該当します（軽減通達8）。そのため、このような休憩スペースやベンチ等において顧客に飲食料品を飲食させる役務の提供は「食事の提供」に当たり、軽減税率の適用対象となりません。

　一方で、テーブルや椅子等がある場合であっても「飲食はお控えください」といった掲示を行うなどして実態として顧客に飲食させていない休憩スペース等については、飲食設備に該当しません（【問1－41】参照）。

　御質問の場合、掲示により休憩スペースのみを飲食可能な設備として指定しているため、それ以外のベンチ等は、飲食に用いられないもの（飲食設備に該当しないもの）と考えられます。

　ただし、店舗には顧客が飲食可能な休憩スペース（飲食設備）があるため、飲食料品の販売に際しては、顧客に対して店内飲食か持ち帰りかの意思確認を行うなどの方法で、軽減税率の適用対象となるかならないかを判定していただくこととなりますが、その際には、例えば「お買い上げの商品を休憩スペースを利用してお召し上がりになる場合にはお申し出ください」等の掲示を行うなど、営業の実態に応じた方法により意思確認を行うこととして差し支えありません。

参考　平成28年改正法附則34①一イ、軽減通達8、10(3)

イートインスペースで飲食される物の限定

> 【問1-43】 当社は、スーパーマーケットを運営し、弁当や惣菜等の販売を行っています。店舗には、テーブルや椅子を設置したイートインスペースがありますが、「お飲み物とベーカリーコーナーのパンについてはお会計いただいた後イートインスペースでお召し上がりいただけます」と掲示しています。その場合、飲み物やパン以外の飲食料品（弁当や惣菜等）を販売する際にも、顧客に対して店内飲食か持ち帰りかの意思確認が必要ですか。

【答】 軽減税率の適用対象とならない「食事の提供」とは、飲食設備のある場所において飲食料品を飲食させる役務の提供をいいます。そのため、スーパーマーケットのイートインスペースにおいて顧客に飲食料品を飲食させる役務の提供は「食事の提供」に当たり、軽減税率の適用対象となりません。

　飲食設備のあるスーパーマーケットでは、飲食料品を販売する際には、顧客に対して店内飲食か持ち帰りかの意思確認を行うなどの方法で、軽減税率の適用対象となるかならないかを判定していただくこととなります。

　ただし、御質問のように、イートインスペースにおいて飲み物とパンのみが飲食可能な旨の掲示を行うなどして実態としてそれら以外の飲食料品を顧客に飲食させていない場合、それら以外の飲食料品については、そのイートインスペースにおいて飲食されないことが明らかであることから、持ち帰り販売のみを行うこととなりますので、意思確認は不要となります。

（注） 飲み物とパンのみが飲食可能な旨の掲示を行っていたとしても、実態としてそれら以外の飲食料品も顧客に飲食させているような場合におけるその飲食料品の提供は「食事の提供」に当たり、軽減税率の適用対象となりません。したがって、店内飲食か持ち帰りかの意思確認を行うなどの方法で、軽減税率の適用対象となるかならないかを判定していただくこととなりますのでご留意ください。

第1章　軽減税率制度の概要等

参　考　平成28年改正法附則34①一イ、軽減通達10(3)

コーヒーチケットの取扱い

> 【問1－44】　当店は、喫茶店営業を行っており、当店で使用することができる5枚つづりのコーヒーチケットを販売しています。なお、当店がこのコーヒーチケットと引換えに提供するコーヒーは、店内で飲むことも、持ち帰ることも可能です。このコーヒーチケットの販売は、軽減税率の適用対象となりますか。

【答】　軽減税率の適用対象とならない「食事の提供」とは、飲食店営業等を営む者が飲食設備のある場所において飲食料品を飲食させる役務の提供をいい、「持ち帰り」は、これに含まないものとされています。そして、「食事の提供」に該当するのか、又は「持ち帰り」に該当するのかは、その飲食料品の提供等を行った時点において顧客に意思確認を行うなどにより判定することとされています。

　御質問のようなコーヒーチケットとの引換えによるコーヒーの提供は、顧客にそのコーヒーチケットと引き換えにコーヒーを提供した時に消費税の課税の対象となります。

　このため、顧客にコーヒーを提供する時に、顧客に対して店内飲食か持ち帰りかの意思確認を行うなどの方法により、軽減税率が適用されるかどうかを判定していただくこととなります。

(参考)　コーヒーチケット（物品切手）の発行は、消費税の課税の対象外です。しかしながら、コーヒーチケットを発行した際に、発行時の売上計上と合わせて、消費税の課税の対象とする方法も継続適用を要件として認められていますが、店内飲食と持ち帰りの共用のコーヒーチケットでは、その発行時点において適用税率を判定することはできません。このため、例えば、店内飲食用のチケットと持ち帰り用のチケッ

35

トを区分して発行するといった対応も考えられます。

参　考　平成28年改正法附則34①一イ、軽減通達11、基通6－4－5、9－1－22

セット商品のうち一部を店内飲食する場合

> 【問1－45】　当店はファストフード店ですが、一の商品であるハンバーガーとドリンクのセット商品を販売する際に、顧客からドリンクだけを店内飲食すると意思表示された場合の適用税率について教えてください。

【答】　御質問のハンバーガーとドリンクのセット商品は、一の商品であることから、意思確認の結果、そのセット商品の一部（ドリンク）を店内飲食し、残りを持ち帰ると申し出があったとしても、貴店は、一のセット商品の一部をその場で飲食させるために提供することになります。

　したがって、そのセット商品の販売は、「食事の提供」に該当し、顧客がドリンク以外を持ち帰ったとしても軽減税率の適用対象となりません。

（参考）　持ち帰りのハンバーガーと店内飲食するドリンクを単品で販売する場合、持ち帰りのハンバーガーは「飲食料品の譲渡」として軽減税率の適用対象となり、店内飲食するドリンクは「食事の提供」として軽減税率の適用対象となりません。

合意等の範囲

> 【問1－46】　他の事業者が設置する飲食設備の利用に関する「合意等」の範囲について教えてください。

【答】　飲食設備とは、飲食料品を提供する事業者が設置したものでなくても、設備設置者と当該事業者との間の「合意等」に基づき、その設備を当該事業

第1章　軽減税率制度の概要等

者の「顧客に利用させること」としている場合は、これに該当します。

　この「合意等」には、契約書等で明らかにされている明示的な合意のみならず、「黙示の合意」も含みます。

　「黙示の合意」とは、飲食料品を提供する事業者が、設備設置者との明示の合意なく自らの顧客にその設備を使わせていることが設備設置者に黙認されており、かつ、飲食料品を提供する事業者がその設備を「管理支配しているような状況」をいいます。

　また、ここでいう「管理支配しているような状況」とは、例えば、その設備にメニュー等を設置、顧客を案内、配膳、下膳、清掃を行っているなど、自らの飲食設備として利用させている状況が挙げられます。

（参考）　上記の「顧客に利用させること」とは、その利用目的を問いません。そのため、あくまで飲食料品を提供している事業者が、その設備を顧客に利用させている場合は、飲食用・休憩用などの目的にかかわらず、飲食設備に該当します。

参考　軽減通達9

遊園地の売店

> 【問1－47】　当社は、遊園地を運営しています。当社が遊園地内で運営する売店において飲食料品を販売していますが、来園者は園内で食べ歩くほか、園内に点在するベンチで飲食することもあります。この場合、遊園地という施設全体が「飲食設備」に該当し、食べ歩きも含めて軽減税率の適用対象とならない「食事の提供」となるのでしょうか。

【答】　軽減税率の適用対象とならない「食事の提供」とは、飲食設備のある場所において飲食料品を飲食させる役務の提供をいいます。飲食設備とは、飲食料品の飲食に用いられる設備であれば、その規模や目的は問わず、例え

37

ば、テーブルのみ、椅子のみ、カウンターのみ又はこれら以外の設備であっても、これらの設備が飲食料品の飲食に用いられるのであれば、飲食設備に該当します。

「飲食設備」とは、上記のとおり個々のテーブルや椅子等の飲食に用いられる設備を指すものですので、御質問のように遊園地といった施設全体を指すものではありません。

その上で、売店にとっての「飲食設備」は、例えば、売店のそばに設置したテーブルや椅子など、売店の管理が及ぶものが該当しますので、園内に点在している売店の管理が及ばないベンチ等は、その売店にとっての飲食設備に該当するものではないと考えられます。

したがって、顧客が飲食料品を園内において食べ歩く場合や、売店の管理の及ばない園内に点在するベンチで飲食する場合は、売店にとっては、単に飲食料品を販売しているにすぎないことから、「飲食料品の譲渡」に該当し、軽減税率の適用対象となります。

なお、売店の管理が及ぶテーブルや椅子などで顧客に飲食料品を飲食させる場合は、「食事の提供」に該当し、軽減税率の適用対象となりません。そのため、販売の際に、顧客に対してその場で飲食するかどうかの意思確認を行うなどにより適用税率を判定することとなります。

(参考)　遊園地の運営事業者（設備の設置者）と売店等の飲食料品を販売する事業者が異なる場合には、両者の間の「合意等」に基づき、その設備を売店等の顧客に利用させることとしているときは「飲食設備」に該当します。なお、「合意等」については、【問1－46】をご参照ください。

参考　平成28年改正法附則34①一イ、軽減通達8

第1章　軽減税率制度の概要等

映画館の売店での飲食料品の販売

> 【問1-48】　映画館の売店での飲食料品の販売は、軽減税率の適用
> 対象となりますか。

【答】　映画館内に設置された売店で行われる飲食料品の販売は、単に店頭で
飲食料品を販売しているものですので、「飲食料品の譲渡」に該当し、軽減
税率の適用対象となります。

　なお、売店のそばにテーブル、椅子等を設置して、その場で顧客に飲食さ
せている場合には、飲食設備がある場所において飲食料品を飲食させる役務
の提供であり、「食事の提供」に該当しますので、持ち帰りによる販売（持
ち帰りのための容器に入れ、又は包装を施して行う飲食料品の譲渡）である
場合を除き、軽減税率の適用対象となりません。

　(注)1　持ち帰りの販売かどうかは、顧客への意思確認等により行うこととなりま
　　　　す。
　　　2　売店により、例えば、映画館の座席で次のような飲食料品の提供が行われ
　　　　る場合には、当該飲食料品の提供は、食事の提供に該当し、軽減税率の適用
　　　　対象となりません。
　　　①　座席等で飲食させるための飲食メニューを座席等に設置して、顧客の注
　　　　文に応じてその座席等で行う食事の提供
　　　②　座席等で飲食するため事前に予約を取って行う食事の提供

参　考　平成28年改正法附則34①一イ、軽減通達10（注）2、10(4)

適用税率の判定時期

> 【問1-49】　課税資産の譲渡等の適用税率の判定は、いつの時点で
> 行うのでしょうか。

【答】　軽減税率が適用される取引か否かの判定は、事業者が課税資産の譲渡

39

等を行う時、すなわち、飲食料品を提供する時点（取引を行う時点）で行うこととなります。

したがって、飲食料品の譲渡の判定に当たっては、

① 販売する事業者が、人の飲用又は食用に供されるものとして譲渡した場合には、顧客がそれ以外の目的で購入し、又はそれ以外の目的で使用したとしても、当該取引は「飲食料品の譲渡」に該当し、軽減税率の適用対象となります。

② 販売する事業者が、人の飲用又は食用以外に供されるものとして譲渡した場合には、顧客がそれを飲用又は食用に供する目的で購入し、又は実際に飲用又は食用に供したとしても、当該取引は「飲食料品の譲渡」に該当せず、軽減税率の適用対象となりません。

（参考）　「持ち帰り販売」の取扱い

　　　　「店内飲食」と「持ち帰り販売」のいずれも行っている飲食店等において飲食料品を提供する場合に、どちらに該当するかは、事業者が飲食料品の譲渡等を行う時に判断することとなります。例えば、注文等の時点で「店内飲食」か「持ち帰り」か顧客の意思確認を行うなどの方法により適用税率の判定を行うこととなります。

参考　軽減通達2

免税事業者からの課税仕入れの取扱い

> 【問1－50】　区分記載請求書等保存方式に移行後であっても免税事業者からの課税仕入れについて、仕入税額控除ができますか。

【答】　区分記載請求書等保存方式の下でも、免税事業者等からの課税仕入れについては、現行と同様に仕入税額控除の適用を受けることができます。

第1章 軽減税率制度の概要等

令和元年10月以降の税額計算方法

【問1-51】 軽減税率制度が実施される令和元年10月以降の税額の計算方法について教えてください。

【答】 軽減税率制度の下では、基本的には、税率の異なるごとに売上げ及び仕入れを記帳し、これをもとに、税率ごとの売上総額及び仕入総額を算出して売上税額及び仕入税額を計算することになります。

なお、課税売上げに係る消費税額について、一定の場合に認められている、交付する領収書に明示された消費税額を積上げて計算するいわゆる「積上げ計算」の特例においても、税率の異なるごとに区分した消費税額を領収書に明示し、当該区分した消費税額を積上げて課税売上げに係る消費税額を計算することとなります。また、消費税額の積上げによって仕入れに対する消費税額を計算するときは、税率の異なるごとに仮払消費税を経理し、課税仕入れに係る消費税額を計算することとなります。

《税額計算の方法》
1 税率
　　令和元年10月1日から、消費税等の税率は、軽減税率は8％（うち地方消費税率は1.76％）、標準税率は10％（うち地方消費税率は2.2）の複数税率となります。
　※　地方消費税の税率は、消費税額の78分の22です。
2 納付税額の計算方法
　　消費税等の納付税額は、次の算式により計算します。
　① 消費税額の計算

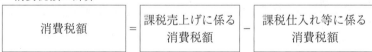

41

② 地方消費税額の計算

3 課税売上げに係る消費税額

　課税売上げに係る消費税額は、次の計算式のとおり、軽減税率分と標準税率分とに区分した課税標準額にそれぞれの税率を掛けて計算したものを合計して算出します。

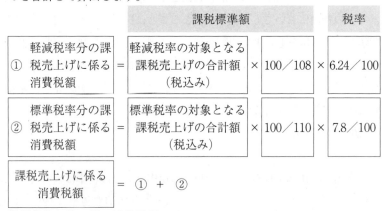

4 課税仕入れ等に係る消費税額

　課税仕入れ等に係る消費税額は、一般課税の事業者と簡易課税制度を適用する事業者では、計算方法が異なります。

(1) 一般課税

　一般課税における課税仕入れ等に係る消費税額は、国内における課税仕入れに係る消費税額と外国貨物の引取りに係る消費税額を合計します。

第1章　軽減税率制度の概要等

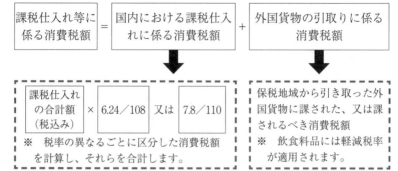

(2) 簡易課税制度

　簡易課税制度における課税仕入れ等に係る消費税額は、課税売上げに係る消費税額に事業に応じた一定の「みなし仕入率」を掛けて計算します。

参　考　簡易課税制度の事業区分とみなし仕入率

事業区分	該当する事業	みなし仕入率
第一種事業	卸売業 （他の者から購入した商品を、その性質及び形状を変更しないで他の事業者に販売する事業）	90%
第二種事業	小売業 （他の者から購入した商品を、その性質及び形状を変更しないで消費者に販売する事業）	80%
第三種事業	農業[注]、林業[注]、漁業[注]、鉱業、建設業、製造業（製造小売業を含みます。）、電気業、ガス業、熱供給業及び水道業	70%
第四種事業	第一種事業、第二種事業、第三種事業、第五種事業、第六種事業以外の事業（飲食店業等）	60%
第五種事業	運輸通信業、金融業及び保険業、サービス業（飲食店業に該当する事業を除きます。）	50%
第六種事業	不動産業	40%

（注）　農林水産業の飲食料品の譲渡を行う部分に係るみなし仕入率の見直し

　　　　簡易課税制度における「農林水産業」のうち「飲食料品の譲渡を行う部分」の事業区分が第三種事業から第二種事業へ見直され、みなし仕入率は、現行の70％から80％へ引き上げられます。

　　　　なお、令和元年10月1日以後に行う取引から適用されます。

参　考　平成28年改正法附則34②、平成28年改正省令附則12、軽減通達25

第1章　軽減税率制度の概要等

売上税額の計算の特例の概要

> 【問1−52】　税率の異なるごとに取引を区分することが困難な事業
> 者に対する売上税額の計算の特例に係る経過措置の概要を教えてく
> ださい。

【答】　軽減税率制度の下で求められる区分経理に事業者が円滑に対応できる
よう、課税売上げ（税込み）を税率ごとに区分して合計することが困難な事
業者は、経過措置として、次に掲げる方法により売上税額を計算する特例が
認められています。

1　小売等軽減仕入割合の特例

　　課税仕入れ（税込み）を税率ごとに管理できる卸売業又は小売業を営む
　事業者は、当該事業に係る課税売上げ（税込み）に、当該事業に係る課税
　仕入れ（税込み）に占める軽減税率対象品目の売上げにのみ要する課税仕
　入れ（税込み）の割合（小売等軽減仕入割合）を乗じて、軽減対象資産に
　係る課税売上げ（税込み）を算出し、売上税額を計算できます。

2　軽減売上割合の特例

　　課税売上げ（税込み）に、通常の連続する10営業日の課税売上げ（税込
　み）に占める同期間の軽減税率対象品目の課税売上げ（税込み）の割合（軽
　減売上割合）を乗じて、軽減対象資産に係る課税売上げ（税込み）を算出
　し、売上税額を計算できます。

　　ここでいう通常の連続する10営業日とは、当該特例の適用を受けようと
　する期間内の通常の事業を行う連続する10営業日であれば、いつかは問い
　ません。

3　上記「1」・「2」の割合の計算が困難な場合

　　上記「1」・「2」の割合の計算が困難な中小事業者であって、主として
　軽減税率対象品目の譲渡等を行う事業者は、これらの割合を50／100とす
　ることができます。

45

これらの経過措置を適用できる期間は、令和元年10月１日から令和５年９月30日までの期間（上記「１」の小売等軽減仕入割合の特例については、簡易課税制度の適用を受けない期間に限ります。）とされています。

第1章　軽減税率制度の概要等

> （注）1　平成28年11月の税制改正により、中小事業者以外の事業者の方には、税額計算の特例は措置されないこととされています。
>
> 　　　2　この特例を適用できる期間は、「平成29年4月1日から令和3年3月31日までの期間」から「令和元年10月1日から令和5年9月30日までの期間」に変更されています。

《売上税額の計算の特例の一覧》

区分	1　課税仕入れ（税込み）を税率ごとに管理できる卸売業・小売業を営む中小事業者 【小売等軽減仕入割合の特例】	2　「1」以外の中小事業者 【軽減売上割合の特例】	3　「1」・「2」で使用する割合の計算が困難な中小事業者（注）
内容	卸売業・小売業に係る課税売上げ（税込み）に小売等軽減仕入割合を乗じた金額を軽減税率対象品目の課税売上げ（税込み）とし、売上税額を計算する。 小売等軽減仕入割合 $=\dfrac{\text{卸売業・小売業に係る軽減税率対象品目の売上げにのみ要する課税仕入れ（税込み）}}{\text{卸売業・小売業に係る課税仕入れ（税込み）}}$	課税売上げ（税込み）に軽減売上割合を乗じた金額を軽減税率対象品目の課税売上げ（税込み）とし、売上税額を計算する。 軽減売上割合 $=\dfrac{\text{通常の連続する10営業日の軽減税率対象品目の課税売上げ（税込み）}}{\text{通常の連続する10営業日の課税売上げ（税込み）}}$	「1」・「2」の計算において使用する割合に代えて50％を使用して、売上税額を計算する。 （注）　主に軽減税率対象品目を販売する中小事業者が対象。
適用対象	以下の期間において行った課税資産の譲渡等 令和元年10月1日から令和5年9月30日までの期間 ※　「1」については、簡易課税制度の適用を受けない期間に限る。		

参　考　平成28年改正法附則38①②④、軽減通達22

47

仕入税額の計算の特例の概要

【問1－53】　税率の異なるごとに取引を区分することが困難な中小事業者に対する仕入税額の計算の特例に係る経過措置の概要を教えてください。

【答】　軽減税率制度の下で求められる区分経理に事業者が円滑に対応できるよう、課税仕入れ（税込み）を税率ごとに区分して合計することが困難な中小事業者は、経過措置として、次に掲げる方法により仕入税額を計算する特例が認められています。

1　小売等軽減売上割合の特例

　　課税売上げ（税込み）を税率ごとに管理できる卸売業又は小売業を行う中小事業者は、当該事業に係る課税仕入れ（税込み）に、当該事業に係る課税売上げ（税込み）に占める軽減税率対象品目の課税売上げ（税込み）の割合（小売等軽減売上割合）を乗じて、軽減対象資産に係る課税仕入れ（税込み）を算出し、仕入税額を計算できます。

　　なお、この他に、

2　簡易課税制度の届出の特例

　　消費税簡易課税制度選択届出書（以下「簡易課税制度選択届出書」といいます。）を提出した課税期間から簡易課税制度を適用することができる特例が設けられています。

　　これらの経過措置を適用できる期間は次のとおりとされています。

　・「1」の特例

　　　令和元年10月1日から令和2年9月30日の属する課税期間の末日までの期間（簡易課税制度の適用を受けない期間に限ります。）

　・「2」の特例

　　　令和元年10月1日から令和2年9月30日までの日の属する課税期間

第1章　軽減税率制度の概要等

（注）1　平成28年11月の税制改正により、中小事業者以外の事業者の方には、税額計算の特例は措置されないこととされています。

　　　2　経過措置を適用できる期間について、上記「1」の特例は、「平成29年4月1日から平成30年3月31日の属する課税期間の末日までの期間」から「令和元年10月1日から令和2年9月30日の属する課税期間の末日までの期間」に変更されました。上記「2」の特例は、「平成29年4月1日から平成30年3月31日までの日の属する課税期間」から「令和元年10月1日から令和2年9月30日までの日の属する課税期間」に変更されました。

《仕入税額の計算の特例の一覧》

区分	1　課税売上げ（税込み）を税率ごとに管理できる卸売業・小売業を営む中小事業者 小売等軽減売上割合の特例	2　「1」以外の中小事業者 簡易課税制度の届出の特例
内容	卸売業・小売業に係る課税仕入れ（税込み）に小売等軽減売上割合を乗じた金額を軽減税率対象品目の課税仕入れ（税込み）とし、仕入税額を計算する。 小売等軽減売上割合 $=\dfrac{\text{卸売業・小売業に係る軽減税率対象品目の課税売上げ（税込み）}}{\text{卸売業・小売業に係る課税売上げ（税込み）}}$	簡易課税制度選択届出書を提出した課税期間から簡易課税制度を適用できる。
適用対象	以下の期間において行った課税仕入れ 令和元年10月1日から令和2年9月30日の属する課税期間の末日までの期間 ※　簡易課税制度の適用を受けない期間に限る。	以下の課税期間に適用可能 令和元年10月1日から、令和2年9月30日までの日の属する課税期間 ※　届出書は令和元年7月1日から提出可能

参　考　平成28年改正法附則39①、40①

第1章　軽減税率制度の概要等

税額計算の特例の適用関係

> 【問1−54】　適用可能な売上税額と仕入税額の計算の特例の組合せを教えてください。

【答】　適用可能な売上税額と仕入税額の計算の特例の組合せは次表のとおりです（◎が組合せができるもの、×が組合せができないものを示します。）。

			売上税額の計算	特例適用あり	
			特例適用なし	小売等軽減仕入割合の特例※1 【問1−52参照】	軽減売上割合の特例※1 【問1−52参照】
仕入税額の計算	一般課税			◎ 【問1−56参照】	◎ 【問1−56参照】
	簡易課税			×	◎ 【問1−57参照】
	特例適用あり	簡易課税制度の適用あり	簡易課税制度の届出の特例 【問1−53参照】	◎	×
					◎ 【問1−57参照】
		簡易課税制度の適用なし	小売等軽減売上割合の特例 【問1−53参照】	◎	×
					◎※2 【問1−58参照】

※1　軽減売上割合や小売等軽減仕入割合の計算が困難な中小事業者であって、主として軽減税率の対象品目の譲渡等を行う中小事業者は、その割合を50/100とすることができます。

※2　同じ事業について、軽減売上割合の特例と小売等軽減売上割合の特例を適用する場合、仕入税額の計算に当たっては、小売等軽減売上割合ではなく軽減売上割合を用いて、軽減対象資産の仕入税額を計算します。

（注）　平成28年11月の税制改正により、中小事業者以外の事業者の方には、税額計算の特例は措置されないこととされています。

参考　平成28年改正令附則15

51

税額計算の特例を用いた税額計算の方法

【問1－55】 経過措置として設けられている売上税額や仕入税額の計算の特例を用いた売上税額及び仕入税額の計算方法を教えてください。

【答】 税率の異なるごとに取引を区分することが困難な中小事業者に対して設けられている、売上税額や仕入税額の計算の特例を用いた売上税額及び仕入税額の計算方法は、次のとおりです。

1 売上税額の計算の特例

(1) 小売等軽減仕入割合の特例による売上税額の計算方法

① 卸売業及び小売業に係る軽減税率の対象となる課税標準額

$$\boxed{\text{卸売業及び小売業に係る課税売上げ（税込み）}} \times \boxed{\text{小売等軽減仕入割合}^{(注)}} = \boxed{\text{軽減税率の対象となる課税売上げ（税込み）}}$$

$$\frac{\text{卸売業及び小売業にのみ要する課税仕入れ（税込み）のうち軽減税率の対象となる売上げにのみ要するものの金額}}{\text{卸売業及び小売業にのみ要する課税仕入れ（税込み）}}$$

(注) 主として軽減税率の対象品目の譲渡等を行う中小事業者で小売等軽減仕入割合の計算が困難な場合は、その割合を50/100とすることができます。

$$\boxed{\text{軽減税率の対象となる課税売上げ（税込み）}} \times \boxed{100／108} = \boxed{\text{軽減税率の対象となる課税標準額}}$$

② 卸売業及び小売業に係る標準税率の対象となる課税標準額

$$\left(\boxed{\text{卸売業及び小売業に係る課税売上げ（税込み）}} - \boxed{\text{軽減対象資産に係る課税売上げ（税込み）}}\right) \times 100／110 = \boxed{\text{標準税率の対象となる課税標準額}}$$

③ 売上税額の計算

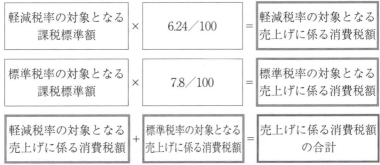

(注) 納付すべき消費税額は、上記の「売上げに係る消費税額の合計」から、税率ごとに区分して合計した「仕入れに係る消費税額の合計」を控除し、計算します。

また、納付すべき地方消費税額は納付すべき消費税額の22/78となります。

(2) 軽減売上割合の特例による売上税額の計算方法

① 軽減税率の対象となる課税標準額

(注) 主として軽減税率の対象品目の譲渡等を行う中小事業者で軽減売上割合の計算が困難な場合は、その割合を50/100とすることができます。

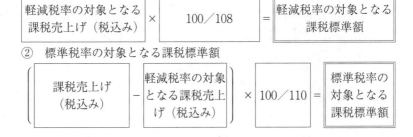

② 標準税率の対象となる課税標準額

③　売上税額の計算

| 軽減税率の対象となる 課税標準額 | × | 6.24／100 | = | 軽減税率の対象となる 売上げに係る消費税額 |

| 標準税率の対象となる 課税標準額 | × | 7.8／100 | = | 標準税率の対象となる 売上げに係る消費税額 |

| 軽減税率の対象となる 売上げに係る消費税額 | ＋ | 標準税率の対象となる 売上げに係る消費税額 | = | 売上げに係る消費税額 の合計 |

(注)　納付すべき消費税額は、上記の「売上げに係る消費税額の合計」から、税率ごとに区分して合計した「仕入れに係る消費税額の合計」を控除し、計算します。

　　　　また、納付すべき地方消費税額は納付すべき消費税額の22/78となります。

2　仕入税額の計算の特例

○　小売等軽減売上割合の特例による仕入税額の計算方法

①　卸売業と小売業の軽減税率の対象となる仕入税額

| 卸売業及び小売業に係る課税仕入れ（税込み） | × | 小売等軽減売上割合 | = | 軽減税率の対象となる 課税仕入れ（税込み） |

$$\frac{卸売業及び小売業に係る課税売上げ（税込み）のうち軽減税率の対象となる課税売上げ（税込み）}{卸売業及び小売業に係る課税売上げ（税込み）}$$

| 軽減税率の対象となる 課税仕入れ（税込み） | × | 6.24／108 | = | 軽減税率の対象となる 仕入れに係る消費税額 |

②　卸売業と小売業の標準税率の対象となる仕入税額

| (卸売業及び小売業に係る課税仕入れ（税込み） | － | 軽減税率の対象となる課税仕入れ（税込み）) | × | 7.8／110 | = | 標準税率の対象となる仕入れに係る消費税額 |

第1章　軽減税率制度の概要等

③　仕入税額の計算

軽減税率の対象となる仕入れに係る消費税額	+	標準税率の対象となる仕入れに係る消費税額	=	仕入れに係る消費税額の合計

（注）　納付すべき消費税額は、税率ごとに区分して合計した「売上げに係る消費税額の合計」から、上記「仕入れに係る消費税額の合計」を控除し、計算します。

また、納付すべき地方消費税額は納付すべき消費税額の22/78となります。

【参　考】　平成28年改正法附則38①②、39①

簡易課税制度を適用していない場合の売上税額の計算の特例

【問1－56】　簡易課税制度を適用していない場合（仕入税額の計算の特例も適用していません。）に適用できる売上税額の計算の特例の概要について教えてください。

【答】　簡易課税制度を適用していない場合（仕入税額の計算の特例も適用していない場合）に適用できる売上税額の計算の特例は、

①　「軽減売上割合」を用いて軽減対象資産の課税売上げ（税込み）を計算する「軽減売上割合の特例」

②　仕入れを税率ごとに管理できる卸売業又は小売業を営む中小事業者は、「小売等軽減仕入割合」を用いて軽減対象資産の課税売上げ（税込み）を計算する「小売等軽減仕入割合の特例」

となります。

なお、①の「軽減売上割合」及び②の「小売等軽減仕入割合」の計算が困難な中小事業者（主として軽減税率対象品目の譲渡等を行う中小事業者）は、その割合を50/100とすることができます。

【参　考】　平成28年改正法附則38①②④

55

簡易課税制度を適用している場合の売上税額の計算の特例

> **【問1－57】** 簡易課税制度を適用している場合（「簡易課税制度の届出の特例」を適用する場合を含みます。）に適用できる売上税額の計算の特例の概要について教えてください。

【答】 簡易課税制度を適用する場合（「簡易課税制度の届出の特例」を適用する場合を含みます。）に適用できる売上税額の計算の特例は、「軽減売上割合」を用いて軽減対象資産の課税売上げ（税込み）を計算する「軽減売上割合の特例」となります。

　なお、「軽減売上割合」の計算が困難な中小事業者（主として軽減税率対象品目の譲渡等を行う中小事業者に限ります。）は、課税売上げ（税込み）の50/100を軽減対象資産の課税売上げ（税込み）とすることができます。

参　考　「簡易課税制度の届出の特例」について

　　令和元年10月1日から令和2年9月30日までの日の属する課税期間において、課税仕入れ（税込み）を税率ごとに区分して合計することが困難な中小事業者は、簡易課税制度の適用を受けようとする課税期間中に簡易課税制度選択届出書を納税地を所轄する税務署長に提出した場合、届出書を提出した課税期間から簡易課税制度の適用を受けることができます。

　　なお、当該特例により簡易課税制度を適用する場合に提出する簡易課税制度選択届出書は、令和元年7月1日から提出することができます。

　　平成28年改正法附則17の二、38①④、40①③

第1章　軽減税率制度の概要等

「軽減売上割合の特例」と「小売等軽減売上割合の特例」の適用関係

> 【問1−58】　小売業又は卸売業において、売上税額の計算の特例と
> して「軽減売上割合の特例」を適用する場合、仕入税額の計算の特
> 例として「小売等軽減売上割合の特例」を適用することはできるの
> でしょうか。

【答】　小売業又は卸売業において、「軽減売上割合の特例」を適用し、売上
税額を計算する場合であっても、「小売等軽減売上割合の特例」を適用して
仕入税額を計算することができます。

　ただし、御質問の場合において、売上税額の計算の特例として、「軽減売
上割合の特例」を適用する場合、「小売等軽減売上割合の特例」を適用する
仕入税額の計算に当たっては、「軽減売上割合の特例」を適用するに当たっ
て使用する「軽減売上割合」を「小売等軽減売上割合」とみなして計算を行
うこととなります。

参　考　平成28年改正令附則15

57

第2章

通　　則

共同事業の場合の納税義務

> 【問2－1】　当社は、A社と共同企業体（JV）を組んで建設工事を行っていますが、この場合の消費税の納税義務はどのようになるのでしょうか。

【答】　共同企業体で行った資産の譲渡等及び課税仕入れについては、その共同事業の各構成員がその持分割合又は利益の分配割合に対応する部分につきそれぞれ資産の譲渡等及び課税仕入れ等を行ったことになりますから、各構成員の持分割合又は利益の分配割合に対応する部分について、それぞれ消費税の納税義務を負うことになります。

　なお、共同事業に係る消費税の納付については、その共同事業の各構成員が連帯して納税義務を負うこととなります。

　（注）　共同企業体と構成員との間の出資や利益の分配取引は課税の対象とはなりません。

参　考　　法9、通則法9、基通1－3－1
関連事例　　問3－37、3－38、12－33

58

第2章 通　則

非居住者、外国法人の納税義務

> **【問2−2】**　日本国内に住所又は居所を有しない「非居住者又は外国法人」が、日本国内において商品を販売するような場合も、消費税の納税義務はあるのでしょうか。

【答】　国内における課税資産の譲渡等につき、消費税を納める義務がある「事業者」とは、個人事業者及び法人をいいますが、特に居住者に限定されていません。

　したがって、国内に住所又は居所を有しない非居住者たる個人事業者、あるいは、国内に本店又は主たる事務所を有しない外国法人であっても、国内において課税資産の譲渡等を行う限り、居住者たる個人事業者及び法人と同様に消費税の納税義務があります。

　ただし、基準期間における課税売上高及び特定期間における課税売上高等が1,000万円以下であれば、消費税の納税義務は免除されることになります。

参　考　法4①、5①、9①、基通5−1−11

関連事例　問2−3、7−1、7−2、7−3、8−12

非居住者、外国法人の納税地

> **【問2−3】**　国内に支店等を有しない外国法人（非居住者）の消費税及び地方消費税の納税地は、どこになるのでしょうか。

【答】　国内に事務所等を有しない外国法人が、申告又は届出等を行う場合の納税地は、次の表のとおりとなります。

59

資産の譲渡等の内容	納 税 地
① 不動産、不動産の上に存する権利若しくは採石権の貸付け又は租鉱権の設定の場合	左の資産の所在地
② ①以外の場合	外国法人の選択した場所 ※ 選択する場所は、関連会社、子会社、代理店等の国内における業務活動の中心となる場所なども納税地として選択することができます。

　したがって、②に該当する場合には、あらかじめ「消費税課税事業者届出書」又は「消費税課税事業者選択届出書」により適宜の場所を納税地として届け出る必要があります。

　また、御質問のように国内に支店等を有しない外国法人については、国税通則法の規定により、納税管理人を選任し、その納税管理人が納税申告書の提出その他国税に関する事項の処理を行うこととなります。この納税管理人の選任及び解任は、納税管理人に係る国税の納税地を所轄する税務署長に対し、「消費税納税管理人届出書」及び「消費税納税管理人解任届出書」を提出することにより行います。

　ただし、保税地域からの引取りに係る消費税等（消費税・酒税・揮発油税等）に関する事項のみを処理するために納税管理人を定める場合、その届出先は、消費税等の納税地を所轄する税関長になります。

[参　考]　法22、令43、通則法117

[関連事例]　問2-2、8-12

60

第2章　通　　則

人格のない社団等の納税義務

> 【問2－4】　法人格を有しない任意団体が行う資産の譲渡等につい
> ても、消費税は課税されるのですか。

【答】　法人でない社団又は財団で、代表者又は管理人の定めのあるものを
「人格のない社団等」といいますが、これらについても、法人とみなして消
費税法を適用することとされています。

　したがって、人格のない社団等が行った資産の譲渡等については、法人や
個人事業者と同様に消費税が課税されることになります。

　なお、ここでいう「法人でない社団」とは、多数の者が一定の目的を達成
するために結合した団体のうち法人格を有しないもので、単なる個人の集合
体ではなく、団体としての組織を有して統一された意志の下にその構成員の
個性を超越して活動を行うものをいいますから、民法第667条《組合契約》
の規定による組合や商法第535条《匿名組合契約》の規定による匿名組合は
「法人でない社団」には該当しません。

　また、「法人でない財団」とは、一定の目的を達成するために出えんされ
た財産の集合体で、特定の個人又は法人の所有に属さないで一定の組織によ
る統一された意志の下にその出えん者の意図を実現すべく独立して活動を行
うもののうち、法人格を有しないものをいいます。

参　考　法2①七、3、基通1－2－1、1－2－2

関連事例　問7－5、7－6

61

破産財団に属する課税資産の処分に係る納税義務者

【問2-5】 当社は、この度破産宣告を受けたため、すべての資産が破産財団として破産管財人が処分していくこととなりました。

ところで、破産財団に属する課税資産を破産管財人が処分した場合、その課税資産の譲渡に係る納税義務者は、だれになるのですか。

【答】 破産財団（破産法人の総財産）の管理及び処分をなす権利は破産管財人に専属することとなりますが、破産手続中であっても貴社は破産法人として存続し、破産財団は、破産法人である貴社に帰属します。

したがって、破産手続中に破産管財人がその地位に基づいて行った課税資産の譲渡に係る納税義務者は貴社ということになります。

また、課税事業者であるかどうかの判定も破産法人である貴社の基準期間における課税売上高及び特定期間における課税売上高等が1,000万円を超えるかどうかにより判定します。

なお、納税義務の履行手続は破産管財人が行うことになります。

参 考　法9

委託販売等の場合の納税義務者

【問2-6】 委託販売や代理店販売を行っている場合の消費税の課税関係は、どのようになるのでしょうか。

【答】 事業者が直接自己の資産の譲渡等を行ったものか、委託販売の方法その他業務代行として資産の譲渡等を行ったものかにより、その納税義務の範囲が異なることになります。

そのため、資産の譲渡等が行われた場合に、それが委託販売等に該当するかどうかは、委託者と受託者との間の契約の内容、価格の決定経緯、当該資

第2章 通 則

産の譲渡に係る代金の最終的な帰属者がだれであるか等を総合的に判断して判定します。

　その結果委託販売等に該当する場合には、それぞれの事業者において、消費税の課税の対象となる支払対価の額等は、次のようになります。

① 委託者については、受託者が委託商品を販売したことに伴い収受する販売代金が委託者における資産の譲渡等の金額となる一方、受託者に支払った委託販売（代理店）手数料は課税仕入れに係る支払対価となります。

　この場合において、その課税期間中に行った委託販売等のすべてについて、その受託者における販売代金から、当該受託者に支払う委託販売手数料を控除した残額を委託者における資産の譲渡等に係る対価の額としているときは、これを認めることとされています。

② 受託者（代理店）については、販売を委託された商品の販売代金は、委託者の売上げとなることから課税対象とはならず、委託者から受け取る受託販売（代理店）手数料が役務の提供の対価として消費税が課税されることになります。

　なお、委託者から課税資産の譲渡等のみを行うことを委託されている場合の委託販売等に係る受託者については、委託された商品の譲渡等に伴い収受する金額を課税資産の譲渡等の金額とし、委託者に支払う金額を課税仕入れに係る金額としても差し支えないこととされています。

参 考 基通4－1－3、10－1－12
関連事例 問9－3、10－16

信託財産に係る資産の譲渡等の帰属

【問2－7】 信託財産に係る資産の譲渡等については、誰が消費税の申告を行うことになるのですか。

【答】 受益者等課税信託の場合、信託の受益者が信託財産に属する資産に係

63

る資産の譲渡等を行ったものとみなされ、受益者は、信託財産に属する資産に係る資産の譲渡等を受益者の本来業務に係る資産の譲渡等と併せて申告することとなります。

集団投資信託、退職年金信託及び特定公益信託等の場合、信託財産に属する資産に係る資産の譲渡等は受託者に帰属することとされており、受託者は、信託財産に属する資産に係る資産の譲渡等を受託者の本来業務に係る資産の譲渡等と併せて申告することとなります。

法人課税信託の場合、信託財産に属する資産に係る資産の譲渡等は受託者に帰属することとされており、受託者が行う固有資産（本来業務）に係る資産の譲渡等（固有事業）とは別に受託事業ごとに申告することとなります。

なお、法人課税信託の受託者が個人事業者である場合には、当該個人事業者である受託事業者は法人とみなして、消費税法を適用することとなります。

参考 法14、15、基通4－2－1、4－2－2

組織変更の場合の課税期間

> 【問2－8】 法人組織を変更した場合、その課税期間は組織変更前と組織変更後とに区分されるのでしょうか。

【答】 法人が会社法その他の法令の規定により、その組織を変更して他の種類の法人となった場合には、組織変更前の法人の解散の登記、組織変更後の法人の設立の登記にかかわらず、その解散又は設立はなかったものとして取り扱われます。

なお、ここでいう組織変更とは、法令の規定に基づき会社の組織を変更して他の種類の会社としながら、会社の同一性をそのまま保持させることをいい、例えば会社の場合、持分会社の種類の変更（合名会社、合資会社及び合同会社の人的会社間相互）（会社法第638条）及び持分会社と株式会社の人的・物的会社間相互（会社法第743条～747条、775条～781条）の組織変更をいい

ますので、この場合の課税期間は、その組織変更には影響されず、継続されることになりますが、組合組織を会社組織とした場合などは、課税期間はいったん終了することになります。

[参　考]　法19、基通3－2－2
[関連事例]　問7－5、7－6、7－11

課税期間の短縮についての届出の効力発生時期

【問2－9】課税期間を短縮するための届出書を提出した場合は、その届出書の効力は、いつから発生することになるのですか。

【答】　課税期間を1か月又は3か月に短縮するために「消費税課税期間特例選択・変更届出書」を提出した場合、その届出の効力は、その届出書を提出した日の属する1か月又は3か月単位の期間の翌期間から生じます。

　この場合、提出日を含む課税期間の開始の日からその届出書の効力が生じた日の前日までの期間が1課税期間とみなされます。

　したがって、例えば3月決算の法人が12月17日にその届出書を提出した場合は、1月1日から届出の効力が発生し、その届出書を提出した日の属する事業年度は、それぞれ次の期間が一の課税期間となります。

【3か月課税期間特例を選択した場合】

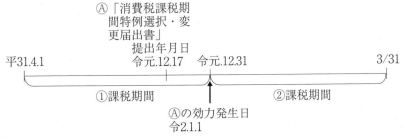

① 平成31年4月1日から令和元年12月31日
② 令和2年1月1日から令和2年3月31日

【1か月課税期間特例を選択した場合】

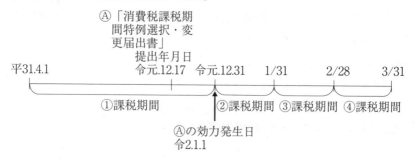

① 平成31年4月1日から令和元年12月31日
② 令和2年1月1日から令和2年1月31日
③ 令和2年2月1日から令和2年2月28日
④ 令和2年3月1日から令和2年3月31日

新規設立法人の場合の課税期間の短縮

> 【問2－10】 当社は、本年11月25日に設立登記を行った貿易業を営む株式会社（資本金300万円）です。当社は、輸出免税取引が多いため、当初から3か月ごとの課税期間の短縮の特例を適用し、消費税等の還付を受けたいと思いますが、その手続を教えてください。
> なお、当社の事業年度は、4月1日～翌年3月31日と定款で定めています。

【答】 法人の新規設立の場合は、基準期間の課税売上高がないので消費税法第12条の2第1項《新設法人の納税義務の免除の特例》又は第12条の3第1項《特定新規設立法人の納税義務の免除の特例》の規定の適用がある場合を除き、免税事業者となります。

貴社の場合は、消費税法第12条の3第1項の適用がないとすれば、資本金300万円ですので、消費税法第12条の2第1項が適用されず免税事業者に該

第2章　通　　則

当しますので、このままでは、消費税等の還付申告書の提出はできません。還付を受けるためには「消費税課税事業者選択届出書」を提出し、最初の課税期間から課税事業者を選択することによって消費税の還付申告書が提出できるようにする必要があります。

　次に、事業者が国内において課税資産の譲渡等に係る事業を開始した日の属する3か月単位の期間については、その期間中に「消費税課税期間特例選択・変更届出書」を提出すればその期間の開始の日からその届出の効力が発生します。

　貴社の場合、翌年2月24日までに「消費税課税期間特例選択・変更届出書」及び前述した「消費税課税事業者選択届出書」を同時に提出すれば最初の事業年度は次のように区分され、それぞれが一の課税期間となります。

① 　11月25日～翌年2月24日　　　② 　翌年2月25日～翌年3月31日

[参　考]　法9①④、12の2①、12の3①、19①四、②、令20、41、様式通達第1号
　　　　　様式、第13号様式

[関連事例]　問2－9、2－12

課税期間の特例適用法人が解散した場合の課税期間

> 【問2－11】　当社は、株式会社であり、3か月の課税期間の短縮特例の適用を受けていますが、令和元年11月25日付で解散すべく株主総会で決議しました。
>
> 　この場合、当事業年度（平成31年4月1日～令和2年3月31日）に係る課税期間はどのように区分されるのでしょうか。

【答】　法人税法第2条第7号に規定する協同組合等及び同条第9号に規定する普通法人が事業年度の中途で解散した場合には、その事業年度開始の日から解散の日までの期間及び解散の日の翌日からその事業年度終了の日までの期間でそれぞれ事業年度を構成します。

67

そして、課税期間の特例の適用を受けた法人の課税期間は、各事業年度について、その開始の日以後３か月ごとに区分した各期間（最後に３か月未満の期間を生じたときはその期間）が各課税期間となります。

　したがって、御質問の場合は、平成31年４月１日より令和元年11月25日まで及び令和元年11月26日より令和２年５月25日までのそれぞれの期間が事業年度となり、課税期間は、それぞれの事業年度開始の日から３か月ごとに区分されますので、結果的には、次のようになります。

①　平成31年４月１日〜令和元年６月30日

②　令和元年７月１日〜令和元年９月30日

③　令和元年10月１日〜令和元年11月25日（解散の日）

④　令和元年11月26日〜令和２年２月25日

⑤　令和２年２月26日〜令和２年５月25日

参　考　法法14①一、法19①四、基通３−２−３

短縮した課税期間を原則に戻す場合の手続

【問２−12】　１か月又は３か月の課税期間短縮の適用を受けていた事業者が、原則的な課税期間に戻す場合にはどうすればよいのでしょうか。

【答】「消費税課税期間特例選択・変更届出書」を提出し、各事業年度開始の日から１か月又は３か月ごとに区分した期間を一の課税期間としていた事業者がその特例の適用を受けることをやめようとするときは、「消費税課税期間特例選択不適用届出書」を所轄税務署長に提出する必要があります。この場合、その提出した日の属する課税期間（短縮された課税期間）の末日の翌日から課税期間特例選択が不適用となり、原則的な課税期間に戻ることになりますが、不適用となる最初の課税期間については、個人事業者にあっては、不適用となる日から12月31日まで、法人にあっては、不適用となる日か

第2章 通　　則

らその事業年度の末日までがそれぞれ一の課税期間とみなされます。

したがって、例えば、3か月課税期間短縮の特例の適用を受けていた3月決算法人が、9月9日に不適用届出書を提出した場合、その不適用届出書を提出した日の属する事業年度においては、それぞれ次の期間が一の課税期間となります。

① 　4月1日から6月30日まで
② 　7月1日から9月30日まで
③ 　10月1日から翌年3月31日まで

なお、「消費税課税期間特例選択・変更届出書」を提出した事業者は、事業を廃止した場合を除き、この届出書の効力の生じる日から2年を経過する日の属する課税期間の初日以後でなければ、その不適用届出書を提出することはできないこととされています。

・「効力の生じる日から2年を経過する日の属する課税期間の初日以後」とは

（個人事業者及び12月決算法人）
① 　効力の生ずる日　　　平30.1.1
② 　2年を経過する日　　令元.12.31
③ 　②の属する課税期間　令元.10.1～令元.12.31
④ 　不適用届出書提出可能　令元.10.1～

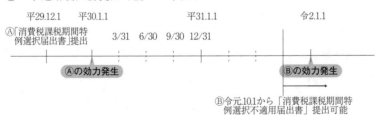

参　考　法19③④⑤、様式通達第13号様式、第14号様式
関連事例　問2－9、2－10

第3章

課税範囲

「資産の譲渡等」及び「資産」の意義

> **【問3-1】** 消費税は、国内において事業者が行った資産の譲渡等
> 及び特定仕入れを課税の対象としていると聞きましたが、この場合
> の「資産の譲渡等」とは、どのようなものをいうのでしょうか。
>
> また、「資産」の範囲についても教えてください。

【答】 消費税の課税の対象である「資産の譲渡等」とは、事業として対価を
得て行う資産の譲渡及び貸付け並びに役務の提供をいい、次のものを含みま
す。

① 代物弁済による資産の譲渡

② 負担付き贈与による資産の譲渡

③ 金銭以外の資産の出資(特別の法律に基づく承継に係るものを除きま
す。)

④ 法人税法第2条第29号ハ(定義)に規定する特定受益証券発行信託又は
同条第29号の2に規定する法人課税信託(同号ロに掲げる信託を除く。以
下④において「法人課税信託」という。)の委託者がその有する資産(金
銭以外の資産に限る。)の信託をした場合における当該資産の移転及び法
第14条第1項の規定により同項に規定する受益者(同条第2項の規定によ

第3章　課税範囲

り同条第1項に規定する受益者とみなされる者を含む。）がその信託財産に属する資産を有するものとみなされる信託が法人課税信託に該当することとなった場合につき法人税法第4条の7第9号（受託法人等に関するこの法律の適用）の規定により出資があったものとみなされるもの（金銭以外の資産につき出資があったものとみなされるものに限る。）

⑤　貸付金その他の金銭債権の譲受けその他の承継（包括承継を除きます。）

⑥　受信料を徴収して行われる無線通信の送信

⑦　土地収用法その他の法律の規定に基づいて所有権その他の権利を収用され、かつ、当該権利を取得する者から当該権利の消滅に係る補償金を取得する場合

⑧　その性質上事業に付随して対価を得て行われる資産の譲渡及び貸付け並びに役務の提供

なお、資産の譲渡等のうち「資産の貸付け」には、資産に係る権利の設定その他他の者に資産を使用させる一切の行為（当該行為のうち、電気通信利用役務の提供に該当するものを除く。）を含むものとされています。

また、ここでいう「資産」とは、取引の対象となる一切の資産をいうものとされ、棚卸資産又は固定資産のような有形資産だけでなく、貸付金その他の債権や他の者の資産を利用する借家権や借地権などの権利、また、工業所有権などの無形資産も含まれることになります。

参考　　法2①八、②、令2、基通5−1−3

※　「特定仕入れ」については第19章参照

消費税法上における「事業」の定義

【問3－2】 消費税法上における「事業」の定義とは何ですか。

所得税の通達では「事業」と「業務」を区分して考えていますが、消費税においては区分する必要はないのでしょうか。

【答】 消費税においては、国内において事業者が事業として対価を得て行う資産の譲渡、貸付け及び役務の提供並びに特定仕入れを課税の対象としていますが、この場合の「事業」とは、「同種の行為を反復、継続かつ独立して遂行すること」とされています。

これは、消費税が消費者に負担を求める税であることにかんがみ、個人が消費者として行う行為を課税対象から除外するためのものです。

なお、所得税法における「事業」と「業務」の区分は、所得金額の計算上、その者が支出する費用等について必要経費として収入金額から控除できる範囲を考える場合の基準として用いられているものであり、消費税法上、この区分の必然性、必要性は特にありません。

したがって消費税法にいう「事業」は、所得税法にいう「事業」よりも広い概念となります。

[参 考] 法2①八、基通5－1－1

※ 「特定仕入れ」については第19章参照

第3章 課税範囲

講師謝金の取扱い

> 【問3－3】　私は開業医ですが、年に1～2回企業の社内研修で講演を行い、謝金を受け取っています。
>
> 　講演の内容はすべて医学や健康に関するものですが、この謝金は、消費税の課税の対象になるのでしょうか。

【答】　消費税は、国内において事業者が事業として対価を得て行う資産の譲渡、貸付け及び役務の提供並びに特定仕入れを課税の対象としており、この場合の「事業として」とは、その対価を得て行われる資産の譲渡等が反復、継続、独立して行われることをいいますので、例えば、講演という役務の提供が反復、継続、独立して行われないのであれば、それは消費税の課税の対象とはならないことになります。

　しかしながら、単発的に行われる場合であっても、事業に付随して対価を得て行われるものは資産の譲渡等に含まれることとされておりますので、事業者が行う専門的知識に基づく講演などは、事業に付随して行われる役務の提供として消費税の課税の対象になります。

　御質問の場合、講演の内容が医師の立場で行ったものと認められますから、その謝金は課税の対象となります。

[参　考]　法2①八、令2③、基通5－1－7

※　「特定仕入れ」については第19章参照

73

副業としての不動産収入

> 【問3-4】 私の本業は物品販売業ですが、それ以外に、建物（事務所用家屋1戸）の賃貸も行っています。この建物の賃貸料は月額10万円ですが、これも事業として消費税の課税の対象になるのでしょうか。

【答】 消費税は、国内において事業者が事業として対価を得て行う資産の譲渡、貸付け及び役務の提供並びに特定仕入れを課税の対象としていますが、この場合の「事業」とは、所得税法上の所得の種類にかかわらず、「同種の行為を反復、継続かつ独立して遂行すること」をいい、その規模の大小を問わないのが基本的な考え方とされています。

御質問の場合には、建物の賃貸を反復、継続かつ独立して遂行しているものと認められますから、その規模の大小にかかわらず、その賃貸料は、事業として行われる資産の譲渡等の対価として消費税の課税の対象となります。

したがって、基準期間又は特定期間における課税売上高は、物品販売業と建物賃貸の合計額となり、その合計額が1,000万円を超える場合、消費税の申告が必要となります。

なお、建物の賃貸をサラリーマンが副業として行っている場合であっても、その賃貸については、反復、継続かつ独立して遂行しているものと認められますので「事業」に該当することになります。しかしながら、サラリーマンが副業程度の規模（月額の賃貸料収入が10万円であれば、10万円／月×12か月＝120万円／年）で行っているものであれば、基準期間における課税売上高及び特定期間における課税売上高等は1,000万円以下となるでしょうから、結果的には、免税事業者に該当するものと考えられます。

(注) 所得税の取扱いにおいて、建物の貸付けが事業として行われているかどうかの判定基準として、①アパート等については、独立した室数がおおむね10以上、②独立家屋の貸付けについては、おおむね5棟以上という目安が定められていますが、消費税における「事業」の範囲とは関係ありません。（所基通26-9）

第3章　課税範囲

参　考　法2八、4①、9①、9の2、基通5－1－1

※　「特定仕入れ」については第19章参照

アルバイト料

【問3－5】　アルバイト料は消費税の課税の対象になるのですか。

【答】　アルバイトを行うことは、一般的には雇用契約に基づく役務の提供であり、自己の計算において独立して行う役務の提供ではないため事業とはいえず、事業として対価を得て行われる役務の提供には該当しません。

　したがって、アルバイト料は消費税の課税の対象とはなりません。

　一方、アルバイト料は、通常、給与所得に該当しますので、支払った事業者においても課税仕入れに該当しません。

　なお、プロ野球の選手がシーズンオフにサイン会に出席して受領するようなものは、アルバイト料と称するものであっても事業者が事業に付随して行う役務の提供の対価と認められますから、消費税の課税の対象になります。

参　考　法2①八、十二、令2③、基通1－1－1、5－1－7

個人事業者の生活用資産の売却

【問3－6】　個人事業者が生活用資産を売却した場合、この売却は消費税の課税の対象となるのでしょうか。

【答】　課税の対象となる取引は、「国内において事業者が事業として対価を得て行う資産の譲渡、貸付け及び役務の提供並びに特定仕入れ」であり、事業者であっても生活用資産の売却を行う場合は、事業者以外の者が生活用資産を売却した場合と同様に事業として行うものではありませんので、消費税の課税の対象となりません。

75

参　考　法2①八、4①、基通5－1－1（注）

※　「特定仕入れ」については第19章参照

個人事業者の株式の売買

> 【問3－7】　私は物品販売業を営んでいますが、片手間に株式の売
> 買も行っています。このような場合、株式の売買も事業に該当する
> ことになるのでしょうか。

【答】　株式の売買を反復、継続して行っているのであれば別ですが、御質問
の場合のように物品販売業を経営している個人事業者が片手間に行う株式の
売買は、通常は事業として行う資産の譲渡等には該当しません。

　なお、株式の売買を事業として行っていても、結果的には、その売買は非
課税売上となりますが、課税売上割合の計算上は、その譲渡対価の額の5％
相当額を分母の総売上高に算入することとなります。

$$課税売上割合 = \frac{課税期間の課税売上高（消費税等を除きます。）}{課税期間の総売上高（消費税等を除きます。）}$$

（注1）　総売上高と課税売上高の双方には、輸出取引等の免税売上高を加えますが、
　　　　売上返品、売上値引き、売上割戻し及び売上割引に係る金額は除きます。

（注2）　総売上高には、非課税売上高を加えますが、課税対象外取引（不課税取引）
　　　　は除きます。

　　　　また、有価証券等を譲渡した場合は、譲渡対価の5％に相当する金額を非
　　　　課税売上として総売上高に加えます。

参　考　法2①八、4①、法別表第一第2号、令48⑤

第3章　課税範囲

地方公共団体からの委託料収入

【問3－8】　当法人（公益社団法人）では、地方公共団体からの委託により事業を行っていますが、その委託収入は課税の対象となりますか。

【答】　普通法人、公共・公益法人等を問わず、法人は消費税法上の事業者に該当します。また、事業者が行う資産の譲渡や役務の提供がたとえ国、地方公共団体に対するものであっても消費税の課税対象となります。

したがって、貴法人の行う資産の譲渡等が非課税に該当する場合を除き、国、地方公共団体からの委託料収入は消費税の課税の対象となります。

参 考　法2①四、4①、基通5－1－1

公益法人等の課税範囲

【問3－9】　一般財団法人や一般社団法人をはじめとする法人税法別表第二に掲げる法人は、収益事業に係る所得についてのみ法人税が課税されることになっていますが、消費税についても同様でしょうか。

【答】　法人税法別表第二に掲げる公益法人等は、法人税については、御質問のとおり、法人税法施行令第5条《収益事業の範囲》に規定する34種類の収益事業より生じた所得についてのみ法人税が課税されることになっています。

しかし、消費税は国内において事業者が事業として対価を得て行う資産の譲渡、貸付け及び役務の提供並びに特定仕入れが課税の対象とされており、このことは、公益法人等においても同様です。

したがって、法人税では非収益事業とされ法人税が課税されないものであっても、国内における課税資産の譲渡等に該当する限り消費税は課税される

77

ことになります。

　例えば、次の①及び②については、法人税では収益事業から除かれていますが、消費税は課税の対象となりますし、一方、土地や住宅の貸付けなどは、法人税では収益事業に含まれる場合でも、消費税は非課税となります。

① 　資産の売却などのうち継続して事業場を設けて営まれる事業に当たらないもの

② 　請負業のうち、国又は地方公共団体からの事務処理の委託によるものなど、一定の要件を満たすもの

参考 　法2①四、八、4①、5①、法法4①、7、法令5

※ 　「特定仕入れ」については第19章参照

個人経営の建築業者が自己の家屋を建築した場合

> 【問3－10】 　個人経営の建築業者が自己の居住の用に供するための家屋を建築した場合は、家事消費として消費税の課税の対象となるのでしょうか。

【答】 　事業用として課税仕入れをしていた建築資材等を当該家屋の建築のために消費、使用した場合には、その消費、使用した建築資材等については家事消費として消費税の課税の対象となります。

　なお、当該家屋の建築のために個人の建築業者が自ら要した労務については資産の家事消費には該当しませんので、消費税の課税の対象となりません。

　（注） 　当該家屋の建築のために他の者から受けた役務の提供は、事業者が事業として受けたものではないから課税仕入れとなりません。

参考 　法4④、基通5－3－1

78

第3章　課税範囲

事業用固定資産の売却

【問3−11】　個人事業者が事業の用に供していた建物や機械、車両等を売却した場合や建築業における残材（鉄屑等）を売却した場合は、消費税が課税されるのでしょうか。

【答】　消費税の課税の対象となる取引は、国内において事業者が事業として対価を得て行う資産の譲渡、貸付け及び役務の提供並びに特定仕入れですが、この中には、その性質上事業に付随して対価を得て行われる資産の譲渡なども含まれることになっています。

　したがって、御質問の建物や機械などの売却は、すべて消費税の課税の対象となります。

　なお、残材については、工事原価の控除項目として処理している場合であっても、その売却により受け取る対価の額が消費税の課税の対象になりますので、消費税額の計算に当たっては、残材の売上げも課税売上金額に含めることになります。

参考　法2①八、4①、令2③、基通5−1−7

※　「特定仕入れ」については第19章参照

家事用資産の売却

> 【問3-12】　私は、個人で印刷業を営んでいますが、この度、新しい印刷機械を購入するに当たり、その資金を得るために書画・骨とう類を売却することにしました。
>
> 　この書画・骨とうは、商売とは関係なく先代から相続により引き継いで私が所有していたものですが、こうしたものの売却も、事業用資金を得るためであれば消費税の課税の対象になるのでしょうか。

【答】　消費税の課税の対象となる資産の譲渡等には、その性質上事業に付随して対価を得て行われる資産の譲渡、貸付け及び役務の提供を含むものとされています。

　したがって、事業用固定資産の売却などは、消費税の課税の対象となるのですが、御質問の場合の書画・骨とうは、事業には関係なく、個人で所有していたいわば家事用資産ですから、たとえ、その売却の動機が事業用資金の取得であっても、その売却自体は、その性質上事業に付随して行われる行為とは認められませんから、消費税の課税の対象にはなりません。

　なお、法人の場合は、すべての取引が事業として行ったものとなりますので、御注意ください。

参考　法2①八、令2③、基通5-1-7、5-1-8

80

第3章 課税範囲

保証債務を履行するための資産の譲渡

> 【問3－13】 当社は機械の製造業を経営しています。当社の仕入先であるＡ工業とは先代からの付き合いですが、２年ほど前からＡ工業の資金繰りが悪化したため、当社は半年前にＡ工業の500万円の銀行借入に際し保証人となりました。
>
> ところが、過日Ａ工業が倒産しましたので、500万円の債務保証を履行するため設備の一部を700万円で他へ売却して、そのうち500万円をＡ工業の借入先銀行に支払いました。
>
> この設備の売却は、事業として行ったものではないので、消費税の課税の対象とはならないと思われますが、いかがでしょうか。

【答】 法人の行う資産の譲渡等は、すべて事業として行ったものとして消費税の課税の対象とされており、譲渡等の原因を問いませんので、例えば、他の者の債務の保証を履行するために行う資産の譲渡又は強制換価手続により換価された場合の資産の譲渡でも課税の対象となります。

したがって、御質問の場合のように、保証債務を履行するための自己の事業用の資産の売却でも資産の譲渡等に該当しますから、消費税の課税の対象となります。

なお、個人事業者においても事業の用に供している資産の売却は、その性質上事業に付随して対価を得て行われる資産の譲渡等に該当し、消費税の課税の対象になります。

参考 法2①八、令2③、基通5－1－7、5－2－2

81

ゴルフ会員権の課税関係

【問3－14】 ゴルフ会員権の発行、売買等の各取引について、具体的な消費税の取扱いはどうなりますか。

【答】 ゴルフ会員権には株式形態のものと金銭を一定期間預託する預託形態のものとがありますが、基本的にはその形態の相違により消費税の課税関係が異なることはありません。具体的な取扱いは、次のようになります。

1　ゴルフクラブの課税関係

　　ゴルフクラブが会員権を発行する場合において、その発行に関して収受する金銭は株式形態の場合は出資金であり、預託形態の場合は預り金ですから、いずれも資産の譲渡等の対価に該当せず課税の対象となりません。

　　ただし、入会に際して出資金や預託金とは別に収受する入会金などで会員等の資格を付与することと引換えに収受するものについては、役務の提供の対価として課税の対象となります。

　　また、プレー代、ロッカー使用料、年会費、会員権の所有者の変更に伴う名義書換料金等も課税の対象となります。

2　ゴルフ会員権業者の課税関係

　　会員権業者が会員権の所有者又は購入希望者からの委託を受けて会員権売買の仲介を行った場合、その仲介に係る手数料は役務の提供の対価として課税の対象となります。

　　また、会員権の所有者から買い取った会員権を売買する場合、株式形態のものは株式の譲渡に、預託形態のものは金銭債権の譲渡にそれぞれ該当しますが、ゴルフ会員権の譲渡は非課税とされていませんから、いずれも課税されます。この場合、その会員権の譲渡について購入者から収受する金額が課税資産の譲渡等の対価の額となります。

　　なお、会員権の所有者からの会員権の買取りは課税仕入れとなります。

第3章　課税範囲

3　ゴルフ会員権所有者の課税関係

　　事業者である会員権所有者がゴルフクラブに支払う年会費等は課税仕入れに係る支払対価に該当します。また、事業者が会員権業者から会員権を購入した場合、その購入は課税仕入れとなります。ただし、ゴルフクラブが発行した会員権をそのゴルフクラブから直接取得する行為は不課税取引に係るものですから課税仕入れとはなりません。

　　なお、事業者（個人事業者の場合は、**問３−15を参照**）が所有している会員権を譲渡した場合の課税関係は、２の場合と同様です。

参　考　法別表第一第２号、令９②、基通５−５−５、６−２−２

個人事業者が所有するゴルフ会員権の譲渡

> 【問３−15】　個人事業者が所有するゴルフ会員権を譲渡した場合、課税対象となりますか。

【答】　個人事業者が所有するゴルフ会員権は、会員権販売業者が保有している場合には棚卸資産に当たり、その譲渡は課税の対象となりますが、その他の個人事業者が保有している場合には生活用資産に当たり、その譲渡は課税の対象となりません。

　　また、会員権販売業者以外の個人事業者のゴルフ会員権の購入は、生活用資産の購入であり、事業として行ったものではないため、個人事業者の課税仕入れに該当しません。

参　考　基通５−１−１（注）、11−１−１

ゴルフ場による預託金方式のゴルフ会員権の買取り

> 【問3−16】 当社は預託金額が2,000万円のゴルフ会員権を発行しているゴルフ場ですが、現在、当社のゴルフ会員権の市場価額は1,200万円から1,300万円であり、会員権の市場価格の上昇が望めないことから、預託金の据置期間を満了した会員から預託金返還請求権に基づく預託金の返還を請求されるケースが増えています。
>
> この預託金返還請求権に基づき預託金を会員に返還する行為は、消費税の課税対象となるのでしょうか。

【答】 ゴルフ場は、会員が退会を希望する場合には預託金の返還請求権に基づき預託金を返還することとされていますが、これは、会員が持つ預託金返還請求権に基づいて、債務の履行として預託金の返還をしているにすぎず、ゴルフ場と会員との間には資産の譲渡等がないことから、消費税の課税の対象とはなりません。

なお、預託金返還請求権の行使としての預託金の返還とは異なるものとして、ゴルフ会員権の買取消却がありますが、この買取消却は、会員権を市場価格により買い取るものであり、市場において行われる会員権の売買となんら異なることがないことから、消費税の課税対象となります。

参考 法2①八、法別表第一第2号、令9②

関連事例 問3−17

84

第3章　課税範囲

ゴルフ会員権の買取消却に係る課税関係

> **【問3-17】**　当ゴルフ場は、会員が多いこと、会員権の価格が安い
> こと等から、一部の会員から会員権を買取消却し、コース等を整備
> して、より良いコースとなったところで買取価格より高い価格で追
> 加募集する予定です。
>
> 　この場合、ゴルフ会員権（預託金方式）を消却するために買い取
> る行為は消費税の課税対象となりますか。

【答】　ゴルフ会員権を消却する目的で売買した場合でも、権利の消滅とはな
らず（ゴルフ場が買い取り後、自ら権利を放棄しているにすぎません。）、会
員権の譲渡として消費税の課税対象となります。この場合、ゴルフ場が仮に
預託金相当額を預託金の返還として経理処理をしていたとしても預託金部分
も含めた買取価額の全額が消費税の課税対象となります。

　なお、この取扱いは、当該買取りに際し会員に買取消却である旨を明示し
ているかどうかを問いません。

　(注)　ゴルフ会員権の権利の消滅とは、ゴルフ場が取り壊される等、ゴルフ場その
　　　ものの存在が無くなったことにより、当該会員の利用権が消滅する場合をいい
　　　ます。

参　考　法2①八、法別表第一第2号

関連事例　問3-16

会社員が自宅に設置した太陽光発電設備による余剰電力の売却

【問3-18】　私は会社員ですが、自宅に太陽光発電設備を設置し、いわゆる太陽光発電による固定価格買取制度に基づいて、その余剰電力を電力会社に売却しています。

この場合、消費税の課税の対象となるのでしょうか。

【答】　余剰電力の買取りは、「電気事業者による再生可能エネルギー電気の調達に関する特別措置法」に基づき、太陽光発電による電気が太陽光発電設備が設置された施設等において消費された電気を上回る量の発電をした際、その上回る部分が当該施設等に接続されている配電線に逆流し、これを一般電気事業者である電力会社が一定期間買い取ることとされているものです。

消費税の課税対象となる取引は、国内において事業者が事業として対価を得て行う資産の譲渡等であり、個人事業者が生活の用に供している資産を譲渡する場合の当該譲渡は課税対象となりませんが、会社員が行う取引であっても、反復、継続、独立して行われるものであれば、課税対象となります。

御質問の余剰電力の売却は、あなたが事業の用に供することなく、生活の用に供するために設置した太陽光発電設備から生じた電気のうち、使い切れずに余った場合に当該余剰電力を電力会社に売却しているものであり、これは消費者が生活用資産（非事業用資産）の譲渡を行っているものであることから、消費税法上の「事業として」の資産の譲渡には該当しません。

したがって、御質問のように、事業者ではない者が生活の用に供するために設置した太陽光発電設備から生じた余剰電力の売却は、課税の対象となりません。

(注)　会社員が自宅で行う太陽光発電であっても、平成24年7月以降、一定規模以上の太陽光発電設備により発電が行われる場合には、その送電された電気の全量について電力会社に売却することが可能とされています（全量売電）。

会社員が行うこの全量売電は、電力会社との間で太陽光発電設備により発電

第3章　課税範囲

した電気の全量を売却する旨の契約を締結し、その発電した電気を生活の用に供することなく数年間にわたって電力会社に売却するものであることから、会社員が反復、継続、独立して行う取引に該当し、課税の対象となります。

参考　法2①ハ、4①、基通5-1-1

先物取引の課税

【問3-19】　国内における商品先物取引では、現物の受渡しが行われる場合と、差金授受が行われる場合とがありますが、消費税の課税関係はどうなるのでしょうか。

【答】　現物の受渡しの場合は、現物の引渡しが行われるときに商品の譲渡があったこととされていますので、消費税の課税の対象となります。

　差金授受の場合は、現物の受渡し期限前に反対売買をして清算されるものであり、資産の譲渡は行われていませんので、消費税の課税の対象となりません。

参考　基通9-1-24

損害賠償金等の取扱い

【問3-20】　損害賠償金、補償金、違約金の収受は消費税の課税の対象となるのでしょうか。

【答】　被った損害に対して支払われる損害賠償金は、一般的には対価性がないので課税の対象とはなりませんが、損害賠償金でも実質的に売買代金や貸付料等と同様の性格を有する場合には消費税の課税の対象となります。

　なお、補償金、違約金についても、一般的には対価性がなく課税の対象とはなりませんが、対価性の有無は実質的に判断することとなります。

87

また、土地収用法その他の法律の規定によりその所有権その他の権利を収用され、かつ、当該権利を取得する者から当該権利の消滅に係る補償金（いわゆる対価補償金）を取得した場合には、消費税の課税の対象となります。

参考 法4①、令2②、基通5－2－5、5－2－10

駐車違反車両の移動料金の取扱い

【問3－21】　当社は違法駐車した車両のレッカー移動及び保管業務を請け負っていますが、この場合、請負代金として収受する移動料及び保管料については消費税の課税の対象となるのでしょうか。

【答】　当該移動料、保管料については、役務の提供の対価となりますので、消費税の課税の対象となります。

参考 法4①

立退料

【問3－22】　当社は、借地に工場を建設して長年操業しておりましたが、この度、地主から立退きを要求され、工場建物を自ら取り壊し更地にして明け渡すことにしました。

　この明渡しに際しては、建物価額3,000万円、取壊料2,000万円及び借地権相当額5,000万円を受け取る契約になっておりますが、これに対する消費税の課税関係はどのようになるのでしょうか。

【答】　消費税は、国内において事業者が事業として対価を得て行う資産の譲渡、貸付け及び役務の提供並びに特定仕入れに対して課税されることになっています。

　貴社の場合は、工場建物を地主に対して譲渡したものではなく、更地で明

第3章 課税範囲

け渡すため自社所有の建物を自ら取り壊したもので、地主から建物価額として受け取る金額は立退料の算定の基礎とされているにすぎません。

このことは、取壊料についても同様です。

また、借地権相当額についても、借地権自体は土地の上に存する権利（資産）ですのでそれ自体が第三者に譲渡された場合は資産の譲渡となりますが、立退きの場合は、借地権がその土地の地主に対して譲渡されるものではなく、消滅するだけですから、地主が借地権者に支払う借地権相当額は、借地権の消滅の対価（いわゆる立退料）であり、資産を譲渡したことにはなりません。

したがって、この場合に貴社が受け取る金額は、すべて消費税は不課税となりますし、地主側においても課税仕入れとはなりません。

なお、貴社において取壊しに要した費用を外注先に支払っておれば、課税仕入れとなりますが、仕入控除税額の計算を個別対応方式により行う場合は、課税・非課税共通対応の課税仕入れとなります。

参考 法2①八、十二、基通5-2-7、6-1-2

※ 「特定仕入れ」については第19章参照

自ら管理する施設を移設する場合の移設補償金

【問3-23】 当社は電気供給会社ですが、送電線等の電気設備が設置されている場所で道路建設工事等が行われる場合に、道路建設者から送電線等の移設の要請を受け、移設のために必要な費用として移設補償金を収受することがあります。

ところで、この場合の移設補償金は、役務の提供の対価として消費税の課税の対象となるのでしょうか。

【答】 消費税の課税の対象となる資産の譲渡等のうち「役務の提供」とは、例えば、土木工事、修繕、運送、保管、印刷、広告、仲介、興行、技術援助、情報の提供、便益、出演、著述その他のサービスを他者に対し提供すること

をいいます。

御質問の送電線の移設は、他の事業者からの要請に基づくものであるとしても、その行為は、自らの資産を移転するだけのことですから、他者に対して行う役務の提供には該当せず、したがって、収受する移設補償金は資産の移転に要する費用の補填に充てるものとして交付を受ける補償金であり、資産の譲渡等の対価には該当せず、消費税の課税の対象にはなりません。

参 考　基通5-2-10、5-5-1

租税特別措置法上の「対価補償金」とされる「移転補償金」

【問3-24】　土地の収用等に伴い、資産の移転に要する費用の補填に充てるために受ける移転補償金であっても、その交付を受ける者が実際にその資産を取り壊した場合には、租税特別措置法上、「対価補償金」として代替資産の帳簿価額の圧縮記帳等の特例が認められていますが、このような移転補償金は、消費税法上も、対価補償金として課税の対象となるのでしょうか。

【答】　土地収用法等の規定に基づき所有権その他の権利が収用され、その権利を取得した者からその権利の消滅に係る補償金（対価補償金）を取得した場合は、消費税法上は、対価を得て資産の譲渡を行ったものとみなされ、課税されることになっています。

ところで、御質問の場合の補償金は、租税特別措置法上、法人税の課税の特例として「対価補償金」とされるものであっても、実際に所有権その他の権利を収用されたためにその権利を取得する者から受けたその権利の消滅に係る補償金ではなく、資産の移転や取壊しに要する費用の補填に充てるために交付を受けた補償金ですから、消費税の課税の対象にはなりません。

参 考　令2②、基通5-2-10

90

第3章　課税範囲

土地収用法に基づく対価補償金

> 【問3－25】　土地収用法に基づき土地、建物等が収用された場合に
> 受け取る「対価補償金」、「収益補償金」、「経費補償金」、「移転補償
> 金」は課税対象となりますか。

【答】　土地収用法に基づく収用に係る補償金で資産の譲渡等の対価とされる
ものは、収用の目的となった所有権その他の権利の対価としてのいわゆる対
価補償金についてであり、減少する収益又は発生する損失の補塡に充てるべ
きものとしての収益補償金、休廃業等により生ずる事業上の費用の補塡に充
てるものとしての経費補償金及び資産の移転に要する費用の補塡に充てるも
のとしての移転補償金は、対価性のない補償金であり、消費税の課税の対象
にはなりません。

　なお、土地収用法に基づく対価補償金であっても、土地に係る部分は非課
税となります。

参　考　令2②、基通5－2－10

91

移転困難として収用を請求し収用された建物に係る補償金

【問3-26】　当社は、A市内に所有している土地が道路拡張のため収用されたことに伴い、当該土地の上に存在する建物を移転させられることとなりましたが、当該建物については移転が著しく困難であることから、土地収用法第78条に基づき、当該建物の収用を請求し、収用されることとなりました。

当該建物は、事業の用に供せず取り壊されることとなりますが、当該建物の収用により受領することとなる土地収用法第80条に基づく補償金は、消費税法施行令第2条第2項に規定する補償金に該当し課税となるでしょうか。

【答】　土地収用法等に基づき所有権その他の権利が収用され、その権利の取得者から権利の消滅に係る補償金を取得した場合には、対価を得て資産の譲渡を行ったものとするという消費税法施行令第2条第2項の規定は、収用の場合、その収用の目的物の所有権は、起業者が原始取得（所有権以外の権利は消滅）することとなる（土地収用法第101条）ことから、経済実態は譲渡と変わらないこととなるため、課税の対象とするという趣旨の規定です。したがって、収用に伴って支払われる補償金は、資産の譲渡の対価として課税されることとなります。

なお、本件のように、本来移転すべき建物が、移転困難であるとして土地収用法第78条の規定に基づき収用を請求され、収用した建物を取り壊す場合においても、当該建物については、いったん取得し、それを取り壊すものであることから、当該補償金については、消費税法施行令第2条第2項の規定が適用され、課税の対象になります。

参考　令2②、基通5-2-10

第3章 課税範囲

経営指導料、フランチャイズ手数料等

> 【問3－27】 当社は、ある大手チェーンストアMグループ傘下のフランチャイズ店を経営しています。フランチャイズ店では、毎月売上利益の何％というように定められた金額を、経営指導料、フランチャイズ手数料、ロイヤリティなどの名目で手数料としてグループの主宰者に対して支払っていますが、これらの手数料は消費税の課税の対象となるのでしょうか。

【答】 経営指導料は、販売・仕入れの手法又は財務面を指導するという役務の提供の対価であり、フランチャイズ料及びロイヤリティは、グループ傘下の店として統一された名称の使用料、グループでの共同広告の分担金、経営指導等の役務の提供の対価に当たり、これらはいずれも消費税の課税の対象となります。

　したがって、これらはいずれもグループの主宰者の課税売上げに該当するとともに、支払ったフランチャイズ店の課税仕入れに該当することになります。

参考 基通5－5－1

日本以外の二以上の国で登録されている特許権の譲渡

> 【問3－28】 日本以外の二以上の国で登録されている特許権を譲渡した場合、資産の譲渡の場所はどこになるのでしょうか。
> （例）　A国とB国で登録している特許の権利者である甲（日本企業）が、A国に進出した乙（日本企業）に対しA国における特許権を譲渡した場合

【答】 同一の特許権について、二以上の国で登録されているものの譲渡は、

93

譲渡を行う者の住所地によって資産の譲渡の場所を判定することとなっていますので、たとえ日本国内の登録機関に登録されていない特許権であっても、譲渡に係る権利者の住所地となります。

　したがって、例示の場合は、譲渡に係る権利者甲は日本国内に住所地を有していますので、当該特許権の資産の譲渡場所は国内となり、消費税の課税の対象となります。

参 考　法4③、令6①五

特許権等のクロスライセンス取引

【問3－29】　当社は、Ｎ社と特許権の実施権を互いに与え合う、いわゆるクロスライセンス契約を締結しています。

　使用料は互いに相殺し差額決済を行っていますが、このような場合、消費税の課税関係はどのようになりますか。

【答】　御質問のような契約により、資産の貸付けを等価で互いに行う場合であっても、差額決済による場合であっても、対価を得て行う資産の貸付けであることに違いはありませんから、消費税の課税の対象になります。

　なお、この場合、貴社とＮ社は使用料を互いに相殺し、差額決済を行っているにしても、その使用料としての本来の対価は、当事者間で取り決めた（評価した）金額になりますので、貴社とＮ社は双方とも、互いに使用料相殺前の価額で特許権の実施権を取引したものとして課税されることになります。

参 考　法2①八、②、4①、28①、令45②四

第3章　課税範囲

京都メカニズムを活用した排出クレジットの取引

【問3－30】　京都議定書に基づく京都メカニズムを活用した排出ク
レジット（以下「クレジット」といいます。）の売買は、消費税の
課税の対象となるのでしょうか。

【答】

1　京都メカニズムについて

　京都メカニズムとは、気候変動に関する国際連合枠組条約の京都議定書
（以下「京都議定書」といいます。平成9年に京都で開催された国連気候
変動枠組条約第3回締約国会議で採択され、平成17年に発効しています。）
において定められた、温室効果ガス削減をより柔軟に行うための経済的メ
カニズムです。

　京都議定書では、先進国による温室効果ガスの排出量削減の数値目標が
定められていますが、日本などの国では、すでにエネルギー使用効率がか
なり高くなっています。そのため、これらの数値目標を国内のみで達成す
ることは困難であると考えられ、また効率改善の余地の多い国で取組を行
った方が、経済的コストも低くなることから、他国内での削減実施に投資
を行う柔軟措置が認められています。

2　クレジットについて

　クレジットは、京都議定書に基づく温室効果ガスの排出削減量としてシ
ステム上、1トン単位の識別番号で表示されるものであり、1トン分を保
有すれば実際の温室効果ガスの排出量1トンを相殺する効果が認められる
こととなります。

　クレジットは、国連の定める仕様に基づいて開発された電子システムに
より、そのすべてについて1トン単位の識別番号が割り振られ、その発行、
保有等の各種取引は、「国別登録簿」で電子的に管理、記録されています。

　「地球温暖化対策の推進に関する法律」（以下「温対法」といいます。）

95

では、①クレジット（温対法第2条第6項の算定割当量をいいます。）の帰属は国別登録簿（同法第29条第1項の割当量口座簿をいいます。）における記録によること、②国内におけるクレジットの譲渡の効力は、譲受人の保有する管理口座におけるそのクレジットの増加記録をもって効力が発生することなどを規定しており、クレジットは、資産性を有するものであると認められます。

3　消費税法上の取扱い

　課税の対象となる資産の譲渡等には、取引の対象とされる一切の資産が含まれ、固定資産等のような有形資産のほか、権利その他の無形資産も該当します。

　前述のとおり、クレジットは資産性を有するものですので、国内において譲渡された場合、その取引は課税資産の譲渡に該当することとなります。

　また、クレジットの譲渡が国内で行われたものかどうかの判定は、その譲渡を行う者のその譲渡に係る事務所等の所在地で判定することとなります。

　なお、クレジットを取得した内国法人が、消費税法第30条第2項第1号の個別対応方式により仕入税額控除を行う場合には、①将来の自社使用を予定して取得する場合は、「課税資産の譲渡等とその他の資産の譲渡等に共通して要するもの」に、②第三者に転売する目的で取得する場合は「課税資産の譲渡等にのみ要するもの」に、それぞれ区分することになります。

参考　法2①八、十二、令6①十、基通5－1－3

関連事例　問6－20

第3章　課税範囲

自動販売機設置手数料

【問3－31】　私は、菓子類の小売業を営んでいますが、店頭に清涼飲料水の自動販売機を設置しています。この自動販売機は、大手の清涼飲料メーカーの所有で、同社の依頼により設置しているものですが、毎月設置に係る手数料は収受しています。

この手数料は、消費税の課税の対象となるのでしょうか。

【答】　御質問の場合の自動販売機による清涼飲料の販売は、清涼飲料メーカーの危険負担によって行われるものであり、小売業とは関係がありません。

しかし、自動販売機の設置に係る手数料は、自動販売機を設置する場所の提供料、電気代及び故障の場合に連絡したりするサービス等の対価といえますから、事業として又は事業に付随して対価を得て行われる資産の譲渡等に該当しますので、消費税の課税の対象となります。

参考　法2①八、4①、令2③

会報、機関紙（誌）の発行

【問3－32】　当協会は、ある製品の製造に関する科学、技術の研究とその振興を図り、業界の進歩発展に寄与することを目的として設立された公益法人です。

ところで、当協会は、製造技術等に関する専門誌として協会誌を発行し、協会会員に対して無料で配付していますが、この協会誌は会員以外の者に対しても購読料を受領して配付しています。

このような場合、会員に対して配付する協会誌は消費税の課税の対象となりますか。

【答】　同業者団体や組合等が発行する会報、機関紙（誌）等（以下「会報等」

97

といいます。）が消費税の課税の対象となるかどうかの判断は、基本的には、会報等の発行に伴い対価を受領するかどうかにより取扱いが異なることになります。すなわち、会報等の発行費用が会員、組合員等の構成員（以下「会員等」といいます。）から通常の業務運営のために経常的に要する費用に充てるために徴収する通常会費によって賄われ、会報等の配付を受ける者から会報等の対価を別途徴収しない場合には、通常会費の中から会報等の対価に相当する部分を区別して課税対象とする必要はありません。

ただし、会報等の配付を受ける者から購読料、特別会費等（以下「購読料等」といいます。）の名目で対価を受領する場合には、その受領する金額は会報等の対価の額として消費税が課税されることになります。

具体的には、会報等の発行形態、対価の受領の有無等により、次のように取り扱われることになります。

1 会報等が会員等にのみ配付される場合

(1) すべて無償で配付（その発行費用が、通常の業務運営のために徴収する通常会費により賄われている場合を含みます。）されるとき………不課税

(2) 購読料等の名目で対価を受領するとき………購読料等を対価の額として消費税を課税（対価の総額が会報等の発行費用の全額を賄うものであるかどうかを問いません。）

2 会員等及び会員等以外の者に配付される場合

(1) 会員等には無償で配付し、会員等以外の者からは購読料等を受領するとき

① 会員等に配付するもの………不課税

② 会員等以外の者に配布するもの………購読料等の額を対価の額として消費税を課税

(2) すべての配付先から購読料等の対価を受領するとき………購読料等の額を対価として消費税を課税

3 会員等に無償で配付するほか、書店等を通じて販売する場合

第3章　課税範囲

(1) 会員等に無償で配付するもの………不課税

(2) 書店等を通じて販売するもの………販売価額を対価の額として消費税
を課税

なお、御質問の協会誌は、上記2の(1)に該当しますので、会員以外の者に対して購読料等の対価を得て配付するものは、消費税の課税の対象となりますが、会員に対して無料で配付するものは課税の対象とはなりません。

参 考　基通5-2-3

補助金、奨励金、助成金

【問3-33】　当社では身体の不自由な方を雇っておりますので、「障害者の雇用の促進等に関する法律」に基づく助成金の給付を受けています。

　このような国又は地方公共団体からの補助金等にも、消費税が課税されるのでしょうか。

【答】　事業者が、国又は地方公共団体から受ける補助金等のように、特定の政策目的の実現を図るための給付金を受けた場合には、その給付金は、資産の譲渡等に係る対価に該当せず、消費税の課税の対象とはなりません。

(注)　雇用保険法の規定による雇用調整助成金、雇用対策法の規定による職業転換給付金又は障害者の雇用の促進等に関する法律の規定による身体障害者等能力開発助成金のように、その給付原因となる休業手当、賃金、職業訓練費等の経費の支出に当たり、あらかじめ給付金による補塡を前提として所定の手続をとり、その手続をもとにこれらの経費の支出がなされるものであっても、これらの雇用調整助成金等は、資産の譲渡等に係る対価に該当せず、消費税の課税の対象とはなりません。

参 考　基通5-2-15

譲渡担保等

> **【問3-34】** 事業者が、いわゆる譲渡担保契約により債務の弁済の担保として資産の譲渡を行った場合も、消費税が課税されるのでしょうか。

【答】 事業者が債務の弁済の担保としてその有する資産を譲渡した場合において、その契約書に次のすべての事項を明らかにし、自己の資産として経理しているときは、その譲渡はなかったものとして取り扱われます。

この場合において、その後これらの要件のいずれかを欠くに至ったとき又は債務不履行のためその弁済に充てられたときは、これらの事実の生じたときにおいてその譲渡があったものとして取り扱われることになります。

① その担保に係る資産をその事業者が従来どおり使用収益すること。

② 通常支払うと認められるその債務に係る利子又はこれに相当する使用料の支払に関する定めがあること。

（注1） 形式上買戻し条件付譲渡又は売買の予約とされているものであっても、上記のような条件を具備しているものは、譲渡担保に該当するものとして取り扱われます。

（注2） 上記②の利子又は使用料は、消費税法別表第一第3号《利子を対価とする貸付金等》に掲げる利子に該当するものとして取り扱われます。

なお、この取扱いは、所得税や法人税においても同様です。

参考 基通5-2-11、所基通33-2、法基通2-1-18

第3章 課税範囲

広告宣伝用資産の贈与

【問3-35】 当社は、Ａ自動車製造販売グループ傘下の販売会社ですが、当社のＴＶコマーシャルに出演したタレントに、他社の自動車は使わず当社の自動車を使用してほしいと依頼し、当社の商品である新車を贈与しました。

　このような贈与については、負担付き贈与として消費税が課税されるのでしょうか。

【答】 負担付き贈与による資産の譲渡も、資産の譲渡等に類する行為として消費税の課税の対象とされています。

　この場合の「負担付き贈与」とは、受贈者に、一定の給付をすべき義務を負わせる資産の贈与のことをいいます。

　ところで、御質問の場合の受贈者たるタレントの義務は、他社製品を使用しないで貴社の商品を使用するという極めて抽象的なもので、貴社に一定の給付をする義務を負担するものとはいえず、負担付き贈与とは認められませんので、消費税の課税の対象にはなりません。

　なお、このような広告宣伝用資産の贈与は、負担付き贈与には該当せず、自社の役員に対する贈与を除き、消費税の課税の対象となりませんが、この場合においても、その広告宣伝用資産の購入は、仕入税額控除の対象となる課税仕入れに該当することになります。

参考 令2①一、基通5-1-5

101

法人が役員に退職金としてゴルフ会員権を支給した場合

> 【問3－36】 当社では、臨時株主総会及び取締役会の決議により、この度退任することとなる甲取締役に対し、退職金として現金200万円及び自社が所有するゴルフ会員権（時価1,800万円）を支給することとしました。
>
> ところで、消費税では、代物弁済や役員に対する資産の贈与は、課税対象になると聞いていますが、当社の場合のゴルフ会員権の甲役員への引渡しは、課税対象となるのでしょうか。

【答】 代物弁済とは、債務者が債権者の承諾を得て、約定されていた弁済方法に代えて他の給付をもって弁済する場合をいいますが、御質問のゴルフ会員権は、退職金の支給として現物で支給することとして決議されたものであり、甲に対して既に発生していた金銭債務の弁済に代えて、ゴルフ会員権の給付をもって弁済したものではありませんから、代物弁済には該当しません。

また、法人が資産を役員に対して贈与した場合、その贈与を資産の譲渡等とみなして課税の対象とする、みなし譲渡の規定がありますが、みなし譲渡が適用されるのは、法人税法上の過大報酬又は認定賞与とされるもので、役員報酬・賞与及び退職給与は、みなし譲渡の適用はありません。

したがって、御質問におけるゴルフ会員権の引渡しが、退任した甲役員に退職給与の支払いとして行うものであることが明らかな場合（甲の過去の職務執行に対する対価の後払いと認められる場合）には、消費税の課税の対象にはなりません。

参考 法2①八、4⑤二、基通5－1－4、法基通9－2－9(1)

第3章　課税範囲

共同企業体（ＪＶ）の出資金、配賦金

> **【問3－37】**　共同企業体（ＪＶ）を組んで建設工事を行う場合、共
> 同企業体に対する出資金や配賦金の取扱いはどのようになりますか。

【答】　共同企業体（ＪＶ＝ジョイント・ベンチャー）を組んで行う建設工事
等は共同事業ですから、共同企業体が行う資産の譲渡等及び課税仕入れは各
構成員が持分等の割合に応じて行ったものとなります。

　したがって、各構成員がその共同企業体に対して支出する出資金は、支出
の時点では、まだ、それを支出した構成員の持分ですので、消費税の課税関
係は生じません。しかし、その出資金により共同企業体が建設資材等を購入
した場合には、その購入時点で、その各構成員が課税仕入れを行ったことに
なるわけです。

　また、共同企業体が発注者から中間金等の名目で金銭を受領した場合、そ
の共同企業体の持分等の割合に応じて各構成員に配賦金として分配すること
がありますが、その配賦金は、目的物の引渡しがあるまでは単なる預り金で
あるため消費税の課税関係は生じないこととなります。

　ただし、共同企業体が部分完成基準により発注者に建設工事に係る目的物
の一部を引き渡した場合には、その引渡しを行った部分については、その課
税期間において資産の譲渡等を行ったことになります。

（持分割合が30％の共同事業を行った場合の課税資産の譲渡等の対価の額の計算例）

区　　　分	取引金額 （税込み）	取引金額の内訳	
		課　税　取　引	非課税取引
①　売　　上	6,000万円	4,000万円	2,000万円
②　売上原価	4,500万円	2,000万円	2,500万円
③　差引利益（①－②）	1,500万円		
④　Ａ社の分配金	450万円	（③×30％）	

イ　課税資産の譲渡等の税込対価の額　　1,200万円（4,000万円×30％）

103

ロ　非課税資産の譲渡等の対価の額　　600万円（2,000万円×30％）

ハ　課税仕入れに係る支払対価の額　　600万円（2,000万円×30％）

参考　基通1-3-1、9-1-8

関連事例　問2-1、3-38、12-33

共同企業体における内部取引

> 【問3-38】　共同企業体の工事において、当社の持分比率を超えて
> 供出した機械の使用損料を他の構成員から徴収していますが、この
> 機械の使用損料は当社においては、課税売上げとなるのでしょうか。

【答】　共同企業体を組んで行う建設工事等は共同事業ですから、共同企業体
が行う資産の譲渡等及び課税仕入れは各構成員が持分等の割合に応じて行っ
たものとなります。ただし、御質問のように各構成員の持分比率を超えて機
械等を提供した場合や役務の提供を行ったような場合には、工期の中間にお
いて、持分比率に応じた調整を構成員間で行うことがあります。

　このような場合、各構成員の持分比率を超えてその費用等を負担した構成
員が他の構成員から徴収する費用等の相当額は、他の構成員に対して行った
資産の譲渡等の対価であると認められ、消費税の課税の対象となります。

参考　基通1-3-1

関連事例　問2-1、3-37、12-33

第3章 課税範囲

ホテルの客のタクシー代の立替払

【問3-39】 当社は、ホテルを経営していますが、タクシー代や宴会のコンパニオン派遣料等をお客に代わって立替払することが度々あります。

この場合の消費税の課税関係は、どのようになるのですか。

【答】 ホテル等がお客の依頼を受けて、又はお客が自らタクシーや宴会のコンパニオンを呼んだ場合においては、本来それらの役務の提供の対価は、お客が直接役務の提供者に支払うべきものですから、ホテルがその対価を客に代わって立替払をし、その旨を明確に区分している場合には、その代金をお客から領収しても消費税の課税の対象とはなりません。また、その支払はホテルの課税仕入れにも該当しません。

しかし、立替払したタクシー代やコンパニオン派遣料の実費に、更にホテル等のマージンを上乗せして客から領収する場合には、その領収する金額の全額が、資産の譲渡等の対価として消費税の課税の対象となります。

別途収受する配送料の課税

【問3-40】 当社では販売する商品については、客の注文により地方発送を行うことがしばしばありますが、商品代金とは別に配送料を受領しています。

このような場合でも、この配送料には消費税が課税されるのでしょうか。

【答】 商品の配送に伴い別途受領する配送料は、配送という役務の提供の対価ですから、消費税の課税の対象になります。

ただし、配送を自社で行わず、郵便小包や宅配便などにより行う場合で、

105

商品の販売者が商品の購入者から郵便料や宅配料（消費税等を上乗せした料金）の実費を預り、帳簿上も預り金又は仮受金等として処理し、料金を預り金等から直接支払うなど、損益にかかわらない方法で経理しているときは、その預り金等として経理した部分については商品販売者の売上げには該当しませんので、消費税は課税されないこととされています。

【参考】 法2①八、4①、基通10-1-16

実費弁償金の課税

> 【問3-41】 私は弁護士ですが、収入の中には実費弁償たる宿泊費や交通費が含まれています。これらの宿泊費や交通費は、立替金として処理していれば、消費税の課税対象にならないものとして取り扱ってよいでしょうか。

【答】 弁護士の業務に関する役務の提供の対価の額は、弁護士がその業務の遂行に関連して依頼者から支払を受ける一切の金銭をいうものと解されています。

したがって、実費弁償たる宿泊費及び交通費であっても、ホテルや交通機関等への支払が実質的に依頼者による直接払と認められるものでない限り、弁護士の報酬又は料金に含まれ消費税の課税の対象となります。

この場合、ホテルや交通機関等へ支払った金額は、課税仕入れに該当します。

なお、依頼者が本来納付すべきものとされている登録免許税や手数料等に充てるものとして受け取った金銭については、それを立替金等として報酬又は料金と明確に区分経理している場合は、消費税の課税の対象となりません。

【参考】 基通10-1-4

第3章　課税範囲

下請業者に対する立替金

> 【問3−42】　当社は、建築請負業を営んでいますが、建設現場の作業所等において下請業者等の負担すべき費用を立替払し、下請業者等から立替金としてその費用を徴収することがあります。
>
> 　このような場合、この立替金は、消費税法上、課税売上げとなりますか。
>
> 　また、課税売上げにならないとすれば、立替金の請求は税抜きで行うことになるのでしょうか。

【答】　御質問の場合のように、本来、他の者（この場合、下請業者等）が負担すべき費用等をその者に代わって支払い、それを立替金として処理している場合には、その者から徴収する立て替えた費用等の相当額は、立て替えて支払った事業者（この場合、元請業者）の課税売上げにはなりません。

　また、立て替えて支払った金額について消費税が課税される場合には、下請業者等が支払うべき金額を消費税込みで立て替えたわけですから、結果的に、下請業者からは消費税を含めて徴収することになります。

　なお、立替金を弁済する者（下請業者等）は、その弁済する金額のうち課税仕入れに係るものについて仕入税額控除の対象とすることができます。

荷主に代わって購入する運送用パレット

> 【問3−43】　当社は、運送業を営んでいますが、運送用のパレットを荷主に代わって立替購入し、その代金を荷主から運賃に上乗せする形で領収しています。
>
> 　このような場合のパレット代も消費税の課税の対象になりますか。

【答】　御質問のパレットは、特定の荷主との継続的な運送取引に要するもの

107

として貴社において調達しているものであり、その取得に要した費用は運賃の一部を構成していますから、パレットの購入費用も含めた運賃全体が運送役務の提供の対価として消費税が課税されます。

この場合、パレットの購入代金は貴社の課税仕入れに該当しますので、仕入税額控除の対象となります。

なお、パレットを運送会社が調達した場合であっても、その購入が荷主に代わって行われ、代金については立替金として区分経理し、別途荷主から領収することとしている場合には、運送会社に課税関係は生じません。

参考 法2①八、4①

テナントから領収するビルの共益費

> **【問3-44】** ビル管理会社等がテナントから受け入れる水道光熱費等の共益費等は、いわゆる「通過勘定」という実費精算的な性格を有するものと思われますので、消費税の課税対象にならないと考えてよいでしょうか。

【答】 ビル管理会社等が、水道光熱費、管理人の人件費、清掃費等を共益費等と称して各テナントから毎月一定額領収し、その金額の中からそれぞれの経費を支払う方法をとっている場合には、そのビル管理会社等が領収する共益費等は消費税の課税の対象になります。

しかし、水道光熱費等の費用がメーター等により各テナントごとに区分されており、かつ、ビル管理会社等がテナント等から集金した金銭を預り金として処理し、ビル管理会社等は本来テナント等が支払うべき金銭を預って電力会社等に支払うにすぎないと認められる場合には、その預り金はビル管理会社等の課税売上げに該当せず、消費税の課税の対象になりません。

参考 基通10-1-14

108

第3章　課税範囲

百貨店等が顧客サービスとして発行するお買物券等の課税関係

【問3－45】　当店では、顧客の購買データをポイント化し、自店の
みで使用できる「お買物券」等の金券を交付しています。

　このお買物券を使用して顧客が買物をした場合、商品の価額から
お買物券の券面額を差し引いた金額を支払うことになりますが、こ
のお買物券に関する消費税の課税関係はどのようになるのでしょう
か。

　なお、お買物券を利用して買物をした場合、お買物券の券面額が
商品の価格を超えている場合であっても、釣銭は出しません。

【答】　事業者がお尋ねのお買物券等を自ら作成し、顧客の購買金額に応じて、
当該お買物券等を交付する行為は、無償の取引であり資産の譲渡等に該当せ
ず、消費税の課税の対象とはなりません。

　また、当該お買物券を利用して買物をした場合に、お買物券の券面額を差
し引いた金額を支払う場合には、実際に顧客から受け取る金額（値引き後の
金額）がその商品等の譲渡の対価の額となります。

109

消費者が集めたスタンプを商品券と引き換えた場合の取扱い

【問3－46】 当協同組合は、加盟店である組合員に対して、トレーディングスタンプを発行し、それを集めた消費者に対して、そのスタンプの枚数に応じて加盟店共通の商品券と引き換えることとしていますが、スタンプと商品券の引換えに係る消費税の取扱いはどうなりますか。

【取引図】

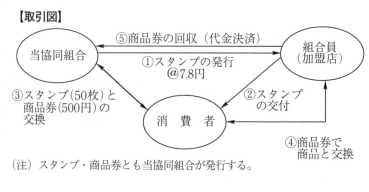

(注) スタンプ・商品券とも当協同組合が発行する。

【答】 次のとおり取扱います。

1 取引図①のスタンプ発行は、資産の譲渡等として課税の対象となります。

　資産の譲渡の時期は発行時に全額収益計上している場合は発行時となり、所基通36・37共－13の2又は法基通2－1－39ただし書を適用している場合には、これらの規定により総収入金額又は収益として計上すべき時となります。

2 取引図②のスタンプの交付及び取引図⑤の商品券の回収はそれぞれ不課税取引となります。

3 取引図③のスタンプを提示した客に商品券を引き渡す行為は、商品券の無償譲渡であり、資産の譲渡等には該当しません。

4 取引図④の商品券と商品の交換は加盟店の課税売上げとなります。

第3章　課税範囲

建設中に不可抗力により生じた損害の負担

【問3-47】　当社は建設会社ですが、建設中の建物やそれに要する資材等が風水害、地震等の不可抗力により滅失、き損した場合に、契約に基づき建設工事の発注者から損害額を負担していただくことにしております。

この場合における発注者の負担額は、次のとおりとなっていますが、この発注者から受け取る損害額相当額は、当社において課税の対象となりますか。なお、発注者の負担に係る建設中の建物等について、発注者は引渡しを受けていません。

1　建設中の建物………出来高部分の復旧に要する費用相当額

2　資材…………………資材の購入代金相当額

3　使用機械器具………滅失時以後の期間の償却費

【答】　御質問の場合、発注者が自ら建設中の建物等を復旧させることになりますが、発注者はその復旧に係る工事等を受注者に委託し、受注者は、発注者から復旧費用等を収受して建設中の建物の復旧等を行い、建物等の完成時に受注者に引き渡すものですから、当該復旧費用等は建物等の建設対価を構成し、課税の対象となります。

参考　法2①八

111

火災による資産の焼失と損害保険金収入

> 【問3-48】　先日当社の倉庫が火災に遭い、倉庫及びその中に保管していた仕入商品が全焼しました。
>
> 　しかし、火災保険に加入していたため、倉庫及び商品の保険金を受領しました。
>
> 　この場合の、消費税の課税関係はどのようになるのでしょうか。

【答】　保険事故の発生に伴い収受する保険金又は共済金などは、資産の譲渡等の対価として収受するものではありませんから、消費税の課税の対象にはなりません。

　次に、火災により全焼した商品の課税仕入れについてですが、事故等により減失し若しくは亡失した場合又は盗難にあった場合などのように、結果的に資産の譲渡等を行うことができなくなった場合であっても、その資産の課税仕入れについては、仕入税額控除の規定は適用できますから、全焼した商品についての課税仕入れに係る消費税額は、そのまま課税仕入れを行った日の属する課税期間において控除することができます。

　なお、受け取った保険金等を原資として、新たに倉庫や商品を取得した場合であっても、取得に係る対価を支払っている限り課税仕入れに該当しますから、その課税仕入れについて仕入税額控除の規定が適用できます。

参　考　基通5-2-4、5-2-13、11-2-10、11-2-11

第3章　課税範囲

輸送事故に伴う損害賠償金

> 【問3－49】　当社は、製造業を営んでいますが、製品を販売するに
> 当たっては、特定の運送業者に運送を依頼しています。
> 　ところで、運送中の事故により製品を販売先に引き取ってもらえ
> なくなったときは、その製品の取引価額相当額を運送業者より損害
> 賠償金として受け取ることとしています。
> 　この場合、結果的には、売上代金相当額を受け取ったことになり
> ますが、消費税の課税の対象になるのでしょうか。

【答】　損害を受けた棚卸資産等が加害者や加害者に代わって損害賠償金を支
払った者に引き渡される場合で、その棚卸資産等がそのまま又は軽微な修理
を加えることにより使用できるときには、その譲渡代金に相当する損害賠償
金は資産の譲渡等の対価に該当し、消費税の課税の対象になります。

　一方、そのまま又は軽微な修理を加えても使用できない貨物に係る損害賠
償金については、消費税の課税の対象とはなりません。

　したがって、御質問の場合、事故に遭った製品が軽微な修理を加えること
により使用できる状態となるため運送会社が引き取ったときは、その損害賠
償金は課税の対象となり、そうでないときには課税の対象とされません。

参考　基通5－2－5

クレーム処理の賠償金

> 【問3－50】　クレーム処理としての損害賠償金（通常、納品価格か
> ら減額します。）は、消費税の課税の対象となりますか。

【答】　品質の不良、品質の相違、破損又は納期遅延等のクレームによる損害
賠償金の支払が値引きと認められる場合には、対価の返還等として処理し、

113

その他の損害賠償金となるものについては対価性がないものとなります。

（注）　販売店等がメーカーに代わってクレーム処理を行う場合にメーカーから受け取る対価は、消費税の課税の対象となります。

参 考　法2①八、基通5－2－5

遅延損害金

> 【問3－51】　当協同組合では、組合員に対する証書貸付けの貸付金には年3.0％の利息を付していますが、貸付金の返済が遅れた場合には、利息に代えて年利12.0％の遅延損害金をいただくこととしています。
>
> 　この遅延損害金は、損害賠償金として消費税の課税の対象外となるのでしょうか。

【答】　御質問の金銭債務の返済遅延に伴う遅延損害金は、遅延期間に応じて一定の利率に基づき算定される利息に相当するものであり、資産の譲渡等の対価には該当しますが、金銭の貸付けに伴う利息として、消費税は非課税となります。

参 考　令10①、基通5－2－5

第3章　課税範囲

割増賃貸料

【問3－52】　当社は貸事務所業を営んでいますが、賃借人が契約条件に従わないなど、賃借人に債務不履行があったような場合には退去を求め、通告した期限までに退去しないときには本来の賃貸料の3倍に相当する額を賃貸料として徴収することとしています。

　この場合、本来の賃貸料を超える部分の金額は損害賠償金あるいは違約金的なものとして消費税の課税の対象外であると考えてよいでしょうか。

【答】　契約を解除された賃借人が解除後も賃借している事務所等を一方的に利用する場合に、その期間に応じて本来の賃借料の3倍に相当する金額（割増金）を徴収することとしているときのその3倍相当額は、賃借していた者が正当な権限なくして事務所を使用収益している事実に対し、その使用収益の対価として徴収するものと認められますから、いわゆる割増賃貸料としてその全額が事務所の貸付けの対価に該当することになり、消費税の課税の対象となります。

　なお、供給契約に違反して電気、ガスの供給を受けた場合や、電車等の輸送機関に不正乗車したような場合についても、通常の3倍に相当する額の料金又は運賃等を徴収することがありますが、このような場合も、その全額が資産の譲渡又は役務の提供の対価の額となり、消費税の課税の対象となります。

参 考　基通5－2－5

115

違約者から受け取る使用料相当額

> 【問3−53】　当社は、土地付住宅の分譲販売を行っていますが、購入者が購入代金について支払不能となった場合には、当社が販売代金相当額によりその分譲住宅を買い取るとともに、相手方からその販売から買取りまでの期間に応じた「使用料相当額」を徴収することとしています。
>
> 　この使用料相当額は住宅の貸付けの対価となりますか。
>
> 　なお、この使用料相当額は住宅の減価償却費と金利を基礎として算定しています。

【答】　御質問の使用料相当額は、分譲住宅の売買契約を解除することに伴い、その購入者がその住宅を使用していた期間に対応する使用料に相当する金額として徴収するものと認められますから、住宅の貸付けの対価に該当し、消費税の課税の対象となります。

　なお、消費税が非課税となる住宅の貸付けとは、契約において人の居住の用に供することが明らかにされているものに限ることとされており、御質問の場合の住宅の貸付けは、賃貸契約によるものではないため、原則として非課税とはなりませんが、売買契約書において、入居後契約を解除した場合は、契約解除までの期間に対応する使用料相当額を購入者から徴収することが明らかにされているときは、契約解除により徴収することとなる使用料相当額は、非課税となります。

参考　法2①八、法別表第一第13号、基通5−2−5

第3章　課税範囲

違約金として徴収する保管料

【問3−54】　当組合は、組合員の便宜のために共同倉庫を設けてい
ますが、この倉庫に在庫した商品を売却する場合には、売却後10日
以内に搬出することを義務付け、期限までに搬出しないときは、搬
出未了の商品について、1日につき売買価額に年率10％を乗じた額
を「違約金」として徴収しています。

　これは、搬出が遅れたことにより、当組合の倉庫の運営が害され
ることに対する損失補填を目的とした賠償金ですから、消費税の課
税の対象にならないと考えてよいでしょうか。

【答】　損害賠償金のうち、心身又は資産につき加えられた損害の発生に伴い
受けるものは、資産の譲渡等に係る対価に該当しませんが、次のような損害
賠償金は、資産の譲渡等に係る対価に該当し、消費税の課税の対象となりま
す。

①　損害を受けた棚卸資産等が加害者（加害者に代わって損害賠償金を支払
　う者を含みます。）に引き渡される場合で、その棚卸資産等がそのまま又
　は軽微な修理を加えることにより使用できるときの譲渡代金に相当する損
　害賠償金

②　無体財産権の侵害を受けたことにより受け取る権利の使用料に相当する
　損害賠償金

③　不動産等の明渡し遅滞により受け取る賃貸料に相当する損害賠償金

　御質問の場合の倉庫からの搬出遅滞によって徴収する違約金は、③と同様
に遅滞期間に応じて徴収する保管料に相当するものと認められますので、役
務の提供の対価として消費税の課税の対象となります。

参考　基通5−2−5

ガスボンベの長期停滞料、貸付保証金

> **【問3-55】** 当社は、プロパンガスを販売する場合にはガスボンベを無償で貸し付けることとしていますが、一定期間内に返還されない場合には、長期停滞料を徴収しています。
>
> また、臨時、短期のユーザーにガスを販売する場合には、ガスボンベについて保証金を収受し、このガスボンベが返還されない場合や破損した場合には保証金を没収することとしています。
>
> これらの長期停滞料や保証金に対する消費税の取扱いは、どのようになるのでしょうか。

【答】 御質問の長期停滞料は、返還すべき期日を経過した後におけるガスボンベの貸付けに係る対価と認められますから、消費税の課税の対象となります。

また、ガスボンベの保証金については、没収するまでの間、臨時、短期のユーザーからの預り金として経理している限り、資産の譲渡等の対価に該当しません。

しかし、この保証金について没収した場合には、これをすべて雑収入として経理しているときであっても、没収する事由により次のとおり取扱いが異なることになります。

(1) ガスボンベが返還されなかったことにより没収する場合

① 当事者間において当該ガスボンベの対価として処理することとしている場合は、そのガスボンベの譲渡の対価として課税の対象になります。

② 当事者間において損害賠償金として処理することとしている場合は、その損害賠償金は資産の譲渡の対価には該当しないものとして取り扱います。

(注) ①又は②のいずれによるかは、当事者間で授受する請求書、領収書その他の書類で明らかにする必要があります。

第3章　課税範囲

(2) ガスボンベが破損したことにより没収する場合には、破損修理代金を補塡するための損害賠償金と考えられますので、原則として課税の対象にはなりません。

参　考　基通5−2−5、5−2−6

情報提供契約の解除に伴う違約金

【問3−56】　当社は、主として経済に関する情報を提供する会社ですが、次の情報提供契約において、ユーザーが事情により契約の全部又は一部を中途解約した場合には、契約の残存期間中に支払を受けるべき情報提供料に相当する金額を相手方から受領することにしています。

　この残存期間の情報提供料に相当する金額は、消費税の課税の対象となりますか。

(情報提供契約の内容)

1　株式相場、統計、ニュース等の情報を提供するためユーザーに端末機を設置する。

2　機械はユーザーに専有されるのみで、所有権は当社に属する。

3　情報提供料は設置する端末機の台数に応じ月額で定め、支払は前月末払いとする。

4　契約期間は2年とする。(終了する旨の通知がない場合は、1年間自動更新とする。)

5　中途解約により端末機を一部又は全部撤去することになっても、契約の残存期間の情報提供料相当額をユーザーから受領する。

【答】　御質問の場合、情報提供契約が解約された時点で、その端末機に係る貴社の情報提供という役務の提供は中止されますから、ユーザーから受領する契約の残存期間の情報提供料相当額は、役務の提供の対価には該当せず、

119

固定された契約期間の残存期間において生じる貴社の逸失利益を補償する性格のものと認められます。

　したがって、資産の譲渡等には該当せず、課税の対象とはなりません。

参　考　基通5－2－5

税務上のリース取引

> **【問3－57】**　税務上、「リース取引」とはどのように定義されていますか。

【答】　次のとおり取り扱います。

1　リース会計基準におけるリース取引

　リース会計基準では、リース取引とは、「特定の物件の所有者たる貸手が、当該物件の借手に対し、合意された期間にわたりこれを使用収益する権利を与え、借手は、合意された使用料を貸手に支払う取引」としており（リース会計基準第4項）、リース会計基準におけるリース取引の定義を満たすものについては、リース契約、レンタル契約、賃貸借契約などの名称に関わらず、リース適用指針を適用する上で、リース取引として取り扱われることに留意するとされています（リース適用指針第91項）。

2　税務上の「リース取引」

　所得税法及び法人税法では「リース取引」とは、賃貸借取引のうち、次の①及び②に掲げる要件に該当するものをいうと定義しています（所法67の2③、法法64の2③）。

　①　その賃貸借に係る契約が、賃貸借期間の中途においてその解除をすることができないもの又はこれに準ずるものであること（中途解約禁止）

　②　その賃貸借に係る賃借人がその賃貸借に係る資産からもたらされる経済的な利益を実質的に享受することができ、かつ、その資産の使用に伴

って生ずる費用を実質的に負担すべきこととされているものであること（フルペイアウト）

さらに「リース取引」を「所有権移転外リース取引」と「『所有権移転外リース取引』以外のリース取引」に分類しています。

なお、リース会計基準では、リース取引をファイナンス・リース取引とオペレーティング・リース取引に区分し、更にファイナンス・リース取引を「所有権移転ファイナンス・リース取引」と「所有権移転外ファイナンス・リース取引」に分類していますが、このファイナンス・リース取引が税法上の「リース取引」と一致することとなります。

3　消費税法上の取扱い

(1)　資産の売買があったものとされるリース取引

　　所得税法・法人税法の規定において、資産の売買があったものとされる「リース取引」については、消費税の取扱いにおいて、そのリース資産の賃貸人から賃借人への引渡しの時に、資産の譲渡等があったものとして取り扱うこととされています。

(2)　金銭の貸借があったものとされるリース取引

　　所得税法・法人税法の規定において、金銭の貸借があったものとされるリース取引（いわゆるリース・バック取引）が行われた資産の売買があったものとされるリース取引については、消費税の取扱いにおいて、そのリース資産の賃貸人から賃借人への引渡しの時に、資産の譲渡等があったものとして取り扱うこととされています。

所有権移転外ファイナンス・リース取引の解約損害金

> **【問3−58】** 当社では、この度、リース取引（所有権移転外ファイナンス・リース取引、**問3−57**参照）を行うこととなりました。
>
> 契約では、契約期間終了前に契約を解約する場合、リース業者はユーザーから次のような規定損害金を徴収することとしていますが、これらは消費税の課税の対象となるのでしょうか。
>
> ① リース物件の消滅によりユーザーから徴収する損害金
>
> ② ユーザーの倒産等により強制的に解約した場合にユーザーから徴収する損害金
>
> ③ リース物件のグレードアップ等を図るため、リース業者及びユーザーが合意の下に解約した場合のユーザーから徴収する損害金

【答】 被った損害に対して支払われる損害賠償金は、一般的には対価性がないことから消費税の課税の対象とはなりません。しかし、損害賠償金でも実質的に売買代金や貸付料等と同様の性格を有するものは消費税の課税の対象となります。

したがって、御質問の場合には、次のようになります。

① リース物件の消滅によりユーザーから徴収する「損害金」は、リース資産に加えられた損害の発生に伴い受ける損害賠償金であり、対価性がないと認められますから課税の対象とはなりません。

② ユーザーの倒産等により強制的に解約し、リース物件を引き揚げ、ユーザーから徴収する「損害金」は、逸失利益の補償金と認められますから課税の対象とはなりません。

③ リース物件のグレードアップ等を図るため合意解約したユーザーから徴収する「損害金」は、解約までのリース期間のリース料の増額修正の性格を有するものと認められますから、課税の対象となります。

参 考 基通5−2−5

第3章　課税範囲

所有権移転外ファイナンス・リース取引に係る残存リース料の取扱い

【問3−59】　リース取引（所有権移転外ファイナンス・リース取引、
問3−57参照）について、契約期間終了前に次の①から③に該当し、
リース契約を解約した場合、賃借人が賃貸人に支払うこととなる残
存リース料は、賃借人において、仕入税額控除の対象となりますか。
　　また、賃貸人はどのように取り扱うこととなりますか。

①　賃借人の倒産、リース料の支払遅延等の契約違反があったとき

②　リース物件が滅失・毀損により、修復不能となったとき

③　リース物件の陳腐化のための借換えなどにより、賃貸人と賃借
　人と合意に基づき解約するとき

【答】　(1)　賃借人の取扱い

①　賃借人の倒産、リース料の支払遅延等の契約違反があったとき

　　　リース物件の資産の譲受けは、その引渡しの際に行われており、賃借
人から賃貸人への残存リース料の支払は譲受けに係るリース債務の返済
にすぎないため、消費税法上、課税の対象外となります。

　　　したがって御質問の場合、残存リース料の支払は仕入税額控除の対象
になりません。

　　　また、賃借人が賃貸人にリース物件を返還し、残存リース料の一部又
は全部が減額された場合、賃借人はリース物件の返還があった時におい
て、代物弁済による資産の譲渡があったものと認められ、代物弁済によ
り消滅する債務の額として、この減額した金額を対価とする資産の譲渡
が行われたものとして取り扱われます。

(注)　「残存リース料」とは、賃貸人において延払基準等を適用しているリース
　　　取引につき、延払基準の方法による経理をしなかった決算に係る事業年度終
　　　了の日の属する課税期間の初日以後に、その支払期日が到来するリース譲渡
　　　に係る賦払金の額（この課税期間の初日の前日以前に既に支払を受けたもの

123

を除きます。）又は、契約の解除等をした事業年度終了の日の属する課税期間以後の各課税期間におけるリース譲渡収益額をいいます。

② リース物件が滅失・毀損し、修復不能となったとき

　上記①と同様に、リース債務の返済にすぎないため、消費税法上、課税の対象外となりますので、残存リース料の支払は、仕入税額控除の対象になりません。

　また、賃貸人にリース物件の滅失等を起因として保険金が支払われることにより残存リース料の一部又は全部が減額される場合、リース料の値引きがあったものと認められ、この残存リース料の減額は仕入れに係る対価の返還等として取り扱われます。

③ リース物件の陳腐化のための借換えなどにより、賃貸人と賃借人との合意に基づき、解約するとき

　上記①と同様に、リース債務の返済にすぎないため、消費税法上、課税の対象外となりますので、残存リース料の支払は仕入税額控除の対象になりません。

　また、賃貸人と賃借人の合意に基づき、リース物件の陳腐化のため、リース物件を廃棄するとともに、残存リース料の一部又は全部を減額する場合、リース料の値引きがあったものと認められ、この残存リース料の減額は仕入れに係る対価の返還等として取り扱われます。

(2) 賃貸人の取扱い

① 賃借人の倒産、リース料の支払遅延等の契約違反があったとき

　賃貸人においては、次のイ又はロのいずれかの課税期間に、残存リース料を対価とする資産の譲渡等を行ったものとみなされ、消費税が課されることとなります。

　また、賃借人が賃貸人にリース物件を返還し、残存リース料の一部又は全部を減額した場合、この減額は、リース物件の返還があった時において、代物弁済が行われたものと認められ、資産の譲受けの対価として取り扱われます。

第3章　課税範囲

　イ　延払基準を適用していたリース取引について中途解約により延払基
　　準の方法により経理をしなかった決算に係る事業年度終了の日の属す
　　る課税期間
　ロ　リース譲渡に係る資産の譲渡等の時期の特例（注）を適用していた
　　リース譲渡に係る契約解除等を行った事業年度終了の日の属する課税
　　期間
（注）　「リース譲渡に係る資産の譲渡等の時期の特例」とは、法人税法第64条の
　　２第３項に規定するリース取引による同条第１項に規定するリース資産の引
　　渡し（以下「リース譲渡」といいます。）を行った場合に適用できる規定で、
　　リース譲渡の対価の額からその原価の額を控除した金額の20％相当額（以下
　　「利息相当額」といいます。）とそれ以外とに区分した場合、次のイ及びロ
　　の合計額は益金の額に算入されることから、消費税法上においてもイ及びロ
　　の合計額は、リース譲渡収益額として、リース譲渡をした日の属する課税期
　　間の翌課税期間の初日以後にその事業年度終了の日が到来する各事業年度終
　　了の日の属する課税期間において資産の譲渡等の対価とされることとなりま
　　す。
　　イ　リース譲渡の日の属する事業年度以後の各事業年度の収益の額として、
　　　リース譲渡の対価の額から利息相当額を控除した金額をリース期間の月数
　　　で除し、これに当該事業年度における当該リース期間の月数を乗じて計算
　　　した金額
　　ロ　利率を支払期間、支払日、各支払日の支払額、利息の総額及び元本の総
　　　額を基礎とした複利法により求められる一定の率として賦払の方法により
　　　行うものとした場合に当該事業年度におけるリース期間に帰せられる利息
　　　の額に相当する金額
②　リース物件が滅失・毀損し、修復不能となったとき
　　上記①と同様に、賃貸人においては、解除等の日の属する課税期間に
　残存リース料を対価とする資産の譲渡等があったものとみなされ、消費
　税が課されることとなります。
　　また、リース物件が滅失・毀損し、修復不能を起因として賃貸人に保
　険金が支払われることにより、残存リース料の一部又は全部を減額した

場合、リース料の値引きを行ったものと認められ、この減額した金額は売上げに係る対価の返還等として取り扱われます。

③　リース物件の陳腐化のための借換えなどにより、賃貸人と賃借人との合意に基づき、解約するとき

上記①と同様に、賃貸人においては、解除等の日の属する課税期間に残存リース料を対価とする資産の譲渡等があったものとみなされ、消費税が課されることとなります。

また、賃貸人と賃借人の合意に基づき、残存リース料の一部又は全部が減額された場合、リース料の値引きを行ったものと認められるため、この減額した金額は売上げに係る対価の返還等として取り扱われます。

参考　法16②、令32①、36の2③、45②一、基通9−3−6の3、法法63①、64の2①、③、法令125①②

関連事例　問9−8

賃借人が賃貸借契約を解除した場合に支払う解約金

【問3−60】　当社は、このたび支店を閉鎖することになりました。

この支店は、A社から賃借していたのですが、賃貸借契約を中途解約することとなったため、解約金を支払うこととなりました。

この解約金は解約日から賃借期間の満了日までの期間の賃借料相当額です。

この解約金の消費税の取扱いはどのようになるのでしょうか。

【答】　賃貸借契約期間の中途で解約する場合において、賃借人である貴社からA社に対して支払われる解約金は、貴社が賃貸借契約を解約したことにより、A社の被った損失（本来得られるはずであった利益）の補塡として支払うものですから、資産の譲渡等の対価には該当しません。

したがって、御質問の解約金は、消費税の課税の対象とはなりません。

第3章 課税範囲

参 考 基通5-2-5

キャンセル料として領収する予約金

【問3−61】 当社はゴルフ場を経営していますが、当ゴルフ場は予約に際してゴルフ場の利用者からゴルフプレーの予約金をいただくこととしています。

この予約金は、その予約がキャンセルされたときには、キャンセル料として領収することになりますが、この場合のキャンセル料は消費税の課税の対象となるのでしょうか。

【答】 消費税は課税資産の譲渡等に係る対価について課税されますから、心身又は資産につき加えられた損害の発生によって受け取る損害賠償金については、消費税の課税の対象とはなりません。

この場合、実際に支払われる金銭が損害賠償金に該当するかどうかは、その内容により判断する必要がありますが、御質問のキャンセル料については、解約によって生じる逸失利益に対する損害賠償金部分と解約に伴い生じる事務手数料の部分とが含まれているものと考えられます。

このような場合については、事業者がこれらの対価の額を区分することなく、一括して授受することとしているときは、その全額を消費税の課税の対象とはならないものとして取り扱っても差し支えないこととされています。

(注) 解約手数料等を対価とする役務の提供は消費税の課税の対象となります。例えば、航空運賃のキャンセル料などで、払戻しの時期に関係なく一定額を徴収することとされている部分の金額などはこれに該当することになります。

なお、搭乗日前の一定日以後に解約した場合に徴収される割増しの違約金部分は損害賠償金として、消費税の課税の対象とはなりません。

参 考 基通5-2-5、5-5-2

127

早期完済割引料

> **【問3－62】** 当社では、延払販売に係る対価について、消費税法施行令第10条第3項第10号《延払販売等に係る利子等の非課税》の規定の適用を受ける場合には、本体価額と利子とを区分して得意先に明示するとともに、得意先が繰上弁済とする場合には、残賦払金の1％～3％を早期完済割引料と称して金銭で収受することとしています。
>
> この完済割引料は、消費税の課税の対象となるのでしょうか。

【答】 消費税は課税資産の譲渡等に係る対価について課税されますから、心身又は資産につき加えられた損害の発生によって受け取る損害賠償金や得べかりし利益（逸失利益）を補償するために受け取る損害賠償金は課税されないこととなっています。

この場合、実際に支払われる金銭が消費税の課税の対象とされない損害賠償金に該当するかどうかは、その内容により判断する必要があります。

御質問の場合、本体価額と利子とを得意先に区分明示して行った延払販売について、得意先が繰上弁済をしたことにより徴収する早期完済割引料は、逸失利益を補償するために受け取る損害賠償金に該当するものと認められますので、課税の対象とはなりません。

なお、得意先が繰上弁済をしたことにより徴収する金銭が弁済時期にかかわらず一定となっているような場合は、解約手数料等を対価とする役務の提供に該当しますので、消費税の課税の対象となります。

参考 基通5－2－5

第3章　課税範囲

セミナー等の会費

> 【問3－63】　会費制による各種のセミナーや講座等の会費は、消費税の課税の対象となりますか。

【答】　消費税法においては、対価を得て行う資産の譲渡又は貸付け若しくは役務の提供を課税の対象としており、セミナーや講座等の会費は、会員に対して講義、講演等を行う対価として受け取るものですから、役務の提供に対する対価に該当することとなります。

　したがって、セミナーや講座等の会費は、消費税の課税の対象となります。

参 考　法2①八、4①、基通5－5－3

会費名目の情報の提供料

> 【問3－64】　当協会は、会員に対して、国際間取引を行う上で有益な情報の提供を行っていますが、入会に際しては入会希望者から、情報の提供を受ける旨、そのために入会金及び年会費を支払うことを記載した「入会申込書」を提出してもらっています。また、その情報は、入会金及び年会費を支払っている会員に対してのみ提供しています。
>
> 　このような入会金及び年会費の消費税の課税関係はどのようになりますか。

【答】　同業者団体、組合等がその構成員となる者から受ける入会金、会費及び組合費等については、その同業者団体、組合等がその構成員に対して行う役務の提供等との間に明白な対価関係があるかどうかによって資産の譲渡等に係る対価に該当するかどうかを判定することとされています。

　御質問の入会金及び年会費は、情報の提供を受けることを確認して入会し、

129

入会金及び年会費を支払うことから、その入会金や年会費は明らかに情報の提供を受ける対価として支払われるものと認められますので、消費税の課税の対象となります。

【参　考】　基通5－5－3、5－5－4

同業者団体等の通常会費

【問3－65】　同業者団体、組合等が、その構成員を対象として行う広報活動や調査研究、福利厚生その他同業者団体、組合等としての通常の業務運営の費用に充てるために徴収する会費は、消費税の課税の対象となるのでしょうか。

【答】　同業者団体、組合等がその構成員から受ける会費、組合費等については、その同業者団体、組合等がその構成員に対して行う役務の提供等との間に明白な対価関係があるかどうかによって役務の提供の対価であるかどうかを判定するのですが、この場合、通常会費は、同業者団体、組合等がその構成員に対し特別の給付等を行うものでない限り対価性は認められませんので、消費税の課税の対象にはなりません。

　ただし、通常会費であっても対価性があるかないかの判定が困難なものについて、継続して、同業者団体、組合等が資産の譲渡等に係る対価に該当しないものとし、かつ、その会費等を支払う事業者側でもその支払を課税仕入れに該当しないこととしている場合には、この処理が認められることとなっています。

　なお、名目が会費等とされている場合であっても、それが実質的に出版物の購読料、映画・演劇等の入場料、職員研修の受講料又は施設の利用料等と認められるときは、その会費等は資産の譲渡等に係る対価に該当することとなります。

【参　考】　基通5－5－3、11－2－6

第3章　課税範囲

カタログ作成のための負担金

> 【問3－66】　当社は、百貨店ですが、当社がお中元商品のカタログ
> を自己名義で作成する場合、当該カタログに掲載する商品のメーカ
> ー等から負担金を徴することとしています。
>
> 　この負担金は課税の対象となりますか。
>
> （注）　当該カタログは当社名（百貨店名）で作成されます。

【答】　貴社は当該カタログを通してメーカー等の商品の広告を行っているものですから、当該負担金は貴社が行う広告、宣伝に係る役務の提供の対価となり、課税の対象となります。

　なお、このようなカタログ発行事業を貴社とメーカー等との共同事業としてとらえ、あらかじめその負担割合を定めている場合においては、メーカー等から収受する負担金を仮勘定として経理することも認められます。この場合においても、メーカー等においては、その負担割合に応じた広告費用を支出したものとして、課税仕入れとして処理することになります。

参 考　基通1－3－1、5－5－7

共同販売促進費の取扱い

> 【問3－67】　契約に基づいてメーカー等が自己及び系列販売店のために展示会等を行い、これに要した費用の一部を系列販売店が負担することとしている共同販売促進費の分担金についての課税関係はどうなるのでしょうか。

【答】　メーカー等においては課税資産の譲渡等に該当し、系列販売店においては課税仕入れに該当します。

　なお、販売促進のために行った共同行事に要した費用の全額についてあら

131

かじめ共同行事の参加者ごとの負担割合が定められていて、メーカー等において、その負担割合に応じてその共同行事を参加者が実施したものとして、その分担金収入を参加者からの預り金として経理している場合には、メーカー等は分担金収入を課税の対象としないことができます。

【参考】 法2①八、十二、基通5－5－7

同業者組合が宣伝事業に充てるために徴収する負担金

【問3－68】 当組合は、特定の事業を営む者で組織された同業者組合ですが、組合員の事業の需要開発のために行っている組合員事業についてのテレビ・ラジオ、新聞による宣伝活動について、特別会計を設けて、その負担金を組合員から徴収しています。
　この負担金収入は、消費税の課税の対象とされますか。

【答】 同業者組合が、その構成員の事業についての広報活動の費用に充てるために徴収する負担金については、その構成員に対し特定の役務の提供を行うための対価と認められますので、消費税の課税の対象となります。

なお、その宣伝事業のために要した費用の全額について、組合員ごとの負担割合があらかじめ定められていて、同業者組合において、その負担割合に応じてその宣伝事業をそれぞれの組合員が実施したものとして、その負担金収入を組合員からの預り金として経理している場合には、同業者組合は負担金収入を課税の対象としないことができます。

　(注)　この場合には、その組合員がその負担した負担金を直接テレビ会社等に広告料として支払ったものとして処理することができます。

【参考】 基通5－5－3、5－5－7

132

第3章　課税範囲

記念行事の費用を賄うために徴収する特別負担金

【問3－69】　当組合は、特定の事業を営む事業者で組織された同業者組合ですが、この度、組合設立20周年記念式典等の記念行事（功労者表彰を行った後パーティーを催します。）を開催するに当たり、組合員から特別に負担金を徴収することにしました。

　この負担金は、その行事に参加した組合員のみから徴収することとしていますが、このような場合でも、消費税の課税の対象となるのですか。

【答】　同業者団体、組合等がその構成員から受ける会費、組合費等については、その同業者団体、組合等がその構成員に対して行う役務の提供等との間に明白な対価関係があるかどうかによって、役務の提供に係る対価に該当するかどうかを判定することになります。

　なお、御質問の場合は、貴組合がその事業として行う記念行事に際して、その費用を参加者に負担させているだけですから、組合員の負担金と貴組合が参加組合員に対して行う役務の提供との間に明白な対価関係があるとは認められず、消費税の課税の対象にはなりません。

参 考　基通5－5－3

電気、ガス等の工事負担金

【問3－70】　電気、ガス、水道水、電話の供給等に際し、需要者から収受する工事負担金は、消費税の課税の対象になるのでしょうか。

【答】　特定の事業を実施する者がその事業に係る受益者から収受する負担金、賦課金等については、その事業の実施に伴う役務の提供との間に明白な対価関係があるかどうかによって資産の譲渡等に係る対価であるかどうかを判定

133

することになります。

　御質問の工事負担金が、それぞれ、電気ガス供給施設利用権、水道施設利用権、電気通信施設利用権の権利の設定に係る対価と認められる場合には、資産の譲渡等に係る対価に該当し、消費税の課税の対象となります。

参考　基通5－5－6

輸入品について海外の購入先から受ける割戻し

> **【問3－71】**　当社は商品の輸入を行っていますが、ある商品を輸入した後で、海外の購入先からその商品取引に対する割戻しの送金を受けました。この割戻額は、消費税法上どのように取り扱われますか。
>
> 　なお、この割戻しは、契約書等で定められたものではなく、輸入後に決定し、支払の通知を受けたもので、輸入通関時の課税標準からは控除されません（関税定率法基本通達4－2の2）。
>
> 　また、既に納付した関税額については、この割戻しにより修正を行うことはありません。

【答】　御質問における割戻しは、輸入した商品の支払対価の返還に該当しますが、これによって取引時の課税標準が修正されるものではありません。

　したがって、この割戻しによって、引取りに係る消費税額を調整する必要もないことから、消費税の課税関係は生じないことになります。

参考　法32①④、基通12－1－5

134

第3章　課税範囲

建物賃貸借に係る保証金から差し引く原状回復費用

> 【問3−72】　マンションの賃貸を行っている当社では、そのマンションの貸付けに際して保証金を収受しておき、賃借人が退去する際に、当社において原状回復工事を行い、これに要した費用相当額をその保証金から差し引いて、残額を返還することとしています。
>
> 　この保証金から差し引くこととなる原状回復工事に要した費用相当額は、消費税の課税の対象となるのでしょうか。

【答】　賃貸借に係る建物から賃借人が退去する場合、その建物の原状回復のための工事は、本来退去する賃借人が行うべきものですが、御質問の場合のように、賃貸人において原状回復工事を行い、これに要した費用相当額を保証金等の預り金から差引きされることが多いようです。

　このように、賃借人に代わって賃貸人が行う原状回復工事は、賃貸人が賃借人に対して行う役務の提供に該当するものです。

　したがって、原状回復工事に要した費用相当額は、保証金等の預り金から差引きする場合であっても、役務の提供の対価として消費税の課税の対象となります。

135

貸ビル建設期間中に借主が支払う地代相当額

【問3－73】 当社は、B社がB社所有の土地に建設するビルを専属的に賃借することを条件として、当該ビルの建設期間中に係る地代相当額を支払うこととしました。

この場合、当社がB社に支払う地代相当額は土地賃貸料として非課税となりますか。

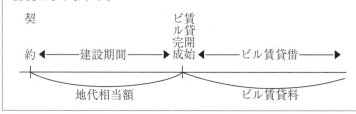

【答】 貴社がB社に支払う地代相当額はB社所有の土地の使用に係る対価ではありませんから非課税になりません。この金銭は、完成後のビルを貴社が専属的に利用することを条件として支払われるものであることから、ビル賃貸借契約に係る権利金等と同様の性格を有するものと考えられます。したがって、当該地代相当額はビルの賃貸に係る権利の設定の対価として課税の対象となります。

参考　法2②、法別表第一第1号、基通5－4－3

第3章　課税範囲

無事故達成報奨金、工事竣工報奨金

> 【問3－74】　建設業界では、慣例として、一つの建設工事が終了した際に工事中に事故がなかったことや当初予定した期日よりも早く工事が完成したことなどを理由として、施主から工事請負業者に無事故達成報奨金あるいは工事竣工報奨金という名目の金銭が支払われることがあります。
>
> 　このような報奨金は、消費税の課税の対象となるのでしょうか。

【答】　消費税は、事業者が行う資産の譲渡等の反対給付としての対価に課税されますから、御質問のような場合は、その事業者が行う建設工事と、それに対して支払われる報奨金とが対価関係にあるかどうかが課否判定のポイントとなります。

　御質問の報奨金は、建設工事の完成の結果支払われるものであることには間違いありませんが、工事代金のように当初から工事の完成に伴う対価として支払うことが予定されているものではなく、工事の無事故及び早期完成を奨励し、工事の無事故達成や早期完成などの結果に対して支払われる一種の謝礼金的なものですから、具体的な役務の提供に対する対価とは認められず、消費税の課税の対象とはなりません。

137

親会社の支払う事務委託費

> 【問3-75】　全額出資の子会社が、親会社の事務を代行している場合には、その親会社から収受する事務委託費は、消費税の課税の対象となりますか。

【答】　親会社と全額出資の子会社間の取引であっても、人格の異なる者の間における取引ですから、対価を得て行う資産の譲渡等である限り、消費税の課税の対象となります。

　したがって、御質問の事務委託費は、事務の代行という役務の提供の対価として課税の対象となります。

　なお、御質問のような場合には、親会社にとっては対価を支払って事務を委託するのですから、支払った事務委託費は課税仕入れに該当し、仕入税額控除の対象となります。

|参　考|　法2①八、九、十二、30

ロイヤリティ、デザイン料

> 【問3-76】　ロイヤリティ、デザイン料は、資産の貸付けの対価に該当しますか。

【答】　消費税法上の「資産の貸付け」には、資産に係る権利の設定その他他の者に資産を使用させる一切の行為を含むこととされていますので、例えば、次のものがこれに該当します。

① 　工業所有権等（特許権、実用新案権、意匠権及び商標権並びにこれらの権利に係る出願権及び実施権をいいます。）の使用、提供又は伝授

② 　著作物の複製、上演、放送、展示、上映、翻訳、編曲、脚色、映画化その他著作物を利用させる行為

第3章　課税範囲

③　工業所有権等の目的になっていないが、生産その他業務に関し繰り返し
使用し得るまでに形成された創作（特別の原料、処方、機械、器具、工程
によるなど独自の考案又は方法についての方式、これに準ずる秘けつ、秘
伝その他特別に技術的価値を有する知識及び意匠等をいいます。）の使用、
提供又は伝授

御質問のロイヤリティやデザイン料は、特許、商標又は意匠等の権利を使
用させる対価に該当しますので、資産の貸付けの対価として消費税の課税の
対象となります。

参　考　　法2②、基通5－4－2

共同施設の負担金

> 【問3－77】　当組合は、このたび組合員のための共同施設として組
> 合会館を建設することとし、組合員から特別負担金として各員50万
> 円を徴収して、組合会館の建設に要した借入金の返済に充てること
> にしました（ただし、所有権は当組合が有します。）。
>
> 　この組合員から徴収する特別負担金は、消費税の課税の対象とな
> りますか。

【答】　特定の事業を実施する者が、その事業への参加者又はその事業に係る
受益者から受ける負担金や賦課金等については、その事業の実施に伴う役務
の提供との間に明白な対価関係があるかどうかによって資産の譲渡等に係る
対価であるかどうかを判定することとされていますが、その判定が困難な同
業者団体等の有する共同的施設の設置又は改良のための負担金について、同
業者団体等が資産の譲渡等に係る対価に該当しないものとし、かつ、その負
担金を支払う事業者の側でもその支払を課税仕入れに該当しないこととして
いる場合には、これを認めることとされています。

　御質問の場合には、組合員から徴収する特別負担金と組合会館との間に明

139

白な対価関係があるかどうかの判定が困難ですから、その徴収する特別負担金について貴組合が資産の譲渡等に係る対価に該当しないものとし、かつ、その負担金を支払う組合員の方でもその支払を課税仕入れに該当しないこととしている場合には、消費税の課税の対象外として取り扱って差し支えありません。

参 考　基通 5 − 5 − 6

未経過固定資産税等の取扱い

> 【問 3 − 78】　不動産売買契約において、固定資産税、都市計画税の未経過分を買主が負担することがあるのですが、これは消費税の課税の対象になるのでしょうか。

【答】　消費税は、国内において事業者が事業として対価を得て行う資産の譲渡、貸付け及び役務の提供並びに特定仕入れをその課税の対象としています。

　ここでいう「対価」とは、その資産の譲渡等につき、対価として収受し、又は収受すべき一切の金銭又は金銭以外の物若しくは権利その他の経済的利益の額をいいます。

　御質問の未経過分の固定資産税相当額は、税金として買主に課されるべきものではなく、いわば、売主との値決めの際の一要素となるもので、その不動産の譲渡の対価を構成することになりますので、消費税の課税の対象となります。

参 考　法 2 ①八、 4 ①、基通10 − 1 − 1 、10 − 1 − 6
※　「特定仕入れ」については第19章参照

関連事例　問 3 − 79

第3章　課税範囲

不動産の引渡しに伴う移転登記が遅れた場合の固定資産税

> 【問3−79】　当社は、昨年12月下旬に土地及び建物をＡ社に譲渡しましたが、事務処理上の手違いにより、所有権移転登記は、本年1月になってから行いました。
>
> 　ところで、固定資産税は、その年の1月1日における登記名義人に納税義務が課されることから、当該土地・建物の本年分の固定資産税は昨年中にＡ社に譲渡したにもかかわらず当社に課されたため、いったん、当社が納付した上で後日当該固定資産税相当額をＡ社から収受しました。
>
> 　この場合のＡ社から収受する未経過分の固定資産税相当額の消費税の取扱いはどのようになりますか。

【答】　不動産を年の中途で売買した場合に収受する未経過分の固定資産税相当額は、資産の譲渡対価を構成するものとなります。

　しかし、御質問の場合は、本来資産の譲渡を受けた者であるＡ社に対して課されるべき固定資産税が、当該資産の名義変更をしなかったことにより、貴社に課されることになったものです。

　したがって、貴社が当該譲渡を受けたＡ社から収受した固定資産税相当額は、それを固定資産税相当額であることを明記して収受する限り、その土地・建物の譲渡の対価には該当せず、消費税の課税の対象とはなりません。

参考　基通10−1−6（注）

関連事例　問3−78

141

材料等の有償支給の場合

【問3－80】 下請に支給した材料等の受払管理を的確に行わせるため、有償支給制度をとっている場合は、実質的に無償支給となるようなものでも消費税が課税されることになりますか。

【答】 下請に対して原材料等を引き渡す場合であっても、有償支給である限り、対価を得て行われる資産の譲渡等に該当し、消費税の課税の対象となります。

この場合、有償支給を受けた下請業者は課税仕入れに係る仕入税額控除ができ、また、下請で製造した製品を元請会社が購入する場合にもその材料代等を含んだ価額を基に課税仕入れに係る仕入税額控除ができますから、実質的な課税額は無償支給による場合と同じとなります。

ただし、有償で支給する場合であっても、支給材料等の品質管理や効率的使用等の観点から、形式的に有償支給の形態を採っているもので、材料等の支給取引について売上げ、仕入れ等の損益科目でなく、仮払金又は未収金とする経理方法等を通じて支給する材料等を元請会社が自己の資産として管理しているときは、消費税の課税の対象とはなりません。

参考 基通5－2－16

第3章　課税範囲

従業員に対する食事の提供

【問3−81】　当社は、全国各地に支店、工場等を有していますが、それぞれ従業員に対する食事の提供の形態が異なっています。

　そこで、次のような支給形態の場合の消費税の課税関係を教えてください。

(1)　直営食堂施設で食事を無償提供した場合

(2)　直営食堂施設で代金を徴収して食事を提供した場合

(3)　委託給食施設で無償で食事を提供した場合

(4)　委託給食施設で代金を徴収して食事を提供した場合

(5)　外部から購入した弁当を無償で提供した場合

(6)　外部から購入した弁当を会社で代金の一部を負担して有償で提供した場合

(7)　食事代として現金支給した場合

【答】　事業者が、国内において対価を得て行う資産の譲渡等は、その性質上事業に付随して行われるものを含めて、すべて消費税の課税の対象となります。

　ところで、従業員に対して食事を提供することは、事業者の主たる事業ではなく、福利厚生的色彩が強いため、利益を見込まずに提供する場合がほとんどだと思われますが、こうした場合であっても、対価を得て行うのであれば、消費税法上の課税資産の譲渡等に該当しますから、当然、課税の対象になります。

　御質問の場合の課税関係を示すと次のようになります。

(1)　従業員に対して無償で食事を提供するのであれば、対価を得ていませんから、消費税の課税の対象にはなりません。

　　また、直営の給食施設の経営に係る資産の譲受け、借受け、役務の提供を受けることに係る費用については、賄いの従業員等に対する給与の支払

143

に係るもの以外は、従業員に対する食事の提供が現物給与課税の対象とされるかどうかに関係なく、原則として課税仕入れに係る支払対価に該当します。

(2) 対価を得て食事を提供しているわけですから、課税資産の譲渡等として消費税の課税の対象になり、従業員から受領する食事代金がその対価（税込み）となります。

施設の維持費等については、(1)と同様です。

(3) 食事の無償提供については、(1)と同様です。

また、委託先の食堂に支払う委託費については、従業員に対する食事の提供が現物給与課税の対象とされるかどうかに関係なく、課税仕入れに係る支払対価に該当します。

(4) 従業員から受領する食事代については(2)と、また、委託先に支払う委託費については(3)と同様です。

(5) 弁当の無償提供については(1)と同様です。

また、弁当の購入費用については、従業員に対する食事の提供が現物給与課税の対象とされるかどうかに関係なく、課税仕入れに係る支払対価に該当します。

(6) 弁当代等の一部を負担して有償で従業員に提供した場合であっても、従業員から受領する弁当代が課税資産の譲渡等の対価（税込み）に該当します。

また、弁当の購入費用については、(5)と同様です。

(7) 食事手当については、支給を受けた従業員においては、給与所得に係る収入金額に該当しますので、支払った事業者においては、課税仕入れには該当しません。

参考 法2①八、九、十二、4①、令2③、基通11－2－3

第3章　課税範囲

研修寮の実費弁償的な寮費

【問3−82】　当社は、全国各地に支店を設けている関係で、本店に
研修センターを設け、1週間程度の研修を年に何度か行っています。
　同センターには、遠隔地から研修に参加する社員のために、研修
寮を設け、寮費を徴収していますが、実費の総額にも満たない金額
です。
　このような場合でも、寮費に対しては消費税が課税されますか。

【答】　寮費は寮を貸し付けている対価として徴収するものですから、たとえ
実費相当額を下回るような場合であっても、対価を得て行う資産の貸付けに
変わりはありませんから、消費税の課税の対象となります。

　なお、御質問の場合において、貴社が負担する実費のうち備品代金や修繕
費、電気代、ガス代、水道代などは、課税仕入れに係る支払対価となります
から仕入税額控除の対象になります。

参考　法2①八、十二、30、令16の2

145

給与負担金等の取扱い──その1

【問3－83】 当社は、精密機器の製造会社ですが、この度、新製品の製造を開始することとなり、親会社との出向契約に基づいて出向してきた親会社の技術担当社員から新製品の製造に関する技術指導を受けることとなりました。出向社員の給与は親会社で支給することとし、当社では出向社員の給与に相当する額を給与負担金として親会社に支払うほか、出張旅費、通勤費などの実費も支払うこととしています。

　この場合、当社が負担する給与負担金及び旅費などの実費相当額の消費税の課税関係はどのようになりますか。

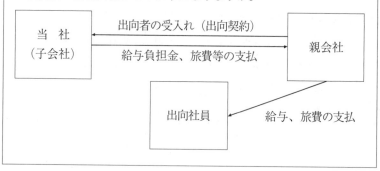

【答】　親会社から受け入れた出向社員の給与は、本来の雇用関係に基づいて親会社が支払うこととし、子会社がその給与相当額の全部又は一部を給与負担金として親会社に支払うことがありますが、この場合における給与負担金は、本来子会社が負担すべき給与に相当する金額ですから、課税資産の譲渡等の対価にならず、課税仕入れには該当しません。また、出向社員の出張旅費、通勤費など（旅費等）の実費を給与と区別して親会社に支払う場合の旅費等は、出向先事業者である子会社が、課税仕入れに該当することとなります。

　なお、出向先事業者が出向社員の給与及び福利厚生費、旅費等を一括して

経営指導料等の名目で支払っている場合であっても、給与に相当する金額と福利厚生費、旅費等に相当する金額とに区分し、上記の取扱いを適用することとなります。

参考　基通5－5－10

給与負担金等の取扱い──その2

【問3－84】　当社は、子会社に対し新製品の製造技術を指導するために、出向契約に基づいて当社の社員を出向させています。出向社員に対する給与等は子会社において支払いますが、支払金額については当社の給与規定に基づいて計算し、当社は、子会社が負担する給与相当額との差額を子会社に対し支払うことにしています。

この場合、当社が支払う差額金（給与負担金）の消費税の課税関係はどのようになりますか。

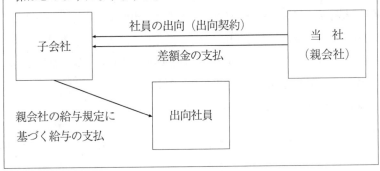

【答】　出向した社員に対する給与は、本来、現に労務の提供を受ける出向先法人である子会社が負担すべきものですが、出向元事業者である親会社と出向者との間には、雇用関係が引き続いて維持されていることから、親会社が子会社に出向させた従業員の給与等の一部を負担することがあります。この負担金は、当該親会社との雇用関係に基づく給与の較差補填であることから、資産の譲渡等の対価には該当せず、消費税の課税対象とはなりません。

したがって、御質問の差額金は、課税仕入れに該当しません。

なお、給与の較差補塡として、親会社が子会社に出向させた従業員の給与等の一部を負担する方法には、

① 子会社が給与等の全額を支払い、その一部を親会社に請求する方法

② 親会社が給与等の全額を支払い、その一部を子会社に請求する方法

などがありますが、いずれの方法であっても資産の譲渡等の対価には該当せず、消費税の課税の対象とはなりません。

参考 基通5-5-10

従業員を派遣して対価を得る場合

【問3-85】 他の会社の食堂に従業員を派遣している場合の収入（人件費、管理費）には、消費税が課税されるのでしょうか。

【答】 人材派遣契約に基づく従業員の派遣は、出向契約に基づき使用人等を出向させている場合とは異なり、人材を派遣して派遣先の事業者の指示に従い派遣先の事業者のために事業として役務の提供を行い、対価を得ているものですから、消費税の課税の対象となります。

参考 法2①八、4①、基通5-5-11

第3章　課税範囲

船員融通に対する取扱い

【問3－86】　船舶運行事業者間においては、乗船する船員に不足が
生じた場合又は乗船船員が病気若しくは休暇等により下船した場合
に、他の船舶運航事業者から当該他の船舶運航事業者が雇用してい
る船員について一定期間融通を受け、「船員融通費」等の名目で給
与相当額の金銭を授受しています。

　このような場合における「船員融通費」等に対する消費税の取扱
いはどうなるでしょうか。

　なお、「船員融通費」等の請求内容は、①融通元の実際給与支給
金額（本給その他）を単純に日割計算する場合、②融通元の実際給
与支給金額（本給その他）にそれぞれ10％程上乗せして日割計算す
る場合等となっています。

【答】　船員の融通については、次のような理由により一般的に船員の出向と
認められることから、御質問の船員融通費等はいわゆる給与負担金として資
産の譲渡等の対価の額に該当せず、消費税の課税の対象とはなりません。

①　船員は、融通先と雇用契約を基礎とする雇入契約（乗船契約）を結び乗
　船することとされています。

②　船員は、融通先の指揮監督下に入ることから、船舶運航事業者間の請負
　契約となることはありません。

　また、融通元の実際の給与支給金額を超えて船員融通費が支払われる場合、
その超える部分が融通元の法定福利費、福利厚生費等の金額として妥当な金
額である場合は全体が給与負担金として、消費税の課税の対象とはなりません。

　なお、一方で船員職業安定法第55条に規定する船員派遣事業により、船員
派遣を行う派遣元が派遣先から収受する派遣料等は、資産の譲渡等の対価と
して消費税の課税の対象となります。

参　考　基通5－5－10、5－5－11

149

分割に伴って行われる資産の移転

> 【問3－87】　当社は、このたび製造部門を分割し、分割承継法人から株式の割当てを受けました。
>
> 　この分割に伴って行われる資産の移転は資産の譲渡等に該当するのでしょうか。
>
> 　また、この分割が、法人税法上の適格分割に該当するか否かにより、取扱いが変わることはあるのでしょうか。

【答】　分割が行われると分割法人の営業の全部又は一部が包括的に分割承継法人に承継され、分割承継法人の発行する株式が分割法人又は分割法人の株主に割り当てられます。

　会社分割は、合併の場合における被合併法人の権利義務の承継と同様の法的性格を有する包括承継であり、個々の財産の譲渡とは性格が異なります。

　また、会社分割の際の分割法人に対する分割承継法人の発行する株式の割当ては、承継した営業に対して明確な対価性を有しているとは認められないため、分割に伴って行われる資産の移転は、その分割が、法人税法上の適格分割に該当するか否かを問わず、資産の譲渡等には該当せず、消費税の課税の対象とはなりません。

　なお、現物出資による資産の移転は、その経済的実質は対価を得て行う取引である変態現物出資（事後設立）と変わりがないことから、消費税法施行令第2条第1項第2号《資産の譲渡の範囲》の規定により、対価を得て行う資産の譲渡に含まれることとなり、消費税の課税の対象となります。

参考　法2①八、令2①二

150

第3章　課税範囲

担保物件に対し担保権が行使された場合の取扱い

【問3−88】　当社が提供していた担保の提供物について担保権が実行された場合、消費税の取扱いはどのようになるのでしょうか。

【答】　担保権の実行により、債権者に対する弁済として債務者から債権者に対して行われた担保の目的物の譲渡は、代物弁済による資産の譲渡等に該当し、担保の目的物が課税資産であれば、消費税の課税対象となります。

　また、担保権の実行として換価が行われた場合も、債務者からその換価により担保の目的物を取得した者に対する資産の譲渡等が行われたこととなり、担保の目的物が課税資産であれば、消費税の課税の対象となります。

参　考　法2①、4①、令45②一、基通5−1−4、5−2−2

自己株式の取扱い

【問3−89】　法人が株主に金銭を交付して自己株式を取得する場合に、当該株主から当該法人への株式の引渡しは、資産（有価証券）の譲渡等に該当しますか。

(注) 所得税においては、法人の自己株式の取得により交付を受ける金銭及び金銭以外の資産の合計額については、配当及び譲渡所得等の収入金額とみなすこととされています。（所法25①、措法37の10等）

【答】　自己株式の取得は資本等取引に該当し、法人が自己株式を有償で取得した場合には、資本（出資）の払戻しであり、資産の譲渡等に該当しません。

　ただし、法人が自己株式を取得する場合であっても、証券市場を通じて取得したものについては、非課税とされる有価証券の譲渡等に該当することとなります。

　なお、法人が自己株式を譲渡する場合も資本等取引に該当し、資産の譲渡

151

等には該当しません。

参　考　法2①八、基通 5 - 2 - 9

第4章

内 外 判 定

※　「電気通信利用役務の提供」の内外判定については第19章参照

国外に所在する資産の譲渡

> **【問4-1】**　当社は、この度、台湾の支店で保管している商品を甲
> 社に売り渡すことになりました。
> 　納品先は、甲社の台湾支店なのですが、売買契約の締結は、国内
> で行いました。
> 　また、当社も甲社も内国法人に該当するのですが、この場合、や
> はり台湾支店に所在する商品の売買であっても消費税の課税の対象
> となるのでしょうか。

【答】　消費税の課税の対象は、国内において事業者が事業として行った資産
の譲渡等及び保税地域から引き取る外国貨物です。

　このうち、事業者が行う資産の譲渡等が国内において行われたかどうかの
判定は、①資産の譲渡又は貸付けについては、譲渡又は貸付けが行われると
きにその資産が所在していた場所、②役務の提供については、役務の提供が
行われた場所で行うのを原則とし、契約当事者が居住者であるかどうか、又
は契約締結場所が国内かどうかによって左右されるものではありません。

　御質問の場合、甲社に譲渡する資産は、国外に所在しているものですから、
その販売は、「国内における」資産の譲渡には該当せず、消費税の課税の対

153

象にはなりません。

|参 考|　法4①②③、5、基通5－7－10

三国間貿易に係る船荷証券の譲渡

【問4－2】　当社は、海外（B国）にある日本のメーカーの現地工場から商品を購入し、これを直接第三国（A国）の発注者に納入していますが、この場合の売買は、国内において、このメーカーの本社から、託送中の商品に係る船荷証券の譲渡を受け、これに対して商品代金を支払う方法で行っています。
　このように、船荷証券の譲渡が国内で行われるときには、国内における資産の譲渡等として課税されますか。

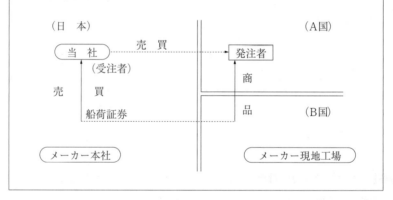

【答】　船荷証券の譲渡は、その証券に表象されている資産を譲渡したものとして取り扱いますので、貴社の発注者に対する船荷証券の譲渡は、その船荷証券に表象されるB国に所在する商品の譲渡として取り扱うこととなります。
　次に、資産の譲渡等が国内において行われるかどうかの判定ですが、資産の譲渡の場合は、その資産を譲渡した時に所在していた場所により判定しますので、御質問の場合は国外取引となり、消費税の課税対象とはなりません。

|参 考|　法4③、基通5－7－11、9－1－4

第4章 内外判定

輸入貨物に係る船荷証券の譲渡

> 【問4－3】 当社は、関係会社である甲株式会社に船荷証券を売却しました。
>
> この船荷証券は、外国から輸入する家具を表象するもので、保税地域からの引取りは、甲社において行うことになっています。
>
> この船荷証券の譲渡についての課税関係を教えてください。

【答】 船荷証券の譲渡は、その証券に表象されている資産を譲渡したものとして取り扱うことになりますので、貴社の甲株式会社に対する船荷証券の売却は、その船荷証券に表象される輸入貨物である家具の譲渡として取り扱うことになります。

次に、資産の譲渡等が国内において行われるかどうかの判定ですが、資産の譲渡の場合は、その資産の譲渡した時に所在していた場所により判定しますので、譲渡時に国外に所在していれば、その譲渡はいわゆる国外取引として消費税の課税の対象とならず、国内に所在しており輸入許可前のものであれば、国内における外国貨物の譲渡として輸出免税等の対象となります。

ただし、輸入貨物に係る船荷証券の譲渡時にその輸入貨物が保税地域に所在するのか、船上にあるのかを確認することが困難なときは、船荷証券の写し等を保管することを条件に、その船荷証券の「荷揚地」（PORT OF DISCHARGE）が本邦内であれば、いずれは、本邦内に荷揚げされるものですから、貴社においては、国内における外国貨物の譲渡として輸出免税規定を適用しても差し支えありません。

参考 法4③、7①二、基通5－7－11、9－1－4

株券の発行がない株式の譲渡に係る内外判定

【問4−4】　当社は、外国の法人に出資しています。

　ただし、出資先の会社が株券を発行していないので株券は存在しませんが、当社の持分は明らかにされています。

　この場合において、当社の株式の持分を他の法人に譲渡することとしましたが、この取引は国内における株券の譲渡としてその譲渡対価を課税売上割合の計算上分母の金額に含める必要があるでしょうか。

【答】　株券の発行がない株式は、消費税法施行令第9条第1項第1号の規定により有価証券とみなすこととされており、消費税法別表第一第2号《有価証券の譲渡に係る非課税》に規定する有価証券に該当することとなります。

　次に、有価証券の譲渡又は貸付けに係る内外判定は、その譲渡又は貸付けが行われる時においてその有価証券が所在していた場所により判定することとされています。

　しかし、株券の発行がない株式は、譲渡時に有価証券としての所在場所がないため、その譲渡又は貸付けに係る事業所等の所在地が国内にあるかどうかにより、国内において行われたものかどうかの判定を行うこととなります。

　したがって、株式の譲渡に係る事務所等の所在地が国内であれば国内における非課税資産の譲渡等に該当し、その譲渡対価の5％を課税売上割合の計算上分母の金額に含める必要があることとなります。

[参　考]　令6①九イ、6①十、9①一、48⑤

第4章　内外判定

外国から資産を賃借する場合の内外判定

> 【問4－5】　当美術館では、所有している美術品の常設展示のほか
> に、外国の美術館から絵画等を賃借して特別企画展を開催すること
> があります。このように外国の絵画等を賃借し、国内で展示する場
> 合、その絵画等の借受けが国内取引に該当するかどうかは、どのよ
> うな基準で判定することになるのでしょうか。

【答】　資産の貸付けが国内で行われたものであれば、その資産の貸付けは、
国内取引となり、消費税の課税の対象となりますが、国外で行われたもので
ある場合には、課税の対象とはなりません。また、これに対応して、資産を
借り受けた事業者においては、その資産の借受けが国内取引であれば国内に
おける課税仕入れとなり仕入れに係る消費税額の控除の対象となりますが、
国外取引であれば仕入れに係る消費税額の控除の対象にはなりません。

　ところで、資産の貸付けが国内取引に該当するかどうかは、その貸付けが
行われる時におけるその資産の所在場所によって判定することとされていま
す。この場合の「貸付けが行われる時」とは、その貸付けに係る資産の引渡
しの時をいうこととなります。

　したがって、御質問のような外国の資産の借受けであっても、その貸付け
を行う者がその資産の輸送を行い、輸入の許可を受けた後、国内において引
き渡すこととなっている場合には、国内における資産の貸付けに該当します
ので、消費税の課税の対象となり、これを借り受ける事業者においては、国
内における課税仕入れとなります。

　なお、貸し付けた資産の使用場所が、賃貸借契約において特定されている
場合で、当事者間の合意に基づき、その使用場所を変更したときは、変更後
の使用場所で改めて国内取引に該当するか否かを判定することになります。

参考　法4③一、基通5－7－10、5－7－12

所有権移転外ファイナンス・リース取引の内外判定

【問4－6】 コンピューターの所有権移転外ファイナンス・リース取引について、次のような場合は、国内取引として消費税の課税の対象となるのでしょうか。それとも国外取引となるのでしょうか。

(1) 外国の法人（貸主）と所有権移転外ファイナンス・リース契約を結んだ国内の事業者（借主）が、保税地域内において、そのリース資産を外国貨物のまま引渡しを受けて通関した場合

(2) 国内の事業者（貸主）と所有権移転外ファイナンス・リース契約を結んだ外国の法人（借主）が、リース資産の引渡しを外国の本社で受けた後、国内の支社で使用することとした場合

【答】 資産の貸付けが、国内において行われたものであるかどうかの判定は、当該貸付けが行われた時において当該資産が所在していた場所で行うことが原則となっています。

したがって、御質問の(1)の場合は、国内における資産の貸付けに該当し消費税の課税の対象になりますが、外国貨物の譲渡として輸出免税の対象となり、消費税は免税されます。

なお、外国貨物を通関することとなりますから、保税地域から引き取る課税貨物として借主が引き取った時において消費税が課され、その引き取りに係る消費税については、借主において仕入税額控除の対象となります。

(2)の場合は、国外取引として消費税の課税対象とはならず、その後の使用場所の変更は当初の課税関係に影響ありません。

なお、リース物件の使用場所が、リース契約において特定されている場合で、当事者間の合意に基づき、その使用場所を変更したときは、変更後の使用場所で改めて国内取引に該当するか否かを判定することになります。

参考 法4③一、7①二、基通5－7－10、5－7－12、7－2－1

第4章　内外判定

海外からのソフトウェアの借入れ

【問4-7】　当社は、米国のU社からコンピュータのソフトウェア（システム書）を借り入れることとし、U社の本社と直接賃貸借契約を結びました。また、ソフトウェアは直接本社から郵送されてくることとなっており、代金も直接本社に送金することとなっています。

ところで、U社は日本に支店を有し、そこで営業活動を行っています。当社の契約に際しても、当該支店と交渉し、契約書の取り交わしのみを本社と行ったものです。

この場合の賃借料は、国内における資産の貸付けとして、課税の対象となりますか。また、当該ソフトウェアは、輸入貨物として引取りの際に消費税が課されますか。

【答】　コンピュータのソフトウェア等は、消費税法施行令第6条第1項第7号に規定する「著作権等」に該当するため、貸付けを行う者の住所地により、資産の譲渡等が国内で行われたかどうかを判定することとなります。

したがって、御質問の場合は、U社の本社が米国であるので国外取引となります。

ソフトウェアが書類又は磁気テープ等として郵便により輸入される場合には、当該郵便物は課税貨物に該当することとなり、原則として消費税の課税の対象となります。

ただし、当該郵便物の関税の課税価格の合計額が1万円以下である場合には、関税定率法第14条第18号《無条件免税》に該当し、輸入品に対する内国消費税の徴収等に関する法律第13条第1項第1号《免税等》により、その引取りに係る消費税は免除されます。

（注）　ソフトウェアを記録している輸入媒体（キャリアメディア）の価格とソフトウェアの価格とが区別されている場合には、輸入媒体の価格が関税の課税価格となります。

159

特許権の使用許諾に係る課税関係

> 【問4−8】 当社は、機械のメーカーですが、この度特殊な機械を製造することになりアメリカのA社が所有している特許権（アメリカと日本で登録）を一定期間使用するために専用実施権を設定し、国内において登録しました。
>
> ところが、当社の子会社が同様の機械を製作することになったので、当社は、A社の許諾を得て子会社に対して通常実施権を設定しました。
>
> 特許権の使用料等は、子会社から当社、当社からA社と支払われるのですが、この場合の課税関係を教えてください。

【答】 特許権、実用新案権、意匠権、商標権又は回路配置利用権及びこれらの権利を利用する権利の譲渡及び貸付けが国内において行われたかどうかは、これらの権利の登録機関の所在地で判定しますが、同一の権利について2以上の国において登録をしている場合は、これらの権利の譲渡又は貸付けを行う者の住所地で判定することになります。

御質問の場合、貴社がA社に対して支払う使用料等はA社の貴社に対する特許権の貸付けの対価になりますが、その特許権が日本とアメリカの2か国で登録されていますから、当該貸付けはA社の住所地で判定し、国内において行われたもの以外のものとなり、貴社においては、国内における課税仕入れに該当せず、仕入税額控除の対象にはなりません。

次に貴社が子会社から受け取る使用料等ですが、これは、貴社の専用実施権（特許権を利用する権利）の貸付けの対価であり、その登録地が国内ですから、国内における課税資産の譲渡等の対価として消費税の課税の対象になります。

参考 法2①十二、4③一、令6①五

160

第4章　内外判定

国外に支払う技術使用料、技術指導料

【問4－9】　国外からの技術導入に伴い支払う技術使用料、技術指導料は課税の対象となりますか。

【答】

1　輸入取引において消費税の課税の対象となるのは、保税地域から引き取られる課税貨物に限られていますから、単なる技術導入等関税法上の輸入に該当しない取引に伴って支払われる使用料等は輸入取引としての課税の対象とはなりません。

2　技術使用料は、権利の使用、すなわち権利の貸付けの対価として支払われる場合には、使用する権利が特許権等の登録を要する権利であればその権利を登録した機関の所在地（同一の権利について複数の国で登録している場合は権利の譲渡又は貸付けをする者の住所地）が国内であれば国内取引に該当して課税、国外であれば国外取引として消費税の課税の対象とはなりません。

3　技術指導料は、技術指導という役務の提供の対価である場合には、国内において行われる技術指導の対価として支払われるものは課税の対象となります。

参考　法4②、③二、令6①五、七、②

海外で制作したCMフィルムの制作料

【問4－10】　国内の顧客からの注文でCMフィルムを海外で制作した場合、その顧客から受け取る制作料に消費税は課税されますか。

【答】　国内の顧客からCMフィルムの制作を請け負う行為は、役務の提供となりますが、その役務の提供が国内及び国内以外の地域にわたって行われる

161

場合、その取引が国内取引に該当するかどうかは、役務の提供を行う者の役務の提供に係る事務所等の所在地により判定することになっています。

　御質問の場合、ＣＭフィルムを制作した事業者のその制作に係る事務所等の所在地が国内にあれば、海外で制作した場合についても、国内において行った役務の提供に該当し、消費税の課税の対象となります。

参　考　法４③二、令６②六、基通５－７－15

派遣員の海外出張旅費等

【問４−11】　当社は、国の研究機関であるＮ研究所に通訳を派遣しています。

　派遣契約の内容は、半年間の通訳派遣契約で月額400,000円となっており、また、その派遣員が出張する場合には、その旅費（実費）及び日当を当社がいったん立て替えて支払ったうえで、後日、別途Ｎ研究所に請求することとなっています。

　なお、通訳の仕事はほとんど国内で行われますが、短期間の海外出張の同行も行われることがあります。この海外出張の際の派遣員の旅費、日当については、次の費用を請求することとなるのですが、これは派遣料の一部として消費税の課税の対象となるのですか。

①　運　賃（日本←→外国）

②　運　賃（外国←→外国）

③　宿泊代（外国）

④　日　当（外国滞在日数）

【答】　貴社が請求する旅費や日当なども通訳という役務の提供の対価を構成するものですが、その役務の提供が国内及び国内以外の地域にわたって行われる場合、その役務の提供を行う事業者の役務の提供に係る事務所等の所在地が国内にあるかどうかにより、その取引が国内取引に該当するか否かを判

第4章　内外判定

定することになります。

　御質問の場合、貴社のその通訳派遣に係る事務所等の所在地が国内にある限り、海外で行った通訳についても、国内における役務の提供に該当するものとしてその収受する金額の全体が消費税の課税の対象となります。

参考　令6②六

広告請負に係る内外判定

> **【問4－12】**　広告会社が広告主から商品の広告について、広告の企画、立案、広告媒体との交渉、調整、管理等を請け負うとともに、国外の広告媒体に広告を掲載することを請け負う場合、その広告会社が広告主に対して行う役務の提供は、国外取引に該当するものとして消費税の課税の対象にならないものと考えてよいでしょうか。

【答】　御質問の場合には、国内での広告の製作（企画、立案等）と国外での広告媒体への広告の掲載を請け負っていると認められることから、国内及び国内以外の地域にわたって行われる役務の提供として、広告会社の役務の提供を行う事務所等の所在地により国内における役務の提供に該当するかどうかの判定を行うこととなります。

　なお、契約の内容が単に国外の広告媒体に広告を掲載することとなっている場合には、役務の提供場所が国外であることから、国外取引となって消費税の課税の対象とはなりません。

参考　法4③二、令6②六

163

国外で引渡しを行う機械設備の製作請負

【問4－13】 当社は、A社から機械設備の製作を請け負いましたが、この機械設備は、海外において据付工事まで行う契約となっています。

　このため、当該機械設備の本体部分については、国内でほぼ完成させた上で国外に搬出し、国外の据付指定場所で据付工事を行い、検収を受けた後引き渡すこととなっています。

　この場合の機械設備の譲渡は、国内におけるものとして課税の対象となるのでしょうか。あるいは、国外取引として不課税と考えてよいのでしょうか。

【答】　御質問の取引は、その契約の内容が、機械設備の完成引渡しを約するものであるため、引渡しを完了した時点で、その資産の譲渡が国内において行われたものかどうかを判定すべきものと考えられます。

　したがって、国内で本体を完成させているとしても、そのこと自体が国内取引かどうかの判定に影響を与えるものではなく、据付け、引渡しの場所が国外であることから、国外における資産の譲渡として、消費税の課税の対象とはなりません。

　なお、御質問の機械設備の本体部分は、消費税法第31条第2項《非課税資産の輸出等を行った場合の仕入れに係る消費税額の控除の特例》の規定が適用され、当該輸出に要した国内における課税仕入れに係る消費税額が仕入税額控除の対象となり、また、輸出時における本船甲板渡し価格を課税売上割合の分母及び分子に算入することができます。

参考　法4③一、31②、令51③④

164

第4章　内外判定

外国法人に対する技術指導契約

【問4－14】　当社（ゼネコン）は、建設コンサルティング業務の一環として、外国法人との間で技術指導等の役務提供契約を締結していますが、国内作業についての技術指導の対価と海外作業についての技術指導の対価との区分が明確ではありません。

　このような場合の消費税の取扱いは、どのようになるのでしょうか。

【答】　建設又は工業生産設備等の建設又は製造に関して行う専門的な科学技術に関する知識を必要とする調査、企画、立案、助言等について、その役務の提供が国内で行われたかどうかの判定は、その建物等の建設又は製造に必要な資材の大部分が調達される場所が国内であるかどうかによって判定することになっています。

　したがって、御質問のように建設に関する技術指導を行う場合には、その技術指導を行う場所（役務提供の場所）によって判定するのではなく、その建設に必要な資材の大部分を国内又は国外のいずれで調達するかによって、次のように取り扱うことになります。

①　資材の大部分を国内で調達する場合

　その建設についての技術指導は国内取引となりますが、それが非居住者（外国法人の本店及び国外支店等も含まれます。）に対する役務の提供であれば、輸出免税の適用があります。

②　資材の大部分を国外で調達する場合

　その建設についての技術指導は国外取引となり、消費税の課税の対象とはなりません。

参考　令6②五、17②七

165

海外工事に対する人材派遣

> **【問4－15】** 当社はボーリング機械の製造とボーリング工事を行っていますが、この度、海外工事を施工する国内の建設会社とその海外工事に関して人材派遣契約を結び、当社の従業員が海外へ赴き、ボーリング工事に携わる現地作業員の指導に当たることになりました。
>
> この場合、現地作業員の指導業務は国外取引として、その派遣料は消費税の課税の対象外となりますか。

【答】 事業者が対価を得て行う役務の提供であっても、それが国外で行われたものである場合には、消費税の課税の対象とはなりません。

ところで、その役務の提供場所が国内であるか国外であるかの判定基準は、提供された役務の内容に応じて定められています。

御質問のような場合ですと、ボーリング工事は鉱工業生産設備等の建設の一環として行われるものであり、これに関して行われる作業員の指導は専門的な科学技術に関する知識を必要とする助言、監督に該当しますので、鉱工業生産設備等の建設に必要な資材の大部分が調達される場所によって判定することとなります。

したがって、必要資材の大部分の調達場所が国内であれば、現地作業員の指導という役務の提供は消費税の課税の対象となり、国外であれば課税の対象とはなりません。

参 考　令6②五

166

第4章　内外判定

海外旅行の添乗員の派遣に係る内外判定

> **【問4−16】**　旅行業者が人材派遣会社から海外旅行の添乗員ツアー
> コンダクターの派遣を受けた場合、当該人材派遣会社から受ける人
> 材派遣に係る役務の提供は国内取引に該当し、課税仕入れに係る消
> 費税額の控除の対象となるでしょうか。

【答】　人材派遣に係る役務の提供が国内において行われたかどうかの判定は、
当該人材派遣に係る派遣社員の行う役務の提供の場所により判定を行うこと
となり、御質問の場合には、人材派遣会社から派遣される添乗員又はツアー
コンダクターの行う役務の提供が国内において行われているかどうかにより
判定することとなります。

　この場合、当該添乗サービス等が海外現地のみで行われるものか、出国から
帰国まで一貫して行われるものかによってその取扱いが異なることとなります。

(1)　海外現地のみで行われる添乗サービス等である場合

　　当該添乗サービス等は、国外において行われる役務の提供であり、国外
取引に該当し、旅行業者において課税仕入れに係る消費税額の控除の対象
となりません。

(2)　出国から帰国まで一貫して行われる添乗サービス等である場合

　　当該添乗サービス等は、国内及び国内以外の地域にわたって行われる役
務の提供であり、この場合には、役務の提供を行う者の役務の提供に係る
事務所等の所在地でその内外判定を行うこととなります。

　　したがって、人材派遣会社の当該人材派遣に係る事務所等の所在地が国
内にある場合には、国内において行われる役務の提供に該当し、旅行業者
において課税仕入れに係る消費税額の控除の対象となりますが、当該事務
所等の所在地が国外の場合には、国外取引に該当し、旅行業者において課
税仕入れに係る消費税額の控除の対象とはなりません。

参　考　法2①十二、4③二、令6②六

167

第5章

非 課 税 取 引

庭石等と宅地の一括譲渡

【問5－1】 当社は、不動産売買業を営んでいますが、この度庭石や庭木付きの宅地を売却することになりました。

ところで、土地の譲渡は消費税が非課税となりますが、庭木や庭石の部分を含めて非課税と考えてもよいのでしょうか。

【答】 消費税が非課税となる「土地」には、立木その他独立して取引の対象となる土地の定着物は含まれませんが、その土地が、宅地である場合には、庭木、石垣、庭園その他これらに類するもののうち宅地と一体として譲渡するものは含まれることとされています。

したがって、御質問の場合は、庭石や庭木を含めて、その宅地の譲渡全体が非課税ということになります。

なお、土地と建物を一括して譲渡する場合は、たとえ契約金額が全体で定められていたとしても、建物の譲渡に係る部分は、課税の対象となります。

参 考 法6①、法別表第一第1号、令45③、基通6－1－1

第5章　非課税取引

土地に設定された抵当権の譲渡

【問5－2】　当社は、融資先Ａ社の土地に抵当権を有していましたが、この抵当権を同じくＡ社に対して金銭債権を有するＢ社に譲渡することにしました。

この場合、Ｂ社から受ける抵当権の譲渡代金に対する消費税は、土地の上に存する権利の譲渡として非課税となりますか。

また、第1順位の抵当権を有する場合に、後順位の抵当権者にその順位の譲渡を行った場合の譲渡代金はどうなりますか。

【答】　土地及び土地の上に存する権利の譲渡については、消費税は非課税とされていますが、ここでいう「土地の上に存する権利」とは、地上権、土地の賃借権、地役権、永小作権等土地の使用収益に関する権利をいうこととされています。

ところで、抵当権は、被担保債権が弁済されなかった場合に、その目的物を処分することにより、その物の価額から優先的に弁済を受けることを内容とする担保物権です。したがって、抵当権者は目的物について、その交換価値を把握するに過ぎず、その目的物の使用収益権は、依然として抵当権を設定した者（債務者）が有するとされています。

このようなことから、御質問の土地の上に存する抵当権は、土地の使用収益に関する権利ではないこととなりますので、その譲渡は消費税の課税の対象となります。

また、抵当権の順位の譲渡も、土地の使用収益に関する権利の譲渡ではありませんので、同じく消費税の課税の対象となります。

参考　法6①、法別表第一第1号、基通6－1－2

169

耕作権の譲渡

> 【問5−3】 私は、他人の土地に農作物を作ることができる耕作権を有しています。
>
> この度、この耕作権を譲渡しようと思っていますが、鉱業権や採石権の譲渡等と同様に消費税の課税の対象となるのでしょうか。

【答】 土地及び土地の上に存する権利の譲渡及び貸付けについては消費税は非課税ですが、このうち「土地の上に存する権利」とは、地上権、土地の賃借権、地益権、永小作権等のように、土地の使用収益に関する権利をいうこととされています。

ところで、鉱業権（採掘権、試掘権）や採石権は鉱石や岩石の採取のために特別法で認められた物権ですから、土地の使用収益を目的とする地上権等とは、明らかにその性質が異なります。したがって、採掘料や採石料は、鉱石等の採取の対価であり、土地の使用収益の対価ではありませんので、消費税の課税の対象となります。

一方、御質問の耕作権は、土地の使用収益を目的とするものですから「土地の上に存する権利」に該当し、その譲渡については消費税は非課税となります。

参 考 法6①、法別表第一第1号、基通6−1−2

借地権の設定の対価

> 【問5−4】 借地権を設定する場合に収受する権利金には消費税は課税されるのでしょうか。
>
> また、借地権に係る更新料（更改料）はどうでしょうか。

【答】 資産に係る権利の設定その他他の者に資産を使用させる一切の行為は、

170

第5章　非課税取引

「資産の貸付け」として位置付けられていますから、お尋ねの場合の権利金は土地の貸付けの対価として非課税となります。

　また、借地権に係る更新料又は更改料は、借地権の継続すなわち土地の貸付けを継続させるために収受するものですから、権利金と同様に土地の貸付けの対価として非課税となります。

[参　考]　法6①、法別表第一第1号、基通6−1−3

借地権の譲渡又は転貸に際して地主が受け取る名義書換料、承諾料

【問5−5】　当社は、不動産賃貸業を営んでおりますが、この度当社が賃貸している土地の上に建物を所有しているA社から、第三者に借地権付きでその建物を譲渡する旨の申し出がありました。

　そこで、当社ではA社がその借地権を譲渡することについて承諾することとし、その対価として「名義書換料」を受領しましたが、この「名義書換料」は課税の対象となるのでしょうか。

　また、家屋の賃借人が、その家屋を第三者に転貸しようとする際に、その家屋の所有者が賃借人から受け取る承諾料はどうでしょうか。

【答】　民法第612条では、賃借人は賃貸人の承諾がなければ、その権利の譲渡や賃借物の転貸はできないことになっていますが、これに伴い借地上に建物を所有している者が、第三者に借地権付きで建物を譲渡する際、地主が借地人から承諾に際して受け取る名義書換料は、他の者に土地を利用させることの対価、つまり、土地の貸付けの対価として、非課税となります。

　また、借家人がその借家を第三者に転貸しようとする際に、借家の所有者が借家人から受け取る承諾料は、建物を他の者に利用させる対価として課税されることになります。ただし、住宅の貸付けに係るものは非課税となります。

[参　考]　法6①、法別表第一第1号、第13号、基通6−1−3

171

日曜日のみに土地を貸し付ける契約

【問5-6】　当社は、A駅前に支店を有しています。当社のA駅前支店の前にあるデパートから、当社の休業日である日曜日のみ当支店の土地（普段は、当支店の駐車場として利用していますが、更地のままで特に駐車場その他の施設としての整備はなされていません。）を借りたいとの申し出があったため、日曜日（1年間52日）のみ貸し付ける契約をしました。

一の契約に係る貸付日数が30日を超えますので、この賃貸料について消費税は非課税になると考えてよいでしょうか。

【答】　土地の譲渡及び貸付けについては消費税は非課税とされていますが、土地の貸付けに係る期間が1か月に満たない場合及び駐車場その他の施設の利用に伴って土地が使用される場合には、課税の対象になります。

御質問のような貸付けの契約は、実質的には週1回日曜日のみの貸付契約の集合体と考えられますから、その貸付期間が1か月に満たない場合に該当し、その賃貸料は消費税の課税の対象となります。

参考　法6①、法別表第一第1号、令8、基通6-1-4

駐車場の貸付け

【問5-7】　当社の敷地内にある従業員用駐車場には、まだ十数台駐車できるスペースがあるため、付近の会社に賃貸しています。

地面は舗装し、白線で区画した上、借主の名札を掲げていますが、車両の管理はしていません。

このような駐車場の貸付けは、土地の貸付けとして消費税が非課税になるのでしょうか。

172

第5章　非課税取引

【答】　土地に駐車場としての用途に応じる地面の整備若しくはフェンス、区画、建物の設置等をして貸し付ける場合は、施設の貸付けに該当し、土地の貸付けに含まれないことになっています。

　また、更地に駐車させている場合のように施設の貸付けに該当しないような場合であっても、駐車している車両を管理していると認められるような場合は、役務の提供に該当しますので、その対価は消費税の課税の対象となります。

　御質問の場合は、車両の管理はしていないものの、地面の整備、区画等を行っていますので、施設の貸付けに該当することになり、非課税となる土地の貸付けには該当しません。

参　考　法6①、法別表第一第1号、令8、基通6-1-5(注)1

建物部分と敷地部分を区分記載した賃貸契約

【問5-8】　当社はこの度、オフィスビルを賃貸することになりましたが、地価が高いため、敷地部分の賃貸料と建物部分の賃貸料を区分して記載する契約書を作成しました。

　このような場合、その敷地部分の賃貸料は、消費税が非課税になると考えてよいのでしょうか。

【答】　ビル等の貸付けの対価は、その建物の所在する場所の地価によって決定される場合が多いとしても、それは賃貸料を決める場合の一要素にすぎません。また、ビル等の貸付けに伴う土地の使用は、そのビル等の貸付けに必然的に随伴するものですから、その土地の使用は非課税の対象となる土地の貸付けから除かれることとなっています。

　したがって、御質問の賃貸借契約のように敷地部分の賃貸料と建物部分の賃貸料とを区分して記載している場合であっても、その賃貸料の全体が建物の賃貸料に該当するものとして、その総額が消費税の課税の対象となります。

参　考　法6①、法別表第一第1号、令8、基通6-1-5(注)2

173

貸し付けた更地を賃借人が駐車場として使用した場合

> 【問5-9】　当社は、自ら所有する土地を更地のままスーパーマーケットを経営するA社に貸し付けました。
>
> 　ところが、賃借人であるスーパーマーケットA社は、賃借した土地を整地舗装した上で、お客様用駐車場として使用しています。
>
> 　このような場合、当社の土地の貸付けについては、消費税が非課税となるでしょうか。

【答】　土地に駐車場としての用途に応じた地面の整備若しくはフェンス、区画、建物の設置等をして貸し付ける場合は、施設の貸付けに該当し、消費税は非課税となりません。

　しかし、御質問の場合の土地は、あくまで更地として貸し付けたものですから、たとえ、後日、賃借人が地面の整備等を行い、駐車場に使用したとしても、貸付けに係る期間が1か月以上である限り、土地の貸付けとして消費税は非課税となります。

参考　法6①、法別表第一第1号、令8、基通6-1-5

第5章　非課税取引

掘込みガレージ付土地の譲渡

【問5－10】　当社は、建売住宅用に区画割りされた土地を購入し、その土地の上に住宅を建てて販売しています。

ところで、土地の販売業者が土地を掘削してコンクリートの壁・床・天井を設置し、シャッターを取り付けて住宅の地下ガレージ（掘込みガレージ）としたものを建売住宅用の土地として購入した場合でも、消費税はその全体が非課税となりますか。

また、その土地に住宅を建てて販売した場合、当社の課税売上げは当社の建設に係る住宅部分のみで、掘込みガレージを含んだ土地部分は非課税売上げとなるのでしょうか。

なお、掘込みガレージは、登記簿上は建物として取り扱われています。

【答】　土地、建物と一括して庭木、ブロックの土止め、青空駐車スペース等を譲渡した場合には、これらは土地と一体として譲渡されたものと認められますので、土地の譲渡に該当し、消費税は非課税となります。

ところで、御質問の掘込みガレージは、登記簿上、土地と別個の不動産（建物）として取り扱われており、また、社会通念上、その構造、設置の状況等からみても建物に該当するものと認められます。

したがって、掘込みガレージ付土地の購入は非課税となる土地と課税となる建物の一括購入といえるため、その掘込みガレージ部分の購入は、課税仕入れに該当することとなります。

一方、貴社が、その掘込みガレージ付土地に住宅を建設して販売する場合には、貴社が建築して販売する住宅（建物部分として合理的に区分された住宅部分）と掘込みガレージ部分が、消費税の課税の対象となります。

参考　法6①、法別表第一第1号、基通6－1－1

175

土地の賃貸借形式による採石等

> **【問5−11】** 当社は、採石地を所有していますが、採石業者に対しては採石法による採石権を設定せずに、土地の賃貸借の形態により採石させております。
>
> この場合の採石業者から収受する土地の賃貸料は非課税となりますか。
>
> また、土地の賃貸借により砂利を採取する場合はどうでしょうか。

【答】 土地の賃貸借の形態により行われる採石であっても、採石法第33条《採取計画の認可》に規定する採取計画の認可を受けて行うべき採石であれば、その賃貸料・採石料は物権である採石権を設定して採石する場合の採石料と同様に採石の対価に該当することとなり、土地の貸付けの対価ではないため課税されることとなります。

また、賃貸借の形態による砂利の採取の場合も、砂利採取法第16条の規定により採取計画の認可を受けて行われるべきものであれば、その賃貸料及び採取料は、砂利の採取の対価として課税の対象となります。

参 考　法6①、法別表第一第1号、基通6−1−2

土地取引に係る仲介手数料

> **【問5−12】** 消費税において、土地の譲渡及び貸付けは、非課税であると聞きましたが、これらの仲介手数料についても、非課税となりますか。

【答】 土地の取引に関して消費税が非課税となるのは、土地及びその上に存する権利の譲渡又は貸付けに限られますから、土地の譲渡代金等については課税されませんが、土地の売買又は貸付け等に係る仲介手数料は、土地の譲

176

第5章　非課税取引

渡又は貸付けに関連する取引ではあっても、売買等のあっせんという役務の
提供の対価となりますので、消費税の課税の対象となります。

　なお、宅地建物取引業法第46条第1項《報酬》の規定に基づく建設省告示
に定められている報酬の額を超える報酬を受けた場合についても、その報酬
の全額が課税の対象となります。

[参　考]　法6①、法別表第一第1号、基通6-1-6

電柱使用料と電柱の使用料

【問5-13】　道路又は土地の使用許可に基づく電柱使用料は、土地
の貸付けに該当するため、消費税は非課税とされるとのことですが、
電柱に広告物を取り付ける場合に収受する電柱の使用料も非課税と
なりますか。

【答】　国又は地方公共団体等の有する道路又は土地の使用許可に基づく電柱
使用料は、電柱等を設置する場合における道路又は土地の使用に伴うもので
あり、いわば電柱の敷地である土地の使用料ともいうべきものですから、消
費税は非課税となります。

　しかし、御質問の場合のような広告等を取り付けるために電柱を使用させ
る場合に収受する「電柱の使用料」は、電柱の一部の貸付けの対価であり、
土地の貸付けには該当しませんから、課税の対象となります。

[参　考]　法6①、法別表第一第1号、基通6-1-7

177

譲渡性預金証書

> 【問5−14】 譲渡性預金証書（ＣＤ）の取引に係る消費税の取扱い
> は、どのようになりますか。

【答】 譲渡性預金証書（ＣＤ）は期限の定めのある預金の証書ですが、譲渡
禁止の特約がないことから、売買取引の対象とされています。このＣＤの取
引に係る消費税の取扱いは、次のようになります。

① 国内ＣＤ、海外ＣＤともにその発行に係る取扱いについては、預金者に
おいては元本の払込みであり、その行為自体は利子を対価とする資産の貸
付けとしての預金の預入に該当し、不課税となります。

② 国内ＣＤの譲渡は預金という金銭債権の譲渡として、また、海外ＣＤの
譲渡は有価証券の譲渡として、いずれも非課税となります。

　　なお、ＣＤの譲受けによる取得は、金銭債権の譲受けとして非課税となります。

③ ＣＤの取得について銀行等が媒介、取次ぎ又は代理業務を行った場合、
これらの媒介等の業務に係る役務の提供は課税の対象となります。したが
って、媒介等を委託したＣＤの取得者においては、ＣＤの取得に係る媒介
手数料等は、課税仕入れに該当することとなります。

　　ただし、非居住者（外国法人の本店及び国外支店等も含まれます。）に
よる居住者（内国法人及び外国法人の国内支店等も含まれます。）からの
ＣＤの取得に係る媒介等、非居住者に対する役務の提供は、輸出免税の対
象となります。

④ 課税売上割合を計算する場合において、ＣＤの譲渡があるときは、その
譲渡の対価の額の５％に相当する金額を資産の譲渡等の対価の額の合計額
に算入することとされています。

　　ただし、ＣＤの譲渡が現先取引として行われる場合には課税売上割合の
計算上、その現先取引が売現先であるときは、その譲渡は資産の譲渡等に
含まれないこととされており、また、買現先であるときは、売戻し価額か

第5章　非課税取引

ら当初の購入価額を差し引いた残額が資産の譲渡等の対価の額として取り扱われることとされています。

　なお、ＣＤを譲受けにより取得した場合は、金銭債権の譲受けは資産の譲渡等に該当することから、譲り受けたＣＤの利子が資産の譲渡等の対価の額の合計額に含まれます。また、そのＣＤが海外ＣＤの場合には、所定の証明がされることにより、その利子の額は課税資産の譲渡等の対価の額の合計額にも含まれることになります。

⑤　海外ＣＤに係る預入やそのＣＤを譲受けにより取得した場合には、その預入や取得は所定の証明がされることにより、課税資産の譲渡等に係る輸出取引等に該当することになり、それらの預入や取得に要する課税仕入れについて、仕入税額控除の対象とすることができます。

　なお、輸出として行われるＣＤの譲渡は、消費税法第31条第1項《非課税資産の輸出等を行った場合の仕入れに係る消費税額の控除の特例》に規定する輸出取引等に該当しません。

[参考]　法6①、31①、法別表第一第2号、令9①、10③八、17②七、③、48②三、③④⑤、51①②

匿名組合の出資者の持分の譲渡

> 【問5−15】　匿名組合の組合員が行う持分の譲渡は、協同組合の組合員の持分の譲渡と同様に非課税と考えてよいのでしょうか。

【答】　匿名組合の出資者の持分の譲渡は、消費税法施行令第9条第1項第2号《有価証券に類するものの範囲等》に規定する「その他法人の出資者の持分」に該当し、有価証券に類するものの譲渡として非課税となります。

　なお、人格のない社団等、民法上の組合に対する出資者の持分の譲渡も同様に「出資者の持分」の譲渡として非課税となります。

[参考]　法6①、法別表第一第2号、令9①二、基通6−2−1(2)ロ

179

リース契約書において利息相当額を区分して表示した場合の取扱い

> **【問5-16】** リース契約書において、リース資産取得価額相当額と
> 利息相当額を区分して表示した場合の消費税の課税関係はどうなり
> ますか。

【答】 リース契約書において、リース料総額又はリース料の額のうち、利息
相当額を明示した場合、当該利息相当額部分を対価とする役務の提供は非課
税となります。

　したがって、賃貸人は、リース契約書において利息相当額を明示したリー
ス取引について、当該リース取引のリース料総額又はリース料の額から利息
相当額を控除した金額を課税売上げとして消費税額を計算し、利息相当額は
貸付金の利子として期間の経過に応じて非課税売上げとなります。

　なお、賃借人においても契約において明示されている利息相当額は、課税
仕入れの対象とはなりません。

参　考　法6①、法別表第一第3号、令10③十五、基通6-3-1 (17)

第5章　非課税取引

参考資料として交付を受けるリース料に係る「計算書」の取扱い

> **【問5-17】**　リース契約書において、利息相当額を明示した場合、その利息相当額部分を対価とする役務の提供は非課税とされていますが、今回、当社では、リース取引（所有権移転外ファイナンス・リース取引、**問3-57**参照）に係るリース契約締結後に、賃借人の会計処理のための参考資料として、「計算書」の交付を受けました。
>
> 　この場合、契約において利息相当額を明示したものとして利息相当額部分を非課税としてよいでしょうか。

【答】　賃貸人が、リース契約締結後に、リース契約書等とは別に、リース料のうち利息相当額を区分して記載した計算書を賃借人に交付した場合、その計算書は賃借人において会計処理上必要な情報を提供するためのものであり、当事者間において利息相当額を対価とする役務の提供を行うことについて合意するために作成したものではありません。

　したがって、御質問の場合、契約において利息相当額を明示したことにはならず、リース料総額に対して消費税が課税されることとなります。

　なお、所有権移転外ファイナンス・リース取引に係る契約を締結する際に、リース料のうち利子相当額を明示した計算書を交付することにより、契約において利子相当額が明示されている部分を対価とする役務の提供を行っていると認められる場合には、リース料総額のうち利子相当額を対価とする役務の提供は、消費税法上、非課税として取り扱われることとなります。

参　考　法6、別表第一第3号、令10③十五、基通6-3-1(17)

支払手段の意義

【問5－18】 消費税が非課税とされる支払手段とは、具体的にどの
ようなものをいうのですか。

また、収集用及び販売用のものは課税対象とされるそうですが、
これには、どのようなものが該当するのですか。

【答】 消費税において非課税とされる支払手段とは、日本及び外国において
通用する銀行券、紙幣、硬貨及び小切手（旅行小切手を含みます。）、為替手
形及び約束手形、郵便為替、信用状等をいいます。

また、消費税が非課税となる支払手段から除かれる収集品及び販売用のも
のとは、次のようなものをいいます。

① 掲示ケースに収納されているもの

② ペンダント等の身辺用細貨類に加工されているもの

③ 記念硬貨等プレミアムが付いて額面金額を超える価格で取引されるもの

④ その他、取引形態、性状がこれらに類するもの

参　考　　法6①、法別表第一第2号、令9③、基通6－2－3

第5章　非課税取引

変動金利によるリスクヘッジのために支払う手数料

> 【問5−19】　当社は、変動金利によるローン契約をA金融機関との間で締結していますが、金利の変動によるリスクを回避するため、その金利が一定の上限を超えた場合には、その超えた部分の利子を借主である当社に代わって負担してもらう契約をB金融機関との間で締結しています。
>
> 　この場合、B金融機関に対して支払う手数料は、消費税法上、どのように取り扱われるのでしょうか。

【答】　御質問の手数料は、将来の金利の上昇によって生じる借主の損失について、その損失の補填を受けるために支払うものであり、消費税法施行令第10条第3項第13号《保険料に類する共済掛金その他の保険料に類するものを対価とする役務の提供》に規定する保険料に類する対価に該当しますので、消費税は非課税となります。

　なお、御質問の場合において、B金融機関が一定の限度額を超える利子の部分をA金融機関に支払った場合には、その金額は保険金に相当するものですが、貸主であるA金融機関にとっては、借主（貴社）との間のローン契約に基づく利子をB金融機関から受け取ったに過ぎませんので、A金融機関の受け取る金銭は利子として消費税が非課税になります。

参　考　法6①、法別表第一第3号、令10③十三

183

売掛債権に係る金利

> **【問5-20】** 当社では、売上代金の回収が手形により行われる場合が多いのですが、こういうときは、手形サイトに応じて計算した利息相当額を代金と別建てにして請求することとしています。
>
> このような場合でも、売上代金に利息相当額を含めたものが消費税の課税の対象となるのでしょうか。

【答】 課税資産の譲渡等についての消費税の課税標準は、課税資産の譲渡等の対価の額として収受し、又は収受すべき一切の金銭又は金銭以外の物若しくは権利その他経済的な利益の額とされています。

しかし、御質問の場合のように、適正金利に相当する金額を対価の額と明確に区分して決済することとしている場合には、対価の額のみが消費税の課税標準となり、利息相当額は非課税となります。

参 考 法6①、28①、法別表第一第3号

前渡金等の利子

> **【問5-21】** 取引先に前渡金として資金を融通し、これに対して利子を受け取ることとしている場合における前渡金は、法人税法においては貸付金に準ずるものとされていますが、この場合の前渡金の利子は、消費税法上、貸付金に対する利子と同様、非課税となりますか。

【答】 御質問の場合のように、前渡金や仮払金などについて、その前渡（仮払）期間に応じた利子が付されることがあります。この利子は、前渡金や仮払金などが貸付契約に基づくものではないことから、「利子を対価とする貸付金」そのものではありませんが、経済的には貸付金と同様の性質を持つも

184

第5章　非課税取引

のといえます。

　このようなことから、名目上は前渡金であっても、経済的実質において貸付金に準ずるものについては、その前渡金を交付したことによって受け取る金銭は受取利息として取り扱うこととなります。

　したがって、貸付金に対する利子と同様に、消費税は非課税となります。

参　考　法6①、法別表第一第3号、基通6－3－5

カードキャッシング手数料

> **【問5－22】**　カードキャッシング取引において、融資を受けた利用者からカード会社に支払われる融資手数料は、金利とも考えられますが、消費税法上、非課税でよいのでしょうか。

【答】　クレジットカード利用者がカードによる短期間の融資、いわゆるカードキャッシングのサービスを受ける場合にカード会社に支払う融資手数料（キャッシング手数料）は、一律、融資額の数％の金額とされています。

　この融資手数料は、クレジットカードの取引の締切日の翌日から決済日（返済日）までのキャッシングサービスの利用期間についてあらかじめ定められた金利に該当しますので、消費税は非課税となります。

参　考　法6①、法別表第一第3号、令10①

信販会社が受領する手数料

> **【問5−23】** 当社は、加盟店からの売掛債権の買取方式による包括信用購入あっせん及び個別信用購入あっせんを行っている信販会社です。
>
> 消費者が信販契約を締結して当社の加盟店から商品を購入した場合、当社は消費者からは賦払金に併せて包括信用購入あっせん又は個別信用購入あっせんに係る手数料を受領し、また、加盟店には買い取った売掛債権と受領すべき加盟店手数料との差額を支払っています。
>
> こういった場合、これらの金銭の授受に関する消費税の取扱いは、どのようになるのでしょうか。

【答】 信販会社と加盟店との間における取引に係る消費税は、次のように取り扱われます。

① 加盟店は信販会社に対して売掛債権を譲渡することになりますが、その売掛債権の譲渡は金銭債権の譲渡として非課税となります。

② 信販会社は、加盟店の売掛債権を加盟店手数料を差し引いた額で譲り受けるものですが、その金銭債権の譲受けの対価である加盟店手数料は利子を対価とする資産の貸付けに類するものとして非課税となり、また、加盟店においては、加盟店手数料は課税仕入れには該当しないため、仕入税額控除の対象とすることはできません。

一方、信販会社と消費者の間における取引に係る消費税は、次のように取り扱われます。

① 信販会社が消費者から受領する賦払金は、加盟店から譲り受けた売掛債権の回収にすぎませんから、消費税の課税の対象とはなりません。

② 信販会社が消費者から受領する包括信用購入あっせん又は個別信用購入あっせんに係る手数料は、契約においてその額が明示されている場合には、

186

第5章　非課税取引

非課税となります。

（注）　信用購入あっせんとは、クレジット契約とも呼ばれ、消費者が商品やサービスを購入するときに、信販会社等が商品代金を立て替えて販売店に支払い、消費者は信販会社からの請求により分割払いをする契約形態をいう。

　　　信用購入あっせんには、カード会社及び信販会社等が発行するクレジットカードを使用した「包括信用購入あっせん」とクレジットカードを使用せず、消費者が商品を購入した場合、個別の商品ごとに信用購入あっせん契約を締結する「個別信用購入あっせん」がある。

参考　法6①、法別表第一第2号、第3号、令9①四、10③八、九、基通6-3-1(11)

クレジットカードの年会費

> 【問5-24】　クレジットカードの年会費は、消費税の課税の対象となりますか。
> 　また、クレジットカード契約により紛失・盗難については保険を掛けることを明記していますが、顧客からこの保険料相当額を預り金として処理し、保険会社に支払った場合、この保険料は非課税となるのでしょうか。

【答】　クレジットカードの年会費は、クレジットカード会員に対する役務提供の対価として受領しているものですから、消費税の課税の対象となります。

　また、この年会費の中に保険料相当額が含まれているとしても、当該紛失・盗難保険の契約者はクレジット会社であり、保険会社とカード会員との直接の保険契約ではありませんので、仮に預り金として処理していたとしても全体が年会費として消費税の課税の対象となります。

参考　法2①八

187

クレジットローン紹介手数料

> 【問5−25】 自動車販売業を営む当社は、顧客と販売契約が成立し顧客が代金の支払方法として「自動車ローン」を選択した場合には、提携している信販会社の金利、賦払回数等を説明し、申込書を提出させます。当社は、信販会社との間で締結している契約に基づいた一定の手数料を受け取りますが、当該手数料は割賦販売手数料として非課税となるのでしょうか。

【答】 割賦販売や包括信用購入あっせん又は個別信用購入あっせん等を行った場合において、これらの取引について事業者が消費者から受け取る手数料は、その額が契約書において明示されているときは、非課税となります。これは、契約書において明示された割賦販売手数料は、消費税法上非課税とされる、貸付金の利子、信用の保証料に類するものに該当するとされているからです。

　しかしながら御質問の場合、顧客に対して信用を供与しているのは信販会社であって、貴社ではありませんので、貴社が信販会社から受け取る手数料は、上記の割賦販売手数料として非課税と認められるものではありません。信販会社が貴社に支払ういわゆる紹介手数料と認められ、役務の提供の対価として、消費税の課税の対象となります。

参考 法6①、法別表第一第3号、令10③九、基通6−3−1

188

第5章　非課税取引

学校債

> 【問5－26】　学校が生徒の父母から募集する運営資金確保のための
> 学校債は、消費税の課税の対象となりますか。

【答】　学校債は、学校が生徒の父母から金銭の貸付けを受けた証拠書類として交付するものですから、この場合の金銭の授受は資産の貸付けに該当します。

　一般的には、その対価としての利子は学校の運営資金に充てられ、生徒の父母には支払われないこととなっていますが、支払われた場合でも貸付金の利子に該当し、非課税となります。

[参　考]　法6①、法別表第一第3号

輸入取引に係るユーザンス金利

> 【問5－27】　当社（メーカー）は商社を通じて原料を輸入していま
> すが、商社からの請求書にはユーザンス金利の項目が含まれていま
> す。これは、利息として消費税は非課税となりますか、それとも代
> 金の一部として課税扱いになりますか。
>
> 　また、通関された原料について、その売買代金を期日前に決済し
> た場合には、一定の率により割引を受けますが、この割引額はどの
> ように取り扱われますか。

【答】　ユーザンス金利が譲渡対価と明確に区分されており、かつ、それが適正金利である場合には、利息として取り扱われますから、非課税となります。

　また、このようなユーザンス金利について期日前決済により割引を受けた場合には、支払利息の修正として取り扱われることになります。

[参　考]　法6①、法別表第一第3号

189

金銭消費貸借契約の締結の際に受領する手数料

> **【問5−28】** 当社は、金融業を営んでいますが、資金を貸し付ける場合に、利息の他に手数料を顧客から徴収しています。
>
> この手数料は、利息制限法により利息とみなされていますので、利息として消費税は非課税になると考えてよいでしょうか。

【答】 消費税法上は、役務の提供の対価として徴収される手数料であれば、課税されることになります。

したがって、契約の締結のための費用として収受する金銭はもちろんのこと、書換手数料、調査料等の役務の提供の対価については、たとえ利息制限法上は利息とみなされたとしても、消費税の課税の対象となります。

　(注)　利息制限法第3条には、「金銭を目的とする消費貸借に関し、債権者の受ける元本以外の金銭は……何らの名義をもってするを問わず、利息とみなす。ただし、契約の締結及び債務の弁済の費用はこの限りでない。」と規定されています。

参考　法2①八、九

第5章　非課税取引

債権の買取り等に対する課税

> 【問5－29】　当社は、金融業を営んでいますが、売掛金、貸付金等
> の金銭債権に関する次のような取引は、消費税の課税の対象になり
> ますか。
> ①　ある者から譲り受けた金銭債権について、債務者から回収でき
> 　なかった場合、その者から譲受対価の返還を求めることとしてい
> 　るときに徴収する割引料又は手数料と称する金銭
> ②　ある者から譲り受けた金銭債権について、債務者から回収でき
> 　るかどうかにかかわらず、金銭債権額から控除する形で受け取る
> 　割引料、保証料又は手数料

【答】　御質問の①の場合においては、譲り受けた金銭債権について債務者か
ら回収できなかったときには、金銭債権を譲り受けた者は債権者から譲受対
価の返還を求めることとされています。この場合に債権者から徴収する割引
料又は手数料は金銭債権の取立てという役務の提供の対価という側面も有し
ますが、契約上金銭債権の譲受けであれば金銭債権の譲受けの対価として、
非課税となります。

　御質問の②の場合、金銭債権の譲受けの際に、債権者から徴収する割引料、
保証料又は手数料は、金銭債権の譲受けの対価として、非課税となります。

参考　法2①八、4①、6①、法別表第一第3号、令10③八

191

手形の買取り等に対する課税関係

【問5-30】　金融業者が一般的に行う次のような手形の割引、取立て、買取り及び信用の保証に対する消費税の取扱いはどのようになるのでしょうか。

1　手形法上の遡及権（手形金額の支払がないか、支払の可能性が減少したときに、その所持人が前の所持人に対して一定の金額を請求する権利）を取引の相手方に行使することとされる場合における次の取引

　(1) 手形の持込者に対して、持込時に、持込時から手形の支払期日までの期間に応じ、一定の割引率に基づいて計算した割引料及び手数料を手形額面から控除して現金又は手形で支払う場合

　(2) 手形の持込者に対して、持込手形の支払期日に取立てが完了した場合に、その取立額を現金で支払うこととし、その支払の際に手数料を収受することとした場合

2　手形法上の遡及権を取引の相手方に行使しないこととされている場合における次の取引

　(1) 手形の持込者に対して、持込時に、持込時から支払期日までの期間に応じ、一定の利率に基づいて計算した割引料又は保証料を手形額面から控除して現金又は手形で支払う場合

　(2) 手形の持込者に対して、持込手形の支払期日に取立てが完了した場合に、その取立額を現金で支払うこととし、その支払の際に、保証料又は手数料を収受することとした場合

　　なお、支払期日に持込手形が不渡りとなった場合でも額面金額から保証料又は手数料を控除した残額を現金で支払うこととしています。

第5章　非課税取引

> 3　手形の所持人に対して、当該手形の支払保証をし、その特定の
> 手形が不渡りとなった場合には、額面金額を現金で支払うことを
> 約し、保証料を収受する取引

【答】　1の(1)は、手形の割引に該当し、手形の割引は消費税法施行令第10条第3項第7号により非課税となっていますので、割引料は、資産の譲渡等の対価に該当しますが、非課税となります。

なお、その手形の割引時に割引料とは別に収受する「手数料」は、手数料を対価とする役務の提供として消費税の課税の対象となります。

1の(2)の手数料は、手形の取立てという役務の提供の対価であり、消費税の課税の対象となります。

2の(1)は、手形上の遡及権を行使しないということですから、手形の割引ではなく消費税法施行令第10条第3項第8号に規定する「金銭債権の譲受け」に該当し、割引料、保証料、又は手数料等という名目のいかんにかかわらず、非課税となります。

2の(2)は、消費税法別表第一第3号に規定する「信用の保証としての役務の提供」に該当し、非課税となります。

3は、消費税法別表第一第3号に規定する「信用の保証としての役務の提供」に該当し、非課税となります。

193

信用保証の保証料

> 【問5－31】 組合が、組合員の事業資金の借入れについて信用保証を行う場合に、組合員からその保証期間の日数に応じて徴収することとしている保証料には、消費税が課税されるのでしょうか。
>
> なお、保証の形式は、金融機関から貸付けを受けようとする者の依頼によって行い、保証限度額、契約保証期間等の保証条件を定めた根保証によるものです。

【答】 信用の保証による役務の提供の対価については、消費税は非課税とされています。

御質問の保証料は、債務の保証の対価であり、その行為は、信用の保証としての役務の提供に該当しますので、その対価は、非課税となります。

参 考 法6①、法別表第一第3号、基通6－3－1(2)

法人の借入れについて役員が担保提供した場合

> 【問5－32】 当社は、この度、銀行から融資を受けるに当たり、代表者個人の土地建物を担保に提供し、これに抵当権を設定しました。
>
> このため、当社は抵当権の設定額の何パーセントかを代表者に支払うことにしましたが、この支払金額に対する消費税の取扱いはどうなるのでしょうか。

【答】 代表者が自己の不動産を法人の借入金の担保として提供する行為は、代表者が債権者に対して法人の信用保証を行うものと認められます。

ところで、こうした信用の保証としての役務の提供は、消費税法別表第一第3号により非課税となります。

したがって、御質問のように代表者個人の資産に対する抵当権の設定に伴

第5章　非課税取引

って代表者に支払う金銭は、非課税となる資産の譲渡等の対価となり、一方、支払った貴社においては、課税仕入れには該当しないことになります。

参考　法6①、法別表第一第3号

公共工事に係る保証料

> **【問5－33】**　公共工事に係る前払保証事業に基づく保証料を対価とする役務の提供は、消費税が非課税となりますか。

【答】　公共工事の代金支払は、その引渡し時に一括して行われるのが原則ですが、建設業者が保証会社の保証を取り付けた場合は、月ごとの出来高に応じて発注先である国、地方公共団体等から中間金の支払が行われています。

　この場合において、保証会社が建設業者から受け取る保証料を対価として行う保証は、建設業者が請け負った公共工事の完成の保証ではなく建設業者が発注先である国、地方公共団体等から受領する中間金に係る保証と認められますから、信用の保証に該当し、非課税となります。

参考　法6①、法別表第一第3号、基通6－3－1⑵

非課税とされる物品切手等の対象範囲

> **【問5－34】**　消費税が非課税とされる物品切手等の譲渡の「物品切手等」とはどのようなものですか。

【答】　消費税法上の「物品切手等」とは、証書等と引換えに一定の物品の給付若しくは貸付け又は特定の役務の提供を約するもので、給付等を受けようとする者がその証書等と引換えに給付等を受けたことによって、その対価の全部又は一部の支払債務を負担しない証書をいいます。例えば、商品券、ギフト券及びプリペイドカードなどが該当します。

195

また、いわゆる「サーバー型前払式支払手段（資金決済に関する法律第３条第１項に規定する前払式支払手段）」に該当する番号、記号その他の符号（以下「ＩＤ番号等」）についても「物品切手等」に含まれています。

　なお、ここでいう「サーバー型前払式支払手段」とは、一般的にネットマネーといわれるもので、ＩＤ番号等が表記されたプラスチックカードや紙面（シート）等をコンビニエンスストア等で購入し、ＩＤ番号等を取得後、当該ＩＤ番号等をインターネット上で入力することによって、金額データを管理するサーバーにアクセスし、通信販売の支払や音楽配信、オンラインゲームなどの購入に充てたりする決済手段です。プラスチックカード等に表記されたＩＤ番号等には金額データは記録されておらず、金額データは運営業者のコンピューターのサーバーで管理されていることが特徴となります。

　商品券及びプリペイドカードなどのように、利用される金額や数量が直接記録される証票と種類は異なりますが、プラスチックカード等に表記されたＩＤ番号等についても「物品切手等」に該当するため、これらの譲渡についても、消費税法上、非課税として取り扱われます。

参　考　法６、令11、法別表第一第４号ハ、基通６－４－３、６－４－４

第5章　非課税取引

物品切手等に係る課税関係

【問5－35】　各種の物品切手等に係る消費税の課税関係はどのようになるのでしょうか。

【答】　次の1～5のとおりとなります。
1　ビール券等（現物価格よりも券の発行価額が高額のもの）

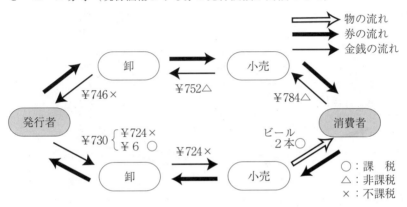

(1) 発行時の取引

　発行者が収受するビール券の代金（746円）は消費税の課税の対象とはなりません。

(2) 卸、小売業者の券の販売

　卸、小売業者が収受するビール券の販売代金は、消費税の課税の対象となりますが、物品切手類の譲渡として、非課税取引となります。

(3) ビール券とビールの交換

　ビール券と引換えにビール2本を交付する行為は、ビール2本の譲渡に該当しますので、消費税の課税の対象となります（724円）。

(4) ビール券の回収

　小売業者がビール券を回収される際に収受する金銭（724円）は、消費税の課税の対象とはなりません。

なお、卸業者については、発行者から収受する金額と小売業者へ支払う金額の差額（6円）が、回収手数料（役務提供の対価）として、消費税の課税対象となります。

　したがって、発行者は、卸業者に支払った手数料分（6円）が課税仕入れとなります。

2　こども商品券等（発行者の段階で発行差益の生ずるもの）

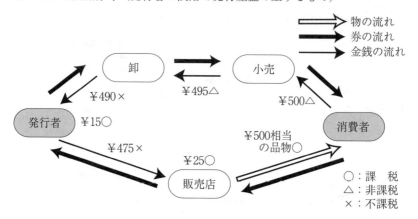

(1) 発券、販売及び商品の交換時

　1（ビール券）の取扱いと同様です。

(2) 券の回収時

　イ　販売店は、券面額（500円）と回収金額（475円）の差額（25円）が課税仕入れとなります。

　ロ　発行者は、発券時の預り金（490円）と販売店への支払額（475円）の差額（15円）が課税売上げとなります。

3　図書券（発行者の段階で発行差益の生じないもの）

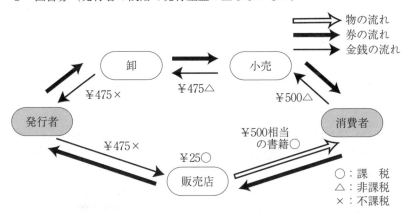

(1) 発券、販売及び商品の交換時……1の取扱いと同様です。
(2) 券の回収時……イ　販売店の処理は2の取扱いと同様です。
　　　　　　　　　ロ　発行者においては、課税関係なし。

4　委託販売方式のプリペイドカード（前払いによるプレミアムが付いているもの）

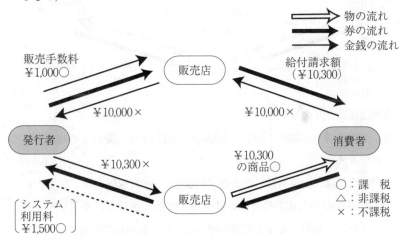

(1) 発券及び販売時……発行者の収受する金額（10,000円）は課税の対象となりません。
　販売手数料（1,000円）は取扱店の課税売上げ、発行者の課税仕入れとなります。
(2) 券と商品の交換時……販売店は引き換えた商品代金（10,300円）が課税売上げとなります。
(3) 券と回収時……システム利用料（1,500円）は、発行者の課税売上げ、販売店の課税仕入れとなります。

5　駐車券等

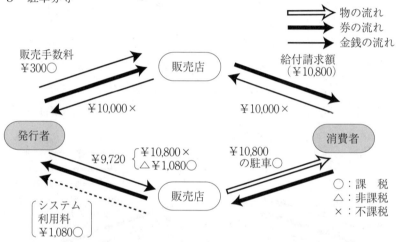

課税関係は、4の取引と同様です。

(1) 販売手数料（300円）は、取扱店の課税売上げ、発行者の課税仕入れとなります。
(2) 駐車場は、引換給付した金額（10,800円）が課税売上げとなります。
(3) 駐車場の売上額と発行者が駐車場に支払う金額との差額1,080円は、システム利用料として発行者の課税売上げ、駐車場の課税仕入れとなります。
　（注）発行者は駐車場にカードの使用を受け入れるために必要な機器を貸し付け、システム利用料とは別に賃貸料（課税売上げ）を徴している。

第5章　非課税取引

郵便切手、テレホンカード、株主割引優待券の売却

> 【問5−36】　当社では、購入していた郵便切手等を、いわゆるチケット業者に売却しました。
> 　この場合、消費税の取扱いはどのようになりますか。
> (1) 郵便切手、印紙
> (2) テレホンカード、映画前売入場券
> (3) 株主割引優待券

【答】　(1) 郵便切手、印紙

　郵便切手や印紙の譲渡が非課税となるのは、郵便局や印紙売りさばき所等一定の場所における譲渡に限ります。したがって、会社等が購入していた郵便切手等をチケット業者に売却した場合は消費税の課税の対象となります。

(2) テレホンカード、映画前売入場券

　役務の提供、いわゆるサービスとの引換え機能を持つプリペイドカード等の券類は、物品切手等に該当し、その譲渡は、非課税となります。この場合、例えば、額面500円のテレホンカードを、1,000円で販売するように、物品切手又はこれに類するものが額面より高いプレミアム付の価額で販売される場合であっても、物品切手等の譲渡として非課税となります。

(3) 株主割引優待券

　株主割引優待券（支払債務の一部を免除されるもの）は、それと引換えに一定の物品の給付若しくは貸付け又は特定の役務の提供を受けるものではないので物品切手等には該当しません。したがって、株主割引優待券の譲渡は消費税の課税の対象となります。

参　考　基通6−4−1、6−4−4

201

委託による入場券の販売の課税関係

【問5－37】 当社は、コンサート、映画、演劇等の興行主催者からの委託を受けて、これらコンサート等のチケットの販売を行っています。

興行主催者からは販売手数料を受け取っていますが、経理上は、チケット売上げの全額を売上勘定で処理し、販売手数料を差し引いた興行主催者に支払う金額を仕入れ勘定で処理しています。

このような経理処理の場合、消費税の取扱いはどのようになるのでしょうか。

【答】 コンサート等のチケットは、役務の提供に係る請求権を表彰する証書として物品切手等に該当することになり、消費税においてはその譲渡は非課税となっています。また、興行主催者が自ら行う興行に係るチケットの発行は、興行に係る対価を前もって預かったことの引き換えにチケットを交付するだけのことですから、その発行自体は資産の譲渡等には該当せず、消費税の課税の対象にはなりません。

ところで、御質問の場合、貴社は、興行主催者からの委託に基づいてチケットを販売しているわけですから、その販売は、興行主催者が行ったものとなり、貴社は興行主催者に対してチケットの発行を代行するという役務の提供を行ったことになりますから、経理処理のいかんにかかわらず、その興行主催者から収受する販売手数料相当額が、役務の提供の対価として、消費税の課税の対象になります。

参　考　法6①、法別表第一第4号ハ、令11、基通6－4－5、6－4－6

第5章　非課税取引

印刷業者が行う郵便はがきへの印刷

> 【問5−38】　印刷事業を行っている当社では、郵便はがきの印刷に
> ついて次のような取引を行っています。郵便はがきの譲渡は消費税
> が非課税になると聞きましたが、当社の次のそれぞれの取引につい
> て、消費税の取扱いはどのようになるのでしょうか。
> (1)　郵便局で購入した郵便はがきに、当社で選定した文字、図柄を
> 　　印刷し、これを5枚セットにして文房具店に販売する。
> (2)　郵便局から購入した手持ちの郵便はがきに、企業や個人からの
> 　　注文に応じて企業名等を印刷して、注文者である企業や個人に引
> 　　き渡す。
> (3)　注文者が持ち込んだ郵便はがきに注文者の指定する文字、図柄
> 　　を印刷して引き渡す。

【答】　郵便はがきの譲渡について消費税が非課税となるのは、郵便局や郵便
切手類販売所における譲渡に限られています。

　したがって、御質問の取引に対する消費税の取扱いは、それぞれ次のよう
になります。

(1)について……印刷業者は、自ら選定した文字や図柄を印刷した後の郵便
　はがきを自己の商品として販売しているものですから、文房具店等から収
　受する印刷後の郵便はがきに係る対価の全額が課税資産の譲渡に係る対価
　として、消費税の課税の対象となります。

　　この場合、印刷業者が郵便局において購入する郵便はがきは非課税取引
　に係るものですから、その購入代金は仕入税額控除の対象となりませんが、
　印刷後の郵便はがきを仕入れる文房具店等においては、印刷業者に支払っ
　た対価の額が課税仕入れの額となります。

(2)について……注文者から収受する対価の全額が消費税の課税の対象とな
　ります。

203

ただし、このような取引の場合、注文者の便宜のために印刷業者が郵便局からの郵便はがきの購入を代行しているという面もあります。そこで、印刷業者において、郵便局から購入した郵便はがきについて仮払金として経理し、注文者への請求の際には郵便はがきの代金と印刷代金とを区分の上、郵便はがきの代金について立替金として請求している場合には、印刷代金のみを消費税の課税の対象として取り扱うこととされています。

　この場合、注文者においては、印刷代金のみが課税仕入れの額となります。

(3)について……注文者から収受する印刷代金は、役務の提供の対価として消費税の課税の対象となります。

参　考　法6①、法別表第一第4号イ、基通6－4－1

フリーデザインプリペイドカードの課税関係

> 【問5－39】　フリーデザインプリペイドカードの次図の取引の場合、消費税の課税関係はどうなりますか。
>
> ①白地のカード　　②特注カード　　③カードの
> 　の仕入れ　　　　　の納品　　　　　販売
> A ────→ B印刷業者 ──→ C販売業者 ──→ D消費者
> 　500円　　（印刷）　800円　　　　1,000円
>
> 　　　　　　└──────────┘
> 　　　　　　特注カードの作成依頼

【答】　御質問の取引はいずれも物品切手等の譲渡として非課税になります。

　ただし、例えば、プリペイドカードにデザインを施したB印刷業者については、プリペイドカード代500円及び印刷代300円と区分して請求しているときは、印刷代300円のみを課税売上げとして取り扱い、プリペイドカード代500円は非課税売上げとして取り扱って差し支えありません。

参　考　法6①、法別表第一第4号ハ、令11、基通6－4－4

第5章　非課税取引

自動車保管場所証明書の交付手数料

【問5−40】　自動車の保管場所の確保等に関する法律第4条《保管場所の確保を証する書面の提出等》及び第6条《保管場所標章》の規定に基づき交付する「自動車保管場所証明書」及び「保管場所標章」の交付手数料は、消費税の課税の対象となるのでしょうか。

【答】　国、地方公共団体、消費税法別表第三に掲げる法人その他法令に基づき国又は地方公共団体の委託若しくは指定を受けた者が、法令に基づき行う公文書の交付等でその手数料の徴収が法令に基づき行われるものは、原則として非課税となります。

　御質問の「自動車保管場所証明書」及び「保管場所標章」はいずれも公文書であり、それらの交付手数料が条例により定められていますから、その手数料は非課税となる国、地方公共団体等の役務の提供の対価に該当し、非課税となります。

　したがって、その手数料は、支払者側においては課税仕入れに係る支払対価に該当しませんので、仕入税額控除の対象にはなりません。

参考　法6①、法別表第一第5号イ(3)

指定認定機関が収受する認定手数料

【問5−41】　JISマークの認定を受けようとする場合には、申請者は一定額の手数料（経済産業大臣の許可を受けて定めるもの）を経済産業大臣から指定を受けて認定事業を行っている指定認定機関に納付することとなっていますが、この手数料は消費税の課税の対象となるのでしょうか。

【答】　御質問の手数料は、国の指定を受けた者が法令の規定に基づき行う

205

「認定」であり、その手数料の徴収は法令に基づくものですから、消費税法別表第一の第5号イ(1)の規定により非課税となります。

参考　法6①、法別表第一第5号イ(1)

薬局の薬剤販売

【問5−42】　薬局が医師の処方せんに基づき薬剤を調合し、患者に投薬している場合、これは医療として消費税が非課税となるのでしょうか。

【答】　薬局が医師の処方せんに基づき患者に投薬する場合には、薬局が行う投薬は医療行為の一環として行われるものです。

　したがって、その医療行為が健康保険法等の療養の給付に係るものである場合には、薬局が処方せんに基づいて行う投薬についても非課税となります。

参考　法6①、法別表第一第6号

社会保険医療等のうち課税されるものの範囲

【問5−43】　社会保険医療、老人保健施設療養、公費負担医療、公害補償・労働者災害補償保険・損害賠償保障に係る医療（社会保険医療等）であっても、差額ベッド料などは消費税が課税されるとのことですが、具体的にはどのようなものが課税されるのでしょうか。

【答】　社会保険医療等であっても、療養を受ける者が、「消費税法別表第一第6号に規定する財務大臣の定める資産の譲渡及び金額を定める件」（平成元年1月26日大蔵省告示第7号、最終改正平成20年3月7日財務省告示第67号）の各号に掲げるサービスの提供等を希望した場合には、健康保険法第85条第2項《入院時食事療養費》、第85条の2第2項《入院時生活療養費》及

206

び第86条第2項第1号《保険外併用療養費》等の規定により厚生労働大臣が定めるところにより算定される金額までが非課税とされ、その療養を受ける者が支払う差額部分については消費税の課税の対象になります。

　具体的には、療養を受ける者の選定に係る次の資産の譲渡等について、その療養を受ける者が支払う差額部分が、消費税の課税の対象となります。

① 　入院時食事療養（健康保険法63②一）に係る入院給食の提供

② 　入院時生活療養（健康保険法63②二）に係る生活療養の提供

③ 　特別の療養環境の提供（いわゆる差額ベッド料）

④ 　予約に基づく診察（時間外診療など）

⑤ 　保険医療機関が表示する診療時間以外の時間における診察

⑥ 　病床数が200以上の病院について受けた初診（他の病院又は診療所からの文書による紹介がある場合及び緊急その他やむを得ない事情がある場合に受けたものを除きます。）

⑦ 　病床数が200以上の病院について受けた再診（当該病院が他の病院（病床数が200未満のものに限ります。）又は診療所からの文書による紹介を行う旨の申し出を行っていない場合及び緊急その他やむを得ない事情がある場合に受けたものを除きます。）

⑧ 　診療報酬の算定方法（平成20年3月5日厚生労働省告示第59号）に規定する回数を超えて受けた診療であって、別に厚生労働大臣が定めるもの

⑨ 　別に厚生労働大臣が定める方法により計算した入院期間が180日を超えた日以後の入院及びその療養に伴う世話その他の看護（別に厚生労働大臣が定める状態等にある者の入院及びその療養に伴う世話その他の看護を除きます。）

⑩ 　前歯部の鋳造歯冠修復に使用する金合金又は白金加金の支給

⑪ 　金属床による総義歯の提供

⑫ 　齲蝕に罹患している患者（齲蝕多発傾向を有しないものに限ります。）であって継続的な指導管理を要するものに対する指導管理

参　考　法6①、法別表第一第6号かっこ書、平元.1.26大蔵省告示第7号

健康保険で取り扱う高度先進医療

【問5－44】　その医療給付の全額について消費税が非課税とされる高度先進医療とはどのようなものですか。

　また、高度先進医療であればいわゆる差額ベッド代も非課税となりますか。

【答】　特定承認保険医療機関及び特定承認医療取扱機関において行われるいわゆる高度先進医療については、保険給付される基礎部分と先進技術部分の被保険者等の自費負担部分（先進医療に係る費用）とが密接に関連していることから、先進医療に係る費用として患者から支払を受ける金額に相当する部分も含めて消費税は非課税とされています。ただし、この場合であっても、医療を受ける者の希望による差額ベッド代や歯科材料差額等については、消費税の課税の対象となります。

　この高度先進医療には、例えば、重症肥満の手術による治療、がんの温熱療法、特殊人工歯根による義歯、難聴の手術などが該当します。

参　考　法6①、法別表第一第6号

第5章　非課税取引

自動車事故の被害者に対する療養

【問5－45】　自動車事故の被害者に対する医療は、消費税が非課税になると聞いておりますが、この具体的な取扱いはどのようになりますか。

【答】　自動車事故（ひき逃げ事故を含みます。）の被害者に対する療養については、非課税とされています。

　この非課税とされる療養は、自動車損害賠償責任保険の支払を受けて行われる療養であれば、自動車損害賠償責任保険の支払額を限度とするものではなく、任意保険や自費（加害者などが支払う額）で支払われるものであっても、その療養の全部が非課税とされています。

　また、非課税とされる療養の範囲は、医療機関が必要と認めた療養（おむつ代、松葉杖の賃貸料、付添寝具料、付添賄料等を含みます。）をすべて含むものであり、たとえ自由診療であっても、すべて非課税となります（ただし、自由診療の場合には、自動車事故による療養であることを記録によって証明する必要があります。）。

　なお、自動車事故によるものであっても、次のような療養等は消費税の課税の対象となります。

① 　療養を受ける者の希望によって特別病室の提供等を行った場合における患者が支払う差額部分（いわゆる差額ベッド代）

② 　他人から損害賠償額の支払を受ける立場にない、自らの運転による自動車事故の受傷者に対する自由診療として行われる療養（その事故の同乗者で、運転手などから損害賠償額の支払を受けるべき立場にある者に対する療養については非課税）

③ 　診断書及び医師の意見書等の作成料

参　考　　法6①、法別表第一第6号ヘ、基通6－6－1

209

地方公共団体の職員に対する健康診断等

【問5－46】　当医療法人では、この度、Ａ市の職員に対し、次のような診療等を行いました。

　　1　日本脳炎の予防接種………全職員対象
　　2　Ｂ型肝炎の検査……………感染の危険性が高い事務に従事している職員
　　3　健康診断……………………35歳以上の全職員

　　これらの診療等は、Ａ市において独自に行うもので、法令の規定に基づくものではありませんが、費用はすべてＡ市が負担することになっています。

　　こうした診療等は消費税が非課税になるのでしょうか。

【答】　消費税法施行令第14条第24号では、「国又は地方公共団体の施策に基づきその要する費用の全部又は一部が国又は地方公共団体より負担される医療及び療養」が非課税となる旨規定されていますが、ここでいう「国又は地方公共団体の施策に基づき」とは、行政上の施策として広く一般国民、都道府県民、市町村民を対象とし、法律、条例、規則等に基づいた制度的なものを意味します。

　御質問の場合は、Ａ市の職員のみを対象とするものですから、市としての市民に対する施策として行うものとはいえず、いわば、一般私企業が従業員の健康診断等を実施するのと同じものといえますから、消費税は非課税とはなりません。

参　考　法2①十二、6①、法別表第一第6号、令14二十四

第5章　非課税取引

ＮＰＯ法人が介護保険サービス事業を行う場合の消費税の取扱い

【問5－47】　ＮＰＯ法人が介護保険サービス事業を行う場合の消費税の取扱いはどのようになりますか。

【答】　介護保険制度における居宅介護サービス及び施設介護サービスについては、これらのサービスを提供する介護サービス事業者がＮＰＯ法人か否かに関わらず、原則として、非課税となります。

(注)1　介護サービスとして行われるサービス等であっても、要介護者の求めに応じて提供される特別な食事や特別な居室等の料金は、非課税範囲から除かれます（これらの料金は介護保険の給付対象からも除かれています）。

2　ＮＰＯ法人とは、特定非営利活動促進法の規定に基づいて設立される特定非営利活動法人のことであり、同法において、消費税法の適用に関しては法別表第三に掲げる法人とみなすこととされています。

非課税となる介護サービス等の範囲

【問5－48】　介護保険法の規定に基づく介護サービスに係る消費税の取扱いはどのようになりますか。

【答】　介護保険法の規定に基づく一定の介護サービスについては、非課税の対象となっています。

非課税となる介護サービス等の範囲は以下のとおりとなります。

(1) 介護保険法の規定に基づく居宅介護サービス費の支給に係る居宅サービス

①　訪問介護（介護保険法8②）

②　訪問入浴介護（介護保険法8③）

③　訪問看護（介護保険法8④）

④　訪問リハビリテーション（介護保険法8⑤）

⑤　居宅療養管理指導（介護保険法8⑥）

211

⑥　通所介護（介護保険法8⑦）

⑦　通所リハビリテーション（介護保険法8⑧）

⑧　短期入所生活介護（介護保険法8⑨）

⑨　短期入所療養介護（介護保険法8⑩）

⑩　特定施設入居者生活介護（介護保険法8⑪）

(2)　介護保険法の規定に基づく施設介護サービス費の支給に係る施設サービス

①　指定介護福祉施設サービス（介護保険法48①一）

②　介護保健施設サービス（介護保険法48①二）

(3)　介護保険法の規定に基づく特例居宅介護サービス費の支給に係る訪問介護等（消費税法施行令第14条の2第1項《居宅サービスの範囲等》に規定する訪問介護等をいいます。）又はこれに相当するサービス（要介護者の選定による交通費を対価とする資産の譲渡等、特別な浴槽水等の提供、送迎、特別な居室の提供、特別な療養室等の提供、特別な食事の提供又は介護その他の日常生活上の便宜に要する費用を対価とする資産の譲渡等を除きます。）

(4)　介護保険法の規定に基づく地域密着型介護サービス費の支給に係る地域密着型サービス

①　定期巡回・随時対応型訪問介護看護

②　夜間対応型訪問介護

③　地域密着型通所介護

④　認知症対応型通所介護

⑤　小規模多機能型居宅介護

⑥　認知症対応型共同生活介護

⑦　地域密着型特定施設入居者生活介護

⑧　地域密着型介護老人福祉施設入所者生活介護

⑨　複合型サービス

(5)　介護保険法の規定に基づく特例地域密着型介護サービス費の支給に係る定期巡回・随時対応型訪問介護看護等（消費税法施行令第14条の2第3項

第2号に規定する定期巡回・随時対応型訪問介護看護等をいいます。）又はこれに相当するサービス（要介護者の選定による交通費を対価とする資産の譲渡等、送迎、特別な居室の提供、特別な食事の提供又は介護その他の日常生活上の便宜に要する費用を対価とする資産の譲渡等を除きます。）

(6) 介護保険法の規定に基づく特例施設介護サービス費の支給に係る施設サービス及び健康保険法等の一部を改正する法律（平成18年法律第83号）附則第130条の2第1項《健康保険法等の一部改正に伴う経過措置》の規定によりなおその効力を有するものとされる同法第26条の規定による改正前の介護保険法の規定に基づく施設介護サービス費又は特例施設介護サービス費の支給に係る介護療養施設サービス（要介護者の選定による特別な居室の提供、特別な療養室の提供、特別な病室の提供又は特別な食事の提供を除く。）

(7) 介護保険法の規定に基づく介護予防サービス費の支給に係る介護予防訪問入浴介護、介護予防訪問看護、介護予防訪問リハビリテーション、介護予防居宅療養管理指導、介護予防通所リハビリテーション、介護予防短期入所生活介護、介護予防短期入所療養介護及び介護予防特定施設入居者生活介護（以下「介護予防訪問入浴介護等」といい、要支援者の選定による交通費を対価とする資産の譲渡等、特別な浴槽水等の提供、送迎、特別な居室の提供、特別な療養室等の提供、特別な食事の提供又は介護その他の日常生活上の便宜に要する費用を対価とする資産の譲渡等を除きます。）並びに地域における医療及び介護の総合的な確保を推進するための関係法律の整備等に関する法律（平成26年法律第83号、以下「医療介護総合確保推進法」といいます。）附則第11条《介護予防サービスに係る保険給付に関する経過措置》の規定によりなおその効力を有するものとされる同法第5条の規定による改正前の介護保険法（以下「旧介護保険法」といいます。）の規定に基づく介護予防サービス費の支給に係る介護予防訪問介護及び介護予防通所介護（要支援者の選定による交通費を対価とする資産の譲渡等又は送迎を除く。）

(8) 介護保険法の規定に基づく特例介護予防サービス費の支給に係る介護予

防訪問入浴介護等又はこれに相当するサービス並びに医療介護総合確保推進法附則第11条の規定によりなおその効力を有するものとされる旧介護保険法の規定に基づく特例介護予防サービス費の支給に係る介護予防訪問介護及び介護予防通所介護又はこれらに担当するサービス（要支援者の選定による交通費を対価とする資産の譲渡等、特別な浴槽水等の提供、送迎、特別な居室の提供、特別な療養室等の提供、特別な食事の提供又は介護その他の日常生活上の便宜に要する費用を対価とする資産の譲渡等を除きます。）

(9) 介護保険法の規定に基づく地域密着型介護予防サービス費の支給に係る介護予防認知症対応型通所介護、介護予防小規模多機能型居宅介護及び介護予防認知症対応型共同生活介護（以下「介護予防認知症対応型通所介護等」といい、居宅要支援者の選定による送迎及び交通費を対価とする資産の譲渡等を除きます。）

(10) 介護保険法の規定に基づく特例地域密着型介護予防サービス費の支給に係る介護予防認知症対応型通所介護等又はこれに相当するサービス（居宅要支援者の選定による送迎及び交通費を対価とする資産の譲渡等を除きます。）

(11) 介護保険法の規定に基づく居宅介護サービス計画費の支給に係る居宅介護支援及び同法の規定に基づく介護予防サービス計画費の支給に係る介護予防支援

(12) 介護保険法の規定に基づく特例居宅介護サービス計画費の支給に係る居宅介護支援又はこれに相当するサービス及び同法の規定に基づく特例介護予防サービス計画費の支給に係る介護予防支援又はこれに相当するサービス

(13) 介護保険法の規定に基づく市町村特別給付として要介護者又は居宅要支援者に対して行う食事の提供

(14) 介護保険法の規定に基づく地域支援事業として居宅要支援被保険者等に対して行う介護予防・日常生活支援総合事業に係る資産の譲渡等（厚生労働大臣が財務大臣と協議して指定するものに限ります。）

(15) 生活保護法又は中国残留邦人等の円滑な帰国の促進並びに永住帰国した中国残留邦人等及び特定配偶者の自立の支援に関する法律若しくは中国

第5章　非課税取引

残留邦人等の円滑な帰国の促進及び永住帰国後の自立の支援に関する法律
の一部を改正する法律（平成25年法律第106号）附則第2条第1項若しく
は第2項《支援給付の実施に関する経過措置》の規定によりなお従前の例
によることとされる同法による改正前の中国残留邦人等の円滑な帰国の促
進及び永住帰国後の自立の支援に関する法律の規定に基づく介護扶助又は
介護支援給付のための次に掲げる介護

①　居宅介護（生活保護法第15条の2第2項《介護扶助》に規定する訪問
　介護、訪問入浴介護、訪問看護、訪問リハビリテーション、居宅療養管
　理指導、通所介護、通所リハビリテーション、短期入所生活介護、短期
　入所療養介護、特定施設入居者生活介護、定期巡回・随時対応型訪問介
　護看護、夜間対応型訪問介護、認知症対応型訪問介護、小規模多機能型
　居宅介護、認知症対応型共同生活介護、地域密着型特定施設入居者生活
　介護及び複合型サービス並びにこれらに相当するサービスに限ります。）

②　施設介護（生活保護法第15条の2第4項に規定する地域密着型介護老
　人福祉施設入所者生活介護、介護福祉施設サービス及び介護保健施設サ
　ービス並びに健康保険法等の一部を改正する法律附則第130条の2第1
　項の規定によりなおその効力を有するものとされる同法附則第91条《生
　活保護法の一部改正》の規定による改正前の生活保護法の規定に基づく
　介護扶助のための介護（同条の規定による改正前の生活保護法第15条の
　2第1項第4号《介護扶助》に掲げる施設介護のうち同条第4項に規定
　する介護療養施設サービスをいいます。）

③　介護予防（生活保護法第15条の2第5項に規定する介護予防訪問入浴
　介護、介護予防訪問看護、介護予防訪問リハビリテーション、介護予防
　居宅療養管理指導、介護予防通所リハビリテーション、介護予防短期入
　所生活介護、介護予防短期入所療養介護、介護予防特定施設入居者生活
　介護、介護予防認知症対応型通所介護、介護予防小規模多機能型居宅介
　護及び介護予防認知症対応型共同生活介護並びにこれらに相当するサー
　ビスに限ります。）

215

④　介護予防・日常生活支援（生活保護法第15条の２第７項《介護扶助》
　　に規定する第一号訪問事業、第一号通所事業及び第一号生活支援事業に
　　よる支援に相当する支援に限ります。）

（注）　①及び③のこれらに相当するサービス並びに④の相当する支援とは、平成12
　　　　年厚生省告示第190号「消費税法施行令第14条の２第３項第13号の規定に基づ
　　　　き厚生労働大臣が指定するサービス」に規定するものに限られます。

要介護者が負担する介護サービス費用の取扱い

> 【問５−49】　介護保険制度では、原則として、厚生労働大臣が定め
> る基準により算定した費用の額の９割が保険給付され、１割が要介
> 護者の負担となりますが、消費税が非課税となるのは、保険給付部
> 分（９割）となるのでしょうか。

【答】　御質問の場合、消費税法上、居宅介護サービスの場合、そのサービス
が居宅介護サービス費の支払対象となる種類のサービスであれば、保険者
（市区町村）から支給される居宅介護サービス費の９割部分に限らず、本人
が負担することとなる１割相当額についても非課税となります。

　また、施設介護サービス費の支給対象となる施設サービスの場合も、同様
に本人負担額（１割相当額）は非課税となります。

（注）1　居宅介護サービスの場合、利用者の選定に係る負担部分（利用者の居宅の
　　　　所在地が通常の事業実施区域となっていない介護サービス事業者を利用した
　　　　場合の交通費や訪問入浴介護における特別の浴槽水等）は、課税の対象とな
　　　　ります。

　　　2　施設介護サービスの場合、入所者が選定する特別な居室の室料、特別な食
　　　　事の料金等の負担部分については、消費税の課税の対象となります。

参　考　　法６①、法別表第一第７号イ、基通６−７−２

関連事例　　問５−52

216

第5章　非課税取引

有料老人ホームにおける介護サービスの取扱い

> 【問5－50】　社会福祉法人Ａは、有料老人ホームを経営していますが、有料老人ホームにおける介護サービスも、消費税は非課税となりますか。

【答】　消費税法上非課税となるのは、介護保険法の規定に基づく介護サービスに限られますので、御質問の場合、有料老人ホームの入居者のうち、介護保険法上の要介護者に対して、特定施設サービス計画に基づきその施設において行われる入浴、排せつ、食事等の介護、生活等に関する相談・助言等の日常生活を営むのに必要な便宜の供与は、介護保険法に規定する特定施設入所者生活介護に該当し、非課税となります。

　(注)1　要介護者等に該当しない有料老人ホームの入居者に対して行われるものについては、課税の対象となります。

　　　2　おむつ代については、要介護者等に該当しない有料老人ホームの入居者に提供したものと区分経理している場合には、要介護者等に対するものは、非課税となります。

福祉用具貸与に係る取扱い

> 【問5－51】　当社は、物品賃貸業を営んでいます。この度、福祉用具のリースを始めようと思っていますが、消費税の取扱いはどのようになりますか。

【答】　介護保険制度において福祉用具の貸付けがありますが、この介護保険法の規定に基づく福祉用具の貸付けは、消費税法に規定する非課税となる資産の譲渡等には該当しません。しかし、介護保険の給付の対象となっている福祉用具の中には、身体障害者用物品として特殊な性状、構造又は機能を有

217

するものもあることから、その福祉用具の貸付けが消費税法別表第一第10号《身体障害者用物品の譲渡等》に規定する身体障害者用物品の貸付けに該当するときには、非課税となります。

　(注)1　福祉用具貸与に際して発生する福祉用具の搬入に要する費用は、指定居宅
　　　　サービスに要する費用の額の算定に関する基準（平成12年厚生省告示第19号）
　　　　により、「現に指定福祉用具貸与に要した費用（貸与価額）」に含むものとさ
　　　　れていますので、貸与する福祉用具が身体障害者用物品に該当するときは、
　　　　その費用を含む貸与価額の全体が非課税となります。

　　　2　福祉用具の搬入に際して、特別な措置が必要な場合（基準省令第197条第
　　　　3項第2号《利用料の受領》に規定する費用の額（特別地域加算））につい
　　　　ては、貸与価額には含まれず、利用者の全額負担とされています。

　　　　　したがって、貸与される福祉用具が身体障害者用物品に該当するものであ
　　　　っても、その措置に要する費用については消費税の課税の対象となります。

　　　　　基準省令…指定居宅サービス等の事業の人員、設備及び運営に関する基準
　　　　（平成11年厚生省令第37号、最終改正平30.1.18厚生労働省令第4号）

　参　考　基通6－7－3

住宅改修費の支給に係る消費税の取扱い

> **【問5－52】**　当社は、このたび施主からの依頼で手すりの取付け、床の段差解消の住宅改修を行いました。この住宅改修は、介護保険給付の対象となるそうです。
>
> 　ところで、介護保険法に基づく役務の提供（サービス）は消費税が非課税となると聞きましたが、この住宅改修に係る消費税は非課税となるのでしょうか。

【答】　介護保険制度においては、在宅の要介護者が、手すりの取付け、床の段差解消等、厚生労働省が定める種類の住宅改修を行ったときは、居宅介護住宅改修費を支給することとされています。

第5章　非課税取引

　住宅改修費の支給は、事業者指定制度のない償還払い方式（要介護者等が
支払った費用相当額の一定割合を後日の請求により支給する方式）により行
われるものですが、介護保険給付の対象となる住宅改修については、消費税
法上、非課税となる介護保険に係る資産の譲渡等には該当しませんので、消
費税の課税の対象となります。

[関連事例]　問5−49

社会福祉法人が行う施設の受託経営

【問5−53】　当法人（社会福祉法人）では、県が設置する次のよう
な社会福祉施設等の経営を県から委託されています。これらの社会
福祉施設等の受託経営は、いずれも消費税が非課税になると考えて
よいでしょうか。
①　特別養護老人ホーム（第一種社会福祉事業）
②　リハビリテーション病院

【答】　社会福祉法第2条第2項《定義》に規定する第一種社会福祉事業とし
て行われる資産の譲渡等については、消費税が非課税とされており、特別養
護老人ホームを経営する事業もこれに該当します。

　また、第一種社会福祉事業として行われる資産の譲渡等には、第一種社会
福祉事業に係る施設等の設置者が自ら行う養護、治療、指導等の役務の提供
のほかに、社会福祉法人等がその施設等の設置者からの委託を受けてその設
置者のために行うその施設等の経営も含まれることとされています。

　したがって、御質問の事例のうち、特別養護老人ホームの受託経営につい
ては、委託者である県から収受する経営委託料は消費税が非課税となります。

　一方、リハビリテーション病院については、そこで行われる保険診療等が
非課税となりますが、その保険診療等の非課税収入は病院の設置者に帰属す
ることとなっていますので、これらの施設の経営の委託を受けた事業者がそ

219

の設置者から収受する経営委託手数料は、消費税の課税の対象となります。

参　考　法6①、法別表第一第6号、第7号

小規模な児童福祉施設

【問5－54】　当社会福祉法人は、児童福祉法にいう知的障害児通園施設を経営しています。

　ところで、この通園施設は、定員が15人と小規模であるため社会福祉法第2条第4項第4号により同法にいう社会福祉事業には含まれないことになっています。

　この場合、当施設を経営する事業として行われる資産の譲渡等は、消費税は課税されることとなるのでしょうか。

【答】　知的障害児通園施設は、児童福祉法第7条に規定する児童福祉施設に該当します。

　この児童福祉施設を経営する事業は、社会福祉法上の第一種社会福祉事業に該当する場合と、御質問のように、小規模等の理由で社会福祉法上の社会福祉事業に含まれない場合がありますが、この場合においても、児童福祉施設を経営する事業として行われる資産の譲渡等は社会福祉事業として行われる資産の譲渡等に類するものとして非課税となります。

　なお、社会福祉事業として行われる資産の譲渡等に類する事業として行われる資産の譲渡等で非課税となるものは、児童福祉施設を経営する事業として行われる資産の譲渡等以外に次のものがあります。

① 　児童福祉法第27条第2項《都道府県のとるべき措置》の規定に基づき同項に規定する指定医療機関が行う同項に規定する治療等

② 　児童福祉法第33条《児童の一時保護》に規定する一時保護

③ 　障害者の日常生活及び社会生活を総合的に支援するための法律第29条第1項（介護給付費又は訓練等給付費）又は第30条第1項（特例介護給付費

第5章　非課税取引

又は特例訓練等給付費）の規定に基づき独立行政法人国立重度知的障害者
総合施設のぞみの園がその設置する施設において行うこれらの規定に規定
する介護給付費若しくは訓練等給付費又は特例介護給付費若しくは特例訓
練等給付費の支給に係る同法第5条第1項（定義）に規定する施設障害福
祉サービス及び知的障害者福祉法第16条第1項第2号（障害者支援施設等
への入所等の措置）の規定に基づき独立行政法人国立重度知的障害者総合
施設のぞみの園がその設置する施設において行う同号の更生援護

④　介護保険法第115条の46第1項（地域包括支援センター）に規定する包括
的支援事業として行われる資産の譲渡等で、社会福祉法第2条第3項第4号
に規定する老人介護支援センターを経営する事業に類する事業として行われ
る資産の譲渡等として厚生労働大臣が財務大臣と協議して指定するもの

⑤　子ども・子育て支援法の規定に基づく施設型給付費、特定施設型給付費、
地域型保育給与費又は特例地域型保育給付費の支給に係る事業として行わ
れる資産の譲渡等

⑥　老人居宅生活支援事業、障害福祉サービス事業等で国又は地方公共団体
の施策に基づきその要する費用が国又は地方公共団体により負担されるも
のとして厚生労働大臣が財務大臣と協議して指定するもの

参　考　法6①、法別表第一第7号ロ、令14の2④、14の3

福祉施設における固定資産の譲渡

【問5-55】　当社会福祉法人は、養護老人ホームを経営しています
が、この度、古くなった機械設備を売却しました。
　これは、老人養護のための最新の設備を購入するのに伴って行っ
たものですが、消費税は課税されないと考えてよいのでしょうか。

【答】　養護老人ホームを経営する事業は、社会福祉法上の第一種社会福祉事
業に該当しますが、消費税が非課税となるのは、社会福祉事業として行われ

る資産の譲渡等に限られます。

御質問の養護老人ホームの場合、老人を収容し、養護することは社会福祉事業として行われる資産の譲渡等に該当しますが、事業用固定資産である機械設備の売却行為自体は、社会福祉事業として行われるものではありませんから、たとえ、その売却代金を施設経営に充てるとしても、消費税は非課税とはなりません。

参　考　法6①、法別表第一第7号ロ、基通6－7－5

認可外保育所における利用料

> **【問5－56】**　私は、認可外の保育所を経営していますが、利用者から受け取る利用料については、課税の対象となるのでしょうか。

【答】　都道府県知事の認可を受けていない保育施設（以下「認可外保育施設」といいます。）のうち、一定の基準を満たすもので都道府県知事等からその旨の証明書の交付を受けている場合には、当該施設において乳児又は幼児を保育する業務に対する利用料については、児童福祉法の規定に基づく認可を受けて設置された保育所の保育料と同様に非課税となります。

なお、当該証明書の交付を受けた認可外保育施設が行う資産の譲渡等のうち、消費税が非課税となるのは、乳児又は幼児を保育する業務として行う資産の譲渡等に限られます。

この場合の乳児又は幼児を保育する業務として行う資産の譲渡等には、保育所において行われる保育サービスと同様のサービスが該当します。

具体的には次の料金等を対価とする資産の譲渡等が、これらのサービスに該当することとされています。

・保育料（延長保育、一時保育、病後児保育に係るものを含みます。）

・保育を受けるために必要な予約料、年会費、入園料（入会金・登録料）、送迎料

第5章　非課税取引

　また、給食費、おやつ代、施設に備え付ける教材を購入するために徴収する教材費、傷害・賠償保険料の負担金、施設費（暖房費、光熱水費）等のように通常保育料として領収される料金等については、これらが保育料とは別の名目で領収される場合であっても、保育に必要不可欠なものである限り、非課税となります。

　しかし、認可外保育施設において施設利用者に対して販売する教材等の販売代金のほか、次のような料金等を対価とする資産の譲渡等は、乳児又は幼児を保育する業務として行われるものに該当しないので、消費税の課税の対象となります。

・施設利用者の選択により付加的にサービスを受けるためのクリーニング代、オムツサービス代、スイミングスクール等の習い事の講習料等

・バザー収入

（注）　従来、幼稚園併設型認可外保育施設における保育料等については消費税の課税の対象とされていましたが、幼稚園併設型認可外保育施設のうち一定の基準を満たすことが確認された施設（（例）幼稚園型認定こども園を構成する施設）における保育料等については、平成25年4月1日以降、上記の保育所等における保育料等と同様に非課税となることになりました。

参　考　　法別表第一第7号ハ、令14の3一、基通6－7－7の2、平17.3.31厚生労働省告示第128号

助産に係る資産の譲渡等の非課税の範囲

【問5－57】　当医療法人は、産婦人科も診療科目の一つとなっていますが、例えば、妊娠中の入院及び出産後の入院における差額ベッド料及び特別給食費は、非課税となるのでしょうか。

【答】　医師、助産師その他医療に関する施設の開設者による助産に係る資産の譲渡等は消費税は非課税となりますが、これには、例えば妊娠しているかどうかの検査、妊娠していることが判明した時以降の検診、入院、分娩の介

223

助、出産の日以後2か月以内に行われる母体の回復検診、新生児に係る検診
及び入院などが該当します。

　御質問の差額ベッド料は、「消費税法別表第一第6号に規定する財務大臣
の定める資産の譲渡等及び金額を定める件」（平成元年1月26日大蔵省告示
第7号）の表の適用はありませんから、同表の下欄の金額を超える場合であ
ってもその全額が非課税となります。

　したがって、妊娠中の入院及び出産後の入院（異常分娩に伴う入院を含
む。）における差額ベッド料及び特別給食費並びに大学病院等の初診料につ
いても非課税となります。

| 参　考 |　法6①、法別表第一第8号、基通6－8－1、6－8－3

死産、流産、人工妊娠中絶の取扱い

> 【問5－58】　死産、流産又は人工妊娠中絶に係る資産の譲渡等は助
> 産に係る譲渡等として消費税は非課税と考えてよいのでしょうか。

【答】　医師、助産師その他医療に関する施設の開設者による助産に係る資産
の譲渡等については、非課税となります。

　御質問の死産及び流産に係る資産の譲渡等については、社会保険給付の対
象となるものは、社会保険診療に係る資産の譲渡等として非課税となり、そ
れ以外のものは、「助産に係る資産の譲渡等」に該当し、非課税となります。

　また、人工妊娠中絶に係る資産の譲渡等は、「助産に係る資産の譲渡等」
には該当しませんから、社会保険診療に係る資産の譲渡等に該当するものを
除き、消費税の課税の対象となります。

| 参　考 |　法6①、法別表第一第8号

第5章　非課税取引

葬儀代等の取扱い

> 【問5－59】　葬儀に係る資産の譲渡等で、消費税が非課税となるも
> のには、どのようなものがありますか。

【答】　葬儀に関して消費税が非課税となるのは、火葬（埋葬）許可手数料と
火葬（埋葬）料の二つです。

　火葬（埋葬）許可手数料は、地方公共団体が条例に基づいて徴収する許可
事務に係る役務の提供の対価に該当しますから、行政手数料として、非課税
となります。

　次に、火葬（埋葬）料は、墓地、埋葬等に関する法律第2条に規定する火
葬及び埋葬の対価として収受されるもので、これも非課税となります。

　これに対して、霊柩車使用料、葬儀社等が受け取る葬儀料などは非課税と
はなりません。

参　考　法6①、法別表第一第5号イ、第9号

身体障害者用物品の範囲

> 【問5－60】　身体障害者用物品の範囲及び非課税となる身体障害者
> 用物品の修理の範囲はどのようになっていますか。

【答】　非課税となる身体障害者用物品は、身体障害者が購入する物品ではな
く、義肢、盲人安全つえ、車椅子その他の物品で、身体障害者の使用に供す
るための特殊な性状、構造又は機能を有する物品として厚生労働大臣が財務
大臣と協議して指定した物品の譲渡、貸付け又は製作の請負及び身体障害者
用物品のうち一定のものの修理が該当します。

　具体的には、「消費税法施行令第14条の4の規定に基づき厚生労働大臣が
指定する身体障害者用物品及びその修理を定める件」（平成3年6月7日厚

225

生省告示130号）に定められています。

1 身体障害者用物品

一 義肢

二 装具

　　上肢、下肢又は体幹の機能に障害のある者に装着することにより、当該機能の低下を抑制し、又は当該機能を補完するためのものであって、補装具の種目、購入又は修理に要する費用の額の算定等に関する基準（平成18年厚生労働省告示第528号第8号において「補装具告示」といいます。）の別表の1の(3)の基本構造欄に掲げる構造を有し、使用材料・部品及び工作法欄に掲げる部品を用い、かつ、個別に採寸等を行い製作されるものに限ります。

三 座位保持装置

　　機能障害の状況に適合されるため、体幹、股関節等を固定するためのパッド等の付属装置を装備し、安定した座位姿勢の保持を可能にする機能を有するもの

四 盲人安全つえ

五 義眼

六 眼鏡

　　弱視眼鏡及び遮光眼鏡に限ります。

七 点字器

八 補聴器

　　補装具告示の別表の1の(5)の補聴器の項の基本構造欄に掲げる構造を有するものに限ります。

九 人工喉頭

十 車椅子

十一 電動車椅子

十二 歩行器

　　歩行が困難な者の歩行を補助する機能を有し、歩行時に体重を支える

構造を有するものであって、四脚を有するものにあっては上肢で保持して移動させることが可能なもの、車輪を有するものにあっては使用時に体の前又は後ろ及び左右の把手等が体を囲む形状を有し、かつ、歩行の障害となる構造物を有しないもの

十三　頭部保護帽

　　ヘルメット型で、歩行が困難な者が転倒の際に頭部を保護できる機能を有するものであって、スポンジ及び革又はプラスチックを主材料にして、個別に採寸等を行い製作されるものに限ります。

十四　装着式収尿器

十五　ストマ用装具

十六　歩行補助つえ

　　松葉づえ、カナディアン・クラッチ、ロフストランド・クラッチ及び多点杖に限ります。

十七　起立保持具

　　足首、膝関節、大腿等をベルト等により固定することにより、起立困難な児童の起立を補助する機能を有するもの

十八　頭部保持具

　　車椅子等に装着し、身体に障害を有する児童の頭部を固定する機能を有するもの

十九　座位保持椅子

　　児童の機能障害の状況に適合させるため、体幹、股関節等を固定するためのパッド等の付属装置を装備し、座位を保持することを可能にする機能を有する椅子

二十　排便補助具

　　身体に障害を有する児童の排便を補助するものであって、パッド等を装着することにより、又は背もたれ及び肘掛けを有する椅子状のものであることにより、座位を保持しつつ、排便をすることを可能にする機能を有するもので、移動可能なものに限ります。

二十一　視覚障害者用ポータブルレコーダー

　　音声により操作ボタン及び操作方法に関する案内を行う機能を有し、かつ、ＤＡＩＳＹ方式による録音又は再生が可能な機能を有する製品であって、別表第一に掲げるものに限ります。

二十二　盲人用時計

　　腕時計又は懐中時計であって、文字盤に点字等があり、文字盤及び針に直接触れることができる構造を有するものに限ります。

二十三　削除

二十四　点字タイプライター

　　点字の６点に対応したレバーを叩き、点字のみで印字する機能を有するもの

二十五　盲人用電卓

　　入力結果及び計算結果を音声により伝える機能を有するもの

二十六　盲人用体温計

　　検温結果を、音声により伝える機能を有するもの

二十七　盲人用秤

　　家庭用上皿秤であって、点字、凸線等により操作ボタンが知覚でき計測結果を音声により伝える機能を有するもの又は文字盤に点字等があり、文字盤及び針に直接触れることができる構造を有するもの

二十八　点字図書（消費税法（昭和63年法律108号）別表第一第12号に規定する教科用図書に該当するものを除きます。）

二十八の二　盲人用体重計

　　計測結果を音声により伝える機能を有するもの又は文字盤に点字等があり、静止させた文字盤及び針に直接触れることができる構造を有するもの

二十八の三　視覚障害者用読書器

　　視力に障害を有する者の読書等を容易にする製品であって、文字等を撮像し、モニター画面に拡大して映し出すための映像信号に変換して出

力する機能を有するもの又は撮像した活字を文字として認識し、音声信号に変換して出力する機能を有するもので、別表第二に掲げるものに限ります。

二十八の四　歩行時間延長信号機用小型送信機

　電波を利用して、符号を送り、歩行者の前方の信号機の表示する信号が青色である時間を延長することができるもの

二十八の五　点字ディスプレイ

　文字等のコンピュータの画面情報を点字等により示す機能を有するもの

二十八の六　視覚障害者用活字文書読上げ装置

　視力に障害を有する者の情報の入手を容易にする製品であって、文字情報と同一紙面上に記載された当該文字情報を暗号化した情報を読み取り、音声信号に変換して出力する機能を有するもの

二十八の七　視覚障害者用音声ICタグレコーダー

　視力に障害を有する者の物の識別を容易にする製品であって、点字、凸線等により操作ボタンが知覚でき、かつ、ICタグその他の集積回路とアンテナを内蔵する物品の持つ識別情報を無線により読み取り、当該識別情報と音声データを関連付け、音声データを音声信号に変換して出力する機能及び音声により操作方法に関する案内を行う機能を有するもので、別表第二の二に掲げるものに限ります。

二十八の八　視覚障害者用音声方位磁石

　視力に障害を有する者の方角に関する情報の入手を容易にすることのみを目的とする製品であって、点字、凸線等により操作ボタンが知覚でき、かつ、触覚や音声信号により情報を確認できる機能を有するものに限ります。

二十八の九　視覚障害者用音声色彩識別装置

　視力に障害を有する者の色に関する情報の入手を容易にすることのみを目的とする製品であって、点字、凸線等により操作ボタンが知覚でき、かつ、触覚や音声信号により情報を確認できる機能を有するものに限り

ます。

二十八の十　視覚障害者用携帯型歩行支援装置

　　視力に障害を有する者の歩行に必要な情報の入手を容易にする製品で
あって、点字、凸線等により操作ボタンが知覚でき、かつ、触覚や音声
信号のみにより情報を確認できる機能を有し、人工衛星を利用した情報
通信ネットワーク等を通じて地図情報及び位置情報を受信する機能又は
超音波を利用して障害物を検知する機能を有するものに限ります。

二十八の十一　視覚障害者用携帯型日本銀行券種類識別装置

　　視力に障害を有する者の日本銀行券の種類の識別を容易にすることの
みを目的とする製品であって、点字、凸線等により操作ボタンが知覚で
き、かつ、触覚や音声信号により情報を確認できる機能を有するものに
限ります。

二十九　聴覚障害者用屋内信号装置

　　音声等による信号を感知し、光や振動に変換して、伝達する機能を有
する持ち運び可能な器具であって、別表第三に掲げる製品に限ります。

二十九の二　聴覚障害者用情報受信装置

　　字幕及び手話通訳付きの聴覚障害者用番組並びにテレビ番組に字幕及
び手話通訳の映像を合成したものを画面に出力する機能を有し、かつ、
災害時の聴覚障害者向け緊急信号を受信する製品であって、別表第三の
二に掲げるものに限ります。

三十　特殊寝台

　　身体に障害を有する者が家庭において使用する寝台であって、身体に
障害を有する者の頭部及び脚部の傾斜角度が調整できる機能を有するも
ので、次に掲げる条件の全てを満たすものに限ります。

　　イ　本体の側板の外縁と側板の外縁との幅が100センチメートル以下の
　　　もの
　　ロ　サイドレールが取り付けてあるもの又は取り付け可能なもの
　　ハ　キャスターを装着していないもの

230

第5章　非課税取引

三十一　特殊尿器

　　排尿を感知し、尿を自動的に吸入する機能を有するものに限ります。

三十二　体位変換器

　　空気パッドにロッドを差し込んだものを身体の下に挿入することにより、又は身体の下にあらかじめ空気パッドを挿入し膨らませることにより、身体に障害を有する者の体位を容易に変換できる機能を有するもの

三十三　重度障害者用意思伝達装置

　　両上下肢の機能を全廃し、かつ、言語機能を喪失した者のまばたき等の残存機能による反応を、センサーにより感知して、ディスプレー等に表示すること等により、その者の意志を伝達する機能を有する製品であって、別表第四に掲げるものに限ります。

三十三の二　携帯用会話補助装置

　　発声、発語に著しい障害を有する者の意思を音声又は文字に変換して伝達する機能を有する製品であって、別表第五に掲げるものに限ります。

三十三の三　移動用リフト

　　床走行式、固定式又は据置式であり、かつ、身体をつり具でつり上げ又は体重を支える構造を有するものであって、その構造により、自力での移動が困難な者の寝台と車椅子との間等の移動を補助する機能を有するもの

三十四　透析液加温器

　　透析液を41度を上限として加温し、一定の温度に保つ機能を有するものであって、持ち運び可能なもの

三十五　福祉電話器

　　音声を振動により骨に伝える機能、上肢機能に障害を有する者が足等を使用して利用できる機能、又は聴覚障害者が筆談できる機能等を有する特殊な電話器であって、別表第六に掲げる製品に限ります。

三十六　視覚障害者用ワードプロセッサー

　　点字方式により入力する機能、入力結果が音声により確認できる機能、

入力結果が点字変換される機能、又は入力結果が点字で印字される機能を有する製品であって、別表第七に掲げるものに限ります。

三十七　身体に障害を有する者による運転に支障がないよう、道路交通法第91条の規定により付される運転免許の条件の趣旨に従い、当該身体に障害を有する者の身体の状態に応じた、次に掲げる補助手段が講じられている自動車

イ　手動装置

車両本体に設けられたアクセルペダルとブレーキペダルを直接下肢で操作できない場合、下肢に替えて上肢で操作できるように設置されるもの

ロ　左足用アクセル

右下肢に障害があり既存のアクセルペダルが操作できない場合、左下肢で操作できるように設置されるもの

ハ　足踏式方向指示器

右上肢に障害がありステアリングホイルの右側に設けられている既存の方向指示器が操作できない場合、下肢で操作できるように設置されるもの

ニ　右駐車ブレーキレバー

左上肢に障害があり運転座席の左側に設けられている既存の駐車ブレーキレバーが操作できない場合、右上肢で操作できるよう運転者席の右側に設置されるもの

ホ　足動装置

両上肢に障害があり既存の車では運転できない場合、上肢に替えて両下肢で運転操作ができるようにするもの

ヘ　運転用改造座席

身体に障害があり、安定した運転姿勢が確保できない場合、サイドボートを付加した座席に交換することにより、安定した運転姿勢を確保できるよう設置されるもの

第5章　非課税取引

三十八　車椅子及び電動車椅子（以下この号において「車椅子等」といい
　　　ます。）を使用する者を車椅子等とともに搬送できるよう、車椅子等昇
　　　降装置を装備し、かつ、車椅子等の固定等に必要な手段を施した自動車
　　　（乗車定員11人以上の普通自動車については、車椅子等を使用する者を
　　　専ら搬送するものに限ります。）

2　身体障害者用物品の修理

　　前項の第一号から第二十号までに掲げるものに係る修理、第三十七号に
　掲げる補助手段に係る修理並びに第三十八号に掲げる車椅子等昇降装置及
　び必要な手段に係る修理

　　なお、第二十一号、第二十八号の三、第二十八号の七、第二十九号、第
　二十九号の二、第三十三号、第三十三号の二、第三十五号及び第三十六号
　に掲げる別表については記載を省略します。

参　考　法別表第一第10号、令14の4、基通6－10－1

非課税となる身体障害者用物品の範囲

> 【問5－61】　当社は、自動車のディーラーですが、下肢に障害があ
> り運転免許証にオートマチック車に限る条件が付された人に対する
> オートマチック車の販売は、消費税は非課税となりますか。

【答】　消費税が非課税とされる身体障害者用物品の譲渡等の範囲については、
身体障害者の使用に供するための特殊な性状、構造又は機能を有する物品と
して厚生労働大臣が財務大臣と協議して指定した物品の譲渡等に限られてい
ます。

　具体的には、「消費税法施行令第14条の4の規定に基づき厚生労働大臣が
指定する身体障害者物品及びその修理を定める件」（平成3年6月7日厚生
省告示第130号）により告示されたものが対象となりますが、自動車につい
ては、道路交通法第91条の規定により付される運転免許の条件の趣旨に従い、

233

例えばアクセルペダルやブレーキペダルが上肢で操作できるように設置されたものや、右下肢に障害があるため左下肢でアクセルペダルが操作できるように設置されたもの、下肢で方向指示器が操作できるように設置されたものなど、身体障害者の身体の状態に応じた補助手段が講じられている自動車が身体障害者用物品として指定されています。

御質問のオートマチック車は、一般に普及しているものであり、購入者の運転免許の条件にはなっていたとしても、身体障害者用としての補助手段が講じられたものではありませんから、身体障害者用物品には該当せず、その譲渡について非課税とはなりません。

参考　法6①、法別表第一第10号、令14の4、基通6-10-1

身体障害者用物品の部分品の譲渡

> 【問5-62】　当社は、身体障害者用物品を製作する業者の下請けで、その部分品を製造しています。
>
> 　こうした、身体障害者用物品の部分品の譲渡は、消費税は非課税となると考えてよいのでしょうか。

【答】　身体障害者用の物品に関しては、身体障害者の使用に供するための特殊な性状、構造又は機能を有する物品として厚生労働大臣が財務大臣と協議して指定した身体障害者用物品の譲渡等のみが非課税の対象とされています。

具体的には、平成3年6月7日厚生省告示第130号により告示された身体障害者用物品をいいますが、その部分品は、身体障害者用物品そのものではありませんから、その譲渡等は消費税の課税の対象となります。

参考　法6①、法別表第一第10号、令14の4、基通6-10-2

234

第5章　非課税取引

身体障害者用物品である自動車の附属品の販売

> 【問5−63】　消費税が非課税となる身体障害者用物品に該当する自
> 動車の販売に際して、フロアマット、愛車セット等の附属品を販売
> する場合は、附属品を含めたところで全体が非課税として取り扱っ
> てよいのでしょうか。

【答】　非課税の対象となる身体障害者用の自動車と一体として販売され、そ
の使用に当たって常時その自動車と一体性があると認められる装備、附属品
については、当該装備、附属品を含めた全体が、身体障害者用物品に該当す
る自動車の販売として非課税となります。

　御質問のフロアマットや愛車セット等、通常、納車時までに備え付けられ
ている附属品についても、身体障害者用物品である自動車と一体とみなして
取り扱って差し支えありません。

　なお、通常、自動車の販売と別取引として行われるような物品（例えば、
普通タイヤを装着した上で附属されるスタッドレスタイヤや脱着可能なスキ
ーキャリア等）は、たとえ、身体障害者用物品である自動車とともに販売さ
れたとしても、非課税とはなりません。

参　考　法6①、法別表第一第10号、令14の4、基通6−10−1、6−10−2

学校が徴収する設備充実費

> 【問5−64】　当学校法人は、高等学校を経営していますが、施設の維
> 持管理の費用に充てるため、生徒から設備充実費を徴収しています。
> 　この設備充実費について、消費税は非課税となると考えてよいの
> でしょうか。

【答】　学校教育関係については、学校教育法第1条に規定する学校、一定の

235

要件を満たす同法の各種学校、専修学校及び職業訓練校等における、①授業料、②入学金及び入園料、③施設設備費、④入学又は入園のための試験に係る検定料、⑤在学証明、成績証明その他学生、生徒、児童又は幼児の記録に係る証明に係る手数料及びこれに類する手数料を対価とする役務の提供が非課税となります。

このうち、施設設備費とは、学校等の施設設備の整備・維持を目的として学生等から徴収するものをいい、例えば、施設設備費（料）、施設設備資金、施設費、設備費、施設拡充費、設備更新費、拡充設備費、図書館整備費、施設充実費、設備充実費、維持整備資金、施設維持費、維持費、図書費、図書拡充費、図書室整備費、暖房費というような名称で徴収されるものをいいます。

御質問の設備充実費は、ここでいう施設設備費の範ちゅうに入るものと認められますから、非課税となります。

参　考 　法６①、法別表第一第11号、令14の５、基通６−11−２

学校が徴収する受託研究手数料

> 【問５−65】　当学校法人は、私立大学を経営していますが、企業から、理学関係の研究の委託を受けることがあります。
> 　この場合に受領する受託研究手数料について、消費税は非課税と考えてよいのでしょうか。

【答】　大学において非課税となるのは、教育として行う役務の提供のうち授業料、入学金及び入園料、施設設備費、入学又は入園のための試験に係る検定料、在学証明、成績証明その他学生、生徒、児童又は幼児の記録に係る証明に係る手数料及びこれらに類する手数料を対価とするものに限られます。

御質問の受託研究手数料は、他の事業者のために行う研究を内容とする役務の提供の対価であり、非課税の対象となる役務の提供の対価のいずれにも

236

第5章　非課税取引

該当しませんので、消費税の課税の対象となります。

　また、複写機使用料などの機器の使用料も同様に課税の対象となります。

参考　法6①、法別表第一第11号、令14の5、基通6−11−4

学校における給食費

> 【問5−66】　学校教育法第1条に規定する小学校や中学校では、学校給食法に基づく給食を児童、生徒に実施していますが、この給食について保護者が負担するいわゆる給食費は、消費税が非課税となるのでしょうか。

【答】　学校給食は、義務教育諸学校（小学校、中学校、中等教育学校の前期課程又は盲学校、聾学校若しくは養護学校の小学部若しくは中学部）において教育の目的を実現するために実施されるものですから、いわば教育の一環として行われるものといえます。

　しかしながら、学校教育に係る役務の提供で消費税が非課税となるものは、授業料、入学金及び入園料、施設設備費、入学又は入園のための試験に係る検定料、在学証明、成績証明その他学生、生徒、児童又は幼児の記録に係る証明に係る手数料及びこれに類する手数料を対価とする役務の提供に限られます。

　御質問の給食費は、これらの料金等のいずれにも該当しませんから、非課税とはなりません。

参考　法6①、法別表第一第11号、令14の5、基通6−11−4

非課税となる在学証明等手数料の範囲

> 【問5-67】 学校教育に関する役務の提供で「在学証明、成績証明
> その他学生、生徒、児童又は幼児の記録に係る証明に係る手数料及
> びこれに類する手数料」を対価とするものについては、消費税は非
> 課税となるとのことですが、この手数料の範囲について、具体的に
> 教えてください。

【答】 御質問の手数料は、指導要録、健康診断票等に記録されている学生、
生徒、児童又は幼児の記録に係る証明書の発行手数料及びこれに類する手数
料をいい、例えば、次の証明書の発行手数料等が該当し、非課税となります。

　在学証明書、卒業証明書、卒業見込証明書、成績証明書、健康診断書、転
学部・転学科に係る検定手数料、推薦手数料

参　考　法6①、法別表第一第11号、令14の5五、基通6-11-3

私立幼稚園の授業料

> 【問5-68】 個人や宗教法人の経営する私立幼稚園の授業料につい
> ても、消費税は非課税として取り扱ってよろしいでしょうか。

【答】 私立幼稚園は、学校教育法第2条第1項《学校の設置者》の規定によ
り、原則として学校法人でなければ設置することができないこととなってい
ますが、同法附則第6条《学校の設置者の特例》の規定により、当分の間、
学校法人以外の者でも幼稚園を設置することができることとなっています。

　したがって、この規定により設置された個人や宗教法人の経営する私立幼
稚園も学校教育法第1条《学校の範囲》に規定する幼稚園に該当することに
なりますので、その授業料については非課税となります。

参　考　法6①、法別表第一第11号イ、令14の5一、基通6-11-5

238

第5章　非課税取引

入学検定料

【問5-69】　当大学では、教育課程の中途から履修することとなる
学生には、編入学に係る入学検定を実施し、その検定料を徴収して
いますが、この入学検定料は消費税の課税の対象となりますか。

【答】　消費税法においては、入学又は入園のための試験に係る検定料（いわ
ゆる入学検定料）は非課税とされておりますが、この「入学」には、学校の
教育課程（授業）を途中から履修することとしてその学校の学生生徒等とな
る編入学も含まれます。

　したがって、御質問の場合の編入学のための検定料も入学検定料として非
課税となります。

　なお、聴講生、研究生等の選考に当たって徴収される検定料、選考料等も
入学検定料に該当することになっています。

参　考　法6①、法別表第一第11号、令14の5四

非課税となる教科用図書の範囲──その1

【問5-70】　当社は、書店を経営していますが、毎年、ある高等学
校に特定の参考書を納入しています。

　これは、その高等学校が、授業時の副読本として使用するもので
すが、この参考書の譲渡は、消費税法では非課税となりますか。

【答】　教科書関係でその譲渡が非課税となるのは、学校教育法第34条第1項
（同法第49条、第49条の8、第62条、第70条第1項、第82条において準用す
る場合を含みます。）に規定する教科用図書に限られます。

　具体的には、文部科学省検定済教科書と文部科学省が著作の名義を有する
教科書の譲渡が非課税となります。

239

御質問の場合の参考書は、たとえ学校の授業に使用することが明確であったとしても、非課税の対象とされている教科用図書には該当しませんから、その譲渡は非課税とはなりません。

参　考　法6①、法別表第一第12号、基通6-12-1、6-12-3

非課税となる教科用図書の範囲──その2

> 【問5-71】　当社は、書店を経営していますが、毎年、県立乙農業高等学校に、園芸に関する書物を納入しています。
>
> 　これは、その農業高校のある授業科目について、教科書がないため、県において、教科書として採択した上で授業に使用するものとされるものですが、この書物の譲渡は、消費税が非課税になると考えてよろしいでしょうか。

【答】　教科書が存在しない授業科目については、当分の間、教科用図書以外の書物を教科用図書として使用することができる旨、学校教育法第34条第2項に規定されていますので、御質問の場合もこれに該当すると思われます。

　ところで、教科用図書関係では、学校教育法第34条第1項（同法第49条、第49条の8、第62条、第70条第1項、第82条において準用する場合を含みます。以下同じ。）に規定する教科用図書、つまり、文部科学省検定済教科書と文部科学省が著作の名義を有する教科書の譲渡のみが非課税とされています。

　したがって、お尋ねの書物は、学校教育法上は教科用図書に該当するとしても学校教育法第34条第1項に規定する文部科学省検定済教科書等ではありませんから、非課税とはなりません。

参　考　法6①、法別表第一第12号、基通6-12-1

第5章 非課税取引

教科用図書の譲渡相手

【問5－72】 当社は、書店を経営しておりますが、教科書を取り扱っている関係上、私塾等に対して教科書を販売することもしばしばあります。

このような、学校の生徒以外の者に対する教科書の販売は、消費税では非課税となるのでしょうか。

【答】 学校教育法第34条第1項（同法第49条、第49条の8、第62条、第70条第1項、第82条において準用する場合を含みます。以下同じ。）に規定する教科用図書、つまり、文部科学省検定済教科書又は文部科学省が著作の名義を有する教科書の譲渡はすべて非課税となります。

したがって、御質問の場合のように学校の生徒以外の者に対する譲渡であっても、その譲渡するものが文部科学省検定済教科書等に該当する限り、非課税となります。

参 考 法6①、法別表第一第12号

教科書の取次手数料

【問5－73】 当社は、書店を経営していますが、小中学校の教科書の取次ぎを行っており、供給業者より、その配送手数料を収受しています。この配送手数料も消費税は非課税と考えてよいのですか。

【答】 教科用図書関係で消費税が非課税となるのは、文部科学省検定済教科書及び文部科学省が著作の名義を有する教科書の譲渡だけです。

したがって、御質問の場合のように、教科書に関して取次手数料、供給手数料を対価とする役務の提供は、教科書の譲渡ではありませんから、非課税とはなりません。

241

参 考 法6①、法別表第一第12号、基通6－12－2

住宅の貸付けに伴う駐車場の貸付け

> **【問5－74】** 当社は、賃貸マンションを経営していますが、その賃
> 貸マンションの1階は、マンション住人用の駐車場として貸し付け
> ています。
>
> この駐車場の貸付けについては、消費税は非課税となるのでしょ
> うか。

【答】 まず、駐車場として整地、区画されたようなものの貸付けは、施設の
貸付けですから、土地の貸付けとしては、非課税とはなりません。

次に、居住用住宅の貸付けとしての非課税範囲に含まれるかどうかという
ことですが、通常、住宅に付随して貸し付けられると認められるもの（家具、
照明設備、冷暖房設備等）は、住宅の貸付けの範囲に含まれますが、プール、
アスレチック施設など、また、駐車場等のうち独立して賃貸借の目的となる
ようなものは、これに含まれません。

御質問の駐車場の場合、例えば、自動車の所有の有無にかかわらず、入居
者1戸当たり1台分以上のスペースが割り当てられている場合で、家賃とは
別に駐者場使用料を収受していないものであれば、住宅の貸付けに付随する
ものとして非課税となるでしょうが、それ以外の場合は、住宅の貸付けとは
別のものとして取り扱うことになり、その駐車場の貸付けに係るものは、消
費税の課税の対象となります。

参 考 法6①、法別表第一第1号、第13号、令16の2、基通6－13－1、6－13
－2、6－13－3

242

第5章　非課税取引

共益費の取扱い

> **【問5−75】**　住宅の賃貸借の場合の共益費は、消費税では非課税と
> して取り扱ってもよいのでしょうか。

【答】　いわゆる、共益費とは集合住宅における共用部分に係る費用（廊下の
電気代、エレベーターの運行費用、集会所の維持費等）を入居者から応分に
徴収するもので、この場合は住宅の貸付けの対価として非課税となります。

　ただし、次のような施設に係る費用部分は、住宅家賃と併せて徴収される
場合であっても消費税の課税の対象となります。

①　プール、アスレチック施設等で、例えば居住者以外の者でも会費等を支
　払うことにより利用できる施設

②　駐車場等の施設で独立して賃貸借の目的となるような施設

　なお、一戸建住宅に係る駐車場のほか、集合住宅に係る駐車場で、入居者
について1戸当たり1台分以上の駐車スペースが確保されており、かつ、自
動車の保有の有無にかかわらず割り当てられる等、駐車場が住宅の貸付けに
付随していると認められるもので、家賃とは別に使用料を徴収していない場
合には、駐車場を含めた全体が住宅の貸付けに該当するものとして取り扱う
こととなり、非課税となります。

参　考　法6①、法別表第一第13号、基通6−13−1、6−13−2、6−13−3

貸別荘の課否

> **【問5−76】**　貸別荘やリゾートマンションの貸付けでも、その貸付
> 期間が1か月以上であれば、消費税は非課税と考えてよいのでしょ
> うか。

【答】　住宅関係で消費税が非課税となるのは、人の居住の用に供する家屋又

243

は家屋のうち人の居住の用に供する部分の貸付けで、契約において人の居住の用に供することが明らかにされているものに限られ、貸付けに係る期間が1か月に満たない場合及び旅館業法第2条第1項に規定する旅館業に係る施設の貸付けに該当する場合は除かれます。

御質問の場合の貸別荘やリゾートマンションは、旅館業法第2条第1項に規定する旅館業に該当しますから、たとえこれらの施設の利用期間が1か月以上であっても、その貸付けは非課税とはなりません。

参 考 法6①、法別表第一第13号、令16の2、基通6-13-4

下宿の非課税

> **【問5-77】** 私は、大学の近所で大学生相手に貸間業（いわゆる下宿）を営んでいます。
>
> この貸間業は非課税と考えてよいのでしょうか。

【答】 住宅関係で非課税となるのは、人の居住の用に供する家屋又は家屋のうち人の居住の用に供する部分の貸付けで、契約において人の居住の用に供することが明らかにされているものに限られ、貸付けに係る期間が1か月に満たない場合や旅館業法第2条第1項に規定する旅館業に係る施設の貸付けに該当する場合は除かれます。

ところで、住宅の貸付けの非課税の範囲から除かれる旅館業の一つに下宿営業というのがありますが、これは、施設を設け1か月以上の期間を単位とする宿泊料を受けて人を宿泊させる営業をいいます。

御質問の場合の、いわゆる下宿と称する貸間業は、宿泊料を対価とする宿泊営業ではありませんから、旅館業法上の下宿営業には該当しません。

したがって、契約で居住の用に供するための貸付けであることが明らかにされておれば、1か月以上の貸付けである限り、非課税となります。

参 考 法6①、法別表第一第13号、令16の2、基通6-13-4

第5章 非課税取引

マンスリーマンションの貸付け

> 【問5−78】 当社は以下の条件でマンスリーマンションの貸付けを
> 行っていますが、消費税の取扱いはどのようになりますか。
> 1 入居期間
> 　一時使用を目的とした賃貸借とし、原則として1か月を1単位
> として入居期間を契約する。ただし、日割り計算による1か月未
> 満の契約もできる。
> 2 入居目的
> 　居住用の目的以外では入居できない。
> 3 賃貸料
> 　賃貸料は月ぎめで、毎月末に翌月分を指定口座に振り込む。
> 4 生活備品
> 　布団類、家電製品、調理器具、食器及び洗面用具等、通常生活
> に必要な備品はあらかじめ備え付けてある。
> 　なお、使用料は月ぎめの賃貸料に含まれる。
> 5 生活消耗品
> 　洗剤、トイレットペーパー等の消耗品も、最低限の備付けがあ
> るが、その後は入居者自身で調達する。
> 6 クリーニング
> 　シーツ、カバー等のクリーニングは入居者自身で行う。
> 　なお、このマンションの貸付けについては、旅館業法に規定する
> 「旅館業」に該当しないとの確認を保健所から受けています。

【答】 御質問のマンスリーマンションについては、①この貸付けが旅館業法
に規定する「旅館業」に該当しないこと、②契約において人の居住の用に供
することが明らかにされていること、及び③実態において賃借人が居住の用
に供していると認められることから、契約期間が1か月以上の場合は非課税

245

である住宅の貸付けに該当することとなり、1か月未満の場合は消費税の課税の対象となります。

なお、この貸付けが旅館業法に規定する「旅館業」に該当する場合は、契約期間にかかわらず消費税の課税の対象となります。

参 考　法6①、令16の2、法別表第一第13号、基通6－13－4

店舗併設住宅の取扱い

【問5－79】　居住の用に供する住宅の貸付けは非課税となるとのことですが、店舗併設住宅の場合は、どのようになりますか。

【答】　店舗併設住宅といっても、その居住用部分は住宅に該当しますから、賃貸借契約において居住の用に供されることが明らかにされていれば、その住居部分の貸付けは非課税となります。

この場合において、その店舗併設住宅の貸付けに係る対価の額は店舗部分に係る対価の額と住宅部分に係る対価の額とに合理的に区分することになります。

参 考　法6①、法別表第一第13号、基通6－13－5

社宅、独身寮の貸付け

【問5－80】　当社には社宅や独身寮を完備していますが、この社宅や独身寮の貸付けは非課税となるのですか。

【答】　社宅や独身寮の貸付けは、居住用の住宅等の貸付けに該当しますから、貸付けに係る期間が1か月以上である限り、その貸付けは非課税となります。

ただし、独身寮で食事を提供する場合の食事代は、住宅貸付けの対価とは別のものですから、非課税とはなりません。

246

第5章　非課税取引

参考　法6①、法別表第一第13号、令16の2、基通6-13-6

転貸住宅

> **【問5-81】**　当社は、住宅の賃貸業を営んでいますが、この度、A社に住宅を賃貸することになりました。
>
> 　A社はこの住宅をA社の従業員に貸し付けるそうですが、この場合の当社のA社に対する住宅の貸付けについては、消費税は非課税とはならないのでしょうか。

【答】　居住の用に供する建物を賃貸借する場合においては、賃借人が自ら使用しない場合であっても、当該賃貸借に係る契約において、賃借人が住宅として転貸することが明らかな場合には、その居住の用に供する建物の貸付けは、住宅の貸付けに含まれることになります。

　御質問の場合、貴社とA社との間の契約で、A社において、居住の用に供する住宅として転貸することを明らかにすれば、貴社のA社に対する住宅の貸付けも非課税となります。

参考　法6①、法別表第一第13号、令16の2、基通6-13-7

247

用途変更の取扱い

> 【問5-82】 当社は、ワンルームマンションを賃貸しています。賃貸借契約書においては、居住用以外には使用してはならない旨を記載していますが、賃借人が、これに違反して、例えば事務所に使用した場合は、消費税の取扱いは、どのようにすればよいのでしょうか。

【答】 賃貸借契約において、居住の用に供するものであることを明らかにした場合、その住宅の貸付けは、非課税となり、賃借人が賃貸人の承諾を得ずに勝手に事業用として使用したとしても引き続き非課税となります。

もちろん、賃借人においても居住用住宅として借りているわけですから、課税仕入れには該当しません。

なお、その後当事者間で事業用に用途変更することについて契約をした場合には、その用途変更の契約後においては、消費税の課税の対象となり、賃借人においても課税仕入れに該当します。

参考 法6①、法別表第一第13号、令16の2、基通6-13-8

非課税となる住宅家賃等の範囲

> 【問5-83】 居住の用に供する住宅の貸付けは非課税となるとのことですが、入居時に収受する一時金は、非課税となりますか。

【答】 資産の貸付けに伴って収受する権利金、敷金、入居一時金などで返還しないこととされているものは、資産に係る権利の設定の対価として資産の貸付けの対価に含まれることになります。

したがって、その貸付けが居住の用に供する住宅の貸付けとして非課税となるものである限り、入居一時金等で返還を要しないものも非課税となります。

参考 法2②、6①、法別表第一第13号、令16の2、基通6-13-9

248

第5章　非課税取引

行政機関等が行う手数料を対価とする非識別加工情報に係る役務の提供

> 【問5－84】　行政機関等が行う手数料を対価とする非識別加工情報に係る役務の提供は非課税となるのでしょうか。

【答】　国、地方公共団体、消費税法別表第三に掲げる法人その他法令に基づき国又は地方公共団体の委託又は指定を受けた者が法令に基づき行う、独立行政法人等の保有する情報の公開に関する法律第17条第1項に規定する手数料を対価とする役務の提供その他これに類するものとして財務省令で定めるものは、非課税とされています。

　平成29年4月の消費税法等の一部改正において、上記「財務省令」が改正され、独立行政法人等非識別加工情報の利用に関する契約を締結する者が納める手数料を対価とする役務の提供が追加されました。

　なお、この改正は、行政機関等の保有する個人情報の適正かつ効果的な活用による新たな産業の創出並びに活力ある経済社会及び豊かな国民生活の実施に資するための関係法律の整備に関する法律の施行の日（平成29年5月30日）から施行されています。

参　考　令12②四、規3の2

仮想通貨の譲渡

> 【問5－85】　仮想通貨の譲渡は、非課税になったと聞きました。その概要を教えてください。

【答】　資金決済に関する法律が改正され、仮想通貨は、①不特定の者に対して、代金の支払い等に使用でき、かつ、日本円などの法定通貨と相互に交換できること、②電子的に記録され、移転できること、③日本円などの法定通貨又はプリペイドカードなどの法定通貨建ての資産ではないこと等の性質を

249

持つ財産的価値と定義付けされ、支払いの手段として位置付けられました。

　また、消費税法施行令が改正され、消費税が非課税とされる支払い手段に類するものの範囲に資金決済に関する法律第2条第5項に規定する仮想通貨が追加されました。

　なお、この取扱いは、平成29年7月1日以後の国内において事業者が行う資産の譲渡等及び課税仕入れについて適用されます。

参　考　法6①、法別表第一第2号

第6章

輸 出 免 税

「非課税」と「免税」の違い

> 【問6-1】 消費税法を読んでみますと、消費税がかからない場合として「非課税」と「免税」という言葉が使い分けられていますが、どのような点が違うのでしょうか。

【答】 消費税は国内で消費される財貨やサービスに対して広く薄く負担を求めるものですが、この消費に負担を求めるという性格からして、課税の対象とすることがふさわしくない性質の財貨やサービスの提供や特別の政策的配慮から課税の対象としないこととされている特定の財貨やサービスの提供については、消費税を課さないこととされています。これが「非課税」といわれるものです。

　一方、「免税」とは、一定の条件が履行されることを前提に、納税義務が成立する資産の譲渡等について、その消費税を免除することをいいます。消費税においては輸出や輸出類似取引について「免税」とされています。

　このような「非課税」と「免税」は、その取引のために行った課税仕入れについて仕入税額控除を行うことができるかどうかという点にその違いがあります。

　すなわち、「非課税」とされる取引には消費税が課税されませんので、非

251

課税となる資産の譲渡等のために行った課税仕入れについても仕入税額控除を受けることはできません。

これに対して、「免税」とされる輸出や輸出類似取引等については、その売上げについて消費税が免除されるだけですから、その輸出や輸出類似取引等のために行った課税仕入れについては、それに含まれる消費税額を控除（仕入税額控除）することができることとなります。

したがって、非課税と免税との相違点は、次のようになります。

内　　　容	非　課　税	免　　税
国内における資産の譲渡等に該当するか	該　　　当	該　　　当
課税資産の譲渡等に該当するか	非　該　当	該　　　当
課税売上割合の分子に算入するか	不　算　入	算　　　入
それぞれの資産の譲渡等に要する課税仕入れの個別対応方式による分類	非　課　税のみ用	課　　　税のみ用

参考　法6〜8、30、31、措法85〜86の5

252

第6章　輸出免税

商社が行う共同輸出に係る輸出免税

【問6−2】　当社とA社は、B国からポリエステルプラントを共同で受注しました。輸出契約書は連名となっており、また、輸出承認申請書、輸出申告書のいずれも連名で提出しています。

当社とA社は、この輸出に関して業務協定書を締結し、両者の業務分担及び当社の受け取る口銭（共同輸出事業に係る当社の持分に応じて受け取る収入）等を定めています。

このような場合、当社の受け取る口銭は、消費税の輸出免税の対象となるでしょうか。

【答】　御質問の輸出取引は、貴社とA社の共同事業と認められますので、貴社の受け取る口銭は、消費税法第7条第1項第1号《本邦からの輸出として行われる資産の譲渡又は貸付け》に規定する輸出としての資産の譲渡の対価、すなわちB国に対するプラント輸出の対価と認められます。

したがって、輸出証明書を保存することにより、消費税の輸出免税の対象となります。

なお、貴社の課税売上げ、課税仕入れの額は、共同事業における貴社の持分の割合に対応する部分の額となりますので留意してください。

参考　法7①一、規5①一、基通1−3−1、7−2−23

関連事例　問6−4

253

輸出向け物品の下請加工

> 【問6-3】 最終的に輸出されることが明らかな物品に対する加工
> を請け負った場合も、消費税の輸出免税の対象となるのでしょうか。

【答】 消費税は、国内において事業者が行う資産の譲渡等をその課税の対象
としており、最終的に輸出される物品であっても、国内において国内の事業
者間で取引されるものは、課税の対象となります。すなわち、輸出取引を行
う者においては、輸出の時点で輸出免税の適用があり、前段階までに課税さ
れた消費税の控除を受けることになるわけです。

　したがって、例えば、輸出する物品の製造のための下請加工や輸出取引の
ために行う国内間での資産の譲渡等については、輸出免税の適用はなく、消
費税の課税の対象となります。

参考 法7、基通7-2-2

商社経由の場合の輸出者の判定

> 【問6-4】 メーカーが輸出先と商談をまとめ、商社は通関業務の
> みを行っている場合、メーカーをその輸出者とすることはできませ
> んか。

【答】 消費税の輸出免税の適用を受けることができるのは、輸出申告をする
名義人、すなわち輸出申告を行った者となります。

　したがって、御質問の場合のように、商社が輸出申告の名義人である限り、
商社が輸出免税の適用を受けることとなり、メーカーはその適用を受けるこ
とはできません。

参考 法7②、規5
関連事例 問6-2

254

第6章　輸出免税

名義貸しがある場合の輸出免税の適用者

【問6－5】　輸出免税制度の適用を受けるのには、輸出証明書など輸出したことを証する書類を保存することが要件とされていますが、取引先との関係で、単に名義を貸すだけのものが多く、名義を貸した者を輸出申告者として掲名するものの、輸出申告書の原本は実際に輸出取引を行った者（実際の輸出者）が保管しています。

　このような場合に、輸出申告書に掲名された者ではなく、実際の輸出者が輸出免税規定を適用することができますか。

【答】　消費税の輸出免税の適用を受けることができるのは輸出申告をする名義人に限られますが、御質問の場合のように輸出申告名義が単に名義貸しによるものであり、実際に輸出を行った者が輸出名義人以外であるというような実態にあるときは、次の措置を講ずることを条件に、輸出申告書の名義にかかわらず実際の輸出者が輸出免税規定の適用を受けることができるものとされています。

1　実際の輸出者が講ずる措置

　実際の輸出者は、輸出申告書等の原本を保存するとともに、名義貸しに係る事業者に対し「消費税輸出免税不適用連絡一覧表」を交付します。

2　名義貸しに係る事業者が講ずる措置

　名義貸しに係る事業者は、確定申告書の提出時に、所轄税務署長に対して、実際の輸出者から交付を受けた「消費税輸出免税不適用連絡一覧表」の写しを提出します。ただし、当該確定申告書の提出に係る課税期間において全く輸出免税制度の適用を受けていない場合には、この限りではありません。

参考　法7①一、②、規5①一、基通7－2－23

（別紙様式）

消費税輸出免税不適用連絡一覧表

（宛　先）　　　　　　　　　日付：＿＿＿＿＿＿

＿＿＿＿＿＿＿＿＿＿＿＿＿＿

下記の輸出取引については当社が消費税法第7条（輸出免税等）の適用を受けることとなるので、貴社にはその適用がないことを連絡します。

　　　　　輸出免税適用者名

　　　　　（取引責任者名　　　　　　　　　㊞）

記

No.	海　外　客　先	取引年月日	輸出金額	Invoice No.
1				
2				
3				
4				
5				
6				
⋮				

第6章　輸出免税

保税工場製品の商社への譲渡

【問6-6】　当社は、保税工場において製造した製品を商社に譲渡
し、商社では、その製品を国外の事業者に販売しています。
　このような取引における消費税の課税関係はどのようになるので
しょうか。

【答】　保税工場において製造された製品の譲渡であっても、その製品が内国
貨物であるか、外国貨物であるかによって、消費税の課税関係は異なります。
　具体的には、次のようになります。

① 　内国貨物のみを原材料として製造された製品は内国貨物に該当しますか
　ら、その製品の譲渡は消費税の課税の対象となります。

　　また、その製品を商社が国外の事業者に販売する場合は、我が国からの
　輸出として行われる資産の譲渡として輸出免税の適用を受けます。

② 　保税作業として、外国貨物である部品等を内国貨物で製造された物品に
　取り付けてできた製品については、関税法第59条第1項《内国貨物の使用
　等》により全体が外国貨物とみなされますから、その製品を商社に譲渡し、
　商社が積戻申告する場合であっても、その製品の譲渡は外国貨物の譲渡に
　該当し、輸出類似取引として免税となります。もちろん、この保税作業の
　ために課税仕入れを行っている場合には、仕入税額控除の対象となります。

　　また、商社がその製品を国外の事業者に販売する場合も外国貨物の譲渡
　として免税となります。ただし、商社におけるその製品の譲受けは免税取
　引に係るものですから、課税仕入れとはなりません。

③ 　関税法第59条第2項に規定する税関長の承認を受けて、外国貨物とこれ
　と同種の内国貨物を混合して保税作業に使用したときは、これによりでき
　た製品のうち、原材料となった外国貨物の数量に対応するもののみが外国
　貨物とみなされますから、その製品を譲渡した場合、内国貨物に相当する
　部分については課税され、外国貨物に相当する部分は免税となります。

257

④　②及び③の場合において、原材料等として使用された外国貨物について
　は、これによって製造された製品が課税貨物である限り、保税地域からの
　引取りとはみなされず、消費税の課税の対象とはなりません。

参考　法7①一、二

保税地域で外国貨物を原材料として使用した場合

> 【問6-7】　保税地域で外国貨物を課税貨物の原材料として消費、
> 使用した場合の当該外国貨物についての課税関係はどうなるのでし
> ょうか。

【答】　保税地域で外国貨物を課税貨物の原材料として消費、使用した場合は、
消費、使用のときには保税地域からの引取りとみなされず、現実に製品とな
った課税貨物を引き取るときに、当該課税貨物の引取りとして課税されます。

参考　法4②、⑥、基通5-6-5

保税地域経由の三国間貿易

> 【問6-8】　国外で調達した商品をいったん我が国の保税地域に搬
> 入した後、引き取らないでそのまま第三国に納入する形態の三国間
> 貿易の場合、消費税法上の取扱いはどのようになりますか。

【答】　国外で調達した商品を我が国の保税地域に搬入する行為は、輸入には
該当しませんから、消費税の課税対象にはなりませんが、保税地域にある外
国貨物を外国企業等に有償で譲渡し、国外へ搬出する行為は、国内における
外国貨物の譲渡に該当しますので、消費税の輸出免税の規定が適用されるこ
ととなります。

　なお、その外国貨物の外国企業等への販売の対価は、課税仕入れ等の税額

258

第6章　輸出免税

の計算に際し課税売上割合の計算上、分母及び分子にそれぞれ算入されることとなります。

参考　法7①二、30⑥、基通7－2－3

輸出物品の返品による引取り

> **【問6－9】**　輸出した物品について返品により国内に引き取る場合も、消費税が課税されるのでしょうか。

【答】　我が国から輸出された物品が返品されたため国内に引き取る場合、その輸出の許可の際の性質及び形状が変わっていないものとして関税が免除されるもの（関税定率法第14条第10号《再輸入貨物の無条件免税》に該当するもの）については、消費税を免除することとされていますから、仕様の違い、製品の瑕疵等の原因により返品された場合には、消費税は免税となります。

　また、修繕の必要があるため返品された輸出物品で輸入の許可の日から1年以内に輸出されるものとして引取りに際し関税が免除されるもの（関税定率法第17条第1項第4号《修繕物品に係る再輸出免税》に該当するもの）についても、消費税を免除することとされています。

参考　輸徴法13①一、四

出国に際して携帯する物品の輸出免税

> **【問6－10】**　居住者が海外旅行のために出国するに際し、旅行先への贈答品として物品を購入した場合は免税となるのでしょうか。

【答】　海外旅行等のため出国する居住者が、渡航先において贈答用に供するものとして出国に際して携帯する物品で、帰国若しくは再入国に際して携帯しないことの明らかなもの又は渡航先において使用若しくは消費をすること

259

が明らかなもの（その物品の１個当たりの対価の額が１万円を超える場合に限ります。）については、一定の手続の下に消費税が免除されます。

なお、この場合の免税手続は、①海外旅行等のため出国する者が、渡航先において贈答用に供し帰国若しくは再入国に際して携帯しないものであること、又は渡航先において２年以上使用し、若しくは消費するものであることを誓約した「海外旅行者が出国に際して携帯する物品の購入者誓約書」をその物品を販売した事業者（消費税法第８条第６項《輸出物品販売場の定義》の規定による輸出物品販売場の許可を受けている事業者に限ります。）に提出し、かつ、②出国する者が、「輸出証明申請書」により出国時に税関長（沖縄地区税関長を含みます。）に申請して輸出証明書の交付を受け、これをその事業者が保存する方法によることとされています。

[参　考]　法７、基通７－２－20、７－２－21、様式通達第16号様式、第17号様式

船舶運航事業者等の範囲

> 【問６－11】　当社は、船舶の修理業を営んでいます。
> いわゆる外航船舶等を船舶運航事業者等の求めに応じて修理した場合は、輸出免税の対象になるそうですが、この場合の船舶運航事業者等は、国内の事業者に限られるのでしょうか。

【答】　専ら国内及び国外にわたって又は国外と国外との間で行われる旅客又は貨物の輸送の用に供される船舶又は航空機（外航船舶等）を、海上運送法に規定する「船舶運航事業」又は「船舶貸渡業」を営む者又は航空法に規定する「航空運送事業」を営む者の求めに応じて修理した場合は、消費税の輸出免税の対象となります。

ところで、この場合に海上運送法や航空法を引用しているのは、それぞれの事業の内容を定義するためのものであり、実際にそれらの法律の適用を受ける者に限定するものではありません。

260

第6章　輸　出　免　税

したがって、国内に支店等を設けている外国の事業者や、国内に支店等を有していない外国の事業者の求めによる外航船舶等の修理であっても、その外国の事業者が、海上運送法等による船舶運航事業等の定義に該当する事業を行っている事業者であれば、消費税の輸出免税の対象となります。

参考　法7、基通7－2－8

外航船舶等の範囲

【問6－12】　国際輸送用の船舶や航空機の譲渡なども消費税の輸出免税の対象となる場合があるとのことですが、その内容を教えてください。

【答】　専ら国内及び国外の地域にわたって又は国外の地域の間で行われる旅客又は貨物の輸送の用に供される船舶又は航空機（以下「外航船舶等」といいます。）の譲渡若しくは貸付け又は修理で、船舶運航事業者等に対する譲渡若しくは貸付け、又は船舶運航事業者等の求めに応じて行う修理が消費税の輸出免税の対象となります。

この場合の「船舶運航事業者等」とは、船舶運航事業を営む者若しくは船舶貸渡業を営む者又は航空運送事業を営む者をいいます。

なお、外航船舶等に該当するかどうかについては、その船舶や航空機の属性により判断することになります。

例えば、船舶については次のように取り扱うこととなります。

(1) 国際航海にのみ使用されることが海上運送法の規定等によって明らかな船舶の譲渡若しくは貸付け又は修理で、一定の方法により証明された船舶……その譲渡若しくは貸付け又は修理は輸出免税の対象となります。

(2) 国際航海と国内航海に併用される船舶

① 　船舶救命設備規則に規定する第一種船（貨物船の場合は、第三種船又は第四種船）であり、かつ、遠洋区域又は近海区域を航行区域とするも

261

のの譲渡で、譲渡後一定期間において就航日数の80％以上が国際航海に使用されるものであることが一定の方法により証明された船舶……その譲渡は消費税の輸出免税の対象となります。

② 船舶の貸付けを受け、その貸付期間中の就航日数の80％以上が国際航海に使用されるものとして、一定の方法により証明された船舶……その貸付けは消費税の輸出免税の対象となります。

③ 船舶救命設備規則に規定する第一種船（貨物船の場合は、第三種船又は第四種船）に該当する船舶、又は貸付けに係る船舶のうち国際航海に使用される割合が80％以上のものの修理で、一定の方法により証明された船舶……その修理は消費税の輸出免税の対象となります。

また、航空機についても、上記の船舶の取扱いに準じて国際輸送に使用される割合が80％以上の航空機については、外航船舶等として取り扱われることになります。

参 考　法7、令17①、②一

第6章　輸出免税

外航船舶の救命設備の修理の取扱い

【問6－13】　船舶については、船舶安全法第5条の規定により船舶の施設等の定期点検及び中間検査が義務付けられていますが、当社では、当該定期点検及び中間検査等の際に、外航船舶運航事業者の求めに応じて、外航船舶に装備されている救命艇、救命いかだ、救命胴衣等の救命器具についての検査及び修理を行っています。

　ところで、船舶運航事業者の求めに応じて行われる外航船舶の修理は、消費税の免税の対象になるとのことですが、外航船舶の救命器具の修理も免税の対象となるのでしょうか。

　なお、救命艇、救命いかだ、救命胴衣等の救命器具は、船舶救命設備規則（国土交通省令）により船舶への備付けが義務付けられています。

【答】　船舶に艤装（又は装備）されている救命艇、救命いかだ、救命胴衣等の救命器具は、船舶の一部を構成することから、これらの救命器具の修理は、船舶の修理に該当することとなります。

　したがって、外航船舶運航事業者の求めに応じて行われるこれらの救命器具の修理で、外航船舶に艤装又は装備されているものであるときは、消費税の輸出免税の対象となります。

　なお、外航船舶に艤装又は装備されているものについて行うものであっても、整備や修理を伴わない単なる検査は、修理に該当しないことから、消費税の輸出免税の対象とはなりません。

参　考　法7、令17①三、②一ハ

263

外航機の整備を行う場合の輸出免税

> **【問6－14】** 外航機の整備受託収入及び清掃受託収入等についても消費税は免税となりますか。

【答】 外航機（専ら日本と外国との間及び外国間の旅客等の輸送の用に供される航空機）を運行する者の求めに応じて行うその航空機の整備（修理）を行う場合には、その整備（修理）は、輸出類似取引に該当し、消費税の輸出免税の対象とされます。

ただし、航空機から取りはずしたエンジンのみの修理の委託を受けたような場合は、航空機そのものの修理には該当せず、消費税の輸出免税の対象にはならないものとして取り扱われます。

また、航空運送事業を営む者に対して行う役務の提供等で消費税の輸出免税の対象となるものとしては、給油補助並びに空港使用料、航行援助施設利用料、いわゆる空港ハンドリング料のうち外航機の清掃、排水、汚水処理等、機体の誘導などの各料金があります。

なお、免税となる整備（修理）は、外航機を運行する者から直接に委託を受けて行う整備（修理）に限られますので、外航機を運行する者からの整備（修理）の委託を受けた事業者から、更に整備（修理）の委託を受ける場合には、消費税の輸出免税の対象とならないことになります。

参　考　法7、令17①三、②一ハ、三、基通7－2－10、7－2－11

264

第6章　輸出免税

外国の漁船から徴収する岸壁使用料

【問6－15】　外国の漁船が公海上で採捕した水産物を直接我が国の港に荷揚げすることがありますが、その際には岸壁等港の施設を利用することになります。

　この場合、外国の漁船から岸壁等を利用させる対価として岸壁使用料等を徴収しますが、この岸壁使用料等は、消費税は免税となるのでしょうか。

【答】　岸壁使用料が免税となるのは、専ら国内及び国内以外の地域にわたって旅客又は貨物の輸送の用に供される船舶又は専ら国内以外の地域間で行われる旅客又は貨物の輸送の用に供される船舶を停泊させるために港湾施設を利用させる場合で、船舶運航事業者等の求めに応じて行われるものに限られます。

　御質問の「漁船」は上記のいずれの船舶にも該当せず、また、漁業者は船舶運航事業者等に該当しないため、当該漁船に対する岸壁使用料等は、消費税の課税の対象となります。

参考　法7①四、五、令17①、②一、二、三

輸入貨物の運送

【問6－16】　当社は輸入貨物の運送を行っています。運送の依頼は、荷主から直接受ける場合と、大手運送業者からの下請による場合とがあります。

　ところで、輸入貨物の運送については、消費税が免税になる場合があると聞きましたが、どのような場合に免税となるのでしょうか。

【答】　消費税においては、外国貨物の運送は輸出免税の規定が適用されます

265

が、ここでいう外国貨物とは、「輸出の許可を受けた貨物及び外国から本邦に到着した貨物で輸入が許可される前のもの」をいうこととされています。

したがって、輸入貨物の運送であっても、輸入の許可前のものの運送が免税となるのであり、輸入の許可後のものの運送は消費税の課税の対象となります。

ところで、外国貨物の運送に対する消費税の免税については、その貨物の運送が荷主から直接依頼されたものであることを要件とするものではありませんから、御質問の場合のように、他の運送業者からの依頼によるものであっても、運送する貨物が輸入の許可前のものであれば、その運送については消費税の輸出免税の対象となります。

参 考　法7、令17②四、関税法2①三

免税とされる保税地域における役務の提供の範囲

【問6－17】　当社は倉庫業者ですが、貨物の保管のほか、荷役、運送等の作業も行っております。

荷役等の作業については、外国貨物に対するもののほか、一定の内国貨物に対するものも消費税の輸出免税の適用があるとのことですが、具体的にはどのようなものが免税の対象となるのでしょうか。

【答】　荷役等の役務の提供で消費税が免税とされるのは、その荷役等の役務の提供が外国貨物（関税法第30条第1項第5号に規定する特定輸出貨物を含みます。）について行われる場合のほか、関税法に規定する指定保税地域、保税蔵置場、保税展示場及び総合保税地域（以下「指定保税地域等」といいます。）において輸出しようとする貨物及び輸入の許可を受けた貨物について行われる場合も含まれることとされています。

この免税の対象となる外国貨物（特定輸出貨物を除きます。）の荷役等の役務の提供には、具体的には次のようなものが該当することになります。

第6章　輸出免税

①荷役、②運送、③保管、④検数、⑤鑑定、⑥検量、⑦通関手続、⑧青果物等のくんじょう

　また、外国貨物が特定輸出貨物である場合には、指定保税地域等及びその特定輸出貨物の輸出のための船舶又は航空機への積込みの場所における役務の提供並びに指定保税地域等相互間の運送に限り輸出免税の対象となります。

参 考　法7、令17②四、基通7－2－1、7－2－12、7－2－13

非居住者に対する役務の提供

【問6－18】　非居住者に対する次の役務の提供は、輸出免税の対象となりますか。
(1) 経営コンサルタントが国内に支店を有する非居住者の依頼により行う国内の市場調査で、契約書の取り交わしは外国の本社と直接行い、調査報告書も本社に対して直接交付することとなっている場合
(2) 弁護士が国内に支店を有する非居住者に対して行う法律相談で、直接外国の本社から依頼を受け、日本における民事関係の法律上の取扱いについて取りまとめ、本社に対して報告書を提出する場合

【答】　非居住者に対して行われる役務の提供で、次のもの以外のものについては、消費税の輸出免税の対象とされています。
①　国内に所在する資産に係る運送又は保管
②　国内における飲食又は宿泊
③　①及び②に掲げるものに準ずるもので、国内において直接便益を享受するもの
　ただし、当該非居住者が支店又は出張所等を国内に有するときは、当該役務の提供は当該支店又は出張所等を経由して役務の提供を行ったこととなり、

267

非居住者に対する役務の提供としての免税規定の適用はありません。

　すなわち、外国法人等の国内の支店、出張所等が外国為替及び外国貿易法上居住者とされ、また、当該外国法人等に対する役務の提供が通常は当該法人等の国内の支店、出張所等を通じて行われる実態にあると考えられることから、消費税の取扱いにおいては、国外に本店又は主たる事務所がある外国法人等に対する役務の提供であっても、当該外国法人等が国内に支店、出張所等の施設を有する場合には、当該役務の提供は居住者たる国内の支店、出張所等を経由して役務の提供を行ったものとして取り扱っているところです。

　しかし、その役務の提供が当該外国法人等の国外の本店等に対して直接行われるものであり、国内の支店、出張所等がその役務の提供に係る取引に関与していない場合については、消費地課税主義に沿って国境税調整をするという輸出免税の趣旨にかんがみ、課税することは適当ではないことから、次の要件のいずれをも満たす場合には、消費税の輸出免税の対象として取り扱うこととしています。

　(イ) 役務の提供が非居住者の国外の本店等との直接取引であり、当該非居住者の国内の支店又は出張所等はこの役務の提供に直接的にも間接的にもかかわっていないこと

　(ロ) 役務の提供を受ける非居住者の国内の支店又は出張所等の業務は、当該役務の提供に係る業務と同種、あるいは関連する業務でないこと。

　なお、要件の(イ)の「この役務の提供に直接的にも間接的にもかかわっていないこと」とは、外国の本店等に対して直接役務の提供が行われ、国内の支店、出張所等は、当該役務の提供に関して、契約締結交渉、事務の取次ぎ、代金の支払等一切の事務にかかわっていない実態にある場合をいいます。

　御質問の場合は、(1)、(2)ともに非居住者である外国の本社との直接の取引ですから、これらの取引について、国内の支店が、契約の締結、事務の取次ぎ又は代金の支払等一切の事務にかかわっていない場合には、非居住者に対する役務の提供として消費税の輸出免税の対象となります。

参　考　法7、令1②二、17②七、基通7-2-15、7-2-17

268

第6章　輸出免税

外国企業の広告掲載

> 【問6－19】　当社は広告代理店ですが、国内に支店や出張所を設置
> していない外国企業（非居住者）からの依頼により、国内で発行す
> る雑誌にその外国企業の商品の広告を掲載することになりました。
> 　この外国企業のための広告は、消費税は免税となるでしょうか。

【答】　非居住者に対する役務の提供のうち、現に国内に非居住者が有する資
産に対する運送や保管などの役務の提供及び非居住者が国内に滞在する際に
提供される宿泊のサービスや食事などのように、国内において消費し、直接
その便益を享受するようなものについては消費税の課税の対象とされていま
すが、それ以外の非居住者に対する役務の提供については消費税の輸出免税
の対象とされています。

　御質問のような場合は、国内において行われる広告掲載という役務の提供
によって受ける便益は、商品販売促進の利益であり、国外に帰することから、
非居住者が直接国内において享受するものではありませんので、非居住者か
らの委託により行う広告や宣伝は消費税の輸出免税の対象となります。

　なお、非居住者が直接国内において便益を享受するものとして消費税が課
税される例としては、前述の例のほかに、非居住者が国内滞在中に受ける医
療や観劇などがあります。

参 考　法7、令17②七、基通7－2－15、7－2－16、7－2－17

269

京都メカニズムを活用したクレジットを外国法人に有償で譲渡した場合の取扱い

> 【問6－20】 当社では、この度、京都メカニズムを活用した排出クレジットの取引（**問3－30**参照）を行うこととなりました。内国法人である当社が外国法人（非居住者）にクレジットを有償で譲渡した場合には、消費税の輸出免税の対象となるのでしょうか。

【答】 消費税法においては、特許権等の無体財産権を非居住者に譲渡した場合には、輸出免税の対象としています。また、当該クレジットは、取引の対象となる権利として無体の財産権的に扱われています（**問3－30**参照）。

内国法人が外国法人にクレジットを有償譲渡する場合には、当該クレジットは特許権の無体財産に準ずるものとして、輸出免税の対象となると認められます。

なお、輸出免税が適用されるためには、当該クレジットの譲渡を行った相手方との契約書その他の書類を、当該譲渡を行った日の属する課税期間の末日の翌日から2月を経過した日から7年間、事務所等の所在地に保存することが必要です。

参考 法7②、令6①五、17②六、規5①
関連事例 問3－30

非居住者へノウハウを提供する場合

> 【問6－21】 非居住者へノウハウを提供する場合の対価は、消費税の免税の対象となりますか。

【答】 ノウハウ等はいわゆる無形財産であり、これを国内の事業者が非居住者に対して譲渡又は貸し付ける場合には輸出取引に該当し、消費税の輸出免

270

第6章　輸出免税

税の対象となります。

　また、ノウハウの譲渡又は貸付けに伴い非居住者に対して技術指導等を行う場合は、非居住者に対する役務の提供として同じく消費税の輸出免税の対象となります。

参　考　法7、令17②六、七

本船扱いした貨物に係る役務の提供

> **【問6−22】**　輸入通関の方法として「本船扱い」といわれる方法がありますが、外国貨物を本船扱いにより輸入の許可を受けた場合、その貨物に係る役務の提供に対する消費税の取扱いは、どのようになるのでしょうか。

【答】　「本船扱い」とは、税関長の承認を受けることにより、外国貨物を保税地域に入れないで輸入通関することができる制度をいい、「ふ中扱い」というのも同様のものです。これらの適用を受ける場合は、本船又ははしけ上で輸入の許可を受けるものですから、これらの方法により輸入の許可を受けた内国貨物に係る役務の提供に対する消費税の取扱いは、保税地域において輸入通関した場合と異なることとなり、具体的には次のようになります。

①　輸入の許可を受けた内国貨物に対する荷役、検数等の役務の提供は指定保税地域、保税蔵置場、保税展示場及び総合保税地域（以下「指定保税地域等」といいます。）で行われるものに限って輸出免税の適用がありますので、その内国貨物に対する本船又ははしけ上でのこれらの役務の提供については、課税となります。

②　輸入の許可を受けた内国貨物の陸揚げ、保税地域への搬入も同様に、課税となります。

③　指定保税地域等において行われる役務の提供について輸出免税が適用されることとなる「輸入の許可を受けた貨物」とは、輸入申告の際に既に蔵

271

置されていた指定保税地域等に引き続き置かれているものに限られていますから、「本船扱い」により輸入の許可を受けた内国貨物を指定保税地域等に搬入した後に行う保管、検数、鑑定等はたとえ指定保税地域等で行われるものであっても、課税となります。

参考 法7、令17②四、関税法67の2②ただし書、関税法施行令59の4

指定保税地域における役務の提供に係る免税

> **【問6－23】** 関税法第40条第1項《貨物の取扱い》では、指定保税地域において外国貨物、輸入の許可を受けた貨物又は輸出しようとする貨物について行う改装、仕分けや見本の展示、簡単な加工などは、届出又は許可により行うことができることとされています。
>
> これらの行為を下請業者に行わせた場合、いずれも指定保税地域における外国貨物に対する役務の提供として消費税の免税規定が適用できると考えてよいでしょうか。
>
> また、指定保税地域以外の保税地域で行わせた場合も同様の取扱いとなりますか。

【答】 関税法第40条第1項では、指定保税地域（国等が所有又は管理する施設で税関手続の簡素・迅速化を目的として外国貨物の積卸し、運搬等ができる場所として財務大臣が指定したものをいいます。）において、外国貨物、輸入の許可を受けた貨物又は輸出しようとする貨物（以下「外国貨物等」といいます。）について、税関長への届出又は税関長の許可を前提に、次の行為を行うことができることとされています。

① 税関長への届出を要する行為……内容の点検又は改装、仕分けその他の手入れ

② 税関長の許可を要する行為……見本の展示、簡単な加工その他これらに類する行為

272

第6章 輸出免税

これらの行為を荷主等の依頼により行う場合は、いずれも指定保税地域において行う外国貨物等に係る役務の提供に該当しますが、消費税においては、指定保税地域等における荷役、保管、検数等輸出入業務に付随する簡易な業務のみが免税とされています。

したがって、税関長への届出により行うことができる内容の点検、改装、仕分けその他の手入れ（貨物の記号、番号の刷換えその他の貨物の現状を維持するために行うさびみがき、油さし、虫ぼし、風入れ等）は、荷役、保管、検数等に類する役務の提供として、指定保税地域で行う場合に限らず、他の保税地域（保税工場を除きます。）で行う場合にも、免税となります。

しかし、御質問のように税関長の許可を受けることにより行うことができる見本の展示、簡易な加工（食料品等の加熱、洗浄、選別、ワックスがけ等）その他これらに類する行為（輸出しようとする貨物の内容の破損部分の交換等）は、荷役、保管、検数等に類するものとは認められませんから、いずれの指定保税地域等で行っても課税となります。

参考 法7、令17②四

非居住者に対する役務の提供で課税されるもの

【問6−24】 当ホテルでは、外国人宿泊客が多く、宿泊のほかにも種々のサービスを行っております。
　こうした非居住者に対する役務の提供は、消費税の輸出免税の対象となるのでしょうか。

【答】 役務の提供のうち非居住者に対するものは、一般的には輸出免税の適用がありますが、国内のホテルでの宿泊のように、その役務の提供を受ける非居住者が、国内において直接便益を享受するものについては、消費税の輸出免税の対象とはなりません。

このような非居住者に対する役務の提供であっても免税の対象とならない

273

ものには、ホテル等における宿泊のほかに、例えば次のようなものがあります。

① 国内に所在する資産に係る運送や保管

② 国内に所有する不動産の管理や修理

③ 建物の建築請負

④ 電車、バス、タクシー等による旅客の輸送

⑤ 国内における飲食又は宿泊

⑥ 理容又は美容

⑦ 医療又は療養

⑧ 劇場、映画館等の興行場における観劇等の役務の提供

⑨ 国内間の電話、郵便又は信書便

⑩ 日本語学校等における語学教育等に係る役務の提供

参考　法7、令17②七、基通7－2－16

外国貨物に対する警備の取扱い

【問6－25】　外国貨物に対する警備は、外国貨物に係る役務の提供として消費税は免税となるのでしょうか。

【答】　危険物や貴重品等の警備のように特定の外国貨物について行われる警備は、外国貨物に係る役務の提供として消費税の輸出免税の対象となります。

しかし、保税蔵置場や船舶などの警備は、その中に外国貨物が保管されている場合であっても、外国貨物そのものに係る役務の提供ではありませんので、消費税の輸出免税の対象にはなりません。

なお、この取扱いは港湾運送関連事業者が直接行った場合であっても、受託された警備会社が行った場合でも同様です。

参考　法7、令17②四、基通7－2－12

274

第6章　輸出免税

輸出証明

【問6−26】　消費税の輸出免税の適用を受けるためには、その取引が輸出取引等に該当するものであることの証明が必要であると聞きましたが、具体的にはどのような書類等で証明するのでしょうか。

【答】　輸出取引等の証明は、輸出取引等に該当する資産の譲渡等を行った事業者が、その課税資産の譲渡等につき、次に掲げる場合の区分に応じて、それぞれ次に掲げる帳簿又は書類を整理し、その課税資産の譲渡等を行った日の属する課税期間の末日の翌日から2か月を経過した日から7年間、これを納税地又はその取引に係る事務所、事業所その他これらに準ずるものの所在地に保存することにより証明することになります。

(1)　貨物の輸出

　イ　税関長の輸出の許可を受ける貨物である場合は、税関長から交付を受ける輸出許可書

　　(注)　航空運送貨物の税関手続について、電子情報処理組織を使用して輸出申告し、輸出の許可があったものについては、「輸出許可通知書（輸出申告控）」又は「輸出申告控」及び「輸出許可通知書」が輸出許可書に該当します。

　ロ　20万円超の郵便物の場合は、税関長の証明書

　　(注)1　この場合の税関長の証明は、様式通達第15号様式「郵便物輸出証明申請書」により受けることとされています。

　　　　2　輸出の時におけるその資産の価額が20万円を超えるか否かの判定に当たって、郵便物を同一受取人に2個以上に分けて差し出す場合には、それらの郵便物の価額の合計額によることとされています。

　ハ　20万円以下の郵便物の場合には、次に掲げる事項が記載された帳簿又は書類

　　①　帳簿の場合

275

  ⓐ 輸出年月日

  ⓑ 郵便物の品名、品名ごとの数量及び価額

  ⓒ 郵便物の受取人の氏名又は名称及び住所等

 ② 郵便物の受取人から交付を受けた物品受領書その他の書類の場合

  ⓐ 輸出した事業者の氏名又は名称及び住所等

  ⓑ 郵便物の受取りの年月日

  ⓒ 郵便物の品名、品名ごとの数量及び価額

  ⓓ 郵便物の受取人の氏名又は名称及び住所等

(2) 国際輸送、国際通信、国際郵便又は信書便

 これらの役務の提供をした事業者が次に掲げる事項を記載した帳簿又は書類

 ① 役務の提供の年月日（課税期間の範囲内で一定の期間内に行った役務の提供につきまとめて帳簿又は書類を作成する場合には、その一定の期間）

 ② 提供した役務の内容

 ③ 役務の提供の対価の額

 ④ 役務の提供の相手方の氏名又は名称及び住所等

  （注） 旅客の輸送若しくは通信又は郵便若しくは信書便の役務の提供をした場合において、④を記載することが困難であるときは、その記載を省略することができます。

(3) 輸出類似取引

 次のイに掲げる輸出類似取引については、その輸出類似取引を行った相手方との契約書その他の書類で次のロに掲げる事項が記載されているもの

 イ 輸出免税の対象となる輸出類似取引の範囲

  ① 外国貨物の譲渡又は貸付け

  ② 専ら外航の用に供される船舶又は航空機の譲渡若しくは貸付け又は修理（ただし、船舶運航事業若しくは船舶貸渡業又は航空運送事業を営む者《以下、「船舶運航事業者等」といいます。》に対して行われる

第6章　輸出免税

譲渡若しくは貸付け又は船舶運航事業者等の求めに応じて行われる修理に限ります。)

③　国際輸送の用に供されるコンテナーの譲渡若しくは貸付け又は修理（ただし、船舶運航事業者等に対して行われる譲渡若しくは貸付け又は船舶運航事業者等の求めに応じて行われる修理に限ります。)

④　専ら外航の用に供される船舶又は航空機の水先、誘導その他入出港若しくは離着陸の補助又は入出港、離着陸、停泊若しくは駐機のための施設の提供に係る役務の提供その他これらに類する役務の提供（その施設の貸付けを含みます。)で船舶運航事業者等に対して行われるもの

⑤　外国貨物の荷役、運送、保管、検数、鑑定その他これらに類する外国貨物に係る役務の提供（指定保税地域、保税蔵置場、保税展示場及び総合保税地域において輸出しようとする貨物及び輸入の許可を受けた貨物について行うこれらの役務の提供を含みます。)

⑥　非居住者に対して行う次の資産の譲渡又は貸付け

　ⓐ　鉱業権、租鉱権、採石権、その他土石を採掘又は採取する権利

　ⓑ　特許権、実用新案権、意匠権、商標権、回路配置利用権（これらの権利を利用する権利を含みます。)

　ⓒ　著作権（出版権及び著作隣接権その他これに準ずる権利を含みます。)、特別の技術による生産方式及びこれに準ずるもの

　ⓓ　営業権、漁業権、入漁権

⑦　非居住者に対する役務の提供で次に掲げるもの以外のもの

　ⓐ　国内に所在する資産に係る運送又は保管

　ⓑ　国内における飲食又は宿泊

　ⓒ　ⓐ又はⓑに準ずるもので国内において直接便益を享受するもの

ロ　契約書その他の書類の記載要件

①　輸出類似取引に該当する資産の譲渡等を行った事業者の氏名又は名称及びその事業者のその取引に係る住所等

② その資産の譲渡等を行った年月日

③ その資産の譲渡等に係る資産又は役務の内容

④ その資産の譲渡等の対価の額

⑤ その資産の譲渡等の相手方の氏名又は名称及びその相手方のその取引に係る住所等

(4) 外航船等に積み込む物品

　　船（機）用品に係る消費税の輸出証明は、関税法第23条に基づく「積込承認書」をもって証明書とされることになっています。

参　考　法7、令17①②、規5①②、基通7－2－23

書籍等の輸出の場合の輸出証明

> 【問6－27】　書籍等を輸出する場合にも消費税の輸出免税の対象になると思いますが、その際の輸出証明の方法を教えてください。

【答】　書籍等を輸出した場合にも消費税の輸出免税の適用はありますが、その輸出証明の方法は次によります。

① 郵便物以外の場合……税関長の証明（輸出許可書）によります。

② 郵便物で輸出価額の合計額が20万円超の場合……税関長の証明（郵便物輸出証明書）によります。

③ 郵便物で輸出価額の合計額が20万円以下の場合……帳簿又は物品受領書等によります。

参　考　法7、規5①、基通7－2－23

278

第6章　輸出免税

海外からの外国人旅行者等に対する免税販売

【問6－28】　当社は化粧品の小売業を営んでいます。海外からの旅行者に消費税を免税して販売する輸出物品販売場制度があると聞きました。その制度の概要について教えてください。

【答】　輸出物品販売場制度とは、事業者が経営する販売場において、外国人旅行者などの非居住者に対して、免税対象物品を一定の方法で販売する場合に、消費税が免除される制度です。

輸出物品販売場には、

1　一般型輸出物品販売場（その販売場においてその販売場を経営する事業者が免税販売手続を行うもの）

2　手続委託型輸出物品販売場（その販売場が所在するテナントビル等の特定商業施設内において非居住者に対して販売する物品の免税販売手続を他の事業者に代理させることができるもの）

があり、「輸出物品販売場」として免税販売を行うためには、事業者（消費税の課税事業者に限ります。）が経営する販売場ごとに事業者の納税地の所轄税務署長の許可を受ける必要があります。

なお、免税販売に当たっては、次の手続等を取ることが条件とされています。

①　輸出物品販売場において物品を販売する際には、外国人旅行者などの非居住者から旅券等の提示を受け、これに購入の事実を記載した「購入記録票」を貼り付けるとともに、購入後輸出する旨を記載した「購入者誓約書」の提出（電磁的記録による提供も可）を受ける（消耗品については指定された方法による包装が必要です。）こと。

②　輸出物品販売場における免税対象物品は、金又は白金の地金、その他通常生活の用に供しない物品以外の物品のうち、同一の非居住者に対する同一の輸出物品販売場（※）における1日の販売額の合計が5千円以上の一

279

般物品及び５千円以上50万円までの消耗品であること。

※　一の特定商業施設内の複数の手続委託型輸出物品販売場において、同一の日に同一の非居住者に対して譲渡する一般物品の税抜販売価額の合計額と消耗品の税抜販売価額の合計額について、その免税販売手続を代理する事業者が、それぞれの税抜販売価額の合計額を一般物品と消耗品の別に合算して、免税販売の対象となる下限額の判定（５千円以上かどうかの判定）を行うことができることとされています。

(注)1　令和元年７月１日から輸出物品販売場を経営する事業者が、あらかじめ、納税地の所轄税務署長に臨時販売場の設置事業者として承認を受け、臨時販売場を設置する前日までに、納税地の所轄税務署長に「臨時販売場設置届出書」を提出した場合、当該臨時販売場において免税販売を行うことができます。

　　2　一般物品と消耗品の販売価額が５千円未満であったとしても、合計額が５千円以上であれば一般物品を消耗品と同様の指定された方法により、包装することで、免税販売できることとされました。この場合、その一般物品は消耗品として取り扱うこととなります。なお、この改正は、平成30年７月１日以後に行う免税販売から適用されます。

　　3　非居住者が免税購入した物品を出国日（その者が非居住者となる場合にはその居住者となる日）までに輸出しない場合又は非居住者が免税購入した物品を国内で譲渡した場合には、その非居住者から免除税額を直ちに徴収することとされています。

　　4　非居住者が輸出物品販売場において免税対象物品を購入する際、①国際第二種貨物利用運送事業者（注）と当該物品の輸出に係る運送契約を締結し、②当該販売場に当該運送契約に係る契約書の写しの提出及び旅券等の提示を行い、③当該物品をその場で当該運送事業者（代理人を含む。）に引き渡して海外へ直送する場合には、平成28年５月１日以後に行われる課税資産の譲渡等から購入記録票の作成や購入者誓約書の提出等を省略できます。

(参考)　「国際第二種貨物利用運送事業者」とは、貨物利用運送事業法の規定に基づき、国土交通大臣の許可を受けて国際貨物運送に係る第二種貨物利用運送事業を経営する者をいいます。

参考　法８、令18、18の１、18の２、18の３、18の４、18の８、新令18の５ニ、規６、７

第6章 輸出免税

[関連事例] 問6-34

免税販売手続の電子化

> 【問6-29】 令和2年4月1日から、輸出物品販売場の免税販売手続が電子化されると聞きました。概要を教えてください。

【答】 令和2年4月1日から、外国人旅行者の利便性の向上及び輸出物品販売場を経営する事業者の免税販売手続の効率化を図り、外国人旅行消費のより一層の活性化と地方も含めた免税店数の更なる増加を図る観点から、免税販売手続（購入記録票の提出等）が電子化されることとなりました。
　具体的な変更点等は、以下のとおりです。
○現行と改正後のイメージ

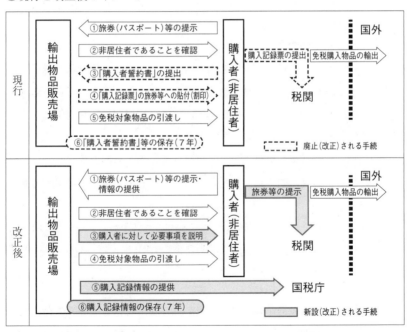

① 免税販売手続等の変更点

　イ　旅券等の提示、情報の提供

　　これまで輸出物品販売場において、書面で行われていた購入記録票の作成、旅券等への購入記録票の貼付・割印、購入者誓約書及び旅券等の写しの提出などの手続が廃止され、輸出物品販売場を経営する事業者は、購入者（非居住者）から旅券等の提示を受け、その旅券等に記載された情報の提供を受けることとされました。

　　なお、購入記録票の作成等の手続が廃止されることに伴い、購入者においては、出国時の手続として、税関長へ購入記録票を提出することに代え、旅券等を提示することとされました。

　ロ　購入者への説明義務

　　輸出物品販売場を経営する事業者は、免税販売の際、購入者に対して、その免税購入した物品が輸出するため購入されるものであること等を説明しなければならないこととされました。

　ハ　購入記録情報の提供

　　輸出物品販売場を経営する事業者は、購入記録情報（購入者から提供を受けた旅券等に記載された情報及び購入者の購入の事実を記録した電磁的記録）を、免税販売の際、電子情報処理組織を用いて遅滞なく国税庁長官に提供することとされました。

　　購入記録情報を提供するためには、あらかじめ輸出物品販売場を経営する事業者の納税地の所轄税務署長に対して届出書を提出する必要があります。

　　（注）　届出書を納税地の所轄税務署長へ提出した事業者の方には、その税務署長から輸出物品販売場ごとの識別符号が通知され、その識別符号は、購入記録情報の項目の一つとなります。

　ニ　購入記録情報の保存

　　輸出物品販売場を経営する事業者は、購入者誓約書等の保存に代え、国税庁へ提供した購入記録情報を整理して、免税販売を行った日の属

第6章　輸出免税

する課税期間の末日の翌日から2月を経過した日から7年間、これを納税地又は免税販売を行った輸出物品販売場の所在地に保存しなければならないこととされました。

② 電子情報処理組織による購入記録情報の提供の特例（承認送信事業者による購入記録情報の提供）

　　免税販売手続の電子化に伴い、本来、輸出物品販売場を経営する事業者が国税庁長官に提供しなければならない購入記録情報について、一定の要件を満たす場合、承認送信事業者が輸出物品販売場を経営する事業者のために国税庁長官に提供することができる特例が設けられました。

　（注）　承認送信事業者とは、適切に国税庁長官に購入記録情報を提供できることなどの要件を満たし、納税地の所轄税務署長から承認を受けた者をいいます。

　　なお、令和2年4月1日から令和3年9月30日までの間は、経過措置として従前の書面による免税販売手続ができることとされています。

　参　考　令18②一、18⑤⑥⑩、18の4、規則6の2②、6の3、7

一般型輸出物品販売場の許可

【問6－30】　当社は、電気製品の小売業を営んでいますが、最近外国人観光客の利用が多いことから、一般型輸出物品販売場の許可を受けようと考えています。

　また、甲市にも支店があり、ここも一般型輸出物品販売場の許可を受けようと考えています。

　この場合の許可を受ける手続等について教えてください。

【答】　一般型輸出物品販売場の許可を受けようとする課税事業者は、その許可を受けようとする販売場ごとに、その事業者の納税地を所轄する税務署長に「輸出物品販売場許可申請書（一般型用）」及び販売場の見取図などの添

283

付書類を提出することが必要です。

　したがって、貴社の場合、本店についての許可申請書と甲市支店についての許可申請書をそれぞれ、本店を所轄する税務署長に提出して許可を受けることになります。

　なお、事業者が経営する販売場について、「一般型輸出物品販売場」として許可を受けるためには、次の要件の全てを満たしていることが必要です。

①　次のイ及びロの要件を満たす事業者（消費税の課税事業者に限ります。）が経営する販売場であること。

　イ　現に国税の滞納（その滞納額の徴収が著しく困難であるものに限ります。）がないこと。

　ロ　輸出物品販売場の許可を取り消され、その取消しの日から３年を経過しない者でないことその他輸出物品販売場を経営する事業者として特に不適当と認められる事情がないこと。

②　現に非居住者の利用する場所又は非居住者の利用が見込まれる場所に所在する販売場であること。

③　免税販売手続に必要な人員を配置し、かつ、免税販売手続を行うための設備を有する販売場であること。

　(注)１　「免税販売手続に必要な人員の配置」とは、免税販売の際に必要となる手続を非居住者に対して説明できる人員の配置を求めているものであり、外国語については、母国語のようにりゅうちょうに話せることまでを必要としているものではなく、パンフレット等の補助材料を活用して、非居住者に手続を説明できる程度で差し支えありません。

　　　２　「免税販売手続を行うための設備を有する」とは、非居住者であることの確認や購入記録票の作成など免税販売の際に必要となる手続を行うためのカウンター等の設備があることを求めているものであり、免税販売のための特別なカウンターを設けることまでを求めているものではありません。

参　考　法８⑥、令18の２②一、基通８－２－１(1)、様式通達第20－(1)号様式

第6章　輸出免税

手続委託型輸出物品販売場の許可

【問6−31】　当社は、テナントビル内において小売店舗を運営しており、当該テナントビルには免税販売手続を代理する事業者（承認免税手続事業者）が設置する免税カウンターがあることから、手続委託型輸出物品販売場の許可を受けようと考えています。

　この場合の許可を受ける手続等について教えてください。

【答】　手続委託型輸出物品販売場の許可を受けようとする課税事業者は、その許可を受けようとする販売場ごとに、その事業者の納税地を所轄する税務署長に「輸出物品販売場許可申請書（手続委託型用)」及び販売場が所在する特定商業施設の見取図、承認免税手続事業者との間で交わした免税販売手続の代理に関する契約書の写し、承認免税手続事業者の承認通知書の写しなどの添付書類を提出することが必要です。

　なお、手続委託型輸出物品販売場として許可を受けるためには、次の①から③の要件の全てを満たしていることが必要です。

①　次のイ及びロの要件を満たす事業者（消費税の課税事業者に限ります。）が経営する販売場であること。

　イ　現に国税の滞納（その滞納額の徴収が著しく困難であるものに限ります。）がないこと。

　ロ　輸出物品販売場の許可を取り消され、その取消しの日から3年を経過しない者でないことその他輸出物品販売場を経営する事業者として特に不適当と認められる事情がないこと。

②　現に非居住者の利用する場所又は非居住者の利用が見込まれる場所に所在する販売場であること。

③　販売場を経営する事業者と当該販売場が所在する特定商業施設内に免税手続カウンターを設置する一の承認免税手続事業者との間において、次のイからハの要件の全てを満たす関係があること。

285

イ　当該販売場において譲渡する物品に係る免税販売手続につき、代理に
　　関する契約が締結されていること。

ロ　当該販売場において譲渡した物品と当該免税手続カウンターにおいて
　　免税販売手続を行う物品とが同一であることを確認するための措置が講
　　じられていること。

ハ　当該販売場において譲渡した物品に係る免税販売手続につき必要な情
　　報を共有するための措置が講じられていること。

参　考　法8⑥、令18の2②二、基通8－2－1(2)、様式通達第20－(2)号様式

商店街の地区等に所在する大規模小売店舗内の販売場に係る特例

> 【問6－32】　商店街の地区等に所在する大規模小売店舗内の販売場
> に係る特例が設けられていると聞きましたが、その概要を教えてく
> ださい。

【答】　商店街の地区等に所在するショッピングセンター等の大規模小売店舗
を設置している者が商店街振興組合又は事業協同組合（商店街振興組合等）
の組合員である場合には、当該大規模小売店舗内で販売場を経営する他の事
業者は、当該販売場を商店街の地区等に所在する販売場とみなして、手続委
託型輸出物品販売場の許可を受けることができることとされています。この
許可を受けるためには、「輸出物品販売場許可申請書（手続委託型用）」に次
の書類その他参考となる書類を添付して、納税地の所轄税務署長に申請する
こととなります。

第6章　輸出免税

添付書類	・販売場の所在する大規模小売店舗が所在する商店街の見取図 ・免税販売手続の代理に関する契約書の写し ・商店街振興組合等の定款の写し ・大規模小売店舗の設置者が商店街振興組合等の組合員であることを証する書類 ・承認免税手続事業者の承認通知書の写し ・申請者の事業内容が確認できる資料（会社案内やホームページ掲載情報など） ・許可を受けようとする販売場の取扱商品が確認できる資料（商品カタログなど）

　また、当該許可を受けた手続委託型輸出物品販売場と当該商店街の地区等に所在する手続委託型輸出物品販売場の免税販売手続を代理する一の承認免税手続事業者（免税手続カウンター）は、それぞれの販売価額（税抜）の合計額を一般物品と消耗品の別に合算して、免税販売の対象となる購入下限額以上かどうかを判定できます。

　なお、平成28年5月1日以後に行われる輸出物品販売場の許可申請等及び課税資産の譲渡等について適用されます。

参考　令18の2

承認免税手続事業者の承認申請手続

> 【問6−33】　当社のショッピングセンターでは、各テナントがそれぞれ一般型輸出物品販売場の許可を受けて免税販売していますが、一括して免税手続の代理を行うことができる承認免税手続事業者の制度があると聞きました。
>
> 　承認免税手続事業者になるための手続等を教えてください。

【答】　他の事業者が経営する販売場において販売された物品につき、免税販売手続を代理しようとする事業者（消費税の課税事業者に限ります。）は、その販売場が所在する特定商業施設ごとに、免税手続カウンターを設置する

287

ことについて納税地の所轄税務署長の承認を受ける必要があります。

　具体的には、「承認免税手続事業者承認申請書」に「設置しようとする免税手続カウンター」及び「免税手続カウンターを設置しようとする特定商業施設」の見取図などの書類を添付して申請することとなります。

　なお、承認免税手続事業者（消費税の課税事業者に限ります。）として承認を受けるためには、次の①から③の要件の全てを満たしていることが必要です。

①　現に国税の滞納（その滞納額の徴収が著しく困難であるものに限る。）がないこと。

②　免税手続カウンターに免税販売手続に必要な人員を配置すること。

③　輸出物品販売場の許可を取り消され又は承認免税手続事業者の承認を取り消され、その取消しの日から３年を経過しない者でないことその他免税手続カウンターを設置する承認免税手続事業者として特に不適当と認められる事情がないこと。

[参　考]　法８、令18の２⑦、⑧、規10の２①、②、基通８－２－１の３

臨時販売場制度の概要

> 【問６－34】　令和元年７月１日から臨時販売場を設置することができると聞きましたが、その概要を教えてください。

【答】「臨時販売場制度」とは、臨時販売場（７月以内の期間を定めて設置する販売場に限ります。）を設置する事業者（輸出物品販売場を経営する事業者に限ります。）としてあらかじめ納税地の所轄税務署長の承認を受けた事業者が、その臨時販売場を設置する日の前日までに、納税地の所轄税務署長に「臨時販売場設置届出書」を提出することにより、当該臨時販売場を輸出物品販売場とみなして免税販売を行うことができる制度です。

　なお、臨時販売場における免税販売手続については、届出書に記載した免

288

第6章 輸出免税

税販売手続の区分(一般型又は手続委託型)に応じて行うこととなります。
※ 臨時販売場制度については、令和元年7月1日から施行されます。
　なお、臨時販売場を設置する事業者としての承認を受けるための申請などは、同年5月1日から手続が可能です。

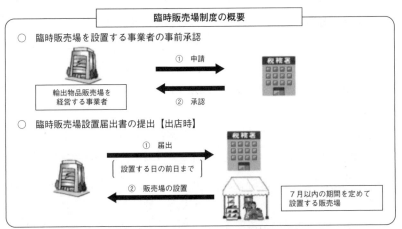

《参考》設置期間（7月以内）の計算方法（月の途中から販売場を設置する場合）
　期間の計算において、月の始めから期間を起算しないときは、その期間は、最後の月の起算日に応当する日の前日に満了することとされています（応当する日がないときは、その月の末日に満了することとなります。）。

（例） X年1月19日から設置する場合
| 起算日：X年1月19日 | 応当日の前日（設置日から7月以内）：X年8月18日 |

⇒ X年8月18日まで設置する販売場については、臨時販売場に該当しますが、X年8月19日以後も引き続き設置する販売場は、臨時販売場に該当しません。
※ 臨時販売場に該当しない販売場については、輸出物品販売場として許可を受けることにより、免税販売を行うことができます。

参　考　　新法8⑧⑨、規10の6①
関連事例　　問6－28、6－35

事前承認港湾施設の承認を受けていた場合

> 【問6－35】 当社は、事前承認港湾施設の承認を受けていましたが、当該承認を受けている場合であっても、令和元年7月1日以後に港湾施設内に臨時販売場を設置する場合には、臨時販売場を設置する事業者の承認を受ける必要がありますか。

【答】 事前承認港湾施設に係る臨時販売場制度については、令和元年6月30日をもって廃止されました。

したがって、同年7月1日以後も港湾施設内に設置する販売場で免税販売を行おうとする場合には、臨時販売場を設置する事業者の承認を受ける必要があります。

ただし、同日前に「事前承認港湾施設に係る臨時販売場設置届出書」を提出した場合には、当該届出に係る設置期間に限り、制度廃止前の臨時販売場として免税販売を行うことは可能です（改正法附則24）。

○ 令和元年7月前後の適用関係

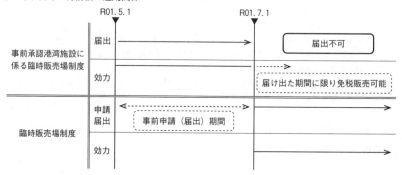

参考　平成31年改正法附則24
関連事例　問6－34

第6章　輸　出　免　税

輸出物品販売場を移転する場合の手続

【問6－36】 当社は、土産物業を営んでおり、複数の店舗において輸出物品販売場の許可を受けています。この度、本店事務所を移転することになったのですが、輸出物品販売場の許可に関して必要な手続きについて教えてください。

【答】 貴社が輸出物品販売場の許可を受けている店舗はそのままで、本店事務所のみを移転する場合は、輸出物品販売場の許可に関する手続は必要ありません。

　ただし、輸出物品販売場を移転する場合には、移転前の販売場についての許可の効力は移転後の販売場に及ばないため、移転前の輸出物品販売場について「輸出物品販売場廃止届出書」を提出するとともに、移転後の販売場について新たに輸出物品販売場の許可を受ける必要があります。

　なお、手続委託型輸出物品販売場が、その所在するテナントビル等の特定商業施設内でその販売場を移転する場合には、改めて輸出物品販売場の許可を受ける必要はなく、この場合は、その移転する日の前日までに、「手続委託型輸出物品販売場移転届出書」を納税地の所轄税務署長に提出する必要があります。

参　考　令18の2③、規10③、基通8－2－1の2、様式通達第20－(3)号様式、第21－(1)号様式

291

輸出物品販売場の許可を受けている法人が合併された場合の手続

> **【問6-37】** 当社は、電気製品の小売業を営んでいます。この度、一般型輸出物品販売場及び手続委託型輸出物品販売場の許可を受けている法人を、吸収合併することになったのですが、どのような手続が必要でしょうか。
>
> 今後も現在の販売場店舗を引き続き使用したいと考えています。

【答】 被合併法人の輸出物品販売場の許可の効力は、合併法人である貴社に引き継がれるものではありません。したがって、貴社の納税地を所轄する税務署長へ新たに許可を受けようとする販売場ごとに「輸出物品販売場許可申請書（一般型用）」又は「輸出物品販売場許可申請書（手続委託型用）」を提出することが必要です。また、被合併法人においては、合併前の納税地を所轄する税務署長へ「輸出物品販売場廃止届出書」を提出することになります。

参 考 様式通達第20-(1)号様式、第20-(2)号様式、第21-(1)号様式

輸出物品販売場における免税購入者の制限

> **【問6-38】** 当社は、輸出物品販売場の許可を受け電気製品の小売業を営んでいます。
>
> ところで、購入者が非居住者であるということが消費税を免税で販売できる要件の一つであると聞きましたが、外国人であればすべて非居住者と考えてよいのでしょうか。

【答】 輸出物品販売場で免税販売できるのは、購入者が非居住者である場合に限られるのですが、ここでいう「非居住者」とは、外国為替及び外国貿易法第6条第1項第6号に規定する非居住者をいい、日本国内に住所又は居所を有していない者をいうこととされています。

292

第6章　輸出免税

外国人の場合は、具体的に次のように判断することになっています。

1　外国人は原則として非居住者として取り扱いますが、次の者は居住者として取り扱います。

　イ　本邦内にある事務所に勤務する者

　ロ　本邦に入国後6か月以上経過するに至った者

2　「1」にかかわらず、次に掲げる者は、非居住者として取り扱います。

　イ　外国政府又は国際機関の公務を帯びる者

　ロ　外交官又は領事官及びこれらの随員又は使用人。ただし、外国において任命された者に限ります。

　したがって、たとえ、購入者が外国人であっても、日本に永住許可を受けている者や外交、公用以外の目的で入国後6か月以上経過している者は居住者として取り扱われますから、免税で販売することはできません。

　実際には、販売の際に呈示させる旅券の上陸許可証印の在留資格欄と上陸許可年月日で判断することになります。

参考　法8、令18

免税販売における旅券等の呈示

> 【問6-39】　当社は、物品販売業ですが、外国人の利用が多いため輸出物品販売場の許可を受けています。
>
> 　ところで、免税により販売する場合は、旅券の呈示を受け、上陸許可証印の記載事項により、非居住者であることを確認する必要があると聞きましたが、旅券の呈示がなければ、免税販売できないのでしょうか。

【答】　非居住者に対し免税で物品を販売するためには、次のいずれかの書類の呈示を受け、販売に際して作成した購入記録票を、貼り付けることが条件とされています。

293

1　旅券（上陸許可証印のあるもの）

2　船舶観光上陸許可書

3　乗員上陸許可書

4　緊急上陸許可書

5　遭難による上陸許可書

　したがって、上記のいずれの書類の呈示もない場合は、たとえ、相手方が非居住者であることが明らかであっても、免税により販売することはできません。

参　考　法8、令18

※　輸出物品販売場制度において、非居住者に対して1日に販売する消耗品以外の物品の額が100万円超の場合、その非居住者の旅券等の写しを、免税で販売した日の属する課税期間の末日の翌日から2か月を経過した日から7年間保存しなければなりません。

外国公館等に対する免税

【問6－40】　国内にある外国大使館や外交官に物品を販売した場合には、消費税が免税になる制度があるということですが、この免税制度の概要を教えてください。

【答】　事業者が、日本国にある外国の大使館、領事館等又は派遣された大使、公使等に対し課税資産の譲渡等を行った場合において、その外国の大使館等又は派遣された大使等が、外交、領事その他の任務を遂行するために必要なものとして、一定の手続により、課税資産を譲り受け、若しくは借り受け、又は役務の提供を受けるときは、その課税資産の譲渡等については、消費税が免除されます。

　外国公館等が免税で課税資産の譲渡等を受ける手続は、外国公館等が免税で課税資産の譲渡等を受けられる有資格者であることについての証明書を外

第6章　輸出免税

務省大臣官房儀典総括官から交付を受け、その証明書を課税資産の譲渡等を
行う事業者に提示し、又は提出し、かつ、その課税資産の免税譲渡を受けた
ことについての書類をその事業者に提出する方法によることとされています。

　この免税手続については、揮発油、自動車、電気・ガス・水道・電話及び
その他の課税資産に区分して定められており、このうち、その他の課税資産
（物品、サービス）の譲渡等については、免税購入のための証明書として免
税カードが交付されます。この免税カードには次の種類があり、相互主義に
のっとり交付することとされています。

① 　物品、サービスについて購入額を問わず免税となるもの

② 　物品、サービスについて5,000円以上購入した場合免税となるもの

③ 　物品、サービスについて４万円以上購入した場合免税となるもの

④ 　物品についてのみ購入額を問わず免税となるもの

⑤ 　物品についてのみ5,000円以上購入した場合免税となるもの

⑥ 　物品についてのみ４万円以上購入した場合免税となるもの

　なお、大使館等に対して免税で課税資産の譲渡等ができる事業者は、国税
庁長官が別途指定した者に限られていますから、これ以外の事業者が、外国
の大使館等又は大使等から証明書の提出又は提示を受けても、課税資産を免
税で譲渡することができないこととなります。また、国税庁長官の指定を受
けようとする事業者は、「外国公館等に対する消費税免除指定店舗申請書」
を外務省大臣官房儀典官室を通じて国税庁長官に提出することとされていま
す。

参　考　措法86、措令45の４、措規36の２、外通３、４

295

第7章

小 規 模 免 除

事業者免税点制度の概要

【問7-1】 事業者免税点制度の概要について教えてください。

【答】 当課税期間の基準期間における課税売上高が1,000万円以下の場合には、原則として、消費税を納める義務が免除されますが、次の事業者の区分に応じた期間（「特定期間」といいます。）における課税売上高が1,000万円を超える場合には、消費税を納める義務が免除されません。

なお、課税売上高に代えて、給与等支払額により判定することもできます。

（注）　特定期間における課税売上高（又は給与等支払額）の判定の結果、課税事業者に該当することとなった場合には「消費税課税事業者届出書（特定期間用）」を速やかに納税地の所轄税務署長に提出する必要があります。

＜特定期間＞

1　個人事業者の場合

　　その年の前年の1月1日から6月30日までの間

2　法人の場合

①　その事業年度の前事業年度（次の②に掲げる短期事業年度のものを除きます。）開始の日から6か月間

②　その事業年度の前事業年度が短期事業年度となる場合で、その事業年

度の前々事業年度（前々事業年度が基準期間に含まれる場合等は、その前々事業年度は特定期間となりません。）があるときは、当該前々事業年度の開始の日から6か月間

なお、この場合において、当該前々事業年度が6か月以下の場合には、当該前々事業年度開始の日からその終了の日までの期間

また、事業者免税点制度で課税事業者に該当しない場合でも、相続、合併及び分割等並びに新設法人に該当する場合には、それぞれ別途納税義務を判定する必要があります。

[参　考]　法9①、法9の2
[関連事例]　問7-2、7-3、7-5、7-7、7-9、7-12、7-14、8-6、8-7、8-8、8-13

特定期間の判定における「短期事業年度」

【問7-2】　法人が特定期間による納税義務の判定を行うに当たり、前事業年度が「短期事業年度」に該当する場合、特定期間はどのようになるのでしょうか。また、この「短期事業年度」にはどのような場合が該当するのでしょうか。

【答】　短期事業年度とは、その事業年度の前事業年度が次の1又は2に該当する場合をいいます。

1　前事業年度が7か月以下である場合

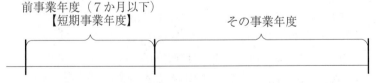

この場合、前事業年度が7か月以下であるため、短期事業年度に該当します。

2　前事業年度が7か月を超え8か月未満の場合で、6か月の期間の末日の翌日から前事業年度終了の日までの期間が2か月未満の場合

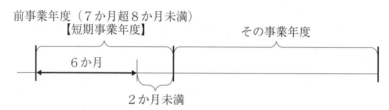

この場合、前事業年度開始の日以後6か月の期間はありますが、その期間の末日の翌日から前事業年度終了の日までの期間が2か月未満であるため、前事業年度は短期事業年度に該当します。

　1又は2に該当し、その事業年度の前事業年度が短期事業年度となる場合、その事業年度の前々事業年度があるときは、当該前々事業年度の開始の日から6か月間が「特定期間」となり、当該特定期間の課税売上高（又は給与等支払額）により、納税義務の判定を行う必要があります。

　ただし、前々事業年度が基準期間に含まれる場合等は、その前々事業年度は特定期間となりません。

（注）　前事業年度開始の日以後6か月の期間の末日が当該前事業年度終了の日と同一日でない場合（ここでいう「同一日でない場合」とは、①例えば、「6か月の期間の末日」が6月15日で、「前事業年度終了の日」が10月20日である場合における「15日」と「20日」のように同一の日とならないこと、②6か月の期間の末日が月末で、前事業年度終了の日が月末でないことをいいます。）には、前事業年度が8か月未満の場合であっても、一定の期間が特定期間とみなされ、当該前事業年度における特定期間の課税売上高（又は給与等支払額）の判定が必要な場合があります。

第7章　小規模免除

参考　法9の2④二、令20の5、令20の6

関連事例　問7-1、7-3

特定期間の判定における給与等支払額に含まれる範囲

> **【問7-3】**　特定期間の判定上用いることのできる給与等支払額に
> は、具体的にはどのようなものが含まれるのですか。

【答】　給与等支払額とは、所得税法施行規則第100条第1項第1号に規定す
る給与等の金額をいい、具体的には、特定期間中に支払った所得税の課税対
象とされる給与、賞与等の合計額をいいます。

　支払った給与、賞与等ですから、給与等支払額には未払の給与、賞与等の
額は含まれません。

　また、所得税の課税対象とされる給与、賞与等ですから、退職手当や、所
得税が非課税となる通勤手当や旅費等は、給与等支払額には含まれないこと
となります。

　なお、例えば、使用者が使用人等に対して無償又は低額の賃貸料で社宅や
寮等を貸与することにより供与される経済的利益のうち、給与所得とされた
経済的利益の額については、給与等支払額に含めて納税義務を判定すること
となります。

参考　法9の2③、規11の2、基通1-5-23

関連事例　問7-1、7-2、7-5、7-7、7-9、7-12、7-14、8-6、
　　　　　8-7、8-8、8-13

299

特定期間の判定と「消費税の納税義務者でなくなった旨の届出書」

> **【問7－4】** 課税事業者のその年（又は事業年度）における課税売上高が1,000万円以下となった場合は、「消費税の納税義務者でなくなった旨の届出書」を速やかに提出することとなっていますが、特定期間における課税売上高の金額によっては、当該届出書に記載した「この届出の適用開始課税期間」の納税義務は免除されないことになります。
>
> このような場合は、特定期間の課税売上高（又は給与等支払額）による判定を行った後で、当該届出書を提出するのでしょうか。

【答】「消費税の納税義務者でなくなった旨の届出書」は、それまで課税事業者であった事業者が、その課税期間の課税売上高が1,000万円以下となったことにより、その課税期間を基準期間とする課税期間において納税義務が免除されることとなる場合に、納税地の所轄税務署長へ速やかに提出することとされています（「消費税課税事業者選択届出書」を提出している場合及び消費税法第12条の４第12項《高額特定資産を取得した場合の納税義務の免除の特例》の規定の適用を受ける課税期間の基準期間における課税売上高が1,000万円以下となった場合を除きます。）。

したがって、当該届出書は、その課税期間の翌課税期間の特定期間における課税売上高の判定にかかわらず、前述の条件に該当する場合には、速やかに提出する必要があります。

なお、その課税期間の翌課税期間の特定期間における課税売上高が1,000万円を超える場合には、「消費税課税事業者届出書（特定期間用）」を納税地の所轄税務署長に速やかに提出する必要があります。

　（注）　課税売上高に代えて、給与等支払額により特定期間の判定を行うこともできます。

[参 考]　法57①

第7章　小規模免除

[関連事例]　問7－1

人格のない社団が公益法人となった場合の納税義務

> 【問7－5】　当法人（一般社団法人）は、学校に対し給食材料を納
> 入していますが、一般社団法人の設立は1年前に許可されたもので、
> それまでは、人格のない社団として法人税の申告も行ってきました。
> ただし、一般社団法人設立前後の経営実態はまったく変わっていま
> せん。
> 　このような場合の基準期間の課税売上高は、やはり経営実態を考
> 慮して人格のない社団当時にさかのぼって判定することになるので
> しょうか。

【答】　たとえ経営実態が同じであっても、人格のない社団と一般社団法人
（公益法人）はまったく別の人格であり、新設された一般財団法人（公益法
人）の設立期及び第2期には基準期間の課税売上高がないことから、新設さ
れた一般社団法人（公益法人）が消費税法第12条の2第1項《新設法人の納
税義務の免除の特例》等の規定の適用を受ける場合を除き、設立1期及び2
期の納税義務は免除されることとなります。

　なお、課税事業者に該当するかどうかは、基準期間における課税売上高及
び特定期間における課税売上高等が1,000万円を超えるかどうかにより判定
することとなります。

[参　考]　法9①、9の2、基通1－4－6
[関連事例]　問2－4、2－8、7－1、7－3、7－11

人格のない社団がNPO法人となった場合の納税義務

【問7－6】 人格のない社団が特定非営利活動法人（NPO法人）
となった場合、このNPO法人の納税義務はどのようになりますか。

【答】 人格のない社団は消費税法上法人とみなされますが、当該人格のない
社団と新たに設立されたNPO法人とは別事業者であり、新設されたNPO
法人の設立期及び第2期には基準期間の課税売上高がないことから、新設さ
れたNPO法人が消費税法第12条の2第1項《新設法人の納税義務の免除の
特例》等の規定の適用を受ける場合を除き、設立1期及び2期の納税義務は
免除されることとなります。

　ただし、設立2期目については、基準期間がないとしても、特定期間にお
ける課税売上高等が1,000万円超の事業者は課税事業者に該当します。

参　考　法9①、9の2、基通1－4－6

関連事例　問2－4、2－8

第7章　小規模免除

決算期を変更した場合の基準期間

> 【問7－7】　当社は従来9月末決算でしたが、平成31年3月から決算期を3月末に変更しました。
> 　この場合、令和元事業年度（平成31年4月1日〜令和2年3月31日）の基準期間は変更前の事業年度に関係なく、新事業年度を基準とした平成29年4月1日〜平成30年3月31日の期間でよいのでしょうか。

【答】　法人の場合の基準期間は、前々事業年度が1年未満でない限り、事業年度を単位として、2期前にさかのぼった事業年度ということになります。3月末決算法人の場合、令和元事業年度（平成31年4月1日〜令和2年3月31日）の基準期間は前々事業年度、つまり平成29事業年度（平成29年4月1日〜平成30年3月31日）がその基準期間となりますが、御質問の場合のように、前期以前の事業年度の期間が異なる場合であっても、その課税期間の属する事業年度からさかのぼった前々事業年度が基準期間となります。

　したがって、御質問の例によりますと、事業年度を変更する前の平成29事業年度（平成29年10月1日〜平成30年9月30日）がその基準期間となります。

　また、令和2事業年度（令和2年4月1日〜令和3年3月31日）の基準期間については、その前々事業年度（平成30年10月1日〜平成31年3月31日）は決算期の変更を行ったため1年未満となっています。この場合には、その基準期間が1年未満であるとして、令和2事業年度の開始の日の2年前の日（平成30年4月2日）の前日（同年4月1日）からその日以後1年を経過する日までの間に開始した各事業年度を合計した期間となります。

　ところが、この期間に開始した事業年度は平成30事業年度のみということになり、結局、令和2事業年度の基準期間は平成30事業年度の6か月間のみということになります。

　なお、このように基準期間が1年でない場合の「基準期間における課税売

303

上高」は、その基準期間における税抜き課税売上高（売上げに係る税抜対価の返還等の金額を控除した後の金額）をその期間の月数で除し、これに12を乗じて１年分に換算した金額となります。

　また、課税事業者に該当するかどうかは、基準期間における課税売上高及び特定期間における課税売上高等が1,000万円を超えるかどうかにより判定することとなります。

参　考　法２①十四、９②二、９の２
関連事例　問７－１、７－３

免税事業者の判定に係る課税売上高の範囲

【問７－８】　免税事業者に該当するかどうかの判定をする場合の基準期間における課税売上高には、課税資産の譲渡等に係る次のようなものは含まれるのでしょうか。

(1) みなし譲渡の売上高

(2) 事業用固定資産の売却代金

(3) 消費税・地方消費税の額や他の個別消費税の額

(4) 返品、値引、割戻しをした金額

【答】　(1) みなし譲渡の売上高は課税売上高に含めます。

　(注)　みなし譲渡の売上高とは、次のものをいいます。

　　イ　個人事業者が棚卸資産その他の事業用資産を家事のために消費し、又は使用した場合におけるその消費又は使用をした資産の価額に相当する金額（時価）。

　　ロ　法人が資産をその役員に対して贈与した場合におけるその贈与した資産に相当する金額（時価）。

(2) 事業用固定資産の売却代金も課税売上高に含めます。

(3) 消費税及び地方消費税の額は除き、他の個別消費税等の額は課税売上高に含めます。

第7章　小規模免除

　　ただし、軽油引取税、ゴルフ場利用税及び入湯税は、利用者が納税義務
　となっていますから、課税売上高には含まれません。
(4)　返品を受け又は値引、割戻しをした場合の対価の返還等に係る金額（消
　　費税及び地方消費税抜き）は、課税売上高から控除します。
　　　なお、免税事業者に該当するかどうかの判定については、基準期間にお
　ける課税売上高及び特定期間における課税売上高等により判定すること
　となります。

参　考　　法4⑤、9②、9の2、28①、②、基通1－4－2、10－1－11

基準期間が免税事業者であった場合の課税売上高

> 【問7－9】　私は個人事業者として十数年飲食店を経営しています
> が、消費税導入以来免税事業者であり、消費税の申告・納付はして
> いませんでした。
> 　ところが、平成29年分の売上高は1,080万円となりました。
> 　ただし、平成29年分も、その基準期間である平成27年分の課税売
> 上高が1,000万円以下であったため免税事業者に該当しました。こ
> の場合、令和元年分は課税事業者となるのでしょうか。それとも、
> 従来どおり免税事業者となるのでしょうか。

【答】　事業者が免税事業者に該当するかどうかは、その課税期間の基準期間
における課税売上高が1,000万円以下であるかどうかによって判定すること
とされ、この場合の基準期間における課税売上高には消費税及び地方消費税
に相当する額を含まないこととされています。
　この「消費税及び地方消費税に相当する額を含まない」ところの基準期間
における課税売上高は、その課税期間の基準期間において課税事業者であっ
たか免税事業者であったかによって、その算出方法が異なることとなります。
　すなわち、その課税期間の基準期間において課税事業者であったときは、

305

当該基準期間における課税売上高には、その課税資産の譲渡等について課されることとなる消費税及び地方消費税に相当する金額が含まれているわけですから、その課税期間の基準期間における課税売上高は、当該基準期間における課税資産の譲渡等に伴って収受し、又は収受すべき金銭等の合計額に108分の100又は110分の100をそれぞれ乗じた金額となります。

　一方、その課税期間の基準期間において免税事業者であるときは、当該基準期間における課税資産の譲渡等については消費税を納める義務が免除されますから、課税資産の譲渡等に伴って収受し、又は収受すべき金銭等のうちには、課税資産の譲渡等につき課されるべき消費税及び地方消費税に相当する額は含まれていません。

　すなわち、その課税期間の基準期間において免税事業者であるときの基準期間における課税売上高は、課税資産の譲渡等に伴って収受し、又は収受すべき金銭等の全額となります。

　御質問の場合、令和元年分については、免税事業者に該当するかどうかは、基準期間における課税売上高が1,000万円以下であるかどうかによって判定することになり、その基準期間である平成29年自体が免税事業者であったため、基準期間における課税売上高は1,080万円で1,000万円を超えることとなり課税事業者に該当することとなります。

　なお、個人事業者が免税事業者に該当するかどうかは、基準期間における課税売上高及び特定期間（個人事業者の場合は、その年の前年1月1日から6月30日までの期間）における課税売上高等が1,000万円を超えるかどうかにより判定することとなります。

参　考　法2①十四、9②一、9の2、基通1－4－5
関連事例　問7－1、7－3

第7章　小規模免除

前々年の中途で開業した個人事業者

【問7−10】　前々年の中途で事業を開始した個人事業者の「基準期間の課税売上高」は、1年分に換算する必要がありますか。

【答】　個人事業者の基準期間はその年の前々年ですから、その前々年の中途で開業した場合であっても、その前々年における実際の課税売上高（税抜き）が1,000万円を超えるか否かで課税事業者となるかどうかを判定することとなります。

　この場合において、前々年の事業を行っていた期間が1年に満たない場合であっても、法人とは異なり、課税売上高を1年分に換算する必要はありません。

　また、個人事業者が免税事業者に該当するかどうかは、基準期間における課税売上高及び特定期間における課税売上高等による判定を行うこととなりますが、個人事業者の場合、この特定期間は、その年の前年1月1日から6月30日までの期間をいい、この前年の特定期間中に事業を開始した個人事業者については、その事業を開始した日から6月30日までの期間が特定期間となります。

参　考　法2①十四、9②一、9の2、基通1−4−9

個人事業者が法人成りした場合の納税義務

【問7−11】　個人事業者が年の途中で法人成りした場合、前々年の課税売上高が1,000万円を超えていたとしたら、設立した法人に納税義務はありますか。

【答】　納税義務の有無の判定は、事業者単位で行いますので、法人成りする前の個人と法人成り後の法人とは、別々に判断することとなります。

したがって、法人成りした個人事業者の前々年の課税売上高が、1,000万円を超える場合であっても、法人成り後の法人（資本金の額又は出資の金額が1,000万円以上の法人である場合、消費税法第12条の３第１項《特定新規設立法人の納税義務の免除の特例》の適用がある場合、消費税法第12条の４第１項《高額特定資産を取得した場合の納税義務の免除の特例》の適用がある場合及び「課税事業者選択届出書」を提出した場合は除きます。）は、前々年の課税売上高が無いので、納税義務は生じません。

ただし、法人成りした年の個人事業者であった期間は、基準期間の課税売上高が1,000万円を超えていますので、個人事業者であった期間の納税義務は免除されません。

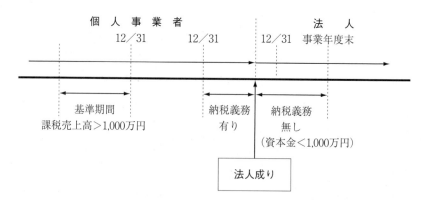

参考　法２①三、四、５①、12の２①、基通１－４－６
関連事例　問２－８、７－５

第7章　小規模免除

基準期間が1年未満の法人の課税売上高

【問7-12】　当社は、前々期に設立した法人ですが、当課税期間の基準期間（つまり前々期）は、4か月間しかありません。

　この場合、当課税期間は課税事業者に該当するかどうかを判断する際の基準期間における課税売上高が1,000万円を超えるかどうかの判定はどのように行うのでしょうか。

【答】　法人の基準期間は、その事業年度の前々事業年度をいいます。その前々事業年度が法人の設立の日の属する事業年度である場合、一般的には、その基準期間は1年に満たない場合が多いのですが、そのような法人の基準期間における課税売上高は1年分に換算し、それにより1,000万円を超えるかどうかの判定を行います。

　すなわち、設立初年度の課税売上高をその事業年度の月数で除し、これに12を乗じて1年分に換算した金額により1,000万円を超えるかどうかの判定を行うことになります。

　なお、上記のような場合、その1年に満たない基準期間の月数は暦に従って計算し、1か月に満たない端数は、これを1か月として計算します。

　御質問にあるように、仮にその月数が4か月であれば、その基準期間の課税売上高を4で除しこれに12を乗じて計算した金額が1,000万円を超えるかどうかにより、当課税期間における消費税の納税義務を判定することになります。

　また、課税事業者に該当するかどうかは、基準期間における課税売上高及び特定期間における課税売上高等が1,000万円を超えるかどうかにより判定することとなります。

参　考　法9②二、③、9の2
関連事例　問7-1、7-3

基準期間における課税売上高の判定単位

【問7−13】 私は、個人で食料品の小売業と駐車場業を営んでいます。

ところで、平成29年分の課税売上高は、食料品小売業に係るものが約800万円で、駐車場業に係るものが約700万円でした。

この場合、それぞれの事業に係る基準期間の課税売上高は1,000万円以下ですから、令和元年は免税事業者になると考えてよいのでしょうか。

【答】 基準期間における課税売上高は事業者単位で判定することになりますので、一の事業者が異なる種類の事業を行う場合又は2以上の事業所を有している場合であっても、それらの事業又は事業所における課税資産の譲渡等の対価の額の合計額（税抜き）により基準期間における課税売上高を算定することになっています。

御質問の場合、基準期間の食料品小売業の売上高と駐車場業の収入の合計額が約1,500万円となり、1,000万円を超えますので、令和元年は消費税の課税事業者となります。

なお、個人事業者が課税事業者に該当するかどうかは、基準期間における課税売上高及び特定期間（個人事業者の場合は、その年の前年1月1日から6月30日までの期間）における課税売上高等が1,000万円を超えるかどうかにより判定することとなります。

参 考 法9①②、9の2、基通1−4−4

310

第7章　小規模免除

輸出免税取引がある場合の基準期間の課税売上高

> 【問7－14】　当社は、輸出取引を頻繁に行っています。
>
> 　ところで、基準期間の課税売上高が1,000万円以下の場合は、消費税を納める義務が免除されるとのことですが、当社の場合、基準期間における売上高は、輸出免税となったものが1億円で、国内向け販売に係る課税売上高が1,000万円ありました。
>
> 　このような場合、基準期間の課税売上高を国内向け販売の課税売上高1,000万円で判定し、1,000万円以下であるとして消費税の納税義務はないことになるのでしょうか。

【答】　基準期間における課税売上高とは、基準期間中に国内において行った課税資産の譲渡等の対価の額（消費税及び地方消費税に相当する金額は除きます。）の合計額から国内において行った課税資産の譲渡等に係る対価の返還等の金額（消費税及び地方消費税に相当する金額は除きます。）の合計額を控除した金額をいいます。

　ところで、基準期間の売上高の中に消費税の輸出免税の対象となるものがあったとしても、それが国内において行った課税資産（ただし、ゼロ税率）の譲渡等の対価であることには変わりがないわけですから、輸出免税売上高も「課税売上高」に含まれることになります。

　御質問の場合、輸出免税分を含めると基準期間における課税売上高は、1億1,000万円となり、1,000万円を超えていますので、当課税期間については消費税の課税事業者となります。

　なお、課税事業者に該当するかどうかは、基準期間における課税売上高及び特定期間における課税売上高等が1,000万円を超えるかどうかにより判定することとなります。

参　考　法2①九、9①②、9の2、28①、基通1－4－2
関連事例　問7－1、7－3

311

「固有事業者」と「受託事業者」の納税義務の免除の判定

【問7－15】 法人課税信託の受託者は、受託者が行う本来業務である固有資産等が帰属する「固有事業者」と信託財産が帰属する「受託事業者」がそれぞれ申告することになるそうですが、小規模事業者に係る納税義務が免除される場合の基準期間における課税売上高の判定はどのようになるのでしょうか。

【答】 固有事業者のその課税期間に係る基準期間における課税売上高は、①当該固有事業者の基準期間における課税売上高と②当該固有事業者に係る各法人課税信託の受託事業者の当該固有事業者の基準期間に対応する期間における課税売上高（固有事業者のその課税期間の基準期間の初日から同日以後1年を経過する日までの間に終了した受託事業者の各事業年度における課税売上高の合計額をいい、当該受託事業者の各事業年度の月数の合計数が12を超える場合には、当該合計額を当該合計数で除し、これに12を乗じて計算した金額をいいます。）との合計額をいいます。

　また、受託事業者のその課税期間に係る基準期間における課税売上高は、当該課税期間の初日の属する当該受託事業者に係る法人課税信託の固有事業者の課税期間の基準期間における課税売上高をいいます。なお、この場合の課税売上高が1,000万円以下である場合においても、受託事業者のその課税期間の初日において、当該受託事業者に係る法人課税信託の固有事業者が、当該初日の属する当該固有事業者の課税期間における課税資産の譲渡等につき課税事業者選択届出書を提出している場合などは小規模事業者に係る納税義務が免除されません。

参　考　法15

第8章

小規模免除の特例

課税事業者となるための届出

【問8-1】 基準期間における課税売上高が1,000万円以下の事業者が消費税の課税事業者となることを選択する場合には、どのような手続が必要ですか。

【答】 基準期間における課税売上高が1,000万円以下の事業者(平成25年1月1日以後に開始する個人事業者のその年又は法人のその事業年度にあっては、併せて、特定期間における課税売上高又は給与等支払額が1,000万円以下の事業者)であっても、納税地の所轄税務署長に対して「消費税課税事業者選択届出書」を提出することにより、消費税の課税事業者となることができます。

この届出は、原則として、この届出書を提出した日の属する課税期間の翌課税期間から効力を有することとなり、届出の効力が発生した後は、基準期間(前々年又は前々事業年度)の課税売上高が1,000万円を超えることがあっても「消費税課税事業者選択不適用届出書」を提出しない限り、その効力は消滅しません。

なお、消費税課税事業者選択届出書を提出した課税期間が課税資産の譲渡等に係る事業を開始した課税期間である場合には、その課税期間から届出の

313

効力が生ずることとされています。（この場合であっても、事業を開始した
課税期間の翌課税期間から課税事業者を選択することもできます。）

参考　法9④⑤、9の2、令20、基通1－4－14、様式通達第1号様式、第2号
　　　様式

新たに法人を設立した場合の課税事業者の選択

> 【問8－2】　当社は、令和元年7月11日に資本金500万円で設立し
> た3月末決算の株式会社です。
> 　主として輸出取引を行うため、設立初年度より消費税の課税事業
> 者を選択しようと考えています。
> 　この場合、「消費税課税事業者選択届出書」をいつまでに納税地
> 所轄税務署長に提出すればよいのでしょうか。

【答】「消費税課税事業者選択届出書」は、原則として、提出した日の属す
る課税期間の翌課税期間からその効力を有することになっていますが、特例
として、次の課税期間中に提出した場合は、当該課税期間から効力が発生す
ることになっています。

1　事業者が国内において課税資産の譲渡等に係る事業を開始した日の属す
　る課税期間（法人が新設合併によりその事業を承継した場合における当該
　合併のあった日の属する課税期間を含みます。）

2　事業を営んでいない相続人が相続により被相続人の事業を承継した場合
　又は個人事業者が相続により課税事業者の選択の規定の適用を受けていた
　被相続人の事業を承継した場合における当該相続があった日の属する課税期
　間

3　法人が合併（合併により法人を設立する場合を除きます。）により課税
　事業者の選択の規定の適用を受けていた被合併法人の事業を承継した場合
　における当該合併があった日の属する課税期間

314

第8章　小規模免除の特例

4　法人が新設分割によりその事業を承継した場合又は吸収分割により課税
　事業者の選択の規定の適用を受けていた分割法人の事業を承継した場合に
　おける当該新設分割又は吸収分割があった日の属する課税期間

　ところで、御質問の場合は、上記1の場合に該当しますから、設立課税期間（令和元年7月11日～令和2年3月31日）の間に課税事業者選択届出書を納税地所轄税務署長に提出すれば、設立当初よりその効力が発生し、同課税期間から、課税事業者となります。

（注）　基準期間がない法人（社会福祉法人を除きます。）のうち、その事業年度開始の日における資本金の額又は出資の金額が1,000万円以上である法人は、その基準期間のない事業年度については、消費税の納税義務は免除されません。

参　考　法9④、12の2①、令20、基通1-4-13、1-4-13の2、様式通達第1号様式

課税事業者の選択の取りやめ

【問8-3】　これまで消費税の課税事業者を選択していましたが、今回、これを取りやめたいと思います。

　その手続について教えてください。

【答】　納税地の所轄税務署長に対して「消費税課税事業者選択不適用届出書」（不適用届出書）を提出することにより、消費税の課税事業者の選択を取りやめることができます。

　この届出書の提出があったときは、その提出があった日の属する課税期間の末日の翌日以後は、先に提出した「消費税課税事業者選択届出書」（選択届出書）の効力がなくなります。

　なお、この不適用届出書は、事業を廃止した場合を除き、先に提出した選択届出書の効力が発生した課税期間（通常、選択届出書の提出日の属する課税期間の翌課税期間）の初日から2年を経過する日の属する課税期間の初日

315

以後でなければ提出できないこととされています。

　また、選択届出書を提出し、平成22年4月1日以後開始する課税期間から課税事業者となる場合で課税事業者となった課税期間の初日から2年を経過する日までの間に開始した各課税期間中に調整対象固定資産の課税仕入れを行い、かつ、その仕入れた日の属する課税期間の消費税の確定申告を一般課税で行う場合は、調整対象固定資産の課税仕入れを行った日の属する課税期間の初日から3年を経過する日の属する課税期間の初日以後でなければ、不適用届出書を提出することはできません。

・「2年を経過する日の属する課税期間の初日以後」とは
（個人事業者及び12月末決算法人）
① 効力の生ずる日　　　平30.1.1
② 2年を経過する日　　　令元.12.31
③ ②の属する課税期間　　平31.1.1～令元.12.31
④ 不適用届出書提出可能　平31.1.1～

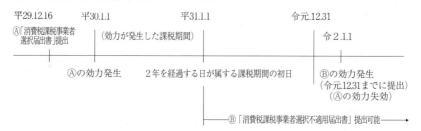

参考　法9⑤～⑦、様式通達第2号様式

第8章　小規模免除の特例

相続があった場合の納税義務の免除の特例

【問8-4】　私はサラリーマンですが、わずかながら貸家（事務所用）収入もあります。

　例年、課税売上高は1,000万円以下で、令和元年も基準期間の課税売上高は1,000万円以下であるため、消費税の免税事業者となります。

　ところが、平成31年4月、課税事業者であった父（基準期間における課税売上高は約2,000万円）が死亡したため相続により父が営んでいた食料品小売業を承継しました。この場合でも、私は免税事業者になると考えてよいでしょうか。

【答】　その年に相続があった場合において、その年の基準期間における課税売上高が1,000万円以下である相続人が、その基準期間における課税売上高が1,000万円を超える被相続人の事業を承継したときは、その相続人の相続があった日の翌日からその年の12月31日までの間における課税資産の譲渡等については、消費税の納税義務は免除されません。

　したがって、御質問の場合、お父さんが亡くなられた日の翌日以後の期間については、その課税資産の譲渡等（あなたの貸家収入も含めます。）について、消費税が課税されることになります。

参考　法10①、基通1-5-1、1-5-4

317

前年又は前々年に相続があった場合の納税義務の免除の特例

【問8−5】 私は、食料品の小売業を営んでおり、平成29年分の課税売上高が1,000万円以下ですが、平成30年2月に父が死亡したため父が営んでいた雑貨品小売業を相続により承継しました。

この場合、私は令和元年分について、免税事業者となることができるでしょうか。

【答】 その年の前年又は前々年において、相続により被相続人の事業を承継した相続人のその年の基準期間における課税売上高が1,000万円以下である場合において、その相続人のその基準期間における課税売上高と被相続人のその基準期間における課税売上高との合計額が1,000万円を超える時には、相続人のその年における消費税の納税義務は免除されません。

したがって、平成29年分（基準期間）におけるあなたの課税売上高とあなたのお父さんが営んでおられた雑貨品小売業に係る課税売上高との合計額が1,000万円を超えていれば、令和元年分については課税の対象となります。

なお、課税事業者に該当するかどうかは、基準期間における課税売上高及び特定期間における課税売上高等が1,000万円を超えるかどうかにより判定することとなります。

参 考 法9①、9の2、10②、基通1−5−1、1−5−4

第8章　小規模免除の特例

合併があった事業年度の納税義務の免除の特例

> 【問8−6】　当社は、基準期間における課税売上高が1,000万円以下であるため、当課税期間は、免税事業者となるところですが、当課税期間中に年商約5,000万円のA社を吸収合併しました。
>
> 　このような場合、合併後も引き続き当課税期間は消費税の免税事業者として取り扱ってよいでしょうか。

【答】　事業年度の中途で他の法人を合併により吸収した場合、その合併事業年度の基準期間における課税売上高が1,000万円以下であっても、吸収した各被合併法人の合併があった日の属する事業年度の基準期間に対応する期間における課税売上高のいずれかが1,000万円を超えているときは、合併法人の合併があった日から合併があった日の属する事業年度終了の日までの間における課税資産の譲渡等については、消費税の納税義務は免除されません。

　御質問の場合、吸収合併したA社の年商は5,000万円とのことですが、その合併の日の属する事業年度に係る基準期間に対応する期間の課税売上高も5,000万円程度あるのであれば、優に1,000万円は超えることになりますので、合併があった日から合併事業年度終了の日までの間については、貴社は消費税の課税事業者となります。

　なお、課税事業者に該当するかどうかは、基準期間における課税売上高及び特定期間における課税売上高等が1,000万円を超えるかどうかにより判定することとなります。

[参　考]　法9の2、11①、基通1−5−6
[関連事例]　問7−1、7−3

319

前事業年度又は前々事業年度に合併があった場合の納税義務の免除の特例

【問8－7】 前事業年度又は前々事業年度に他の法人を吸収合併した場合の消費税の納税義務の判定についても、何か特別な規定があるのでしょうか。

【答】 その事業年度の基準期間の初日の翌日からその事業年度開始の日の前日までの間に吸収合併があった場合は、合併法人のその基準期間における課税売上高がたとえ1,000万円以下であったとしても、合併法人のその基準期間における課税売上高とその基準期間に対応する期間の被合併法人の課税売上高として計算した金額との合計額が1,000万円を超える場合には、合併法人のその事業年度については、消費税の納税義務は免除されません。

なお、「その基準期間に対応する期間の被合併法人の課税売上高として計算した金額」は、合併法人のその基準期間の初日の翌日から1年を経過する日までの間に終了した被合併法人の各事業年度の課税売上高の合計額をその各事業年度の合計月数で除し、これに12を乗じて計算した金額（その吸収合併が基準期間（＝前々事業年度）中にあった場合には、その計算した金額をその基準期間に含まれる事業年度の合計月数で除し、これにその基準期間の初日から合併があった日の前日までの期間の月数を乗じて計算した金額）とされています。

したがって、これに合併法人のその基準期間の課税売上高を加算して、1,000万円以下となるかどうかにより当課税期間の消費税の納税義務を判定することになります。

また、課税事業者に該当するかどうかは、基準期間における課税売上高及び特定期間における課税売上高等が1,000万円を超えるかどうかにより判定することとなります。

参考 法9の2、11②、令22②、基通1－5－6、1－5－7
関連事例 問7－1、7－3

第8章 小規模免除の特例

分割があった事業年度の納税義務の免除の特例

> 【問8－8】 当社は会社組織の再編成を目的として会社の分割を計
> 画しています。
>
> 　会社分割には新しく設立する会社に営業を承継させる新設分割
> （会社法762条）と、既存の会社に営業を承継させる吸収分割（会
> 社法757条）がありますが、消費税の納税義務はどのようになりま
> すか。

【答】 分割があった場合の納税義務について、次のように規定されています。

1 分割があった日の属する事業年度及び当該事業年度の翌事業年度

　(1) 分割等（新設分割・一定の現物出資による法人の設立・一定の事後設
　　　立）の場合の新設分割子法人

　　　分割等により新たに設立された新設分割子法人の基準期間のない事業
　　年度については、分割等を行った各新設分割親法人の新設分割子法人の
　　基準期間に対応する期間における課税売上高のうちいずれかが1,000万
　　円を超える場合は、納税義務は免除されません。

　　　なお、上記以外であっても新設法人（資本金の額又は出資の金額が
　　1,000万円以上）に該当する場合には、納税義務は免除されません。

　(2) 分割等の場合の新設分割親法人

　　　新設分割親法人の基準期間における課税売上高により判定します。

　(3) 吸収分割の場合の分割承継法人

　　　分割により営業の全部又は一部を承継した分割承継法人の基準期間に
　　おける課税売上高又はこの分割承継法人の基準期間に対応する期間にお
　　ける各分割法人の課税売上高のうちいずれかが1,000万円を超える場合は、
　　納税義務は免除されません。

　(4) 吸収分割の場合の分割法人

　　　分割法人の基準期間における課税売上高により判定します。

321

2 分割があった日の属する事業年度の翌々事業年度以降

(1) 新設分割子法人(新設分割親法人が1社の場合に限ります。)

　　新設分割子法人がその事業年度の基準期間の末日において特定要件(注)に該当し、かつ、新設分割子法人の基準期間における課税売上高とこの新設分割子法人の基準期間に対応する期間における新設分割親法人の課税売上高との合計額が1,000万円を超える場合は、納税義務は免除されません。

(2) 新設分割親法人(新設分割親法人が1社の場合に限ります。)

　　新設分割子法人がその事業年度の基準期間の末日において特定要件に該当し、かつ、新設分割親法人の基準期間における課税売上高とこの新設分割親法人の基準期間に対応する期間における新設分割子法人の課税売上高との合計額が1,000万円を超える場合は、納税義務は免除されません。

(3) 吸収分割の場合の分割承継法人

　　分割承継法人の基準期間における課税売上高によって判断します。

(4) 吸収分割の場合の分割法人

　　分割法人の基準期間における課税売上高によって判断します。

(注)1　特定要件とは、新設分割子法人の発行済株式の総数又は出資金額(平成15年4月1日以後、その新設分割子法人が有する自己の株式又は出資を除きます。)の100分の50を超える数の株式又は出資の金額が新設分割親法人及びこの新設分割親法人と消費税法施行令第24条に定める特殊な関係にある者の所得に属することをいいます。

　　2　課税事業者に該当するかどうかは、基準期間における課税売上高及び特定期間における課税売上高等が1,000万円を超えるかどうかにより判定することとなります。

参　考　法9の2、12、12の2①、令24、基通1-5-6の2

関連事例　問7-1、7-3

第8章　小規模免除の特例

新設法人における納税義務の免除の特例

【問8－9】　当社は、令和元年8月25日に新規開業した資本金1,000万円の法人です。

　ところで、基準期間における課税売上高が1,000万円以下である場合は、消費税の納税義務は免除されると聞いていますが、当社の場合、少なくとも1期目と2期目は基準期間自体が存在しないため、消費税の納税義務は免除されることになるのでしょうか。

【答】　新たに設立された法人の場合、設立当初の2年間は、基準期間の課税売上高がないことから、原則として、納税義務が免除されます。

　ただし、基準期間のない事業年度であっても、その開始の日における資本金の額又は出資の金額が1,000万円以上の法人（社会福祉法人を除きます。）等については、納税義務が免除されません。

　したがって、貴社の場合、第1期目の開始の日における資本金が1,000万円ですので、納税義務が免除されません。

　また、第2期目についても、その事業年度の開始の日における資本金が1,000万円であれば、第1期目と同様に納税義務が免除されません。

　さらに、法人の設立事由が合併若しくは分割等によるものである場合は、納税義務が免除されないことがあります。

　なお、納税義務が免除される新設法人であっても、選択により課税事業者となることができます。

参考　法9①④、11～12、12の2①、基通1－4－6、1－5－17

323

設立後２期目に「新設法人」に該当する場合の納税義務の免除の特例

【問8－10】 当社は、令和元年８月25日に資本金300万円で設立した株式会社です。（消費税法第12条の３第１項《特定新規設立法人の納税義務の免除の特例》の適用はありません。）

ところで、当社は資本金が1,000万円未満であるため、消費税法第12条の２第１項《新設法人の納税義務の免除の特例》の規定は適用されず、基準期間における課税売上高が存在しない設立後１期目と２期目は、消費税の納税義務が免除されることとなりますが、例えば、１期目の中途で資本金を1,000万円に増資した場合は、２期目の消費税の納税義務はどうなるのでしょうか。

【答】 消費税法第12条の２第１項の規定が適用され、消費税の納税義務が免除されない「新設法人」とは、基準期間がない法人（社会福祉法人を除きます。）のうち、その事業年度開始の日における資本金の額又は出資の金額が1,000万円以上である法人をいうこととされており、新規に設立した事業年度に限らず、当該設立した事業年度以後の事業年度であっても、基準期間がなく、かつ、その事業年度開始の日における資本金の額又は出資の金額が1,000万円以上である法人はこれに含まれることとされています。

したがって、御質問の場合のように、１期目の中途で資本金を1,000万円に増資した場合の２期目は「新設法人」に該当し、消費税の納税義務は免除されないこととなります。

参考 法12の２①、基通１－５－15

第8章　小規模免除の特例

新設法人の範囲

【問8−11】 消費税法第12条の２第１項《新設法人の納税義務の免除の特例》の規定により設立当初の２年間について納税義務が免除されないこととなる資本金の額又は出資の金額が1,000万円以上である法人とは、法人税法第２条第９号《定義》に規定する普通法人のみが対象となるのでしょうか。

【答】　株式会社等の普通法人に限らず、農業協同組合や公益法人のうち出資を受け入れることとしているもの、また、地方公営企業等も出資の金額が1,000万円以上であれば、消費税法第12条の２第１項《新設法人の納税義務の免除の特例》の規定の適用の対象となります。

　ただし、社会福祉法人は、通常非課税資産の譲渡等のみを行っていることから、出資を受け入れることとなっている場合であっても、同条の規定の適用はしないこととされています。

参　考　法12の２①、令25、基通１−５−16

325

外国法人である「新設法人」

> **【問8-12】** 消費税法第12条の2第1項《新設法人の納税義務の免除の特例》の規定は国外に本店又は主たる事務所を有する法人（外国法人）についても適用されるのでしょうか。
>
> また、同法に規定する「新設法人」とは、基準期間のない法人のうち、事業年度開始の日における資本金の額又は出資の金額が1,000万円以上である法人をいいますが、外国法人にも同法の適用があるとした場合、「資本金の額又は出資」の金額は何に基づいて判定するのでしょうか。

【答】 消費税法第12条の2第1項で規定する「新設法人」は、内国法人に限るものではありませんから、外国法人であっても、当該外国法人がその本国において設立されてから2年間は、その事業年度開始の日における資本金の額又は出資の金額が1,000万円以上である限り新設法人に該当し、国内において課税資産の譲渡等を行う場合は、消費税の納税義務は免除されないこととなります。

また、この場合の「資本金の額又は出資の金額」は、設立初年度については、その事業年度開始の日における当該外国法人の日本国内での登記上の資本金の額又は出資の金額により判定し、第2年度については、前事業年度の貸借対照表に記載された資本金の額又は出資の金額により判定することとなります。

なお、この場合の資本金の額又は出資の金額が、外国通貨で表示されている場合の円貨への換算は、法人税基本通達20-3-14《資本金の額等の円換算》の考え方を準用し、当該事業年度開始の日における電信売買相場の仲値（T. T. M）により換算することとなります。

参考 法12の2①、法基通20-3-14

関連事例 問2-2、2-3

第8章　小規模免除の特例

新設法人に該当する場合の届出

> **【問8－13】**　当社は、令和元年8月25日に設立した7月末決算法人
> ですが、資本金が1,000万円であるため消費税法第12条の2の新設
> 法人に該当し、1期目及び2期目は課税事業者となります。
>
> 　この場合、何か届出の必要はあるのでしょうか。
>
> 　また、3期目が、引き続き課税事業者となる場合及び免税事業者
> となる場合のそれぞれについて、どのような届出が必要なのか教え
> てください。

【答】　消費税法第12条の2第1項の新設法人に該当することとなった事業者
は、「消費税の新設法人に該当する旨の届出書」を速やかに納税地を所轄す
る税務署長に提出することとされています。

　ただし、法人を新設した場合は、法人税法第148条《内国普通法人等の設
立の届出》の規定により法人設立届出書を提出することになりますから、こ
の設立届出書に消費税法第12条の2第1項の規定の適用がある新設法人に該
当する旨及び消費税法施行規則第26条第5項各号に規定する事項の記載があ
る場合は、別途「消費税の新設法人に該当する旨の届出書」を提出する必要
はありません。

　次に3期目については、令和3年8月1日に事業年度が開始しますから、
基準期間（1期目）における課税売上高が1,000万円を超える場合には、課
税事業者に該当するため、「消費税課税事業者届出書」を提出する必要があ
りますが、免税事業者となる場合は、特段の届出書の提出の必要はありませ
ん。

　なお、課税事業者に該当するかどうかは、基準期間における課税売上高及
び特定期間における課税売上高等が1,000万円を超えるかどうかにより判定
することとなります。

　（参考）　消費税法施行規則第26条第5項各号の記載事項

327

一 届出者の名称及び納税地

二 届出者の行う事業の内容

三 設立の年月日

四 事業年度の開始及び終了の日

五 消費税法第12条の２第１項に規定する新設法人に該当することとなった
事業年度の開始の年月日

六 五の事業年度の開始の日における資本金の額又は出資の金額

七 その他参考となるべき事項

参 考　法９①、９の２、57①一、②、規26⑤、基通１－５－18、１－５－20、様
式通達第３号様式、第10－(2)号様式

関連事例　問７－１、７－３

新設法人と簡易課税制度の適用

【問８－14】　当社は、令和元年８月25日に設立した６月末決算の株
式会社ですが、資本金は1,000万円であるため、消費税法第12条の
２第１項の新設法人に該当しますので、１期目から消費税の納税義
務が発生します。

　ところで、当社の１期目及び２期目について仕入控除税額の計算
に当たり、簡易課税制度を適用することができるでしょうか。

【答】　御質問の場合のように、基準期間がない法人（社会福祉法人を除きま
す。）のうち、その事業年度開始の日における資本金の額又は出資の金額が
1,000万円以上である法人は、新設法人に該当し、消費税の納税義務は免除
されないこととなります。

　一方、簡易課税制度は、基準期間における課税売上高が5,000万円以下で
ある課税期間について、適用することができます。

　したがって、貴社の場合は、自令元.8.25～至令２.6.30課税期間及び自令
２.7.1～至令３.6.30課税期間は、基準期間における課税売上高はないため、

簡易課税制度を選択することができます。

　なお、簡易課税制度を選択する場合は、その適用を受けようとする課税期間の開始の日の前日までに「消費税簡易課税制度選択届出書」を納税地所轄税務署長に提出する必要がありますが、新たに国内において課税資産の譲渡等に係る事業を開始した日の属する課税期間については、その課税期間の末日までに提出すれば、当該課税期間から簡易課税制度を適用することができます。

　したがって、貴社の場合、令和２年６月30日までに「消費税簡易課税制度選択届出書」を提出すれば、１期目から簡易課税制度を適用することができます。

参　考　法９の２、12の２①、37、令56一、基通１－５－19、様式通達第24号様式

特定新規設立法人の納税義務の免除の特例

> **【問８－15】**　特定新規設立法人の納税義務の免除の特例の概要について教えてください。

【答】　その事業年度の基準期間がない法人で、その事業年度開始の日における資本金の額又は出資の金額が1,000万円未満の法人（新規設立法人）のうち、次の①、②のいずれの要件にも該当する法人（特定新規設立法人）については、当該特定新規設立法人の基準期間がない事業年度に含まれる各課税期間における課税資産の譲渡等については、納税義務が免除されないこととなります。

①　その基準期間がない事業年度開始の日において、他の者により当該新規設立法人の株式等の50％超を直接又は間接に保有される場合など、他の者により当該新規設立法人が支配される一定の場合（特定要件）に該当すること

②　①の特定要件に該当するかどうかの判定の基礎となった他の者及び当該他の者と一定の特殊な関係にある法人のうち、いずれかの者（判定対象者）の当該新規設立法人の当該事業年度の基準期間に相当する期間（基準期間

相当期間）における課税売上高が５億円を超えていること

《適用例》

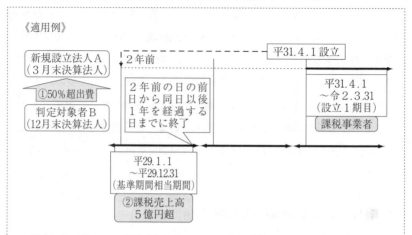

　平成31年４月１日に設立された法人Aは、①基準期間がない事業年度開始の日（平成31年４月１日）において、法人Bによりその株式等の50％超を保有されており、かつ、②「基準期間相当期間」における課税売上高が５億円を超えているため、当該基準期間がない事業年度（平成31年４月１日～令和２年３月31日）の納税義務は免除されないことになります。
　なお、基準期間がない事業年度（設立１期目、２期目）について、それぞれ納税義務を判定する必要があります。

　本特例が適用される特定新規設立法人に該当することとなった場合には、「消費税の特定新規設立法人に該当する旨の届出書」を速やかに納税地の所轄税務署長に提出する必要があります。

　なお、消費税法第12条の２の適用を受ける法人（新設法人）及び社会福祉法第22条《定義》に規定する社会福祉法人に対しては、本特例は適用されませんので御注意ください。

　また、当該特定新規設立法人が、その基準期間がない事業年度に含まれる各課税期間中に調整対象固定資産の仕入れ等を行った場合については、消費税法第12条の２第２項及び第３項の規定が準用されます。

参考　法12の２②③、12の３、基通１－５－15の２
関連事例　問８－16、問８－17、問８－18

第8章　小規模免除の特例

他の者により新規設立法人が支配される一定の場合（特定要件）

【問8－16】　特定新規設立法人の納税義務の免除の特例において、
「他の者により新規設立法人が支配される場合」とは、具体的にど
のような場合でしょうか。

【答】　特定新規設立法人の納税義務の免除の特例が適用されるためには、そ
の基準期間がない事業年度開始の日において、他の者により新規設立法人が
支配される場合（特定要件）に該当する必要があります。

　ここにいう「他の者により新規設立法人が支配される場合」とは、次のい
ずれかの場合をいいます。

	区　　　　分
1	他の者が、新規設立法人の発行済株式又は出資（当該新規設立法人が有する自己株式又は出資を除きます。2において同じ。）の総数又は総額の50％超の株式又は出資を有する場合
2	他の者及び次に掲げる者が、新規設立法人の発行済株式又は出資の総数又は総額の50％超の株式又は出資を有する場合 イ　他の者の親族等 ロ　他の者（親族等を含みます。）が完全に支配している他の法人 ハ　他の者（親族等を含みます。）及び上記ロの法人が完全に支配している他の法人 ニ　他の者（親族等を含みます。）並びに上記ロ及びハの法人が完全に支配している他の法人
3	他の者及び上記2イからニに該当する者が、新規設立法人の次に掲げる議決権のいずれかにつき、その総数（当該議決権を行使することができない株主等が有する議決権の数を除きます。）の50％超を有する場合 イ　事業の全部若しくは重要な部分の譲渡、解散、継続、合併、分割、株式交換、株式移転又は現物出資に関する決議に係る議決権 ロ　役員（法人税法第2条第15号《定義》に規定する役員をいいます。ハにおいて同じ。）の選任及び解任に関する決議に係る議決権 ハ　役員の報酬、賞与その他の職務執行の対価として法人が供与する財産上の利益に関する事項についての決議に係る議決権 ニ　剰余金の配当又は利益の配当に関する決議に係る議決権

331

4	他の者及び上記2イからニに該当する者が、新規設立法人の株主等（合名会社、合資会社又は合同会社の社員（当該新規設立法人が業務を執行する社員を定めた場合にあっては、業務を執行する社員）に限ります。）の総数の半数を超える数を占める場合

　なお、2イにいう「親族等」とは、次に掲げる者をいいます。

	区　　　分
(1)	当該他の者の親族
(2)	当該他の者と婚姻の届出をしていないが、事実上婚姻関係と同様の事情にある者
(3)	当該他の者（個人である場合に限ります。）の使用人
(4)	上記(1)から(3)までに掲げる者以外の者で、当該他の者から受ける金銭その他の資産によって生計を維持しているもの
(5)	上記(2)から(4)までに掲げる者と生計を一にするこれらの者の親族

　また、2ロ〜ニにいう「完全に支配している」とは、次に掲げる場合をいいます。

	区　　　分
(1)	他の法人の発行済株式又は出資（その有する自己株式又は出資を除きます。）の全部を有する場合
(2)	他の法人の次に掲げる議決権のいずれかにつき、その総数（当該議決権を行使することができない株主等が有する当該議決権の数を除きます。）の全部を有する場合 　イ　事業の全部若しくは重要な部分の譲渡、解散、継続、合併、分割、株式交換、株式移転又は現物出資に関する決議に係る議決権 　ロ　役員（法人税法第2条第15号《定義》に規定する役員をいいます。ハにおいて同じ。）の選任及び解任に関する決議に係る議決権 　ハ　役員の報酬、賞与その他の職務執行の対価として法人が供与する財産上の利益に関する事項についての決議に係る議決権 　ニ　剰余金の配当又は利益の配当に関する決議に係る議決権
(3)	他の法人の株主等（合名会社、合資会社又は合同会社の社員（当該他の法人が業務を執行する社員を定めた場合にあっては、業務を執行する社員）に限ります。）の全部を占める場合

参　考　法12の3①、令25の2、基通1−5−15の2

関連事例　問8−15、8−17

第8章　小規模免除の特例

特定要件の判定の基礎となった他の者の特殊関係法人の範囲

【問8−17】　特定新規設立法人の納税義務の免除の特例において、特定要件の判定の基礎となる「当該他の者と特殊な関係にある法人」とは、具体的にどのような法人でしょうか。

【答】　特定新規設立法人の納税義務の免除の特例が適用されるためには、特定要件に該当するかどうかの判定の基礎となった他の者及び当該他の者と特殊な関係にある法人のうち、いずれかの者（判定対象者）の当該新規設立法人の当該事業年度の基準期間に相当する期間（基準期間相当期間）における課税売上高が5億円を超えている必要があります。

　ここにいう特定要件の判定の基礎となる「当該他の者と特殊な関係にある法人」とは、次に掲げるもののうち、非支配特殊関係法人以外の法人をいいます。

	区　　　分
1	他の者（新規設立法人の株主等である者に限り、当該他の者が個人である場合には当該他の者の親族等を含みます。以下2、3において同じ。）が完全に支配している法人
2	他の者及び上記1の法人が完全に支配している法人
3	他の者並びに上記1及び2の法人が完全に支配している法人

　なお、非支配特殊関係法人とは、次に掲げる法人をいいます。

	区　　　分
(1)	他の者（新規設立法人の株主等である者に限ります。）と生計を一にしない親族等（以下「別生計親族等」といいます。）が完全に支配している法人
(2)	別生計親族等及び上記(1)の法人が完全に支配している法人
(3)	別生計親族等並びに上記(1)及び(2)の法人が完全に支配している法人

参考　法12の3①、令25の3、基通1−5−15の2

関連事例　問8−15、8−16

333

判定対象者の新規設立法人の当該事業年度の基準期間相当期間

> 【問8－18】　特定新規設立法人の納税義務の免除の特例において、判定対象者の「当該新規設立法人の当該事業年度の基準期間に相当する期間（基準期間相当期間）」とは、具体的にどの期間でしょうか。

【答】　特定新規設立法人の納税義務の免除の特例が適用されるためには、特定要件に該当するかどうかの判定の基礎となった他の者及び当該他の者と特殊な関係にある法人のうち、いずれかの者（判定対象者）の当該新規設立法人の当該事業年度の基準期間に相当する期間（基準期間相当期間）における課税売上高が5億円を超えている必要があります。

　ここにいう判定対象者の「当該新規設立法人の当該事業年度の基準期間に相当する期間（基準期間相当期間）」とは、次に掲げる期間をいいます。

1　判定対象者が個人事業者である場合

	区　　分	基準期間相当期間
1	新規設立法人の新設開始日の2年前の日の前日から同日以後1年を経過する日までの間に12月31日が到来する年において、個人事業者であった場合	前々年
2	新規設立法人の新設開始日の1年前の日の前日から当該新設開始日の前日までの間に12月31日が到来する年（当該12月31日の翌日から当該新設開始日の前日までの期間が2か月未満であるものを除きます。）において、個人事業者であった場合（上記1に該当し、かつ、上記1に掲げる基準期間相当期間における課税売上高が5億円超の場合を除きます。）	前　年
3	新規設立法人の新設開始日の1年前の日の前日から当該新設開始日の前日までの間に6月30日が到来する年（当該6月30日の翌日から当該新設開始日の前日までの期間が2か月未満であるものを除きます。）において、個人事業者であった場合（上記1又は2に該当し、かつ、上記1又は2に掲げる基準期間相当期間における課税売上高が5億円超の場合を除きます。）	前年の1月1日から6月30日までの期間

第8章　小規模免除の特例

2　判定対象者が法人である場合

	区　　　分	基準期間相当期間
1	新規設立法人の新設開始日の2年前の日の前日から同日以後1年を経過する日までの間に終了した各事業年度がある場合	当該各事業年度を合わせた期間
2	新規設立法人の新設開始日の1年前の日の前日から当該新設開始日の前日までの間に終了した各事業年度（その終了する日の翌日から当該新設開始日の前日までの期間が2か月未満であるものを除きます。）がある場合（上記1に該当し、かつ、上記1に掲げる基準期間相当期間における課税売上高が5億円超の場合を除きます。）	当該各事業年度を合わせた期間
3	新規設立法人の新設開始日の1年前の日の前日から当該新設開始日の前日までの間に事業年度（判定対象者が上記1、2に該当するときは、上記1、2の基準期間相当期間に含まれる各事業年度を除きます。）開始の日以後6か月の期間（当該6か月の期間の末日の翌日から当該新設開始日の前日までの期間が2か月未満であるものを除きます。）の末日が到来する場合（上記1又は2に該当し、かつ、上記1又は2に掲げる基準期間相当期間における課税売上高が5億円超の場合を除きます。）	当該6か月の期間

【参　考】　法12の3①、令25の4

【関連事例】　問8-15

335

高額特定資産を取得した場合の納税義務の免除等の特例

> **【問8－19】** 1,000万円以上の棚卸資産等を仕入れた場合に、事業者免税点制度や簡易課税制度が一定期間制限されると聞きましたが、その概要を教えてください。

【答】 事業者が事業者免税点制度及び簡易課税制度の適用を受けない課税期間中に高額特定資産（※1）の仕入れ等を行った場合には、当該高額特定資産の仕入れ等の日の属する課税期間の翌課税期間から、当該高額特定資産の仕入れ等の日の属する課税期間の初日以後3年を経過する日の属する課税期間までの各課税期間においては、事業者免税点制度の適用及び簡易課税制度を選択して申告することができません【参考1】。

　また、自己建設高額特定資産（※2）については、当該自己建設高額特定資産の建設等に要した仕入れ等の支払対価の額（事業者免税点制度及び簡易課税制度の適用を受けない課税期間において行った原材料費及び経費に係るものに限り、消費税に相当する額を除きます。）の累計額が、1,000万円以上となった日の属する課税期間の翌課税期間から、当該建設等が完了した日の属する課税期間の初日以後3年を経過する日の属する課税期間までの各課税期間においては、事業者免税点制度の適用及び簡易課税制度を選択して申告することができません【参考2】。

　なお、これらの特例は、平成28年4月1日以後に高額特定資産の仕入れ等を行った場合に適用されます。

　なお、経過措置として、平成27年12月31日までに締結した契約に基づき、平成28年4月1日以後に高額特定資産の仕入れ等を行った場合には、当該特例の適用はありません。

　※1　高額特定資産
　　　　一の取引の単位につき、課税仕入れに係る支払対価の額（税抜き）が1,000万円以上の棚卸資産又は調整対象固定資産（※3）

※2 自己建設高額特定資産

他の者との契約に基づき、又はその事業者の棚卸資産若しくは調整対象固定資産として、自ら建設等をした高額特定資産

※3 調整対象固定資産

棚卸資産以外の資産で、建物及びその附属設備、構築物、機械及び装置、船舶、航空機、車両及び運搬具、工具、器具及び備品、鉱業権等の無形固定資産その他の資産で、一の取引の単位につき、課税仕入れに係る支払対価の額（税抜き）が100万円以上の資産

【参考1】

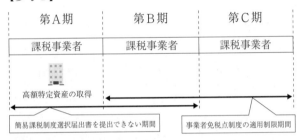

【参考2】

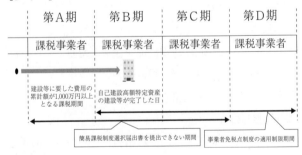

参考　法12の4、令25の5

第9章

資産の譲渡等の時期

資産の譲渡等を行った時の意義

【問9－1】 「資産の譲渡等を行った時」とは、資産の引渡しの日
をいうのでしょうか。

【答】「資産の譲渡等を行った時」とは、原則として次に掲げる資産の譲渡
等に応じ、それぞれ次に掲げる日をいいます。

① 棚卸資産の譲渡……引渡しの日

② 委託販売による資産の譲渡……受託者が委託品を譲渡した日

③ 目的物の引渡しを要する請負……目的物の引渡しの日

④ 目的物の引渡しを要しない請負……役務の提供を完了した日

⑤ 固定資産の譲渡……引渡しの日

⑥ 賃貸借契約に基づく資産の貸付け……契約又は慣習により賃貸料の支払
　　　　　　　　　　　　　　　　　　　いを受けるべき日

参 考　基通9－1－1、9－1－3、9－1－5、9－1－6、9－1－13、9
－1－20

第9章　資産の譲渡等の時期

長期の手形で受け取る場合のキャッシュベース処理

> 【問9-2】　大規模なビル建設工事の請負代金を長期の手形で受け取る場合には、キャッシュベースで処理してもよいでしょうか。

【答】　消費税の納税義務の成立の時期は、課税資産の譲渡等があった時であり、代金を受け取った時ではありません。

　したがって、御質問の場合には、請負の目的物である建物を引き渡した日が、納税義務の成立の時期となります。

　なお、そのビル工事を延払条件付きで請け負った場合において、所得税法又は法人税法上の延払基準の方法等により経理することとしているときは、賦払金の支払期日の属する課税期間に当該賦払金に係る課税資産の譲渡等を行ったものとすることができる特例が設けられています。

参　考　法16、基通9-1-5、9-3-1

委託販売による資産の譲渡の時期

> 【問9-3】　当社は、自社で製造した製品の一部についてA社に販売を委託しています。
> 　この場合、当社の資産の譲渡の時期は、どのようになるのでしょうか。

【答】　棚卸資産の委託販売に係る委託者における資産の譲渡の時期は、その委託品について受託者が譲渡した日とされています。

　ただし、その委託品についての売上計算書が売上げの都度作成されている場合において、委託者が継続して売上計算書の到着日を棚卸資産の譲渡をした日としているときは、その日を資産の譲渡の日として取り扱っても差し支えありません。

339

御質問の場合、受託者たるＡ社が毎日あるいは毎週又は旬、月を単位として一括して売上計算書を作成し、貴社においてもその売上計算書の到着日を継続して委託品の売上計上日としているときは、それが認められるわけです。

参　考　基通９－１－３
関連事例　問２－６、10－16

船荷証券等と資産の譲渡時期

【問９－４】　船荷証券の譲渡は、有価証券の譲渡として消費税が非課税になるのでしょうか。

　また、その譲渡の時期は、通常の有価証券の譲渡の時期と同様に考えてよいのでしょうか。

【答】　船荷証券、貨物引換証、倉庫証券はいずれも有価証券に違いはありませんが、金融商品取引法第２条第１項に規定する有価証券その他これらに類するもの（登録国債等、その他消費税法施行令第９条第１項に規定するもの）には該当しないため、これらを譲渡しても、消費税法別表第一第２号の非課税とされる有価証券の譲渡には含まれません。

　これらの船荷証券等は運送中の貨物又は寄託中の貨物の引渡請求権を表彰する有価証券ですから、これらの証券を譲渡したときに、その証券に記載されている運送品又は寄託品である資産を譲渡したことになり、消費税が課税されます。

　しかし、運送品等の譲渡について為替手形を振り出し、その為替手形を金融機関において割引をする際に船荷証券等を提供する場合は、為替手形の割引の担保として提供するものですから、資産の譲渡等には該当しません。

参　考　基通６－２－２、９－１－４

第9章　資産の譲渡等の時期

所有権移転外ファイナンス・リース取引の場合の資産の譲渡等の時期

【問9－5】　リース取引（所有権移転外ファイナンス・リース取引、問3－57参照）におけるリース料の支払方法には、均等払、不均等払などの様々な形態がありますが、それぞれの形態の場合、消費税法上、どのように取り扱われることになりますか。

【答】　所有権移転外ファイナンス・リース取引は、消費税法の規定における「リース取引」に該当し、そのリース取引の目的となる資産の賃貸人から賃借人への引渡しの時に、当該リース資産の売買があったものとされます。

　したがって、この場合においては、リース料の支払方法が均等払、不均等払などの様々な形態であったとしても、原則として、リース資産の引渡し（以下「リース譲渡」といいます。）の時に当該リース資産の売買があったものとなりリース料総額が課税売上げとなります。

　(注)　延払基準の方法により経理する場合等については、資産の譲渡等の時期の特例の適用が認められます。

参　考　法16①、②、法法63①、②、令32の2①、②

部分完成基準で処理する場合の課税の時期

【問9－6】　所得税や法人税において部分完成基準で工事収入を計上することとしている場合は、消費税においてもその計上ベースで課税されることになるのでしょうか。

【答】　所得税や法人税において部分完成基準で収益を計上する場合、すなわち、完成した部分の引渡しを行い、その都度完成割合に応じて工事代金を収入する旨の特約又は慣習があるなどの場合には、その引き渡した時に引き渡した部分について資産の譲渡等が行われたこととなりますから、消費税にお

341

いてもその引き渡した時が課税時期とされます。

　なお、長期大規模工事の請負の場合で、所得税や法人税で、工事進行基準の方法によっているときは、部分的な引渡しを伴わない場合であっても、工事進行基準により資産の譲渡等を行ったものとすることができます。

　(注)　長期大規模工事とは、工事の着手の日から契約書に定める引渡しの期日が2年以上（平成20年4月1日前に開始した課税期間において、着手した工事については2年以上）で、かつ請負の対価の額が10億円以上（平成20年4月1日前に開始した課税期間において、着手した工事については50億円以上）であるなどの要件を満たしている工事をいいます。

　参考　法17①、②、基通9－1－8

賃借人における所有権移転外ファイナンス・リース取引の消費税法上の取扱い

> 【問9－7】　リース取引（所有権移転外ファイナンス・リース取引、問3－57参照）に係る賃借人の消費税法上の取扱いについて教えてください。
> 　賃借人が賃貸借処理（通常の賃貸借取引に係る方法に準じた会計処理をいいます。）を行っている場合、そのリース料について、支払うべき日の属する課税期間における課税仕入れとすることはできるのでしょうか。

【答】　消費税法上の「リース取引」は、そのリース取引の目的となる資産の賃貸人から賃借人への引渡しの時に、当該リース資産の売買があったものとされます。

　したがって、原則は、リース資産の引渡しを受けた日に資産の譲受けがあったものとして、当該引渡しを受けた日を含む課税期間において消費税を一括して仕入控除税額の計算を行います（以下「一括控除」といいます。）。

　しかしながら、御質問のように賃借人が賃貸借処理を行っている場合、そ

342

第9章　資産の譲渡等の時期

のリース料について、支払うべき日の属する課税期間における課税仕入れとする処理（以下「分割控除」といいます。）を行っても差し支えないとされています。これは、消費税の仕入税額控除について、事業者の経理実務を考慮し、その時期について、これまでに認められている各種の特例（例えば未成工事支出金の取扱い等）と同様に認められています。

　なお、この取扱いについては、次の点に留意する必要があります。

○　仕入税額控除の時期を2年目以降変更することの可否について

　　この取扱いは、原則、リース資産の引渡しを受けた日の属する課税期間（すなわちリース期間の初年度）において一括控除を行うのですが、会計基準による賃貸借処理をしている場合には、分割控除しても差し支えないとされているものであり、次の例のような仕入税額控除の時期を変更する処理は認められません。

　　（例）　賃貸借処理しているリース期間が5年の移転外リース取引（リース料総額100万円）について、リース期間の初年度にその課税期間に支払うべきリース料（20万円）を仕入税額控除の対象とし、2年目にその課税期間に支払うべきリース料と残額の合計額（80万円）を仕入税額控除の対象とする。

○　簡易課税から原則課税に移行した場合等の取扱いについて

　　次のような場合のリース期間の2年目以降の課税期間については、その課税期間に支払うべきリース料について仕入税額控除することが可能です。

①　リース期間の初年度において簡易課税制度を適用し、リース期間の2年目以降は原則課税に移行した場合

②　リース期間の初年度において免税事業者であった者が、リース期間の2年目以降に課税事業者となった場合

参　考　法30①、基通5－1－9（1）、11－3－2（注）

関連事例　問9－8

343

所有権移転外ファイナンス・リース取引について賃借人が分割控除している場合の残存リース料の取扱い

【問9－8】 当社では、リース取引（所有権移転外ファイナンス・リース取引、**問3－57**参照）について賃貸借処理を行い、分割控除により仕入税額控除を行っていますが（**問9－7**参照）、次の事由からリース契約を解約した場合、残存リース料（**問3－59**参照）はどのように取り扱えばよいのですか。

① 賃借人の倒産、リース料の支払遅延等の契約違反があったとき

② リース物件が滅失・毀損し、修復不能となったとき

③ リース物件の陳腐化のための借換えなどにより、賃貸人と賃借人との合意に基づき解約するとき

【答】 リース取引は、原則、その目的となる資産の引渡しを受けた時に資産の譲受けがあったものとして、当該引渡しを受けた日を含む課税期間に一括して仕入税額控除の計算を行います。一括して仕入税額控除を行っている賃借人において、御質問の①から③のような場合に支払う残存リース料は、いずれもリース債務の返済にすぎないため、課税の対象外となります（**問3－59**参照）。

御質問の場合には、リース取引について賃貸借処理を行い、リース料を支払うべき日の属する課税期間に分割して仕入税額控除の計算を行っていることから、①から③の事由によって支払う残存リース料は、いずれの場合も課税仕入れ等となります。

これは、賃貸借処理に基づき仕入税額控除の計算を行っている場合にも、リース取引が資産の譲渡（売買）に該当するという考え方を変更することはなく、リース資産の譲受けの対価を構成している残存リース料は、当然に仕入税額控除の対象とされるべきものであるからです。また、その時期については、経理実務の簡便性の観点から解約した日の属する課税期間において仕

第9章　資産の譲渡等の時期

入税額控除として取り扱うこととされています。

[関連事例]　問3-59、9-7

リース会計基準に基づき会計処理を行う場合の資産の譲渡等の時期の特例の適用

> 【問9-9】　賃貸人がリース会計基準に基づき会計処理を行った場合、資産の譲渡等の時期の特例の適用がありますか。

【答】　賃貸人がリース会計基準に基づき会計処理を行った場合、法人税法上の取扱いにおいて、延払基準の方法により経理したものとしてリース譲渡に係る資産の譲渡等の時期の特例の適用を受けることができます。

　したがって、法人税法上の取扱いにおいて、延払基準の方法により経理したものとしてリース譲渡に係る資産の譲渡等の時期の特例の適用を受けている場合には、消費税法上においても、リース譲渡に係る資産の譲渡等の時期の特例を適用することができます。

[参　考]　法16

345

所有権移転外ファイナンス・リース取引における転リース取引の取扱い

【問9－10】 転リース会社が所有権移転外ファイナンス・リース取引(所有権移転外ファイナンス・リース取引、**問3－57**参照)により賃借した資産を、他の事業者に所有権移転外ファイナンス・リース取引として賃貸する「転リース取引」とする場合、転リース会社においては、リース会計基準上、賃貸人として受け取るリース料総額と賃借人として支払うリース料総額の差額を手数料収入として各期に配分し、転リース料差益等の名称で損益計算書に計上することとされていますが、消費税法の取扱いはどのようになるのでしょうか。

【答】 御質問の場合、転リース会社は、①賃借人として元受会社からのリース資産を譲り受ける取引と、②賃貸人としてエンドユーザーに対して同一リース資産を譲渡する2つの取引として、処理することになります。

このため、会計処理上、賃貸人として受け取るリース料総額と賃借人として支払うリース料総額の差額を手数料収入として処理しても、原則として、転リース会社はリース資産の引渡しの時に、賃貸人として受け取るリース料総額を一括して資産の譲渡等の対価に加算し、賃借人として支払うリース料総額を一括して課税仕入れに係る支払対価の額に加算することになります。

なお、上記リース資産の譲渡の対価は、会計処理上において手数料取引として処理されますが、法人税法上において延払基準の方法による経理処理が行われたと認められた場合には、消費税法上においても、リース譲渡に係る資産の譲渡等の時期の特例を適用することができます。

(注)1 「転リース取引」とは、リース物件の所有者(以下「元受会社」といいます。)から当該物件のリースを受けた会社（以下「転リース会社」といいます。）が、元受会社とのリース取引と概ね同一の条件で、さらに同一物件を第三者（リース物件の使用者、以下「エンドユーザー」といいます。）にリースする取引をいいます。

第9章　資産の譲渡等の時期

2　転リース会社の会計処理について、リース会計基準では、借手としてのリース取引及び貸手としてのリース取引の双方が所有権移転外ファイナンス・リース取引に該当する場合において、貸借対照表上にエンドユーザーとのリース取引に係るリース債権又はリース投資資産を計上するとともに、元受会社とのリース取引に係るリース債務を計上しますが、支払利息、売上高、売上原価等は計上せずに、エンドユーザーからの受取リース料総額と元受会社に対する支払リース料総額の差額を手数料収入として各期に配分し、転リース料差益等の名称で損益計算書に計上することとしています（リース適用指針第47項）。

3　法人税法上の取扱いについては、転リース会社において、借手としてのリース取引及び貸手としてのリース取引の双方が法人税法上のリース取引に該当する場合には、元受会社から借り受ける所有権移転外ファイナンス・リース取引については、元受会社からリース物件を購入したものとして、また、同一物件をエンドユーザに対して貸し付ける所有権移転外ファイナンス・リース取引については、当該物件をエンドユーザーに売却したものとして所得計算を行います。

　なお、法人税法第63条第1項の適用に際しては、エンドユーザーからリース期間中に収受するリース料の合計額をリース譲渡の対価の額として、元受会社に支払うリース料の合計額をリース譲渡の原価の額と取り扱い、その所得の計算の結果とリース会計基準の処理によって計算される転リース差益の金額に差異がないと認められる場合、リース会計基準の処理を延払基準の方法により計算したものと取り扱っても差し支えないこととされます。

参考　法2①八、十二、16、28、30

ロイヤリティ収入に係る資産の譲渡等の時期

【問9-11】　フランチャイズチェーンを主催する事業者が傘下の事業者から得るロイヤリティ収入等については、どの時点で消費税が課税されるのでしょうか。

【答】　ロイヤリティは、フランチャイズチェーンの傘下店としてその名称を

347

使用させること、広告の代行、経営指導等の役務の提供をすることの対価として収受するものですから、原則として、工業所有権等又はノウハウの使用料を対価とする資産の譲渡等の課税時期であるその使用料の額が確定した日において消費税が課税されることとなります。

ただし、継続して契約によりそのロイヤリティの支払を受けるべき日を資産の譲渡等の時期として経理しているときは、その支払を受けるべき日に資産の譲渡等が行われたものとして取り扱っても差し支えありません。

[参 考] 基通9‐1‐21

先物取引に係る資産の譲渡等の時期

> 【問9－12】 商品取引所における先物取引の場合、資産の譲渡等の時期はどのように取り扱うのですか。

【答】 消費税は、事業者が事業として対価を得て行う資産の譲渡、資産の貸付け及び役務の提供をその課税の対象としています。

ところで、商品先物取引法の規定により商品の先物取引を行った場合で、一定の期日までに反対売買をすることにより差金の授受によって決済したときは、その先物取引は資産の引渡しを伴わない取引となりますから、消費税の課税の対象となる資産の譲渡等には該当しないこととなります。

ただし、引渡期限が到来し、現物の引渡しを行う場合には、その引渡しを行う日に資産の譲渡等が行われたこととなり、消費税の課税対象となります。

[参 考] 基通9‐1‐24

第9章　資産の譲渡等の時期

設立準備期間中の課税関係

【問9−13】　当社は設立したばかりの会社ですが、令和元年5月に設立登記するまでの2か月間は事務所の開設や事務機、備品等の購入など設立準備期間として活動していました。

　これらの取引は、既に会社名義で行っていましたが、この設立準備期間中に行った取引（ほとんどが課税仕入れ）は、設立第1期の課税期間の取引として消費税の申告を行って差し支えありませんか。

【答】　新たに設立された法人の最初の課税期間開始の日はその法人の設立の日であり、その日は、登記による設立の場合は設立登記の日、認可又は許可設立の場合はその認可又は許可の日、合併による設立の場合は合併契約書において合併期日として定めた日、分割による設立の場合は分割計画書において分割期日として定めた日となります。

　しかし、設立後最初の課税期間開始の日の前日以前の法人の設立準備期間中に、その設立中の法人が課税売上げや課税仕入れを行った場合には、その設立準備期間がその設立のために通常要する期間であると認められる限り、その法人の設立後最初の課税期間における課税売上げ及び課税仕入れとすることができることになっています。

　ただし、設立準備期間がその通常要する期間を超えて長期にわたる場合には、その法人の取引として取り扱うことはできません。このような場合、その営業活動の主体が団体としての実体を備えているときには、人格のない社団等の取引として取り扱われることになります。

　また、個人企業が法人成りした場合には、設立登記前の取引は法人成り前の個人の取引として取り扱われることになっています。

　なお、新たに設立した法人で設立第1期から申告する場合は、その課税期間の基準期間がありませんので、消費税法第12条の2第1項に規定する「新設法人」に該当する場合を除き課税事業者の選択の手続が必要です。

349

参 考 法12の2①、基通3-2-1、9-6-1

前受金、仮受金

【問9-14】 現実に資産の譲渡等が行われている場合であっても、経理上前受金、仮受金、預り金のままで、いまだ売上処理していないものは、消費税が課税されないと考えてよいでしょうか。

【答】 前受金、仮受金、預り金等として金銭等を受領した場合、その時点では、その金銭等は一般的には資産の譲渡等の対価とはいえず消費税は課税されませんが、その後、現実に資産の譲渡等があったときは、経理処理上これらの前受金等を売上げに振り替えているといないとにかかわらず、その時点で消費税が課税されることとなります。

参 考 基通9-1-27

消化仕入れの場合の資産の譲渡の時期

【問9-15】 相手先が消化仕入れの方法により売上げ、仕入れを計上している場合の当方の資産の譲渡の時期はいつになりますか。

【答】 棚卸資産の販売については、原則としてその引渡しのあった日がその譲渡の時期となります。

したがって、いわゆる消化仕入れの方法により売上げ及び仕入れを計上している小売業者に対して棚卸資産を納入している場合には、その小売業者が消費者にそれを販売した日をもって卸売業者から小売業者に対する資産の譲渡があったものとして取り扱うこととなります。

すなわち、卸売業者と小売業者は同時期に課税資産の譲渡を行ったことになります。

第9章　資産の譲渡等の時期

参　考　基通9－1－1

対価未確定の販売に係る資産の譲渡等の時期

【問9－16】　資産の譲渡等に係る対価の額が課税期間の末日までに確定しない場合は、どのようにすればよいのでしょうか。

【答】　仮価格による取引や対価未確定の取引であっても、資産の譲渡等の時期は、原則として、目的物の引渡しの日とされています。

　したがって、資産の譲渡等の対価の額がその資産の譲渡等を行った日の属する課税期間の末日までに確定していないときには、仮価格がある場合はこれにより、仮価格がない場合は適正に見積もった金額により消費税の確定申告を行うこととなります。

　なお、確定申告後にその対価の額が確定したときは、確定した課税期間において仮価格又は見積価格との差額を精算（加算又は減算）することとなります。

参　考　基通9－1－1、10－1－20

リース譲渡に係る特例の適用関係

【問9－17】　所得税法及び法人税法上リース譲渡と認められない売上げは、消費税法上、どのように取り扱われるのですか。

【答】　リース譲渡については、それぞれ所得税法又は法人税法上のこれらの特例の適用を受けるときに限って、消費税法上もこれらの特例を適用して資産の譲渡等の時期を判定することができることとされていますから、資産の譲渡等が所得税法又は法人税法に規定するリース譲渡に該当しない場合又は該当する場合でも当初から実際に延払基準で経理しない場合には、原則どお

351

り、その引渡しの日等において消費税が課税されることとなります。

　なお、延払基準で経理し、所得税法又は法人税法においてそれぞれの適用を受けている場合であっても、消費税法では原則的な課税方法によることは差し支えありません。

【参　考】　法16①、基通9－3－1、所法65、132、法法63

延払基準により経理しなかった場合の処理

> 【問9－18】　消費税においても延払基準の方法により売上金額を計算する場合には、各課税期間において延払基準の方法により経理処理をしなければなりませんか。また、経理しなかった場合はどうなるのですか。

【答】　消費税法第16条《リース譲渡に係る資産の譲渡等の時期の特例》の規定は、リース譲渡をした棚卸資産又は役務の提供に係る対価の額につき、所得税法第65条第1項若しくは第2項《リース譲渡に係る収入及び費用の帰属時期》又は法人税法第63条第1項若しくは第2項《リース譲渡に係る収益及び費用の帰属事業年度》に規定する延払基準の方法により経理することとしているときに限り、適用できることとされています。

　したがって、所得税又は法人税において延払基準の方法により経理することとしている場合であっても、消費税において延払基準を適用するかどうかは任意となっています。

　また、資産の譲渡等につき延払基準の方法により経理していた事業者が、ある年又は事業年度において、延払基準の方法により経理しないこととした場合には、これらの売上金額については、既に申告済みの部分を除き、その経理しないこととした年の12月31日又は事業年度終了の日の属する課税期間において資産の譲渡等の対価の額の合計額に加算することとなります。

【参　考】　法16①、令32①、基通9－3－1

352

第9章　資産の譲渡等の時期

仕入税額控除の時期

【問9－19】　「仕入税額控除」は、どの時点で行えばよいのでしょ
うか。

【答】　仕入税額控除は、仕入れた商品等の売上先がいつ売上に計上したかど
うかにかかわらず、課税仕入れを行った日又は課税貨物を保税地域から引き
取った日の属する課税期間において行うことができます。

　この場合、「課税仕入れを行った日」とは、原則として資産の譲受け及び
借受けをした日又は役務の提供を受けた日をいいます。

参考　法30①、基通11－3－1

建設仮勘定の税額控除の時期

【問9－20】　建設仮勘定により経理している場合、仕入税額控除の
時期はいつになるのでしょうか。

【答】　事業者が、建設工事等に係る目的物の完成前に行った当該建設工事等
のための課税仕入れ等の金額について建設仮勘定として経理した場合におい
ても、当該課税仕入れ等については、その課税仕入れ等をした日の属する課
税期間において仕入税額控除を行うこととなります。

　しかし、建設仮勘定には、単なる中間金の支払等もあり、建設仮勘定の中
からその課税期間中の課税仕入れを抽出することに困難を伴う場合もありま
すので、当該建設仮勘定として経理した課税仕入れ等につき、当該目的物の
完成した日の属する課税期間における課税仕入れ等として仕入税額控除を行
うことも認められています。

参考　法30、基通11－3－6

353

販売側、仕入側で計上時期が異なる場合

> **【問9－21】** 商品の売買等について、当社は検収基準により仕入れに計上し、相手方は出荷基準を採っています。
>
> この場合、相手方の売上計上の時期と当社の仕入税額控除の時期が異なることとなりますがよいのでしょうか。

【答】 商品の資産の譲渡等の時期及び課税仕入れの時期については、その引渡しの日ですが、その引渡しの日の判定の基準として採用している基準が検収日、出荷日等の合理的なものであり、継続的に適用されるものである限りにおいては、販売者側と仕入側で異なっている場合であっても認められます。

したがって、貴社は自己の採用している合理的な基準(検収基準)を仕入税額控除の時期として仕入れに係る消費税額を計算して差し支えありません。

参　考　基通11－3－1

第9章　資産の譲渡等の時期

現金主義会計適用者の課税仕入れの時期

【問9－22】　所得税法第67条の規定の適用を受け、収入及び支出の計上を現金主義によっている個人事業者が、消費税における課税資産の譲渡等の時期についても同様に現金主義によって判断し、課税仕入れに係る消費税額の計算を、課税期間中の支払分についてのみ対象として行ってもよいのでしょうか。

【答】　消費税法では、所得税法第67条の規定の適用を受けていることを条件に、課税資産の譲渡等の時期を、実際に譲渡のあった日としないで、現金主義により収入した日及び支出した日とすることができることとしています。

　よって、御質問の場合は、課税仕入れに係る消費税額の計算を、課税期間中の支払分だけを対象に行うことができます。

　なお、所得税法第67条の規定の適用者であっても、課税資産の譲渡等及び課税仕入れ等の時期をその実際の引渡しのあった日（発生主義会計）とすることは差し支えありません。

参　考　法18、基通9－5－1、所法67

第10章

課 税 標 準

先物取引の現引き、現渡しに係る課税標準等

【問10－1】 商品先物取引において現物の受渡しを行った場合、消費税の課税標準及び課税仕入れの額は、どのように計算するのでしょうか。

【答】 商品先物取引において現物の受渡しを行った場合には、売手（現渡しを行う者）の売約定に係る約定代金（約定値段（単価）に数量を乗じて算出した金額）及び買手（現引きをする者）の買約定に係る約定代金は、消費税抜きの金額とされていることから、売手が収受すべき金額又は買手が支払うべき金額は、約定代金のほかに、受渡代金（納会日の最終帳入値段（単価）を受渡値段（単価）として、これに数量を乗じて算出した金額）に消費税率を乗じて算出される金額が消費税相当額として、取引所を介して授受されています。

したがって、売手の消費税の課税標準は、次のとおりとなります。

$$\text{消費税の課税標準} = \left(\begin{array}{l} \text{約定代金} \\ \text{（税抜）} \end{array} + \begin{array}{l} \text{受渡代金を課税標準として} \\ \text{算出される消費税相当額} \end{array} \right) \times \frac{100}{108} \, 又は \, \frac{100}{110}$$

また、買手の課税仕入れに係る支払対価の額は、次のとおりとなります。

$$\text{支払対価の額} = \begin{array}{l} \text{約定代金} \\ \text{（税抜）} \end{array} + \begin{array}{l} \text{受渡代金を課税標準として} \\ \text{算出される消費税相当額} \end{array}$$

356

第10章　課税標準

　なお、商品先物取引の特殊性に鑑み、継続して「約定代金」に代えて「受渡代金」に基づき、消費税の課税標準又は支払対価の額の計算を行う場合（上記の算式において、「約定代金」を「受渡代金」とする場合）には、これによって差し支えありません。

　（注）　商品先物取引においては、差金授受による決済があるため、受渡しにあたり
　　　　売手の「約定代金」と買手の「約定代金」は一致しない場合があります。

　参 考　基通9-1-24

源泉所得税がある場合の課税標準

　【問10-2】　役務の提供の対価として所得税の源泉徴収をされた後の金額を受領する場合、その役務の提供の対価に係る消費税額の計算は、実際に受領した金額を課税資産の譲渡等の対価の額としてよいのでしょうか。

　【答】　課税資産の譲渡等に係る消費税の課税標準は、その課税資産の譲渡等の対価の額とされています。一方、源泉徴収に係る所得税はその対価の中から控除されるものです。

　したがって、御質問の場合の消費税の課税標準は、実際に受領した金額ではなく、源泉徴収される前の金額となります。

　よって、役務の提供に対する報酬（例えば、弁護士報酬等）に係る支払額について源泉徴収する場合には、報酬料金と消費税及び地方消費税の合計額が源泉徴収の対象となります。

　ただし、請求書等で報酬料金と消費税及び地方消費税の額が明確に区分されている場合には、その区分された報酬料金の額を源泉徴収の対象とする金額としても認められます。

　参 考　法28①、基通10-1-13、平元.1.30直法6-1「消費税法等の施行に
　　　　伴う源泉所得税の取扱いについて」（法令解釈通達）

357

代物弁済

> 【問10−3】 当社は、建物及びその敷地を担保に入れて資金を借り入れていましたが、事業がうまくいかないため借入金の弁済に代えて担保物たる建物及びその敷地を引き取ってもらいました。
>
> なお、借入金は、元利合計２億2,000万円でしたが、不動産鑑定士の評価によりますと、担保物たる土地は１億6,000万円、建物は4,000万円になるとのことでした。
>
> この場合の消費税の課税関係はどうなるのでしょうか。

【答】 代物弁済とは、債務の弁済に代えて他の給付を行うことをいい、これによって、債務が消滅し弁済と同一の効力が生じることになります。例えば、借入金の返済のために資産を引き渡すということは、資産を債権者に売却してその売却代金で借入金を返済したのと、何ら変わらないということができます。

　このようなことから、代物弁済による資産の譲渡は、消費税法上も資産の譲渡等に含まれるものとされています。

　また、代物弁済による資産の譲渡の場合の対価の額は、その代物弁済により消滅する債務の額（代物弁済により譲渡される資産の価額がその債務の額を超えることにより、その超える金額に相当する金額につき支払を受ける場合は、その支払を受ける金額を加算した金額）に相当する金額とされています。

　なお、事業者が消費税の課税資産と非課税資産とを同一の者に対して同時に譲渡した場合は、これらの資産の譲渡の対価の額を課税資産の譲渡時の時価と非課税資産の譲渡時の時価との比により合理的に区分することとされています。

　したがって、御質問の場合、代物弁済により譲渡した土地、建物の譲渡対価の額は、次のように区分され、建物については消費税が課税されることになります。

第10章　課税標準

① 課税資産（建物）の譲渡等の対価の額

$$2億2,000万円 \times \frac{4,000万円}{1億6,000万円 + 4,000万円} = 4,400万円$$

② 非課税資産（土地）の譲渡等の対価の額

$$2億2,000万円 - 4,400万円 = 1億7,600万円$$

なお、建物の対価4,400万円は、消費税及び地方消費税込みの対価の額となります。

参　考　法2①八、令45②一、③

安値販売の場合の課税標準

【問10－4】　事業者が通常より安い値段で他に販売した場合の消費税の課税標準はどのようになりますか。

【答】　課税資産の譲渡等に係る消費税の課税標準は、課税資産の譲渡等の対価の額とされており、この場合の対価の額とは、対価として収受し、又は収受すべき一切の金銭又は金銭以外の物若しくは権利その他の経済的利益の額をいい、その譲渡等について課されるべき消費税額及び当該消費税額を課税標準として課されるべき地方消費税額に相当する額を含まないこととされています。また、「収受すべき……額」とは、課税資産の時価をいうのではなく、その譲渡等に係る当事者間で授受することとした対価の額そのものをいうこととされています。

したがって、御質問のように通常より安値で販売した場合であっても、その譲渡した対価の額そのものが消費税の課税標準となります。

ただし、例外として、法人が資産をその役員に対して著しく低い対価の額で譲渡した場合には、その資産の通常の価額に相当する金額（時価）を課税標準として消費税を課税することとされています。

359

なお、この場合の著しく低い対価の額とは、法人のその役員に対する資産の譲渡等の対価の額が、その譲渡の時における通常他に販売する価額のおおむね50％に相当する金額に満たない場合をいうものとされています。

参　考　法28①、基通10－1－1、10－1－2

家事消費をした場合の消費税

【問10－5】　個人事業者が、棚卸資産等の事業用資産を家事のために消費し、又は使用した場合には、これらの家事消費等は資産の譲渡とみなされるそうですが、次の場合はどのように取り扱われますか。

(1) 取得価額6万円の棚卸資産（通常の販売価額10万円）を家事のために消費したので、帳簿に6万円の収入（課税取引）を計上した。

(2) 事業用資産（取得価額50万円、家事消費時の価額40万円）を家事のために消費したので、帳簿に30万円の収入（課税取引）を計上した。

(3) 事業用として購入した自動車（取得価額100万円）をたまたま家事のために使用した。

【答】　個人事業者が、棚卸資産等の事業用資産を家事のために消費し、又は使用した場合には、これらの家事消費等は資産の譲渡とみなされ、その家事消費等の時におけるその資産の価額を課税標準として消費税が課税されることとなります。

　この家事消費等の時におけるその資産の価額は、原則として、その事業者が通常他に販売する価額となります。ただし、その家事消費等に係る資産が棚卸資産の場合で、次の①及び②に掲げる金額以上の金額を課税資産の譲渡等に係る対価の額としているときは、それを認めることとされています。

360

第10章　課税標準

① 　当該棚卸資産の課税仕入れの金額

② 　通常他に販売する価額のおおむね50％に相当する金額

したがって、御質問の場合の取扱いは次のとおりとなります。

(1) 家事消費した棚卸資産の消費税の課税標準額は、取得価額6万円及び
通常の販売価額10万円の50％に相当する金額以上の金額（6万円）を課
税取引として計上していますので、帳簿に計上した6万円となります。

(2) 事業用資産の場合は、棚卸資産の家事消費の特例はありませんので、
家事消費時の価額、40万円が消費税の課税標準額となります。

(3) 事業用として購入した自動車をたまたま家事のために利用した場合は、
専ら家事の用に使用することとしたものではありませんので、消費税の
課税対象にはなりません。

　なお、自動車を事業と家事の用途に共通して使用するものとして購入
した場合には、その家事使用に係る部分は課税仕入れに該当しないこと
となります。

(注)　所得税法においても自家消費があった場合には、時価による総収入金額への
算入が定められていますが、この場合の時価についても、その者の通常他に販
売する価額によることを原則としつつ、その棚卸資産の取得価額以上の金額で、
かつ、通常の販売価額の70％以上に相当する金額をもって総収入金額に算入し
ているときはその取扱いを認めることとされています。

参　考　法4⑤、基通10－1－18

361

法人の役員に対する低額譲渡の場合の時価

【問10－6】 法人がその役員に対して著しく低い対価で資産を譲渡した場合には、時価により消費税が課税されるとのことですが、著しく低い対価かどうかを判定する場合の実際の譲渡対価と比較する価額は時価を用いるのですか。

また、もし、時価を用いるなら、その時価はいつの時点で算定することとなるのですか。法人税法上における時価の取扱いと同じであると考えてよいのでしょうか。

【答】 法人が資産を役員に対して譲渡した場合において、その譲渡の対価の額が著しく低いときは、時価により譲渡があったものとして消費税が課税されることとなっています。この場合において、その譲渡の対価の額が「著しく低いとき」とは、譲渡の時における通常の販売価額（時価）のおおむね50％に相当する金額に満たない場合をいうこととされています。

なお、ここでいう時価は、法人税法上の時価の取扱いと同一で、売却を前提とした実現可能価額とされ、税抜経理をしている場合には税抜きの、税込経理をしている場合には税込みの価額により算定することになります。

ただし、上記により著しく低い価額で譲渡した場合であっても、役員又は使用人の全部について一律に又は合理的な基準で明示された値引率に従ってその譲渡が行われているときは、その譲渡が役員によるお手盛り等により恣意的に低額でなされたものとは認められないことから、時価ではなく、原則どおり、実際の対価の額を課税標準として消費税が課税されることになっています。

参　考　法28①、基通10－1－2

第10章　課税標準

土地と建物を一括譲渡した場合

【問10－7】　土地と建物とを一括譲渡した場合、消費税が課税される建物の譲渡代金は、どのようにして計算すればよいのでしょうか。

【答】　土地とその土地の上にある建物とを一括して譲渡した場合には、土地の譲渡は非課税であり、建物部分についてのみ課税されることになります。

　この場合、譲渡代金を土地の部分と建物の部分とに合理的に区分する必要がありますが、この区分方法として、例えば、次のような方法があります。

①　譲渡時における時価の比率により按分する方法

②　相続税評価額や固定資産税評価額を基にして計算する方法

③　土地及び建物の原価（取得費、造成費、一般管理費・販売費、支払利子等を含む。）を基にして計算する方法

　なお、所得税や法人税では、土地譲渡益重課税制度の適用対象となる土地と建物とを一括譲渡した場合には、租税特別措置法関係通達28の4－31から28の4－33又は同通達62の3(2)－3から62の3(2)－5まで、63(2)－3から63(2)－5までにおいてその譲渡代金を土地と建物部分とに区分する方法が定められていますが、所得税又は法人税において、これらの規定が適用される場合には、消費税の譲渡対価の額の計算においても、これらの規定により区分した金額を基に計算することになります。

　(注)　合理的に区分されていない場合には、消費税法施行令第45条第3項《一括譲渡した場合の課税標準の計算の方法》の規定によりそれぞれの通常の取引価額を基礎として区分することになります。

参考　法28①、令45③、基通10－1－5

363

外貨建取引に係る対価

> 【問10－8】　当社の売上金額の中には、外国通貨によって支払を受ける外貨建ての取引がかなり含まれていますが、その対価の円換算等の方法は法人税の取扱いによってもよろしいでしょうか。

【答】　外貨建ての取引に係る資産の譲渡等の対価の額は、所得税又は法人税の課税所得金額の計算において、外貨建ての取引に係る売上金額その他の収入金額につき円換算して計上すべき金額によることとされています。

　したがって具体的には、資産の譲渡等の対価についての円換算は、原則として、事業者がその資産の譲渡等を行った日の電信売買相場の仲値（T.T.M）によることとなりますが、継続適用を条件としてその日の電信買相場（T.T.B）によることもできます。

参　考　基通10－1－7、所基通57の3－2、法基通13の2－1－2

外貨建取引に係る本邦通貨の額が、その計上を行う日までに先物外国為替契約により確定している場合の取扱い

> 【問10－9】　当社では、外貨建取引による仕入金額は電信売相場（T.T.S）により計上していますが、為替予約のある場合にはその予約額により仕入金額を計上しています。
> 　この場合、消費税の課税仕入れに係る支払対価の額はどのように算出することになるのでしょうか。

【答】　外貨建ての取引に係る資産の譲渡等の対価の額又は課税仕入れに係る支払対価の額について円換算を行う場合、当該資産の譲渡等又は課税仕入れに係る本邦通貨の額がその計上を行うべき日までに先物外国為替契約（外国通貨をもって表示される支払手段又は外貨債権の売買契約に基づく債権の発

364

第10章　課税標準

生、変更又は消滅に係る取引を当該売買契約の締結後の一定の時期に一定の
外国為替の売買相場により実行する取引に係る契約をいいます。）により確
定している場合がありますが、法人税の取扱いにおいては、外貨建ての取引
に係る売上金額その他の収入金額又は仕入金額その他の費用の額について円
換算を行う場合に、その収入金額又は費用の額に係る本邦通貨の額がその計
上を行うべき日までに先物外国為替契約により確定しているときは、その確
定している本邦通貨の額をもってその円換算額とすることができることとさ
れています（法人税基本通達13の２－１－４）。

　消費税の取扱いについても同様に、事業者が、その資産の譲渡等の対価の
額又は課税仕入れに係る支払対価の額について、所得金額の計算上、法人税
基本通達13の２－１－４の取扱いを適用して、その確定している本邦通貨の
額をもってその円換算としている場合には、その確定している本邦通貨の額
を資産の譲渡等の対価の額又は課税仕入れに係る支払対価の額とすることに
なります。

　なお、資産の譲渡等又は課税仕入れに係る支払対価の額が先物外国為替契
約により確定しているかどうかについては、原則的には個々の取引ごとに判
定するものとされていますが、包括的に先物外国為替契約を締結している場
合であっても、外貨建取引の決済約定の状況に応じて月別見込額等の全部又
は一部について、合理的な基準によりその予約額を個々の取引に振り当てて
いる場合にも、先物外国為替契約により確定しているものとして認められる
こととされています。

参　考　基通10－１－７、法基通13の２－１－４

365

外貨建てによる仕入金額の換算を社内レートによっている場合の取扱い

【問10－10】 当社は、一部の仕入先に対する支払を外貨で行うこととしました。このとき仕入金額の換算を社内レートによっている場合の課税仕入れに係る支払対価の額はどのように計算するのでしょうか。

【答】 外貨建取引に係る収益、費用等の換算は、原則として、その計上すべき日の電信売買相場の仲値（T.T.M）によることとされており、いわゆる社内レートによって換算することは認められていません。

　したがって、事業者が、外貨建てで購入した原材料についての仕入金額の換算をいわゆる社内レートによって行う等法人税基本通達13の２－１－２及び13の２－１－４に定める方法以外の方法によっている場合には、法人税基本通達13の２－１－２又は13の２－１－４に定める方法によって換算した金額と当該事業者が計上した金額との差額により課税仕入れに係る支払対価の額を調整することとなります。

参 考　基通10－１－７、法基通13の２－１－２、13の２－１－４

第10章　課税標準

土地付建物の交換

【問10-11】　当社は、10年前から所有していた店舗とその敷地をK社が7年前から店舗として使用していた建物及びその敷地と交換しましたが、この場合の消費税の課税標準はいくらになりますか。

なお、それぞれの建物及び土地の交換契約書上の価額（消費税及び地方消費税抜き）は次のとおりです。

① 当社の土地の価額　　3億7,000万円

建物の価額　　　　3,000万円

② K社の土地の価額　　　4億円

建物の価額　　　　1億円

なお、当社は交換差金として、K社に1億円を支払いました。

【答】　資産の譲渡等には資産の交換も含まれることとされており、この場合の資産の交換に係る対価の額は、その交換により取得する資産の取得の時における価額（時価）に相当する金額とされています。ただし、その交換により譲渡する資産の価額とその交換により取得する資産の価額との差額を補うための金銭（交換差金）を取得する場合はその取得する金銭の額を加算した金額となり、その差額を補うための金銭を支払う場合はその支払う金銭の額を控除した金額となります。

もっとも、交換の当事者が交換に係る資産の価額を定め、相互に等価であるとして交換した場合には、その定めた価額が通常の取引価額（時価）と異なるときであっても、その交換がその交換をするに至った事情に照らし正常な取引条件に従って行われたものであると認められるときは、これらの資産の価額はその当事者間において合意されたところによるものとされています。

また、消費税の課税資産と非課税資産とを一括して譲渡した場合には、それぞれの資産の譲渡に係る対価の額について時価の比等、合理的な基準により区分することとされていますので、土地付建物どうしを交換した場合には、

367

取得した土地付建物の価額（交換差金がある場合には、それを加減算します。）を交換により譲渡した土地と建物の価額の比等により区分して、課税資産である建物の譲渡の対価の額を計算することとなります。

　御質問の場合、貴社が土地付建物の譲渡の対価の額として収受する金額は４億円（交換取得資産の価額５億円－交換差金１億円）となりますが、貴社の譲渡した建物及び土地の価額がそれらの譲渡に係る対価の額について合理的に区分したものであれば、貴社の課税資産である建物の譲渡の対価の額

（課税標準）は3,000万円 $\left(4億円 \times \dfrac{3,000万円}{3億7,000万円 + 3,000万円}\right)$ となります。

　なお、交換により取得した建物の課税仕入れに係る支払対価の額は、１億円となります。

参 考　令45②四、③、基通10－1－8

第10章　課税標準

安売りしている商品を物品切手により引き換えた場合

> 【問10−12】　当店ではメーカー希望小売価格1,000円の商品を850円で販売していますが、お客様からこの商品の商品券（引換数量を表示している物品切手で、その販売価格は1,000円）の交付を受け、それと引換えにその商品を給付するような場合には、引換え済みの券をその発行者に提示して、代金1,000円と販売協力手数料30円を領収しています。この場合の経理処理としては、売上げ時に、未収金850円／売上げ850円とし、交換時に、現金1,030円／未収金850円 雑収入180円としていますが、消費税は販売価格である850円に対して課税されると考えてよいでしょうか。

【答】　商品券と引換えに商品を給付した場合のその商品の対価の額は、その商品券（物品切手）の券面金額そのもの（ただし、券面金額のない場合は、取得のために通常要する金額）によることとされています。

　したがって、御質問の場合には、その商品券の通常の販売価格である1,000円が課税標準となり、販売協力手数料30円についても、販売の協力に対する役務の提供として消費税が課税されます。

　ただし、販売店が現金による販売のときと同様に、その商品の売値を850円として差額の150円を客に返金するような場合には、その商品の値引き販売として、850円が課税標準となります。

　なお、その商品券の発行時における通常の販売価格が、その商品の値上げや値下げ等により引き換えるときの販売価格と異なっているような場合には、別途金銭の授受により差額の調整を行うことがありますが、このような場合には、その調整した金額を発行時の通常の販売価格に加算又は減算した額が消費税の課税標準となります。

参考　基通10−1−9

369

所有権移転外ファイナンス・リース取引における残価保証額の取扱い

> 【問10-13】 リース取引（所有権移転外ファイナンス・リース取引、
> 問3-57参照）における賃借人が保証する残存価額に対して、消費
> 税の取扱いはどのようになるのでしょうか。

【答】「残価保証額」とは、リース期間終了の時にリース資産の処分価額が
リース取引に係る契約において定められている保証額に満たない場合に、そ
の満たない部分の金額をそのリース取引に係る賃借人がその賃貸人に支払う
こととされている場合における保証額をいいます。

1　リース資産の引渡時の取扱い

　　リース資産の譲渡等の対価の額とは、リース契約書等において「リース
　料総額」又は「月額リース料及びリース期間における月数」を記載してリ
　ース資産の譲渡に係る当事者間で授受することとした対価の額をいいます。

　　したがって、リース資産に係るリース契約の残価保証額の定めが付され
　たリース取引であっても、リース資産の引渡し時には、当該リース契約書
　等で収受することとしたリース料総額を対価としてリース譲渡が行われた
　こととなります。

　　このため、残価保証額は、資産の譲渡等の対価の額には含まれません。

2　残価保証額の精算金の取扱い

　　リース契約において残価保証額を定めていた場合には、リース資産が賃
　貸人に返還され、賃貸人が当該リース資産を第三者に売却した後に精算金
　額が確定し、賃貸人から賃借人に対して請求されます。

　　したがって、リース契約における残価保証の定めに基づき賃貸人が賃
　借人から収受する精算金は、その収受すべき金額が確定した日の属する課
　税期間における資産の譲渡等の対価の額に加算することとなります。

参考　法28①、基通9-3-6の4

第10章　課税標準

事業の譲渡をした場合の対価の額

【問10－14】　当社は、この度、甲支店に係る事業の全部を子会社乙に譲渡することになりました。

乙に譲渡した甲支店に係る資産及び負債の内容等は次のとおりです。

この場合、消費税の課税関係はどのようになりますか。

○　資産　　土地（時価評価額）　　20億円

売掛金　　　　　　　　50億円

有形減価償却資産　　　10億円

営業権　　　　　　　　5億円

○　負債　　預り保証金　　　　　　2億円

買掛金　　　　　　　　30億円

○　差引支払金額　　　　　　　　　53億円

【答】　事業の譲渡は事業に係る資産、負債の一切を含めて譲渡する契約であり、資産の譲渡については、課税資産と非課税資産を一括して譲渡するものと認められますから、課税資産と非課税資産の対価の額を合理的に区分して課税することとなります。

また、事業の譲渡に債務の引受けが伴う場合には、その債務引受額も譲渡対価の額に含めることとなります。

したがって、事例の場合の事業の譲渡に係る対価の額は当事者間で授受した53億円に債務引受額32億円を加算した金額の85億円となります。

この場合、その譲渡される資産のなかに非課税資産である土地と売掛金が含まれていますから、譲渡対価の額を課税資産の譲渡対価と非課税資産の譲渡対価に次のように合理的に区分することになります。

371

$$譲渡対価の額85億円 \times \frac{有形減価償却資産10億円＋営業権5億円}{土地20億円＋売掛金50億円＋有形減価償却資産10億円＋営業権5億円}$$

＝15億円⇒課税資産の譲渡対価の額

> **参　考**　令45③、48②二、基通10－1－5

中古車販売における未経過自動車税

> 【問10－15】　中古車販売業を営んでおりますが、中古車を販売する場合、自動車税の未経過分に相当する額を含めた販売価格で取引することがあります。
>
> 　このような場合、その自動車税の未経過分に相当する額を契約書等で明示したときは、その額は消費税の課税資産の譲渡等の対価の額に含まれないものとして取り扱ってよいでしょうか。

【答】　自動車税は、毎年4月1日を賦課期日として、自動車の所有者に課せられる税金です。また、賦課期日後に自動車を所有した場合や納税義務が消滅したときは月割で課税されることとされています。

　ただし、同一都道府県内において年度の中途で所有者の変更があった場合には、その年度の末日に所有者の変更があったものとみなしてこの月割計算はしないこととされています。このため、中古車の販売業者においては、販売した中古車の旧所有者と新所有者の定置場が同一都道府県内に所在する場合には、旧所有者には自動車税の未経過分に相当する額を支払い、新所有者にはその額を販売価格に上乗せして販売するという取引を行っているのが実状です。

　そこで、御質問にあるように、この自動車税の未経過相当額を契約書等で区分して販売している場合の消費税の課税標準についてですが、新所有者は未経過自動車税相当額を税としてその徴収権者である都道府県に支払うものではなく、その年度までは自動車税を負担せずに使用することができる中古

372

第10章　課税標準

車の購入代金として支払うものであることから、中古車の販売業者において
は未経過自動車税相当額を含めて収受した販売代金の額が課税資産の譲渡等
の対価の額となります。

[参　考]　基通10-1-1、10-1-6

委託販売等における課税関係

> 【問10-16】　他の者から販売の委託を受けて、資産の譲渡等を行っ
> た場合の消費税の課税標準は、口銭（委託販売手数料）だけで計算
> すればよいのでしょうか。

【答】　他の者から販売の委託を受けて、その委託に係る資産の譲渡等を行っ
た場合には、受託者の販売行為が委託者に対する役務の提供に該当し、その
報酬（販売手数料）が消費税の課税の対象となります。

　この場合、委託者については、受託者が販売した売上金額の全額が消費税
の課税の対象となります。ただし、受託者が販売した売上金額から受託者に
支払う委託販売手数料を控除した残額を委託者における売上金額としている
ときは、その取扱いを認めることとされています。

[参　考]　基通10-1-12

[関連事例]　問2-6、9-3

373

資産の貸付けに伴う共益費

> 【問10-17】　当社は、貸事務所業を営んでいますが、入居者から収受する実費相当額の電気、ガス、水道料金等の共益費も消費税の課税の対象となるのでしょうか。

【答】　いわゆる共益費は、貸付けに係る建物等の共用部分に必要な電気、ガス、水道料等を分担させるために入居者等から収受するものであり、建物等の資産の貸付けに付随して行われる資産の譲渡等に係る対価に該当しますから、資産の貸付けに係る対価に含まれることになります。

なお、各貸付先にメーターを取り付けるなどして、実費精算されていると認められる共益費について、その対価の額を相手方に明示し、預り金又は立替金として処理している場合には、資産の貸付けに係る付随収入に含めなくてよいとされています。

(注)　居住用住宅の貸付けは、消費税法別表第一第13号において非課税とされていますから、これに係る共益費は、非課税となります。

参考　基通6-13-9、10-1-14

返品、値引き等の処理

> 【問10-18】　当社では、売上げについて返品を受けた場合や値引きをした場合には、当初の売上額から返品額や値引額を差し引いた金額を売上げに計上しています。
>
> この場合、消費税の課税標準はこの差引後の金額でよいのでしょうか。

【答】　消費税法においては、課税資産の譲渡等につき返品、値引き等があった場合には、その課税期間における課税資産の譲渡等に係る消費税額（課税

第10章　課税標準

期間の課税標準額に対する消費税額）から、その期間に行った返品、値引き等の売上げに係る対価の返還等に係る消費税額の合計額を控除することとされていますが、事業者が、継続して課税資産の譲渡等の対価の額から売上げに係る対価の返還等の額を控除した後の金額を課税資産の譲渡等の対価の額として経理処理をしているときは、その控除後の金額を消費税の課税標準額とすることも認めることとされています。

　ただし、この差引処理をした場合には、当然のことながら売上げに係る対価の返還等に係る消費税額の控除はできないこととなります。

　なお、仕入税額控除の計算においても同様に、課税仕入れに係る支払対価の額からその課税仕入れに係る対価の返還等を受けた金額を控除してその残額により仕入税額控除の計算をしているときは、これを認めることとされています。

|参　考|　法32、38①、基通10－1－15

別途収受する配送料等の処理

> 【問10－19】　当社は、贈答品の販売業を営んでいますが、地方等へ贈答品を配送する場合には、お客さんから商品代とは別に配送料を受け取っています。
>
> 　このような場合、この配送料に係る消費税の課税関係はどのようになりますか。また、経理方法によって変わってくるのでしょうか。

【答】　物品の販売業者が、顧客から、運送業者に委託する配送料等を物品の価格とは明確に区分して収受し、その配送料等を預り金又は仮受金等として処理している場合には、その配送料等は物品販売業者の課税資産の譲渡等の対価の額に含まれないこととされています。

　しかし、自家配送等をしている場合などは、配送料等を預り金等として区分経理していたとしても、顧客から収受する金額の全部が課税資産の譲渡等

375

の対価の額となります。

参考 基通10-1-16

連帯納税義務に係る印紙税額の課税関係

【問10-20】 当社は、建築業を営んでおりますが、建築工事請負契約の締結に当たって、施主と当社の双方が記名、押印する請負契約書を2通作成し、各当事者がそれぞれ1通所持することとしております。

ところで、この場合に、その請負契約書に貼付する印紙は2通分とも当社が購入し、後日半額（1通分）を施主に請求していますが、この施主に請求する印紙税相当額の消費税の課税関係はどうなりますか。

【答】 事業者が本来納付すべき印紙税相当額を課税資産の譲渡等に関連して受け取る場合であったとしても、その印紙税相当額は課税資産の譲渡等の対価の額に含まれることとされていますが、これは課税資産の譲渡等を行う事業者のみが印紙税の納税義務者となる場合の取扱いです。

御質問の場合の請負契約書のように、契約当事者が記名、押印する契約書に係る印紙税は、契約当事者（印紙税の課税文書の共同作成者）双方が連帯して納税義務を負うことになるため、現実に印紙税を納付した連帯納税義務者の一人が他の連帯納税義務者から印紙税相当額の全部又は一部を受領しても、それは、連帯納税義務者間において定めた負担割合に基づいて、立替分の金額を受領したにすぎず、資産の譲渡等の対価として受領するものではありませんから、課税の対象外となります。

参考 基通10-1-4

第10章　課税標準

自動車重量税等を売上げに含めた場合

【問10−21】　当社は、自動車のディーラーですが、自己の顧客に対して自動車を割賦販売する場合、本来購入者が納税義務者となる自動車重量税、自動車税、自動車取得税（以下「自動車重量税等」といいます。）の額についても、車両本体価格と合計したところで割賦販売価額としており、これらの額の合計額を売上げに計上し、自動車重量税については、売上原価に含めております。

このような場合であっても、明確に区分していれば、自動車重量税等の額については課税の対象にならないと考えてよろしいでしょうか。

(注)　自動車重量税等の納付書は購入者名義となっており、本来は立替金処理すべきものですが、同一の割賦販売契約において立替金分として処理するものを含めることには問題があることから、当社では、売上げとして処理しているものです。

【答】　御質問の場合のように、本来購入者が負担すべき自動車重量税等の額を売上げに含めて処理している場合であっても、車両の売上げに係る対価の額と自動車重量税等の額を明確に区分して経理し、その内容について購入者側に明示している場合には、自動車重量税等の額は課税資産の譲渡等の額に含まれないものとして取り扱うことができます。

参　考　基通10−1−4（注）

377

下取りがある場合の課税標準

> 【問10-22】 自動車の販売に当たって顧客の中古自動車を下取りした場合には、下取り価額をその販売代金から差し引いていますが、これは売上値引きとして取り扱ってよろしいですか。

【答】 自動車の販売に当たって、顧客の中古自動車を下取りする行為は、「自動車の販売」と「中古自動車の仕入れ」の二つの取引から成り立っています。

したがって、自動車などを販売した場合における課税資産の譲渡等の対価の額は、下取り価額を控除する前の価額によることとされていますから、下取り価額を控除する前の価額を課税標準として消費税が課税されることとなります。

なお、この場合の下取りした中古自動車については、その事業者の課税仕入れに該当することとなり、仕入税額控除が適用できます。

参 考　基通10-1-17

確定していない対価の処理

> 【問10-23】 資産の引渡しの日の属する課税期間中にその対価が確定しない場合は、見積額等の概算金額により申告することとしてよいのでしょうか。

【答】 資産の譲渡等を行った場合において、その資産の譲渡等をした日の属する課税期間の末日までにその対価の額が確定していないときは、同日の現況によりその金額を適正に見積もり、その見積価額を資産の譲渡等の対価の額とすることとされています。

なお、この場合において、その後確定した対価の額が見積額と異なるときは、その差額は、その確定した課税期間において、その課税期間における資

378

第10章　課税標準

産の譲渡等の対価の額の合計額に加算し、又は減算することとされています。

参考　基通10－1－20

パック旅行の対価の額

【問10－24】　旅行代理店においては、自己の主催する国内旅行（通常パック旅行といいます。）について、その旅行費総額を売上げとして計上する方法と、運賃及び宿泊費は預り金とし、その運賃及び宿泊費を差し引いた残額を売上げとして計上する方法がありますが、消費税の課税標準の計算に当たっていずれの方法で計算していても認められるのでしょうか。

【答】　パック旅行は包括的な旅行の請負であり、原則として、旅行費として顧客から収受する金額の総額が役務の提供の対価となります。

　ただし、パック旅行と称するものであっても、その実質が手配旅行と認められるものについて、継続して運賃及び宿泊費は預り金とし、その運賃及び宿泊費を差し引いた残額の手数料部分を課税売上げとして計上しているときは、その残額を消費税の課税資産の譲渡等の対価の額として差し支えないこととされています。

379

旅行業者の消費税の取扱い

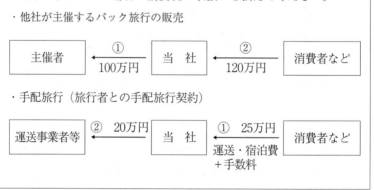

【問10－25】 当社は、旅行業を営んでいますが、収入は、
(1) 他社が主催するパック旅行の販売による代売手数料
(2) 旅行者との手配旅行契約による取次手数料
がありますが、この場合の消費税の取扱いを教えてください。

【答】 (1) 他社が主催するパック旅行を他の旅行業者が販売する場合には、旅行業法上「代売契約」として取り扱われ、その代売手数料が消費税の課税対象となります。

第10章　課税標準

（会計処理等）

会計処理	借　　方	貸　　方	消　費　税
〔A法〕 ①	仮払金 （又は立替金）　100万円	現　　金　100万円	課税売上げ　　20万円
②	現　　金　120万円	代　　売 手数料　　20万円 仮払金 （又は立替金）　100万円	
〔B法〕 ①	仕　　入　100万円	現　　金　100万円	〔原則〕 課税売上げ　　20万円 〔特例〕基通10-1-12（2） 課税売上げ　120万円 課税仕入れ　100万円 ※　委託販売に係る資産の譲渡等が課税の対象となる場合（国内旅行）に特例の取扱いができる。
②	現　　金　120万円	売　　上　120万円	

(2)　手配旅行契約とは、旅行者の委託により、旅行者のために代理、媒介又は取次をするものをいい、その取次手数料が消費税の課税対象となります。

（会計処理等）

会計処理	借　　方	貸　　方	消　費　税
①	現　　金　25万円	預り金　　25万円	
②	預り金　　25万円	現　　金　20万円 取　　次 手数料　　5万円	課税売上げ　　5万円

381

値引き販売した入場券と課税資産の譲渡等の対価の額

【問10－26】 映画や演劇等の主催者が、その入場券の一部を次のように値引き販売した場合の課税資産の譲渡等の対価の額はどのようになりますか。

① 得意先の招待用にまとめて購入する会社に１割引で販売する。

② 入場券の販売業者に２割引で販売する。

【答】 映画・演劇等の入場券も映画・演劇等を鑑賞するという役務の提供に係る請求権を表彰する証書ですから「物品切手等」に該当し、その譲渡は非課税となります。

　しかし、御質問のように主催者自らが発行する場合に交付先から収受する金額は、物品切手等の譲渡の対価ではなく、その物品切手等により引換給付する映画・演劇等の鑑賞という役務の提供の対価を収受したことになります。

　したがって、入場券を割り引いて発行した場合は、その割引後の金額が、映画・演劇等の役務の提供の対価の額となります。これは、鉄道会社が発行する回数券なども同様です。

　なお、御質問の①の入場券を購入した事業者は、購入した入場券で得意先を招待した場合には、その購入価額（１割引後の価額）が課税仕入れに係る支払対価の額となりますが、入場券そのものを得意先に贈答する場合は、課税仕入れには該当しません。

　また、②の場合で入場券を購入した「販売業者」が他の者にその入場券を販売したときは、物品切手等の譲渡として非課税となる資産の譲渡等に該当することになります。

参考 基通６－４－４、６－４－５、10－１－９

第10章　課税標準

現物出資の場合の課税標準

【問10－27】　当社は、このたび、子会社に次の資産と負債を合わせて現物出資しました。この場合の消費税の課税標準額はいくらになりますか。

　　土地　　時価 30,000千円 ⎱
　　建物　　時価 20,000千円 ⎰ 取得する子会社株式の時価30,000千円
　　借入金　　　 20,000千円 ⎰

【答】　金銭以外の資産の出資を行った場合、その出資により取得する株式の取得の時における価額に相当する金額（時価）が資産の譲渡等の対価の額となります（ただし、特別の法律に基づく承継については、金銭以外の資産の出資から除かれています。）。

　また、貴社の場合は、非課税資産である土地と課税資産である建物を同時に譲渡したことになりますから、取得する子会社株式の時価のうち建物に相当する部分の金額が消費税の課税標準となります。

$$\underset{30,000千円}{取得する株式の時価} \times \frac{建物（時価）20,000千円}{土地（時価）30,000千円＋建物（時価）20,000千円}$$

　　＝12,000千円（建物の譲渡対価の額（税込み））

参考　法28、令2①二、45②三、③

383

手形で受領した場合の課税標準

> 【問10−28】 当社は、商品等の販売代金を手形で受け取り、銀行で割り引いていますが、消費税の課税標準たる商品等の販売代金は、手形の額面金額となりますか。それとも割引後の金額になりますか。

【答】 課税資産の譲渡等に係る消費税の課税標準は、課税資産の譲渡等の対価の額（対価として収受すべき額）とされています。

したがって、販売代金を手形で領収した場合、その手形の期日において手形金額を受け取ることができるものであり、現金の回収が後日になるという点では掛売りをした場合と同様ですので、代金として領収した手形の額面金額が消費税の課税標準となります。

なお、貴社は、手形を銀行で割り引いていますが、手形の割引は非課税取引ですので、その割引料は非課税となる資産の譲渡等の対価に該当し、課税仕入れの対象とはなりません。

参考 法28①、令10③七

384

第11章

税額控除

外交員、集金人等に支払う報酬

【問11-1】 外交員、集金人、電力量計等の検針人などに対して支払う報酬又は料金については、所得税の取扱い上、給与所得に該当する部分がありますが、この給与所得に該当する部分は課税仕入れには該当しないこととなるのでしょうか。

【答】 消費税法第2条第1項第12号《課税仕入れの意義》の規定により、「給与等を対価」として受ける「役務の提供」は課税仕入れの範囲から除くこととされていますが、この給与等を対価として受ける役務の提供とは、俸給、給料、賃金、歳費及び賞与並びにこれらの性質を有する給与（給与等）を対価として、雇用契約又はこれに準ずる契約に基づき受ける労務の提供をいうこととされています。

　したがって、外交員、集金人、電力量計等の検針人その他これらに類する者に対する報酬又は料金であっても、所得税法第28条第1項《給与所得》に規定する給与所得（給与等に係る所得）に該当する部分については、課税仕入れに該当しません。

参考 法2①十二、基通11-1-2、11-2-5

外部講師の講演に対して支払う謝金

> **【問11－2】** 当社は、社員研修の一環として外部から講師を招き、社員に対し教養研修を行っています。
>
> この場合、講師には謝金を支払っていますが、事業者でないと認められる大学教授や医師等に対して支払う謝金でも、課税仕入れに該当するのでしょうか。

【答】 事業者が事業として資産の譲渡等を受けた場合に、仕入先や役務の提供者に対して支払う対価が、仕入税額控除の対象となる課税仕入れに該当するかどうかは、その仕入先や役務の提供者が消費税の課税事業者であるかどうかを問いません。

したがって、その支払先が課税事業者である場合はもちろんのこと、免税事業者や事業者以外の個人である場合であっても、仕入先や役務の提供者に対して支払う対価が所得税法上の給与所得に該当するものでない限り、課税仕入れに該当することとなります。

御質問の場合、会社が大学教授等に対して支払う謝金は、講演という役務の提供を受けたことに対する対価と認められるので、課税仕入れに該当します。

なお、免税事業者や事業者以外の個人からの仕入れであっても、それが国内において行われた課税仕入れに該当する限り、その支払対価の額に$\frac{6.3}{108}$又は$\frac{7.8}{110}$を乗じて計算した金額が課税仕入れに係る消費税額となります。

参 考 法2①十二、30、基通11－1－3

第11章　税額控除

マネキン（派遣店員）に対する支出

> 【問11-3】　当社は、マネキン紹介所から当社製品の販売に従事す
> るマネキンの紹介を受け、あるデパートに派遣しています。
> 　この場合、マネキン紹介所に支払っているマネキンの報酬と紹介
> 料はそれぞれ課税仕入れに該当するのでしょうか。

【答】　マネキンの派遣は、職業安定法に基づき行われるもので、派遣先と派
遣店員の間に直接雇用関係が発生し、紹介料もマネキンに対する報酬に一定
の割合を乗じた金額として法定化されています。

　したがって、雇用関係に基づく給与等に該当するものとして、マネキンに
対する報酬（便宜的にマネキン紹介所に支払う場合を含みます。）は、課税
仕入れに該当せず、仕入税額控除の対象とはなりません。

　なお、マネキン紹介所に支払う紹介料は、マネキンの紹介という役務の提
供の対価ですから課税仕入れに該当します。

参 考　法2①十二、基通11-1-2

社員の発明等に対する社内報償金

> 【問11-4】　当社は社内規程において社内提案制度を設けており、
> 業務上有益な発明、考案又は創作をした社員が、その発明、考案又
> は創作に係る特許、実用新案登録又は意匠登録を受ける権利を当社
> に承継させた場合、その発明等をした社員に対し社内報償金を交付
> する旨を規定しています。
> 　この社内報償金は、課税仕入れに該当するのでしょうか。

【答】　消費税における課税仕入れは、「事業者が、事業として他の者から資
産を譲り受け、若しくは借り受け、又は役務の提供を受けること」をいうこ

387

ととされていますが、この役務の提供について、所得税法第28条第1項《給
与所得》に規定する給与等を対価とする役務の提供が除かれています。

　このため、業務上有益な発明、考案等をした従業員に支給する報償金等は、
この給与等に該当するかどうかという点において消費税の課税関係に影響し
てくることになります。

　御質問のような場合は、社員が発明等をした特許、実用新案登録又は意匠
登録を受ける権利を貴社に承継させた対価として報償金を交付していると認
められますから、給与等を対価とする役務の提供とはいえません。

　したがって、当社社内報償金は課税仕入れに該当します。

(参考)

　社内報償金で、次のようなものが課税仕入れに該当します。

(1) 業務上有益な発明、考案又は創作をした使用人等から、当該発明、考案又は創作
に係る特許を受ける権利、実用新案登録を受ける権利若しくは意匠登録を受ける権
利又は特許権、実用新案権若しくは意匠権を継承したことにより支給する場合

(2) 特許権、実用新案権又は意匠権を取得した使用人等にこれらの権利に係る実施権
の対価として支給する場合

(3) 事務若しくは作業の合理化、製品の品質改良又は経費の節約等に寄与する工夫、
考案等（特許又は実用新案登録若しくは意匠登録を受けるに至らないものに限り、
その工夫、考案等がその者の通常の職務の範囲内の行為である場合を除きます。）
をした使用人等に支給する場合

参　考　法2①十二、30、基通11－2－4

出向社員の給与等を負担する場合

【問11－5】　子会社に出向させた社員の給与等の一部を親会社が負
担する場合には、消費税の課税関係はどのようになりますか。

【答】　出向した社員に対する給与は、本来現に労務の提供を受ける出向先法
人である子会社が負担すべきものですが、出向元法人である親会社と出向者

第11章　税額控除

との間には、雇用契約が引き続いて維持されているところから、親会社が子
会社に出向させた社員の給与等の一部を負担することがあります。

　この場合、親会社が負担する方法には、①親会社が給与等の全額を支払い、
その一部を子会社に請求する方法、②子会社が給与等の全額を支払い、その
一部を親会社に請求する方法、③親会社と子会社がそれぞれの部分を支払う
方法がありますが、いずれの方法であっても、親会社又は子会社が負担する
出向社員の給与等の金額は、親会社との雇用関係に基づく給与の格差補てん
金等と認められますので、課税仕入れに該当しませんし、これを受け取った
側においても、資産の譲渡等の対価に該当しません。

参　考　法2①十二、基通5－5－10、11－1－2

出向先法人が支出する退職給与の負担金

【問11－6】　当社では、親会社より出向者を定期的に受け入れてい
ます。

　ところで、これらの出向者が退職する場合、親会社においては、
自社に在籍していた期間に見合う退職金に子会社に出向していた期
間に見合う退職金を加算して支給することとしているため、当社で
はあらかじめ定めた負担区分に基づき、その出向者の出向期間に対
応する一定の金額を親会社へ支払っています。

　この退職給与相当額の負担金は課税仕入れに該当するでしょうか。

【答】　事業者の使用人が他の事業者に出向した場合において、その出向した
使用人に対する給与を出向元事業者が支給することとしているため、出向先
事業者が自己の負担すべき給与に相当する金額を出向元事業者に支出したと
きは、その給与負担金の額は、出向先事業者におけるその出向者に対する給
与として取り扱われ、課税仕入れに該当しません。また、課税仕入れから除
かれる給与等には、過去の労務提供に基づき支払われる退職金も含むことと

389

されています。

　したがって、御質問の子会社が支出する退職給与負担金は課税仕入れに該当せず、仕入税額控除の対象となりません。

参 考　法2①十二、基通5－5－10、11－1－2

出向社員に係る旅費等の実費負担分

【問11－7】　当社には、親会社から出向契約に基づいて派遣されている社員がいます。

　この出向社員の給与に相当する額は親会社に給与負担金として支払っているのですが、これ以外に出張旅費、通勤費などの実費も親会社に支払っており、親会社は、これをそのまま派遣社員に支給しています。

　この場合、当社が負担する給与負担金及び出張旅費等は、当社において課税仕入れに該当するのでしょうか。

【答】　親会社から出向により派遣された職員の給与は、本来の雇用契約に基づいて親会社が支払うこととし、子会社がその給与相当額の全部又は一部を給与負担金として親会社に支払うことがありますが、この場合の給与負担金は、本来派遣先の子会社が負担すべき給与に相当する金額ですから、親会社においては課税資産の譲渡等の対価にはならず、また、支出した子会社においても課税仕入れには該当しないことになります。

　次に、出向社員の出張旅費、通勤費などの実費相当額を給与負担金とは区別して親会社に支払う場合ですが、これらの実費相当額は、派遣先子会社の事業の遂行上必要なものですから、その支払は課税仕入れに該当することになり、一方、親会社においては、それをそのまま派遣社員に支払うだけですから、預り金に相当し課税の対象にはなりません。

参 考　法2①十二、基通5－5－10、11－1－2

第11章　税額控除

従業員からの自家用車の借上げ

> 【問11－8】　当社は、従業員所有の自家用車を一定の条件で借り上
> げ、その借上自動車を所有者である従業員の営業活動に使用させて
> います。
>
> 　この場合の借上料は、ガソリン代の実費と走行キロ数に1km当た
> り60円を乗じて計算した金額（上限設定あり）との合計額とし、こ
> れを旅費、交通費として処理していますが、この借上料は、課税仕
> 入れに該当するのでしょうか。

【答】　事業者が、消費者や消費税の免税事業者から資産を譲り受け、若しく
は借り受け又は役務の提供を受けた場合であっても、その消費者や免税事業
者が事業としてその資産を譲り渡し、若しくは貸し付け又は役務の提供をし
たとしたならば、課税資産の譲渡等に該当することとなり、課税仕入れに該
当します。

　したがって、御質問の場合の借上料は、走行キロ数やガソリン代の実費を
基に算出される車両の賃借料であり、仕入税額控除の対象となります。

　ただし、この借上料のうちに、実費相当額を超えるため従業員に対する給
与として課税すべき部分が含まれていると認められるときは、その給与とな
る部分は、課税仕入れに該当しません。

参考　法2①十二、30、基通11－1－2、11－1－3

391

給与とされる出張旅費

> 【問11-9】 出張旅費のうち、その旅行に通常必要と認められる範囲を超える金額については、所得税において従業員の給与に該当するとされていますが、消費税においても給与となる部分は課税仕入れにならないのでしょうか。

【答】 使用人又は役員が勤務する場所を離れてその職務を遂行するために旅行をし、若しくは転任に伴う転居のための旅行をした場合、又は就職や退職をした者若しくは死亡による退職をした者の遺族がこれらに伴う転居のための旅行をした場合に、事業者がその使用人又は役員等に支給する出張旅費、宿泊費、日当のうち、その旅行について通常必要であると認められる部分の金額については、課税仕入れに係る支払対価に該当するものとして取り扱うこととされています。

また、この場合の「その旅行について通常必要であると認められる部分の金額」の範囲については、所得税基本通達9-3《非課税とされる旅費の範囲》の例により判定することとされています。

したがって、出張旅費のうち、その旅行について通常必要と認められる範囲内のものは課税仕入れに該当するものとして取り扱われますが、通常必要と認められる範囲を超える部分については、所得税法上、給与として課税されることから、消費税においても、給与を対価とする役務の提供を受けるものとして課税仕入れに該当しないこととなります。

なお、海外出張のために支給される出張旅費の額は、輸出免税の対象となる運賃や国外取引の対価として支払われるものですので、国内において行われた課税仕入れには該当せず、仕入税額控除の対象にはなりません。

（注） 所得税基本通達9-3には、次のことが定められています。

第11章　税額控除

　　所得税法第9条第1項第4号の規定により非課税とされる金品は、同
　号に規定する旅行をした者に対して使用者等からその旅行に必要な運賃、
　宿泊料、移転料等の支出に充てるものとして支給される金品のうち、そ
　の旅行の目的、目的地、行路若しくは期間の長短、宿泊の要否、旅行者
　の職務内容及び地位等からみて、その旅行に通常必要とされる費用の支
　出に充てられると認められる範囲内の金品をいうのであるが、当該範囲
　内の金品に該当するかどうかの判定に当たっては、次に掲げる事項を勘
　案するものとする。
　(1)　その支給額が、その支給をする使用者等の役員及び使用人のすべて
　　　を通じて適正なバランスが保たれている基準によって計算されたもの
　　　であるかどうか。
　(2)　その支給額が、その支給をする使用者等と同業種、同規模の他の使
　　　用者等が一般的に支給している金額に照らして相当と認められるもの
　　　であるかどうか。

参考　法2①十二、30、基通11-1-2、11-2-1

所得税の非課税限度額を超える通勤手当

【問11-10】　当社は、遠隔地から通勤する使用人等に対し、会社ま
での通勤に必要な特急料金を含めて通勤手当を支給しています。
　この場合、通勤手当は所得税法上の非課税限度額を超えることと
なり、超えた部分は給与として所得税が課税されますが、消費税法
上もこの部分については課税仕入れに該当しないのでしょうか。

【答】　所得税法第9条第1項第5号では、非課税となる通勤手当の範囲を
「……一般の通勤者につき通常必要であると認められる部分として政令で定
める金額」に限るとして政令（所得税法施行令）でその限度額を設定してい
ますが、消費税法ではこのような制限を設けていません。

393

消費税法の取扱いにおいては、使用人等が通勤に必要な交通機関の利用又は交通用具の使用のために支出する費用について、事業者が使用人等に支給する通勤手当のうち、現にその通勤の費用に充てるものとした場合に、その通勤に通常必要であると認められる部分の金額については、課税仕入れに係る支払対価に該当するものとしています。

したがって、御質問のように、特急料金を含めた金額を通勤手当として支給している場合であっても、実際にそれが特急での通勤に充てられている場合には、課税仕入れに係る支払対価に該当することになります。

参 考 法2①十二、30、基通11－2－2

自動車通勤の場合の通勤手当

> 【問11－11】 当社は、交通の不便なところに位置していますので、従業員に対しては自動車通勤を認め、ガソリン代相当額を通勤手当として支給していますが、この通勤手当は、課税仕入れに該当しますか。

【答】 事業者が使用人等に支給する通勤手当（定期券等の支給など現物の支給を含みます。）のうち、通勤に必要な交通機関の利用又は交通用具の使用のために支出する費用に充てるものとして通常必要と認められる部分の金額については、課税仕入れに係る支払対価に該当するものとして取り扱われます。

したがって、御質問のように自動車通勤者に対して、通常その通勤に要するガソリン代を通勤手当として支給している場合も、その全額が課税仕入れに係る支払対価に該当することとなります。

参 考 法2①十二、30、基通11－2－2

第11章　税額控除

転勤に伴い支払われる支度金

> **【問11－12】**　当社では、人事異動により社員が転居を余儀なくされ
> たときには、その社員に対して、転居に伴う電話移設料、ガス器具
> 調整代、その他の費用相当額を定額化した「転居支度金」を支給し
> ています。
> 　この「転居支度金」は、当社において課税仕入れに該当するもの
> と考えてよいでしょうか。

【答】　使用人が転勤に伴う転居のために旅行をした場合には、事業者がその
使用人等に支給する引越費用、旅費、宿泊費等のうち、その転居について通
常必要と認められる部分の金額は、課税仕入れに係る支払対価に該当するも
のとして取り扱うこととされています。この場合の「その転居について通常
必要と認められる部分の金額」の範囲については、所得税基本通達９－３《非
課税とされる旅費の範囲》の例により判定することとされています。

　したがって、御質問の転居支度金が所得税基本通達９－３により所得税が
非課税になるのであれば、課税仕入れに係る支払対価として仕入税額控除の
対象となることになります。

　なお、所得税が非課税とされる範囲内であるかどうかの判定に当たっては、
次の事項を勘案することとされています。

(1) その支給額が、その支給をする使用者等の役員及び使用人のすべてを通
　じて適正なバランスが保たれている基準によって計算されたものであるか
　どうか。

(2) その支給額が、その支給をする使用者等と同業種、同規模の他の使用者
　等が一般的に支給している金額に照らして相当と認められるものであるか
　どうか。

参　考　法２①十二、30、基通11－２－１

395

外国貨物の保税運送の場合の運送代

【問11−13】 当社は輸入業者ですが、この度、外国から輸入しA保税蔵置場に搬入した貨物を税関長の承認を受けて外国貨物のままB保税蔵置場に搬入することにし、その運送を甲海運に依頼しました。

この場合、甲海運に支払う運送料は、国内間の運送の対価として支払うものですから、当然消費税法上の課税仕入れに該当し、仕入税額控除の対象としてよいでしょうか。

【答】 仕入税額控除の対象となる課税仕入れとは、事業者が事業として他の者から資産を譲り受け、若しくは借り受け、又は役務の提供を受けることをいいますが、非課税となるものや免税となるものは除かれています。

ところで、御質問の場合、甲海運が貴社の依頼により行った運送は、外国貨物の運送ですから、甲海運においては、消費税法施行令第17条第2項第4号でいう「外国貨物の荷役、運送、保管、検数、鑑定その他これらに類する外国貨物に係る役務の提供」として免税となります。

したがって、貴社における甲海運に対する運送代の支払は、課税仕入れには該当しないことになりますので、仕入税額控除の対象とはなりません。

参考 法2①十二、7①五、30、令17②四

第11章　税額控除

航海日当

> 【問11-14】　当社では、乗船中の船舶乗組員に対して、１日当たり一定額を航海日当として支給しています。この航海日当は、所得税法上は旅費に準じて取り扱われ、非課税所得とされています。
>
> 　消費税法においても、従業員に支払う旅費は課税仕入れに該当すると聞きましたが、航海日当についても同様に取り扱ってよいでしょうか。

【答】　従業員がその職務を遂行するために旅行をした場合に、事業者がその従業員に支給する出張旅費、宿泊費、日当のうち、その旅行に通常必要であると認められる部分の金額については、課税仕入れに係る支払対価の額に該当するものとして取り扱われます。

　ただし、その旅行が海外出張である場合には、支給した出張旅費等は、消費税の輸出免税の対象となる運賃や国外取引の対価として支払われるものであることから、国内において行われた課税仕入れには該当せず、仕入税額控除の対象にはなりません。

　御質問の航海日当も、これらの出張旅費等に準じて取り扱われますので、支給する航海日当が内国航海に係るものである場合には国内における課税仕入れに該当しますが、外国航海に係るものである場合には国内における課税仕入れに該当しないものとして取り扱われます。

　したがって、一般的には、内航船の乗組員に対して支給する航海日当は国内における課税仕入れに該当し、仕入税額控除の対象となりますが、外航船や遠洋漁業船の乗組員に支給するものは仕入税額控除の対象にはなりません。

[参　考]　法２①十二、基通11-2-1

会社が一部負担する社員の借家料

> 【問11-15】 当社では、従業員の借家の賃料の一部を会社で負担しています。
>
> この場合、当社は、負担する金額を直接その借家の所有者に支払い、領収書を保存していますが、当社が支払う賃料は仕入税額控除の対象となりますか。

【答】 御質問のような実態がある場合は、たとえ会社が社員の借家料の一部を借家の所有者に直接支払うものであっても、その金額は社員に対する給与に該当し、会社は、その支払う賃料について仕入税額控除の対象とすることはできません。

参 考 法2①十二、基通11-1-2

利子補給金

> 【問11-16】 従業員の住宅取得を促進させるために、会社の福利厚生の一環として住宅取得資金貸付制度を設け、従業員は一定の条件の下に、会社のあっせんにより金融機関からその資金の貸付けを受けています。
>
> この場合、契約の当事者は従業員と金融機関ですが、会社は利子補給金という名目でその支払利息の一部を補助しています。この利子補給金に係る消費税の取扱いはどのようになりますか。

【答】 従業員が金融機関等から借り入れた住宅取得資金について、その利息の全部又は一部を会社から利子補給金として支給する場合には、その利子補給金は、従業員に対する経済的利益の供与と認められ給与に該当します（ただし、その利子補給金の支給を受けても従業員の自己負担金利が年利1％以

第11章　税額控除

上であるときは、所得税は課税されません。）ので、課税仕入れに該当しません。

　したがって、その利子補給金は仕入税額控除の対象とはなりません。

　なお、融資した金融機関等においては、利子補給金部分を含めた金額が債務者（従業員）から受け取る利息となりますから、受取利息として非課税売上げとなります。

参考　法2①十二、6①、法別表第一第3号

従業員クラブのレクリエーション費用

【問11−17】　消費税法基本通達1−2−4《福利厚生等を目的として組織された従業員団体に係る資産の譲渡等》に該当する従業員団体の場合には、原則として、その従業員団体の事業の全部をその事業者が行っているものとして取り扱われるそうですが、これに該当しない従業員の団体に対して、レクリエーション費用の全部又は一部を賄うために金銭を支出した場合には、課税仕入れに該当しないのでしょうか。

　また、その支出した金銭の範囲内でレクリエーション費用として消費されたことが、従業員団体の領収書において確認できる場合はどうでしょうか。

【答】　御質問のような従業員の団体に対し一括して交付する金銭は、事業者とは独立した別個の団体に対する一種の補助金とでもいうべきものですから、課税仕入れに該当しません。

　ただし、その交付した金銭の範囲内で、レクリエーション費用として消費されたことが、その従業員の団体の支払に係る領収書において明らかにされている場合には、その金額について課税仕入れとして取り扱って差し支えありません。

399

（注）　参考として、御質問にある消費税法基本通達１－２－４の内容を示しますと、
次のとおりです。

> 　　事業者の役員又は使用人をもって組織した団体が、これらの者の親睦、
> 福利厚生に関する事業を主として行っている場合において、その事業経
> 費の相当部分を当該事業者が負担しており、かつ、次に掲げる事実のい
> ずれか一の事実があるときは、原則として、当該事業の全部を当該事業
> 者が行ったものとする。
> (1)　事業者の役員又は使用人で一定の資格を有する者が、その資格にお
> 　　いて当然に当該団体の役員に選出されることになっていること。
> (2)　当該団体の事業計画又は事業の運営に関する重要案件の決定につい
> 　　て、当該事業者の許諾を要する等当該事業者がその事業の運営に参画
> 　　していること。
> (3)　当該団体の事業に必要な施設の全部又は大部分を当該事業者が提供
> 　　していること。

レジャークラブの入会金

> 【問11－18】　当社は、従業員の福利厚生の一環としてレジャークラ
> ブに入会（法人会員）し、その入会金を支払いました。
> 　当社が支払ったこの入会金は、課税仕入れに該当するでしょうか。

【答】　同業者団体、組合等がその構成員となる者から受ける入会金について
は、その会費や組合費と同様に、その同業者団体、組合等がその構成員に対
して行う役務の提供等との間に明白な対価関係があるかどうかにより役務の
提供等に係る対価であるかどうかを判定することとなりますが、例えば、ゴル
フクラブ、宿泊施設その他のレジャー施設を会員に利用させることを目的
とする団体が、その施設を利用する会員から入会金（返還しないものに限り
ます。）を受け取る場合、その入会金は資産の譲渡等に係る対価として消費

第11章　税額控除

税が課税されます。

　したがって、御質問にあるような消費税の課税の対象となる入会金を支払った場合には、その入会金は、課税仕入れに係る支払対価に該当します。

　なお、同業者団体、組合等が受け取る入会金につき、その対価性の判定が困難なものについては、その同業者団体、組合等がこれを役務の提供等に係る対価に該当しないものとし、かつ、その会費等を支払う事業者側でもその入会金を課税仕入れとしていないときは、この処理は認められることとされています。

参考　法2①十二、基通5－5－4、5－5－5、11－2－7

物品切手の仕入税額控除

> 【問11－19】　当社では、福利厚生の一環として、次の物品切手等を従業員に支給していますが、これらについて仕入税額控除の対象とすることができますか。
> ①　当社が協賛している催物等の入場券
> ②　永年勤続者に対する旅行券

【答】　消費税が非課税とされる物品切手等は、その購入時においては課税仕入れに該当せず、物品又は役務の引換給付を受けた時にその引換給付を受けた事業者の課税仕入れとなります。

　御質問の物品切手等は、いずれも従業員が直接、物品又は役務の引換給付を受けるものですが、事業者が自ら引換給付を受けるものと同様の状況にあると認められますので、貴社において仕入税額控除の対象となります。

　なお、入場券、旅行券については、従業員が実際に引換給付を受けた日の属する課税期間の課税仕入れとなるのですが、継続適用を条件として、その物品切手等の対価を支払った日又はその物品切手等を支給した日の属する課税期間の課税仕入れとしている場合には、それによって差し支えありません。

401

（注）　物品切手等による引換給付として課税仕入れを行った場合の課税仕入れに係る支払対価の額は、物品切手等の取得に要した金額となりますから、まとめ買いをするなどにより割引を受けた場合は、物品切手等の割引後の価格が課税仕入れに係る支払対価の額となります。

参考　法2①十二、基通11－3－7、11－4－3

専属下請先の従業員への災害見舞金

【問11－20】　建設機械等製造業を営む当社は、機械の運送、据付工事等の一切を運送会社であるＡ社に下請させています。

　当社は、Ａ社が当社の専属下請であるところから、災害等、一定の事由に該当する場合に、Ａ社の従業員にも災害等見舞金を支出することとしていますが、この費用は課税仕入れに該当するでしょうか。

【答】　メーカー等にとって専属の下請業者は、自社の一部門としての機能を果たしていると考えられますから、専属の下請企業の従業員は自社の従業員と同列と判断することができます。

　このような場合、メーカー等は、専属下請先の従業員についても、自社の従業員と同様に見舞金等を出していることが多いようですが、このような災害見舞金等は、自社の従業員の場合と同様、福利厚生の一環としての支出であると同時に、業務委託費の一部としての支出であるともみられます。

　しかしながら、このような専属下請先の従業員への災害等見舞金であっても、見舞金については、対価性のない取引として消費税の課税の対象となりません。

　したがって、貴社が支出した災害等見舞金は課税仕入れに該当しません。

参考　法2①十二

第11章　税額控除

建設協力金

> 【問11-21】　当社は内装工事業を営んでいます。
>
> 　当社は、現在、Ｋ建設が請け負って建築中のビルに出店予定のテナントＦからその店の内装工事を依頼されました。Ｆの出店予定の階はほぼ工事が完了していたので内装工事に着手しましたが、その際、当社はＫ建設に対して、請け負った内装工事代金の一定割合を建設協力金と称して支払うこととなりました。
>
> 　当社はこの建設協力金を支払うことによって、建築中のビルの電気・水道等を自由に使用することができますが、この建設協力金は課税仕入れに該当するでしょうか。

【答】　消費税法における課税仕入れとは、事業者が、事業として他の者から資産を譲り受け、若しくは借り受け、又は役務の提供（給与等を対価とするものを除きます。）を受ける場合において、その取引の相手方がこれら資産の譲渡等を事業として行った場合には課税資産の譲渡等となるもので輸出等により免税とされるもの以外のものをいいます。

　御質問の建設協力金は、単なる寄附金等ではなく、それを支出することによって電気・水道等の使用、足場の使用、その他工事を円滑に行えるような種々のサービスの提供を受けることができると認められますので、これらの役務の提供の対価として消費税の課税の対象となります。

　したがって、その建設協力金は、それを支出した事業者においては、課税仕入れに該当します。

参考　法2①十二

特約店等のセールスマンに直接支払う販売奨励金等

【問11－22】 当社では、特約店等のセールスマンが当社の設定した一定の販売目標を達成した場合には、直接そのセールスマンに対してあらかじめ定められた基準により、一定の報償金を支払うこととしており、これを販売奨励金として処理していますが、この販売奨励金は消費税法上、課税仕入れとなりますか。

【答】 特約店等のセールスマンに対して、あらかじめ定められているところによりその取扱数量に応じて支出する金品は、自己の直属の外交員に対する報酬の支払と同様のものと認められますから、課税仕入れとなり仕入税額控除の対象となります。

参考 法2①十二

神主に支払ったおはらいの謝礼

【問11－23】 当社は、社屋の新築に当たり、地鎮祭を挙行し、その際、神主におはらいの謝礼を支払いました。
この謝礼は、課税仕入れに該当しますか。

【答】 宗教法人などが行う宗教活動に対する支出——例えば祈祷、読経を行った場合に信者等が支払うお布施等——は、本質的にはその行為の対価というより、喜捨金、すなわち寄進であり、対価性がないと判断されますので、そもそも消費税の対象とはならないものと認められます。

したがって、貴社が支払ったおはらいの謝礼は、課税仕入れに該当しません。

参考 法2①八

第11章　税額控除

大学で行う社員研修の授業料

【問11－24】　当社は、社員研修の一環として社員を社外に派遣し、定期的に研修を受けさせていますが、派遣先は大学、大学院、各種学校、研究機関など様々です。

　この場合、当社が派遣先に支払う授業料や受講料などは、支払先に関係なく課税仕入れとなりますか。

【答】　会社が社員研修の一環として社員を大学等に派遣する場合に、その会社が支払う授業料や受講料などは、それが消費税の課税されない（非課税の）教育役務の提供の対価に該当するかどうかによって、次のように取り扱われることになります。

1　大学、大学院等（学校教育法第１条に規定する学校）における研修

①　大学公開講座等を受講する場合……大学等における正規の授業科目ではなく、一般社会人等を対象に一般教養の修得等を目的として開講されるものですから、消費税法別表第一第11号イに規定する教育に関する役務の提供とは認められず、受講の対価である受講料等は消費税が課税されます。したがって、会社が支払う受講料等は仕入税額控除の対象となります。

②　大学等の授業を聴講する場合……大学等における正規の授業科目について聴講生として授業を受け、その結果、一般には単位を取得することとなっているような大学等における聴講については、消費税法別表第一第11号イに規定する教育に関する役務の提供と認められますので、聴講の対価である授業料や聴講料は消費税が非課税となります。したがって、会社が支払う授業料等を仕入税額控除の対象とすることはできません。

2　外国語学校、ビジネス学校等の各種学校（学校教育法第134条第１項に規定する学校）における研修

①　修業期間が１年以上で、その１年間の授業時間数が680時間以上であ

405

ることなど消費税法別表第一第11号ハに規定する各種学校における教育
の役務提供として消費税が非課税とされる要件に該当する場合……会社
が支払う授業料等は仕入税額控除の対象となりません。

② その他の場合……授業料等には消費税が課税されますので、会社が支
払う授業料等は仕入税額控除の対象となります。

3 研究機関における研修

大学等に設置された研究機関における研修であっても、その研修が消費
税を非課税とする教育の役務提供に該当しない場合には、その研修料等は
課税の対象となります。したがって、会社が支払う研修料等は仕入税額控
除の対象となります。

参 考 法2①十二、法別表第一第11号、基通6－11－1

交際費等に対する仕入税額控除

【問11－25】 例えば、得意先に対する贈答品の購入費用のように、
法人税上の交際費等に該当する課税仕入れについても、その仕入れ
に係る消費税額は仕入税額控除の対象となるのでしょうか。

【答】 事業者が、事業として他の者から資産を譲り受け、若しくは借り受け、
又は役務の提供（給与等を対価とするものを除きます。）を受けたときは、
その取引の相手方がこれらの資産の譲渡等についてそれを事業として行った
とした場合に課税資産の譲渡等に該当することとなるもので、輸出免税等に
該当するもの等消費税を免除されるものでなければ、その取引は課税仕入れ
に該当することになります。

したがって、御質問のように、交際費等に該当する贈答用物品を購入した
費用や飲食店等において接待した費用であっても、それが上記の課税仕入れ
に係る支払対価に該当するものであれば、仕入税額控除の対象となります。

（注） なお、商品券やビール券等の物品切手等の購入は非課税取引となりますから、

第11章　税額控除

課税仕入れに該当しません。

　また、令和元年10月１日以降は、軽減対象資産の譲渡等がある場合は、税率ごとに区分する必要があります。

参考　法２①十二、法別表第一第４号ハ、基通11－１－３

祝金、せん別と仕入税額控除

【問11－26】　使用人や得意先に祝金やせん別を渡した場合には、それを課税仕入れとすることができますか。

【答】　たとえ得意先に支給する祝金やせん別であっても、それらは対価性がなく、資産の譲渡等の対価として支払われるものではありませんから、消費税の課税の対象外となり、仕入税額控除の対象とはなりません。

　ただし、使用人や得意先にせん別等として物品を手渡した場合において、その物品の取得が課税仕入れに該当する場合には、その課税仕入れに係る支払対価は、仕入税額控除の対象となります。

参考　法２①八、十二

贈答品等の仕入れ

【問11－27】　事業者において次のようなものを購入した場合には、仕入税額控除の対象となりますか。

①　得意先に贈る中元、歳暮品

②　創業〇周年記念で社員、株主、得意先等に配布する物品

【答】　資産を購入して贈与する場合において、その購入が課税仕入れに該当するときは、その課税仕入れに係る支払対価は、仕入税額控除の対象となります。

407

したがって、御質問の①又は②のような物品であっても、その購入が課税仕入れに該当するときは、いずれも仕入税額控除の対象となります。

なお、これらの物品に係る仕入控除税額の計算を業者が個別対応方式により行う場合は、消費税の課税資産の譲渡等とその他の資産の譲渡等に共通して要するものに該当するものとして取り扱われることになっています。

参 考 法2①十二、基通11－2－3、11－2－17

渡切り交際費

【問11－28】 当社では、営業担当の役員及び幹部社員に対して、毎月一定の金額を交際費用として支給しています。

この交際費は、得意先等の接待や贈答を目的として支給するものですが、その精算は行っていません。

しかし、実態としては、得意先等の接待等に現実に使用されていると思われますので、これらの渡切り交際費の支給は課税仕入れとしてよいでしょうか。

【答】 御質問の交際費は、①精算が行われておらず、課税仕入れとしての費途が明らかにされていないこと、②所得税法上は、その支給を受けた役員等に対する給与として取り扱われることから、課税仕入れには該当しません。

なお、課税仕入れの対象とするには、支給した交際費について精算を行い、支出の事実及び法人の業務に関係する費用であることなどを明らかにしなければなりません。

参 考 法2①十二

408

第11章　税額控除

永年勤続者を旅行に招待する費用

> **【問11-29】**　当社では、今後、勤続20年以上の使用人が定年退職する場合には、在職中の労をねぎらうため、その退職前に、その使用人夫妻を旅行（4泊5日の国内パック旅行程度でその使用人が希望する場所）に招待することとしました。
>
> 　この費用は課税仕入れに該当するでしょうか。

【答】　御質問の旅行に際して貴社が旅行会社に支払う旅行費用は、旅行会社から役務の提供を受けることに伴って支払う対価ですから、貴社の課税仕入れに該当します。

　また、この旅行費用として一定金額を従業員に支給した場合にも、旅費宿泊費等の領収書等を徴することにより、貴社の課税仕入れとして取り扱って差し支えありません。

　なお、その旅行が海外旅行の場合は、輸出免税取引又は国外取引に該当するため、国内における課税仕入れには該当しませんので、仕入税額控除の対象にはなりません。

参考　法2①十二、基通11-2-1

販売奨励金を支払った場合の税額控除

> **【問11-30】**　当社は製造業を営んでいますが、卸売業者に対し、当社製品の売上高（取引高）に応じて支払う販売奨励金は、課税仕入れに該当しますか。

【答】　事業者が販売促進の目的で金銭により取引先に対して支払う販売奨励金等は、消費税法第38条第1項《売上げに係る対価の返還等をした場合の消費税額の控除》に規定する売上げに係る対価の返還等に該当するものとされ

409

ています。

　したがって、御質問の場合の販売奨励金は、貴社の売上げに係る対価の返還等としてその税額控除を行うこととなります。

[参　考]　法38①、基通14－1－2

有価証券の譲渡等がある場合の課税売上割合の計算

> 【問11－31】　有価証券を譲渡した場合や金銭債権を譲渡した場合には、消費税の課税売上割合の計算はどのようにするのでしょうか。対価の金額を課税売上割合の計算の分母に加算すると、預金などで運用した場合と比べ著しく課税売上割合が低くなるのですが、特例的な取扱いはないのでしょうか。

【答】　消費税の課税売上割合は、その課税期間中の国内における資産の譲渡等の対価の額の合計額（税抜き）に占めるその課税期間中の国内における課税資産の譲渡等の対価の額（税抜き）の合計額の割合によることとなります。この場合の、資産の譲渡等の対価の額及び課税資産の譲渡等の対価の額（いずれも輸出取引に係る金額を含みます。）については、それぞれ売上げに係る対価の返還等の金額（輸出取引に係る返還等の金額を含みます。いずれも税抜き）を控除した金額によることとなります。

　ところで、御質問の有価証券や金銭債権の譲渡などがあった場合ですが、具体的には次のような特例があります。

①　通貨、小切手等の支払手段の譲渡については、本来、資産の譲渡等の対価として授受・譲渡されるものであり、資産の譲渡等の対価が二重に計上されることを排除する趣旨から、これらに係る対価の額は課税売上割合の計算上資産の譲渡等の対価の額に含めないこととされています。

②　資産の譲渡等の対価として取得した金銭債権の譲渡についても、①と同様の趣旨による二重計上を排除するため、その譲渡の対価の額は課税売上

410

第11章　税額控除

割合の計算上資産の譲渡等の対価の額に含めないこととされています。

③　国債、地方債及び社債並びに譲渡性預金証書等の条件付売買（現先取引）、債券等をあらかじめ約定した期日（この約定の日以後その期日を定めることができることとされているものにあっては、この定められる期日）にあらかじめ約定した価格又はあらかじめ約定した計算方法により算出される価格で買い戻すことを約して譲渡し、かつ、その約定に基づきその現先取引債券等を買い戻す場合のその現先取引債券等の譲渡については、資金の借入れと同じ効果を持つものであることから、これに係る対価の額は課税売上割合の計算上資産の譲渡等の対価の額に含めないこととされています。

④　現先取引債券等をあらかじめ約定した期日（この約定の日以後その期日を定めることができることとされているものにあっては、この定められる期日）に、あらかじめ約定した価格又はあらかじめ約定した計算方法により算出される価格で売り戻すことを約して購入し、かつ、その約定に基づき売り戻した場合の対価の額は、その現先取引が利子を得る目的で行う金銭の貸付けと類似することから、課税売上割合の計算における資産の譲渡等の対価の額は、売戻しに係る対価の額から購入に係る対価の額を控除した金額とされています。

⑤　消費税が非課税とされる有価証券、登録国債（現先取引に該当するものを除きます。）及び金銭債権（②の金銭債権以外のもの）を譲渡した場合には、課税売上割合の計算上資産の譲渡等の対価の額に算入する対価の額は、その有価証券等の譲渡の対価の額の５％に相当する金額とされています。

⑥　国債等について償還差損が生ずる場合には、課税売上割合の計算上その償還差損は資産の譲渡等の対価の額から控除することとされています。

参考　法30⑥、令48⑤

信用取引により有価証券の譲渡を行った場合の課税売上割合

【問11−32】 当社は、資金運用の一環として有価証券の売買を行っています。

　仕入税額控除額を計算するに当たって課税売上割合を算出する場合、有価証券の譲渡については特例があるそうですが、どのような取扱いになるのでしょうか。

　また、その有価証券の売買が通常の取引の場合と信用取引の場合とでは取扱いが異なるのでしょうか。

【答】　消費税の課税売上割合を計算する場合、非課税とされる資産の譲渡等の対価の額は、原則としてその全額が分母の金額である資産の譲渡等の対価の額の合計額に含まれますが、有価証券（ゴルフ場利用株式等を除きます。）の譲渡については、その譲渡の対価の額の５％に相当する金額のみを分母の金額に含めることとする特例があります。ただし、有価証券の譲渡が現先取引に係るものである場合には、別途特例が設けられています。

　また、譲渡対価の額の５％相当額のみを分母の金額に含めることとする特例は、その有価証券の譲渡が信用取引に係るものであっても、通常の現物取引と同様に適用されます。

参考　法30⑥、令48⑤

第11章　税額控除

売掛債権を譲り受ける場合の課税売上割合

> 【問11－33】　当社（クレジット会社）がクレジット加盟店より譲り
> 受ける金銭債権は、一方において、会員に対する売上げに係る債権
> の取得と考えられますが、この債権額は消費税の課税売上割合を計
> 算する際に、非課税取引として算式の分母に算入しなければなりま
> せんか。

【答】　クレジット会社が加盟店から売掛債権を譲り受ける場合、クレジット
会社は、資産の譲渡等（売上げ）によって売掛債権を取得するのではなく、
譲受け（買取り）によって売掛債権を取得するのですから、クレジット会社
にとっては仕入れに該当することになり、譲り受けた売掛債権の額そのもの
は、消費税の課税売上割合には関係しません。

　ただし、この場合、債権額と立替払いをした金額との差額及び加盟店手数
料の額は、消費税の非課税売上げとして、課税売上割合の計算上、算式の分
母（資産の譲渡等の対価の額の合計額）に算入することになります。

　一方、加盟店については、資産の譲渡等（売上げ）の対価として取得した
金銭債権の譲渡に該当しますので、消費税法施行令第48条第2項第2号の規
定により、課税売上割合の計算上、その譲渡の対価は算式の分母に含まれな
いことになります。

参考　法6、30⑥、法別表第一第3号、令10③八、48②二、48④

413

輸出免税取引がある場合の課税売上割合

> 【問11-34】 いわゆる三国間輸送用の日本船籍の船舶の譲渡がある
> 場合は、輸出免税の対象となるそうですが、消費税の課税売上割合
> の計算をする際、この譲渡の対価の額については算式の分母、分子
> にそれぞれ算入することになるのでしょうか。

【答】 日本船籍の船舶で、専ら国内以外の地域間の輸送の用に供されるいわゆる三国間輸送用の船舶を船舶運航事業者に譲渡した場合には、輸出取引に該当し、消費税は免除されます。

しかし、この場合、輸出免税に該当するとしてもその譲渡は国内における課税資産の譲渡等に該当しますから、課税売上割合の計算上、資産の譲渡等の対価の額の合計額（分母）及び課税資産の譲渡等の対価の額の合計額（分子）の両方に算入されることとなります。

参　考　法7①、30⑥、令17②一イ、48①

第11章　税額控除

再ファクタリングの場合の課税売上割合の計算

【問11－35】　当社はクレジット会社ですが、下図のような一連の取引の場合、当社において消費税の課税売上割合の計算上、分母（課税期間中の国内における資産の譲渡等の対価の額の合計額）に算入すべき金額はいくらですか。

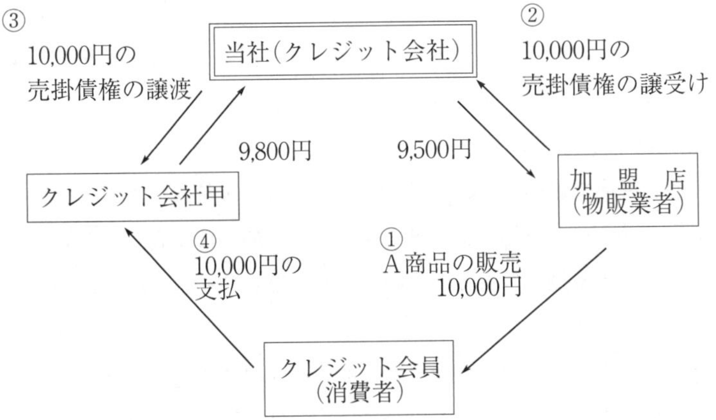

③
10,000円の
売掛債権の譲渡

当社（クレジット会社）

②
10,000円の
売掛債権の譲受け

9,800円　　　9,500円

クレジット会社甲

加　盟　店
（物販業者）

④
10,000円の
支払

①
A商品の販売
10,000円

クレジット会員
（消費者）

【答】　貴社の取引を分解すると、②の取引は金銭債権の譲受けに、③の取引は金銭債権の譲渡に該当します。

　金銭債権の譲受けの場合、その債権について償還又は弁済を受けたときは、償還差益又は弁済差額を課税売上割合計算上の分母の金額に算入することとなります。また、償還又は弁済を受ける前にその金銭債権を譲渡した場合には、その行為は金銭債権の譲渡となりますから、その譲渡対価の額の5％に相当する金額を算式の分母の金額に算入することになります。

　御質問の場合は、③の取引において490円（9,800円×5％）を算式の分母に加算することになります。

参考　法30⑥、令48

415

リース機材を国外の支店等で使用する場合の課税売上割合の計算

> 【問11-36】 事業者が、国内以外の地域において資産の譲渡等又は
> 自己で使用するため資産を輸出した場合、消費税法上、課税資産の
> 譲渡等に係る輸出取引とみなして、課税売上割合の計算を行うこと
> となるそうですが、例えば、取材用のビデオカメラを所有権移転外
> ファイナンス・リース契約に基づき使用することとしている場合に、
> そのビデオカメラを海外での取材用として国外の支社に輸出する場
> 合でも同様の取扱いができるのでしょうか。

【答】 消費税法においては、平成20年4月1日以後契約する所有権移転外ファイナンス・リース契約によるリース取引の目的となる資産の引渡し時に、そのリース資産の売買があったものとされ、そのリース料総額は資産の譲渡の対価とされています。

国外の支店等において自ら使用するものを輸出する場合又は国外において譲渡するための資産を輸出する場合には、対価を得て行う輸出取引ではありませんが、消費税法第31条第2項のみなし輸出取引に該当し、その資産が輸出されたことにつき一定の方法により証明がされたものは、課税資産の譲渡等に係る輸出取引等に該当するものとみなされます。

したがって、仕入れに係る消費税額の計算に当たって、消費税法施行令第51条第3項及び第4項《非課税資産の輸出等を行った場合の課税売上割合の計算の方法等》の規定により、ビデオカメラのFOB価格（本船甲板渡し価格）を課税売上割合の計算式の分母、分子に加算することになります。

なお、いわゆるオペレーティング・リース契約については、消費税法上、賃貸借契約としてそのリース料は資産の貸付けによる対価とされていますが、上記の規定は、その資産に係る国内取引が譲渡によるものか貸付けによるものかに関係なく適用されるものですので、課税売上割合の計算上、上記と同様に取り扱うこととなります。

416

第11章　税額控除

参 考　法31②、令51③④

課税売上割合に準ずる割合

> 【問11－37】　課税売上割合に準ずる割合とは、具体的にどういうものなのでしょうか。また、その承認申請手続、適用開始時期等についても併せて教えてください。

【答】　課税売上割合に準ずる割合とは、個別対応方式における共通対応分に係る仕入控除税額の計算において、事業者における事業内容等の実態が、その課税仕入れ等のあった課税期間における課税売上割合によっては必ずしも反映されていないという場合に対処するため、課税売上割合よりも更に合理的な割合を適用することがその事業者にとって事業内容等の実態を反映したものとなるのであれば、その合理的な割合を認めることが妥当との趣旨から設けられたものです。

　このような場合において、どのような割合が合理的であるかは、その事業者の営む事業により異なるものと考えられ、一概に言えるものではありませんが、課税売上割合に準ずる割合としては、使用人の数又は従事日数の割合、消費又は使用する資産の価額、使用数量、使用面積の割合などが考えられます。

　また、課税売上割合に準ずる割合を用いて仕入控除税額を計算するためには、課税売上割合に準ずる割合の算出方法の内容、その算出方法が合理的であるとする理由等を記載した「消費税課税売上割合に準ずる割合の適用承認申請書」を納税地の所轄税務署長に提出して承認を受ける必要があります。

　提出を受けた税務署長は、審査を行い、その申請に係る割合が合理的に算出されたものかどうか判断し、承認又は却下することになります。

　課税売上割合に準ずる割合の承認を受けた場合は、承認を受けた日の属する課税期間から適用となりますので、承認を受けた日の属する課税期間から、

417

課税売上割合に代えてその承認を受けた課税売上割合に準ずる割合により仕入控除税額の計算を行うこととなります。

　なお、提出先の税務署において、その算出方法が合理的なものかどうかを判断するために一定の審査期間が必要となりますので、適用を受けようとする課税期間の末日までに十分な余裕をもって提出してください。

　（注）　この承認申請については、一定の日までに承認又は却下の処分がなかった場合におけるみなし承認の制度は採用されていません。

[参　考]　法30③、令47、規15、基通11-5-7
[関連事例]　問11-38、11-40

たまたま土地の譲渡があった場合の課税売上割合に準ずる割合の承認

> 【問11-38】　当社は服の卸売業を営む法人ですが、この度、保有している遊休地を譲渡しました。土地の譲渡は非課税とされていることから、課税売上割合が減少することになりますが、このような場合について、課税上の特例があると聞きましたが、どのようなものでしょうか。

【答】　たまたま土地の譲渡があったことにより課税売上割合が減少する場合、課税売上割合を適用して仕入れに係る消費税額を計算すると当該事業者の事業の実態を反映しないことがあります。このような場合には、納税地を所轄する税務署長に「消費税課税売上割合に準ずる割合の適用承認申請書」を提出し、承認を受ければ課税売上割合に準ずる割合を適用することができます。

　承認を受けることができるのは、土地の譲渡が単発のものであり、かつ、土地の譲渡がなかったとした場合には、事業の実態に変動がないと認められる場合であり、承認を受けた場合の適用する割合は次のいずれか低い割合となります。

1　土地の譲渡があった課税期間の前3年に含まれる課税期間の通算課税売

418

第11章　税額控除

上割合（※）

2　土地の譲渡があった課税期間の前課税期間の課税売上割合

※　通算課税売上割合

$$\frac{前3年に含まれる課税期間の課税売上高（税抜き）の合計額}{前3年に含まれる課税期間の総売上高（税抜き）の合計額}$$

　上記下線部分の「土地の譲渡がなかったとした場合には、事業の実態に変動がないと認められる場合」とは、①土地の譲渡により課税売上割合が大きく変動するものの、土地の譲渡の前後において事業者の営業の実態に変動がなく、かつ、②過去3年間で最も高い課税売上割合と最も低い課税売上割合の差が5％以内である場合となります。

　したがって、例えば、土地の譲渡前に、この土地を外部に貸し付けて賃料を受けており、不動産賃貸業を営んでいたと認められる場合で、この土地を譲渡した後に不動産賃貸業を営んでいないときは、上記①に該当せず、承認を受けることができませんので、ご留意ください。

参　考　法30③、33②、令53③、基通11－5－7

関連事例　問11－37

課税売上割合の端数処理

> 【問11－39】　当社のこの課税期間の課税売上割合は、94.856……％でした。当社の場合、課税売上割合の計算は、継続して少数点以下を四捨五入しようと考えていますが、これによると課税売上割合は切り上げて95％となり、課税仕入れ等の税額の全額を控除することができると思われますが、消費税法上このような処理は認められますか。

【答】　課税売上割合が$\frac{95}{100}$に満たないときには、課税仕入れ等の税額の全額を控除することができないため、個別対応方式か一括比例配分方式のいずれ

419

かの方法によって仕入控除税額の計算を行うこととされています。

　この場合、個別対応方式又は一括比例配分方式の計算において用いる課税売上割合については、その端数処理は行わないことになっています。

　したがって、御質問の場合には、94.856％ですから、その端数を切り上げて95％とすることはできません。

　ただし、仕入控除税額の算出に当たっては、課税売上割合の任意の位以下の端数を切り捨てた数値によって計算しても差し支えないこととされています。

　なお、課税売上割合が95％以上の場合に課税仕入れ等の全額を控除する制度は、その課税期間の課税売上高が5億円を超える事業者には適用されません。

参　考　法30②、30⑥、令48、基通11−5−6

薬品の仕入れについての仕入税額控除

【問11−40】　病院において、消費税の仕入税額控除の計算に当たり個別対応方式を採用する場合、薬品の仕入れについては課税売上げにのみ要するものと非課税売上げにのみ要するものとに分けることになるのでしょうか。

　また、薬品の仕入れのうち課税・非課税共通対応のものについて、課税売上割合に準ずる割合を適用する場合にはどのような割合が認められますか。

【答】　保険診療でも自費診療でも、同一の薬品を用いることが多いことから、仕入れた薬品を仕入れの段階で、消費税の非課税売上げである保険診療に使用する薬品と、課税売上げである自費診療に使用する薬品とに区分することは困難であると考えられます。

　したがって、このようにその区分することが困難な場合、その薬品や機材

第11章　税額控除

等の仕入れについては、課税・非課税共通対応として区分することになります。

　この場合、課税売上割合に準ずる割合としては、例えば、保険診療と自費診療との患者数の比率や使用薬価の比率（使用実績による薬価の比率）などが考えられますが、これらのうち、課税売上割合よりも合理的であると認められる割合があれば、「消費税課税売上割合に準ずる割合の適用承認申請書」を納税地の所轄税務署長に提出し、課税期間の末日までに承認を受けた場合は、承認を受けた日の属する課税期間以後の課税期間についてはその割合を用います。

参　考　法30②③、基通11−5−7
関連事例　問11−37

カタログ印刷や企業イメージ広告

> 【問11−41】　個別対応方式によって仕入税額控除を行う場合、課税資産の譲渡等及び非課税資産の譲渡等に使われる包装紙やカタログの印刷費、企業イメージ広告の広告費は課税用又は非課税用のどの区分に入るのですか。

【答】　課税資産の譲渡等とその他の資産の譲渡等がある事業者においては、包装紙代やカタログの印刷費、企業イメージの広告費等は原則として課税資産の譲渡等とその他の資産の譲渡等に共通して要するものに該当することとなります。

　ただし、この共通して要するものと区分されたものを、使用枚数等の合理的な基準により課税資産の譲渡等にのみ要するものとその他の資産の譲渡等にのみ要するものとに区分しているときは、その区分したところによって差し支えありません。

　また、例えば、カタログの印刷費については、そのカタログの掲載商品が

421

いずれも消費税の課税対象である場合には、課税資産の譲渡等にのみ要するものに該当することとなります。

参考 法30②、基通11−2−12、11−2−19

建設現場で支出する交際費

> **【問11−42】** 当社では、課税売上げとなる建設工事の現場において支出する交際費とその他の交際費に明確に区分けすることが可能ですが、この工事現場において支出する交際費を課税売上げにのみ要する課税仕入れとして計算しても差し支えないでしょうか。

【答】 個別対応方式により課税仕入れ等の税額を計算する場合には、交際費となる課税仕入れが、課税用、非課税用、課税・非課税共通用のいずれとなるかは、その交際費の支出の目的や相手方との取引の内容（課税取引であるか否か）に応じて判断することとなります。

例えば、課税資産の譲渡等の相手先に対して行う中元や歳暮等の贈物については、原則として課税資産の譲渡等にのみ要する課税仕入れとして仕入税額控除をすることができることとなります。

したがって、御質問のように、消費税の課税の対象となる役務の提供の現場において行われる課税仕入れであることが明らかにされているような場合には、課税資産の譲渡等にのみ要する課税仕入れとして計算することが認められます。

　（注）　交際費支出そのものが、課税仕入れに該当するかどうかについては、**問11−25、問11−26、問11−27**を参照してください。

　　　また、令和元年10月1日以降は、軽減対象資産の譲渡等がある場合は、税率ごとに区分する必要があります。

参考 法30②、基通11−2−12

422

第11章　税額控除

宅地の造成費

> 【問11－43】　当社（不動産業者）は宅地を造成して販売しています
> が、課税仕入れ等の税額を個別対応方式によって算出する場合、消
> 費税法上、当社が支出する造成費用の取扱いはどのようになるので
> しょうか。
>
> 　また、宅地造成の一環として行う私道の工事や給排水設備等の付
> 帯工事に係る費用等の取扱いはどのようになるのでしょうか。

【答】　宅地の造成費用は、消費税が非課税とされる土地の譲渡にのみ要する
課税仕入れとなりますから、仕入税額控除の対象とはなりません。

　また、私道工事や給排水設備等の付帯工事等は、宅地造成の一環として行
われるものですから、同様に仕入税額控除の対象となりません。

　なお、分譲マンション等を建設するための土地の造成費用は、土地と建物
を譲渡するためのものですから、課税資産の譲渡等とその他の資産の譲渡等
に共通して要するものとなります。

参　考　法30②、基通11－2－12、11－2－15

試作用、サンプル用資材の税額控除

> 【問11－44】　試作目的又はサンプルとして無償で提供する物品の製
> 造に使用した原材料等についても、仕入税額控除の対象とすること
> ができますか。

【答】　消費税法上、仕入税額控除の対象となる課税仕入れとは、事業者が、
事業として他の者から資産を譲り受け、若しくは、借り受け又は役務の提供
（給与等を対価とするものを除きます。）を受けることをいい、受ける相手
方が、事業として行った場合には課税されるようなものをいいます。

423

御質問の場合においても、他の者からの仕入れが課税仕入れとなるものであれば、それが試作目的、サンプルとして無償で提供するための物品の製造に使用したものであっても、仕入税額控除の対象となります。

なお、仕入控除税額の計算を個別対応方式によることとしている場合において、試作品、サンプルが課税資産の譲渡等に係る販売促進等のために配布されるものであるときは、その原材料等の課税仕入れは課税資産の譲渡等にのみ要するものに該当します。

参　考　法30、基通11－2－14

株式の売買に伴う課税仕入れの取扱い

【問11－45】　当社では、いわゆる財テクとして株式の売買を行っています。

ところで、株式の売買に伴い、委託売買手数料、投資顧問料、保護預り料等を支払っていますが、個別対応方式により仕入控除税額を計算する場合、これらの支出は非課税資産の譲渡等にのみ要する課税仕入れに係る支払対価として仕入税額控除の対象にはならないのでしょうか。

【答】　次のように、いずれも、非課税資産の譲渡等にのみ要する課税仕入れになります。

1　株式を売却する際の委託売買手数料は、株式の譲渡のための費用ですから、非課税資産の譲渡等にのみ要する課税仕入れに係る支払対価に該当し、仕入税額控除の対象にはなりません。

また、株式を購入する際の委託売買手数料は、それを売却するまでの間に配当金を収受することもありますが、配当金を得るための支払対価というよりも、後日における売却のための取得に要する支払対価と認められますから、同様に、非課税資産の譲渡等にのみ要する課税仕入れに係る支払

424

第11章　税額控除

対価に該当することになります。

2　投資顧問業者から売買に関して、専門的な助言を得る場合がありますが、このような助言に対して投資顧問業者に支払う投資顧問料も、委託売買手数料と同様に非課税資産の譲渡等にのみ要する課税仕入れに係る支払対価となります。

3　株式の保護預り料は、後日の売却のための支出ですから、非課税資産の譲渡等にのみ要する課税仕入れに係る支払対価となります。

参　考　法30②

土地付建物の仲介手数料

【問11－46】　土地と建物を一括して１億円で譲渡しましたが、この土地の譲渡代金は8,000万円、建物の譲渡代金は2,000万円でした。

個別対応方式により仕入控除税額を計算する場合には、この不動産業者に支払った仲介手数料について、その仲介手数料の総額の$\frac{20}{100}$は課税資産の譲渡等にのみ要するものとし、その$\frac{80}{100}$はその他の資産の譲渡等にのみ要するものとしてもよいでしょうか。

【答】　個別対応方式により仕入控除税額を計算する場合には、課税仕入れ等について、①課税売上げにのみ要するもの、②非課税売上げにのみ要するもの、③課税・非課税売上げに共通して要するものに区分することとされています。

また、課税・非課税売上げに共通して要するものについて、合理的な基準により課税売上げにのみ要するものと、非課税売上げにのみ要するものとに区分している場合は、その区分したところにより消費税法第30条第２項第１号《個別対応方式による課税仕入れ等の税額の控除》の規定を適用することとして差し支えないこととされています。

御質問の不動産業者に支払った土地と建物の仲介手数料は、原則として③

425

課税・非課税売上げに共通して要するものに該当することとなりますが、土地の部分8,000万円と建物の部分2,000万円が譲渡代金1億円を合理的に区分したものであれば、その仲介手数料の総額の$\frac{20}{100}$は課税売上げにのみ要するものとし、残りの$\frac{80}{100}$は非課税売上げにのみ要するものとして、消費税法第30条第2項第1号の規定を適用して差し支えないこととなります。

参 考　法30②一、基通11−2−19

利子等を明示した場合のリース資産の仕入税額控除

> 【問11−47】　当社（賃貸人）は、この度、事務用機器のリース取引（所有権移転外ファイナンス・リース取引、**問3−57**参照）を行うこととなりました。
>
> 　リース契約では、利子等が明示されており、仕入控除税額の計算に当たっては、個別対応方式を採用していますが、据付工事費及び運賃等を含めたリース資産の取得費用における課税仕入れに係る消費税額は、どのように計算することになりますか。

【答】　消費税法上、仕入控除税額の計算に際し、個別対応方式による場合は、①課税資産の譲渡等にのみ要するもの、②課税資産の譲渡等以外の資産の譲渡等にのみ要するもの、③課税・非課税売上げに共通して要するものに区分して課税仕入れ等に係る税額を計算することとされています。

　所有権移転外ファイナンス・リース取引に係るリース契約において利子相当額が明示されている場合、この取引に係るリース料は、課税取引とされる資産の譲渡に対する対価の額と、非課税取引とされる利子相当額を対価とする役務の提供に係る対価の額に区分されることから、所有権移転外ファイナンス・リース取引に係る課税仕入れに係る消費税額を算出する場合には、①から③までの区分を行うこととなります。

　この場合、据付工事費及び運賃等も含めたリース資産の取得費用は、非課

426

第11章　税額控除

税取引となる利子相当額を対価とする役務の提供に要する費用とするのではなく、課税取引とされる資産の譲渡に要する費用の額ですので、①に該当するものとして仕入税額控除額を計算することとなります。

[参考]　法30②一

グリーン・エネルギー・マークの使用料

【問11−48】　当社は、製造小売業を営んでいますが、このたび、製品の製造に必要な電力を「グリーン電力」で賄ったことを表現する「グリーン・エネルギー・マーク」を製品に添付することにしました。

このマークを添付するに当たって、使用料を支払いますが、この使用料は、消費税の仕入税額控除の対象となりますか。

【答】

1　「グリーン・エネルギー・マーク」について

「グリーン・エネルギー・マーク」（以下「マーク」といいます。）とは、企業が、製品の製造に必要な電力を、風力、太陽光、バイオマスなどの再生可能エネルギーにより発電されたグリーン電力で賄ったことを製品に添付して表現するためのマークとして、平成20年5月に制定されたものです。

このマークは、製品に添付することにより、消費者がその製品がグリーン電力を使用して製造されたものであることを判別し、信頼して購入できるようにすることを目的に制定されました。

企業においては、マークを添付した製品の販売を通じて、その企業が地球温暖化対策に取り組んでいることをアピールすることによって、企業イメージの向上につながり、またその趣旨に賛同する消費者の購買を期待できるとされています。

2　マーク・ライセンシーについて

マーク・ライセンシーとは、マークの商標権を有する財団法人日本エネ

ルギー経済研究所と締結した使用許諾契約によって、マークの製品への添付を希望する企業に対し、その使用許諾に基づく使用権を再使用許諾することができる者をいいます。

3　マークの使用について

　　企業は、マーク・ライセンシーである事業者との間でマークの使用許諾契約を締結し、その契約に基づき、その企業が各事業年度において、マークを添付した製品の製造に対し費消した電力量に応じて使用料を支払うこととされています。

4　消費税法上の取扱い

　　企業が、マーク・ライセンシーである事業者との間でマークの使用許諾契約に基づき支払うマークの使用料は、企業が製造した製品にマークを添付することができるためのもので、企業にとってマークの添付による企業自身及び商品の広告宣伝効果を期待して支払うものであり、また、マークの使用量等に応じて支払金額が設定されていることから、対価性のある費用に該当するものであるといえます。

　　したがって、貴社が使用許諾契約に基づきマーク・ライセンシーである事業者に対して支払うマークの使用料は、仕入税額控除の対象となります。

関連事例　問3−1、3−76

第11章　税額控除

休業補償金・収益補償金・営業補償金など

> 【問11-49】　当社は、貸ビルの建替えに当たりテナントに一時退去を求め、その間の休業に対する補償として、休業補償金を支払うこととしました。
>
> 　この補償金は、収益の補塡を目的としたもので、テナントにおいては所得税の課税の対象になると思われますが、当社では課税仕入れとして消費税の仕入税額控除の対象としてよろしいでしょうか。

【答】　消費税は、国内において事業者が行う資産の譲渡、貸付け及び役務の提供の対価に対して課税されることになっています。

　また、資産の譲渡の対価とみなすこととされている、「土地収用法等に基づいて所有権等を喪失する事業者が、その権利を取得する者から支払を受ける権利の消滅に係る補償金」の範囲についても、譲渡があったものとみなされる収用の目的となった所有権その他の権利の対価たる補償金（対価補償金）をいうものとされており、次のような補償金は、この対価補償金には該当しないこととされています。

①　事業について減少することとなる収益又は生ずることとなる損失の補てんに充てるものとして交付を受ける補償金

②　休廃業等により生ずる事業上の費用の補塡又は収用等による譲渡の目的となった資産以外の資産について実現した損失の補塡に充てるものとして交付を受ける補償金

③　資産の移転に要する費用の補塡に充てるものとして交付を受ける補償金

④　その他対価補償金たる実質を有しない補償金

　したがって、お尋ねのような休業補償金や収益補償金、営業補償金などは、その実質が資産の譲渡等（資産の譲渡、貸付け又は役務の提供）の対価と認められない限り、消費税は不課税となりますので、貴社においては、仕入税額控除の対象とすることはできません。

429

参　考　　法2①八、十二、令2②、基通5－2－10

貸ビル建設予定地上の建物の撤去費用等

> **【問11－50】**　当社は貸ビル業を営んでいますが、この度貸ビルを建設するための土地を取得することとしました。
>
> 　しかし、その取得することとなる土地には借地権者の店舗が建っているため、当社が自己所有している土地に仮店舗を建設の上、移転先が決まるまでの間無償で貸し付けることとして、取得予定地上の店舗を撤去することとしました。
>
> 　この場合、当社の土地に仮店舗を建設するための費用及び既存の店舗を撤去するための費用は、消費税法上仕入税額控除の対象となりますか。

【答】　貸ビル建設予定地にある店舗を撤去するための費用は、土地そのものの取得（非課税取引）の対価ではなく、建物の撤去という役務の提供の対価として支出されるものですから、課税仕入れになります。

　個別対応方式により仕入控除税額を計算することとしている場合には、その土地にビルを建設してこれを貸し付けるために必要なものですから、建物の賃貸という課税資産の譲渡等にのみ要する課税仕入れとして仕入税額控除を行うことができます。

　また、借地権者の店舗移転先が決まるまでの間、自社の土地に仮店舗を建設して無償で貸し付ける場合の仮店舗の建設費用も、旧店舗の撤去費用と同様に課税仕入れに該当し、個別対応方式による場合は、課税資産の譲渡等にのみ要する課税仕入れに該当します。

参　考　　法30②、基通11－2－12

第11章　税額控除

海外工事に要する課税仕入れ

> **【問11−51】**　海外での建設工事に要する資産の国内における課税仕
> 入れは、個別対応方式による場合、課税売上げにのみ要する課税仕
> 入れとなるのですか、あるいは、課税・非課税共通用の課税仕入れ
> となるのでしょうか。

【答】　国外において行う資産の譲渡等のための国内における課税仕入れ等が
あるときは、その課税仕入れ等について消費税法第30条第１項《仕入れに係
る消費税額の控除》の規定が適用されます。

　また、個別対応方式により仕入控除税額を計算する場合には、課税仕入れ等
について、①課税資産の譲渡等にのみ要するもの、②非課税資産の譲渡等にの
み要するもの、③課税・非課税資産の譲渡等に共通して要するものとに区分す
ることとされていますが、非課税資産の譲渡等とは、国内において行われた資
産の譲渡等のうち、消費税法別表第一に掲げるものをいうこととされています。

　したがって、国外において行う資産の譲渡等のための課税仕入れ等につい
ては、すべて課税資産の譲渡等にのみ要するものに該当することとなります
から、個別対応方式により仕入控除税額を計算する場合には、その課税仕入
れ等に係る消費税額の全額が控除対象となります。

参　考　法２①八、九、十二、30①②一、基通11−２−13

新株発行費用等の仕入れに係る消費税額の控除

> 【問11-52】 繰延資産とされる新株発行又は社債発行を行う場合の
> 事務委託費等についても、これに課される消費税は、その支払時に
> 一括して控除することができますか。

【答】 創業費、開業費又は試験研究費等の繰延資産に含まれる課税仕入れ等
に係る対価の額は、繰延資産としての償却の時期にかかわらず、その課税仕
入れを行った日の属する課税期間において仕入れに係る消費税額の控除の対
象とすることになります。

 したがって、御質問の新株発行又は社債発行を行う場合の事務委託費等も
課税仕入れに該当しますから、その課税仕入れを行った日の属する課税期間
において仕入れに係る消費税額の控除を行うことになります。

参考 法30、基通11-3-4

割賦、延払いの方法による課税仕入れの場合の税額控除

> 【問11-53】 割賦販売又は延払条件付販売等の方法で課税仕入れを
> した場合の税額控除はどのようにすればよいでしょうか。

【答】 割賦販売又は延払条件付販売の方法による課税仕入れであっても、そ
の課税期間中に賦払期日の到来した部分の仕入れに係る消費税額だけが控除
の対象となるのではなく、当該資産の引渡し等を受けた日の属する課税期間
において、仕入れに係る消費税額の全額を一括して控除することになります。

 なお、割賦販売等の契約において、手数料等が明示されている場合には、
その手数料等は消費税が非課税とされていますので、課税仕入れとすること
はできません。

参考 法2①十二、30、令10③九、十、基通11-3-2

432

第11章　税額控除

売上割引と仕入割引

【問11−54】　商品の売買があった場合に、売買代金の決済に当たり、売上割引あるいは仕入割引を行いますが、この売上割引や仕入割引は利子として消費税は非課税になるのでしょうか。

【答】　売上割引は、資産の譲渡等に係る対価をその支払期日よりも前に支払を受けたこと等を基因として支払うものであり、また、仕入割引は、仕入れに係る対価をその支払期日よりも前に支払ったことを基因として支払を受けるものです。これらの売上割引又は仕入割引の額は、一般に利息計算の方法により算定されるものであることから、企業会計上は受取割引料あるいは支払割引料として取り扱われています。

しかし、これらは資産の譲渡等の対価の額の授受に直接基因して授受されるものであり、売上値引あるいは仕入値引と本質的に類似するものであることから、消費税においては、課税資産の譲渡等の対価の支払に基因する売上割引は売上げに係る対価の返還等として、また、仕入割引は仕入れに係る対価の返還等として取り扱うこととされています。

したがって、売上割引についてはその額の $\frac{6.3}{108}$ 又は $\frac{7.8}{110}$ （軽減対象資産の場合は $\frac{6.24}{108}$ ）相当額を課税標準額に対する消費税額から控除し、仕入割引についてはその額の $\frac{6.3}{108}$ 又は $\frac{7.8}{110}$ （軽減対象資産の場合は $\frac{6.24}{108}$ ）相当額を課税仕入れ等の税額の合計額から控除することとなります。

参 考　法32、38、基通6−3−4、10−1−15、12−1−4

代理店助成のために支払う奨励金

> **【問11-55】** 当社は保険会社ですが、代理店助成のために、代理店に対しその契約高（支払手数料の額）に応じて奨励金を支払っています。
>
> この奨励金は、消費税法上、課税仕入れとしてよいのでしょうか。

【答】 御質問の奨励金は、契約1件当たりにつき支払うこととされている手数料のほかに、代理店を奨励して保険の成約件数を伸ばした場合に支払うこととされているもので、代理店の契約高に応じて支払われるものと認められますから、一種の出来高払的な報酬の性質を有するものといえます。

このように、手数料の上乗せとして契約高に応じて支払われる奨励金は代理店の役務の提供に対する対価として消費税の課税の対象になります。

したがって、保険会社が支払う奨励金は課税仕入れとなります。

なお、一般に販売奨励金やリベートなどの名称で支払われる「割戻し」は、物品の販売高又は販売数量を算定基準として支払われる売上代金の一部の返戻額のことをいい、御質問のように役務の提供に対し、本来の手数料に上乗せして支払われる奨励金とはその性質を異にします。このような「割戻し」は、売上げについて値引きを行った場合や返品を受けた場合と同じように、売上げに係る対価の返還等を行ったものとして、割戻しを行った課税期間における課税売上高に対する消費税額から割戻しに係る消費税額を控除することとなります。

参考 法32、基通12-1-2、12-1-4

第11章　税額控除

事業分量配当金の対価の返還等

【問11－56】　協同組合等が組合員等に対して支払う事業分量配当金は、法人税法上は法人税法第60条の2第1項第1号《協同組合等の事業分量配当等の損金算入》により損金の額に算入され、その事業分量配当金に係る取引のあった事業年度の損金として取り扱われますが、この事業分量配当金の消費税法上の取扱いはどのようになるのでしょうか。

【答】　事業分量配当金は、協同組合等が組合員等に対し、その事業の利用分量に応じてその剰余金を分配するものであり、その性格が組合員との取引の価格修正であることから、組合側では売上げに係る対価の返還等に該当することになります。

参　考　法32、基通12－1－3

435

実質的な輸入者と輸入申告者が異なる場合

【問11－57】 関税定率法第９条の２の関税割当制度の適用を受ける場合や関税暫定措置法第４条等の規定により関税の減免税を受ける場合には、商社が実質的輸入者であるにもかかわらず、輸入物品を国内で使用する者等の名義で輸入申告しなければならないこととされています。

このような場合、実質的な輸入者と輸入申告書上の名義人が異なっているため、名義人は、輸入する物品の引取りに係る消費税等と国内における課税仕入れ（商社からの仕入れ）に係る支払対価に含まれる消費税等を二重に負担することとなり、また、実質的な輸入者である商社は引取りに係る消費税額を控除することができないこととなります。

このような場合には、実質的な輸入者である商社が、引取りに係る消費税等の納税義務者として、輸入物品を国内での名義人へ譲渡する際、引取りに係る消費税を控除することとして差し支えありませんか。

【答】 保税地域から引き取られる外国貨物に係る納税義務者は、その外国貨物を保税地域から引き取る者であり、関税法における「輸入者」とその範囲を同じくしています。

この場合の「輸入者」とは、貨物を輸入する者すなわち輸入申告書に記載した名義人をいいます。したがって、輸入申告の名義人が輸入物品の引取りに係る消費税等の納税義務者ということになります。

しかしながら、御質問の場合には、一定の者（輸入物品を国内で使用する者等）を輸入申告の名義人とすることが義務づけられている関係上、本来の引取りに係る消費税等を実質的に納税するものと輸入申告書上の名義人とが別々にならざるを得ないことになります。

436

第11章　税額控除

したがって、このような場合で、輸入申告者が単なる名義人であって実質的な輸入者である商社等がその引取りに係る消費税を納付しているときには、商社等が、輸入申告書と引取りに係る消費税等の領収書を保存することを条件として、商社等において引取りに係る消費税額を控除することも認められます。

消費税法基本通達11－1－6の規定は、例えば税関長の承認を受けた製造者の名義をもってしなければならないと関税法で定められているような、輸入申告をする者が限定されている場合に、実質的な輸入者に仕入税額控除の適用を認めるという例外的な場合を定めているものですので注意が必要です。

参　考 　法5②、30①

課税売上割合が著しく変動した場合の調整

> 【問11－58】　課税売上割合が著しく変動する場合、課税売上げと非課税売上げに共通して要する機械などは課税売上割合が高い課税期間に購入した場合と低い課税期間に購入した場合とでは消費税の仕入控除税額にアンバランスを生じると思われるのですが、その仕入控除税額を調整する規定はありませんか。

【答】　課税事業者が、その購入価額（税抜き）が100万円以上である一定の固定資産（調整対象固定資産）に係る課税仕入れ等の消費税額について比例配分法による計算を行った場合（消費税法第30条第1項の規定により全額控除される場合を含みます。）で、その取得した日の属する課税期間（課税仕入れ等の課税期間）の開始の日から3年を経過する日の属する課税期間（第3年度の課税期間）の末日において、その固定資産を保有しており、かつ、その計算に用いた課税売上割合が課税仕入れ等の課税期間以後3年間の通算課税売上割合と比較して著しく異なることとなったときには、第3年度の課税期間において仕入れに係る消費税額の調整を行うこととされています。

437

すなわち、その調整対象固定資産について、通算課税売上割合により再計算した金額と課税仕入れ等の課税期間において控除した金額の差額を第3年度の課税期間の課税仕入れ等の税額に加算し、又は課税仕入れ等の税額から控除することになります。

　なお、調整が必要な場合及びその調整税額の計算は、次のとおりです。

1　課税仕入れ等の税額に加算する場合

$$\frac{通算課税売上割合-\begin{array}{c}課税仕入れ等の課税\\期間の課税売上割合\end{array}}{課税仕入れ等の課税期間の課税売上割合}\geqq\frac{50}{100}$$

であり、かつ、

$$通算課税売上割合-\begin{array}{c}課税仕入れ等の課税\\期間の課税売上割合\end{array}\geqq\frac{5}{100}$$

である場合……次の金額を課税仕入れ等の税額に加算します。

$$加算すべき税額=\begin{array}{c}調整対象固定資産の課\\税仕入れ等に係る税額\end{array}\times\begin{array}{c}通算課税\\売上割合\end{array}$$
$$-\begin{array}{c}調整対象固定資産の課\\税仕入れ等に係る税額\end{array}\times\begin{array}{c}課税仕入れ等の課税期間\\における課税売上割合\end{array}$$

2　課税仕入れ等の税額から控除する場合

$$\frac{\begin{array}{c}課税仕入れ等の課税\\期間の課税売上割合\end{array}-通算課税売上割合}{課税仕入れ等の課税期間の課税売上割合}\geqq\frac{50}{100}$$

であり、かつ

$$\begin{array}{c}課税仕入れ等の課税\\期間の課税売上割合\end{array}-通算課税売上割合\geqq\frac{5}{100}$$

である場合……次の金額を課税仕入れ等の税額から控除します。

$$控除すべき税額=\begin{array}{c}調整対象固定資産の課\\税仕入れ等に係る税額\end{array}\times$$

$$\begin{array}{c}課税仕入れ等の課税期間\\における課税売上割合\end{array}-\begin{array}{c}調整対象固定資産の課\\税仕入れ等に係る税額\end{array}\times\begin{array}{c}通算課税\\売上割合\end{array}$$

参　考　法33、令53①②、基通12-3-1〜12-3-3

第11章　税額控除

調整対象固定資産の範囲

【問11-59】　課税売上割合が著しく変動した場合の仕入控除税額の調整計算の対象となる「調整対象固定資産」の範囲について説明してください。

【答】　調整対象固定資産とは、建物、構築物、機械及び装置、船舶、航空機、車両及び運搬具、工具、器具及び備品の有形固定資産、鉱業権等の無形固定資産、牛馬、果樹等の生物その他これらに準ずる資産で一取引単位について支払対価の額の$\frac{100}{108}$又は$\frac{100}{110}$に相当する金額又は保税地域から引き取られる課税標準である金額が100万円以上のものをいいます。ただし、棚卸資産に該当するものは除かれます。

　なお、「その他これらに準ずる資産」には、例えば、著作権、回路配置利用権、ノウハウ、預託金方式のゴルフ会員権及び書画・骨とう等が含まれます。

　また、実際に調整を要するのは、仕入れた日の属する課税期間における課税仕入れ等の税額の計算について、個別対応方式の場合の課税資産の譲渡等とその他の資産の譲渡等に共通して要する課税仕入れ等として課税売上割合を乗じて、又は一括比例配分方式において課税売上割合を乗じて計算された調整対象固定資産、及び課税売上割合が95％以上かつ課税売上高が5億円以下の事業者であるため全額控除された調整対象固定資産で、取得日の属する課税期間の開始の日から3年を経過する日の属する課税期間の末日に保有されているものに限ります。

参考　法2①十六、30②、33、令5、基通12-2-1

調整対象固定資産の支払対価

【問11－60】 消費税法上、調整対象固定資産は、その資産の課税仕入れに係る支払対価の額の$\frac{100}{108}$又は$\frac{100}{110}$に相当する金額が100万円以上のものということになっていますが、この場合、所得税や法人税における減価償却資産の取得価額の算定と同じように、引取運賃、荷役費、運送保険料等その資産を購入するために要した費用等を加算して判定するのですか。

【答】 資産が調整対象固定資産に該当するかどうかを判定する場合の課税仕入れに係る支払対価の額とは、その資産の対価の額をいい、購入のために要する引取運賃、荷役費等又はその資産を消費し、若しくは販売の用に供するため、又は事業の用に供するために必要な課税仕入れに係る支払対価の額は含まれません。

　したがって、所得税や法人税における減価償却資産の取得価額の算定とは異なり、その資産の対価の額で判定することになります。

参　考 　法2①十六、令5、基通12－2－2

第11章　税額控除

通算課税売上割合の計算方法

【問11-61】　課税売上割合が著しく変動した場合の仕入控除税額の調整において、通算課税売上割合を求めることになるのですが、この通算課税売上割合とは、具体的にはどのように計算するのでしょうか。

【答】　通算課税売上割合は、次の①に掲げる金額のうちに②に掲げる金額の占める割合をいいます。

①	課税仕入れ等の課税期間から第3年度までの各課税期間中（以下「通算課税期間」といいます。）において行った資産の譲渡等の対価の額の合計額から通算課税期間中において行った資産の譲渡等に係る対価の返還等の金額の合計額を控除した残額（税抜き金額）
②	通算課税期間中に国内において行った課税資産の譲渡等の対価の額の合計額から通算課税期間中に国内において行った課税資産の譲渡等に係る対価の返還等の金額の合計額を控除した残額（税抜き金額）

$$通算課税売上割合 = \frac{②}{①}$$

　なお、この通算課税売上割合の計算においては、支払手段等の譲渡は①及び②に含めず、有価証券等の譲渡はその対価の額の5％相当額を①に算入するなどの点は、課税売上割合の計算と同じです。

参考　法33①、②、令48②〜⑥、53③④、基通12-3-1

441

資本金1,000万円以上の法人が設立１期目に調整対象固定資産を購入した場合の取扱い

> 【問11－62】　当社は、平成31年４月１日に資本金1,000万円で設立した３月決算（課税期間１年）の法人ですが、設立１期目に設備投資として機械（調整対象固定資産に該当）を200万円で購入しました。この機械に係る消費税の還付を受けるため、一般課税により申告を行う予定です。この場合の消費税法上の取扱いについて教えてください。

【答】　資本金1,000万円以上の法人を設立した場合、設立当初の２年間は、基準期間のない事業年度であっても、納税義務は免除されません（**問８－９**「新設法人における納税義務の免除の特例」参照）。

　また、平成22年４月１日以後に設立した資本金1,000万円以上の法人が、基準期間がない事業年度に含まれる各課税期間中に調整対象固定資産（**問11－59**「調整対象固定資産の範囲」参照）の課税仕入れを行い、かつ、その課税仕入れを行った課税期間につき一般課税で申告する場合には、当該課税仕入れを行った課税期間の初日から３年を経過する日の属する課税期間までの各課税期間については、免税事業者となることはできません。

　さらに、当該３年を経過する日の属する課税期間の初日（令和３年４月１日）以後でなければ、簡易課税制度選択届出書の提出はできません。

　したがって、調整対象固定資産の課税仕入れを行った課税期間から３年間は、一般課税での申告が必要となります。

　なお、調整対象固定資産の課税仕入れを行った日の属する課税期間の初日から３年を経過する日の属する課税期間（令和３年４月１日から令和４年３月31日）において、課税売上割合が著しく変動し、かつ、当該課税期間の末日に調整対象固定資産を所有している場合は、「調整対象固定資産に関する課税仕入れに係る消費税額の調整（法33）」を行う必要があります。

442

第11章　税額控除

参考　法9⑦、12の2②、33、37②

調整対象固定資産を中途で売却した場合の調整

【問11－63】　調整対象固定資産を購入して2年後に売却した場合で
も、課税売上割合が著しく変動した場合の仕入控除税額の調整計算
に当たってはその売却資産も含めるのでしょうか。

【答】　消費税法第33条《課税売上割合が著しく変動した場合の調整対象固定
資産に関する仕入れに係る消費税額の調整》第1項の課税売上割合が著しく
変動した場合の調整対象固定資産に係る消費税額の調整の規定は、調整対象
固定資産をその取得した日の属する課税期間開始の日から3年を経過する日
の属する課税期間（「第3年度の課税期間」といいます。）の末日に保有して
いる場合に、その第3年度の課税期間において調整するものです。

　したがって、除却、廃棄、滅失又は譲渡があったため、その第3年度の課
税期間の末日に有していないものは消費税額の調整の対象にはなりません。

参考　法33、基通12－3－3

443

資本的支出があった場合の調整対象固定資産

> **【問11−64】** 所得税法や法人税法においては、減価償却資産について支出した金額のうち、その減価償却資産の使用可能期間を延長させ、又は価額を増加させる部分に対応する金額は資本的支出としてその減価償却資産の取得価額に加算することになっていますが、消費税法において、後に課税売上割合が著しく変動し、調整対象固定資産について調整を要することとなったときは、その資本的支出についてはどのように取り扱うのでしょうか。

【答】 調整対象固定資産に該当する資産に係る資本的支出は、それ自体はその価値の一部を構成するものですが、調整対象固定資産に該当するかどうかは、その資本的支出自体を独立した一の資産として判定します。

また、その資本的支出とされる課税仕入れに係る支払対価の額の$\frac{100}{108}$又は$\frac{100}{110}$に相当する金額が100万円以上である場合には、調整対象固定資産と同様に消費税法第33条第1項の課税売上割合が著しく変動した場合の調整対象固定資産に係る消費税額の調整の規定が適用されます。

参考 法2①十六、令5、基通12−2−5

課税業務用固定資産を非課税業務用に転用した場合の調整

> **【問11−65】** 課税業務用調整対象固定資産を非課税業務用に転用した場合等も消費税法上、固定資産等に関する控除税額を調整する必要がありますか。

【答】 課税事業者が、調整対象固定資産を課税事業用にのみ供するものとして個別対応方式により仕入れに係る消費税額の計算を行った場合で、これを仕入れた日から3年以内に非課税業務用にのみ供するものに転用したときは、

444

第11章　税額控除

その転用した課税期間について、次により仕入れに係る消費税額から控除する必要があります。

なお、その概要については次のとおりです。

① 課税仕入れを行った日から1年を経過する日までの期間に転用した場合………控除済消費税額の全額

② 課税仕入れを行った日から1年経過後2年を経過する日までの期間に転用した場合………控除済消費税額の$\frac{2}{3}$相当額

③ 課税仕入れを行った日から2年経過後3年を経過する日までの期間に転用した場合………控除済消費税額の$\frac{1}{3}$相当額

また、非課税業務用にのみ供するものとしていたものを課税業務用にのみ供するものに転用した場合には、その転用した課税期間について、同様の方法で仕入れに係る消費税額の増額調整を行うことになっています。

参　考　法34、35、基通12-4-1

免税事業者であった課税期間に仕入れた棚卸資産

【問11-66】 当社は、設立後3期目をむかえ、初めて消費税の課税事業者となりました。

ところで、免税事業者であった前課税期間中に仕入れた商品で当課税期間に入ってから販売するものがあるのですが、これらの商品は、売却した時には消費税が課税される一方、仕入れた時は税額控除ができないことになってしまうのでしょうか。

【答】 免税事業者が課税事業者となる日の前日において所有する棚卸資産のうち、納税義務が免除されていた期間中の課税仕入れ等に係るものがあるときは、その棚卸資産に係る消費税額は、課税事業者となった課税期間の課税仕入れ等の税額とみなして仕入税額控除の対象となります。

御質問の場合、免税期間中に課税仕入れを行った商品で棚卸資産として当

445

課税期間に繰り越したものは、その棚卸資産の取得に要した課税仕入れに係る費用の額の合計額の$\frac{6.3}{108}$又は$\frac{7.8}{110}$（軽減対象資産の場合は$\frac{6.24}{108}$）の金額を当課税期間の課税仕入れ等の税額とみなして仕入税額控除の対象とすることができます。

参考　法36①

免税事業者となる場合の棚卸資産に係る消費税額の調整

【問11－67】　当社は、翌課税期間はその基準期間における課税売上高が1,000万円以下となるため免税事業者となります。

　そこで、課税事業者である当課税期間中に仕入れた棚卸資産については、当課税期間中に仕入税額控除を行い、それを翌課税期間に譲渡した場合は、売上げに対して消費税がかからないことになりますが、それでよいのでしょうか。

【答】　消費税の課税事業者が、免税事業者となる課税期間の直前の課税期間において行った課税仕入れ等に係る棚卸資産を、当該直前の課税期間の末日で有しているときは、その有する棚卸資産についての課税仕入れ等の消費税額は、当該直前の課税期間における仕入税額控除の対象とすることはできません。

　御質問の場合、当課税期間に仕入れ、翌課税期間以後に販売される棚卸資産についての消費税額は当課税期間において仕入税額控除はできないことになります。

参考　法36⑤

第11章　税額控除

貸倒引当金勘定に繰り入れた損失見込額と貸倒れに係る消費税額の控除等

> **【問11−68】**　当社は、得意先であるＢ社に対する売掛債権の一部に
> ついて法人税法第52条第１項に規定する損失見込額として損金経理
> により貸倒引当金勘定に繰り入れることにしました。
>
> 　ところで、この売掛債権は、課税資産の譲渡等に係るものですが、
> これに係る貸倒引当金勘定は消費税法第39条の貸倒れに係る消費税
> 額の控除の対象となるのでしょうか。

【答】　貸倒れに係る消費税額の控除は、国内において課税資産の譲渡等を行
った場合において、その資産の譲渡等の相手方に対する売掛金その他の債権
について会社更生法の規定による更生計画認可の決定により、債権の切捨て
があったことその他一定の事実によりその全部又は一部を領収することがで
きなくなったときに、その領収することができなくなった課税資産の譲渡等
の税込価額の$\frac{6.3}{108}$又は$\frac{7.8}{110}$（軽減対象資産の場合は$\frac{6.24}{108}$）の金額を控除する
ものです。

　ところで、法人税法第52条第１項の規定による貸倒引当金への繰入れは、
売掛債権等の回収不能見込額などについて認められるもので、実際に「回収
することができなくなった」事実が発生しているわけではありませんので、
貸倒れに係る消費税額の控除の対象になりません。

[参考]　法39①

課税事業者となった後における免税期間に係る売掛金等の貸倒れ

> 【問11－69】　当社は、消費税の免税事業者であった前課税期間に発生したＣ社に対する課税売上げに係る売掛債権について、当課税期間において会社更生法の規定による更生計画認可の決定により切り捨てられることになりました。
>
> 　この場合、当課税期間は課税事業者なのでＣ社に対する切り捨てられた債権について、貸倒れに係る消費税額の控除はできますか。

【答】　免税事業者が課税事業者となった後において、免税事業者であった当時の課税資産の譲渡等の相手方に対する売掛債権につき貸倒れが生じ、その対価の全部又は一部を領収することができなくなったとしても、消費税法第39条《貸倒れに係る消費税額の控除》の規定は適用されません。

　御質問の場合は、Ｃ社に対する課税資産の譲渡等が免税事業者であった課税期間において行われたものですから、その売掛債権については貸倒れに係る消費税額の控除はできないことになります。

[参　考]　法39、基通14－2－4

消費者に対するキャッシュバックサービス

> 【問11－70】　メーカーである当社は、新製品キャンペーンの一環として、製品を購入した消費者全員に対してキャッシュバックサービスを行うこととしていますが、売上げに係る対価の返還に該当しますか。

【答】　事業者が販売促進の目的で販売奨励金等の対象とされる課税資産の販売数量、販売高に応じて取引先（課税資産の販売の直接の相手方としての卸売業者等のほか、その販売先である小売業者等の取引関係者を含む。）に対

第11章　税額控除

して金銭により支払う販売奨励金等は、売上げに係る対価の返還に該当することとされています。

　したがって、貴社製品の購入者は、貴社の取引先に当然含まれるものですから、製品の購入者に対してもれなくキャッシュバックする金銭は、売上げに係る対価の返還に該当することとなります。

参　考　法38①、基通14−1−2

免税期間の資産の譲渡に係る対価の返還等の取扱い

【問11−71】　免税事業者であった課税期間における課税資産の譲渡等の

①　課税事業者になった後にその仕入れに係る返品及び割戻しを受けた場合の消費税法第32条第1項《仕入れに係る対価の返還等を受けた場合の仕入れに係る消費税額の控除の特例》の規定の取扱い

②　課税事業者になった後にその売上げに係る割戻しを行った場合の消費税法第38条第1項《売上げに係る対価の返還等をした場合の消費税額の控除》及び消費税法第9条第2項《基準期間における課税売上高の計算》、消費税法施行令第48条第1項《課税売上割合の計算方法》の規定の取扱い

はどのようになるのでしょうか。

【答】　仕入れに係る対価の返還等及び売上げに係る対価の返還等があった場合の消費税額の調整は、課税対象となった対価について返還があった場合に行うものです。免税事業者であった課税期間において行った課税資産の譲渡等について課税事業者になった後に生じた仕入れ・売上げの返品及び割戻しは、消費税の納税が免除されている課税期間における課税資産の譲渡等に基づくものであるため、消費税法第32条第1項及び第38条第1項の規定の適用

449

はありません。

　ただし、免税事業者であった課税期間において行った課税仕入れについての仕入れに係る対価の返還等であっても、消費税法第36条《納税義務の免除を受けないこととなった場合等の棚卸資産に係る消費税額の調整》の規定の適用を受けた棚卸資産の課税仕入れについては、消費税法第32条の適用があります。

　なお、消費税法第９条第２項に規定する基準期間における課税売上高の計算及び消費税法施行令第48条第１項に定める課税売上割合の計算において、免税事業者であった課税期間における売上げに係る対価の返還等があった場合には、その売上げは消費税の課税が免除されている課税期間に係るものであることから、その売上げに係る対価の返還等に対する消費税額（法９②一ロの額及び令48①二ロの額）はないものとして課税売上高及び課税売上割合の計算を行います。

> **参　考**　法９②、32①、36、38①、令48①、基通12－１－８、14－１－６

いわゆる「95％ルール」の適用要件

> **【問11－72】**　仕入税額控除制度におけるいわゆる「95％ルール」の適用要件について教えてください。

【答】　平成24年４月１日以後開始する課税期間については、いわゆる「95％ルール」の適用対象者をその課税期間における課税売上高が５億円以下の事業者に限ることとし、その課税期間の課税売上割合が95％未満の場合又は課税売上高が５億円超の場合には、仕入控除税額の計算を個別対応方式若しくは一括比例配分方式のいずれかにより行うことになっています。

　なお、その課税期間が１年に満たない場合には、その課税期間における課税売上高を１年間の課税売上高に年換算した金額（当該課税期間の月数で除し、これに12を乗じて計算した金額）が５億円超であるか否かによって判定

第11章　税額控除

することとなります。

　また、この場合の「課税期間における課税売上高」とは、その課税期間中
における消費税が課税される取引の売上金額（税抜き）と輸出取引などの免
税売上金額の合計額をいい、売上返品、売上値引や売上割戻し等に係る金額
がある場合には、これらの合計額（税抜き）を控除した残額をいいます。

参　考　法30②、30⑥

451

第12章

帳簿及び請求書等の保存その1
（請求書等保存方式・
区分記載請求書等保存方式）

各問の項目に付している🈴は、請求書等保存方式、🈺は、区分記載請求書等保存方式を示しており、詳しくは以下の※1及び※2を参照

※1　請求書等保存方式🈴は、令和元年9月30日までの仕入税額控除の要件として、仕入事実等を記載した帳簿及び仕入先から交付を受けた請求書、納品書等仕入事実等の記載のあるものを保存することをいう。

※2　区分記載請求書等保存方式🈺とは、令和元年10月1日から令和5年9月30日までの仕入税額控除の要件として、取引等を税率の異なるごとに区分して記帳するなどの経理に対応した帳簿及び請求書等を保存することをいう。

※3　「特定課税仕入れ」に係るものについては第19章参照

仕入税額控除の適用要件🈴

【問12−1】　当社は、これまで適用してきた簡易課税制度を取りやめ、当課税期間から、課税仕入れの実額により仕入控除税額を計算することにしました。

この場合、課税仕入れに係る帳簿及び請求書等のいずれも保存しなければ、税額控除が認められないと聞きましたが、それでは、課税仕入れについては、どのような帳簿及び請求書等を保存しなければならないのでしょうか。

【答】　課税仕入れの実額により仕入税額控除を受けるには、課税仕入れについて帳簿及び請求書等をいずれも保存しなければならないことになっていま

す（請求書等保存方式）。ここでいう「帳簿」及び「請求書等」とは、それぞれ次のものをいいます。

1　「帳簿」とは、次に掲げる事項が記載されているものをいいます。

イ　課税仕入れの相手方の氏名又は名称

ロ　課税仕入れを行った年月日

ハ　課税仕入れに係る資産又は役務の内容

ニ　課税仕入れに係る支払対価の額

　なお、再生資源卸売業その他不特定かつ多数の者から課税仕入れを行う事業で再生資源卸売業に準ずるものに係る課税仕入れについては、イの事項の記載を省略することができます。

　また、卸売市場においてせり売又は入札の方法により行われる課税仕入れその他の媒介又は取次ぎに係る業務を行う者を介して行われる課税仕入れに関する帳簿の記載事項については、イの事項について媒介又は取次ぎを行う者の氏名又は名称を記載してもよいことになっています。

2　「請求書等」とは次に掲げる書類をいいます。

(1) 事業者に対して課税資産の譲渡等を行う他の事業者が課税資産の譲渡等につき交付する請求書、納品書その他これに類する書類で次の事項が記載されているもの

イ　書類の作成者の氏名又は名称

ロ　課税資産の譲渡等を行った年月日（課税期間の範囲内で一定の期間内に行った課税資産の譲渡等につき、まとめて当該書類を作成する場合には、当該一定の期間）

ハ　課税資産の譲渡等に係る資産又は役務の内容

ニ　課税資産の譲渡等の対価の額（当該課税資産の譲渡等に係る消費税額及び地方消費税額に相当する額を含みます。）

ホ　書類の交付を受ける当該事業者の氏名又は名称

　なお、当該課税資産の譲渡等が卸売市場においてせり売又は入札の方法により行われるものその他の媒介又は取次ぎに係る業務を行う者を介

して行われるものである場合には、当該媒介又は取次ぎに係る業務を行う者が交付する書類で上記イからホの事項が記載されたものが「請求書等」となります。

　また、課税資産の譲渡等に係る事業が次のものである場合の請求書等は上記のホの事項が省略されたものであってもよいことになっています。

① 　小売業、飲食店業、写真業及び旅行業

② 　一般乗用旅客自動車運送事業（道路運送法第３条第１号ハに規定するものをいいますが、旅客の運送の引受けが営業所のみにおいて行われるものとして同法第９条の３第１項の国土交通大臣の認可を受けた運賃及び料金が適用されるものを除きます。）

③ 　駐車場業（不特定かつ多数の者に自動車その他の車両の駐車のための場所を提供するものに限ります。）

④ 　①から③の事業に準ずる事業で不特定かつ多数の者に資産の譲渡等を行うもの

(2) 事業者がその行った課税仕入れにつき作成する仕入明細書、仕入計算書その他これらに類する書類で次に掲げる事項が記載されているもの（当該書類に記載されている事項につき、当該課税仕入れの相手方の確認を受けたものに限ります。）

イ 　書類の作成者の氏名又は名称

ロ 　課税仕入れの相手方の氏名又は名称

ハ 　課税仕入れを行った年月日（課税期間の範囲内で一定の期間内に行った課税仕入れにつき、まとめて当該書類を作成する場合には、当該一定の期間）

ニ 　課税仕入れに係る資産又は役務の内容

ホ 　課税仕入れに係る支払対価の額

　ところで、帳簿又は請求書等の保存期間は、帳簿については、閉鎖日の属する課税期間の末日の翌日から、請求書等については、受領日の属する課税期間の末日の翌日からそれぞれ２か月（残余財産確定の場合は

第12章　帳簿及び請求書等の保存その1

１か月）を経過した日から７年ですが、５年を経過後は帳簿又は請求書のいずれかを保存するだけでよく、また、保存方法としては、一定の基準を満たすマイクロフィルムでもよいことになっています。

※　保税地域から引き取る課税貨物に係る消費税額の控除を受ける場合にも、一定の事項を記載した帳簿及び輸入許可書等の保存が必要です。

参　考　法30⑦⑧⑨、令49、50、規15の3

仕入税額控除の適用要件区

【問12−２】　令和元年10月１日から令和５年９月30日までの間は、仕入税額控除の方式として、現行の「請求書等保存方式」を基本的に維持した「区分記載請求書等保存方式」とされますが、この場合に保存すべき帳簿及び区分記載請求書等の記載事項はどのようになるのでしょうか。

【答】　現行、仕入税額控除については、一定の帳簿及び請求書等の保存が要件とされています（請求書等保存方式）。

　令和元年10月１日から令和５年９月30日（適格請求書等保存方式の導入）までの間は、この仕入税額控除の要件について、「請求書等保存方式」を基本的に維持しつつ、軽減税率の適用対象となる商品の仕入れかそれ以外の仕入れかの区分を明確にするための記載事項を追加した帳簿及び請求書等の保存が要件とされます（区分記載請求書等保存方式）。

　具体的には、請求書等保存方式において必要とされている記載事項に、次の事項が記載事項として追加されます。

１　帳簿

　課税仕入れが他の者から受けた軽減対象資産の譲渡等に係るものである場合にはその旨（以下「軽減対象資産の譲渡等に係るものである旨」といいます。）

455

2　区分記載請求書等

イ　課税資産の譲渡等が軽減対象資産の譲渡等である場合にはその旨（以下「軽減対象資産の譲渡等である旨」といいます。）

ロ　軽減税率と標準税率との税率の異なるごとに合計した課税資産の譲渡等の対価の額（税込み）（以下「税率ごとに合計した課税資産の譲渡等の対価の額」といいます。）

なお、課税貨物の引取りに係る仕入税額控除については、これまで同様、課税貨物に係る課税標準である金額や引取りに係る消費税等の額が記載された輸入許可通知書等を保存するとともに、課税貨物に係る消費税等の額を帳簿に記載し保存することが要件とされています。

○請求書等保存方式と区分記載請求書等保存方式の記載事項の比較

	請求書等保存方式	区分記載請求書等保存方式 （令和元年10月１日から 令和５年９月30日までの間）
帳簿	①　課税仕入れの相手方の氏名又は名称 ②　課税仕入れを行った年月日 ③　課税仕入れに係る資産又は役務の内容 ④　課税仕入れに係る支払対価の額	①　課税仕入れの相手方の氏名又は名称 ②　課税仕入れを行った年月日 ③　課税仕入れに係る資産又は役務の内容 （課税仕入れが他の者から受けた軽減対象資産の譲渡等に係るものである場合には、資産の内容及び軽減対象資産の譲渡等に係るものである旨） ④　課税仕入れに係る支払対価の額

第12章　帳簿及び請求書等の保存その1

請求書等	①　書類の作成者の氏名又は名称	①　書類の作成者の氏名又は名称
	②　課税資産の譲渡等を行った年月日	②　課税資産の譲渡等を行った年月日
	③　課税資産の譲渡等に係る資産又は役務の内容	③　課税資産の譲渡等に係る資産又は役務の内容 （課税資産の譲渡等が軽減対象資産の譲渡等である場合には、資産の内容及び<u>軽減対象資産の譲渡等である旨</u>）
	④　課税資産の譲渡等の対価の額（税込価格）	④　<u>税率ごとに合計した</u>課税資産の譲渡等の対価の額（税込価格）
	⑤　書類の交付を受ける当該事業者の氏名又は名称	⑤　書類の交付を受ける当該事業者の氏名又は名称

（注）これまでの請求書等の記載事項に加え、下線部分が追加されました。

参　考　法30⑧⑨、平成28年改正法附則34②

軽減対象資産の譲渡等である旨の記載区

【問12－3】　区分記載請求書等に記載する「軽減対象資産の譲渡等である旨」は、どのように記載したらよいのでしょうか。

【答】「軽減対象資産の譲渡等である旨」の記載については、軽減対象資産の譲渡等であることが客観的に明らかであるといえる程度の表示がされていればよく、個々の取引ごとに10％や8％の税率が記載されている場合のほか、例えば、次のような場合も「軽減対象資産の譲渡等である旨」の記載があると認められます。

1　請求書において、軽減税率の対象となる商品に、「※」や「☆」といった記号・番号等を表示し、かつ、これらの記号・番号等が「軽減対象資産の譲渡等である旨」を別途「※（☆）は軽減対象」などと表示し、明らかにしている場合

457

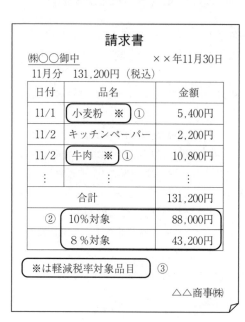

2 同一の請求書において、軽減税率の対象となる商品とそれ以外の商品とを区分し、軽減税率の対象となる商品として区分されたものについて、その全体が軽減税率の対象であることが表示されている場合

第12章　帳簿及び請求書等の保存その1

請求書

㈱○○御中　　　　　　　××年11月30日

11月分　131,200円（税込）

日付	品名	金額
11/1	小麦粉	5,400円
11/2	牛肉	10,800円
⋮	⋮	⋮
	8％対象	43,200円
11/2	キッチンペーパー	2,200円
⋮	⋮	⋮
	10％対象	88,000円
	合計	131,200円

△△商事㈱

3　軽減税率の対象となる商品に係る請求書とそれ以外の商品に係る請求書とを分けて作成し、軽減税率の対象となる商品に係る請求書において、そこに記載された商品が軽減税率の対象であることが表示されている場合

○軽減税率対象分

請求書

（軽減税率対象）

㈱○○御中　　　　　　××年11月30日

11月分　43,200円（税込）

日付	品名	金額
11/1	小麦粉	5,400円
11/2	牛肉	10,800円
⋮	⋮	⋮
	合計	43,200円

△△商事㈱

○軽減税率対象分以外

請求書

㈱○○御中　　　　　　××年11月30日

11月分　88,000円（税込）

日付	品名	金額
11/2	キッチンペーパー	2,200円
⋮	⋮	⋮
	合計	88,000円

△△商事㈱

参　考　軽減通達18

軽減対象資産の譲渡等である旨等の記載がない請求書等への追記区

> **【問12－4】** 仕入先から受け取った請求書等に「軽減対象資産の譲渡等である旨」及び「税率ごとに合計した課税資産の譲渡等の対価の額」の記載がなかったのですが、これらが記載された請求書等の再交付を受けなければ仕入税額控除を行うことができないのでしょうか。

【答】 令和元年10月１日から、軽減税率が適用される取引について仕入税額控除を行うために保存すべき請求書等には、「軽減対象資産の譲渡等である旨」及び「税率ごとに合計した課税資産の譲渡等の対価の額」が記載されている必要がありますが、これらの項目の記載がない請求書等を交付された場合であっても、当該請求書等の交付を受けた事業者が、その取引の事実に基づいて、これらの項目を追記し、これを保存することで、仕入税額控除を行うことが認められます。

なお、保存すべき区分記載請求書等の記載事項のうち、請求書等の交付を受けた事業者による追記が認められているのは「軽減対象資産の譲渡等である旨」及び「税率ごとに合計した課税資産の譲渡等の対価の額」のみとなっていますので他の項目について追記や修正を行うことはできません。

(注) 区分記載請求書等保存方式の下でも、現行と同様に、例えば、３万円未満の取引に係る仕入税額控除については、請求書等の保存がなくても法令に規定する事項が記載された帳簿の保存のみで適用することができます。

なお、帳簿には、これまでの記載事項に加え、「軽減対象資産の譲渡等に係るものである旨」を記載することが要件となります。

参考 法30⑦、令49①一、平成28年改正法附則34②③、軽減通達19

第12章　帳簿及び請求書等の保存その1

少額な課税仕入れと帳簿及び請求書等の保存 講区

> 【問12－5】　課税仕入れの実額により仕入税額控除を受けるために
> は、課税仕入れについての帳簿及び請求書等を保存しておくことが
> 必要だと聞きましたが、少額な課税仕入れであっても、全て、帳簿
> 及び請求書等の保存が必要なのでしょうか。

【答】　仕入税額控除を課税仕入れの実額により行う場合には、一定の事項が
記載された帳簿及び請求書等をいずれも保存しておく必要がありますが、そ
の課税仕入れに係る支払対価の額の合計額が3万円未満である場合には、帳
簿の保存だけでも仕入税額控除が認められます。

　なお、ここでいう「課税仕入れに係る支払対価の額の合計額が3万円未満
である場合」に該当するか否かは、一商品ごとに判定するのではなく、1回
の取引の課税仕入れに係る税込みの金額が3万円未満であるかどうかで判定
することとされています。

[参　考]　法30⑦、令49①一、基通11－6－2

請求書等の交付が受けられない場合の取扱い 講区

> 【問12－6】　課税仕入れの実額により仕入税額控除を受けるために
> は、課税仕入れに係る帳簿及び請求書等の保存が必要であると聞き
> ましたが、実際の取引の中には、請求書等の交付を受けられない場
> 合もあります。
> 　このような請求書等の交付を受けられない課税仕入れについては、
> 仕入税額控除は認められないのでしょうか。

【答】　まず、課税仕入れに係る支払対価の額の合計額が3万円未満の場合は、
帳簿の保存のみでも仕入税額控除は認められることとされています。

461

次に、課税仕入れに係る支払対価の額の合計額が３万円以上である場合であっても、請求書等の交付を受けなかったことにつきやむを得ない理由があるときは、帳簿に通常の法定記載事項（課税仕入れの相手方の氏名又は名称、課税仕入れの年月日、課税仕入れの内容、支払対価の額）に加えて、そのやむを得ない理由及び当該課税仕入れの相手方の住所又は所在地を記載することを条件として、帳簿の保存だけでも仕入税額控除が認められることとされています。

　なお、「請求書等の交付を受けなかったことにつきやむを得ない理由があるとき」とは、次の場合をいいます。

⑴　自動販売機を利用して課税仕入れを行った場合

⑵　入場券、乗車券、搭乗券等のように課税仕入れに係る証明書類が資産の譲渡等を受ける時に資産の譲渡等を行う者により回収されることとなっている場合

⑶　課税仕入れを行った者が課税仕入れの相手方に請求書等の交付を請求したが、交付を受けられなかった場合

⑷　課税仕入れを行った場合において、その課税仕入れを行った課税期間の末日までにその支払対価の額が確定していない場合（この場合には、その後支払対価の額が確定した時に課税仕入れの相手方から請求書等の交付を受け保存するものとします。）

⑸　その他、これらに準ずる理由により請求書等の交付を受けられなかった場合

　ただし、次の者からの課税仕入れについては、帳簿に課税仕入れに係る相手方の住所又は所在地の記載はなくてもよいこととされています。

①　汽車、電車、乗合自動車、船舶又は航空機に係る旅客運賃（料金を含みます。）を支払って役務の提供を受けた場合の一般乗合旅客自動車運送事業者又は航空運送事業者

②　郵便役務の提供を受けた場合の当該郵便役務の提供を行った者

③　課税仕入れに該当する出張旅費、宿泊費、日当及び通勤手当を支払った

第12章　帳簿及び請求書等の保存その1

場合の当該出張旅費等を受領した使用人等

④　再生資源卸売業その他不特定かつ多数の者から課税仕入れを行う事業で
再生資源卸売業に準ずるものに係る課税仕入れを行った場合の当該課税仕
入れの相手方

参考　法30⑦、令49①②、基通11－6－3、11－6－4

3万円未満の請求書等に係る記載事項🗵

> 【問12－7】　事業者との取引において、3万円未満の少額な取引の
> みであり、顧客に交付する領収書に商品の詳細な内容を記載してい
> ません。
> 　軽減税率制度の実施に伴い、令和元年10月から、交付する領収書
> の記載内容に変更はあるのでしょうか。

【答】　令和元年10月から、仕入税額控除の要件として保存すべき請求書等に
は、以下の事項が記載されていることが必要です（これまでの請求書等の記
載事項に加え、下線部分が追加されました。）。

1　書類の作成者の氏名又は名称

2　課税資産の譲渡等を行った年月日

3　課税資産の譲渡等に係る資産又は役務の内容
（課税資産の譲渡等が軽減対象資産の譲渡等である場合には、資産の内容
及び軽減対象資産の譲渡等である旨）

4　税率ごとに合計した課税資産の譲渡等の対価の額（税込価格）

5　書類の交付を受ける当該事業者の氏名又は名称

　ただし、3万円未満の取引に係る仕入税額控除については、従前同様に請
求書等の保存がなくても、法令に規定する事項が記載された帳簿の保存のみ
で適用することができます。この際、帳簿には、これまでの記載事項に加え、
「軽減対象資産の譲渡等に係るものである旨」を記載することが要件となり

463

ます。

　したがって、御質問の場合、事業者との取引が３万円未満の少額な取引のみということですので、取引の相手方である事業者が、仕入税額控除を適用するためには、従前同様、請求書の保存の必要はありません。

参考　法30⑦、令49①一、平成28年改正法附則34②

請求書等の記載内容と帳簿の記載内容の対応関係

> 【問12－8】　仕入税額控除を受ける要件として一定の事項を記載した帳簿及び請求書等の保存が必要となりますが、このうち帳簿には、請求書等に記載されている取引の内容（例えば、鮮魚店の仕入れであれば、あじ　○匹　××円、さんま　○匹　××円、……）をそのまま記載しなければならないのでしょうか。

【答】　仕入税額控除を受けるために保存すべきこととなる帳簿への記載は、請求書等に記載されている資産又は役務の内容（例えば、鮮魚店の課税仕入れであれば、あじ○匹、いわし○匹等）をそのまま記載することまで求めているものではありません。

　したがって、商品の一般的な総称でまとめて記載するなど、申告時に請求書等を個々に確認することなく帳簿に基づいて仕入控除税額を計算できる程度の記載で差し支えありません。

　なお、令和元年10月１日以降は、税率ごとに仕入税額控除を計算する必要がありますので、標準税率と軽減税率の税率ごとに区分して記載する必要があります。

　ただし、課税商品と非課税商品がある場合（例えば、ビールと贈答用ビール券）には区分して記載する必要があります。

（注）　「課税仕入れに係る資産又は役務の内容」の記載例
　　　・　青果店……野菜、果実、青果又は食料品

第12章　帳簿及び請求書等の保存その１

・　魚介類の卸売業者……魚類、乾物又は食料品

参考　法30⑧

一取引で複数の商品を購入した場合の帳簿の記載方法帳区

【問12－9】　仕入税額控除の適用を受けるための帳簿の記載事項の
うち課税仕入れに係る資産又は役務の内容として、例えば、１回の
取引において商品を２種類以上購入した場合（例えば、文房具と飲
料）には、「文房具ほか」、「文房具等」の記載でもよいのでしょうか。

【答】　複数の一般的な総称の商品を２種類以上購入した場合でも、経費に属
する課税仕入れについては、そのとおり扱って差し支えありません。

　課税商品と非課税商品がある場合（例えば、ビールと贈答用ビール券）に
は区分して記載する必要があります。

　しかしながら、令和元年10月１日以降は、税率が異なる場合、つまり御質
問の文房具と飲料（軽減税率対象品目）においては、区分して記載する必要
があります。

（経費に属する課税仕入れの具体的記載例）

・　一般の事業者の文房具類の購入……文房具

・　郵便切手の購入……国内郵便料金、国際郵便料金

参考　法30⑧

465

一定期間分の取引をまとめる場合の帳簿への記載方法🈟

> **【問12-10】** 課税仕入れに係る請求書等については、一定の期間分の取引をまとめて作成してもよいこととされていますが、このような請求書等の交付を受けた場合、帳簿にもまとめて記載することでよいのでしょうか。

【答】 請求書等を課税期間の範囲内で一定期間分の取引についてまとめて作成する場合（例えば、電気、ガス、水道水等のように継続的に供給されるもので、一定期間ごとに供給量を検針し、その結果により料金を請求するという取引の場合）には、その請求書等に記載すべき課税仕入れの年月日についてはその一定期間でよいこととされています。

　このような取引に係る請求書等に基づいて帳簿を作成する場合には、課税仕入れの年月日の記載も同様の記載で差し支えありません。

　また、例えば、同一の商品（一般的な総称による区分が同一となるもの）を一定期間内に複数回購入しているような場合で、その一定期間分の請求書等に1回ごとの取引の明細が記載又は添付されているときには、帳簿の記載に当たっても、課税仕入れの年月日をその一定期間とし、取引金額もその請求書等の合計額による記載で差し支えありません。

　ただし、課税商品と非課税商品がある場合（例えば、ビールと贈答用ビール券）には区分して記載する必要があります。

　なお、一定期間とは「〇月分」という記載でも差し支えありません。

　※　軽減対象資産の譲渡等がある場合は、**問12-11**を参考

第12章 帳簿及び請求書等の保存その1

（例）交付を受ける請求書等（課税仕入れが全て自動車部品の場合）

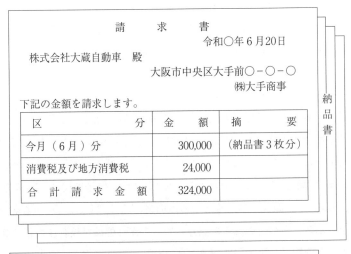

元帳

買　掛　金

○年月日		科目	摘　　　　　　　　　　　　　　要	借方	貸方	残高
6	20	仕入	大手商事　自動車製造部品仕入（6月分）		324,000	324,000
	30	現金	大手商事　6月分支払	324,000		0

一定期間分の請求書の場合、課税仕入れの年月日は、一定期間分（○月分）の記載で可。

参考　法30⑧一、⑨一ロ

467

軽減対象資産の譲渡等に係るものである旨の帳簿への記載区

【問12-11】 区分記載請求書等保存方式において保存が必要となる帳簿に記載する「軽減対象資産の譲渡等に係るものである旨」は、どのように記載したらよいですか。

【答】 区分記載請求書等保存方式において保存が必要となる帳簿への「軽減対象資産の譲渡等に係るものである旨」の記載については、軽減対象資産の譲渡等であることが客観的に明らかであるといえる程度の表示がされていればよく、個々の取引ごとに「10％」や「８％」の税率が記載されている場合のほか、例えば、軽減税率の対象となる取引に、「※」や「☆」といった記号・番号等を表示し、かつ、これらの記号・番号等が「軽減対象資産の譲渡等に係るものである旨」を別途「※（☆）は軽減対象」などと表示する場合も「軽減対象資産の譲渡等に係るものである旨」の記載として認められることとなります。

第12章 帳簿及び請求書等の保存その1

【記号・番号等を使用した場合の帳簿の記載例（取引ごとの請求書）】

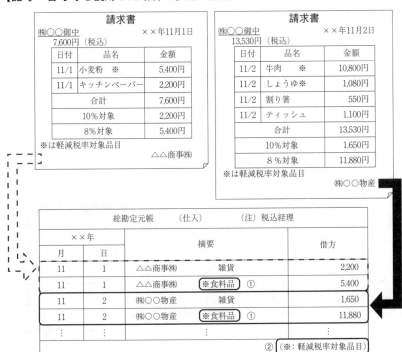

① 軽減税率対象品目には「※」などを記載
② 「※」が軽減税率対象品目であることを示すことを記載
（注） この他、帳簿に税率区分欄を設けて、「8％」と記載する方法や税率コードを記載する方法も認められます。
（参考） 帳簿への資産の内容の記載は、商品の一般的総称でまとめて記載するなど、申告時に請求書等を個々に確認することなく帳簿に基づいて消費税額を計算できる程度の記載で差し支えありません。

469

【記号・番号等を使用した場合の帳簿の記載例（一定期間分の取引をまとめた請求書）】

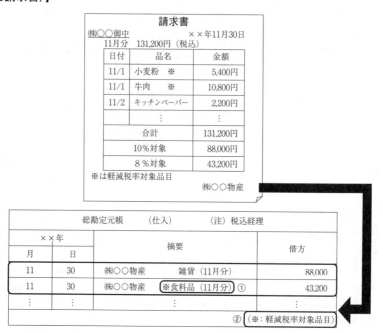

① 軽減税率対象品目には「※」などを記載
② 「※」が軽減税率対象品目であることを示すことを記載
（注） この他、帳簿に税率区分欄を設けて、「８％」と記載する方法や税率コードを記載する方法も認められます。

第12章　帳簿及び請求書等の保存その1

軽減対象資産の譲渡のある一定期間分の取引をまとめて記載する請求書等㊶

【問12−12】　当店は、青果の卸売業を営んでいますが、日々の納品書において個々の販売商品の名称を記載して発行し、一定期間の取引をまとめて請求書等を作成しています。

　この場合、区分記載請求書等に記載することとなる「軽減対象資産の譲渡等である旨」についても、個別の品名ごとに記載するのではなく、「11/ 1 ～11/30 野菜※（※は軽減対象資産の譲渡等）」のように一定期間分をまとめて記載してもよいですか。

【答】　請求書等を課税期間の範囲内で一定期間分の取引についてまとめて作成する場合、その請求書等に記載すべき課税資産の譲渡等を行った年月日については、○月○日といった個々の日付でなくても、その一定期間を記載すればよいこととされています。

　ただし、一定期間分の取引をまとめて作成した請求書等であっても、令和元年10月以降はこれまでの請求書等において必要とされている記載事項に加えて、「軽減対象資産の譲渡等である旨」及び「税率ごとに合計した課税資産の譲渡等の対価の額」が追加されます。

　また、例えば、同一の商品（一般的な総称による区分が同一となるもの）を一定期間に複数回購入しているような場合、その一定期間分の請求書等に一回ごとの取引の明細が記載又は添付されていなければなりませんが、請求書等に記載すべき「軽減対象資産の譲渡等である旨」については同一の商品をまとめて、記載しても差し支えありません。

　したがって、御質問の「11/ 1 ～11/30 野菜※」といったように、11月分の同一の商品をまとめた上で、「※」を記載するなどし、軽減対象資産であることを明らかにしている場合、請求書に取引の明細が添付されていれば「軽減対象資産の譲渡等である旨」の記載として認められることとなります。

（参考）　「課税仕入れに係る資産又は役務の内容」の記載例

471

- 青果店……………………………野菜、果実、青果
- 魚介類の卸売業者………………魚類、乾物
- 一般の事業者の文房具類の購入…文房具

参　考　法30⑨一ロ、平成28年改正法附則34②

旧税率対象が混在する請求書等区

【問12-13】　当店は、飲食料品及び関連商品の卸売業を営んでおり、毎月15日締めで相手先に請求を行っています。請求締め日が月中であることから、令和元年10月分の請求書（9/16～10/15）には、令和元年9月30日までの旧税率8％と令和元年10月1日からの軽減税率8％の対象商品が混在することとなりますが、区分記載請求書等としての記載要件を満たすためには、どのような記載が必要となりますか。

【答】　令和元年10月から、仕入税額控除の要件として保存すべき請求書等には、以下の事項が記載されていることが必要です（これまでの請求書等の記載事項に加え、下線部分が追加されました。）。

1　書類の作成者の氏名又は名称

2　課税資産の譲渡等を行った年月日

3　課税資産の譲渡等に係る資産又は役務の内容
（課税資産の譲渡等が軽減対象資産の譲渡等である場合には、資産の内容及び軽減対象資産の譲渡等である旨）

4　税率ごとに合計した課税資産の譲渡等の対価の額（税込価格）

5　書類の交付を受ける当該事業者の氏名又は名称

　ところで、令和元年9月までの取引に適用される税率8％（以下「旧税率」といいます。）は、消費税率6.3％と地方消費税率1.7％の合計であり、他方、令和元年10月からの取引に適用される軽減税率8％は、消費税率6.24％と地

472

方消費税率1.76％の合計ですので、旧税率８％と軽減税率８％では、その内訳が異なっています。

このため、貴店の令和元年10月分の請求書の場合のように、一の請求書において、旧税率が適用される取引と軽減税率が適用される取引とが混在するときは、上記４（税率ごとに合計した課税資産の譲渡等の対価の額）の記載に当たり、標準税率10％と軽減税率８％を税率ごとに合計するだけでなく、旧税率８％の対象商品についても、例えば、次の記載例のように、当該商品を区分して合計する必要があります。

【同一請求書内で、令和元年９月30日までの取引と令和元年10月１日からの取引を区分して発行する場合の記載例】

<table>
<tr><td colspan="3" align="center">請求書</td></tr>
<tr><td colspan="2">㈱○○御中</td><td align="right">令和元年10月31日</td></tr>
<tr><td colspan="3" align="center">10月分　141,600円（税込）
（9/16〜10/15）</td></tr>
<tr><td align="center">日付</td><td colspan="2" align="center">品名</td><td align="center">金額</td></tr>
<tr><td align="center">9/16</td><td colspan="2" align="center">豚肉</td><td align="center">4,320円</td></tr>
<tr><td align="center">9/17</td><td colspan="2" align="center">割り箸</td><td align="center">3,240円</td></tr>
<tr><td align="center">9/17</td><td colspan="2" align="center">しょうゆ</td><td align="center">2,160円</td></tr>
<tr><td align="center">⋮</td><td colspan="2" align="center">⋮</td><td align="center">⋮</td></tr>
<tr><td align="center">①</td><td colspan="2" align="center">9月分　小計</td><td align="center">32,400円</td></tr>
<tr><td align="center">10/1</td><td align="center">②</td><td align="center">小麦粉　※</td><td align="center">5,400円</td></tr>
<tr><td align="center">10/1</td><td colspan="2" align="center">キッチンペーパー</td><td align="center">2,200円</td></tr>
<tr><td align="center">10/2</td><td align="center">②</td><td align="center">牛肉　※</td><td align="center">10,800円</td></tr>
<tr><td align="center">⋮</td><td colspan="2" align="center">⋮</td><td align="center">⋮</td></tr>
<tr><td rowspan="2" align="center">③</td><td rowspan="2" align="center">10月分
小計</td><td align="center">10％対象</td><td align="center">66,000円</td></tr>
<tr><td align="center">8％対象</td><td align="center">43,200円</td></tr>
<tr><td colspan="3" align="center">合計</td><td align="center">141,600円</td></tr>
<tr><td colspan="4">④　※印は軽減税率対象商品</td></tr>
<tr><td colspan="4" align="right">△△商事㈱</td></tr>
</table>

①　旧税率の適用対象となる令和元年９月30日までの取引については、課税

資産の譲渡等の対価の額（税込み）の合計額を記載

② 令和元年10月１日からの取引については、軽減税率対象品目には「※」などを記載

③ 令和元年10月１日からの取引については、税率ごとに合計した課税資産の譲渡等の対価の額（税込み）を記載

④ 「※」が軽減税率対象品目であることを示すことを記載

【令和元年９月30日までの取引に係る請求書と令和元年10月１日からの取引に係る請求書を分けて発行する場合の記載例】

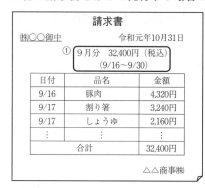

① 旧税率の適用対象となる令和元年９月30日までの取引に係る請求書を発行

② 新税率の適用対象となる令和元年10月１日からの取引に係る請求書を発行

③ 令和元年10月１日からの取引については、軽減税率対象品目には「※」などを記載

④ 令和元年10月１日からの取引については、税率ごとに合計した課税資産の譲渡等の対価の額（税込み）を記載

⑤ 「※」が軽減税率対象品目であることを示すことを記載

参考　平成28年改正法附則34②

第12章　帳簿及び請求書等の保存その1

小売業における毎月の仕入先ごとの一括記帳【請】【区】

【問12－14】　当社は、小売業を営んでおりますが、同じ仕入先から継続的に商品を仕入れている場合には、毎月の請求ごとに帳簿への記載を行うことでよいでしょうか。

【答】　継続的に商品仕入れを行っている取引先から毎月1回仕入代金を請求される場合は、請求書等に取引ごとの明細が記帳又は添付されているときであっても、帳簿の記載に当たっては、課税仕入れの年月日を「○月分」とし、合計請求金額を記載することで差し支えありません。

　ただし、一般的な総称による商品が2種類以上ある場合には、一般的な総称による商品ごとに区分して記載する必要があります。

　また、課税商品と非課税商品がある場合（例えば、ビールと贈答用ビール券）には区分して記載する必要があります。

【参　考】　法30⑧一

帳簿に記載すべき氏名又は名称【請】【区】

【問12－15】　仕入税額控除の要件として保存すべき帳簿には、課税仕入れの相手方の氏名又は名称を記載すべきこととされていますが、この場合の氏名又は名称の記載は、例えば、「姓」だけ、あるいは「屋号」による方法も認められるのでしょうか。

【答】　帳簿の記載事項として法定されているのは、課税仕入れの相手方の「氏名又は名称」となっていますから、例えば、個人事業者であれば「田中一郎」と、また、法人であれば「株式会社鈴木商店」と記載することが原則です。

　ただし、課税仕入れの相手方について正式な氏名又は名称及びそれらの略

475

称が記載されている取引先名簿等が備え付けられていること等により課税仕入れの相手方が特定できる場合には、例えば「田中」、「鈴木商店」のような記載であっても差し支えありません。

　また、飲食店であれば「大手前食堂」、フランチャイズのコンビニエンス・ストアであれば「ＡＢチェーン天満橋店」のように屋号等による記載でも、電話番号が明らかであること等により課税仕入れの相手方が特定できる場合には、正式な氏名又は名称の記載でなくても差し支えありません。

（参考）

消費税法基本通達11－6－1《仕入税額控除に係る帳簿及び請求書等の記載事項の特例》

　法第30条第7項《仕入税額控除に係る帳簿及び請求書等の保存》に規定する課税仕入れ等の税額の控除に係る帳簿及び請求書等に関して同条第8項第1号《仕入税額控除に係る帳簿》及び同条第9項第1号《仕入税額控除に係る請求書等》に規定する記載事項については、次により取り扱って差し支えない。

(1)　法第30条第8項第1号《仕入税額控除に係る帳簿》に規定する記載事項

　イ　同号イに規定する課税仕入れの相手方の氏名又は名称　取引先コード等の記号、番号等による表示

　　（以下省略）

参　考　法30⑧一イ

第12章　帳簿及び請求書等の保存その1

帳簿に記載すべき課税仕入れに係る支払対価の額🈂🈑

【問12－16】　仕入税額控除の要件として保存すべき帳簿には、課税仕入れに係る支払対価の額を記載することとされていますが、この場合の課税仕入れに係る支払対価の額の記載は、いわゆる税込金額（本体価額と消費税額及び地方消費税額の合計金額）でなければならないのでしょうか。

【答】　仕入税額控除の要件として保存すべき帳簿の記載事項としての「課税仕入れに係る支払対価の額」とは、消費税法第30条第1項に規定する課税仕入れに係る支払対価の額とされていますから、いわゆる税込みの金額で記載することが原則です。

　ただし、取引金額をいわゆる税抜きの金額とこれに係る消費税額及び地方消費税額とに別建で経理している場合（税抜経理）には、課税仕入れに係る消費税額及び地方消費税額に相当する金額についても、通常「仮払消費税等」等の勘定科目により記載し、経理しているわけですから、いわゆる税抜きによる帳簿の記載であっても法定の要件を満たすものとして取り扱われます。

参考　法30①、⑧一二

帳簿の範囲🈂🈑

【問12－17】　仕入税額控除の適用要件として保存することとされている帳簿は、いわゆる元帳でなければならないのでしょうか。

【答】　仕入税額控除の要件として保存すべき帳簿とは、①課税仕入れの相手方の氏名又は名称、②課税仕入れを行った年月日、③課税仕入れに係る資産又は役務の内容、④課税仕入れに係る支払対価の額が記載されている帳簿であればよいのであり、総勘定元帳、仕入先元帳等のいわゆる元帳と称するも

477

のでなければならないというものではありません。

　したがって、帳簿には、仕入帳、経費帳、現金出納帳などの補助簿や仕訳帳もこれに含まれます。

　また、一つの帳簿では記載事項のすべてを満たしていない場合であっても、これらの各帳簿の間に関連付けがなされており、これらを総合すると、全ての記載事項を網羅している場合には、帳簿の記載要件を満たすこととなります。

〔参　考〕　法30⑧一

伝票会計の場合の帳簿の保存⑭区

> 【問12－18】　伝票会計を採用している事業者においては、取引ごとに作成している伝票を勘定科目別に綴り合わせたものを仕入先元帳等の帳簿に代えていますが、このような伝票綴りを保存することで、帳簿の保存とすることは認められるのでしょうか。

【答】　いわゆる伝票会計における伝票で消費税法第30条第8項各号《仕入税額控除に係る帳簿の記載事項》に規定する事項を記載したものは課税仕入れを行った事業者が自らその事実を記録したものであることから、当該伝票を勘定科目別、日付別に整理、これに日計表、日計表等を付加した伝票綴りは同項に規定する「帳簿」に該当するものといえます。

　したがって、当該伝票綴りを保存する場合は、仕入税額控除の要件の一つである「帳簿の保存」があるものとして取り扱って差し支えありません。

　ただし、別途課税仕入れの相手方から交付を受けた請求書等が保存されていることが仕入税額控除の要件となることは、本来の「帳簿」を保存している場合と異なるものではありません。

〔参　考〕　法30⑦、⑧一

第12章　帳簿及び請求書等の保存その1

買掛金集計表の取扱い　請区

【問12-19】　当社は、仕入先から毎月送られてくる請求書に基づき、次のような「買掛金集計表」を作成し、毎月分の合計額を一括して総勘定元帳に転記しています。

この場合「買掛金集計表」は、仕入税額控除の適用を受けるために保存すべき「帳簿」に該当しますか。

買　掛　金　集　計　表

令和〇年5月分

取引先等	前月繰越額	取引金額	支払金額	残　　高	摘　　要
㈱新宿商会	234,500	369,000	234,500	369,000	糸
㈱渋谷商事	1,112,000	1,567,000	1,112,000	1,567,000	生地
恵比寿商店㈲	987,000	678,000	987,000	678,000	生地
品川商事㈱	567,000	245,000	567,000	245,000	包装資材
合　　計	2,900,500	2,859,000	2,900,500	2,859,000	

【答】　課税仕入れに係る「帳簿」とは、総勘定元帳や仕入先元帳などの、いわゆる元帳と称するものである必要はなく、仕入帳、経費帳、現金出納帳などの補助簿もこれに含まれます。

御質問の買掛金集計表は、法定記載事項である、①課税仕入れの相手方の氏名又は名称、②課税仕入れを行った年月日、③課税仕入れに係る資産又は

479

役務の内容、④課税仕入れに係る支払対価の額、が記載（②③④はまとめ記載）されていることから、これを通常の「帳簿」といえる程度に整理・集計し、当該集計表綴りを保存している場合には、帳簿保存要件を満たすこととなります。

なお、個々の取引の明細が記載された請求書等の保存は、別途必要です。

参考 法30⑦、⑧一

コンビニエンス・ストアにおける帳簿の取扱い請区

【問12-20】 コンビニエンス・ストアではPOSシステムによる商品管理を行っているため、仕入れ及び売上げに関する帳簿の記載を各フランチャイズ店で行っておらず、POSレジから入力されたデータに基づき、本部で出力した書類を各フランチャイズ店に送付しています。

各フランチャイズ店では、この書類を保存することで仕入税額控除の要件としての帳簿の保存があるものとして取り扱ってよいのでしょうか。

【答】 御質問の書類は各フランチャイズ店がPOSレジから入力したデータに基づき、本部のコンピュータで作成・編集されるものであることから、本部が各フランチャイズ店の記帳代行を行っているものということができ、各フランチャイズ店が会計帳簿を作成しているのと実質的に異ならないものと認められます。

したがって、当該書類のうち、①課税仕入れの相手方の氏名又は名称、②課税仕入れを行った年月日、③課税仕入れに係る資産又は役務の内容、④課税仕入れに係る支払対価の額、が記載されたものを綴り合わせて保存することにより、帳簿の保存があるものとして取り扱われます。

参考 法30⑧一

480

第12章　帳簿及び請求書等の保存その1

仕入税額控除の要件としての帳簿代用書類の保存の可否 **講 区**

> 【問12－21】　法人税における帳簿代用書類を保存している場合は、消費税の仕入税額控除の適用に当たっても、この帳簿代用書類の保存をもって帳簿及び請求書等の保存に代えることが認められますか。

【答】　法人税における「帳簿代用書類」とは、法定事項を帳簿に記載することに代えて、それらの記載事項の全部又は一部が記載されている取引関係書類を整理・保存する場合の当該書類をいうものであり、当該書類は消費税法第30条第8項《仕入税額控除に係る帳簿の記載事項》に掲げる帳簿として扱われるものではありません。

　したがって、当該書類が保存されているとしても、帳簿の記載は全部又は一部が欠落しているものであり、このような場合について「帳簿及び請求書等の保存」があるとは認められないこととなります。

　ただ、当該書類のうち、課税仕入れの相手方から受け取ったものは通常「請求書等」に該当するものと考えられますので、申告時に当該書類を個々に確認することなく仕入控除税額を計算できる程度に課税仕入れに関する記載事項が帳簿に記載されていれば、当該書類と帳簿を保存することで仕入税額控除の要件を満たすことになります。

参　考　法30⑦、⑧一、⑨一、二

481

請求書等の記載内容 請区

> **【問12-22】** 課税仕入れに係る請求書等には、「課税資産の譲渡等の対価の額（当該課税資産の譲渡等に係る消費税額及び地方消費税額に相当する額がある場合には、当該相当する額を含む。）」の記載が必要ですが、例えば次のような文言を不動文字で請求書等に印刷することでもよいのでしょうか。
>
> （例）
>
> 　1　下記の金額は消費税及び地方消費税を含まない金額です。
>
> 　2　価格には消費税等は含まれておりません。別途消費税額等をお支払いいただきます。
>
> 　3　本納品書の単価は、消費税等を含まない金額です。支払期日に、法定の税率による消費税額等を加算してお支払いください。

【答】　令和元年9月30日まで消費税及び地方消費税を合わせた税率は、8％の単一であり、請求書等に消費税及び地方消費税は別途である旨明示されていれば消費税額等の計算は可能であることから、御質問のような表示をしていれば課税資産の譲渡等の対価の額の記載要件を満たしているものとして取り扱われます。

参考　法30⑨一、二

第12章　帳簿及び請求書等の保存その1

商品の全てが軽減税率の対象である請求書等区

> **【問12-23】**　請求書等に記載されている商品が全て飲食料品などの軽減税率の対象となる場合、区分記載請求書等保存方式における請求書等としては、「軽減対象資産の譲渡等である旨」の記載がされている必要がありますか。

【答】　令和元年10月から、仕入税額控除の要件として保存すべき請求書等（領収書も含みます。）には、現行の請求書等保存方式における請求書等において必要とされている記載事項に加えて、各取引について税率ごとに区分して経理することに必要な「軽減対象資産の譲渡等である旨」及び「税率ごとに合計した課税資産の譲渡等の対価の額」が追加されます。

　御質問のように、当該請求書等に記載されている商品等の全てが軽減対象資産の譲渡等に係るものである場合は、例えば、請求書等に「全商品が軽減税率対象」などと記載し、請求書等に記載されている商品等の全てが「軽減対象資産の譲渡等である旨」が明らかにされている必要があります。

　この点については、請求書等を発行する事業者の方々もご留意いただく必要があります。

参考　平成28年改正法附則34②

軽減税率の適用対象となる商品がない請求書等区

> **【問12-24】**　軽減税率の適用対象となる商品の販売がない場合、現行の制度における記載事項を満たす請求書等は、交付しています。
> 　軽減税率制度の実施に伴い、令和元年10月から、請求書の記載内容に変更はあるのでしょうか。

【答】　令和元年10月から、仕入税額控除の要件として保存すべき請求書等

（領収書も含みます。）には、現行の請求書等保存方式における請求書等において必要とされている記載事項に加えて、各取引について税率ごとに区分して経理することに必要な記載事項として「軽減対象資産の譲渡等である旨」及び「税率ごとに合計した課税資産の譲渡等の対価の額」が追加されます。

　御質問のように、販売する商品が軽減税率の適用対象とならないもののみであれば、「軽減対象資産の譲渡等である旨」の記載は不要ですし、これまでと同様に課税資産の譲渡等の対価の額（税込価格）の記載があれば、結果として「税率ごとに合計した課税資産の譲渡等の対価の額」の記載があるものとなります。

　したがって、令和元年10月から発行する請求書の記載事項に変更はありません。

【参　考】　平成28年改正法附則34②

相手方の確認を受けた仕入明細書等【軽】【区】

【問12－25】　当店は、仕入先への代金の支払いに当たり、請求書等保存方式における請求書等としての記載事項を満たす仕入明細書を作成し、仕入先の確認を受け保存しています。

　令和元年10月からは、区分記載請求書等保存方式における請求書等としての記載事項を満たす仕入明細書を作成し、保存する場合、どのような対応が必要でしょうか。

【答】　現行の請求書等保存方式においても、仕入側が作成した一定事項の記載のある仕入明細書等の書類で相手方の確認を受けたものについては、仕入税額控除の要件として保存すべき請求書等に該当します。

　これは、区分記載請求書等保存方式の下でも同様ですが、仕入税額控除の要件として保存すべき請求書等には、以下の事項が記載されていることが必要です（これまでの仕入明細書等の記載事項に加え、下線部分が追加されま

484

した。)。
① 書類の作成者の氏名又は名称
② 課税仕入れの相手方の氏名又は名称
③ 課税仕入れを行った年月日
④ 課税仕入れに係る資産又は役務の内容
　（課税仕入れが他の者から受けた軽減対象資産の譲渡等に係るものである場合には、資産の内容及び軽減対象資産の譲渡等に係るものである旨）
⑤ 税率ごとに合計した課税仕入れに係る支払対価の額（税込価格）

　したがって、令和元年10月からは、区分記載請求書等保存方式における請求書等として、これまでの記載事項に加え、次のように「軽減対象資産の譲渡等に係るものである旨」及び「税率ごとに合計した課税仕入れに係る支払対価の額」を追加で記載した上で、相手方の確認を受けたものを保存しておく必要があります。

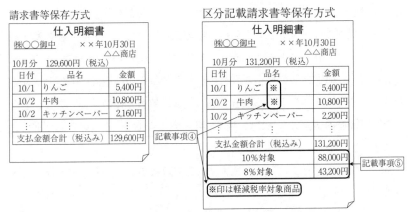

参考　法30⑨二、平成28年改正法附則34②

一括値引があるレシートの記載⊠

【問12−26】 当社では、飲食料品と飲食料品以外のものを同時に販売した際に、合計金額（税込み）から1,000円の値引きができる割引券を発行しています。

令和元年10月から、顧客が割引券を使用し、値引きを行った場合、当社が発行するレシートには、どのような記載が必要となりますか。

【答】 飲食料品と飲食料品以外の資産を同時に譲渡し、割引券等の利用により、その合計額から一括して値引きを行う場合、税率ごとに区分した値引き後の課税資産の譲渡等の対価の額に対してそれぞれ消費税が課されることとなります。

そのため、レシート等における「税率ごとに合計した課税資産の譲渡等の対価の額」は、値引き後のものを明らかにする必要があります。

なお、税率ごとに区分された値引き前の課税資産の譲渡等の対価の額と税率ごとに区分された値引額がレシート等において明らかとなっている場合は、これらにより値引き後の税率ごとに合計した課税資産の譲渡等の対価の額が確認できるため、このような場合であっても、値引き後の「税率ごとに合計した課税資産の譲渡等の対価の額」が明らかにされているものとして取り扱われます。

御質問の場合、レシートの記載方法としては次のようなものがあります。
（参考）

顧客が割引券等を利用したことにより、同時に行った資産の譲渡等を対象として一括して対価の額の値引きが行われており、その資産の譲渡等に係る適用税率ごとの値引額又は値引き後の対価の額が明らかでないときは、割引券等による値引額をその資産の譲渡等に係る価額の比率によりあん分し、適用税率ごとの値引額及び値引き後の対価の額を区分することとされています。

第12章　帳簿及び請求書等の保存その1

　当該資産の譲渡等に際して顧客へ交付する領収書等の書類により適用税率ごとの値引額又は値引き後の対価の額が確認できるときは、当該資産の譲渡等に係る値引額又は値引き後の対価の額が、適用税率ごとに合理的に区分されているものに該当することとされています。
　したがって、例えば、軽減税率の適用対象とならない課税資産の譲渡等の対価の額からのみ値引きしたとしても、値引額又は値引き後の対価の額が領収書等の書類により確認できるときは、適用税率ごとに合理的に区分されているものに該当します。

（例）　雑貨3,300円（税込み）、牛肉2,160円（税込み）を販売した場合
【値引き後の「税率ごとに合計した課税資産の譲渡等の対価の額」を記載する方法】

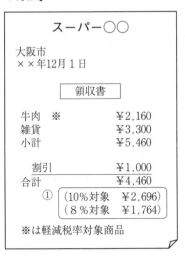

①　値引き後の税率ごとに合計した課税資産の譲渡等の対価の額（税込み）
　（注）　値引額は以下のとおり、資産の価額の比率であん分し、税率ごとに区分しています。
　　　10％対象：1,000×3,300/5,460≒604
　　　 8％対象：1,000×2,160/5,460≒396
　　　また、値引き後の対価の額は次のとおり計算しています。
　　　10％対象：3,300−604＝2,696
　　　 8％対象：2,160−396＝1,764

487

【値引き前の「税率ごとに合計した課税資産の譲渡等の対価の額」と税率ごとの値引額を記載する方法】

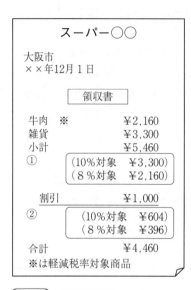

① 値引き前の税率ごとに合計した課税資産の譲渡等の対価の額（税込み）
② 税率ごとの値引額
　（注）　値引額は以下のとおり、資産の価額の比率であん分し、税率ごとに区分しています。
　　　10％対象：1,000×3,300/5,460≒604
　　　8％対象：1,000×2,160/5,460≒396
　※　①及び②の記載がそれぞれある場合、値引後の「税率ごとに合計した課税資産の譲渡等の対価の額」の記載があるものとして取り扱われます。
　　　⎛10％対象：3,300－604＝2,696⎞
　　　⎝8％対象：2,160－396＝1,764⎠

参考　軽減通達15

第12章　帳簿及び請求書等の保存その1

売上げに係る対価の返還等がある請求書等⊠

【問12-27】　当社は、取引先と販売奨励金に係る契約を締結しており、一定の商品を対象として、取引高に応じて、取引先に販売奨励金を支払うこととしています。

　また、販売奨励金の精算に当たっては、当月分の請求書において、当月分の請求金額から前月分の販売奨励金の金額を控除する形式で行っています。

　販売奨励金の対象となる商品に飲食料品とそれ以外の資産が含まれている場合、区分記載請求書等保存方式における請求書等としては、当該販売奨励金の額を税率ごとに区分して記載する必要があるのでしょうか。

【答】　販売奨励金は、売上げに係る対価の返還等に該当し、取引先の仕入れに係る対価の返還等に該当します。

　売上げに係る対価の返還等を行った事業者については、その売上げに係る対価の返還等の対象となった取引の事実に基づいて、適用される税率を判断することとなり、その金額が合理的に区分されていないときは、その対象となった課税資産の譲渡等の内容に応じて税率ごとにあん分し、区分することとなります。

　また、仕入れに係る対価の返還等を受けた事業者については、その仕入れに係る対価の返還等の対象となった取引の事実に基づいて、適用される税率を判断することとなり、その金額が合理的に区分されていないときは、その対象となった課税仕入れの内容に応じて税率ごとにあん分し、区分することとなります。

　こうした売上げに係る対価の返還等を行った場合や仕入れに係る対価の返還等を受けた場合、一定の事項が記載された請求書等の保存は求められていませんが、次の事項等を記載した帳簿を保存する必要があります。

489

1 売上げに係る対価の返還等
　・　売上げに係る対価の返還等に係る課税資産の譲渡等が軽減対象資産の
　　譲渡等である場合には、資産の内容及びその旨
　・　税率ごとに区分した売上げに係る対価の返還等をした金額
2 仕入れに係る対価の返還等
　・　仕入れに係る対価の返還等が他の者から受けた軽減対象資産の譲渡等
　　に係るものである場合には、資産の内容及びその旨
　したがって、貴社及び取引先は、それぞれ、上記「1」又は「2」の事項
を帳簿に記載し、税率ごとに区分した販売奨励金に係る消費税額を計算する
必要があります。

（参考）　税率ごとの販売奨励金の記載例

請求書		
㈱○○御中　　　　　　　　　　　　　××年12月31日		
109,400円（税込）		
日付	品名	金額
12/1	小麦粉　※	5,400円
12/1	キッチンペーパー	2,200円
12/2	牛肉　※	10,800円
⋮	⋮	⋮
小計		131,200円
① 10％対象		88,000円
8％対象		43,200円
販売奨励金　（11月分）		△21,800円
② 10％対象		△11,000円
8％対象		△10,800円
合計		109,400円

※は軽減税率対象商品　　　　　　㈱○○物産

①　税率ごとに合計した課
　税資産の譲渡の等の対価
　の額（税込み）を記載
②　税率ごとの販売奨励金
　の額を記載

参　考　法38②、58、令58、71、規27、平成28年改正法附則34②、平成28年改正令
　　　　附則8①②、平成28年改正省令附則11

第12章　帳簿及び請求書等の保存その1

電子帳簿保存法と仕入税額控除 補区

【問12-28】　当社は、電子帳簿保存法の規定に基づき承認を受けていますが、帳簿及び書類を電子データ等で保存しているときは、仕入税額控除の適用要件とされる帳簿及び請求書の保存があることとなるのでしょうか。

【答】　電子帳簿保存法の規定に基づき、電子データ等により保存することが認められている国税関係帳簿は、自己が最初の記録段階から一貫して電子計算機を使用して作成するものに限られています。

　したがって、その帳簿が問12-1の1の事項が記録がされているなら、仕入税額控除の適用要件とされている帳簿が保存されていることとなります。

　一方、電子帳簿保存法の承認を受けて、電子データ等により保存することが認められている国税関係書類は、自己が一貫して電子計算機を使用して作成する書類に限られていますので、仕入先等から交付を受ける請求書等は、自らが作成したものではないため、電子帳簿保存法に基づく電子データ等の保存の対象とはなりません。

　ただし、仕入明細書等（問12-1の2(2)の要件を備えているものに限ります。）を、電子データ等（課税仕入れの相手方の確認を受けたものに限ります。）により保存しているもののうち、自己が一貫して電子計算機を使用して作成する書類に該当するなら、電子帳簿保存法の承認対象となる国税関係書類に該当することとなります。

　(注)　「課税仕入れの相手方の確認を受ける」方法とは、保存するデータ等に、相手方の確認の事実が明らかにされているもの、例えば、通信回線等を通じて相手方の端末機に送信し、確認の通信を受けたことが明らかであるものをいいます。

参考　法30⑦⑧⑨、令49、基通11-6-5(1)

491

カード会社からの請求明細書 譲区

【問12-29】 当社は、得意先に対する贈答品の購入に際して、法人名義のクレジットカードを利用することがありますが、この場合、カード会社から一定期間ごとに請求明細書が交付されることとなっています。

この請求明細書は消費税法第30条第9項《仕入税額控除に係る請求書等の記載事項》の請求書等に該当しますか。

【答】 仕入税額控除の適用を受けるために保存が必要とされる「請求書等」とは、課税仕入れの相手方から交付を受けた請求書、納品書その他これらに類する書類で一定の事項が記載されたものをいいますが、クレジットカード会社がそのカードの利用者に交付する利用明細書等は、課税仕入れの相手方から交付を受けたものではないため、消費税法第30条第9項に規定する「請求書等」には該当しません。

しかし、通常クレジットカードサービスを利用した時には、課税仕入れの相手方から利用者に対し、「ご利用明細」等が発行されています。

この「ご利用明細」等に、消費税法第30条第9項に規定する記載事項が記載されているのであれば、同項に規定する請求書等に該当することになります。

参 考 法30⑨、平成28年改正法附則34②

第12章　帳簿及び請求書等の保存その1

テナント家賃の銀行振込み【請】【区】

【問12−30】　当社は、Ａ社から事務所を賃借していますが、賃料については A 社指定の銀行口座に毎月指定日までに振り込むこととされており、また、振り込んだ賃料について A 社から領収書は発行されないこととなっています。

　このため、仕入税額控除の要件である請求書等の保存ができない状態にあるのですが、振込みの際に銀行が発行した振込金受取書等を建物賃貸借契約書とともに保存することで仕入税額控除の要件を満たしているものとして取り扱うことはできないでしょうか。

【答】　振込金受取書等は、課税仕入れを行った事業者が内容を記載して銀行が振込みの事実を証明した書類であり、消費税法第30条第9項第2号《仕入税額控除に係る請求書等の範囲》に規定する事項のうち「課税仕入れに係る資産又は役務の内容」は記載されていないものの、建物賃貸借契約書とともに保存することで同号の記載事項が客観的に網羅されることになります。

　また、当該振込金受取書等は課税仕入れの相手方に確認を受けたものではありませんが、その振込みの事実について銀行が確認したものといえます。

　以上の点から、振込金受取書等を建物賃貸借契約書とともに保存することで、仕入税額控除の要件としての請求書等の保存があるものとして取り扱うこととされています。

【参　考】　法30⑨一

493

家賃を口座振替により支払う場合の仕入税額控除の適用要件問区

【問12−31】 当社は、B社から事務所を賃借していますが、家賃については口座振替により支払っておりB社からは請求書、領収書のいずれも交付を受けていません。このため、家賃を支払った記録としては銀行の通帳が残るだけですが、仕入税額控除の要件を満たす方法として、帳簿に法定事項に加えて口座振替である旨及び賃貸人の住所又は所在地を記載することでよいでしょうか。

【答】 課税仕入れに係る支払対価の額の合計額が３万円以上である場合において、請求書等の交付を受けなかったことにつきやむを得ない理由がある場合には、帳簿に法定事項に加えて当該やむを得ない理由及び当該課税仕入れの相手方の住所又は所在地を記載することを条件に、仕入税額控除を認めることとされていますが、御質問のような場合には、請求書等の交付を受けなかったことにつきやむを得ない理由がある場合に該当しますので、御質問のとおり取り扱って差し支えありません。

　なお、この場合、帳簿には、やむを得ない理由として「口座振替のため」、「支払方法　口座振替」等と記載することで差し支えありません。

（記載例）

地　　代　　家　　賃

年 月 日		相手科目	摘　　　　　　　　要	借　方	貸　方	残　高
4	30	普通預金	大阪市中央区大手前商事㈱へ４月事務所賃料を支払（口座振替のため請求書等なし）	125,000		125,000

又は（口座振替）のみでも可。

第12章　帳簿及び請求書等の保存その１

○年月日		相手科目	摘　　　　　　　　要	借　方	貸　方	残　高
4	30	普通預金	大阪市中央区大手前商事㈱へ４月分事務所賃料（口座振替）	125,000		125,000
5	31	普通預金	5月分─	125,000		250,000
6	30	普通預金	6月分─	125,000		375,000
7	31	普通預金	7月分─	125,000		500,000

　翌月以降は、課税仕入れに係る資産等の内容及びやむを得ない事情等を省略しても可。

参　考　法30⑦、令49①、基通11－6－3

実費精算の出張旅費に係る仕入税額控除の適用要件譲区

【問12－32】　当社では、従業員の出張旅費について実費精算を行っており、従業員が記入して会社に提出する「精算書」に基づいて支給しています。当該「精算書」には、従業員名、旅行日、支払内容及び支払金額等が記載してあり、宿泊費に係る領収書等は当該「精算書」の裏に貼付しています。

　このとき、実費精算による出張旅費については当該「精算書」と出張旅費の支払額等をまとめて記載した帳簿を併せて保存することで仕入税額控除の適用要件を満たしているものとして取り扱ってよいでしょうか。

【答】　御質問の場合には、当該「精算書」を綴り合わせたものを、出張旅費の支払額等をまとめて記載した帳簿と併せて保存することにより、仕入税額控除の適用要件を満たすものとして取り扱うこととされます。

　また、当該帳簿については、数人分又は一定期間をまとめて記載することで差し支えありません。

　なお、令和元年10月１日以降、軽減対象資産の譲渡がある場合は、その内容を記載する必要があります。

495

（注）　宿泊費以外の交通費等については請求書等の保存がないことから、出張旅費全体としてみれば、請求書等の交付を受けなかったことにつきやむを得ない理由があるものとして取り扱われることとなります。

　　なお、この場合の出張旅費の支出に関する内容を記載した帳簿は伝票会計における日計表、月計表等の性格を有するものとして保存することとなります。

（一月まとめて出張旅費精算書により精算する例）

出　張　旅　費　精　算　書

　　会計課長　殿

　　　　　　　　　　　　　　　　　営業部　河野　太郎　印

下記の出張旅費について精算願います。

　　　　　合計請求金額　　３４，８５０　円

月日	内　　　　　　　　　　　　　　　容	金　　額
5/10	大阪→東京（東京支社）	12,500
〃	東京駅前ホテル代（領収書裏面添付）	9,850
〃	東京→大阪	12,500

従業員ごと及び日付順に整理し、編てつすることにより、旅費交通費に係る補助簿として取り扱われる。

出張旅費精算書綴　　　　　令和○年5月31日

　　　令和○年5月分

　　　合計金額：　356,800-

旅　費　交　通　費

○年 月日		相手科目	摘　　　　　　　　　　　　　要	借　方	貸　方	残　高
5	1	前月繰越		125,000		125,000
	31	現　　金	従業員出張旅費精算	356,800		481,800

第12章　帳簿及び請求書等の保存その1

参 考　法30⑦、⑧一、令49①、基通11−6−4

ＪＶ工事に係る請求書等🆕

【問12−33】　当社は、甲社との共同企業体によりＪＶ工事を請け負っていますが、このＪＶ工事のために要する課税仕入れに係る請求書等は、幹事会社である甲社が保管し、当社は甲社から精算書（構成員別に工事原価を計算した「完成工事原価報告書」が添付されています。）の交付を受け、これに基づき法人税、消費税の申告を行っています。

　ところで、課税仕入れにつき、仕入税額控除を受けるには、課税仕入れの相手方から受け取る請求書等の保管が必要とのことですが、今回のＪＶ工事の場合は、甲社から交付された精算書を保管することでよいのでしょうか。

【答】　ＪＶ工事のような共同事業の場合は、その共同事業に係る構成員がその持分割合等に応じてそれぞれ資産の譲渡等及び課税仕入れ等を行ったことになりますから、共同事業全体で行った課税仕入れのうちそれぞれの構成員の持分割合等に対応する部分の金額が、それぞれの構成員にとっての課税仕入れに係る支払対象となります。

　一方、課税仕入れにつき仕入税額控除を受けるためには、その課税仕入れを行った事業者が課税仕入れの事実を記載した帳簿及び課税仕入れの事実を証する請求書等を保存しなければならないこととされています。

　しかし、御質問のように共同事業として課税仕入れを行った場合は、通常、課税仕入れの相手方からは、共同企業体として一つの請求書等を受け取ることになり、個々の構成員に対してそれぞれ持分に応じた請求書等が交付されることは少ないと考えられます。

　そこで、このような場合には課税仕入れ等に係る相手方が発行した請求書

497

等のコピーに各構成員の出資金額等の割合に応じた課税仕入れ等に係る対価の額の配分内容を記載したものを消費税法第30条第7項に規定する請求書等に該当するものとして取り扱うほか、この方法により難い場合は、幹事会社が課税仕入れ等に係る請求書等を保存することを条件に、各構成員が参加しているＪＶ（共同企業体）を課税仕入れの相手方と擬制し、御質問の精算書を同項に規定する請求書等として取り扱っても差し支えないこととされています。

参　考　法30⑦、基通1－3－1

所有権移転外ファイナンス・リース取引に係るリース料支払明細書等の取扱い鬮

> 【問12－34】　リース取引（所有権移転外ファイナンス・リース取引、問3－57参照）において、リース料の支払期日の都度請求書等を作成することに代えて、リース取引開始時にリース期間中の支払金額の明細書（いわゆる「リース料支払明細書」）を作成して交付し、賃借人がこれを保存している場合には、仕入税額控除を適用することができますか。

【答】　賃借人が仕入税額控除を行う場合、当該課税仕入れに係る帳簿及び請求書等の保存が要件とされています。

　リース取引においては、賃借人・賃貸人の事務効率化を目的としてリース取引の開始時にリース料の支払期日の都度請求書、領収書、リース料総額に対する請求書等を作成せずに、明細書を作成してリース取引開始時に賃借人に交付している場合があります。

　この明細書において、消費税法において規定されている次のイからロの記載事項が記載されている場合、賃借人がこれを請求書等として取り扱うとともに、その明細書を受領した日の属する課税期間の末日の翌日から2月を経

過した日から7年間保存している場合には、仕入税額控除を適用することができます。

① 請求書等の作成者の氏名又は名称（リース会社名）

② 課税資産の譲渡等を行った年月日（リース取引開始日（リース資産の引渡しの日））

③ 課税資産の譲渡等に係る資産又は役務の内容（リース資産名）

④ 課税資産の譲渡等の対価の額（リース料総額（リース料総額に係る消費税額を含む。）なお、月額リース料（月額リース料に係る消費税額を含む。）及びリース期間における月数を記載する方法も認められる。

⑤ 請求書等の交付を受ける事業者の氏名又は名称（賃借人の名称）

なお、この明細書に、「リース料総額（リース料総額に係る消費税額を含む。）」に代えて、「月額リース料（月額リース料に係る消費税額を含む。）及びリース期間における月数」を記載することも認められます。

参考　法30⑦、⑨一、令50①

第13章
帳簿及び請求書等の保存その2
（適格請求書等保存方式）

仕入税額控除の要件

> 【問13−1】 適格請求書等保存方式の下での仕入税額控除の要件を
> 教えてください。

【答】 適格請求書等保存方式の下では、一定の事項が記載された帳簿及び請求書等の保存が仕入税額控除の要件とされます。

保存すべき請求書等には、適格請求書のほか、次の書類等も含まれます。

イ 適格簡易請求書

ロ 適格請求書又は適格簡易請求書の記載事項に係る電磁的記録

ハ 適格請求書の記載事項が記載された仕入明細書、仕入計算書その他これに類する書類（課税仕入れの相手方の確認を受けたものに限ります。）
（書類に記載すべき事項に係る電磁的記録を含みます。）

ニ 次の取引について、媒介又は取次ぎに係る業務を行う者が作成する一定の書類（書類に記載すべき事項に係る電磁的記録を含みます。）

・ 卸売市場において出荷者から委託を受けて卸売の業務として行われる生鮮食料品等の販売

・ 農業協同組合、漁業協同組合又は森林組合等が生産者（組合員等）から委託を受けて行う農林水産物の販売（無条件委託方式かつ共同計

500

第13章　帳簿及び請求書等の保存その２

算方式によるものに限ります。）

　なお、請求書等の交付を受けることが困難であるなどの理由により、次の取引については、一定の事項を記載した帳簿のみの保存で仕入税額控除が認められます。

①　公共交通機関特例の対象として適格請求書の交付義務が免除される３万円未満の公共交通機関による旅客の運送

②　適格簡易請求書の記載事項（取引年月日を除きます。）が記載されている入場券等が使用の際に回収される取引（①に該当するものを除きます。）

③　古物営業を営む者の適格請求書発行事業者でない者からの古物（古物営業を営む者の棚卸資産に該当するものに限ります。）の購入

④　質屋を営む者の適格請求書発行事業者でない者からの質物（質屋を営む者の棚卸資産に該当するものに限ります。）の取得

⑤　宅地建物取引業を営む者の適格請求書発行事業者でない者からの建物（宅地建物取引業を営む者の棚卸資産に該当するものに限ります。）の購入

⑥　適格請求書発行事業者でない者からの再生資源及び再生部品（購入者の棚卸資産に該当するものに限ります。）の購入

⑦　適格請求書の交付義務が免除される３万円未満の自動販売機及び自動サービス機からの商品の購入等

⑧　適格請求書の交付義務が免除される郵便切手類のみを対価とする郵便・貨物サービス（郵便ポストに差し出されたものに限ります。）

⑨　従業員等に支給する通常必要と認められる出張旅費等（出張旅費、宿泊費、日当及び通勤手当）

参　考　新法30⑦⑨、新令49①、新規15の４

501

「適格請求書等保存方式」の概要

【問13−2】 令和5年10月1日から導入される「適格請求書等保存方式」の概要を教えてください。

【答】 複数税率に対応した仕入税額控除の方式として、令和5年10月1日から「適格請求書等保存方式」（いわゆる「インボイス制度」）が導入されます。

1 適格請求書発行事業者の登録制度

　適格請求書等保存方式においては、仕入税額控除の要件として、原則、適格請求書発行事業者から交付を受けた適格請求書の保存が必要になります。

　適格請求書を交付しようとする課税事業者は、納税地を所轄する税務署長に適格請求書発行事業者の登録申請書（以下「登録申請書」といいます。）を提出し、適格請求書発行事業者として登録を受ける必要があり、税務署長は、氏名又は名称及び登録番号等を適格請求書発行事業者登録簿に登載し、登録を行います。

　また、相手方から交付を受けた請求書等が適格請求書に該当することを客観的に確認できるよう、適格請求書発行事業者登録簿に登載された事項については、インターネットを通じて公表されます。

（注） 適格請求書とは、次の事項が記載された書類（請求書、納品書、領収書、レシート等）をいいます。

　① 適格請求書発行事業者の氏名又は名称及び登録番号

　② 課税資産の譲渡等を行った年月日

　③ 課税資産の譲渡等に係る資産又は役務の内容（課税資産の譲渡等が軽減対象資産の譲渡等である場合には、資産の内容及び軽減対象資産の譲渡等である旨）

　④ 課税資産の譲渡等の税抜価額又は税込価額を税率ごとに区分して合計した金額及び適用税率

　⑤ 税率ごとに区分した消費税額等（消費税額及び地方消費税額に相当する金

額の合計額をいいます。以下同じ。）

⑥　書類の交付を受ける事業者の氏名又は名称

2　適格請求書の交付義務等

　適格請求書発行事業者には、国内において課税資産の譲渡等を行った場合に、相手方（課税事業者に限ります。）から適格請求書の交付を求められたときは適格請求書の交付義務が課されています。ただし、適格請求書発行事業者が行う事業の性質上、適格請求書を交付することが困難な次の取引については、適格請求書の交付義務が免除されます。

①　3万円未満の公共交通機関（船舶、バス又は鉄道）による旅客の運送

②　出荷者が卸売市場において行う生鮮食料品等の販売（出荷者から委託を受けた受託者が卸売の業務として行うものに限ります。）

③　生産者が農業協同組合、漁業協同組合又は森林組合等に委託して行う農林水産物の販売（無条件委託方式かつ共同計算方式により生産者を特定せずに行うものに限ります。）

④　3万円未満の自動販売機及び自動サービス機により行われる商品の販売等

⑤　郵便切手類のみを対価とする郵便・貨物サービス（郵便ポストに差し出されたものに限ります。）

　なお、小売業、飲食店業、タクシー業等の不特定多数の者に対して資産の譲渡等を行う事業については、適格請求書の記載事項を簡易なものとした適格簡易請求書を交付することができます。

3　仕入税額控除の要件

　適格請求書等保存方式の下では、一定の事項が記載された帳簿及び請求書等の保存が仕入税額控除の要件となります。

　保存すべき請求書等には、適格請求書のほか、次の書類等も含まれます。

(1)　適格簡易請求書

(2)　適格請求書又は適格簡易請求書の記載事項に係る電磁的記録

(3)　適格請求書の記載事項が記載された仕入明細書、仕入計算書その他こ

れらに類する書類（相手方の確認を受けたものに限ります。）（書類に記載すべき事項に係る電磁的記録を含みます。）

(4) 次の取引について、媒介又は取次ぎに係る業務を行う者が作成する一定の書類（書類に記載すべき事項に係る電磁的記録を含みます。）

　イ　卸売市場において出荷者から委託を受けて卸売の業務として行われる生鮮食料品等の販売

　ロ　農業協同組合、漁業協同組合又は森林組合等が生産者（組合員等）から委託を受けて行う農林水産物の販売（無条件委託方式かつ共同計算方式によるものに限ります。）

なお、請求書等の交付を受けることが困難であるなどの理由により、次の取引については、一定の事項を記載した帳簿のみの保存で仕入税額控除が認められます。

① 適格請求書の交付義務が免除される上記2①の3万円未満の公共交通機関（船舶、バス又は鉄道）による旅客の運送

② 適格簡易請求書の記載事項（取引年月日を除きます。）が記載されている入場券等が使用の際に回収される取引（①に該当するものを除きます。）

③ 古物営業を営む者の適格請求書発行事業者でない者からの古物（古物営業を営む者の棚卸資産に該当する場合に限ります。）の購入

④ 質屋を営む者の適格請求書発行事業者でない者からの質物（質屋を営む者の棚卸資産に該当する場合に限ります。）の取得

⑤ 宅地建物取引業を営む者の適格請求書発行事業者でない者からの建物（宅地建物取引業を営む者の棚卸資産に該当する場合に限ります。）の購入

⑥ 適格請求書発行事業者でない者からの再生資源及び再生部品（購入者の棚卸資産に該当する場合に限ります。）の購入

⑦ 適格請求書の交付義務が免除される上記2④の3万円未満の自動販売機及び自動サービス機からの商品の購入等

第13章　帳簿及び請求書等の保存その2

⑧　適格請求書の交付義務が免除される上記2⑤の郵便切手類のみを対価とする郵便・貨物サービス（郵便ポストに差し出されたものに限ります。）

⑨　従業員等に支給する通常必要と認められる出張旅費等（出張旅費、宿泊費、日当及び通勤手当）

(参考)
　現行の請求書等保存方式においては、帳簿及び請求書等の保存が仕入税額控除の要件とされています。
　また、令和元年10月1日の軽減税率制度の実施から令和5年9月30日までは、区分記載請求書等保存方式となり、帳簿及び区分記載請求書等の保存が仕入税額控除の要件とされます。

《仕入税額控除の方式》

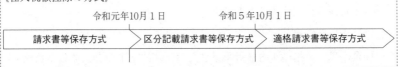

| 参　考 | 新法30、57の2、57の4、新令49①、70の5、70の9②、70の11、新規15の4、26の6、平成28年改正法附則34② |

登録の手続

> 【問13－3】 適格請求書発行事業者の登録は、どのような手続で行うのですか。

【答】 適格請求書発行事業者の登録を受けることができるのは、課税事業者に限られます。

　適格請求書発行事業者の登録を受けようとする事業者は、納税地を所轄する税務署長に登録申請書を提出する必要があります。

　なお、登録申請書は、適格請求書等保存方式の導入の２年前である令和３年10月１日から提出することができます。

　また、その登録申請書の提出を受けた税務署長は、登録拒否要件に該当しない場合には、適格請求書発行事業者登録簿に法定事項を登載して登録を行い、登録を受けた事業者に対して、その旨を書面で通知することとされています。

　おって、登録申請書は、e-Taxを利用して提出することもでき、この場合、登録の通知はe-Taxを通じて行われます（国税関係法令に係る行政手続等における情報通信の技術の利用に関する省令（平成15年７月財務省令第71号）８①、国税関係法令に係る行政手続等における情報通信の技術の利用に関する省令第８条第１項に規定する国税庁長官が定める処分通知等を定める件（平成30年国税庁長官告示第８号））。

（参考）　適格請求書発行事業者登録簿の登載事項は次のとおりです。
　　①　適格請求書発行事業者の氏名又は名称及び登録番号
　　②　登録年月日
　　③　法人（人格のない社団等を除きます。）については、本店又は主たる事務所の所在地
　　④　特定国外事業者（国内において行う資産の譲渡等に係る事務所、事業所その他これらに準ずるものを国内に有しない国外事業者をいいます。）

第13章　帳簿及び請求書等の保存その2

以外の国外事業者については、国内において行う資産の譲渡等に係る事務所、事業所その他これらに準ずるものの所在地

参　考　新法57の2①～⑤⑦、新令70の5①、平成28年改正法附則1八、44①、インボイス通達2－1

登録の効力

> **【問13－4】**　適格請求書発行事業者の登録の効力は、いつから発生するのですか。

【答】　登録申請書の提出を受けた税務署長は、登録拒否要件に該当しない場合には、適格請求書発行事業者登録簿に法定事項を登載して登録を行い、登録を受けた事業者に対して、その旨を書面で通知することとされています。

　登録の効力は、通知の日にかかわらず、適格請求書発行事業者登録簿に登載された日（登録日）に発生します。このため、登録日以降の取引については、相手方（課税事業者に限ります。）の求めに応じ、適格請求書の交付義務があります。

　なお、令和5年10月1日より前に登録の通知を受けた場合であっても、登録日は令和5年10月1日となります。

参　考　新法57の2③④⑤⑦、インボイス通達2－4

507

登録の経過措置

> **【問13－5】** 登録申請書の提出は、令和３年10月１日から行うことができるとのことですが、適格請求書等保存方式が導入される令和５年10月１日に登録を受けるためには、いつまでに登録申請書を提出すればよいですか。

【答】 適格請求書等保存方式が導入される令和５年10月１日に登録を受けようとする事業者は、令和５年３月31日まで（注）に登録申請書を納税地を所轄する税務署長に提出する必要があります。

　なお、免税事業者が登録を受けるためには、原則として、消費税課税事業者選択届出書（以下「課税選択届出書」といいます。）を提出し、課税事業者となる必要がありますが、登録日が令和５年10月１日の属する課税期間中である場合は、課税選択届出書を提出しなくても、登録を受けることができます。

　（注）　令和５年３月31日まで（※）に登録申請書を提出できなかったことにつき困難な事情がある場合に、令和５年９月30日までの間に登録申請書にその困難な事情を記載して提出し、税務署長により適格請求書発行事業者の登録を受けたときは、令和５年10月１日に登録を受けたこととみなされます。

　　　なお、「困難な事情」については、その困難の度合いは問いません。

　※　特定期間の課税売上高又は給与等支払額の合計額が1,000万円を超えたことにより課税事業者となる場合は令和５年６月30日まで

《登録申請のスケジュール》

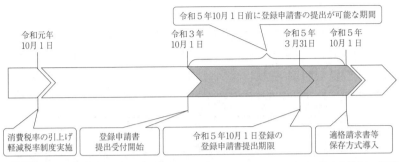

参考　新法9の2①、インボイス通達5-1、5-2、平成28年改正法附則44①④、平成30年改正令附則15

免税事業者の登録

【問13-6】　免税事業者が令和5年10月1日の属する課税期間中に登録を受ける場合には、登録に当たり、課税選択届出書の提出は不要とのことですが、この場合、いつから課税事業者となりますか。

【答】　免税事業者が適格請求書発行事業者の登録を受けるためには、課税選択届出書を提出し、課税事業者となる必要があります。

ただし、免税事業者が令和5年10月1日の属する課税期間中に登録を受けることとなった場合には、登録を受けた日から課税事業者となる経過措置が設けられています。

したがって、この経過措置の適用を受けることとなる場合は、登録日から課税事業者となりますので、登録を受けるに当たり、課税選択届出書を提出する必要はありません。

（注）　この経過措置の適用を受けない課税期間に登録を受ける場合については、原則どおり、課税選択届出書を提出し、課税事業者となる必要があります。

なお、免税事業者が課税事業者となることを選択した課税期間の初日から登録を受けようとする場合は、その課税期間の初日の前日から起算して1月前の

日までに、登録申請書を提出しなければなりません。

《免税事業者に係る登録の経過措置》

（例）　免税事業者である個人事業者が令和5年10月1日に登録を受けるため、令和5年3月31日までに登録申請書を提出し、令和5年10月1日に登録を受けた場合

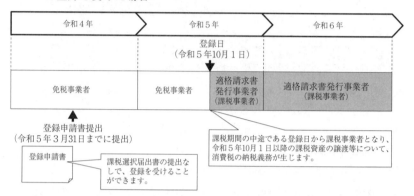

[参　考]　新法57の2②、新令70の2、インボイス通達2－1、5－1、平成28年改正法附則44④

登録の任意性

【問13－7】　当社は、軽減税率対象品目の販売を行っていませんが、適格請求書発行事業者の登録を必ず受けなければなりませんか。

【答】　適格請求書を交付できるのは、登録を受けた適格請求書発行事業者に限られますが、適格請求書発行事業者の登録を受けるかどうかは事業者の任意です。

　ただし、登録を受けなければ、適格請求書を交付することができないため、取引先が仕入税額控除を行うことができませんので、このような点を踏まえ、登録の必要性をご検討ください。

　また、適格請求書発行事業者は、販売する商品に軽減税率対象品目がある

第13章　帳簿及び請求書等の保存その2

かどうかを問わず、取引の相手方（課税事業者に限ります。）から交付を求められたときには、適格請求書を交付しなければなりません。

　一方で、消費者や免税事業者など、課税事業者以外の者に対する交付義務はありませんので、例えば、顧客が消費者のみの場合には、必ずしも適格請求書を交付する必要はありません。このような点も踏まえ、登録の必要性をご検討ください。

参　考　新法57の2①、57の4①

登録の取りやめ

> **【問13−8】**　適格請求書発行事業者の登録を取りやめたいのですが、どのような手続が必要ですか。

【答】　適格請求書発行事業者は、納税地を所轄する税務署長に「適格請求書発行事業者の登録の取消しを求める旨の届出書」（以下「登録取消届出書」といいます。）を提出することにより、適格請求書発行事業者の登録の効力を失わせることができます。

　なお、この場合、原則として、登録取消届出書の提出があった日の属する課税期間の翌課税期間の初日に登録の効力が失われることとなります。

　ただし、登録取消届出書を、その提出のあった日の属する課税期間の末日から起算して30日前の日から、その課税期間の末日までの間に提出した場合は、その提出があった日の属する課税期間の翌々課税期間の初日に登録の効力が失われることとなりますので、ご注意ください。

（参考）　登録の効力が失われる場合

　　　　　登録取消届出書の提出を行った場合のほか、次の場合に登録の効力が失われることとなります。これらの場合、登録取消届出書の提出は不要ですが、一定の届出書の提出が必要となります。

①　適格請求書発行事業者が事業を廃止した場合（「適格請求書発行事業者

511

の事業廃止届出書」を提出した場合に限ります。）、事業を廃止した日の翌日に登録の効力が失われます。
② 適格請求書発行事業者である法人が合併により消滅した場合（「合併による法人の消滅届出書」を提出した場合に限ります。）、法人が合併により消滅した日に登録の効力が失われます。

《適格請求書発行事業者の登録の取消届出》
（例１）適格請求書発行事業者である法人（３月決算）が令和７年２月１日に登録取消届出書を提出した場合

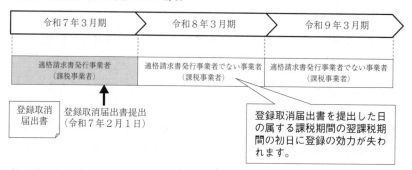

（例２）適格請求書発行事業者である法人（３月決算）が令和７年３月15日に登録取消届出書を提出した場合（届出書を、その提出のあった日の属する課税期間の末日から起算して30日前の日から、その課税期間の末日までの間に提出した場合）

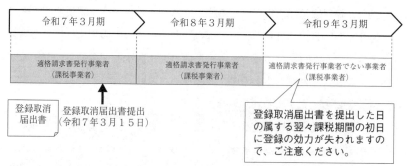

参考　新法57の２⑩一、二、三、インボイス通達２－８、２－７

第13章　帳簿及び請求書等の保存その２

適格請求書発行事業者が免税事業者となる場合

【問13－9】　当社は、適格請求書発行事業者の登録を受けています。翌課税期間の基準期間における課税売上高が1,000万円以下ですが、当社は、免税事業者となりますか。

【答】　その課税期間の基準期間における課税売上高が1,000万円以下の事業者は、原則として、消費税の納税義務が免除され、免税事業者となります。

　しかしながら、適格請求書発行事業者は、その基準期間における課税売上高が1,000万円以下となった場合でも免税事業者となりません。したがって、適格請求書発行事業者である貴社は、翌課税期間に免税事業者となることはありません。

参　考　新法9①、インボイス通達2－5

登録事項の公表方法

【問13－10】　適格請求書発行事業者登録簿の登載事項は、どのような方法で公表されますか。

【答】　適格請求書発行事業者登録簿の登載事項については、インターネットを通じて、国税庁のホームページにおいて公表されます。また、適格請求書発行事業者の登録が取り消された場合又は効力を失った場合、その年月日が国税庁のホームページにおいて公表されます。具体的な公表事項については、次のとおりです。

①　適格請求書発行事業者の氏名又は名称及び登録番号

②　登録年月日

③　登録取消年月日、登録失効年月日

④　法人（人格のない社団等を除きます。）については、本店又は主たる事

513

務所の所在地

⑤　特定国外事業者（国内において行う資産の譲渡等に係る事務所、事業所その他これらに準ずるものを国内に有しない国外事業者）以外の国外事業者については、国内において行う資産の譲渡等に係る事務所、事業所その他これらに準ずるものの所在地

　さらに、上記の事項以外に、「適格請求書発行事業者の公表事項の公表（変更）申出書」において主たる屋号や主たる事務所の所在地について、公表の申出のあった個人事業者等にあっては、これらの事項も公表されます。

（参考）　公表事項の閲覧を通じて、交付を受けた請求書等の作成者が適格請求書発行事業者に該当するかを確認することができます。

参　考　新法57の2④⑪、新令70の5②

登録番号の構成

【問13−11】　登録番号は、どのような構成ですか。

【答】　登録番号の構成は、次のとおりです。

①　法人番号を有する課税事業者

　「Ｔ」（ローマ字）＋法人番号（数字13桁）

②　①以外の課税事業者（個人事業者、人格のない社団等）

　「Ｔ」（ローマ字）＋数字13桁（注）

　（注）　13桁の数字には、マイナンバー（個人番号）は用いず、法人番号とも重複しない事業者ごとの番号となります。

（参考）　登録番号の記載例

　　　・Ｔ1234567890123

　　　・Ｔ-1234567890123

　　　※　請求書等への表記に当たり、半角・全角は問いません。

参　考　インボイス通達2−3

第13章　帳簿及び請求書等の保存その2

適格請求書の交付義務

> 【問13－12】　適格請求書発行事業者は、どのような場合に適格請求
> 書の交付義務が課されるのですか。
> また、交付義務が課されない場合はあるのですか。

【答】　適格請求書発行事業者には、国内において課税資産の譲渡等（注1、
2）を行った場合に、相手方（課税事業者に限ります。）からの求めに応じ
て適格請求書を交付する義務が課されています。

　なお、適格請求書発行事業者は、適格請求書の交付に代えて、適格請求書
に係る電磁的記録を提供することができます。

（適格請求書の交付義務が免除される取引の詳細については**問13－15**を参
照。）

　(注)1　課税資産の譲渡等に係る適用税率は問いませんので、標準税率の取引のみ
　　　　　を行っている場合でも、取引の相手方（課税事業者に限ります。）から交付
　　　　　を求められたときは、適格請求書の交付義務があることにご留意ください。
　　　2　免税取引、非課税取引及び不課税取引のみを行った場合については、適格
　　　　　請求書の交付義務は課されません。

参　考　新法57の4①⑤、新令70の9②

適格簡易請求書の交付ができる事業者

> 【問13－13】　適格請求書に代えて、適格簡易請求書を交付できるの
> は、どのような場合ですか。

【答】　適格請求書発行事業者が、不特定かつ多数の者に課税資産の譲渡等を
行う次の事業を行う場合には、適格請求書に代えて、適格請求書の記載事項
を簡易なものとした適格簡易請求書を交付することができます。

①　小売業

515

② 飲食店業

③ 写真業

④ 旅行業

⑤ タクシー業

⑥ 駐車場業（不特定かつ多数の者に対するものに限ります。）

⑦ その他これらの事業に準ずる事業で不特定かつ多数の者に資産の譲渡等
を行う事業

なお、適格簡易請求書についても、その交付に代えて、その記載事項に係
る電磁的記録を提供することができます。

参 考 新法57の4②⑤、新令70の11

適格請求書の様式

> **【問13-14】** 適格請求書の様式は、法令又は通達等で定められてい
> ますか。

【答】 適格請求書の様式は、法令等で定められていません。

適格請求書として必要な次の事項が記載された書類（請求書、納品書、領
収書、レシート等）であれば、その名称を問わず、適格請求書に該当します。

① 適格請求書発行事業者の氏名又は名称及び登録番号

② 課税資産の譲渡等を行った年月日

③ 課税資産の譲渡等に係る資産又は役務の内容（課税資産の譲渡等が軽減
対象資産の譲渡等である場合には、資産の内容及び軽減対象資産の譲渡等
である旨）

④ 課税資産の譲渡等の税抜価額又は税込価額を税率ごとに区分して合計し
た金額及び適用税率

⑤ 税率ごとに区分した消費税額等

⑥ 書類の交付を受ける事業者の氏名又は名称

第13章　帳簿及び請求書等の保存その2

参　考　新法57の4①、インボイス通達3-1

適格請求書の交付義務が免除される取引

【問13-15】　適格請求書の交付が困難な取引として、交付義務が免除される取引にはどのようなものがありますか。

【答】　適格請求書発行事業者には、国内において課税資産の譲渡等を行った場合に、相手方（課税事業者に限ります。）からの求めに応じて適格請求書の交付義務が課されています。

　ただし、次の取引は、適格請求書発行事業者が行う事業の性質上、適格請求書を交付することが困難なため、適格請求書の交付義務が免除されます。

①　3万円未満の公共交通機関（船舶、バス又は鉄道）による旅客の運送

②　出荷者が卸売市場において行う生鮮食料品等の販売（出荷者から委託を受けた受託者が卸売の業務として行うものに限ります。）

③　生産者が農業協同組合、漁業協同組合又は森林組合等に委託して行う農林水産物の販売（無条件委託方式かつ共同計算方式により生産者を特定せずに行うものに限ります。）

④　3万円未満の自動販売機及び自動サービス機により行われる商品の販売等

⑤　郵便切手類のみを対価とする郵便・貨物サービス（郵便ポストに差し出されたものに限ります。）

参　考　新法57の4①、新令70の9②

農協等を通じた委託販売

> 【問13-16】 農業協同組合等を通じた農林水産物の委託販売は、組合員等の適格請求書の交付義務が免除されるそうですが、具体的には、どのような取引が対象となりますか。

【答】 農業協同組合法に規定する農業協同組合や農事組合法人、水産業協同組合法に規定する水産業協同組合、森林組合法に規定する森林組合及び中小企業等協同組合法に規定する事業協同組合や協同組合連合会（以下これらを併せて「農協等」といいます。）の組合員その他の構成員が、農協等に対して、無条件委託方式かつ共同計算方式により販売を委託した農林水産物の販売（その農林水産物の譲渡を行う者を特定せずに行うものに限ります。）は、適格請求書を交付することが困難な取引として、組合員等から購入者に対する適格請求書の交付義務が免除されます。

なお、無条件委託方式及び共同計算方式とは、それぞれ次のものをいいます。

① 無条件委託方式

出荷した農林水産物について、売値、出荷時期、出荷先等の条件を付けずに、その販売を委託すること

② 共同計算方式

一定の期間における農林水産物の譲渡に係る対価の額をその農林水産物の種類、品質、等級その他の区分ごとに平均した価格をもって算出した金額を基礎として精算すること。

また、この場合において、農林水産物を購入した事業者は、農協等が作成する一定の書類を保存することが仕入税額控除の要件となります。仕入税額控除の要件については、**問13-1**を参照。

518

第13章　帳簿及び請求書等の保存その2

【参考】
○　農業協同組合法第4条（法人性）
　　農業協同組合及び農業協同組合連合会（以下「組合」と総称する。）は、法人とする。
○　水産業協同組合法第2条（組合の種類）
　　水産業協同組合（以下この章及び第七章から第九章までにおいて「組合」という。）は、漁業協同組合、漁業生産組合及び漁業協同組合連合会、水産加工業協同組合及び水産加工業協同組合連合会並びに共済水産業協同組合連合会とする。
○　森林組合法第4条（事業の目的）
　　森林組合、生産森林組合及び森林組合連合会（以下この章、第五章及び第六章において「組合」と総称する。）は、その行う事業によってその組合員又は会員のために直接の奉仕をすることを旨とすべきであって、営利を目的としてその事業を行ってはならない。
○　中小企業等協同組合法第3条（種類）
　　中小企業等協同組合（以下「組合」という。）は、次に掲げるものとする。
　　一　事業協同組合
　　一の二　事業協同小組合
　　二　信用協同組合
　　三　協同組合連合会
　　四　企業組合

参　考　新法57の4①、新令70の9②二ロ、新規26の5②

媒介者交付特例

> **【問13－17】** 当社（委託者）は、取引先（受託者）に商品の販売を委託し、委託販売を行っています。
>
> これまで、販売した商品の納品書は取引先から購入者に交付していましたが、この納品書を適格請求書として交付することはできますか。
>
> なお、当社と取引先はいずれも適格請求書発行事業者です。

【答】 適格請求書発行事業者には、課税資産の譲渡等を行った場合、課税事業者からの求めに応じて適格請求書の交付義務が課されています。

委託販売の場合、購入者に対して課税資産の譲渡等を行っているのは、委託者ですから、本来、委託者が購入者に対して適格請求書を交付しなければなりません。

このような場合、受託者が委託者を代理して、委託者の氏名又は名称及び登録番号を記載した委託者の適格請求書を、相手方に交付することも認められます（代理交付）。

また、次の①及び②の要件を満たすことにより、媒介又は取次ぎを行う者である受託者が、委託者の課税資産の譲渡等について、自己の氏名又は名称及び登録番号を記載した適格請求書又は適格請求書に係る電磁的記録を、委託者に代わって購入者に交付し、又は提供することができます（以下「媒介者交付特例」といいます。）。

① 委託者及び受託者が適格請求書発行事業者であること

② 委託者が受託者に、自己が適格請求書発行事業者の登録を受けている旨を取引前までに通知していること（通知の方法としては、個々の取引の都度、事前に登録番号を書面等により通知する方法のほか、例えば、基本契約等により委託者の登録番号を記載する方法などがあります。）

なお、媒介者交付特例を適用する場合における受託者の対応及び委託者の

第13章　帳簿及び請求書等の保存その2

対応は、次のとおりです。

【受託者の対応】

①　交付した適格請求書の写し又は提供した電磁的記録を保存する。

②　交付した適格請求書の写し又は提供した電磁的記録を速やかに委託者に
　交付又は提供する。

　（注）　委託者に交付する適格請求書の写しについては、例えば、複数の委託者の商
　　　　品を販売した場合や、多数の購入者に対して日々適格請求書を交付する場合な
　　　　どで、コピーが大量になるなど、適格請求書の写しそのものを交付することが
　　　　困難な場合には、適格請求書の写しと相互の関連が明確な精算書等の書類等を
　　　　交付することで差し支えありませんが、この場合には、交付した当該精算書等
　　　　の写しを保存する必要があります。

　　　　　なお、精算書等の書類等には、適格請求書の記載事項のうち、「課税資産の
　　　　譲渡等の税抜価額又は税込価額を税率ごとに区分して合計した金額及び適用税
　　　　率」や「税率ごとに区分した消費税額等」など、委託者の売上税額の計算に必
　　　　要な一定事項を記載する必要があります。

【委託者の対応】

①　自己が適格請求書発行事業者でなくなった場合、その旨を速やかに受託
　者に通知する。

②　委託者の課税資産の譲渡等について、受託者が委託者に代わって適格請
　求書を交付していることから、委託者においても、受託者から交付された
　適格請求書の写しを保存する。

　したがって、御質問の場合は、取引先も適格請求書発行事業者ですから、
貴社が取引先に自らが適格請求書発行事業者であることを通知することによ
り、取引先が自らの名称及び登録番号を記載した納品書を作成し、貴社の適
格請求書として購入者に交付することができます。

　なお、貴社は取引先から交付を受けた適格請求書の写しを保存する必要が
あります。

521

【媒介者交付特例の取引図】

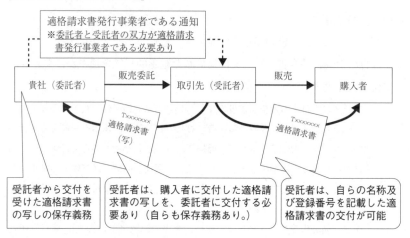

【受託者が委託者に適格請求書の写しとして交付する書類（精算書）の記載例】

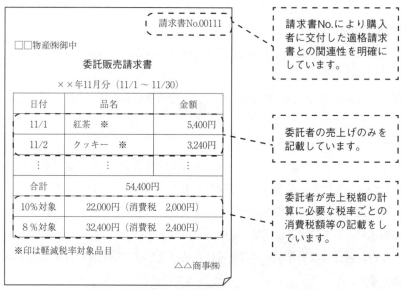

（注）　媒介者交付特例により適格請求書の交付を行う受託者が、自らの課税資産の譲渡等に係る適格請求書の交付も併せて行う場合、自らの課税資産の譲渡等と

第13章　帳簿及び請求書等の保存その2

委託を受けたものを一の適格請求書に記載しても差し支えありません。

参　考　新法57の4①、新令70の12①③④、インボイス通達3－7、3－8

適格返還請求書の交付義務

> 【問13－18】　返品や値引き等の売上げに係る対価の返還等を行う場
> 合、適格請求書発行事業者は、何か対応が必要ですか。

【答】　適格請求書発行事業者には、課税事業者に返品や値引き等の売上げに係る対価の返還等を行う場合、適格返還請求書の交付義務が課されています。

　ただし、適格請求書の交付義務が免除される場合と同様、次の場合には、適格返還請求書の交付義務が免除されます。

① 　3万円未満の公共交通機関（船舶、バス又は鉄道）による旅客の運送

② 　出荷者が卸売市場において行う生鮮食料品等の販売（出荷者から委託を受けた受託者が卸売の業務として行うものに限ります。）

③ 　生産者が農業協同組合、漁業協同組合又は森林組合等に委託して行う農林水産物の販売（無条件委託方式かつ共同計算方式により生産者を特定せずに行うものに限ります。）

④ 　3万円未満の自動販売機及び自動サービス機により行われる商品の販売等

⑤ 　郵便切手類のみを対価とする郵便・貨物サービス（郵便ポストに差し出されたものに限ります。）

参　考　新法57の4③、新令70の9③

523

適格請求書の電磁的記録による提供

【問13－19】 当社は、請求書を取引先にインターネットを通じて電子データにより提供していますが、この請求書データを適格請求書とすることができますか。

【答】 適格請求書発行事業者は、国内において課税資産の譲渡等を行った場合に、相手方（課税事業者に限ります。）から求められたときは、適格請求書の交付に代えて、適格請求書に係る電磁的記録を提供することができます。

　したがって、貴社は、請求書データに適格請求書の記載事項を記録して提供することにより、適格請求書の交付に代えることができます。

(参考)　電磁的記録による提供方法としては、光ディスク、磁気テープ等の記録用の媒体による提供のほか、例えば、次の方法があります。

　① 　EDI取引（注）における電子データの提供

　② 　電子メールによる電子データの提供

　③ 　インターネット上にサイトを設け、そのサイトを通じた電子データの提供

　　(注)　EDI（Electronic Data Interchange）取引とは、異なる企業・組織間で商取引に関連するデータを、通信回線を介してコンピュータ間で交換する取引等をいいます。

参考 　新法57の4①⑤、インボイス通達3－2

適格請求書の記載事項の誤り

【問13－20】 交付した適格請求書の記載事項に誤りがあった場合、何か対応が必要ですか。

【答】 適格請求書発行事業者が、適格請求書、適格簡易請求書又は適格返還

第13章　帳簿及び請求書等の保存その2

請求書を交付した場合（電磁的記録により提供を行った場合も含みます。）においては、これらの書類の記載事項に誤りがあったときには、これらの書類を交付した相手方（課税事業者に限ります。）に対して、修正した適格請求書、適格簡易請求書又は適格返還請求書を交付しなければなりません。

　(注)　記載事項に誤りがある適格請求書の交付を受けた事業者は、仕入税額控除を行うために、売手である適格請求書発行事業者に対して修正した適格請求書の交付を求め、その交付を受ける必要があります（自ら追記や修正を行うことはできません。）。

参　考　新法57の4④⑤

適格請求書の記載事項

【問13－21】　当社は、事業者に対して飲食料品及び日用雑貨の卸売を行っています。これまで（軽減税率制度の実施前）、買手の仕入税額控除のための請求書等の記載事項を満たすものとして、次の請求書を取引先に交付していました。

　今後（軽減税率制度の実施後）、令和5年10月からの適格請求書等保存方式の導入を踏まえ、適格請求書の記載事項を満たす請求書を取引先に交付したいと考えていますが、どのような対応が必要ですか。

請求書

㈱○○御中　　　　　　　　　　　××年11月30日

　11月分　129,600円（税込）

日付	品名	金額
11／1	小麦粉	5,400円
11／1	牛肉	10,800円
11／2	キッチンペーパー	2,160円
︙	︙	︙
合　計		129,600円

△△商事㈱

【答】　適格請求書には、次の事項が記載されていることが必要です（これまで（軽減税率制度の実施前）の請求書等の記載事項に加え、①、③、④及び⑤の下線部分が追加されました。）。

①　適格請求書発行事業者の氏名又は名称及び<u>登録番号</u>

②　課税資産の譲渡等を行った年月日

③　課税資産の譲渡等に係る資産又は役務の内容（課税資産の譲渡等が軽減

526

対象資産の譲渡等である場合には、資産の内容及び軽減対象資産の譲渡等である旨)

④ 課税資産の譲渡等の税抜価額又は税込価額を税率ごとに区分して合計した金額及び適用税率

⑤ 税率ごとに区分した消費税額等

⑥ 書類の交付を受ける事業者の氏名又は名称

このため、貴社の対応としては、次の記載例のように、これまで(軽減税率制度の実施前)の請求書等の記載事項に加え、適格請求書として必要な事項(上記①、③、④及び⑤の下線部分)を記載することが必要です。

(注) 上記の記載事項のうち、①の登録番号を記載しないで作成した請求書等は、令和元年10月1日から実施された軽減税率制度における区分記載請求書等として取り扱われます。

【適格請求書の記載例】

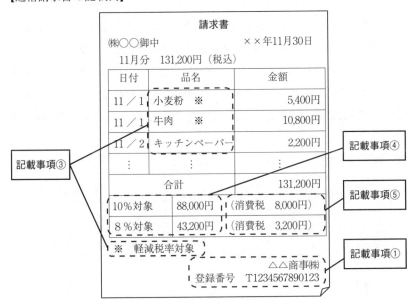

参 考 法30⑨、新法57の4①、平成28年改正法附則34②

適格請求書発行事業者の氏名又は名称及び登録番号

> **【問13−22】** 当社は、名称に代えて、取引先と共有する取引先コード（取引先コード表により当社の名称等の情報を共有しています。）を請求書に記載しています。
>
> 　取引先コードの内容に登録番号を追加することにより、適格請求書の記載事項を満たすことになりますか。

【答】 適格請求書には、「適格請求書発行事業者の氏名又は名称及び登録番号」の記載が必要となります。

　登録番号と紐付けて管理されている取引先コード表などを適格請求書発行事業者と相手先の間で共有しており、買手においても取引先コードから登録番号が確認できる場合には、取引先コードの表示により「適格請求書発行事業者の氏名又は名称及び登録番号」の記載があると認められます。したがって、貴社の請求書は、適格請求書の記載事項を満たすことになります。

　なお、売手が適格請求書発行事業者でなくなった場合は、速やかに取引先コード表を修正する必要があるほか、事後的な確認を行うために、売手が適格請求書発行事業者である期間が確認できる措置を講じておく必要があります。

参　考　新法57の4①一、インボイス通達3−3

第13章　帳簿及び請求書等の保存その2

適格簡易請求書の記載事項

【問13－23】　当社は、小売業（スーパーマーケット）を営む事業者です。これまで（軽減税率制度の実施前）、買手の仕入税額控除のための請求書等の記載事項を満たすものとして、次のレシートを取引先に交付しています。

　小売業などは、適格請求書の交付に代えて、記載事項を簡易なものとした適格簡易請求書を交付することができるそうですが、その記載事項について教えてください。

```
            スーパー○○

              大阪市

    XX年11月1日

            領収書

    コーラ      1点      ¥108
    ギュウニク    1点      ¥972
    ハミガキコ    1点      ¥324
    合　計              ¥1,404
    お預り              ¥1,500
    お　釣               ¥96
```

【答】　適格請求書等保存方式においては、適格請求書発行事業者が、小売業など不特定かつ多数の者に課税資産の譲渡等を行う一定の事業（適格簡易請求書を交付することができる事業については**問13－13**参照。）を行う場合には、適格請求書に代えて、適格簡易請求書を交付することができます。

　適格簡易請求書の記載事項は、適格請求書の記載事項よりも簡易なものとされており、適格請求書の記載事項と比べると、「書類の交付を受ける事業者の氏名又は名称」の記載が不要である点、「税率ごとに区分した消費税額

529

等」又は「適用税率」のいずれか一方の記載で足りる点が異なります。

なお、具体的な記載事項は、次のとおりです。

① 適格請求書発行事業者の氏名又は名称及び登録番号

② 課税資産の譲渡等を行った年月日

③ 課税資産の譲渡等に係る資産又は役務の内容（課税資産の譲渡等が軽減
対象資産の譲渡等である場合には、資産の内容及び軽減対象資産の譲渡等
である旨）

④ 課税資産の譲渡等の税抜価額又は税込価額を税率ごとに区分して合計し
た金額

⑤ 税率ごとに区分した消費税額等又は適用税率（※）

※ 「税率ごとに区分した消費税額等」と「適用税率」を両方記載することも可能
です。

(注) 上記の記載事項のうち、①の登録番号を記載しないで作成したレシートは、令
和元年10月１日から令和５年９月30日（適格請求書等保存方式の導入前）までの
間における区分記載請求書等に該当します。

(参考) 現行の仕入税額控除の要件として保存が必要な請求書等の記載事項
についても、小売業など不特定かつ多数の者に課税資産の譲渡等を行
う一定の事業に係るものである場合には、請求書等の交付を受ける相
手方の氏名又は名称の記載は不要とされています。

第13章 帳簿及び請求書等の保存その2

【適格簡易請求書の記載例（適用税率のみを記載する場合）】

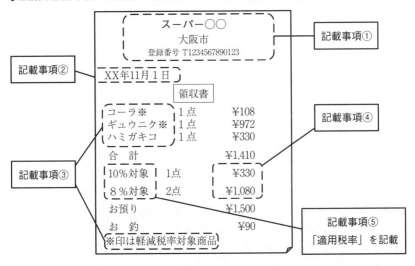

【適格簡易請求書の記載例（税率ごとに区分した消費税額等のみを記載する場合）】

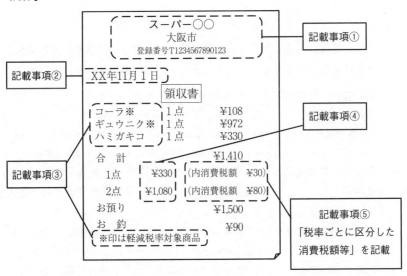

○　適格請求書と適格簡易請求書の記載事項の比較

適格請求書	適格簡易請求書
①　適格請求書発行事業者の氏名又は名称及び登録番号	①　適格請求書発行事業者の氏名又は名称及び登録番号
②　課税資産の譲渡等を行った年月日	②　課税資産の譲渡等を行った年月日
③　課税資産の譲渡等に係る資産又は役務の内容（課税資産の譲渡等が軽減対象資産の譲渡等である場合には、資産の内容及び軽減対象資産の譲渡等である旨）	③　課税資産の譲渡等に係る資産又は役務の内容（課税資産の譲渡等が軽減対象資産の譲渡等である場合には、資産の内容及び軽減対象資産の譲渡等である旨）
④　課税資産の譲渡等の税抜価額又は税込価額を税率ごとに区分して合計した金額及び適用税率	④　課税資産の譲渡等の税抜価額又は税込価額を税率ごとに区分して合計した金額
⑤　税率ごとに区分した<u>消費税額等</u>	⑤　税率ごとに区分した<u>消費税額等又は適用税率</u>
⑥　<u>書類の交付を受ける事業者の氏名又は名称</u>	

(参考)

○　請求書等保存方式、区分記載請求書等保存方式及び適格請求書等保存方式における小売業など不特定かつ多数の者に課税資産の譲渡等を行う一定の事業を行う場合の請求書等の記載事項の比較

請求書等保存方式 （現行制度）	区分記載請求書等保存方式 （令和元年10月１日から 令和５年９月30日までの間）	適格請求書等保存方式 （令和５年10月１日から） （適格簡易請求書）
①　書類の作成者の氏名又は名称	①　書類の作成者の氏名又は名称	①　適格請求書発行事業者の氏名又は名称及び<u>登録番号</u>
②　課税資産の譲渡等を行った年月日	②　課税資産の譲渡等を行った年月日	②　課税資産の譲渡等を行った年月日
③　課税資産の譲渡等に	③　課税資産の譲渡等に	③　課税資産の譲渡等に

第13章　帳簿及び請求書等の保存その2

係る資産又は役務の内容	係る資産又は役務の内容 （課税資産の譲渡等が軽減対象資産の譲渡等である場合には、資産の内容及び<u>軽減対象資産の譲渡等である旨</u>）	係る資産又は役務の内容 （課税資産の譲渡等が軽減対象資産の譲渡等である場合には、資産の内容及び軽減対象資産の譲渡等である旨）
④　課税資産の譲渡等の税込価額	④　<u>税率ごとに合計した</u>課税資産の譲渡等の税込価額	④　課税資産の譲渡等の<u>税抜価額又は税込価額</u>を税率ごとに区分して合計した金額 ⑤　<u>税率ごとに区分した消費税額等又は適用税率</u>

(注)1　区分記載請求書等保存方式の下では、軽減税率制度の実施前の請求書等の記載事項に下線（実線）部分が追加されます。

　　2　適格請求書等保存方式の下では、区分記載請求書等の記載事項に下線（点線）部分が追加・変更されます。

参考　法30⑨、新法57の4①②、新令70の11、平成28年改正法附則34②

適格返還請求書の記載事項

【問13-24】　適格返還請求書の記載事項について教えてください。

【答】　適格請求書発行事業者には、課税事業者に売上げに係る対価の返還等を行う場合、適格返還請求書を交付する義務が課されています。

　適格返還請求書の記載事項は、次のとおりです。

①　適格請求書発行事業者の氏名又は名称及び登録番号

②　売上げに係る対価の返還等を行う年月日及びその売上げに係る対価の返還等の基となった課税資産の譲渡等を行った年月日（適格請求書を交付し

た売上げに係るものについては、課税期間の範囲で一定の期間の記載で差し支えありません。)
③ 売上げに係る対価の返還等の基となる課税資産の譲渡等に係る資産又は役務の内容(売上げに係る対価の返還等の基となる課税資産の譲渡等が軽減対象資産の譲渡等である場合には、資産の内容及び軽減対象資産の譲渡等である旨)
④ 売上げに係る対価の返還等の税抜価額又は税込価額を税率ごとに区分して合計した金額
⑤ 売上げに係る対価の返還等の金額に係る消費税額等又は適用税率

【適格返還請求書の記載例】

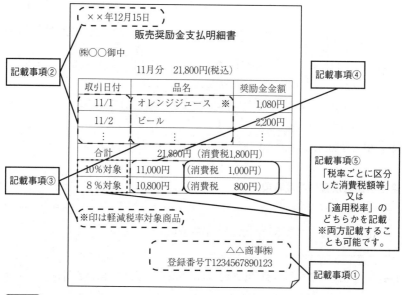

参考　新法57の4③

第13章　帳簿及び請求書等の保存その2

一定期間の取引をまとめた請求書の交付

【問13－25】　当社は、取引の都度、取引先に商品名を記載した納品書を交付するとともに、請求については1か月分をまとめて、請求書を交付しています。

軽減税率制度の実施前、以下のように、請求書において、1か月分の取引に係る納品書番号を記載した上で、税込金額の合計額を記載しています。

令和5年10月からは、請求書を適格請求書として交付しようと考えていますが、どのような対応が必要ですか。

<table>
<tr><td colspan="2" align="center">請求書</td></tr>
<tr><td colspan="2">㈱○○御中　　　××年11月1日
10月分（10/1 ～ 10/31）
108,000円（税込）</td></tr>
<tr><td>納品書番号</td><td>金額</td></tr>
<tr><td>No.0011</td><td>11,880円</td></tr>
<tr><td>No.0012</td><td>7,560円</td></tr>
<tr><td>No.0013</td><td>9,720円</td></tr>
<tr><td>⋮</td><td>⋮</td></tr>
<tr><td>合計</td><td>108,000円</td></tr>
<tr><td colspan="2" align="right">△△商事㈱</td></tr>
</table>

納品No.0013　　　**納品書**
㈱○○御中　　　　　　　　△△商事㈱

納品No.0012　　　**納品書**
㈱○○御中　　　　　　　　△△商事㈱

納品No.0011　　　**納品書**
㈱○○御中　　　　　　　　△△商事㈱

下記の商品を納品いたします。
××年10月1日

<table>
<tr><td>品名</td><td>金額</td></tr>
<tr><td>牛肉</td><td>5,400円</td></tr>
<tr><td>じゃがいも</td><td>2,160円</td></tr>
<tr><td>割り箸</td><td>1,080円</td></tr>
<tr><td>ビール</td><td>3,240円</td></tr>
<tr><td>合計</td><td>11,880円</td></tr>
</table>

【答】　適格請求書とは、次の事項が記載された請求書、納品書等の書類をいいますが、一の書類のみで全ての記載事項を満たす必要はなく、交付された複数の書類相互の関連が明確であり、適格請求書の交付対象となる取引内容を正確に認識できる方法（例えば、請求書に納品書番号を記載するなど）で交付されていれば、その複数の書類の全体により適格請求書の記載事項を満たすことになります。

①　適格請求書発行事業者の氏名又は名称及び登録番号

535

② 課税資産の譲渡等を行った年月日
③ 課税資産の譲渡等に係る資産又は役務の内容（課税資産の譲渡等が軽減対象資産の譲渡等である場合には、資産の内容及び軽減対象資産の譲渡等である旨）
④ 課税資産の譲渡等の税抜価額又は税込価額を税率ごとに区分して合計した金額及び適用税率
⑤ 税率ごとに区分した消費税額等
⑥ 適格請求書の交付を受ける事業者の氏名又は名称

したがって、御質問の場合、次の対応が考えられます。

1 請求書に適格請求書として必要な事項を全て記載する場合
　適格請求書として必要な事項を全て記載することにより、請求書の交付のみをもって、適格請求書の交付義務を果たすことができます。この場合、納品書の様式を変更していただく必要はありません。

【適格請求書として必要な記載事項を全て請求書に記載する場合の記載例】

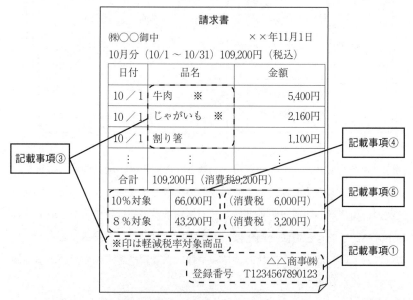

2 請求書のみでは適格請求書の記載事項が不足するため、納品書で不足す

る記載事項を補完する場合

　請求書に、軽減税率制度の実施前の記載事項に加え、登録番号、課税資産の譲渡等の税抜価額又は税込価額を税率ごとに区分して合計した金額及び適用税率を記載するとともに、日々の取引の内容（軽減税率の対象である旨を含みます。）については、納品書に記載することにより、2種類の書類で適格請求書の記載事項を満たすことができます。

　したがって、この場合、請求書と納品書を交付することにより、適格請求書の交付義務を果たすことができます。

【請求書に不足する適格請求書の記載事項を納品書で補完する場合の記載例】

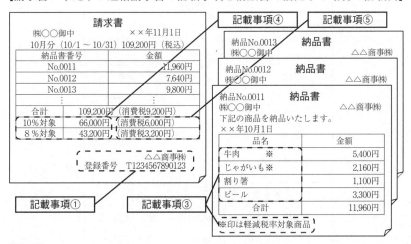

参　考　　インボイス通達3－1

適格請求書と仕入明細書を一の書類で交付する場合

【問13−26】 当社は、現在、自ら作成した仕入明細書を相手方の確認を受けた上で請求書等として保存しています。仕入明細書には、当社が行った商品の配送について、配送料として記載し、仕入金額から控除しており、これは、当社の売上げとして計上しています。この場合、仕入明細書とは別にその配送料に係る適格請求書を相手方に交付しなければならないのでしょうか。

仕入明細書

㈱○○御中　　　　　　　　　　××年11月30日

△△商事㈱

11月分　126,300円（税込）

日付	品名	金額
11/1	いちご	5,400円
11/2	牛肉	10,800円
11/2	キッチンペーパー	2,160円
⋮	⋮	⋮
仕入金額合計（税込）		129,600円
控除金額	11月分配送料	3,300円
支払金額合計（税込）		126,300円

【答】 適格請求書発行事業者には、国内において課税資産の譲渡等を行った場合に、相手方（課税事業者に限ります。）からの求めに応じて適格請求書を交付する義務が課されています。

　御質問の場合、貴社が行う配送（課税資産の譲渡等）の対価として収受する配送料については、別途、相手方の求めに応じて適格請求書を交付する義務があります。このため、配送料に係る適格請求書を仕入明細書とは別に交

第13章　帳簿及び請求書等の保存その２

付する、又は仕入明細書に合わせて配送料に係る適格請求書の記載事項を１枚の書類で交付するといった方法により対応する必要があります。

　なお、仕入明細書と適格請求書の記載事項は、それぞれ次のとおりです。

１　仕入明細書の記載事項

①　仕入明細書の作成者の氏名又は名称

②　課税仕入れの相手方の氏名又は名称及び登録番号

③　課税仕入れを行った年月日

④　課税仕入れに係る資産又は役務の内容（課税仕入れが他の者から受けた軽減対象資産の譲渡等に係るものである場合には、資産の内容及び軽減対象資産の譲渡等に係るものである旨）

⑤　税率ごとに合計した課税仕入れに係る支払対価の額及び適用税率

⑥　税率ごとに区分した消費税額等

２　適格請求書の記載事項

㋑　適格請求書発行事業者の氏名又は名称及び登録番号

㋺　課税資産の譲渡等を行った年月日

㋩　課税資産の譲渡等に係る資産又は役務の内容（課税資産の譲渡等が軽減対象資産の譲渡等である場合には、資産の内容及び軽減対象資産の譲渡等である旨）

㋥　課税資産の譲渡等の税抜価額又は税込価額を税率ごとに区分して合計した金額及び適用税率

㋭　税率ごとに区分した消費税額等

㋬　書類の交付を受ける事業者の氏名又は名称

539

【仕入明細書と適格請求書を一の書類で交付する場合の記載例】

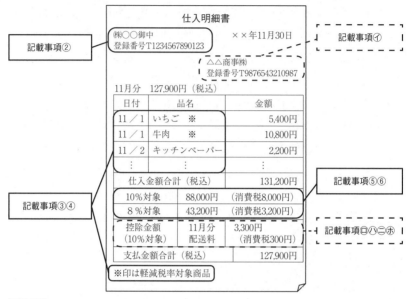

参考　新法57の4①、新令49④

令和5年9月30日以前の請求書への登録番号の記載

【問13-27】　当社は、令和3年10月に登録申請書を提出し、適格請求書等保存方式が実施される前（令和5年9月30日以前）に登録番号が通知されました。
　令和5年9月30日以前に交付する区分記載請求書等に登録番号を記載しても問題ないですか。

【答】　御質問のように、区分記載請求書等に登録番号を記載しても、区分記載請求書等の記載事項が記載されていれば、取引の相手方は、区分記載請求書等保存方式の間（令和元年10月1日から令和5年9月30日まで）における仕入税額控除の要件である区分記載請求書等を保存することができますので、

第13章　帳簿及び請求書等の保存その2

区分記載請求書等に登録番号を記載しても差し支えありません。

　また、適格請求書の発行に対応したレジシステム等の改修を行い、適格請求書の記載事項を満たした請求書等を発行する場合にも、その請求書等は、区分記載請求書等として必要な記載事項を満たしていますので、区分記載請求書等保存方式の間に交付しても問題ありません。

　（注）　区分記載請求書等の記載事項のうち、税率ごとに区分して合計した税込価額については、適格請求書の記載事項である課税資産の譲渡等の税抜価額を税率ごとに区分して合計した金額及び税率ごとに区分した消費税額等を記載することとして差し支えありません。

参　考　新法57の4①、平成28年改正法附則34②

消費税額等の端数処理

　【問13－28】　適格請求書には、税率ごとに区分した消費税額等の記載が必要となるそうですが、消費税額等を計算する際の1円未満の端数処理はどのように行えばよいですか。

【答】　適格請求書の記載事項である消費税額等については、一の適格請求書につき、税率ごとに1回の端数処理を行います。

　なお、切上げ、切捨て、四捨五入などの端数処理の方法については、任意の方法とすることができます。

　（注）　一の適格請求書に記載されている個々の商品ごとに消費税額等を計算し、1円未満の端数処理を行い、その合計額を消費税額等として記載することは認められません。

541

【一定期間の取引をまとめた請求書を適格請求書として交付する場合の記載例】

請求書

㈱○○御中　　　　　　　　××年11月1日

10月分（10/1～10/31）　100,000円（税込）

日付	品名	金額
10／1	小麦粉　※	5,000円
10／1	牛肉　　※	8,000円
10／2	キッチンペーパー	2,000円
⋮	⋮	⋮
合計	100,000円　（消費税　8,416円）	
10％対象	60,000円	（消費税　5,454円）
8％対象	40,000円	（消費税　2,962円）

※印は軽減税率対象商品

△△商事㈱

登録番号　T1234567890123

> 消費税額等の端数処理は、適格請求書単位で、税率ごとに1回行います。
> 10％対象：
> 60,000円×10/110≒5,454円
> 8％対象：
> 40,000円×8/108≒2,962円
> （注）　商品ごとの端数処理は認められません。

参考　新令70の10、インボイス通達3−12

第13章　帳簿及び請求書等の保存その２

複数書類で適格請求書の記載事項を満たす場合の消費税額等の端数処理

【問13−29】　当社は、軽減税率制度の実施前、商品の納品の都度、取引先に納品書を交付しており、そこには、当社の名称、商品名、納品書ごとの合計金額を記載しています。

　当社は、令和５年10月から、納品書に、税率ごとに区分して合計した税込価額、適用税率と納品書ごとに計算した消費税額等の記載を追加するとともに、請求書に登録番号の記載を追加すれば、納品書と請求書を合わせて適格請求書の記載事項を満たすことになりますか。また、その場合、端数処理はどのように行えばよいでしょうか。

【答】　適格請求書とは、必要な事項が記載された請求書、納品書等の書類をいいますが、一の書類のみで全ての記載事項を満たす必要はなく、交付された複数の書類相互の関連が明確であり、適格請求書の交付対象となる取引内容を正確に認識できる方法（例えば、請求書に納品書番号を記載する方法など）で交付されていれば、これら複数の書類に記載された事項により適格請求書の記載事項を満たすことができます。

　このため、御質問のように納品書に商品名等の「課税資産の譲渡等に係る資産又は役務の内容（課税資産の譲渡等が軽減対象資産の譲渡等である場合には、資産の内容及び軽減対象資産の譲渡等である旨）」、「課税資産の譲渡等の税抜価額又は税込価額を税率ごとに区分して合計した金額及び適用税率」及び「税率ごとに区分した消費税額等」の記載を追加するとともに、「登録番号」を請求書に記載した場合は、納品書と請求書を合わせて適格請求書の記載事項を満たすこととなります。

　この場合、納品書に「税率ごとに区分した消費税額等」を記載するため、納品書につき税率ごとに１回の端数処理を行うこととなります。

543

<table>
<tr><td colspan="2">

請求書

㈱○○御中 　　　　　　　　××年11月1日

10月分（10/1 ～ 10/31）
109,200円（税込）

納品書番号	金額
No.0011	12,800円
No.0012	5,460円
No.0013	5,480円
┊	┊
合計	109,200円

△△商事㈱
登録番号T1234567890123

</td><td>

納品No.0013　　**納品書**
㈱○○御中 　　　　　　　△△商事㈱

納品No.0012　　**納品書**
㈱○○御中 　　　　　　　△△商事㈱

納品No.0011　　**納品書**
㈱○○御中 　　　　　　　△△商事㈱
下記の商品を納品いたします。
××年10月1日

品名	金額
牛肉　　　※	5,400円
じゃがいも　※	2,300円
割り箸	1,100円
ビール	4,000円
合計	12,800円
10％対象	5,100円（消費税464円）
8％対象	7,700円（消費税570円）

※は軽減税率対象商品

</td></tr>
</table>

「税率ごとに区分した消費税額等」
※端数処理は納品書につき税率ごとに1回

（参考）
　この場合、請求書に「税率ごとの消費税額等」の記載は不要ですが、納品書に記載した消費税額等の合計額を記載しても差し支えありません。
例）合計109,2000円（消費税8％：3,200円／10％・6,000円）
　　合計109,2000円（消費税9,200円）等

参　考　インボイス通達3－1

一括値引がある場合の適格簡易請求書の記載

【問13−30】　当社は、小売業（スーパーマーケット）を営む事業者です。当社では、飲食料品と飲食料品以外のものを同時に販売した際に、合計金額（税込み）から1,000円の値引きができる割引券を発行しています。

　令和5年10月から、顧客が割引券を使用し、値引きを行った場合、当社が発行するレシートには、どのような記載が必要となりますか。

【答】　飲食料品と飲食料品以外の資産を同時に譲渡し、割引券等の利用により、その合計額から一括して値引きを行う場合、税率ごとに区分した値引き

544

第13章　帳簿及び請求書等の保存その2

後の課税資産の譲渡等の対価の額に対してそれぞれ消費税が課されることと
なります。

　そのため、適格簡易請求書であるレシート等における「課税資産の譲渡等
の税抜価額又は税込価額を税率ごとに区分して合計した金額」は、値引き後
のものを明らかにする必要があります。

　なお、税率ごとに区分された値引き前の課税資産の譲渡等の税抜価額又は
税込価額と税率ごとに区分された値引額がレシート等において明らかとなっ
ている場合は、これらにより値引き後の課税資産の譲渡等の税抜価額又は税
込価額を税率ごとに区分して合計した金額が確認できるため、このような場
合であっても、値引き後の「課税資産の譲渡等の税抜価額又は税込価額を税
率ごとに区分して合計した金額」が明らかにされているものとして取り扱わ
れます。

　また、レシート等に記載する「消費税額等」については、値引後の「課税
資産の譲渡等の税抜価額又は税込価額を税率ごとに区分して合計した金額」
から計算することとなります。

　御質問の場合、レシートの記載方法としては次のようなものがあります。

（参考）　顧客が割引券等を利用したことにより、同時に行った資産の譲渡等
　　　　　を対象として一括して対価の額の値引きが行われており、その資産の
　　　　　譲渡等に係る適用税率ごとの値引額又は値引き後の税抜価額又は税込
　　　　　価額を税率ごとに区分して合計した金額が明らかでないときは、割引
　　　　　券等による値引額をその資産の譲渡等に係る価額の比率によりあん分
　　　　　し、適用税率ごとの値引額を区分し、値引き後の税抜価額又は税込価
　　　　　額を税率ごとに区分して合計した金額を算出することとされています。

　　　　　　その資産の譲渡等に際して顧客へ交付する領収書等の書類により適
　　　　　用税率ごとの値引額又は値引き後の税抜価額又は税込価額を税率ごと
　　　　　に区分して合計した金額が確認できるときは、その資産の譲渡等に係
　　　　　る値引額又は値引き後の税抜価額又は税込価額の合計額が、適用税率
　　　　　ごとに合理的に区分されているものに該当することとされています。

545

したがって、例えば、軽減税率の適用対象とならない課税資産の譲渡等の税抜価額又は税込価額からのみ値引きしたとしても、値引額又は値引き後の税抜価額又は税込価額を税率ごとに区分して合計した金額が領収書等の書類により確認できるときは、適用税率ごとに合理的に区分されているものに該当します。

（例）　雑貨3,300円（税込み）、牛肉2,160円（税込み）を販売した場合
【値引き後の「税込価額を税率ごとに区分して合計した金額」を記載する方法】

① 値引き後の税込価額を税率ごとに区分して合計した金額

（注）　値引額は以下のとおり、資産の価額の比率であん分し、税率ごとに区分しています。

10％対象：1,000×3,300/5,460≒604

8％対象：1,000×2,160/5,460≒396

また、値引き後の税込価額は次のとおり計算しています。

10％対象：3,300－604＝2,696

8％対象：2,160－396＝1,764

「消費税額等」は値引き後の税込価額から計算します。

第13章　帳簿及び請求書等の保存その2

【値引き前の「税抜価額又は税込価額を税率ごとに区分して合計した金額」と税率ごとの値引額を記載する方法】

```
            スーパー○○

    東京都・・・
    登録番号 T1234567890123
    ××年11月1日

              ┌──────────┐
              │  領収書  │
              └──────────┘

    牛肉　　※　　　　　　 ¥2,160
    雑貨　　　　　　　　　 ¥3,300
    小計　　　　　　　　　 ¥5,460
    ①   ┌─────────────────────┐
        │（10％対象　 ¥3,300）│
        │（ 8 ％対象　 ¥2,160）│
        └─────────────────────┘

    　割引　　　　　　　　 ¥1,000
    ②   ┌─────────────────────┐
        │（10％対象　　 ¥604）│
        │（ 8 ％対象　　 ¥396）│
        └─────────────────────┘

    合計　　¥4,460
        ┌─────────────────────────┐
        │（10％対象消費税　 ¥245）│
        │（ 8 ％対象消費税　 ¥130）│
        └─────────────────────────┘
    ※印は軽減税率対象商品
```

① 値引き前の税込価額を税率ごとに区分して合計した金額

② 税率ごとの値引額

（注）　値引額は以下のとおり、資産の価額の比率であん分し、税率ごとに区分しています。

$$10％対象：1,000 \times 3,300/5,460 ≒ 604$$
$$8 ％対象：1,000 \times 2,160/5,460 ≒ 396$$

※　①及び②の記載がそれぞれある場合、値引後の「税込価額を税率ごとに区分して合計した金額」の記載があるものとして取り扱われます。

$$\left[\begin{array}{l} 10％対象：3,300 - 604 = 2,696 \\ 8 ％対象：2,160 - 396 = 1,764 \end{array} \right]$$

「消費税額等」は値引き後の税込価額から計算します。

547

軽減税率の適用対象となる商品がない場合

【問13－31】 当社は、日用雑貨の卸売を行う事業者です。当社では、軽減税率の適用対象となる商品の販売がありません。これまで（軽減税率制度の実施前）、現行の制度における記載事項を満たす請求書等として、次のような請求書を取引先に交付しています。

当社が交付する請求書を適格請求書とするためには、記載内容にどのような変更が必要でしょうか。

請求書

㈱○○御中 　　　　　　××年11月30日

11月分　86,400円（税込）

日付	品名	金額
11/2	コップ	5,400円
11/3	花瓶	4,320円
⋮	⋮	⋮
	合計	86,400円

△△商事㈱

【答】 適格請求書の記載事項は、次のとおりです（軽減税率制度の実施前の請求書等の記載事項に加え、①、③、④及び⑤の下線部分が追加されます。）

① 適格請求書発行事業者の氏名又は名称及び登録番号

② 課税資産の譲渡等を行った年月日

③ 課税資産の譲渡等に係る資産又は役務の内容（課税資産の譲渡等が軽減対象資産の譲渡等である場合には、資産の内容及び軽減対象資産の譲渡等である旨）

④ 課税資産の譲渡等の税抜価額又は税込価額を税率ごとに区分して合計した金額及び適用税率

⑤ 税率ごとに区分した消費税額等

548

⑥　書類の交付を受ける事業者の氏名又は名称

　このため、貴社の対応としては、次の記載例のように、これまで（軽減税率制度の実施前）の請求書等の記載事項に加え、適格請求書として必要な事項（上記①、③、④及び⑤の下線部分）を記載することが必要です。

　御質問のように、販売する商品が軽減税率の適用対象とならないもののみであれば、「軽減対象資産の譲渡等である旨」の記載は不要ですし、これまでと同様に課税資産の譲渡等の対価の額（税込価格）の記載があれば、結果として「課税資産の譲渡等の税抜価額又は税込価額を税率ごとに区分して合計した金額」の記載があるものとなります。

　なお、適用税率（10％）や消費税額等の記載が必要となる点には、ご留意ください。

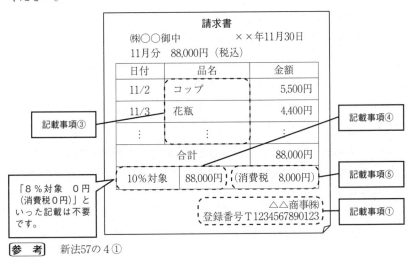

参考　新法57の4①

立替金

> 【問13−32】　当社は、取引先のB社に経費を立て替えてもらう場合
> があります。
>
> 　この場合、経費の支払先であるC社から交付される適格請求書に
> は立替払をしたB社の名称が記載されますが、B社からこの適格請
> 求書を受領し、保存しておけば、仕入税額控除のための請求書等の
> 保存要件を満たすこととなりますか。

【答】　貴社が、C社から立替払をしたB社宛に交付された適格請求書をB社か
らそのまま受領したとしても、これをもって、C社から貴社に交付された適
格請求書とすることはできません。

　御質問の場合において、立替払を行ったB社から、立替金精算書等の交付
を受ける等により、経費の支払先であるC社から行った課税仕入れが貴社の
ものであることが明らかにされている場合には、その適格請求書及び立替金
精算書等の書類の保存をもって、貴社は、C社からの課税仕入れに係る請求
書等の保存要件を満たすこととなります。

　なお、この場合、立替払を行うB社が適格請求書発行事業者以外の事業者
であっても、C社が適格請求書発行事業者であれば、仕入税額控除を行うこ
とができます。

第13章　帳簿及び請求書等の保存その2

【立替金の取引図】

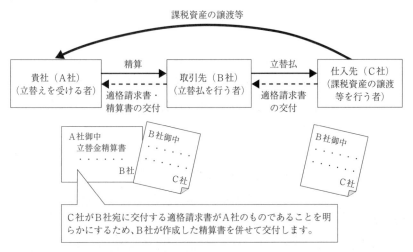

(参考)　A社を含む複数者分の経費を一括してB社が立替払している場合、原則として、B社はC社から受領した適格請求書をコピーし、経費の支払先であるC社から行った課税仕入れがA社及び各社のものであることを明らかにするために、B社が作成した精算書を添える等し、A社を含む立替えを受けた者に交付する必要があります。

　しかしながら、立替えを受けた者に交付する適格請求書のコピーが大量となる等の事情により、立替払を行ったB社が、コピーを交付することが困難なときは、B社がC社から交付を受けた適格請求書を保存し、立替金精算書を交付することにより、A社はB社が作成した(立替えを受けた者の負担額が記載されている)立替金精算書の保存をもって、仕入税額控除を行うことができます。

　ただし、この場合、立替払を行った取引先のB社は、その立替金が仕入税額控除可能なものか(すなわち、適格請求書発行事業者からの仕入れか、適格請求書発行事業者以外の者からの仕入れか)を明らかにし、また、適用税率ごとに区分するなど、A社が仕入税額控除を受けるに当たっての必要な事項を立替金精算書に記載しなければなりま

せん。

　なお、仕入税額控除の要件として保存が必要な帳簿には、課税仕入れの相手方の氏名又は名称の記載が必要となりますし、適格請求書のコピーにより、その仕入れ（経費）が適格請求書発行事業者から受けたものか否かを確認できなくなるため、立替払を行ったB社とA社の間で、課税仕入れの相手方の氏名又は名称及び登録番号を確認できるようにしておく必要があります。

　ただし、これらの事項について、別途、書面等で通知する場合のほか、継続的な取引に係る契約書等で、別途明らかにされている等の場合には、精算書において明らかにしていなくても差し支えありません。

参　考　インボイス通達4－2

帳簿のみの保存での仕入税額控除の要件

> 【問13－33】　適格請求書等保存方式の下では、帳簿及び請求書等の保存が仕入税額控除の要件ですが、一定の事項を記載した帳簿のみの保存で仕入税額控除の要件を満たすのは、どのような場合ですか。

【答】　適格請求書等保存方式の下では、帳簿及び請求書等の保存が仕入税額控除の要件とされます。

　ただし、請求書等の交付を受けることが困難であるなどの理由により、次の取引については、一定の事項を記載した帳簿のみの保存で仕入税額控除が認められます。

① 　適格請求書の交付義務が免除される３万円未満の公共交通機関による旅客の運送

② 　適格簡易請求書の記載事項（取引年月日を除きます。）が記載されている入場券等が使用の際に回収される取引（①に該当するものを除きます。）

③ 　古物営業を営む者の適格請求書発行事業者でない者からの古物（古物営

業を営む者の棚卸資産に該当するものに限ります。）の購入

④　質屋を営む者の適格請求書発行事業者でない者からの質物（質屋を営む者の棚卸資産に該当するものに限ります。）の取得

⑤　宅地建物取引業を営む者の適格請求書発行事業者でない者からの建物（宅地建物取引業を営む者の棚卸資産に該当するものに限ります。）の購入

⑥　適格請求書発行事業者でない者からの再生資源及び再生部品（購入者の棚卸資産に該当するものに限ります。）の購入

⑦　適格請求書の交付義務が免除される３万円未満の自動販売機及び自動サービス機からの商品の購入等

⑧　適格請求書の交付義務が免除される郵便切手類のみを対価とする郵便・貨物サービス（郵便ポストに差し出されたものに限ります。）

⑨　従業員等に支給する通常必要と認められる出張旅費等（出張旅費、宿泊費、日当及び通勤手当）

参 考 新法30⑦、新令49①、新規15の4

適格請求書等保存方式の帳簿の記載事項

【問13－34】　令和５年10月１日から、仕入税額控除の方式は、「適格請求書等保存方式」となりますが、仕入税額控除の要件として保存が必要な帳簿の記載事項について教えてください。

【答】　現行、仕入税額控除については、一定の帳簿及び請求書等の保存が要件とされています（請求書等保存方式）。

令和元年10月１日から令和５年９月30日（適格請求書等保存方式の導入前）までの間は、この仕入税額控除の要件について、現行の請求書等保存方式を基本的に維持しつつ、軽減税率の適用対象となる商品の仕入れかそれ以外の仕入れかの区分を明確にするための記載事項を追加した帳簿及び請求書等の

553

保存が要件とされます（区分記載請求書等保存方式）。

　具体的には、現行の請求書等保存方式において必要とされている記載事項に、次の事項が追加されます。

1　帳簿

　　課税仕入れが他の者から受けた軽減対象資産の譲渡等に係るものである場合にはその旨

2　区分記載請求書等

　　課税資産の譲渡等が軽減対象資産の譲渡等である場合にはその旨

　　税率ごとに合計した課税資産の譲渡等の税込価額

　令和5年10月1日から導入される適格請求書等保存方式の下でも、帳簿及び請求書等の保存が要件とされているところ、保存すべき帳簿の記載事項については次のとおりであり、区分記載請求書等保存方式の下での帳簿の記載事項と同様です（相手方の登録番号の記載は不要です。）。

①　課税仕入れの相手方の氏名又は名称

②　課税仕入れを行った年月日

③　課税仕入れに係る資産又は役務の内容（課税仕入れが他の者から受けた軽減対象資産の譲渡等に係るものである場合には、資産の内容及び軽減対象資産の譲渡等に係るものである旨）

④　課税仕入れに係る支払対価の額

> （参考）　取引先コード等による表示
>
> 　　帳簿に記載する課税仕入れの相手方の氏名又は名称は、取引先コード等の記号・番号等による表示で差し支えありません。
>
> 　　また、課税仕入れに係る資産又は役務の内容についても、商品コード等の記号・番号等による表示で差し支えありませんが、この場合、課税資産の譲渡等であるか、また、軽減対象資産の譲渡等に係るものであるときは、軽減対象資産の譲渡等に係るものであるかの判別が明らかとなるものである必要があります。

第13章　帳簿及び請求書等の保存その2

○　請求書等保存方式、区分記載請求書等保存方式及び適格請求書等保存方式の帳簿の記載事項の比較

請求書等保存方式 （現行制度）	区分記載請求書等保存方式 （令和元年10月1日から 令和5年9月30日までの間）	適格請求書等保存方式 （令和5年10月1日から）
①　課税仕入れの相手方の氏名又は名称	①　課税仕入れの相手方の氏名又は名称	①　課税仕入れの相手方の氏名又は名称
②　課税仕入れを行った年月日	②　課税仕入れを行った年月日	②　課税仕入れを行った年月日
③　課税仕入れに係る資産又は役務の内容	③　課税仕入れに係る資産又は役務の内容 （課税仕入れが他の者から受けた軽減対象資産の譲渡等に係るものである場合には、資産の内容及び<u>軽減対象資産の譲渡等に係るものである旨</u>）	③　課税仕入れに係る資産又は役務の内容 （課税仕入れが他の者から受けた軽減対象資産の譲渡等に係るものである場合には、資産の内容及び軽減対象資産の譲渡等に係るものである旨）
④　課税仕入れに係る支払対価の額	④　課税仕入れに係る支払対価の額	④　課税仕入れに係る支払対価の額

（注）1　区分記載請求書等保存方式の下では、これまで（軽減税率制度の実施前）の帳簿の記載事項に下線部分が追加されました。

　　　2　適格請求書等保存方式の下でも、区分記載請求書等保存方式の下での帳簿の記載事項と同様の記載事項です。

参　考　法30⑧、新法30⑧、インボイス通達4-5、平成28年改正法附則34②

555

免税事業者からの仕入れに係る経過措置

> 【問13－35】 適格請求書等保存方式の導入後一定期間は、免税事業者からの仕入税額相当額の一定割合を控除できる経過措置があるそうですが、この場合の仕入税額控除の要件について教えてください。

【答】 適格請求書等保存方式の下では、適格請求書発行事業者以外の者（消費者、免税事業者又は登録を受けていない課税事業者）からの仕入れについては、仕入税額控除のために保存が必要な請求書等の交付を受けることができないことから、仕入税額控除を行うことができません。

ただし、適格請求書等保存方式導入から一定期間は、適格請求書発行事業者以外の者からの仕入れであっても、仕入税額相当額の一定割合を仕入税額とみなして控除できる経過措置が設けられています。

経過措置を適用できる期間等は、次のとおりです。

期　　間	割　　合
令和5年10月1日から令和8年9月30日まで	仕入税額相当額の80％
令和8年10月1日から令和11年9月30日まで	仕入税額相当額の50％

なお、この経過措置の適用を受けるためには、次の事項が記載された帳簿及び請求書等の保存が要件となります。

1　帳簿

区分記載請求書等保存方式の記載事項に加え、例えば、「80％控除対象」など、経過措置の適用を受ける課税仕入れである旨の記載が必要となります。

具体的には、次の事項となります。

① 課税仕入れの相手方の氏名又は名称

② 課税仕入れを行った年月日

③ 課税仕入れに係る資産又は役務の内容（課税仕入れが他の者から受けた軽減対象資産の譲渡等に係るものである場合には、資産の内容及び軽

第13章　帳簿及び請求書等の保存その2

減対象資産の譲渡等に係るものである旨）及び<u>経過措置の適用を受ける</u>
<u>課税仕入れである旨</u>

④　課税仕入れに係る支払対価の額

2　請求書等

区分記載請求書等と同様の記載事項が必要となります。

具体的には、次の事項となります。

①　書類の作成者の氏名又は名称

②　課税資産の譲渡等を行った年月日

③　課税資産の譲渡等に係る資産又は役務の内容（課税資産の譲渡等が軽
減対象資産の譲渡等である場合には、資産の内容及び軽減対象資産の譲
渡等である旨）

④　税率ごとに合計した課税資産の譲渡等の税込価額

⑤　書類の交付を受ける当該事業者の氏名又は名称

参　考　新法30⑦、平成28年改正法附則52、53

税額計算

【問13－36】　適格請求書等保存方式における税額計算の方法につい
て教えてください。

【答】　軽減税率制度の実施後は、消費税率が軽減税率と標準税率の複数とな
ることから、売上げと仕入れを税率ごとに区分して税額計算を行う必要があ
りますが、売上税額から仕入税額を控除するといった消費税額の計算方法は、
適格請求書等保存方式においても現行と変わりません。

具体的な売上税額と仕入税額の計算方法は、次のとおりとなります。

1　売上税額

(1)　原則（割戻し計算）

税率ごとに区分した課税期間中の課税資産の譲渡等の税込価額の合計

557

額に、108分の100又は110分の100を掛けて税率ごとの課税標準額を算出し、それぞれの税率（6.24％又は7.8％）を掛けて売上税額を算出します。

① 軽減税率の対象となる売上税額

② 標準税率の対象となる売上税額

③ 売上税額の合計額

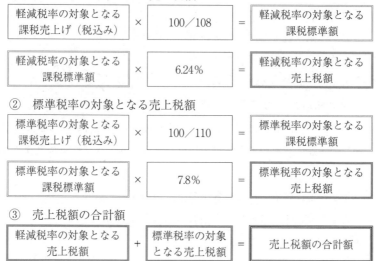

(2) 特例（積上げ計算）

　相手方に交付した適格請求書又は適格簡易請求書（以下これらを併せて「適格請求書等」といいます。）の写しを保存している場合（適格請求書等に係る電磁的記録を保存している場合を含みます。）には、これらの書類に記載した消費税額等の合計額に100分の78を掛けて算出した金額を売上税額とすることができます。

　なお、売上税額を積上げ計算した場合、仕入税額も積上げ計算しなければなりません。

2　仕入税額

(1) 原則（積上げ計算）

　相手方から交付を受けた適格請求書などの請求書等（提供を受けた電

磁的記録を含みます。）に記載されている消費税額等のうち課税仕入れに係る部分の金額の合計額に100分の78を掛けて仕入税額を算出します。

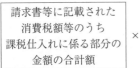 ×

(2) 特例（割戻し計算）

　　税率ごとに区分した課税期間中の課税仕入れに係る支払対価の額の合計額に、108分の6.24又は110分の7.8を掛けて算出した金額を仕入税額とすることができます。

　　なお、割戻し計算により仕入税額を計算できるのは、売上税額を割戻し計算している場合に限られます。

① 軽減税率の対象となる仕入税額

② 標準税率の対象となる仕入税額

③ 仕入税額の合計

（参考）　売上税額と仕入税額の計算方法

売上税額	仕入税額
【割戻し計算】（原則） 　売上税額は、税率の異なるごとに区分した課税標準である金額の合計額にそれぞれ税率を掛けて計算します。 　この方法を採用する場合、仕入税額は積上げ計算（原則）又は割戻し計算（特例）のいずれかを選択することができます。	【積上げ計算】（原則） 　仕入税額は、原則として適格請求書等に記載された消費税額等を積み上げて計算します。 【割戻し計算】（特例） 　課税期間中に国内において行った課税仕入れに係る支払対価の額を税率の異なるごとに区分した金額の合計額にそれぞれの税率に基づき割り戻し、仕入税額を計算することもできます。
【積上げ計算】（特例） 　相手方に交付した適格請求書等の写しを保存している場合（適格請求書に係る電磁的記録を保存している場合を含みます。）には、これらの書類に記載した消費税額等を積み上げて売上税額を計算することができます。	【積上げ計算】（原則） 　仕入税額は、原則として適格請求書等に記載された消費税額等を積み上げて計算します。 　売上税額の計算において「積上げ計算」を選択した場合、仕入税額の計算では「割戻し計算」を適用することはできません。

参　考　　新法30①、45、新令46①②③、62①

第14章

簡易課税制度

簡易課税制度

> 【問14－1】 いわゆる簡易課税制度とは、どのような制度ですか。

【答】 簡易課税制度とは、その課税期間の課税標準額に対する消費税額から、その課税期間の売上げに係る対価の返還等の金額に係る消費税額の合計額を控除した残額に、第一種事業から第六種事業のそれぞれの課税売上高に係る消費税額の合計額にそれぞれの課税売上高に係る消費税額ごとに次のみなし仕入率を乗じた金額の合計額の占める割合を乗じた金額を仕入れに係る消費税額とみなして控除する制度です。

　第一種事業から第六種事業までの区分及びみなし仕入率は、次表のとおりです。

事業区分	みなし仕入率	該当する事業（令57条に規定する事業区分）	該当する日本標準産業分類の大分類
第一種事業	90%	卸売業 （他の者から購入した商品をその性質及び形状を変更しないで他の事業者に対して販売する事業）	
第二種事業	80%	小売業 （他の者から購入した商品をその性質及び形状を変更しないで消費者に対して販売する事業）	
第三種事業	70%	農業、林業、漁業(注)、鉱業、建設業、製造業（製造小売業を含む。）、電気業、ガス業、熱供給業及び水道業 ※　第三種事業の判定は、おおむね日本標準産業分類により判定する。	・農業、林業 ・漁業 ・鉱業、採石業、砂利採取業 ・建設業 ・製造業 ・電気・ガス・熱供給・水道業
第四種事業	60%	第一種から第三種事業及び第五種・第六種事業以外の事業 加工賃その他これに類する料金を対価とする役務の提供を行う事業	・飲食サービス業
第五種事業	50%	運輸通信業、金融、保険業、サービス業（飲食店業に該当する事業を除く。） ※　第五種事業の判定は、おおむね日本標準産業分類により判定する。	・物品賃貸業 ・情報通信業 ・運輸業、郵便業 ・宿泊業、飲食サービス業(飲食サービス業を除く。) ・医療、福祉 ・教育、学習支援業 ・複合サービス事業 ・学術研究、専門・技術サービス業 ・生活関連サービス業、娯楽業 ・サービス業（他に分類されないもの)
第六種事業	40%	不動産業	・不動産業

第14章　簡易課税制度

(注)　消費税の軽減税率制度が実施される令和元年10月１日から「農業、林業、漁業」のうち「飲食料品の譲渡」に係る事業区分が第三種事業から第二種事業へ変更されました。

　なお、簡易課税制度の適用を受けるためには、その適用を受けようとする課税期間の直前の課税期間の末日までに「消費税簡易課税制度選択届出書」を納税地の所轄税務署長に提出する必要があり、また、この場合においても、基準期間における課税売上高が5,000万円を超える課税期間は適用することができません。

$$\begin{array}{l}\text{簡 易 課 税}\\\text{制度における} = \left(\begin{array}{l}\text{課税標準額}\\\text{に 対 す る}\\\text{消 費 税 額}\end{array} - \begin{array}{l}\text{対価の返還等の金額}\\\text{に 係 る 消 費 税 額}\end{array}\right)\\\text{仕入控除税額}\end{array}$$

$$\times \frac{\substack{\text{第一種事業}\\\text{消費税額}}\times\frac{90}{100}+\substack{\text{第二種事業}\\\text{消費税額}}\times\frac{80}{100}+\substack{\text{第三種事業}\\\text{消費税額}}\times\frac{70}{100}+\substack{\text{第四種事業}\\\text{消費税額}}\times\frac{60}{100}+\substack{\text{第五種事業}\\\text{消費税額}}\times\frac{50}{100}+\substack{\text{第六種事業}\\\text{消費税額}}\times\frac{40}{100}}{\substack{\text{第一種事業}\\\text{消費税額}}+\substack{\text{第二種事業}\\\text{消費税額}}+\substack{\text{第三種事業}\\\text{消費税額}}+\substack{\text{第四種事業}\\\text{消費税額}}+\substack{\text{第五種事業}\\\text{消費税額}}+\substack{\text{第六種事業}\\\text{消費税額}}}$$

(注)　第(一〜六)種事業消費税額は、第一種事業から第六種事業のそれぞれの事業に係る、課税標準額に対する消費税額から、売上げに係る対価の返還等に係る消費税額を控除した残額を示します。

(注)　特定の事業に係る課税売上高が全体の課税売上高の75％以上の場合等は特例があります。(**問14－25、14－26、14－27**参照)

[参考]　法37、令57

563

簡易課税制度とその他の税額控除との関係

【問14−2】 当社は、既に「消費税簡易課税制度選択届出書」を提出しており、当課税期間においては基準期間の課税売上高が5,000万円以下ですので、簡易課税による申告を行うこととしています。

　ところで、当課税期間において課税資産の譲渡等に係る売掛金について貸倒れが発生しましたが、この場合、簡易課税制度によっても貸倒れに係る消費税額の控除はできるのでしょうか。

【答】　簡易課税制度とは、その課税期間の課税標準額に対する消費税額から、その課税期間の売上げに係る対価の返還等の金額に係る消費税額の合計額を控除した残額に一定の方法により計算したみなし仕入率を乗じて計算した金額を仕入れに係る消費税額とみなして控除する制度です。

　よって、簡易課税制度による場合は、当課税期間における課税売上割合が95％未満又は課税売上高が5億円超（平成24年4月1日以後に開始する課税期間の場合）の場合や仕入れに係る対価の返還等を受けた場合、更には調整対象固定資産の取得における課税売上割合が著しく変動した場合などの仕入れに係る消費税額についての調整は不要となります。

　しかし、御質問の貸倒れに係る消費税額の控除は、仕入れに係る消費税額の控除とは別のものですから、簡易課税によっても、更に貸倒れに係る消費税額を控除することは可能です。

　このほか、消費税法第38条の「売上げに係る対価の返還等をした場合の消費税額の控除」についても、簡易課税制度と併用することはできます。

参　考　法30②、33、37、38、39

第14章　簡易課税制度

簡易課税制度を選択した場合の届出書の効力存続期間

【問14－3】　当社は木造建築業を営む12月末決算法人です。

　ところで、平成29年分の課税売上高が、5,000万円以下であったため、令和元年から簡易課税制度を選択しております。平成29年以降の課税売上高は次のとおりですが、令和元年以降の簡易課税制度の適用の可否はどのようになるのでしょうか。

　　平成29年　　課税売上高　　　　4,800万円
　　平成30年　　課税売上高　　　　6,000万円
　　令和元年　　課税売上高　　　　4,500万円
　　令和２年　　課税売上高　　　　8,000万円
　　令和３年

　なお、「消費税簡易課税制度選択届出書」は平成30年５月10日に所轄税務署長へ提出しています。

【答】　消費税簡易課税制度選択届出書を提出した場合には、消費税簡易課税制度選択不適用届出書を提出しない限り、その基準期間における課税売上高が5,000万円以下である課税期間については、自動的に簡易課税制度の適用を受けることとなります。なお、その基準期間における課税売上高が5,000万円を超える課税期間については、実額により課税仕入れ等に係る消費税額を計算することとなります。

　また、その後再びその基準期間における課税売上高が5,000万円以下となった課税期間について改めて消費税簡易課税制度選択届出書を提出する必要はないこととされています。

　したがって、御質問の場合には、令和元年については、その基準期間（平成29年）における課税売上高が5,000万円以下ですので簡易課税制度を適用して課税仕入れ等に係る消費税額を計算することになります。なお、令和２年については、その基準期間（平成30年）における課税売上高が6,000万円で、

565

5,000万円を超えていますから、簡易課税制度は適用できず、実額により課税仕入れ等に係る消費税額を計算することになります。

　しかし、令和3年は、その基準期間である令和元年の課税売上高が4,500万円で、5,000万円以下となりますので、再び簡易課税制度を適用して、課税仕入れ等に係る消費税額を計算することとなります。

参　考　法37、基通13-1-3

第14章 簡易課税制度

決算期を変更した場合の基準期間

【問14-4】 当社は、9月末決算（自10月1日至9月30日）から決算期を3月末決算（自4月1日至3月31日）に変更しました。この場合、令和2年3月期（平成31年4月1日～令和2年3月31日）の「基準期間における課税売上高」はどのように計算するのでしょうか。

また、当社は簡易課税制度を選択していますが、平成31年3月期も簡易課税で申告できるでしょうか。

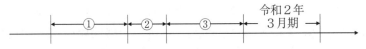

区分 年度	事業年度 （事業年度の月数）	税抜課税売上高
① 平成29年9月期	自平成28年10月1日 至平成29年9月30日 （12か月）	40,000,000 円
② 平成30年3月期	自平成29年10月1日 至平成30年3月31日 （6か月）	27,000,000
③ 平成31年3月期	自平成30年4月1日 至平成31年3月31日 （12か月）	49,000,000

【答】 法人の場合の基準期間は、原則としてその事業年度の前々事業年度をいいますが、前々事業年度が1年未満の場合は、その事業年度の開始の日の2年前の日の前日から同日以後1年を経過する日までの間に開始した各事業年度を合わせた期間になります。

また、基準期間が1年でない法人の「基準期間における課税売上高」は、

当該基準期間に含まれる事業年度月数で除し、これに12を乗じて計算した金額となります。

　御質問の場合、令和２年３月期の基準期間は、前々事業年度である平成30年３月期が１年未満であるため、令和２年３月期の開始の日の２年前の日の前日（平成29年４月１日）から１年を経過する日までの間に開始した各事業年度を合計した期間となりますが、この期間に開始した事業年度は平成30年３月期のみということになり、結局、令和２年３月期の基準期間は平成30年３月期の６か月間のみということになります。

　また、このように基準期間が１年でない場合の「基準期間における課税売上高」は、その基準期間における税抜課税売上高（売上げに係る税抜対価の返還等の金額を控除した後の金額）をその期間の月数で除し、これに12を乗じて１年分に換算した金額となります。

┄（計算式）┄

$$27,000,000 \div 6 \times 12 = \underline{54,000,000}$$

　したがって、令和２年３月期は「基準期間における課税売上高」が5,000万円を超えるため、簡易課税制度の適用はできません。

　なお、令和３年３月期は、基準期間（平成31年３月期）の課税売上高が5,000万円以下となりますので、再び簡易課税制度を適用して、課税仕入れ等に係る消費税額を計算することになります。

参考　法２①十四、９①②、37

第14章　簡易課税制度

新設法人と簡易課税制度

【問14－5】　当社は、令和元年6月に設立した株式会社です（設立登記：令和元年6月1日、資本金：5,000万円、事業年度：1月1日～12月31日）。

　ところで、当社は、消費税法第12条の2の規定により、第1事業年度（自令和元年6月1日至令和元年12月31日課税期間）及び第2事業年度（自令和2年1月1日至令和2年12月31日課税期間）は、課税事業者に該当することとなりますが、

1　第1事業年度及び第2事業年度において、簡易課税制度を適用することができるでしょうか。また、適用することができる場合は、「消費税簡易課税制度選択届出書」をいつまでに提出すればよいのですか。

2　第3事業年度（自令和3年1月1日至令和3年12月31日課税期間）について、課税事業者となるかどうかの判定はどのようにすればよいのでしょうか。

3　第1事業年度から簡易課税制度を選択した場合、第3事業年度においてその選択を取りやめるには、どのような手続が必要ですか。

【答】

1　簡易課税制度は、基準期間における課税売上高が5,000万円以下である課税期間について適用されることとなりますので、基準期間が存在しない第1事業年度及び第2事業年度についても、簡易課税制度を選択することができます。なお、「消費税簡易課税制度選択届出書」は、原則として、その適用を開始しようとする課税期間の開始の日の前日までに提出する必要がありますが、国内において新たに課税資産の譲渡等に係る事業を開始した日の属する課税期間については、当該課税期間中に提出することによ

り簡易課税制度が適用できます。

　したがって、第１事業年度の末日（令和元年12月31日）までに提出すれば、第１事業年度から簡易課税制度を適用することができます。

2　納税義務の有無の判定は、基準期間における課税売上高が1,000万円を超えるかどうかで判定しますが、基準期間が１年でない場合は、その基準期間の課税売上高を当該基準期間に含まれる事業年度の月数の合計数で除し、これに12を乗じた金額により判定することとなります。

　したがって、御質問の場合は、基準期間である第１事業年度の課税売上高を７で除し、これに12を乗じて計算した金額が、1,000万円を超えるかどうかにより、第３事業年度の納税義務を判定することになります。

3　「消費税簡易課税制度選択届出書」を提出した事業者は、事業を廃止した場合を除き、簡易課税の選択を開始した課税期間の初日から２年を経過する日の属する課税期間の初日以後でなければ、「消費税簡易課税制度選択不適用届出書」を提出することができないこととされています。また、不適用届出書の効力は、提出があった日の属する課税期間の翌課税期間から発生することとされています。

　したがって、貴社の場合は、第１事業年度の初日（令和元年６月１日）から２年を経過する日（令和３年５月31日）の属する課税期間の初日である令和３年１月１日から、「消費税簡易課税制度選択不適用届出書」を提出することができますが、「消費税簡易課税制度選択不適用届出書」の効力が発生するのは、早くとも第４事業年度からであり、第３事業年度においては、その選択を取りやめることはできません。

参 考　法２①十四、9、12の2、37

570

第14章　簡易課税制度

合併法人が簡易課税制度を選択する場合の基準期間の課税売上高の計算

> 【問14－6】　当社は、従来から簡易課税制度の適用を受けて申告し
> ていますが、当期において、基準期間の課税売上高が5,000万円超
> の甲社を吸収合併しました。
> 　その結果、当社と甲社の基準期間の課税売上高の合計額が5,000
> 万円を超えることとなりましたが、当期については、簡易課税制度
> を適用して申告できますか。
> 　なお、当社の基準期間の課税売上高は5,000万円以下です。

【答】　御質問の場合、合併法人（合併後存続する法人）が簡易課税制度を選
択する場合において、基準期間の課税売上高が5,000万円以下であるか否か
は、合併法人の基準期間の課税売上高のみにより判定することになりますの
で、被合併法人の基準期間の課税売上高を合算する必要はありません。

　したがって、貴社の基準期間の課税売上高のみで判定すると5,000万円以
下ですから、当期については、簡易課税制度を適用して申告することになり
ます。

参　考　法11①②、37①、基通13－1－2

分割があった場合と簡易課税制度

【問14－7】　当社は経営効率を向上させるため、今期首４月１日に
会社の新設分割を行いました。

　この新設分割子法人は資本金が1,000万円で、当社と当社の兄弟
会社であるＡ社の事業の一部を承継し設立しましたが、分割があっ
た日の属する課税期間から簡易課税制度の適用は可能でしょうか。

　また、この分割が吸収分割であった場合、簡易課税制度の適用は
可能でしょうか。

　なお、当社とＡ社及び新設分割子法人はすべて３月末決算で、当
社の今期の基準期間における課税売上高は4,500万円、Ａ社は５億
円でした。

【答】　新設分割により事業を承継した新設分割子法人が、この分割があった
日の属する課税期間中に簡易課税制度選択届出書を提出した場合、この課税
期間は消費税法施行令第56条第１項第１号《事業を開始した日の属する課税
期間》に該当しますから、簡易課税制度を選択することができます。

　ただし、新設分割子法人が簡易課税制度選択届出書を提出している場合で
あっても、次の「１」・「２」に該当するときは、適用されません。

１　分割等を行った各新設分割親法人の新設分割子法人の基準期間に対応す
　る期間における課税売上高のうち、いずれかが5,000万円を超える場合の
　分割があった日の属する事業年度及び当該事業年度の翌事業年度

２　新設分割子法人がその事業年度の基準期間の末日において特定要件（**問
　8－8参照**）に該当し、かつ、新設分割子法人の基準期間における課税売
　上高と、この新設分割子法人の基準期間に対応する期間における新設分割
　親法人の課税売上高との合計額が5,000万円を超える場合の分割があった
　日の属する事業年度の翌々事業年度以降

　したがって、貴社の新設分割子法人について、分割があった日の属する

572

第14章　簡易課税制度

事業年度は、Ａ社の基準期間における課税売上高が5億円で、5,000万円を超えていますから、簡易課税制度は適用できません。

　次に、吸収分割を行った場合、分割法人が簡易課税制度選択届出書を提出し、簡易課税制度の適用を受けていたとしても、その効力は分割により事業を承継した分割承継法人には及びませんので、分割承継法人が簡易課税制度の適用を受けようとする場合には、新たに簡易課税制度選択届出書を提出しなければならないこととなります。

　吸収分割により、簡易課税制度を受けていた分割法人の事業を承継した分割承継法人が、この分割があった日の属する課税期間中に簡易課税制度選択届出書を提出した場合、この課税期間は消費税法施行令第56条第1項第4号《吸収分割があった日の属する課税期間》に該当しますから、簡易課税制度を選択することができます。

　ただし、分割承継法人が吸収分割があった日の属する課税期間の基準期間における課税売上高が1,000万円を超え、課税事業者に該当していた場合は、消費税法施行令第56条第1項第4号《吸収分割があった日の属する課税期間》に該当しませんので、簡易課税制度を選択することができません。

参 考　法12、37、令23、24、55、56、基通13-1-3の4

「固有事業者」と「受託事業者」の簡易課税制度の適用の判定

> **【問14-8】**　法人課税信託の受託者は、受託者が行う本来業務である固有資産等が帰属する「固有事業者」と信託財産が帰属する「受託事業者」がそれぞれ申告することになるそうですが、簡易課税制度の適用を受ける場合の基準期間における課税売上高の判定はどのようになるのでしょうか。

【答】　固有事業者が簡易課税制度の適用を受ける場合、その課税期間に係る基準期間における課税売上高で判定することとなりますが、当該課税売上高

573

は、①当該固有事業者の基準期間における課税売上高と、②当該固有事業者に係る各法人課税信託の受託事業者の当該固有事業者の基準期間に対応する期間における課税売上高（固有事業者のその課税期間の基準期間の初日から同日以後１年を経過する日までの間に終了した受託事業者の各事業年度における課税売上高（消費税法施行令第22条第１項の規定により計算した各事業年度における課税売上高）の合計額をいい、当該受託事業者の各事業年度の月数の合計数が12を超える場合には、当該合計額を当該合計数で除し、これに12を乗じて計算した金額をいいます。）との合計額をいい、その金額が5,000万円以下である場合には簡易課税制度の適用を受けることができます。

　また、受託事業者の場合、受託事業者のその課税期間の初日において、当該受託事業者に係る法人課税信託の固有事業者が、当該初日の属する当該固有事業者の課税期間（以下「固有課税期間」といいます。）につき簡易課税制度の適用を受ける事業者である場合は、当該受託事業者の当該初日の属する課税期間については簡易課税制度の適用を受けることとなります。

　なお、当該固有事業者が、当該固有課税期間が選択被災課税期間である場合において当該選択被災課税期間につき簡易課税制度の適用の承認を受けたときは、当該固有事業者が簡易課税制度の適用を受ける事業者であったものとみなされますが、当該固有課税期間が不適用被災課税期間である場合において当該不適用被災課税期間につき簡易課税制度の不適用の承認を受けたときは、当該固有事業者が簡易課税制度の適用を受ける事業者でなかったものとみなされます。

参　考　法15

第14章　簡易課税制度

第一種事業における「性質及び形状を変更しない」ことの意義

【問14－9】　当社は、まぐろの卸売を行っていますが、まぐろの取引では、市場で購入したものの皮をはいだり、四ッ割にするなどして小売店へ販売するのが一般的です。

　当社は消費税の簡易課税制度を選択しようと考えていますが、当社のような取引状態の場合、小売店に対する販売は第一種事業に該当すると考えてよいでしょうか。

【答】　簡易課税制度を適用する場合における第一種事業とは、他の者から購入した商品をその性質及び形状を変更しないで他の事業者に対して販売する事業をいうこととされています。

　ところで、「その性質及び形状を変更しないで」ということから、他の者から仕入れた商品に何らかの手を加えて販売した場合には、すべて第一種事業に該当しないことになるのかという点が問題となりますが、仕入れた商品に次のような行為を施して販売しても、その性質及び形状を変更しないで販売したものとして取り扱うこととされています。

①　商標、ネーム等を添付又は表示する行為

②　複数の商品（それ自体として販売しているもの）をセット商品として詰め合わせる行為

③　液状等の商品を小売販売用の容器に収容する行為

④　ガラスその他の商品を他の販売業者に販売するために裁断する行為

　御質問の事例は、④の場合に類似する行為と認められますので、第一種事業に該当するものとして差し支えありません。

参考　法37、令57⑤⑥、基通13－2－2

575

いわゆる製造問屋の事業区分

> 【問14-10】　当社は、繊維製品の卸売業を営んでおり、簡易課税制度を選択しております。
>
> 　ところで、白生地を仕入れてこれを外注先に染色させた上で小売業者に納入するというケースが多いのですが、こうした売上げも簡易課税制度においては、第一種事業（卸売業）に係る課税売上げと考えてよいのでしょうか。

【答】　簡易課税制度における第一種事業（卸売業）とは、「他の者から購入した商品をその性質及び形状を変更しないで他の事業者に販売する事業」をいいます。

　ところで、自己の計算において原材料を購入し、これをあらかじめ指示した条件にしたがって下請加工させて完成品として販売する、いわゆる「製造問屋」に係る事業は、自らは加工をしないとしても、原材料を購入してから販売するまでの間に性質及び形状の変更が行われたわけですから、第一種事業には該当しないことになります。

　御質問のケースも、この製造問屋に係る事業に該当することになり、製造業として、第三種事業に該当することになります。

参考　法37、令57⑤⑥、基通13-2-5

576

第14章　簡易課税制度

食料品小売業における軽微な加工

> **【問14−11】**　当社は、食料品の小売業を営んでおり、消費税におい
> ては簡易課税制度を適用しています。
>
> 　ところで、簡易課税制度において、第二種事業に該当する要件と
> して、「他の者から購入した商品をその性質及び形状を変更しない
> で」という条件がありますが、当社の場合、例えば、ハムをスライ
> スしたり、数種の食品を詰め合わせセットにして小売するようなも
> のは、「性質及び形状を変更」したことになるのでしょうか。

【答】　事業者が、他から購入した食料品を、その性質及び形状を変更しない
で専ら消費者に販売する店舗において、販売用の商品に軽微な加工をして販
売する場合で、その加工が加工前の食料品を販売している店舗において一般
的に行われると認められるもので、加工後の商品が加工前の商品と同一の店
舗において販売されるものについては、その加工後の商品の譲渡を行う事業
は、第二種事業として取り扱って差し支えないものとされています。

　したがって、貴社の場合のスライスや詰め合わせ程度のものは軽微な加工
であり、その譲渡は第二種事業として取り扱っても差し支えありません。

　なお、ここでいう軽微な加工には、例えば、切る、刻む、つぶす、挽く、
たれに漬け込む、混ぜ合わせる、こねる、乾かす行為等がこれに該当するこ
ととなります。

参　考　法37、令57⑥、基通13−2−3

577

デパートのテナントと卸売業の範囲

【問14−12】 当社はデパートに店舗を出店していますが、デパートに対する手数料としてその売上高の15％を支払っています。

当社では、経理上は当店の売上高から15％を控除した金額をデパートに対する売上げとして計上していますが、簡易課税制度による場合、この店舗における売上げは、デパートに対する第一種事業に係る売上げとして取り扱ってよろしいでしょうか。

【答】 デパートのテナントの売上げが、消費者に対する小売に該当するか、又はデパートに対する卸売に該当するかは、デパートとの契約内容によって次のように判定することになります。

① 手数料契約の場合

デパートとの契約がテナントの売上高の一定割合をテナント料（手数料）としてデパートに支払うことを内容としている場合には、テナントが行う販売は小売業（第二種事業）に該当します。（この場合においても、事業者に対して販売するものは、第一種事業に該当します。）

② 商品販売契約の場合

テナントの売上げをデパートの売上げとして認識し、テナントが販売した時点でその販売した商品についてデパートはテナントからの仕入れを計上する、いわゆる消化仕入れの方式によっている場合等、テナントとデパートとの商品販売を内容とする契約の場合には、テナントがデパートに対して行う販売は卸売業（第一種事業）に該当します。

参考 法37、令57⑤⑥

第14章　簡易課税制度

現金売上げと簡易課税制度における事業区分

> **【問14−13】**　当社は、スーパーマーケットを経営しており、簡易課税制度を選択しています。
>
> 　ところで、スーパーマーケットの売上げは、ほとんど現金売上げですから日々の売上げの合計で記帳し、販売相手の氏名や名称は当然省略しています。
>
> 　この場合においても、販売相手が事業者であれば、第一種事業である旨を記録しておけば、卸売業のみなし仕入率（90％）を適用して差し支えないのでしょうか。

【答】　簡易課税制度において、卸売業とは、「他の者から購入した商品をその性質及び形状を変更しないで他の事業者に販売する事業」をいいますから、販売相手が事業者でない場合又は不明な場合は、第二種事業に区分されることになります。

　ところで、消費税法上の記帳義務に関して、小売業その他不特定多数の者に販売する事業などにおいて、相手先の氏名、名称の記載を省略してもよいことになっていますが、これは、第一種事業に該当することになるかどうかということとは、別の事柄です。

　つまり、ある商品の販売について、相手方の氏名等の記載を省略し、第一種事業に該当するものとして記帳したとしても、相手先が事業者であることが、別途客観的に明らかでない限り、第一種事業に区分することはできないということです。

　したがって、販売相手の氏名、名称の記載を省略した場合でも、第一種事業に区分するためには、例えば、現金問屋のように、事業者にのみ会員カードを配付し、その会員カードを持参した者にのみ販売するシステムを採用するなど、販売先が必ず事業者であることを客観的に明らかにしておく必要があります。

579

参 考 法37、58、令57④、71、規27③

簡易課税制度における第三種事業の範囲

【問14−14】 簡易課税制度における第三種事業の範囲について教えてください。

【答】 消費税の簡易課税制度における第三種事業とは、<u>農業、林業、漁業</u>(注)、鉱業、建設業、製造業（製造した棚卸資産を小売する事業を含みます。）、電気業、ガス業、熱供給業及び水道業に係る事業（以下「製造業等」といいます。）をいいますが、この範囲は、おおむね日本標準産業分類（総務省）の大分類に掲げる分類を基準とします。

　ただし、次の点が日本標準産業分類と異なりますのでご注意ください。

(1) 日本標準産業分類は、その事業内容を分類するため、付随する事業も含めて分類しますが、消費税においては、各課税資産の譲渡等ごとに分類するものですから、第一種事業、第二種事業に該当するものは、日本標準産業分類にかかわらず、それぞれ第一種事業、第二種事業に分類します。

(2) 製造した商品を直接消費者に販売する製造小売業は、日本標準産業分類では、小売業に分類されますが、消費税においては、製造業と同様第三種事業に含めます。

(3) 日本標準産業分類上サービス業（情報通信業）に分類されるものであっても、新聞業、出版業（新聞・書籍の発行、出版を行う事業）は、第三種事業に含めます。

(4) 日本標準産業分類上製造業等に分類されるものであっても、加工賃その他これに類する料金を対価とする役務の提供は、消費税法では第三種事業に該当せず、第四種事業に該当することになります。

　(注) 消費税の軽減税率制度が実施された令和元年10月１日から「農業、林業、漁業」のうち「飲食料品の譲渡」に係る事業区分が第三種事業から第二種事業へ

第14章　簡易課税制度

変更されました。

参　考　法37、令57⑤三、基通13－2－4、13－2－5（4）、13－2－6

製造業者の事業区分

> **【問14－15】**　製造業者が行う事業の事業区分はどのようになりますか。

【答】　事業者が行う事業が第一種事業から第六種事業のいずれの事業に該当するかの判定は、原則として、事業者の行う課税資産の譲渡等ごと（社会通念上の取引単位）に行うこととなります。

　この場合、製造業（第三種事業）に該当するかどうかの判定は、おおむね日本標準産業分類によります。なお、日本標準産業分類では製造業に該当する事業であっても、原材料等の無償支給を受けて組立・加工等を行う事業は、「加工賃その他これに類する料金を対価とする役務の提供」に該当し、第四種事業（みなし仕入率60％）となります。

　また、「加工賃その他これに類する料金を対価とする役務の提供」に該当する具体的な例としては次のような事業があります。

(1)　食料品製造業者が原料とする食品の支給を受けて製品等に加工する事業
　　（麦の支給を受けて行う製粉、果物等の支給を受けて行う缶詰加工等）

(2)　食料品加工者が貝、えびの支給を受けて行うむき身の製造

(3)　繊維等製造業者が糸、生地の支給を受けて行う巻取り、染色、織物製造、裁断、刺しゅう又は縫製

(4)　木製品等製造業者が木材の支給を受けて行う容器、家具等の製造・組立、彫刻又は塗装（漆塗りを含みます。）

(5)　紙加工業者が紙の支給を受けて行う紙製品の製造・加工

(6)　印刷業者が紙の支給を受けて行う印刷

(7)　製本業者が印刷物の支給を受けて行う製本

(8) なめし革製造業者が革の支給を受けて行うなめし、調整、塗装又は縫製

(9) メッキ業者が金属の支給を受けて行うメッキ

(10) 金属製品製造業者が金属の支給を受けて行う打ち抜き、プレス、旋盤加工又は彫刻（金型の支給を受けるが、金属を自己が調達して打ち抜き、プレス等する場合は、第三種事業に該当します。）

(11) 機械等の製造業者が部品の支給を受けて行う組立

(12) 指輪の支給を受けて行うサイズ直し又は宝石の支給を受けて行う切断、研磨、取付け

参考　法37、令57⑤三、基通13－2－4

建設業者の事業区分

> 【問14-16】　当社は、建設業を営んでいますが、建設業者の場合は、すべての取引について、第三種事業に該当し、みなし仕入率70％で計算することとなるのでしょうか。

【答】　事業者が行う事業が第一種事業から第六種事業のいずれの事業に該当するかの判定は、原則として、事業者の行う課税資産の譲渡等ごと（社会通念上の取引単位）に行うこととなります。

　この場合、建設業（第三種事業）に該当するかどうかの判定は、おおむね日本標準産業分類によります。なお、日本標準産業分類では建設業に該当する事業であっても、「加工賃その他これに類する料金を対価とする役務の提供」に該当する場合は、第四種事業（みなし仕入率60％）に該当します。この「加工賃その他これに類する料金を対価とする役務の提供」に該当する場合とは、例えば、ガス管工事業者が、ガス管の無償支給を受けて行うガス管の埋設工事など他の事業者の原材料を使用し、当該他の事業者の建設工事の一部を行う人的役務の提供が該当することになります。

　なお、建設業者が行う改造、修繕は、原則として、第三種事業に該当しま

第14章　簡易課税制度

す。

参考　法37、令57⑤三、基通13－2－4、13－2－7

塗装工事業に係る事業区分

> **【問14－17】**　当社は、建築物、鉄塔、鉄橋等の塗装工事業を営んで
> おり、簡易課税制度を選択しています。
>
> 　ところで、簡易課税制度において、塗装工事業は、第三種事業に
> 該当するものと思っていたのですが、他人の所有物を加工するだけ
> のものは、加工賃等を対価とするものとして第四種事業に該当する
> ということを聞きました。
>
> 　塗装工事業は、第三種事業と第四種事業のどちらに該当するので
> しょうか。

【答】　消費税の簡易課税制度における第三種事業とは、農業、林業、漁業(注)、
鉱業、建設業、製造業（製造した棚卸資産を小売りする事業を含みます。）、
電気業、ガス業、熱供給業及び水道業に係る事業（製造業等）をいいますが、
この範囲はおおむね日本標準産業分類（総務省）の大分類に掲げる分類を基
準にすることになっています。

　ところで、日本標準産業分類上、大分類D（建設業）中分類07（職別工事
業）中の077（塗装工事業）には、「主として建築物内外、建築設備、鉄塔、
鉄橋その他の鋼製構築物、木柱、木べい、木橋その他の木造構築物、船舶な
どの塗装を行う事業所」とありますから、建築物等に塗装を施すこと自体が
第三種事業にいうところの「建設業」に該当することになります。

　したがって、御質問の塗装工事業については、塗料等の資材を貴社で自ら
調達する限り、第三種事業に該当します。

　一方、他者が調達した塗料を塗装するだけの場合は、「加工賃その他これ
に類する料金を対価とする」ものに該当しますから、第三種事業からは除か

れ、結局、第四種事業に該当することになります。

　（注）　消費税の軽減税率制度が実施された令和元年10月１日から「農業、林業、漁業」のうち「飲食料品の譲渡」に係る事業区分が第三種事業から第二種事業へ変更されます。

参　考　法37、令57⑤三

不動産業者が行う取引と事業区分

【問14−18】　当社は、不動産業を営んでいますが、当社が行う次の各取引は、簡易課税制度においてはどの事業区分に該当することとなりますか。

(1) 不動産売買の仲介を行った。

(2) 乙㈱が建築した建物を売買契約により購入し、そのまま丙㈱に販売した。

(3) 自ら施主となり請負契約により乙㈱に施工させた建物をそのまま丙㈱に販売した。

(4) 自ら所有する事務所を丁社に賃貸している。

【答】　次のとおりとなります。

(1) 不動産業として、第六種事業に該当します。

(2) 他の者から購入した商品をその性質及び形状を変更せずに他の事業者に販売したものですから第一種事業に該当します。

　　ただし、購入した建物をいったん貴社が自ら事務所等として使用していたのであれば、固定資産の譲渡となりますから、第四種事業に該当することとなります。

(3) 建設業として第三種事業に該当します。

　　外注により乙㈱に施工させたとしても施主は貴社自身であるため、貴社自ら建築した建物の販売として第三種事業となるものであり、(2)のよう

584

第14章　簡易課税制度

に乙㈱所有の建物を購入したものとは異なります。

(4) 不動産業として、第六種事業に該当します。

参　考　法37、令57⑤⑥、基通13－2－4、13－2－5(2)

旅館業者における売上げと事業区分

> **【問14－19】**　当社は、旅館業を営んでいますが、当社における次の
> 各売上げは、簡易課税制度においてはどの事業区分に該当すること
> となりますか。
> (1)　1泊2食付30,000円の宿泊代
> (2)　宿泊代とは区分して領収する特別料理代
> (3)　客室内冷蔵庫の酒、ジュース類の売上げ（宿泊代とは区分して
> 　　領収）
> (4)　みやげものコーナーにおけるみやげ品の販売代金
> (5)　旅館内レストランの利用による売上げ（旅館の宿泊代とは区分
> 　　して領収）

【答】　次のとおりとなります。

(1) サービス業として第五種事業に該当します。

(2) 飲食店業に該当するものとしてサービス業から除かれ、第四種事業に該
　　当します。

(3) 飲食店業に該当するものとしてサービス業から除かれ、第四種事業に該
　　当します。

(4) 購入した商品をそのまま販売するものであれば、第二種事業、貴社自ら
　　製造又は加工して販売するものであれば、製造業として第三種事業に該当
　　します。

(5) 飲食店業に該当するものとしてサービス業から除かれ、第四種事業に該
　　当します。

585

参考 法37、令57⑤⑥、基通13-2-8の2

印刷業者が行う取引と事業区分

> 【問14-20】 当社は、印刷業を営んでいますが、次の各取引は、簡
> 易課税制度においてはどの事業区分に該当することとなりますか。
> (1) 紙を自己で調達して行う印刷
> (2) 注文者から紙の無償支給を受けて行う印刷
> (3) 印刷物の支給を受けて行う製本の請負

【答】 次のとおりとなります。

(1) 印刷業であり「製造業」として、第三種事業に該当します。

(2) 印刷業として「製造業」に該当しますが、注文者が調達した紙に印刷を
行うことは、加工賃その他これに類する料金を対価とする役務の提供であ
るため、第四種事業に該当することとなります。

(3) 製本業として「製造業」に該当しますが、加工賃その他これに類する料
金を対価とする役務の提供であるため、第四種事業に該当することとなり
ます。

(注) 第五種事業は、日本標準産業分類（総務省）の大分類の区分が、農業、林業、
漁業、鉱業、採石業、砂利採取業、建設業、製造業（製造小売業を含む。）、電気・
ガス・熱供給・水道業に該当する事業以外のもののうち、おおむね同産業分類
の区分が、物品賃貸業、情報通信業、運輸業、金融、保険業、郵便業、宿泊業、
飲食サービス業（飲食サービス業に該当するものを除く。）、医療、福祉、教育、
学習支援業、複合サービス事業、学術研究、専門・技術サービス業、生活関連
サービス業、娯楽業、サービス業（他に分類されないもの）に該当するものを
いいます。

したがって、(2)及び(3)は加工賃等を対価とする役務の提供ではあっても、
「製造業」に含まれるものであり、サービス業等に含まれるものではないため、
第五種事業に該当することはありません。

第14章　簡易課税制度

参　考　法37、令57⑤、基通13−2−4、13−2−8の3

自動車整備業者等において行われるタイヤ交換等の事業区分

> **【問14−21】**　自動車のタイヤ交換やオイル交換等については、次の
> 事業者において行われていますが、これらの事業者が行うタイヤ交
> 換、オイル交換等に係る売上げの事業区分はどのように区分されま
> すか。
> ①　自動車整備業者
> ②　自動車販売業者
> ③　カー用品販売業者
> ④　ガソリンスタンド

【答】　タイヤやオイル等の交換の場合のように、故障、磨耗、老朽化した部
分品等を交換する取引、又は性能アップ等を図るために部分品等を交換する
取引は、これらの部分品等の販売を前提として当該部分品等の単体を取り替
える実態にあるものであり、当該部分品代金を工賃等と区分しているときに
は、その区分されたところにより事業区分の判定を行うこととなります。

　したがって、御質問の場合、タイヤ又はオイルの販売代金と工賃を区分し
ている場合には、販売代金については第一種事業又は第二種事業、工賃につ
いては第五種事業に該当することとなります。

　なお、請求金額は商品（タイヤ、オイル等）の代金のみで、工賃部分はサ
ービス（無償）であると認められる場合には、全体を当該商品の販売として、
第一種事業又は第二種事業に該当することとなります。

参　考　法37、令57⑤

飲食物を提供する場合の事業区分

> **【問14−22】** 当社は、飲食店を経営しており、消費税の申告に当たっては、簡易課税制度の適用を受けております。
>
> 当社では、ホテルでパーティが行われる際、主催者の依頼で会場に材料、調理器具等を持参し、模擬店方式で会場内で調理を行い、パーティ参加者に飲食物の提供を行う場合がありますが、この場合の事業区分はどうなるのでしょうか。
>
> また、自ら会場使用料を支払って会場で飲食物を提供する場合はどうでしょうか。

【答】 第四種事業でいう飲食店とは、飲食のための施設を設けて、主として注文により直ちにその場で飲食させる事業所をいい、また、百貨店などの一室を借りて飲食店が営まれている場合についても、それが独立の一事業所であれば飲食店に含まれることとされています。

したがって、飲食店を経営する事業者が、パーティを主催する者の求めに応じて、パーティ参加者に飲食物の提供を行う場合であっても、パーティの主催者から飲食させる場所の提供を受けて、パーティ参加者の注文によりその場で飲食させることから飲食店に該当し、第四種事業となります。

また、自ら会場使用料を支払って当該会場で飲食物を提供する場合もパーティ参加者の注文によりその場で飲食させることから飲食店に該当し、第四種事業となります。

参 考 基通13−2−8の3

第14章　簡易課税制度

サービス料等の事業区分

【問14－23】　当社は、飲食店を経営しており、消費税の申告に当たっては、簡易課税制度の適用を受けております。

当社では、お客様から料理代金とは別に、サービス料の名称で料理代金の10％の金額をいただいていますが、このサービス料の事業区分はどうなるのでしょうか。

また、部屋代、テーブルチャージ等の料金についてはどのようになるのでしょか。

【答】　このサービス料は、料理代金とは別建てで請求されるとしても、飲食物の提供に係る対価の一部を構成するものと認められ、第四種事業に該当することとなります。

また、部屋代、テーブルチャージ等の料金も同様の理由から、第四種事業に該当することになります。

事業用固定資産の売却収入の事業区分

【問14－24】　当社は、卸売業を営んでいますが、この度、事業に使用していた固定資産を譲渡しました。

この固定資産の譲渡も簡易課税制度において、第一種事業に該当すると考えてよいのでしょうか。

【答】　消費税の簡易課税制度における第一種事業とは、他の者から購入した商品をその性質及び形状を変更しないで他の事業者に対して販売する事業をいいます。

御質問の事業用固定資産は、商品ではありませんから、たとえ、性質及び形状を変更しないまま譲渡したとしても、第一種事業には該当せず、第四種

589

事業に該当することになります。

　なお、貴社の場合、第一種事業に係る課税売上高が課税売上高合計の75％以上である課税期間については、結果的に全体について第一種事業のみなし仕入率を適用することができます。

参考　法37、令57③⑤⑥、基通13－2－9

２種以上の事業に係る課税売上げがある場合

> 【問14－25】　当社は、主として製造業を営んでいますが、わずかながら、製造業以外の収入があります。
>
> 　消費税の簡易課税制度においては、各取引を第一種事業から第六種事業に分けて、それぞれのみなし仕入率を適用するとのことですが、わずかなものまで区分してそれぞれのみなし仕入率を適用しなければならないのですか。

【答】　簡易課税制度においては、それぞれの課税資産の譲渡等の対価の額を第一種事業から第六種事業に分類して、それぞれのみなし仕入率を乗じて仕入控除税額を計算するのが原則ですが、特定の１種類の事業に係る課税売上高が課税売上高の合計額の75％以上を占める場合は、すべての課税売上げについて、その75％以上である事業に係るみなし仕入率を適用する特例が設けられています。

　したがって、貴社の場合、製造業（第三種事業）の課税売上高が全課税売上高の75％以上である場合は、すべて第三種事業に係るみなし仕入率（70％）を適用することができます。

　もっとも、課税売上高を事業の種類ごとに区分しておくことが前提となります。

　なお、この特例規定を適用するかどうかは任意ですから、たとえ第三種事業の課税売上高が75％以上であっても、原則どおり、それぞれの事業の種類

590

第14章　簡易課税制度

ごとにそれぞれのみなし仕入率を適用することも可能です。

参　考　法37、令57③一、④、基通13－4－1

3種以上の事業に係る課税売上げがある場合──その1

【問14－26】　当社は、多角的な経営を行っているため、消費税における簡易課税制度において区分されている第一種事業から第六種事業に至るまですべての課税売上げがあります。

　当課税期間に限ってみますと、大部分が第一種事業と第三種事業に該当しますが、このような場合には、仕入控除税額の計算上何か特例はあるのでしょうか。

【答】　簡易課税制度においては、それぞれの課税資産の譲渡等の対価の額を第一種事業から第六種事業に分類して、それぞれのみなし仕入率を乗じて仕入控除税額を計算するのが原則ですが、特定の2種類の事業に係る課税売上高の合計額が全課税売上高の合計額の75％以上を占めている課税期間においては、その75％以上となる2種類の事業以外の事業に係る課税売上げについては、その2種類の事業のそれぞれのみなし仕入率のうち低いほうのみなし仕入率を適用することができます。

　貴社の場合、例えば第一種事業と第三種事業の課税売上高の合計が全体の75％以上である課税期間については、第一種事業に係る課税売上げについては、みなし仕入率90％を適用し、それ以外の部分は、第三種事業のみなし仕入率70％を適用することができます。

　なお、この場合においても、課税売上高を事業の種類ごとに区分しておくことが前提となります。

参　考　法37、令57③二、④

591

3種以上の事業に係る課税売上げがある場合——その2

> 【問14-27】 当社の当課税期間の課税売上高は、第二種事業に係るものが78％、第一種事業に係るものが7％、第五種事業に係るものが15％です。
>
> この場合、簡易課税制度におけるみなし仕入率の適用関係はどうなりますか。

【答】 簡易課税制度においては、第一種事業から第六種事業のうち、特定の1種の事業に係る課税売上高が全体の75％以上の場合は、その75％以上になる種類の事業のみなし仕入率を全体に適用することができ、特定の2種類の事業に係る課税売上高の合計額が全課税売上高の合計額の75％以上を占めている場合は、その75％以上となる2種類の事業以外の事業に係る課税売上げについて、その2種類の事業のみなし仕入率のうち低い方のみなし仕入率を適用することができます。

御質問の場合、第二種事業に係る課税売上高が75％以上ですから、全体について第二種事業に係るみなし仕入率（80％）を適用することができますが、第一種事業と第二種事業の課税売上高の合計でも75％以上となりますから、第一種事業については、第一種事業のみなし仕入率（90％）を適用し、それ以外の部分については第二種事業のみなし仕入率（80％）を適用することも可能です。

参考 法37、令57③、基通13-4-2

592

第14章　簡易課税制度

簡易課税制度における事業の区分方法

【問14－28】　簡易課税制度において、第一種事業から第六種事業までの２以上の事業を営んでいる場合は、原則として、それぞれの事業ごとに異なるみなし仕入率を適用することになるのですが、課税売上高をそれぞれの事業の種類ごとに区分するのはどのようにすればよいのですか。

【答】　簡易課税制度においては、第一種事業から第六種事業までの２以上の事業を営んでいる場合には、事業の種類ごとのみなし仕入率を適用して仕入れに係る消費税額を計算するため、課税売上げを第一種事業に係るものから第六種事業に係るものまでに区分しなければなりませんが、例えば、次のような方法でも、事業の種類ごとの課税売上高が客観的に確認できる状況に区分されているものについては、その区分に基づいて仕入れに係る消費税額の計算を行っても差し支えありません。

①　帳簿に事業の種類を記載する方法（事業の種類ごとに帳簿を分ける必要はありません。）

②　納品書・請求書・売上伝票の控え等に事業の種類を記載（記号等による表示であっても事業の種類が判明するものであれば構いません。）する方法

③　レジペーパーに販売商品等の品番等が印字されるものについては、その印字により区分する方法

④　事業場ごとに１種類の事業のみを行っている事業者においては、その事業場ごとに区分する方法

　また、２種類の事業を行っている場合に、一の事業の課税売上高を明確に区分しているときは、残りの区分されていない課税売上高を区分している事業以外の一の事業として区分しているものとして取り扱って差し支えありません。

593

参 考 法37、令57②③、基通13-3-1、13-3-2

簡易課税制度において事業の区分を行っていない場合

> **【問14-29】** 簡易課税制度において、第一種事業から第六種事業までの区分を行っていない場合の取扱いについて教えてください。

【答】 簡易課税制度において、第一種事業から第六種事業までの事業の種類が区分されていない場合は、その区分されていない課税売上げのすべてについて、最も低いみなし仕入率に係る事業として、仕入れに係る消費税額の計算を行うことになります。

　例えば、第一種事業に係る課税売上げと第二種事業に係る課税売上げのどちらかではあるが、その区分がない場合は、そのすべてを第二種事業に係るものとし、第一種事業から第三種事業までのいずれかではあるが、その区分がされていない場合は、第三種事業に係るものとし、第一種事業から第四種事業までのいずれかではあるが、その区分がされていない場合は、第四種事業に係るものとします。また、第五種事業に係る課税売上げとその他の種類の課税売上げとが区分されていない場合は、そのすべてを第五種事業に係る課税売上げとします。

　なお、この場合において、例えば、第一種事業に係る課税売上げと第二種事業に係る課税売上げとが区分できていない場合で、その課税売上高の合計が課税売上高全体の75%以上である場合は、第二種事業に係る課税売上高が、全体の75%以上であるものとして、**問14-25**の特例を適用することが可能です。

参 考 法37、令57④

第14章　簡易課税制度

災害等があった場合の簡易課税制度の届出に関する特例

> **【問14−30】**　消費税法第37条の2《災害等があった場合の中小企業
> 者の仕入れに係る消費税額の控除の特例の届出に関する特例》の概
> 要について教えてください。

【答】　災害その他やむを得ない理由（以下「災害等」といいます。）が生じ
たことにより被害を受けた事業者が、その被害により簡易課税制度の適用を
変更する必要が生じた場合において、納税地を所轄する税務署長の承認を受
けたときは、当該災害等の生じた日の属する課税期間から簡易課税制度を選
択し、又はやめることができる制度があります。

　「消費税簡易課税制度選択届出書」及び「消費税簡易課税制度選択不適用
届出書」の提出の効力は、原則として、その提出をした日の属する課税期間
の翌課税期間から生じることとされており、いずれの届出書についても、簡
易課税制度の適用を受けようとし、又は適用を受けることをやめようとする
課税期間の開始の日の前日までに提出する必要があります。

　しかし、災害等により被害を受けた場合には、課税期間開始前に想定され
なかった被災による事務処理能力の低下や復旧のための緊急な設備投資等を
行う必要が生じる場合があります。

　よって、このような特別な事情が生じた場合に配慮し、災害等により簡易
課税制度の適用につき変更の必要が生じた場合において、納税地を所轄する
税務署長の承認を受けたときは、その適用の変更を認めることとされました。

　なお、この特例の適用を受けようとする事業者は、その災害等がやんだ日
から2か月以内に、簡易課税制度の適用を受けること又はやめることが必要
となった事情その他財務省令で定める事項を記載した「災害等による消費税
簡易課税制度選択（不適用）届出に係る特例承認申請書」を納税地を所轄す
る税務署長に提出し、その承認を受ける必要があります。

参　考　法37の2

関連事例　問14−31

595

消費税法第37条の2の災害その他やむを得ない理由の範囲

> 【問14−31】 消費税法第37条の2《災害等があった場合の中小企業
> 者の仕入れに係る消費税額の控除の特例の届出に関する特例》の規
> 定にある「災害その他やむを得ない理由」にはどのようなものが該
> 当しますか。

【答】 おおむね次に掲げるところによるものとされています。

① 地震、暴風、豪雨、津波、落雷、地すべりその他の自然現象の異変によ
る災害

② 火災、火薬類の爆発、ガス爆発、その他の人為による異常な災害

③ ①又は②に掲げる災害に準ずる自己の責めに帰さないやむを得ない事実

参考 法37の2、基通13−1−7

関連事例 問14−30

調整対象固定資産を購入した場合の簡易課税制度の適用制限

> 【問14−32】 課税事業者を選択した事業者や基準期間のない資本金
> 1,000万円以上の新設法人等が、調整対象固定資産を購入した場合、
> 簡易課税制度の適用制限があると聞きました。具体的にはどのよう
> な制限がかかりますか。

【答】 「課税事業者選択届出書」を提出して課税事業者を選択した事業者が、
課税事業者となった課税期間の初日から2年を経過する日までの間（課税事
業者の選択が強制される期間中）に開始した各課税期間中に、調整対象固定
資産の課税仕入れを行い、かつ、その課税仕入れを行った課税期間につき一
般課税で申告する場合には、当該課税仕入れを行った日の属する課税期間の
初日から3年を経過する日の属する課税期間の初日以後でなければ、「簡易

第14章　簡易課税制度

課税制度選択届出書」を提出することはできません。

　また、資本金1,000万円以上の法人が、基準期間がない事業年度に含まれる各課税期間中に調整対象固定資産の課税仕入れを行い、かつ、その課税仕入れを行った課税期間につき一般課税で申告する場合においても、当該仕入れを行った課税期間の初日から３年を経過する日の属する課税期間までの各課税期間については、免税事業者となることはできません。また、当該３年を経過する日の属する課税期間の初日以後でなければ、「簡易課税制度選択届出書」の提出はできません。

　なお、事業を開始した日を含む課税期間又は資本金1,000万円以上の新設法人の設立の日を含む課税期間から簡易課税制度を選択する場合には、「簡易課税制度選択届出書」を提出することができます。

参　考　法37②③、令56①②

高額特定資産を購入した場合の簡易課税制度の適用制限

> **【問14－33】**　課税事業者を選択した事業者や基準期間のない資本金1,000万円以上の新設法人等が、高額特定資産を購入した場合や自己建設高額特定資産の建設等に要した費用の額が1,000万円以上となった場合には、簡易課税制度の適用制限があると聞きました。具体的には、どのような制限がかかりますか。

【答】　事業者が事業者免税点制度及び簡易課税制度の適用を受けない課税期間中に高額特定資産（※１）の仕入れ等を行った場合には、当該高額特定資産の仕入れ等の日の属する課税期間の初日から３年を経過する日の属する課税期間の初日の前日までの期間は、「簡易課税制度選択届出書」を提出することができません。

　同様に、自己建設高額特定資産（※２）については、当該自己建設高額特定資産の建設等に要した仕入れ等の支払対価の額（事業者免税点制度及び簡

597

易課税制度の適用を受けない課税期間において行った原材料費及び経費に係るものに限り、消費税に相当する額を除きます。）の累計額が1,000万円以上となった日の属する課税期間の初日から、当該建設等が完了した日の属する課税期間の初日から３年を経過する日の属する課税期間の初日の前日までの期間は、「簡易課税制度選択届出書」を提出することができません。

　また、この取扱いは、簡易課税制度の適用を受けない課税期間中に高額特定資産や自己建設高額特定資産の仕入れ等を行った場合に適用されますので、その後に当該高額特定資産や自己建設高額特定資産を廃棄、売却等により処分したとしても、継続して適用されることとなります。

　なお、上記の取扱いは、平成28年４月１日以後に高額特定資産等の仕入れ等を行った場合に適用されます。ただし、平成27年12月31日までに締結した契約に基づき、平成28年４月１日以後に高額特定資産等の仕入れ等を行った場合には、適用されません。

　※１　「高額特定資産」とは、一の取引の単位につき、課税仕入れに係る支払対価の額（税抜き）が1,000万円以上の棚卸資産または調整対象固定資産をいいます。

　※２　「自己建設高額特定資産」とは、他の者との契約に基づき、又はその事業者の棚卸資産若しくは調整対象固定資産として、自ら建設等をした高額特定資産をいいます。

【参　考】　法12の４、37③三、令25の５、基通１－５－22の２

【関連事例】　問８－19

第15章

申告・納付・還付

中間申告制度

> 【問15－1】　中間申告制度について教えてください。

【答】　消費税法では、年11回、年3回及び年1回の中間申告制度が設けられています。

それぞれ中間申告が必要な場合は次のとおりです。

1　年11回の中間申告が必要な場合

その直前の課税期間の確定申告書に記載すべき消費税額（以下「直前課税期間の消費税額」といいます。）が4,800万円（地方消費税額込み6,095.23万円）を超える場合、年11回の中間申告が必要となります。

具体的には、その直前課税期間の消費税額で、その課税期間開始の日以後1か月ごとに区分した各期間（以下「1か月中間申告対象期間」といいます。）について、①課税期間開始の日以後2か月を経過した日の前日までの間に終了した1か月中間申告対象期間の場合は、当該課税期間開始の日から2か月を経過した日の前日まで、②それ以外の1か月中間申告対象期間の場合は、その1か月中間申告対象期間の末日までに、それぞれ確定したものを直前の課税期間の月数で除して計算した金額で、①その1か月中間申告対象期間が当該課税期間開始の日以後1か月の期間である場合に

599

は、その課税期間開始の日から2か月を経過した日から2か月以内に、②それ以外の1か月中間申告対象期間の場合は、その1か月中間申告対象期間の末日の翌月から2か月以内に行う必要があります。つまり、年11回中間申告が必要となります。ただし、計算した金額が400万円以下であるときは、この中間申告は不要ということになります。

2　年3回の中間申告が必要な場合

　直前課税期間の消費税額が400万円（地方消費税額込み507.93万円）を超える場合、年3回の中間申告が必要となります。

　具体的には、その直前の課税期間の確定申告書に記載すべき消費税額で、その課税期間開始の日以後3か月ごとに区分した各期間（以下「3か月中間申告対象期間」といいます。）について、その3か月中間申告対象期間の末日までにそれぞれ確定したものを直前の課税期間の月数で除して計算した金額で、その3か月中間申告対象期間の末日の翌月から2か月以内に行う必要があります。つまり、年3回中間申告が必要となります。ただし、計算した金額が100万円以下であるとき及び3か月中間申告対象期間に1か月中間申告対象期間（1の年11回の中間申告が必要な期間）が含まれている場合は、この中間申告は不要ということになります。

3　年1回の中間申告が必要な場合

　直前課税期間の消費税額が48万円（地方消費税額込み60.95万円）を超える場合、年1回の中間申告が必要となります。

　具体的には、その直前の課税期間の確定申告書に記載すべき消費税額で、その課税期間開始の日以後6か月の期間（以下「6か月中間申告対象期間」といいます。）について、その6か月中間申告対象期間の末日までにそれぞれ確定したものを直前の課税期間の月数で除して計算した金額で、その6か月中間申告対象期間の末日の翌月から2か月以内に行う必要があります。つまり、年1回中間申告が必要となります。ただし、計算した金額が24万円以下であるとき及び6か月中間申告対象期間に1か月中間申告対象期間（1の年11回中間申告が必要な期間）若しくは3か月中間申告対象期

第15章　申告・納付・還付

間（2の年3回中間申告が必要な期間）が含まれている場合は、この中間申告は不要ということになります。

なお、中間申告税額については、いずれの場合においても、前課税期間の消費税額に基づいて算出した税額によらず、当期の中間申告対象期間の仮決算により算出した税額によることもできることとされています。

また、消費税の中間申告が必要な場合は、地方消費税の中間申告も併せて行うこととされています。

地方消費税の中間申告税額は、消費税の中間申告税額に78分の22（令和元年9月30日以前に開始する課税期間は63分の17）を乗じた金額となります。

中間申告の時期や納付税額等の計算を一覧表にすると次のようになります。

(1) 直前課税期間の消費税額が4,800万円超の場合

1か月中間申告対象期間			
	中間申告の時期	中間申告・納付税額	備　　考
①	1か月中間申告対象期間が、当該課税期間開始の日以後1か月の期間である場合は、その課税期間開始の日から2か月を経過した日から2か月以内	（消費税額） 課税期間開始日以後2か月を経過した日の前日までに確定した直前課税期間の消費税額 ÷ 直前課税期間の月数 （地方消費税額） 消費税額×$\frac{22}{78}$	左により計算した消費税額が400万円以下の場合は、(1)による中間申告は不要（地方消費税の額は含まない。）
②	①に該当しない1か月中間申告対象期間である場合は、その1か月中間申告対象期間の末日の翌日から2か月以内	（消費税額） 当該1か月中間申告対象期間の末日までに確定した直前課税期間の消費税額 ÷ 直前課税期間の月数 （地方消費税額） 消費税額×$\frac{22}{78}$	

601

(2) 直前課税期間の消費税額が400万円超4,800万円以下の場合

3か月中間申告対象期間		
中間申告の時期	中間申告・納付税額	備　　考
課税期間開始日以後3か月ごとに区分した3か月中間申告対象期間の末日の翌日から2か月以内	（消費税額） 3か月中間申告 対象期間の末日　直前課 までに確定した÷税期間×3 直前課税期間の　の月数 消費税額 （地方消費税額） 消費税額×$\frac{22}{78}$	左により計算した消費税額が100万円以下の場合又は当該3か月中間申告対象期間が(1)に該当する期間を含んでいる場合は(2)による中間申告は不要(地方消費税額は含まない。)

(3) 直前課税期間の消費税額が48万円超400万円以下の場合

6か月中間申告対象期間		
中間申告の時期	中間申告・納付税額	備　　考
課税期間開始日以後6か月の期間の6か月中間申告対象期間の末日の翌日から2か月以内	（消費税額） 6か月中間申告 対象期間の末日 までに確定した÷税期間×6 直前課税期間の　の月数 消費税額 （地方消費税額） 消費税額×$\frac{22}{78}$	左により計算した消費税額が24万円以下の場合又は当該6か月中間申告対象期間が(1)又は(2)に該当する期間を含んでいる場合は(3)による中間申告は不要（地方消費税額は含まない。）

※1　「任意の中間申告制度」については**問15−11〜15−13**を参照

　2　上記（1）、（2）及び（3）における「$\frac{22}{78}$」は令和元年9月30日以前に開始する課税期間は「$\frac{17}{63}$」となる。

参　考　法42、地法72の87、地法附則9の5

第15章 申告・納付・還付

仮決算による中間申告制度

> **【問15－2】** 前問（**問15－1**）の場合において、それぞれ仮決算による中間申告もできるようですが、その方法について教えてください。

【答】 仮決算による中間申告は、直前課税期間の消費税額を基に算出した中間申告すべき税額（原則的方法による税額）が、①1か月で400万円を超える場合、②3か月で100万円を超える場合（①に該当する場合を除きます。）、又は、③6か月で24万円を超える場合（①又は②に該当する場合を除きます。）に、原則的方法による税額の申告・納付に代えて、その中間申告対象期間における課税資産の譲渡等の対価の額や課税仕入れの金額等から納付すべき税額を計算して中間申告、納付する制度です。

　なお、仮決算による場合であっても、消費税額の中間申告税額に78分の22（令和元年9月30日以前に開始する課税期間は63分の17）を乗じた金額を地方消費税の中間申告として併せて行う必要があります。

参　考　法43、地法72の87、地法附則9の5

３か月中間申告対象期間において仮決算による申告額が100万円以下である場合の中間申告の要否

> **【問15－３】** 当社は、直前課税期間（12か月）の消費税の申告税額が600万円でしたので年３回の中間申告が必要となりますが、当課税期間開始の日以後３か月間の期間で仮決算により計算しますと、中間申告税額は70万円となりました。
>
> 　ところで、中間申告税額が100万円以下となった場合は、３か月中間申告対象期間の中間申告が不要となるそうですが、当社の場合も、仮決算による中間申告税額が100万円以下になる３か月中間申告対象期間の中間申告は、不要と考えてよいのでしょうか。

【答】　３か月中間申告対象期間の消費税の中間申告は、その課税期間の直前の課税期間の確定申告書に記載すべき消費税額でその課税期間の開始の日以後３か月を経過した日の前日までに確定したものを直前の課税期間の月数で除して３を乗じて算出した金額が100万円を超える場合に必要となります。

　この場合、たとえ仮決算により算出した消費税額が100万円以下となった場合であっても、中間申告は必要であることに変わりはありません。

　したがって、貴社の場合も、前課税期間の確定消費税額600万円をその課税期間の月数で除して３を乗じた金額が150万円となり、100万円を超えますから、３か月中間申告対象期間の消費税及び地方消費税の中間申告は必要です。

　参　考　法42④、地法72の87

第15章　申告・納付・還付

仮決算により還付が生じた場合の中間申告

> 【問15－4】　当社の当課税期間は年3回の中間申告が必要ですので、第1四半期の中間申告について仮決算を組んでみました。
>
> 　その結果、課税標準額に対する消費税額より仕入れに係る消費税額の方が多くなりましたが、中間申告で還付を受けることができるのでしょうか。

【答】　仮決算による中間申告とは、各中間申告対象期間を1課税期間とみなして課税標準額や消費税額を計算するものですが、確定申告の場合と異なり還付を受けることはできないことになっています。

　したがって、御質問の場合は、還付申告はできず差引納付税額は0円として申告することになります。

　なお、その課税期間開始の日以後3か月を経過する日までに「消費税課税期間特例選択届出書」を所轄税務署長に提出すれば、その課税期間開始の日以後3か月間で1課税期間とみなされますから還付のための確定申告書を提出することができます。

参　考　法19②、43、基通15－1－5

中間申告における原則法と仮決算の併用

> **【問15−5】** 当社は、年1回決算で、直前の課税期間における消費税の申告税額が約800万円でしたので、当課税期間は四半期ごとに、つまり、年3回消費税の中間申告を行うことになりますが、季節変動が極めて激しいため、仮決算による方が申告税額が少ないときと逆に多いときがあります。
>
> このような場合でも、年3回の中間申告は、いずれも原則的方法によるか、又は仮決算によらなければなりませんか。

【答】 年3回四半期ごとに中間申告書を提出すべき事業者は、それぞれについて、各中間申告対象期間を1課税期間とみなして仮決算による中間申告が可能です。(**問15−2参照**)

したがって、貴社の場合、例えば、1回目は、直前課税期間の確定消費税額を12で除して3を乗じた金額で、2回目は、第2四半期の中間申告対象期間を1課税期間とみなして仮決算による中間申告を行い、さらに3回目の中間申告は、1回目と同様、原則的方法によることも可能です。

つまり、年3回の中間申告は、それぞれについて原則的方法か仮決算による方法かを選択できることになります。

参 考　法42、43

修正申告書が提出された場合の中間申告

> **【問15−6】** 中間申告書提出前に直前の課税期間の修正申告書を提出した場合の中間申告額は、どのようになりますか。

【答】 中間申告額は、当該課税期間の直前の課税期間の確定申告書に記載すべき消費税額でその課税期間開始の日以後、各1か月中間申告対象期間の末

第15章　申告・納付・還付

日（注）、各３か月中間申告対象期間の末日、６か月中間申告対象期間の末日までにそれぞれ確定したものを基準にして計算します。

　ここでいう「確定申告書に記載すべき消費税額で……確定したもの」という意味は、修正申告や更正があった場合は、修正後又は更正後の消費税額ということです。

　したがって、御質問の場合の修正申告書を、例えば当該課税期間開始の日以後３か月を経過した日の前日までに提出すれば、第１四半期の中間申告はその修正申告書による修正後の税額を基に計算し、３か月を経過した日から６か月を経過した日の前日までに提出すれば第２四半期の中間申告から修正後の税額を基にして計算することになります。

　（注）　当該中間申告対象期間が１か月中間申告対象期間で、当該課税期間開始の日
　　　　以後２か月の期間である場合は、その課税期間開始の日から２か月を経過した
　　　　日の前日までに確定したものを基準にして計算します。

参考　法42①④⑥

第２四半期中に修正申告があった場合の中間申告

　【問15－7】　当社は、前課税期間（平30.4.1～平31.3.31）の消費税額を360万円として期限内申告しましたが、その後、当課税期間開始後５か月目に誤りに気付き、前課税期間分の消費税額を540万円とする修正申告書を令元.8.21に提出しました。この場合、本年（自平31.4.1至令2.3.31課税期間）の中間申告はどうなりますか。
　　また、この場合の修正後の税額が仮に390万円だとしたらどうなるでしょうか。

　【答】　年11回、年３回又は年１回の中間申告が必要かどうかについては、直前課税期間の消費税額を基に判定することとされていますが、御質問の場合

607

のように、直前課税期間の消費税額に異動が生じたときは、その確定した時期により、申告義務及び原則的方法による場合に納付すべき税額が変わることになります。御質問の場合は、次のようになります。

1　年11回の中間申告の要否

　①　当該課税期間開始の日以後、4か月を経過した日の前日までに確定している前課税期間の消費税額は360万円ですから、この間の1か月中間申告対象期間における中間申告すべき税額は、

　　　360万円÷前課税期間の月数12×1＝30万円

　　で400万円以下ですから、この間の1か月中間申告対象期間の中間申告は不要です。

　②　5か月目に修正申告書を提出していますので、当該課税期間開始の日以後、5か月を経過した日の前日までに確定している前課税期間の消費税額は540万円ですから、5か月目以降に到来する1か月中間申告対象期間における中間申告すべき税額は、

　　　540万円÷前課税期間の月数12×1＝45万円

　　で400万円以下ですから、その後の1か月中間申告対象期間の中間申告は不要です。

　　　なお、5か月目に390万円に修正する修正申告書を提出した場合も、同様に32万5,000円で400万円以下となりますので、各1か月中間申告対象期間の中間申告は不要です。

　　　したがって、御質問の場合においては、いずれも、年11回の中間申告の必要はありません。

2　年3回の中間申告の要否

　①　課税期間開始後最初の3か月中間申告対象期間の中間申告

　　　当課税期間開始の日以後3か月を経過した日の前日までに確定している前課税期間の消費税額は360万円ですから、最初の3か月中間申告対象期間の中間申告すべき税額は、

　　　360万円÷前課税期間の月数12×3＝90万円

第15章　申告・納付・還付

で100万円以下ですから、中間申告は不要です。

②　課税期間開始後２回目の３か月中間申告対象期間の中間申告

　　５か月目に修正申告書を提出していますから、当課税期間開始の日以後６か月を経過した日の前日までに確定している前課税期間の消費税額は540万円ですから、２回目の３か月中間申告対象期間の中間申告すべき対象は、

　　540万円÷前課税期間の月数12×３＝135万円

で100万円を超えますから、中間申告は必要となります。

　　中間申告納付税額は、消費税135万円、地方消費税364,285円（135万円×$\frac{17}{63}$）、合計1,714,285円です。

③　課税期間開始後３回目の３か月中間申告対象期間の中間申告

　　当課税期間開始の日以後９か月を経過した日の前日までに確定した前課税期間の消費税額は540万円ですから、②と同様の金額で中間申告が必要です。

　なお、５か月目に390万円に修正する修正申告書を提出した場合、①の中間申告は不要です。

　②の場合について、同様に計算しますと、

　　390万円÷前課税期間の月数12×３＝975,000円

で計算した金額が100万円以下ですから、②及び③の中間申告は不要です。

　しかし、①、②の中間申告が不要であっても、当課税期間開始の日以後６か月を経過した日の前日までに確定した直前課税期間の確定消費税額を直前課税期間の月数で除して６を乗じた金額（390万円÷12×６＝195万円）は、24万円を超えていますので、195万円で６か月中間申告対象期間（年１回申告）の中間申告は必要となってきます。

　中間申告納付税額は、消費税195万円、地方消費税526,190円（195万円×$\frac{17}{63}$）、合計2,476,190円です。

参　考　法42①④⑥、地法72の87

609

中間申告が必要な事業者

【問15－8】　私は、令和元年５月にこれまで営んでいた食料品小売業の営業権を知人に譲渡し、今はサラリーマンです。

　ところで、平成30年分の消費税及び地方消費税の確定申告で消費税840,000円地方消費税210,000円を納付しましたが、現在はサラリーマンですから令和元年は中間申告の必要はないと考えてよいのでしょうか。

【答】　中間申告書を提出すべき時期に現実に事業を営んでいない場合でも、当課税期間中に事業として対価を得て行う資産の譲渡等がある限り、事業者として消費税及び地方消費税を納付する義務があります。

　したがって、中間申告及び納税の義務もあります。

　御質問の場合、前課税期間の確定消費税額が840,000円とのことですから、これを前課税期間の月数である12で除して６を乗じた金額の消費税及びその$\frac{17}{63}$相当額（113,333円）の地方消費税を合わせて、本年８月末までに中間申告・納付をすることになります。

　なお、仮決算による中間申告を行うこともできます。

参　考　法42⑥、43、地法72の87

第15章　申告・納付・還付

課税売上げがない場合の中間申告納税義務

【問15－9】　当社は、建設業を営む会社ですが、前課税期間の確定消費税額が72万円でしたので当課税期間（平31.4.1～令2.3.31）は中間申告をすることになっています。

　しかし、当課税期間は、初日から全く課税売上げがなく、仮決算を組んだとしても納付消費税額は発生しませんので中間申告はしなくてもよいと思いますが、いかがでしょうか。

【答】　消費税の中間申告は、

①　直前の課税期間の確定消費税額を直前の課税期間の月数で除した金額が、400万円を超える場合には、当該課税期間開始の日以後1か月を経過するごとに、その経過した日から2か月以内に

②　直前の課税期間の確定消費税額を直前の課税期間の月数で除して3を乗じた金額が、100万円を超え400万円以下の場合には、当該課税期間開始の日以後3か月を経過するごとに、その経過した日から2か月以内に

③　直前の課税期間の確定消費税額を直前の課税期間の月数で除して6を乗じた金額が、24万円を超える場合には、当該課税期間開始の日以後6か月を経過した日から2か月以内に

それぞれ①～③により算出した金額で中間申告書を提出し、納付することになっています。（原則的方法による中間申告）

　この場合、仮決算により計算した中間申告税額がそれぞれ400万円以下、100万円以下、24万円以下となる場合であっても中間申告書を提出する必要があります。

　なお、この場合、原則的方法による中間申告又は仮決算による中間申告いずれも可能ですが、期限内にいずれの中間申告書の提出もないときは、その提出期限において、原則的方法による中間申告をしたものとみなされます。

　御質問の場合、貴社においては③により計算した金額が24万円を超えます

611

ので、仮決算による中間申告書を期限内に提出しなければ提出期限（当課税期間開始の日以後6か月を経過した日から2か月を経過する日）において納付消費税額が36万円（72万円×$\frac{6}{12}$）、地方消費税額が97,100円（36万円×$\frac{17}{63}$）であるとする中間申告を行ったものとみなされ、同金額の納税義務が生じることになりますので、仮決算による中間申告をされる方がよいでしょう。

参考 法44、地法72の87、地令35の8

提出期限を徒過した場合の中間申告書

> **【問15−10】** 当社は消費税の中間申告を仮決算により行うこととしていましたが、中間申告期限までに仮決算による中間申告書を作成することができず、所轄の税務署に中間申告書を提出することができませんでした。こういった場合は仮決算による期限後申告をしていいのでしょうか。
>
> また、仮決算によらず、直前の課税期間の消費税額を基に算出した中間申告税額により中間申告する場合についても、中間申告書の提出を忘れた場合はどうなるのですか。

【答】 消費税の中間申告については、中間申告の必要がある事業者はその中間申告期限までに申告書を提出することとされています。

消費税の中間申告の必要がある事業者が、その中間申告期限までに中間申告書（仮決算による中間申告書を含みます。）を提出しなかった場合には、消費税法上、その中間申告期限において、直前の課税期間の消費税額を基に算出した中間申告すべき税額により中間申告があったものとみなすこととされており、中間申告には期限後申告という概念はありません。

したがって、貴社の場合は、その中間申告期限までに所轄の税務署に対して仮決算等による中間申告書を提出しておられないため、その中間申告期限

第15章　申告・納付・還付

において、すでに直前の課税期間の消費税額を基に算出した中間申告すべき
税額により中間申告書の提出があったものとみなされていますので、仮決算
による中間申告書の提出をすることはできません。

　また、上記のとおり、中間申告期限において直前の課税期間の消費税額を
基に算出した中間申告すべき税額により中間申告を行う場合も、すでにその
中間申告すべき税額により中間申告があったものとみなされていますので、
中間申告期限を徒過した場合、中間申告書を提出することはできません。

参　考　法44、基通15－1－6

任意の中間申告制度の概要

> 【問15－11】　中間申告義務のない者でも任意に中間申告ができる制
> 度があると聞きましたが、その内容はどのようなものでしょうか。

【答】　直前の課税期間の確定消費税額（地方消費税額を含まない年税額）が
48万円以下の事業者（中間申告義務のない事業者）が、「任意の中間申告書
を提出する旨の届出書」を納税地の所轄税務署長に提出した場合には、当該
届出書を提出した日以後にその末日が最初に到来する6か月中間申告対象期
間から、自主的に6か月中間申告・納付ができることとなります。

　「6か月中間申告対象期間」とは、その課税期間開始の日以後6か月の期
間で、年1回の中間申告の対象となる期間をいいます。

(例)　事業年度が1年である3月末決算法人が、令和2年3月期に任意の中間申告を
　　するためには、6か月中間申告対象期間の末日（この場合、令和元年9月30日）
　　までに届出書を提出しておく必要があります。

参　考　法42⑧、基通15－1－9
関連事例　問15－12

613

任意の中間申告制度における納付税額

> 【問15－12】 中間申告義務のない事業者が、「任意の中間申告書を
> 提出する旨の届出書」を提出した場合の中間納付額は、どのように
> なるのでしょうか。

【答】 任意の中間申告制度を適用した場合、中間納付税額は、直前の課税期間の確定消費税額の$\frac{1}{2}$の額となります（中間納付税額と併せて、地方消費税の中間納付税額を納付することになります。）。

なお、任意の中間申告制度を適用する場合であっても、仮決算を行って計算した消費税額及び地方消費税額により中間申告・納付することができます。

また、任意の中間申告制度を適用した場合、6か月中間申告対象期間の末日の翌日から2か月以内に、中間申告書を納税地の所轄税務署長に提出するとともに、その申告に係る消費税額及び地方消費税額を併せて納付する必要がありますが、期限までに納付されない場合には、延滞税が課される場合がありますのでご注意ください。

[参　考] 法42⑧、基通15－1－2
[関連事例] 問15－11、問15－13

任意の中間申告制度を適用した事業者が中間申告書を期限までに提出しなかった場合の取扱い

> 【問15－13】 中間申告義務のない事業者が、「任意の中間申告書を
> 提出する旨の届出書」を提出した場合に、当該事業者が中間申告書
> をその申告期限までに提出しなかったときは、どのように取り扱わ
> れるのでしょうか。

【答】 当該届出書を提出した事業者が6か月中間申告書をその申告期限まで

第15章　申告・納付・還付

に提出しなかった場合には、中間申告対象期間の末日に、「任意の中間申告書を提出することの取りやめ届出書」の提出があったものとみなされます。

　なお、中間申告義務がある事業者が、その申告期限までに中間申告書を提出しなかった場合には中間申告書の提出があったものとみなすこととされていますが、任意の中間申告制度による中間申告書については、当該みなし規定の適用対象外とされています。

[参　考]　法42⑨⑪、44、基通15－1－1の2、15－1－7
[関連事例]　問15－12

法人税の確定申告期限延長と消費税

> 【問15－14】　当社は、法人税確定申告については法人税法第75条の2《確定申告書の提出期限の延長の特例》の規定により申告期限の1か月延長の特例を適用していますが、消費税及び地方消費税にはこのような申告期限の延長の特例はありませんか。

【答】　法人税法では、会計監査人の監査を受けなければならないこと、その他これに類する理由により決算が確定しないため、法定申告期限までに決算が確定せず、確定申告をすることができない常況にある法人は、申請により法人税の申告期限を延長することができる特例が設けられています。

　これに対して消費税においては、課税資産の譲渡等に係る消費税及び地方消費税の確定申告期限は、各課税期間の末日の翌日から2か月であり、法人税法のような延長の特例はありません。

　なお、会計監査人等の監査により納付すべき消費税額及び地方消費税額に異動が生じた場合には、修正申告又は更正の請求を行うことにより調整することになります。

[参　考]　法45①、法法75の2、地法72の88

615

個人事業者の確定申告期限

【問15-15】 個人事業者の場合、所得税の確定申告期限は、翌年3月15日ですが、消費税及び地方消費税の場合はどのようになるのでしょうか。

【答】 事業者は、課税期間ごとに、原則としてその課税期間の末日の翌日から2か月以内に消費税及び地方消費税の確定申告書を提出することになります。

　個人事業者の課税期間は短縮の特例を受けない限り1月1日から12月31日ですので、原則的には翌年2月末日が期限となります。

　しかし、個人事業者に関しては、特例として各年の12月31日の属する課税期間については、その翌年の3月31日が期限とされています。

　(注)　この特例は、個人事業者のみに認められる特例であり、法人には適用されません。したがって、例えば、12月末日決算法人の申告期限は原則どおり翌年2月末日です。

参 考　法45①、措法86の4①、地法72の88

第15章　申告・納付・還付

相続人の申告義務

【問15－16】　個人事業者である私は、A市（A税務署所轄）で喫茶店を経営していますが、令和元年5月にB市（B税務署所轄）で薬局を経営していた被相続人の事業を承継しました。なお、相続の開始があったことを知った日は5月11日です。

ところで、被相続人は、平成29年分の課税売上げが1,000万円を超えていたため、令和元年分の消費税の確定申告及び納税を行う必要がありますが、確定申告書はA税務署に提出すればよいのでしょうか。また、確定申告及び納税は、いつまでにすればよいのでしょうか。

【答】　課税事業者である個人事業者が課税期間の中途に死亡した場合、その相続人は、その相続の開始があったことを知った日の翌日から4か月を経過した日の前日までに、被相続人の消費税及び地方消費税の確定申告書を提出しなければなりません。また、この場合の納税地は、相続人の納税地によらず、被相続人の納税地の税務署に提出することになります。

したがって、相続の開始があったことを知った日の翌日から4か月を経過した日の前日である9月11日までにB税務署に消費税及び地方消費税の確定申告書を提出する必要があります。

また、この確定申告書には付表2又は付表5のほかに「付表6　死亡した事業者の消費税及び地方消費税の確定申告明細書」を添付する必要があります。

参考　法45②③、59、地法72の88

被相続人の事業を承継した場合の納税義務

【問15-17】　前問に引き続いて質問します。平成30年分は、基準期間（平成28年分）の課税売上高が1,000万円であったため消費税の免税事業者でしたが、令和元年分も基準期間（平成29年分）の喫茶店売上げだけで判断すればよいのでしょうか。

（相続人：喫茶店）

平成29年分	平成30年分	令和元年分	令和2年分	令和3年分
800万円	900万円	（X万円）		
		(a)	(b)	(c)

（被相続人：薬局）

平成29年分	平成30年分	
1,500万円	1,600万円	800万円

【答】　相続があった年においては、相続人の基準期間における課税売上高又は被相続人の基準期間における課税売上高のいずれかが1,000万円を超える場合は、相続のあった日の翌日からその年の12月31日までの期間（図の(a)の課税期間）について消費税の納税義務は免除されません。

　よって、相続があった令和元年分は、相続人の基準期間（平成29年）における課税売上高は800万円ですが、被相続人の基準期間における課税売上高が1,500万円であるため消費税の納税義務は免除されません。

　なお、相続のあった翌年（図(b)の課税期間）及び翌々年（図の(c)の課税期間）においては、相続人の基準期間における課税売上高と被相続人の基準期間における課税売上高を合計した金額によって、納税義務の有無を判定することになります。

　したがって、令和2年分は、基準期間の平成30年分における課税売上高の合計額が1,000万円を超えることから納税義務は免除されません。

　なお、令和3年分も同様に基準期間（令和元年分）における課税売上高の合

618

計額（Ｘ万円＋800万円）によって納税義務の有無を判定することになります。

　なお、平成30年分以降の納税義務の判定においては基準期間による判定だけではなく、特定期間による判定も必要になります。

参　考　法9の2、10

関連事例　問7－1

設立1期目の還付申告

【問15－18】　当社は設立1期目の会社ですが、今期は開業準備のため創業費、開業費や機械、設備購入等の課税仕入れがあっただけで課税売上げはありませんでした。

　このような場合、創業費などの課税仕入れについて、還付を受けることはできますか。

【答】　新規開業した個人事業者や新たに設立した法人は、その年及び翌年においては基準期間の課税売上げがなく、消費税の納税義務が免除されますので、原則として仕入税額控除はできません。ただし、消費税法第12条の2の「新設法人」に該当する場合、又は課税事業者を選択する旨の届出書を納税地の所轄税務署長に提出した場合は、将来の課税売上げに直接必要な機械や設備などの課税仕入れについて、仕入税額控除（還付）を受けることができます。

　御質問の場合には、「消費税課税事業者選択届出書」を設立事業年度の末日までに提出し、仕入控除税額の計算を個別対応方式で行えば課税売上げにのみ要するものとして購入する機械、設備などの課税仕入れについて、還付を受けることができますが、非課税売上げにのみ要するものの課税仕入れはもちろん、課税・非課税共通用の課税仕入れとなる創業費等についても、課税売上げがないため、課税売上割合は0％となり、還付を受けることはできないことになります。

　なお、このような場合に、簡易課税制度を選択したときは、実際の課税仕

入れに係る消費税額によらずに課税売上げに係る消費税額を基に仕入控除税額を計算しますので、還付を受けることはできないことになります。

参 考 法9、12の2、30、37、基通11－1－7

非居住者が提出した「消費税課税事業者選択届出書」の適用開始課税期間

【問15－19】 日本国内において課税資産の譲渡等を行っていない非居住者が、日本国内で課税仕入れを行う場合において、初めて日本国内で課税仕入れを行った課税期間を、消費税法施行令第20条第1号に規定する「事業者が国内において課税資産の譲渡等に係る事業を開始した日の属する課税期間」に該当するものとして取り扱ってよいでしょうか。

【答】 消費税法施行令第20条第1号に規定する「事業者が国内において課税資産の譲渡等に係る事業を開始した日の属する課税期間」には、消費税法基本通達1－4－7において国外取引のみを行っていた法人が新たに国内において課税資産の譲渡等に係る事業を開始した課税期間も含むこととしています。ここでいう「課税資産の譲渡等に係る事業」には、国外において行う資産の譲渡等に関して国内で行った課税仕入れを含むことから、御質問のように国内で課税資産の譲渡等を行っていない非居住者が国内で初めて課税仕入れを行った課税期間は「国内において課税資産の譲渡等に係る事業を開始した課税期間」に該当します。

参 考 法9④、法令20一、基通1－4－7

第16章

国・地方公共団体等

公益法人の申告単位

【問16－1】　当法人（公益社団法人）は、法人税が収益事業について課税され、収益事業と非収益事業について区分経理することとされているため、収益事業部門を特別会計とし、非収益事業部門を一般会計としています。

消費税及び地方消費税の確定申告にあたり、このように会計単位を異にしている場合には、収益事業部門の特別会計についてのみ申告すればよいのでしょうか。また、非収益事業部門の一般会計についても申告の必要がある場合、各部門ごとに申告すればよいのでしょうか。

【答】　消費税及び地方消費税においては、非収益事業に属する資産の譲渡等を行った場合であっても、それが国内における課税資産の譲渡等である限り、課税の対象となります。

また、消費税及び地方消費税は国内における課税資産の譲渡等を課税の対象とし、これを行った事業者を納税義務者としています。基準期間における課税売上高が、1,000万円以下の場合には、消費税法第12条の2第1項に規定する新設法人を除き、その課税期間の納税義務は免除されますが、この「基

621

準期間における課税売上高」も事業者を単位として判定することとされています。

このように、消費税及び地方消費税の申告は事業者を単位として行うこととされています。この取扱いは、公益法人であっても異なるところはありませんから、収益事業部門と非収益事業部門について別々に申告することは認められません。

特別会計を設けて行う事業について、特別会計ごとに一の法人が行う事業とみなし、また、一般会計に係る事業について申告を要しないこととされているのは、国及び地方公共団体についてだけです。

したがって、公益法人のその課税期間の基準期間における課税売上高が1,000万円超である場合には、その課税期間中に収益事業部門及び非収益事業部門において行った課税資産の譲渡等について、合計したところで申告をしなければなりません。

参 考　法4①、5①、9①、9の2、45①、60①⑦、地法72の78、72の88

関連事例　問7－1

第16章　国・地方公共団体等

地方公共団体の特別会計

> 【問16－2】　当市では、他の市町村と同様、水道事業や下水道事業、病院事業や交通事業など数多くの公営事業について、特別会計を設けています。
>
> 　ところで、消費税法では国や地方公共団体の特別会計の申告義務について特例的な取扱いがあるそうですが、その概要を教えてください。

【答】　国若しくは地方公共団体については、一般会計に係る事業と特別会計を設けて行う事業とがある場合には、一般会計、特別会計ごとに一の法人が行う事業とみなして消費税法が適用されます。

　ただし、一般会計の業務として行う事業については、その課税期間の課税標準額に対する消費税額から控除できる消費税額の合計額は、その課税標準額に対する消費税額と同額とみなされ申告義務もありません。

　なお、特別会計で行う事業であっても、専ら一般会計に対して資産の譲渡等を行う特別会計は一般会計に係る業務として行う事業とみなされます。

参　考　法60①⑥⑦、令72①、基通16－1－1

資産の譲渡等の時期の特例

> **【問16-3】** 国や地方公共団体の会計は、予算決算及び会計令第１条の２及び第２条や地方自治法施行令第142条及び143条によることになっており、これは一般企業のような企業会計原則や計算書類規則等とは異なっています。
>
> このような場合、消費税法上、資産の譲渡等の時期は一般企業と同じように取り扱わなければならないのでしょうか。

【答】 消費税における国又は地方公共団体が行った資産の譲渡等又は課税仕入れ等の時期は、その対価を収納すべき又は費用を支出すべき会計年度の末日において行われたものとすることができます。つまり、一般の会社等の会計が、企業会計原則や計算書類規則等に準拠した経理によるのに対し、国・地方公共団体は予算決算及び会計令や地方自治法施行令上の会計の基準によることとなっているため、課税時期等についてもこれらの規定によることとしているわけです。

例えば、地方自治法施行令第142条第１項第２号では「随時の収入で、納入通知書又は納税の告知に関する文書………を発するものは、当該通知書等を発した日の属する年度」に歳入の会計年度所属を区分させることになっていますので、本来の資産の譲渡等の時期によらず、通知書を発した日の属する会計年度の末日に資産の譲渡等が行われたものとすることができるということになります。

参　考　法60②、令73

624

第16章　国・地方公共団体等

地方公営企業の出資の金額の範囲

【問16－4】　消費税法第12条の2《基準期間がない法人の納税義務の免除の特例》の規定では、設立当初の2年間について、資本金の額又は出資の金額が1,000万円以上である法人は、納税義務が免除されないこととなるとされていますが、地方公営企業も対象となるのでしょうか。

　　また、対象となる場合、その出資の金額とはどの部分を指すのでしょうか。

【答】　消費税法第12条の2《基準期間がない法人の納税義務の免除の特例》の規定における、出資の金額とは、合名会社、合資会社又は合同会社に係る出資の金額に限らず、出資を受け入れることとしている種々の法人に係る出資の金額も該当しますので、御質問の地方公営企業であっても出資の金額が1,000万円以上であれば、適用の対象となります。

　なお、地方公営企業の場合、固有資本金、繰入資本金及び組入資本金を合計した自己資本金が、出資の金額に該当することとなります。

参考　法12の2、基通1－5－16

特定収入の意義

> **【問16－5】** 当法人（公益社団法人）の収入のうち、消費税法上、仕入控除税額を調整しなければならない特定収入とは、どのようなものですか。
>
> また、当法人の収入のうち、例えば、一般会費や会館建設特別積立金（将来建設予定の会館の建設費用に充てるため会員から徴収する負担金）などは特定収入となりますか。

【答】 特定収入とは、国や地方公共団体の特別会計、消費税法別表第三に掲げる法人又は人格のない社団等（以下「国等」といいます。）の収入のうち、資産の譲渡等の対価以外の収入のことをいいます。例えば、租税、補助金等、寄附金、保険金、対価性のない負担金や会費、分担金などのような収入が特定収入とされています。

ただし、対価性のない収入であっても次の収入は特定収入には含まれません。

① 借入金等（借入金及び債券の発行に係る収入で、法令においてその返済又は償還のため補助金等の交付を受けることとされていないものに限ります。）、出資金、預貯金や預り金、貸付回収金、返還金及び還付金

② 課税仕入れや課税貨物の引取りのための支出に該当しない支出、又は借入金等の返済・償還のための支出に該当しない支出に使途が特定されている収入

なお、国等がこのような特定収入を得ている場合には、通常の計算方法によって算出した仕入控除税額（消費税法第30条から第36条までの規定により計算した仕入控除税額）から、一定の計算方法によって算出した額（特定収入に係る仕入れ等の税額＝消費税法施行令第75条第4項から同条第7項において規定されている額）を控除した残額のみをその課税期間における課税仕入れ等の消費税額として仕入税額控除をすることになります。

第16章　国・地方公共団体等

　ただし、簡易課税制度を適用している場合や、資産の譲渡等の対価の額と特定収入との合計額のうちに占める特定収入の割合が５％以下の場合には、この仕入控除税額の調整を行う必要はありません。

　御質問の場合には、消費税法別表第三に掲げる法人の収入ですから、その通常会費収入は特定収入に該当することになります。また、会館建設特別積立金も、その会館の利用に当たっての条件が負担者とそれ以外の者と同一であるような共同的施設に該当する場合には、その積立金は対価性が認められませんので、特定収入に該当することになります。

参考　法60④、令75①

公益法人における諸収入

【問16－6】　当法人（公益財団法人）では、次のような収入があります。これらの収入は、消費税の仕入控除税額を計算する場合、特定収入とされるのでしょうか。
①　株式配当金
②　建物賃借に係る敷金・保証金の返還金
③　納品遅延を原因とした違約金
④　預貯金の利子
⑤　割引債の償還金

【答】　御質問の場合は、次のようになります。
①　株式配当金は資産の譲渡等の対価ではありませんから、その配当金に係る株式が基本財産に属するものであるかどうかにかかわらず、特定収入となります。
②　建物賃借に係る敷金・保証金の返還金は、その建物からの退去に伴って返還されたもので、それは、単に預けていた金銭の返還を受けたのにすぎませんから、資産の譲渡等の対価には該当せず、また、特定収入にも該当

627

しません。

③　納品遅延を原因とした違約金は、納入業者が指定期日までに納品しなかったことを原因として収受するもので、資産の譲渡等の対価として収受するものではなく、対価性のない損害賠償金と認められますから、特定収入となります。

④　預金や貯金は利子を対価とする資産の貸付けに類するもので、その利子は非課税とされていますが、そもそも預貯金の利子は、資産の貸付けに類する資産の譲渡等の対価として収受するものですから、特定収入とはなりません。

⑤　割引債の償還金は、元本である取得価額に相当する金額と利子に相当する償還差益とで構成されています。このうち、取得価額に相当する部分の金額は元本の返還部分であり、特定収入に該当しません。また、償還差益は預貯金の利子と同様に非課税となる資産の譲渡等の対価に該当し、特定収入とはなりません。

したがって、これらの諸収入のうち、特定収入に該当する株式配当金、納品遅延を原因とした違約金は、仕入控除税額の計算において特定収入に係る課税仕入れ等の税額を控除する必要があるかどうかの基準となる特定収入割合の計算に当たり、その計算式の分母、分子に算入されることとなります。また、これらは、法令等において課税仕入れ等に係る支出のみに使用することとされているものではありませんから、特定収入に係る課税仕入れ等の消費税額を計算するに当たっての調整割合の計算式の分母、分子にも算入されることとなります。

参　考　法60④、令75、基通16−2−1

第16章　国・地方公共団体等

公益法人における仕入税額控除

> 【問16-7】　当法人は公益財団法人ですが、事業の一部として出版
> 事業や宿泊施設の経営を行っております。
>
> 　このほかに、国や地方公共団体から補助金を収受したり、寄附金
> を受けたりすることがあります。
>
> 　このような場合、補助金や寄附金に対する消費税の課税関係はど
> のようになるのでしょうか。

【答】　公益財団法人は、消費税法別表第三に掲げる法人に該当しますから、
課税仕入れを行った場合において、その課税期間中に補助金、寄附金等資産
の譲渡等の対価以外の収入（特定収入）があるときの仕入控除税額は、消費
税法第30条第1項又は第2項《仕入れに係る消費税額の控除》の規定により
計算した消費税額から特定収入に係る消費税額を控除した残額となります。

　ただし、次により計算した特定収入割合が5％以下のときは、通常の計算
により算出した税額が仕入控除税額となります。

> 特定収入割合＝特定収入÷（資産の譲渡等の対価の額＋特定収入）

　また、消費税法別表第三に掲げる法人であっても、「消費税簡易課税制度
選択届出書」を提出することによって、基準期間における課税売上高が
5,000万円以下である課税期間について、簡易課税制度の適用を受ける場合
にも、仕入控除税額の計算に当たっては、特定収入に係る消費税額を控除す
る必要はありません。

　簡易課税制度の適用がなく、かつ、特定収入割合が5％超である場合にお
ける仕入控除税額の計算は、次のようになります。

① 　課税仕入れ等の税額の全額を仕入税額控除する場合

　　本来の課税仕入れ等に係る消費税額から次の(イ)＋(ロ)の金額を控除します。

629

(イ)　課税仕入れ等に係る特定収入 $\times \dfrac{7.8}{110}\left(又は \dfrac{6.3}{108}\right)$

(ロ)　$\Big\{$本来の課税仕入れ等の税額 $-$ (イ)$\Big\} \times$ 調整割合

　　　　※　調整割合とは、次の算式により計算した割合です。

$$\dfrac{課税仕入れ等に係る特定収入以外の特定収入}{資産の譲渡等の対価の額（税抜）+課税仕入れ等に係る特定収入以外の特定収入}$$

(注)　(イ)の「課税仕入れ等に係る特定収入」とは、当該課税期間における特定収入のうち法令、交付要綱等又は消費税法施行令第75条第1項第6号ロの文書において課税仕入れに係る支払対価の額又は課税貨物の引取価額に係る支出のためにのみ使用することとされている部分をいいます。

② 個別対応方式による場合

　本来の課税仕入れ等に係る税額から次の(イ) + (ロ) + (ハ)の合計額を控除します。

(イ)　法令において課税売上げにのみ要する課税仕入れ等のためにのみ使途が特定されている特定収入 $\times \dfrac{7.8}{110}\left(又は \dfrac{6.3}{108}\right)$

(ロ)　法令において課税売上げと非課税売上げに共通して要する課税仕入れ等のために使途が特定されている特定収入 $\times \dfrac{7.8}{110}\left(又は \dfrac{6.3}{108}\right) \times$ 課税売上割合

(ハ)　$\Big\{$本来の課税仕入れ等の税額 $-$ ((イ) + (ロ))$\Big\} \times$ 調整割合

③ 一括比例配分方式による場合

　本来の課税仕入れ等の税額から次の(イ) + (ロ)の金額を控除します。

(イ)　課税仕入れ等に係る特定収入 $\times \dfrac{7.8}{110}\left(又は \dfrac{6.3}{108}\right) \times$ 課税売上割合

(ロ)　$\Big($本来の課税仕入れ等の税額 $-$ (イ)$\Big) \times$ 調整割合

参　考　法37、60④、令75③④、様式通達第24号様式

第16章　国・地方公共団体等

借入金の利子として使用することとされている補助金

【問16－8】　当法人（公益財団法人）では、建物の建設資金の借入れを行いましたが、借入金の利子の支払に当たっては、地方公共団体から補助金が交付されることとなっています。

当該補助金は、特定収入以外の収入として取り扱うこととなるのでしょうか。

なお、借入金元本の返済に充てるための補助金も交付されることになっていますが、この補助金が特定収入に該当するか否かによって取扱いは変わるのでしょうか。

【答】　公益法人等における資産の譲渡等の対価以外の収入であっても、次のようなものは特定収入に該当しないこととされています。

① 　借入金、債券の発行収入（法令で返済、償還のための補助金等が交付されることになっているものを除く。）

② 　受け入れた出資金

③ 　預貯金の払戻金、預り金

④ 　貸付回収金

⑤ 　受領した返還金、還付金

⑥ 　特定支出のためにのみ使用することとされている収入

「特定支出」とは、次のいずれにも該当しない支出をいうこととされています。

A……課税仕入れに係る支払対価の額に係る支出

B……課税貨物の引取価額に係る支出

C……借入金等（上記①の収入）の返済金と償還金に係る支出

また、⑥の「特定支出のためにのみ使用することとされている」とは、特定支出のためにのみ使用することについて、法令又は補助金等を交付する国、地方公共団体又は特別の法律により設立された法人が作成した交付要綱等に

おいて明らかにされている場合をいうこととされています。

　御質問の補助金については、金銭の借入れに関して交付される補助金ですが、借入金元本の返済に充てられるものではなく、非課税取引の対価である借入金利子の支払のためにのみ使用することとされている収入ですので、その補助金を交付する地方公共団体が作成した交付要綱等にその旨が明らかにされていれば、特定支出（上記⑥）に該当し、特定収入に該当しないことになります。

　これは、借入金元本の返済に充てるための補助金が特定収入に該当する場合であっても同様です。

　なお、公益社団法人又は公益財団法人が作成した寄附金の募集に係る文書（募集要綱等）において、特定支出のためにのみ使用することとされている寄附金の収入で、当該寄附金が次の①〜③に掲げる要件の全てを満たすことが募集要綱等において明らかにされていることについて行政庁（都道府県知事等）の確認を受けているものは、特定収入に該当しません。

①　特定の活動に係る特定支出のためにのみ使用されること

②　期間を限定して募集されること

③　他の資金と明確に区分して管理されること

[参　考]　令75①

第16章　国・地方公共団体等

特定収入割合の計算

【問16－9】　当法人は、学校法人ですから特定収入がある場合は、仕入控除税額は通常の方法により計算した金額から特定収入に係る消費税額を控除した金額となるのですが、特定収入割合が５％以下のときは特定収入を考慮する必要はないと聞いております。

　ところで、当法人においては、この度有価証券を譲渡しましたが、この場合、特定収入割合の計算は、課税売上割合と同じように有価証券の譲渡対価の５％相当額を対価とすればよいのでしょうか。

【答】　消費税法では、特定収入とは、補助金、寄附金など資産の譲渡等の対価以外の収入をいい、特定収入割合とは、資産の譲渡等の対価の額の合計額に特定収入の合計額を加算した金額のうちに特定収入の合計額の占める割合とされており、この割合が$\frac{5}{100}$以下である課税期間は仕入控除税額について特定収入による調整を加えなくてもよいことになっています。

　ところで、課税売上割合の計算では、例えば支払手段の譲渡は資産の譲渡に含めず、有価証券（ゴルフ場利用株式等を除きます。）などは譲渡対価の額の５％相当額を資産の譲渡等の対価の額とするなどの例外を定めています。

　しかし、この規定は、課税売上割合の計算の上での例外規定であり、特定収入割合の計算にはこれらの例外的規定は定められておりません。

　したがって、御質問の場合は有価証券の譲渡等の対価の額そのものを資産の譲渡等の対価の額として特定収入割合を計算することになります。

[参考]　法60④、令48②～⑥、75③

翌期に支出される負担金

【問16−10】　当法人（公益社団法人）では、会館を建設するため、会員から特別負担金を徴収しましたが、会館の完成が翌課税期間になるため、徴収した負担金は繰り越しました。

当法人では収益事業として建物の賃貸を行っておりますが、消費税法上、仕入控除税額の計算はどのようになるのでしょうか。なお、特別負担金については、資産の譲渡等の対価に該当するかどうかの判定が困難なため当法人及び会員ともに、資産の譲渡等の対価に該当しないものとして取り扱っております。

【答】　御質問の特別負担金については、資産の譲渡等の対価に該当するかどうかの判定が困難なものとして、貴法人及び会員ともに資産の譲渡等の対価に該当しないこととしたものと認められます。特定収入に該当するかどうかに係る対価性の判定もその取扱いによることになりますから、御質問の特別負担金に係る収入は特定収入となり、仕入控除税額の計算に当たっては、課税仕入れ等の税額の合計額から特定収入に係る課税仕入れ等の税額を控除することになります。

この場合、特定収入に係る課税仕入れ等の税額は、その特定収入があった日の属する課税期間における課税仕入れ等の税額の合計額から控除することとされていますから、御質問の特別負担金についても、それが会館の建設費用として支出されるのは翌課税期間であっても、当課税期間における仕入控除税額の計算において調整することとなります。

なお、翌課税期間の会館完成時に当該特別負担金により建設費用を支払っても、当課税期間において仕入控除税額の調整が行われていますから、改めて調整の必要はありません。

参考　法60④、令75①

634

第16章　国・地方公共団体等

過去に行われた起債等の返済に充てるために収入した他会計からの繰入金等の使途の特定方法

> 【問16－11】　過去の課税期間において行った起債等（借入金）の返済を行うための補助金、一般会計繰入金等を収入した場合の使途の特定はどのように行うのでしょうか。

【答】　使途の特定は、次のとおり行うこととなります。

① 　借入金等（起債時に、返済のための補助金等の交付が予定されていないもの）を財源として行った事業について、その借入金等の返済又は償還のための補助金等が交付される場合に、補助金等の交付要綱等にその旨が記載されているときは、その補助金等は当該事業に係る経費のみに使用される収入として使途を特定することとなります。

② 　「法令又は交付要綱等」又は「予算書、予算関係書類、決算書、決算関係書類」において、借入金等の返済費又は償還費のための補助金等とされているもの（①に該当するものを除く。）については、その補助金等の額に、借入金等に係る事業が行われた課税期間における支出のうちの課税仕入れ等の支出の額とその他の支出の額の割合を乗じて、課税仕入れ等の支出に対応する額とその他の支出に対応する額とに按分する方法によりその使途を特定することとなります。

　　この場合、借入金等に係る事業が行われた課税期間における支出には、使途が特定された補助金等の使途としての支出及び借入金等の返済費及び償還費を除きます。

参　考　法60④、令75、基通16－2－2

635

免税期間における起債の償還元金に充てるための補助金を収入した場合の調整計算

> **【問16-12】** 当地方公共団体（特別会計）は、令和元年課税期間（自平成31年4月1日至令和2年3月31日課税期間）から、地方債（借入金）の償還を実施することとなり、一般会計から当該償還金に充てるための補助金（一般会計繰入金）の交付を受けました。なお、当該地方債（借入金）は、免税事業者であった平成15年課税期間において借入れ、施設の修繕を行ったものです。
>
> このような起債等（借入金）の返済を行うための補助金は、特定収入に該当し、仕入控除額の調整計算が必要であると聞きましたが、免税事業者であった課税期間における起債の償還元金に充てるための補助金についても仕入控除税額の調整計算が必要になるのでしょうか。

【答】 国、地方公共団体等（以下「特別会計」といいます。）において、資産の譲渡等の対価以外の収入（以下「特定収入」といいます。）があり、かつ、特定収入割合が5％超である課税期間（簡易課税制度の適用を受けている場合を除きます。）については、その課税期間の課税標準額に対する消費税額から控除することができる課税仕入れ等の税額は、通常の計算により算出した課税仕入れ等の税額から特定収入に係る課税仕入れ等の税額を控除した残額とする（以下「調整計算」といいます。）こととされています。

したがって、過去の課税期間において行った起債等（借入金）の返済を行うための補助金、一般会計繰入金等を収入した場合には、原則として、上記調整計算の対象となり、当該起債等を行った課税期間に遡ってその使途を特定し、当該補助金等を収入した課税期間において、課税仕入れ等に充てられた部分の金額に相当する特定収入について課税仕入れ等の課税を調整することとなります。

第16章　国・地方公共団体等

　ただし、御質問のように、免税事業者である課税期間において行った起債等については、当該免税事業者である課税期間においては仕入控除税額の計算を行っていないことから、たとえ課税事業者となった課税期間において当該起債等の償還に充てるための補助金を収入したとしても、当該補助金は仕入税額控除の調整計算が必要な特定収入には該当せず、調整計算を行う必要はありません。

参考　法60④、令75、基通16－2－2

地方公共団体の申告期限

【問16－13】　消費税及び地方消費税の確定申告期限は、各課税期間の末日の翌日から2か月以内とされていますが、市町村の特別会計の場合、決算手続に2か月以上を要し、2か月以内に集計するのは困難です。

　地方公共団体の消費税及び地方消費税の確定申告期限について、特例はありませんか。

【答】　地方公共団体の特別会計を設けて行う事業については、消費税法では各特別会計ごとに一の法人が行う事業とみなされますから、原則としてそれぞれの特別会計に係る確定申告が必要となります。

　ところで、その申告期限ですが、まず、地方公営企業法第30条第1項《決算》の規定の適用を受ける地方公共団体の経営する企業については、課税期間終了後3か月以内であり、それ以外の場合は、課税期間終了後6か月以内となっています。

参考　令76②二、三

地方公営企業の中間申告期限

> **【問16-14】** 地方公営企業法第30条第1項《決算》の適用がある地方公営企業の特別会計の確定申告書は、課税期間の末日の翌日から3か月以内に提出することになっていますが、中間申告については、どのようになるのでしょうか。

【答】 地方公営企業特別会計は、中間申告期限等についても特例が設けられており、次表のようになります。

1 直前課税期間の消費税額が4,800万円超の場合

1か月中間申告対象期間		
中間申告の時期	中間申告・納付税額	備 考
① 1か月中間申告対象期間が、当該課税期間開始の日以後3か月の期間である場合は、課税期間開始の日から3か月を経過した日から3か月以内	（消費税額） 課税期間開始日以後3か月を経過した日の前日までに確定した直前課税期間の消費税額 $\div$ 直前課税期間の月数 （地方消費税額） 消費税額 $\times \dfrac{22}{78}$	左により計算した消費税額が400万円以下の場合は、1による中間申告は不要（地方消費税の額は含まない。）
② ①に該当しない1か月中間申告対象期間である場合は、その1か月中間申告対象期間の末日の翌日から3か月以内	（消費税額） 当該1か月中間申告対象期間の末日までに確定した直前課税期間の消費税額 $\div$ 直前課税期間の月数 （地方消費税額） 消費税額 $\times \dfrac{22}{78}$	

第16章　国・地方公共団体等

【前頁記における1か月中間申告対象期間別の申告期限等】

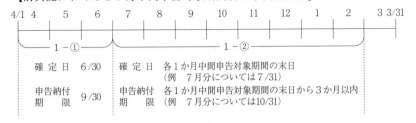

2　直前課税期間の消費税額が400万円超4,800万円以下の場合

3か月中間申告対象期間		
中間申告の時期	中間申告・納付税額	備　　　考
課税期間開始日以後3か月ごとに区分した3か月中間申告対象期間の末日の翌日から3か月以内	（消費税額） 3か月中間申告対象期間の末日までに確定した直前課税期間の消費税額 ÷ 直前課税期間の月数 × 3 （地方消費税額） 消費税額 × $\frac{22}{78}$	左により計算した消費税額が100万円以下の場合又は当該3か月中間申告対象期間が1に該当する期間を含んでいる場合は2による中間申告は不要（地方消費税額は含まない。）

3　直前課税期間の消費税額が48万円超400万円以下の場合

6か月中間申告対象期間		
中間申告の時期	中間申告・納付税額	備　　考
課税期間開始日以後6か月の期間の6か月中間申告対象期間の末日の翌日から3か月以内	（消費税額） 6か月中間申告対象期間の末日までに確定した÷直前課税期間の月数×6 直前課税期間の消費税額 （地方消費税額） 消費税額×$\frac{22}{78}$	左により計算した消費税額が24万円以下の場合又は当該6か月中間申告対象期間が1又は2に該当する期間を含んでいる場合は3による中間申告は不要（地方消費税額は含まない。）

参　考　法42①④⑥、令76③一、地法72の87

地方公共団体の中間申告期限

> 【問16−15】　地方公営企業法第30条第1項《決算》の適用がない地方公共団体の特別会計の確定申告書は、課税期間の末日の翌日から6か月以内に提出することになっていますが、中間申告はどうなるのでしょうか。

【答】　地方公共団体の特別会計は、中間申告期限等についても特例が設けられており、次表のようになります。

第16章　国・地方公共団体等

1　直前課税期間の消費税額が4,800万円超の場合

1か月中間申告対象期間		
中間申告の時期	中間申告・納付税額	備　　考
①　1か月中間申告対象期間が、当該課税期間開始の日以後3か月を経過した日の前日までに終了した期間の場合は、当該課税期間開始の日から6か月を経過した日から3か月以内	（消費税額） 課税期間開始日以後6か月を経過した日の前日までに確定した直前課税期間の消費税額　÷　直前課税期間の月数 （地方消費税額） 消費税額$\times\frac{22}{78}$	左により計算した消費税額が400万円以下の場合は、1による中間申告は不要（地方消費税の額は含まない。）
②　1か月中間申告対象期間が、当該課税期間開始の日以後4か月を経過した日の前日までに終了し、かつ、①に該当しない場合は、その課税期間開始の日から6か月を経過した日から4か月以内		
③　1か月中間申告対象期間が、当該課税期間開始の日以後5か月を経過した日の前日までに終了し、かつ、①及び②に該当しない場合は、その課税期間開始の日から6か月を経過した日から5か月以内		
④　①～③に該当しない1か月中間申告対象期間である場合は、その1か月中間申告対象期間の末日の翌日から6か月以内	（消費税額） 当該1か月中間申告対象期間の末日までに確定した直前課税期間の消費税額　÷　直前課税期間の月数 （地方消費税額） 消費税額$\times\frac{22}{78}$	

641

【前ページにおける1か月中間申告対象期間別の申告期限等】

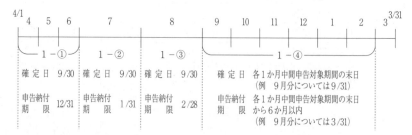

2 直前課税期間の消費税額が400万円超4,800万円以下の場合

3か月中間申告対象期間			
	中間申告の時期	中間申告・納付税額	備　考
①	3か月中間申告対象期間が、当該課税期間開始の日以後3か月ごとに区分された最初の3か月中間申告対象期間である場合は、当該課税期間開始の日から6か月を経過した日から3か月以内	（消費税額） 課税期間開始日以後6か月を経過した日の前日までに確定した直前課税期間の消費税額 ÷ 直前課税期間×3の月数 （地方消費税額） 消費税額×$\frac{22}{78}$	左により計算した消費税額が100万円以下の場合又は当該3か月中間申告対象期間が1に該当する期間を含んでいる場合は2による中間申告は不要（地方消費税額は含まない。）
②	3か月中間申告対象期間が、①に該当しない場合は、当該3か月中間申告対象期間の末日の翌日から6か月以内	（消費税額） 当該3か月中間申告対象期間の末日までに確定した直前課税期間の消費額 ÷ 直前課税期間の月数 （地方消費税額） 消費税額×$\frac{22}{78}$	

第16章 国・地方公共団体等

【前ページにおける3か月中間申告対象期間別の申告期限等】

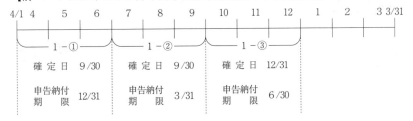

3 直前課税期間の消費税額が48万円超400万円以下の場合

6か月中間申告対象期間		
中間申告の時期	中間申告・納付税額	備　考
課税期間開始日以後6か月の期間の6か月中間申告対象期間の末日の翌日から6か月以内	（消費税額） 6か月中間申告対象期間の末日までに確定した直前課税期間の消費税額 ÷ 直前課税期間 × 6の月数 （地方消費税額） 消費税額 × $\frac{22}{78}$	左により計算した消費税額が24万円以下の場合又は当該6か月中間申告対象期間が1又は2に該当する期間を含んでいる場合は3による中間申告は不要（地方消費税額は含まない。）

参　考　法42①④⑥、令76③四、地法72の87

第17章

経理処理

税込経理と税抜経理の併用

> 【問17－1】 消費税及び地方消費税の経理処理の方法について、税込経理方式と税抜経理方式があるとのことですが、この両方式の併用は認められますか。

【答】 所得税や法人税の課税所得金額の計算に当たり、事業者が行う取引に係る消費税及び地方消費税の経理処理については、税抜経理方式又は税込経理方式のいずれの方式によることとしても差し支えないことになります。この場合、事業者の選択した方式は、その事業者の行う全ての取引について適用しなければなりません。

　したがって、個々の取引ごととか、個々の資産や経費ごとに異なる方式を適用するようなことはできません。例えば、交際費だけは税抜経理とし、他の経費は税込経理をするというようなことは認められません。

　ただ、事業者が売上げ等の収益に係る取引につき税抜経理をしている場合には、固定資産、繰延資産及び棚卸資産（以下「固定資産等」といいます。）の取得に係る取引又は販売費、一般管理費等（以下「経費等」といいます。）の支出に係る取引のいずれかの取引について税込経理をすることができるほか、固定資産等のうち棚卸資産の取得に係る取引については、継続適用を条

644

第17章　経理処理

件として、固定資産及び繰延資産と異なる方式を選択適用することができます。

　これに対して、売上げ等の収益に係る取引につき税込経理をしている場合には、固定資産等の取得に係る取引及び経費等に係る取引について税抜経理をすることはできず、全て税込経理をしなければなりません。

　このように、売上げ等の収益に係る取引につき税抜経理をしなければ税抜経理方式としては認められないとしているのは、次のような理由によります。すなわち、税抜経理方式は、売上げ等の収益に係る「仮受消費税等」と固定資産等の取得及び経費等の支出に係る「仮払消費税等」とが両建てされ、両者が相殺された差額が納付すべき又は還付を受ける消費税及び地方消費税の額になるという、消費税及び地方消費税をいわば通過勘定として処理する方式ですから、売上げ等の収益に係る取引につき税抜経理をしなければ、固定資産等の取得及び経費等の支出に係る「仮払消費税等」だけが計上されることになって、そもそも消費税及び地方消費税を通過勘定として処理するという趣旨に沿わないことになるためです。

[参　考]　平元.3.1直法2－1、平元.3.29直所3－8

免税事業者の消費税等の経理処理

> 【問17－2】　当社は、当課税期間において、免税事業者に該当します。
> 　この場合でも、当課税期間において、税抜経理方式を採用することができますか。

【答】　税抜経理方式とは、売上げ等の収益に係る仮受消費税と固定資産等の取得及び経費等の支出に係る仮払消費税等とを両建てし、両者を相殺した差額が納付すべき又は還付を受ける消費税及び地方消費税の額になるという、いわば消費税及び地方消費税を通過勘定として処理する方法です。

645

したがって、納付すべき又は還付を受けるべき消費税額及び地方消費税額が発生しない免税事業者は税抜経理そのものになじみませんので、税込経理方式によって経理することになります。

この取扱いは、消費税が課されないこととされている資産の譲渡等のみを行う事業者についても同様です。

[参考] 平元.3.1直法2-1、平元.3.29直所3-8

期末における税抜処理

> 【問17-3】 当社は、税込経理方式を採用していますが、決算の際、税抜処理をして消費税の経理を行ってもよろしいでしょうか。

【答】 事業者が行う取引に関する消費税及び地方消費税（以下「消費税等」といいます。）の経理処理はその取引が行われた都度行うのが建前です。このことから、事業者が行う取引に係る消費税等の経理処理につき税抜経理方式を適用する場合には、その取引が行われた都度税抜経理を行うのが原則です。

しかし、課税所得金額の計算上からみますと、事業年度中の取引が行われた時点では税込経理をしておいて、事業年度末に一括して税抜経理をすることとしても、何ら弊害はないといえます。

したがって、税抜経理方式による経理処理は、取引の都度行うのが原則ですが、その経理処理を事業年度終了のときにおいて一括して行っても差し支えありません。もちろん、期末に一括して税抜経理を行う方法だけでなく、例えば月次決算や中間決算を行っている事業者については、月末ごとや中間決算時において一括して税抜経理を行うことも認められます。

[参考] 平元.3.1直法2-1、平元.3.29直所3-8

第17章 経理処理

消費税等が転嫁されていない場合の税抜経理処理

【問17－4】 当社では、消費税等に関しては、税抜経理方式を採用
しています。

　ところで、当社の仕入れの中には、消費者からのものもあり、消
費税等は加算されていません。

　このような場合の経理処理はどのようにすればよいのですか。

【答】 事業者が、消費者や免税事業者から事業として資産を譲り受け、若し
くは借り受け、又は役務の提供を受けた場合でも、その消費者や免税事業者
が事業としてその資産を譲り渡し、若しくは貸し付け、又は当該役務の提供
をしたとしたときは、それが課税資産の譲渡等に該当することになるもので、
輸出等により免税となる取引でない限り、課税仕入れに該当することになり
ます。

　つまり、その支払対価の額の$\frac{10}{110}$（又は$\frac{8}{108}$）相当額は課税仕入れに係る
消費税額及び地方消費税額となりますから、税抜経理の場合は、その消費税
額等を区分して経理することになります。

参考 基通11－1－3

647

割賦販売と税抜処理

【問17−5】　当社は割賦販売を行っていますが、当期の営業内容は次のとおりです。消費税等の金額の計算と経理処理（税抜経理方式）はどのようになりますか。

　　契約金額　　5,000万円（消費税等　500万円）

　　　┌当期に支払期日が到来したもの　　　3,000万円（消費税等300万円）

　　　│上記のうち入金されていないもの　　　500万円（消費税等　50万円）

　　　│当期に支払期日が到来していないもので当期に入金があったもの

　　　└　　　　　　　　　　　　　　　　　　200万円（消費税等　20万円）

　　売上原価　　4,000万円（消費税等　400万円）

【答】

① 　商品引渡時（契約時）の経理処理

（借方）割賦仮売掛金　5,000万円／（貸方）割賦仮売上　5,000万円

　　　　割賦引渡商品　4,000万円／　　　　仕　　　入　4,000万円

② 　決算時の経理処理

（借方）割賦仮売上　　3,200万円／（貸方）割賦仮売掛金　3,200万円

　　　　現金預金　　　2,970万円／　　　　割賦売上　　　3,200万円

　　　　割賦売掛金　　　550万円／　　　　仮受消費税等　　320万円

　　　　割賦売上原価　2,560万円／　　　　割賦引渡商品　2,560万円

　　　　仮受消費税等　　320万円／　　　　仮払消費税等　　400万円

　　　　未収消費税等　　 80万円／

（注）1　当期に計上すべき割賦利益の額〔5,000万円−4,000万円〕$\times \dfrac{3,200万円}{5,000万円}=640万円$

　　　2　割賦売上原価　3,200万円−640万円＝2,560万円

　　　3　割賦引渡商品　$4,000万円 \times \dfrac{3,200万円}{5,000万円}=2,560万円$

　　　4　仮受消費税等　3,200万円×10％＝320万円

　　　5　仮払消費税等　4,000万円×10％＝400万円（課税仕入れに係る消費税額は、

第17章　経　理　処　理

当期に全額控除できます。）

　　6　非課税とされる利子（手数料）相当額については、考慮していません。

仕入返品、売上返品と経理処理

> 【問17−6】　次のような仕入返品、売上返品があった場合は、どの
> ように消費税等の経理処理をしたらよいでしょうか。
> 1　仕入商品66,000円（税込み）を返品した場合
> 2　商品330,000円（税込み）の売上返品があった場合
> 　なお、「1」は課税仕入れに係るものの返品であり、「2」は課税
> 資産の譲渡等に係る売上返品です。

【答】　消費税等の経理処理については、①消費税及び地方消費税の額を売上
高及び仕入高に含めて処理する方法（税込処理）と、②消費税及び地方消費
税の額を売上高及び仕入高に含めないで区分して処理する方法（税抜処理）
があります。二つの方法による経理処理を示すと次のようになります。

1の場合

① 税込処理

（借方）　買掛金　　66,000円／（貸方）　仕入　　　　66,000円

② 税抜処理

（借方）　買掛金　　66,000円／（貸方）　仕入　　　　60,000円

　　　　　　　　　　　　　　　　　　仮払消費税等　6,000円

2の場合

① 税込処理

（借方）　売上　　330,000円／（貸方）　売掛金　　330,000円

② 税抜処理

（借方）　売上　　300,000円／（貸方）　売掛金　　330,000円

　　　　仮受消費税等30,000円

649

貸倒れの場合の経理処理

【問17－7】 次の場合はどのように消費税等の経理処理をしたらよいでしょうか。

1 当期に売掛金55,000円（税込み）が回収不能となったために、貸倒れとなる場合

2 過年度に貸倒れ処理をしていた売掛金1,100,000円（税込み）を現金で全額回収した場合

【答】 前問と同様に二つの方法による経理処理を示すと次のようになります。

1の場合

① 税込処理

（借方） 貸倒損失 55,000円／（貸方） 売掛金 55,000円

② 税抜処理

（借方） 貸倒損失 50,000円／（貸方） 売掛金 55,000円
　　　　 仮受消費税等 5,000円／

2の場合

① 税込処理

（借方） 現　金 1,100,000円／（貸方） 雑収入 1,100,000円

② 税抜処理

（借方） 現　金 1,100,000円／（貸方） 雑収入 1,000,000円
　　　　　　　　　　　　　　　　　　　　 仮受消費税等 100,000円

第17章　経理処理

税込経理方式の場合の消費税等の損金算入の時期

> 【問17－8】　当社は税込経理方式を採用している法人ですが、課税所得金額の計算に当たり、当事業年度分の課税資産の譲渡等に係る納付すべき消費税等の額は、当事業年度分の損金として経理することができるでしょうか。

【答】　法人税の課税所得金額の計算に当たり、税込経理方式を採用している法人が納付すべき消費税等は、納税申告書に記載された税額については、その納税申告書が提出された日の属する事業年度の損金の額に算入することになります。

　ただし、その法人が申告期限未到来の納税申告書に記載すべき消費税等の額を損金経理により未払金に計上したときは、その損金経理をした事業年度の損金の額に算入することになります。

　したがって、御質問の場合は、当事業年度分の消費税額及び地方消費税額として申告、納付すべき金額を当事業年度の確定した決算において損金経理により未払金に計上したときに限り、当事業年度の損金の額に算入することができることになります。

参　考　平元.3.1直法2－1、法法2①二十五

控除対象外の仕入税額

> 【問17－9】　当社は、税抜経理方式を採用していますが、仕入れに係る消費税等のうち、非課税売上げに対応するものとして消費税及び地方消費税の納税額の計算上、控除されない部分の金額はどのように処理すればよいのでしょうか。

【答】　税抜経理方式を採っていて、課税仕入れ等の税額の計算を個別対応方

651

式又は一括比例配分方式による場合には、仮払消費税等の金額のうちに仕入税額控除をできない部分が残ります。これを控除対象外消費税額といい、法人税の所得計算上、次のように処理することになります。

1　課税売上割合が80％以上のとき

(1) 資産（棚卸資産を含みます。）に係る部分

　　損金経理を条件に即時損金算入できますが、資産の取得価額に算入することもできます。

(2) 経費に係る部分

　　即時損金算入できます。

2　課税売上割合が80％未満のとき

(1) 資産（棚卸資産を除きます。）に係る部分

　イ　個々の資産についてその控除対象外消費税額等が20万円未満であるものは、損金経理を条件に即時損金算入できます。

　ロ　イに該当しないものは、当該控除対象外消費税額等を60で除し、これに当該事業年度の月数を乗じて計算した金額の$\frac{1}{2}$に相当する金額を限度として損金経理により損金算入できます。

　　（注）　控除対象外消費税額等が発生した事業年度では上記のとおりとなりますが、その発生事業年度の翌事業年度以後は、当該控除対象外消費税額等を60で除し、これに当該事業年度の月数を乗じて計算した金額を損金経理を条件に損金算入できます。

(2) 棚卸資産に係る部分

　　損金経理を条件に即時損金算入できます。

　（注）　(1)及び(2)については、資産の取得価額に算入することもできます。

(3) 経費に係る部分

　　即時損金算入できます。

また、この処理は、所得税の場合も同様です。

参　考　法令139の4

第17章　経理処理

◆控除対象外消費税額の処理区分のフローチャート

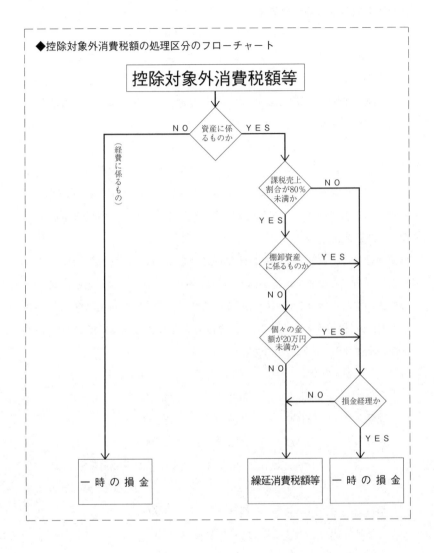

税込経理方式の場合の交際費等

> **【問17-10】** 当社は、資本金2億円の株式会社ですが、消費税の経理処理については、税込経理方式を採用したいと思っています。
>
> ところで、交際費については、税込処理又は税抜処理で法人税法上の取扱いが変わりますか。

【答】 基本的には、税込処理又は税抜処理によっても所得金額は、同一になるのですが、交際費等のように全額又は一部を損金に算入できない費用がある場合には、税込処理による方式が、税抜経理方式に比し課税所得金額が多くなります。

御質問の場合、貴社の資本金は1億円超とのことですから交際費等の金額の50%に相当する金額を超える部分の金額が損金不算入となります（飲食のために支出するものはないものとしています。）。そこで、例えば交際費等の金額が1,100（税込み）としますと、税抜方式と税込方式とでは、次のように差額が発生することになります。

〈例〉

	税抜方式		税込方式	
売上	10,000	売上	11,000	
原価	8,000	原価	8,800	
交際費	1,000	交際費	1,100	
		公租公課	100	(未払消費税等100 =1,000-800-100)
利益	1,000	利益	1,000	
税務加算額	500	税務加算額	550	
課税所得	1,500	課税所得	1,550	

これは、税込処理の場合には、資産の取得価額及び費用の額を消費税等を含んだ金額で認識するからにほかなりません。

第18章

総　額　表　示

※　消費税の円滑かつ適正な転嫁の確保のための消費税の転嫁を阻害する行為の是正等に関する特別措置法（「消費税転嫁対策特別措置法」）第10条の規定により、平成25年10月１日から令和３年３月31日までの間において、誤認防止措置を講じている場合に限り、税込価格を表示（総額表示）しなくてもよいとする特例が設けられています（問18－7～18－13参照）。

「専ら他の事業者に課税資産の譲渡等を行う場合」の意義

> 【問18－1】　不特定かつ多数の者に対して課税資産の譲渡等を行う場合であっても、「専ら他の事業者に課税資産の譲渡等を行う場合」は、総額表示義務の対象から除くこととされていますが、どのような場合が該当するのですか。

【答】　「専ら他の事業者に課税資産の譲渡等を行う場合」とは、資産又は役務の内容若しくは性質から、およそ事業の用にしか供されないような資産や役務の取引であることが客観的に明らかな場合をいいます。

　例えば、建設機械の展示販売や、事業用資産のメンテナンスといった取引が該当します。

参考　総額表示通達４

655

総額表示義務の対象となる価格の表示媒体

> 【問18－2】 総額表示が義務付けられる価格表示は値札、チラシなどのほかにどのようなものがあるのでしょうか。

【答】 課税事業者が、取引の相手方である消費者に対してあらかじめ行う価格表示であれば、それがどのようなものであるかを問わず、総額表示の対象となります。

　具体的には、次のような価格表示が考えられます。

(1) 値札、商品陳列棚、店内表示などによる価格の表示

(2) 商品、容器又は包装による価格の表示及びこれらに添付した物による価格の表示

(3) チラシ、パンフレット、商品カタログ、説明書面その他これらに類する物による価格の表示（ダイレクトメール、ファクシミリ等によるものを含みます。）

(4) ポスター、看板（プラカード及び建物、電車又は自動車等に掲載されたものを含む。）、ネオン・サイン、アドバルーンその他これらに類する物による価格の表示

(5) 新聞、雑誌その他の出版物、放送、映写又は電光による価格の表示

(6) 情報処理の用に供する機器による価格の表示（インターネット、電子メール等によるものを含みます。）

　(注) 口頭による価格の表示（電話によるものを含みます。）は総額表示の対象とはなりません。

　参　考　総額表示通達8

第18章　総額表示

「希望小売価格」の取扱い

> 【問18-3】　いわゆる「希望小売価格」については、総額表示が義務付けられているのでしょうか。

【答】　製造業者、卸売業者、輸入総代理店等の小売業者以外の者が、自己の供給する商品について、小売業者の価格設定の参考となるものとして設定している、いわゆる「希望小売価格」は、課税資産の譲渡等を行う課税事業者が、取引の相手方である消費者に対して行う価格表示ではないので、総額表示義務の対象とはなりません。

　ただし、小売店が商品パッケージ等に印刷された税抜きの「希望小売価格」で販売する場合には、棚札などに消費税額等を含めた支払総額を表示する必要があります。

　ただ、「希望小売価格」が税込価格で表示されていれば、小売店は棚札などに消費税額等を含めた支払総額を表示する必要は生じませんので、小売店の利便に資するものと考えられます。

|参　考|　総額表示通達6

単価、手数料率の取扱い

> 【問18-4】　商品の単価、あるいは手数料率なども総額表示が義務付けられていますか。

【答】　総額表示が義務付けられる価格には、商品やサービスの単価、あるいは手数料率を表示する場合など、最終的な取引価格は表示されないが、事実上、価格を表示しているに等しい表示についても総額表示が義務付けられています。

　例えば、肉の量り売り、ガソリンなどのように一定単位での価格表示、不

動産仲介手数料や有価証券の取引手数料など、取引金額の一定割合（○％）とされている表示が該当します。

（総額表示が義務付けられる単価等の表示例）

〈肉の量り売り〉 「100g　200円」 → 「100g　216円」

〈ガソリン、灯油〉 「1リットル　100円」 → 「1リットル　110円」

〈不動産仲介手数料〉 「売買価格の3.00％」 → 「売買価格の3.3％」

参考　総額表示通達5

レシートや請求書における表示

【問18-5】　レシートや請求書における表示についても、総額表示義務の対象でしょうか。

【答】　総額表示の義務付けは、値札や店内掲示、チラシあるいは商品カタログなどによって、商品、サービス等の価格をあらかじめ表示する場合を対象とするものですから、取引成立後に作成される「レシート（領収書）」や「請求書」などにおける表示については対象とはなりません。

値引販売における価格表示の取扱い

【問18-6】　スーパーマーケット等において、特定の商品について一定の営業時間に限り価格の引下げを行ったり、又は生鮮食料品等について売れ残りを回避するために一定の営業時間経過後に価格の引下げを行ったりしますが、このような場合にも総額表示が義務付けられていますか。

【答】　値引販売の際に行われる価格表示については、値札等における価格の「○割引き」あるいは「○円引き」とする表示自体は、総額表示義務の対象

658

第18章　総額表示

とはなりません。

　なお、値引後の価格を表示している場合には、総額表示にする必要があります。

参考　総額表示通達7

消費税転嫁対策特別措置法の概要

> 【問18－7】　いわゆる「消費税転嫁対策特別措置法」について、その概要はどのようなものでしょうか。

【答】　平成25年6月5日に「消費税転嫁対策特別措置法」が可決・成立し、平成25年10月1日から施行されています（同法は、令和3年3月31日までの時限立法です。）。

　同法に基づく消費税の円滑かつ適正な転嫁に向けた取組みとしては、以下のとおり4つあります。

1　消費税の転嫁拒否等の行為の是正に関する特別措置

　　平成26年4月1日以降に供給する商品又は役務について、消費税の転嫁を拒む行為等が禁止されています。

2　消費税の転嫁を阻害する表示の是正に関する特別措置

　　平成26年4月1日以降に供給する商品又は役務の取引について、消費税分を値引きする等の宣伝や広告が禁止されています。

3　価格の表示に関する特別措置（総額表示義務の特例）

　　平成25年10月1日以降、消費税の円滑かつ適正な転嫁の確保や事業者の値札の貼り替えなどの事務負担に配慮する観点から、「現に表示する価格が税込価格であると誤認されないための措置」（「誤認防止措置」）を講じていれば、「税抜価格」を表示することができるという総額表示義務の特例が設けられています。

※　消費者への配慮の観点から、当該特例を受ける事業者はできるだけ速やかに

659

「税込価格」を表示するよう努めることとされています。

4 消費税の転嫁及び表示の方法の決定に係る共同行為に関する特別措置

公正取引委員会に対して事前に届け出ることで、平成26年4月1日以降に供給する商品又は役務を対象にした、事業者又は事業者団体が行う転嫁カルテル・表示カルテルが独占禁止法の適用除外となります。

参考　消費税転嫁対策特別措置法3、8、10、12

総額表示義務の特例に関する基本的な考え方

【問18－8】　総額表示義務の特例として「税抜価格」を表示するためには、どのように行う必要があるのでしょうか。

【答】「消費税転嫁対策特別措置法」により、平成25年10月1日から令和3年3月31日までの間、「現に表示する価格が税込価格であると誤認されないための措置」(「誤認防止措置」)を講じていれば、「税抜価格」を表示することができるという特例が設けられています。

例えば、個々の商品の値札に税抜価格のみ記載して、その価格が税抜価格であることが明瞭に分かるよう（税込価格と誤認されないよう）、次のような表示を行っている場合は、誤認防止措置が講じられていることになります。

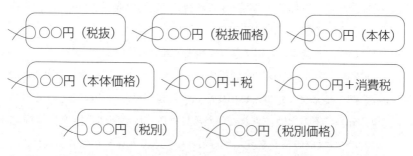

「税抜価格」を表示するために必要となる「誤認防止措置」は、消費者が商品等の選択を行う際の価格表示に関する誤認を防止するために行うもので

第18章　総額表示

すから、その誤認防止措置としての表示は、消費者が商品等を選択する際に、明瞭に認識できる方法で（店舗の規模や価格表示する媒体に応じて）行う必要があります。

　よって、次のような場合は、誤認防止措置が講じられていることにはなりません。

①　「当店の価格表示は税抜きです。」というような誤認防止のための表示が、商品等の代金決済を行う段階まで行われていないことにより、消費者が商品を選択する際に、その価格が税込価格でないことが認識できない場合

②　例えば、誤認防止のための表示の文字が著しく小さいなど、一般消費者にとって見づらいものである場合など、明瞭に表示されていない場合

参　考　消費税転嫁対策特別措置法10

個々の値札等において税抜価格であることを明示することが困難な場合

> 【問18－9】　当社では、個々の値札においてその価格の表示が税抜価格であることを明示することが困難なのですが、このような場合、誤認防止措置はどのように行えばよいでしょうか。

【答】　御質問のように、個々の値札等において税抜価格であることを明示することが困難である場合は、個々の商品の値札や棚札等には「〇〇〇円」と税抜価格のみを表示しておき、例えば、店内に、別途、店内の消費者が商品等を選択する際に目に付きやすい場所に、明瞭にその価格が税抜価格であることが分かるよう（税込価格と誤認されないよう）、次のような表示を行うことも誤認防止措置が講じられていることになります。

> **当店の価格は全て税抜表示です。**

661

> 当店の価格は全て税抜価格です。消費税分は
> レジにて別途精算させていただきます。

> 店内全て税抜価格です。消費税分はレジにて
> 請求させていただきます。

　なお、誤認防止措置としての表示は、消費者が商品等を選択する際に、明瞭に認識できる方法で行う必要がありますので、当該表示が店内のレジ周辺だけで行われている等により、消費者が商品を選択する際に、表示価格が税込価格でないことを認識できない場合は、誤認防止措置が講じられていることにはなりません。

誤認防止措置の掲示の大きさ等

> 【問18-10】　当店では、個々の商品の値札には税抜価格のみを表示しており、別途、『当店の価格は税抜です。消費税分はレジにて別途計算します。』といった内容の掲示を店内に行おうと考えていますが、どの程度の大きさ、間隔で掲示すればよいですか。
> 　また、このような誤認防止措置を講じる「目に付きやすい場所」とは、具体的にどのような場所になるのでしょうか。

【答】　店舗の大きさや商品陳列の形態、消費者の商品選択や購入の方法の違い、消費者が表示を確認する場面などによって、その認識度合いはまちまちであることから、御質問の掲示の大きさや、掲示間隔等について、一概に回答することはできませんが、総額表示義務の特例を適用するための「誤認防止措置」は、各事業者の店舗等に応じて、消費者の方々が、商品を選択する際に、明瞭に認識できる方法で行う必要があります。

　また同様の理由から、「目に付きやすい場所」についても、一概に回答す

ることはできませんが、例えば、スーパー等であれば、店頭、店内の壁面や柱、陳列棚それぞれに掲示を行うなどにより、消費者の方々が商品を選択する際に一目で分かるような掲示を行っていれば、誤認防止措置が講じられているものと考えられます。

なお、その掲示物が小さくて文字が読みづらい場合や、レジ前のみにしか掲示していないなどにより、その商品の選択の際に、その商品の価格が税込価格、税抜価格のどちらか分からない場合などには、誤認防止措置が講じられていることにはなりません。

値札の貼り替え等を行う移行期間中の価格表示

【問18−11】 当社では、値札の貼り替え等を行う移行期間中、店内の一部の商品について、税抜価格のみの表示（又は旧税率に基づく税込価格の表示）を行わざるを得ないのですが、問題ないでしょうか。

【答】 徐々に値札の変更等の作業を行う店舗では、旧税率に基づく税込価格の値札と新税率に基づく税込価格の値札、又は税抜価格のみの値札が、同一店舗内に混在することとなります。

このような場合には、店内のどの商品の価格が税抜価格のみの表示や旧税率に基づく税込価格等の表示になっているのか等について、例えば、次のような方法で、明らかにしておく必要があります。

1　個々の値札において税抜価格である旨や税込価格の計算に当たって用いた税率を明示する方法

2　値札の色によって区分する方法

3　商品棚等に税抜価格である旨や税込価格の計算に当たって用いた税率を明示する方法

例えば、税抜価格の商品を陳列する商品棚と税込価格の商品を陳列する商

663

品棚を区分して、それぞれの商品棚において、消費者が商品を選択する際に目に付きやすい場所に、明瞭に、それぞれ次のような掲示を行うことで、誤認防止措置が講じられていることになります。

【税抜表示の棚の掲示例】

> この商品棚に陳列してある商品は全て税抜表示です。消費税分はレジにて別途精算させていただきます。

【税込表示の棚の掲示例】

> この商品棚に陳列してある商品は全て税込表示です。

また、店内のどの商品が税抜価格の商品であるのか個々の値札等で明示しておき、別途、店内の消費者が商品等を選択する際に目に付きやすい場所に、明瞭に、次のような表示を行うことで、誤認防止措置が講じられていることになります。

税込（総額）表示の商品　　　税抜表示の商品の値札

> 当店では、税込表示の商品と税抜表示の商品があります。税抜価格の商品につきましては、値札に『税抜』と表示しています。

第19章

国境を越えた役務の提供に係る消費税の課税関係

国境を越えた役務の提供に係る消費税の課税関係

【問19－1】 国境を越えた役務の提供に係る消費税の課税関係について教えてください。

【答】 国境を越えた役務の提供に係る消費税の課税関係は次のとおりです。

① 電気通信利用役務の提供に係る内外判定基準の見直し

電子書籍・音楽・広告の配信などの電気通信回線（インターネット等）を介して行われる役務の提供を「電気通信利用役務の提供」と位置付け、その役務の提供が消費税の課税対象となる国内取引に該当するか否かの判定基準（内外判定基準）を、役務の提供を行う者の役務の提供に係る事務所等の所在地から、役務の提供を受ける者の住所等とする見直しが行われました。

これにより、国内に住所等を有する者に提供する「電気通信利用役務の提供」については、国内、国外いずれから提供を行っても国内取引となります。

② 課税方式の見直し（「リバースチャージ方式」の導入）

国外事業者が行う「電気通信利用役務の提供」については、「事業者向け電気通信利用役務の提供」とそれ以外のものとに区分することとされま

した。

　消費税法においては、課税資産の譲渡等を行った事業者が、当該課税資産の譲渡等に係る申告・納税を行いますが、「事業者向け電気通信利用役務の提供」については、国外事業者から当該役務の提供を受けた国内事業者が、「特定課税仕入れ」として、申告・納税を行う、いわゆる「リバースチャージ方式」が導入されました。

　なお、電気通信利用役務の提供のうち、「事業者向け電気通信利用役務の提供」以外のものについては、その役務の提供を行った事業者が消費税の申告・納税を行うことになります。

③　国外事業者から受けた「事業者向け電気通信利用役務の提供」以外の「電気通信利用役務の提供」に係る仕入税額控除の制限

　電気通信利用役務の提供のうち「事業者向け電気通信利用役務の提供」以外のもの（以下「消費者向け電気通信利用役務の提供」といいます。）については、当該役務の提供を行った事業者が消費税の申告・納税を行いますが、国外事業者から提供を受けた「消費者向け電気通信利用役務の提供」については、当分の間、仕入税額控除ができないこととされています。

　ただし、登録国外事業者から提供を受けた「消費者向け電気通信利用役務の提供」については、仕入税額控除を行うことができます。

④　登録国外事業者制度の創設

　③のとおり、国外事業者から「消費者向け電気通信利用役務の提供」を受けた国内事業者は、その仕入税額につき控除を行うことができませんが、国税庁長官の登録を受けた登録国外事業者から「消費者向け電気通信利用役務の提供」を受けたものについては、仕入税額控除が可能となる制度が設けられています。

⑤　適用開始時期

　原則として、平成27年10月１日以後行われる課税資産の譲渡等及び課税仕入れから適用されます。

[参 考]　法２①八の三、２①八の四、４③三、５①、28①、45①一、平成27年改正

666

第19章　国境を越えた役務の提供に係る消費税の課税関係

法附則1二リ、35、38①、39

電気通信利用役務の提供の範囲

> 【問19-2】「電気通信利用役務の提供」とは、具体的にはどのような取引が該当しますか。

【答】　具体的には、対価を得て行われる取引で、以下のようなものが該当します。

① インターネット等を介して行われる電子書籍・電子新聞・音楽・映像・ソフトウエア（ゲームなどの様々なアプリケーションを含みます。）の配信

② 顧客に、クラウド上のソフトウエアやデータベースを利用させるサービス

③ 顧客に、クラウド上で顧客の電子データの保存を行う場所の提供を行うサービス

④ インターネット等を通じた広告の配信・掲載

⑤ インターネット上のショッピングサイト・オークションサイトを利用させるサービス（商品の掲載料金等）

⑥ インターネット上でゲームソフト等を販売する場所を利用させるサービス

⑦ インターネットを介して行う宿泊予約、飲食店予約サイト（宿泊施設、飲食店等を経営する事業者から掲載料等を徴するもの）

⑧ インターネットを介して行う英会話教室　など

　なお、通信そのもの、又はその電気通信回線を介する行為が他の資産の譲渡等に付随して行われるものは、「電気通信利用役務の提供」に該当しませんので、内外判定基準や課税方式はこれまでと変更ありません。

　以下のような取引は「電気通信利用役務の提供」には該当しません。

667

⑨　電話、FAX、電報、データ伝送、インターネット回線の利用など、他者間の情報の伝達を単に媒介するもの（いわゆる通信）

⑩　ソフトウエアの制作等

　　著作物の制作を国外事業者に依頼し、その成果物の受領や制作過程の指示をインターネット等を介して行う場合がありますが、当該取引も著作物の制作という他の資産の譲渡等に付随してインターネット等が利用されているものですので、電気通信利用役務の提供に該当しません。

⑪　国外に所在する資産の管理・運用等（ネットバンキングを含む。）

　　資産の運用、資金の移動等の指示、状況、結果報告等について、インターネット等を介して連絡が行われたとしても、資産の管理・運用等という他の資産の譲渡等に付随してインターネット等が利用されているものですので、電気通信利用役務の提供に該当しません。ただし、クラウド上の資産運用ソフトウエアの利用料金などを別途受領している場合には、その部分は電気通信利用役務の提供に該当します。

⑫　国外事業者に依頼する情報の収集・分析等

　　情報の収集、分析等を行ってその結果報告等について、インターネット等を介して連絡が行われたとしても、情報の収集・分析等という他の資産の譲渡等に付随してインターネット等が利用されているものですので、電気通信利用役務の提供に該当しません。ただし、他の事業者の依頼によらずに自身が収集・分析した情報について対価を得て閲覧に供したり、インターネットを通じて利用させるものは電気通信利用役務の提供に該当します。

⑬　国外の法務専門家等が行う国外での訴訟遂行等

　　訴訟の状況報告、それに伴う指示等について、インターネット等を介して行われたとしても、当該役務の提供は、国外における訴訟遂行という他の資産の譲渡等に付随してインターネット等が利用されているものですので、電気通信利用役務の提供に該当しません。

第19章　国境を越えた役務の提供に係る消費税の課税関係

⑭　著作権の譲渡・貸付け

　　著作物に係る著作権の所有者が、著作物の複製、上映、放送等を行う事業者に対して、当該著作物の著作権等の譲渡・貸付けを行う場合に、当該著作物の受け渡しがインターネット等を介して行われたとしても、著作権等の譲渡・貸付けという他の資産の譲渡等に付随してインターネット等が利用されているものですので、電気通信利用役務の提供に該当しません。

　※　これら、「電気通信利用役務の提供」に該当しない、資産の譲渡・貸付け、役務の提供については、これまで同様に、その資産の譲渡・貸付け、役務の提供の種類に応じて、消費税法第4条、消費税法施行令第6条により、内外判定を行います。また、国内取引に該当し、消費税の課税対象となる場合には、これら資産の譲渡等を行った事業者に納税義務が課されます。

参考　法2①八の三、基通5-8-3

事業者向け電気通信利用役務の提供の範囲

> 【問19-3】　「電気通信利用役務の提供」のうち「事業者向け電気通信利用役務の提供」とは、具体的にどのようなものをいうのですか。

【答】　国外事業者が行う電気通信利用役務の提供のうち、役務の性質又は当該役務の提供に係る取引条件等から当該役務の提供を受ける者が通常事業者に限られるものが、「事業者向け電気通信利用役務の提供」に該当することとされています。

①　役務の性質から「事業者向け電気通信利用役務の提供」に該当するものとしては、例えば、インターネットを介した広告の配信やインターネット上でゲームやソフトウエアの販売場所を提供するサービスなどがあります。

　※　パソコンやスマートフォン等で利用できるゲームソフトなどをインタ

669

ーネット上の販売場所に掲載して販売する行為は、当該ゲームソフト等の利用許諾を複数の者に対して反復・継続して行おうとするものであるため、個人が行うものであっても消費税法上の事業に該当するものと考えられます。したがって、これらを販売する場所を提供するサービスは「事業者向け電気通信利用役務の提供」に該当することとなります。

② 取引条件等から「事業者向け電気通信利用役務の提供」に該当するものとしては、例えば、クラウドサービス等の電気通信利用役務の提供のうち、取引当事者間において提供する役務の内容を個別に交渉し、取引当事者間固有の契約を結ぶもので、契約において役務の提供を受ける事業者が事業として利用することが明らかなものなどがあります。

なお、インターネットのWebサイトから申込みを受け付けるようなクラウドサービス等において、「事業者向け」であることを当該Webサイトに掲載していたとしても、消費者をはじめとする事業者以外の者からの申込みが行われた場合に、その申込みを事実上制限できないものは、取引条件等から「当該役務の提供を受ける者が通常事業者に限られるもの」には該当しません。

このような取引は、「消費者向け電気通信利用役務の提供」に該当しますので、当該役務の提供を行う事業者（事業者が国外事業者であればその国外事業者）が申告・納税を行うこととなります。

参考 法2①八の四、基通5−8−4

消費者向け電気通信利用役務の提供

【問19−4】「消費者向け電気通信利用役務の提供」とは、具体的にどのようなものをいうのですか。

【答】「消費者向け電気通信利用役務の提供」とは、「電気通信利用役務の提供」のうち、「事業者向け電気通信利用役務の提供」に該当しないものをいい、

670

第19章　国境を越えた役務の提供に係る消費税の課税関係

具体的には、対価を得て行われるもので、消費者も含め広く提供される以下のような取引が該当します。

○　インターネット等を通じて行われる電子書籍・電子新聞・音楽・映像・ソフトウエア（ゲームなどの様々なアプリケーションを含みます。）の配信

○　顧客に、クラウド上のソフトウエアやデータベースを利用させるサービス

○　顧客に、クラウド上で顧客の電子データの保存を行う場所の提供を行うサービス

○　インターネット上のショッピングサイト・オークションサイトを利用させるサービス（商品の掲載料金等）

※　インターネット上でゲームやソフトウエアの販売場所を提供するサービスなどは「事業者向け電気通信利用役務の提供」に該当します（【問19－3】参照。）。

　ただし、このような役務の提供であっても、インターネット上のデータベース等を企業内で広く活用するために、当該役務の提供を受けている事業者と利用範囲、利用人数、利用方法等について個別に交渉を行って、一般に提供されている取引条件等とは別に、当該事業者間で固有の契約を締結しているようなものなど、その取引条件等から事業者間取引であることが明らかな場合には、「事業者向け電気通信利用役務の提供」に該当します。

参考　基通5-8-4（注）

リバースチャージ方式

> 【問19－5】　当社は国内で宿泊施設を運営している事業者ですが、インターネットで外国人向けの宿泊予約サイトを運営している国外事業者に対して、掲載料を支払っています。
>
> 　これらの取引について、消費税の課税方式が見直されたと聞きましたが、その内容を教えてください。

【答】　消費税の課税方式について、これまでは課税資産の譲渡等を行った事業者が当該課税資産の譲渡等に係る申告・納税を行うこととされていましたが、平成27年度税制改正において「事業者向け電気通信利用役務の提供」については、国外事業者から当該役務の提供を受けた国内事業者が申告・納税を行う、いわゆる「リバースチャージ方式」が導入されました（平成27年10月1日以後に行う課税資産の譲渡等及び課税仕入れから適用）。

　この課税方式の対象となる「事業者向け電気通信利用役務の提供」とは、国外事業者が行う電気通信利用役務の提供のうち、「役務の性質又は当該役務の提供に係る取引条件等から当該役務の提供を受ける者が通常事業者に限られるもの」がこれに該当します。

　具体的には、国外事業者が行うインターネット上での広告の配信やゲームをはじめとするアプリケーションソフトをインターネット上のWebサイトで販売する場所を提供するサービスなどがあります。

　お尋ねのような、国外事業者がインターネットを介して運営している宿泊予約サイトへ、自社が運営する宿泊施設情報を掲載するサービスは、サービスの性質から事業者向けであることが明らかな取引であることから「事業者向け電気通信利用役務の提供」に該当し、役務の提供を受けた貴社が、広告掲載に係る支払対価の額を課税標準として、リバースチャージ方式により、申告・納税を行う必要があります。

　ただし、リバースチャージ方式は、経過措置により、当分の間は、当該課

672

第19章　国境を越えた役務の提供に係る消費税の課税関係

税期間について一般課税により申告する場合で、課税売上割合が95％未満である事業者のみに適用されますのでご注意ください。

【事業者向け電気通信利用役務の提供に係る課税方式（リバースチャージ方式）】

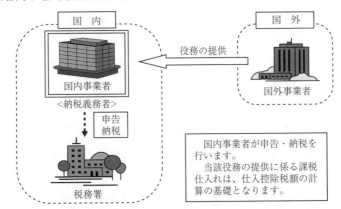

【特定課税仕入れがある（事業者向け電気通信利用役務の提供等を受けた）場合の消費税の計算イメージ】

※　課税売上割合が80％で、一括比例配分方式を前提に記載しています。

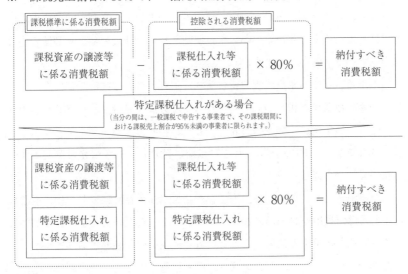

参考　法5①、28②、30①、45①一、平成27年改正法附則42、44②

673

芸能・スポーツ等の役務の提供に係る消費税の課税関係

【問19－6】　当社（内国法人）は、外国人タレントが来日して出演するイベントを企画・運営する会社ですが、当該外国人タレントに対し、国内で行われる出演について報酬を支払っています。

このような取引について、消費税の課税方式が見直されたと聞きましたが、その内容を教えて下さい。

【答】　国外事業者である俳優、音楽家その他の芸能人又は職業運動家（以下「外国人タレント等」といいます。）が来日して行う役務の提供（例えば、コンサートや舞台への出演、野球・サッカー・ゴルフなどのスポーツイベント等への出場など）は、日本国内で役務の提供が行われていることから、これまでも国内取引として消費税の課税対象とされていました。

しかし、こうした外国人タレント等は、一般的に、短期間で帰国することから、適切な申告納税を求めることには自ずと限界があります。

一方で、日本の興行主等においては、外国人タレント等が消費税の申告納税を行っているか否かにかかわらず、原則として、仕入税額控除制度の適用を受けていたと考えられます。

そのため、平成27年度税制改正により、国外事業者が国内で行う芸能・スポーツ等の役務の提供について消費税の課税方式が見直され、当該役務の提供を受けた事業者に申告納税義務を課す、いわゆるリバースチャージ方式が導入されました。（平成28年4月1日以後に行われる課税資産の譲渡等及び課税仕入れから適用。）

したがいまして、御質問の国内で行われる出演の報酬については、役務の提供を受けた貴社が、当該外国人タレントに支払った報酬の額を課税標準として、リバースチャージ方式により申告・納税を行う必要があります。

ただし、リバースチャージ方式は、経過措置により、当分の間は、当該課税期間について一般課税により申告する場合で、課税売上割合が95％未満で

第19章　国境を越えた役務の提供に係る消費税の課税関係

ある事業者のみに適用されます。

　また、当該課税期間において、課税売上割合が95％以上の事業者や簡易課税制度が適用される事業者は、経過措置により、当分の間、当該外国人タレントに支払った報酬はなかったものとされますので、その課税期間の消費税の申告では、当該仕入れは課税標準額、仕入控除税額のいずれにも含まれませんのでご注意ください。

【国外事業者が行う芸能・スポーツ等に係る消費税の課税方式の見直し（リバースチャージ方式）】

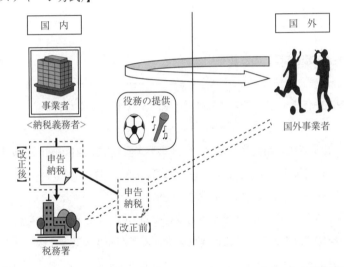

参考　法2①八の五、5①、28②、45①一、令2の2、平成27年改正法附則48①

「国外事業者」の意義

> 【問19-7】 「国外事業者」とは、どのような事業者ですか。

【答】 所得税法第2条第1項第5号に規定する非居住者である個人事業者及び法人税法第2条第4号に規定する外国法人をいいます。

したがって、国内に支店等を有する外国法人についても、国外事業者に該当します。

参 考　法2①四の二、基通1-6-1

「特定資産の譲渡等」の意義

> 【問19-8】 「特定資産の譲渡等」について教えてください。

【答】 「特定資産の譲渡等」とは、①「事業者向け電気通信利用役務の提供」及び②「特定役務の提供」をいい、それぞれ次のとおりです。

① 「事業者向け電気通信利用役務の提供」

国外事業者が行う電気通信利用役務の提供のうち、その役務の性質又は取引条件等から、その役務の提供を受ける者が通常事業者に限られるものをいいます。

② 「特定役務の提供」

資産の譲渡等のうち、国外事業者が行う映画若しくは演劇の俳優、音楽家その他の芸能人又は職業運動家の役務の提供を主たる内容とする事業として行う役務の提供のうち、国外事業者が他の事業者に対して行う役務の提供（不特定かつ多数の者に対して行う役務の提供を除く。）をいいます。

※1 「事業者向け電気通信利用役務の提供」については、平成27年10月1日以後行われるものから改正後の法律が適用されますが、「特定役務の提供」については、平成28年4月1日以後行われるものから改正

第19章　国境を越えた役務の提供に係る消費税の課税関係

後の法律が適用されます。

2　「事業者向け電気通信利用役務の提供」の内容については、**問19－**
3参照。

参　考　法2①八の二、2①八の四、2①八の五、令2の2、基通5－8－4～5
－8－7

「特定仕入れ」・「特定課税仕入れ」の意義

> **【問19－9】**　「特定仕入れ」及び「特定課税仕入れ」について、詳
> 細を教えてください。

【答】　「特定仕入れ」とは、事業として他の者から受けた特定資産の譲渡等
をいいます。

ここでいう特定資産の譲渡等とは、「事業者向け電気通信利用役務の提供」
と「特定役務の提供」であり、特定資産の譲渡等を仕入れた場合、その仕入
れが「特定仕入れ」となります。

また、「特定課税仕入れ」とは、課税仕入れのうち国内において行った「特
定仕入れ」に該当するものをいいます。「特定課税仕入れ」は、リバースチ
ャージ方式により、「特定課税仕入れ」を行った事業者に消費税の納税義務
が課されることとなります。

参　考　法4①、5①、28②、45①一

国外事業者の納税義務の判定－その1

> **【問19－10】**　国外事業者であっても事業者免税点制度は適用されま
> すか。

【答】　国外事業者であっても、他の事業者と同様に事業者免税点制度が適用

677

されます。したがって、原則として、その基準期間における課税売上高が
1,000万円以下である場合には、免税事業者に該当することとなります。

　※　国外事業者であっても、消費税法第９条の２から第12条の３までの納
　　税義務の免除の特例の規定も適用されます。

参考　法９①

国外事業者の納税義務の判定－その２

> 【問19－11】　電気通信利用役務の提供を行っている国外事業者の基
> 準期間における課税売上高の計算はどのように行えばよいでしょう
> か。

【答】　基準期間における課税売上高を計算する際の課税資産の譲渡等からは、
特定資産の譲渡等に該当するものは除かれていますので、特定資産の譲渡等
以外の課税資産の譲渡等の対価の額から課税売上高を計算して納税義務の判
定を行うこととなります。

　したがって、例えば、電気通信利用役務の提供のみを行っている国外事業
者で、「事業者向け電気通信利用役務の提供」と「消費者向け電気通信利用
役務の提供」を国内に提供している場合には、「消費者向け電気通信利用役
務の提供」に係る対価の額のみで計算することになります。

　※　特定期間における課税売上高の計算も同様です。

参考　法５①かっこ書き、９①、基通１－４－２（注）３

第19章　国境を越えた役務の提供に係る消費税の課税関係

特定課税仕入れに係る消費税の課税標準

【問19−12】　特定課税仕入れに係る消費税の課税標準について教えてください。

【答】　特定課税仕入れに係る消費税の課税標準は、特定課税仕入れに係る「支払対価の額」となります。「支払対価の額」とは、対価として支払い、又は支払うべき一切の金銭又は金銭以外の物若しくは権利その他経済的な利益の額をいいます。

　なお、特定課税仕入れについては、当該特定課税仕入れを行った事業者に納税義務が課されていますので、支払った対価の額には消費税等に相当する金額は含まれていません。

　したがって、課税資産の譲渡等の対価の額のように110分の100（又は108分の100）を乗じて税抜計算する必要はなく、支払った（支払うべき）金額がそのまま課税標準額となります。

参　考　法28②、基通10−2−1

特定課税仕入れに係る消費税額

【問19−13】　課税標準額に対する消費税額から控除する特定課税仕入れに係る消費税額について教えてください。

【答】　課税標準額に対する消費税額から控除する特定課税仕入れに係る消費税額は、特定課税仕入れに係る「支払対価の額」に100分の7.8（又は100分の6.3）を乗じて算出した金額となります。

　特定課税仕入れについては、当該特定課税仕入れを行った事業者に納税義務が課されていますので、支払った対価の額には消費税等に相当する金額は含まれていません。

679

したがって、特定課税仕入れ以外の課税仕入れのように110分の7.8（又は108分の6.3）を乗じて計算することにはなりませんので注意してください。

参考 法30①

事業者向け電気通信利用役務の提供に該当するかどうかの判断

【問19-14】 当社は、国外事業者と様々な取引を行っています。当社が提供を受けた「電気通信利用役務の提供」が「事業者向け電気通信利用役務の提供」に該当するかどうかはどのように判定すればよいですか。

【答】 その電気通信利用役務の提供が、例えば、広告の配信やインターネット上でゲームやソフトウエアの販売場所を提供するサービスなど、その役務の性質から事業者向けであると判断できるもの以外については、取引条件等から判断することとなります。

例えば、クラウドサービス等であっても広く消費者も申し込めるものは当然に「事業者向け電気通信利用役務の提供」に該当しませんが、例えば、取引当事者間において提供する役務の内容を個別に交渉し、取引当事者間固有の契約を結ぶもので、取引当事者間で契約過程及びその最終的な契約書等において、事業者向けであることが明らかなものは「事業者向け電気通信利用役務の提供」に該当します。

このように、取引条件等から「事業者向け電気通信利用役務の提供」に該当するものは、取引に関与している当事者間で契約書等により「事業者向け電気通信利用役務の提供」に該当していることが明確となるものですので、これら契約書や契約過程の連絡文書等により確認することとなります。

なお、事業者向け電気通信利用役務の提供を行う国外事業者には、あらかじめ課税仕入れを行う国内事業者に対して、当該国内事業者が納税義務者となる旨（当該取引がリバースチャージ方式の対象であること）を表示する義

第19章　国境を越えた役務の提供に係る消費税の課税関係

務が課されていますので、取引開始時等にこれら表示を確認することも有用
です。

参考　法2①八の四、62

事業者向け電気通信利用役務の提供である旨の表示

> **【問19－15】**　国内において「事業者向け電気通信利用役務の提供」
> を行う国外事業者は、当該役務の提供に際し、あらかじめ、「当該
> 役務の提供に係る特定課税仕入れを行う事業者が消費税を納める義
> 務がある旨」を表示する必要がありますが、どのような方法で行え
> ばよいですか。

【答】　例えば、インターネット等において役務の提供の内容等を紹介してい
る場合には、その規約や価格表示されている場所など、また、カタログ等を
発行している場合にはそのカタログなどの取引相手が容易に認識できる場所
に、「日本の消費税は役務の提供を受けた貴社が納税することとなります。」
や「日本の消費税のリバースチャージ方式の対象取引です。」などの表示を
行うこととなります。

　その他、対面やメール等で取引内容等の交渉を行うのであれば、当該交渉
を開始する段階において取り交わす、書類やメールなどにこれらの文言を明
記することとなります。

　いずれにしても、取引の相手方が、あらかじめ当該取引が自身に納税義務
が課されるものであることが認識できるような表示を行うこととなります。

参考　法62、基通5－8－2

特定課税仕入れに係る帳簿及び請求書等の保存

> 【問19－16】　特定課税仕入れに係る消費税額の仕入税額控除を行う
> 場合の帳簿及び請求書等の保存について教えてください。

【答】　課税仕入れ等の税額が特定課税仕入れに係るものである場合には、法令に規定された事項が記載された帳簿の保存のみで仕入税額控除の適用を受けることができます。

　この場合の記載事項は消費税法第30条第8項第2号に次のとおり定められています。

　イ　特定課税仕入れの相手方の氏名又は名称

　ロ　特定課税仕入れを行った年月日

　ハ　特定課税仕入れの内容

　ニ　第一項に規定する特定課税仕入れに係る支払対価の額

　ホ　特定課税仕入れに係るものである旨

　特定課税仕入れに係るものである旨の記載については、例えば、帳簿に特定と付記するなど、事後にその課税仕入れが特定課税仕入れに該当することが確認できる表示で差し支えありません。

参　考　法30⑦

課税売上割合の計算方法

> 【問19－17】　特定課税仕入れがある場合の課税売上割合の計算について教えてください。

【答】　課税売上割合の計算については、原則として、その事業者の資産の譲渡等及び課税資産の譲渡等の対価の額により計算しますので、課税売上割合の計算において、その事業者の資産の譲渡等及び課税資産の譲渡等ではない

第19章　国境を越えた役務の提供に係る消費税の課税関係

特定課税仕入れに係る金額は考慮する必要はありません。

　また、国外事業者においても、課税売上割合を計算する際の資産の譲渡等及び課税資産の譲渡等からは「特定資産の譲渡等」（「事業者向け電気通信利用役務の提供」及び「特定役務の提供」）が除かれていますので、特定資産の譲渡等を除いたところで課税売上割合の計算を行うこととなります。

参　考　法30、令48①

消費者向け電気通信利用役務の提供の税額控除

> **【問19−18】**　当社（内国法人）は、国外事業者からインターネットを通じて電子書籍の配信を受けています。この取引について、仕入税額控除はできますか。

【答】　国外事業者が国内の事業者や消費者に対して行う電気通信利用役務の提供のうち、事業者向け電気通信利用役務の提供以外のもの（以下「消費者向け電気通信利用役務の提供」といいます。）については、国内取引として当該国外事業者に申告納税義務が発生します（平成27年10月１日以後に行う課税資産の譲渡等から適用）。

　また、当該「消費者向け電気通信利用役務の提供」を受けた国内の課税事業者においては、課税仕入れが発生し、仕入税額控除制度の適用を受けることができますが、執行権の及ばない国外事業者が納税義務者となるため、「納税なき仕入税額控除」を防ぐ観点から、当分の間、当該役務の提供に係る課税仕入れについて仕入税額控除を制限することとされました。

　ただし、当該役務の提供を行った国外事業者が国税庁長官による登録を受けた国外事業者（以下「登録国外事業者」といいます。）である場合には、当該登録国外事業者から受けた「消費者向け電気通信利用役務の提供」に係る課税仕入れについて、一定の帳簿及び請求書等の保存を要件として仕入税額控除を行うことができることとされました。

683

なお、登録国外事業者の氏名又は名称、住所又は本店所在地、登録番号等は、国税庁ホームページで公表されます。

　お尋ねの取引は、一般的には「消費者向け電気通信利用役務の提供」に該当しますので、仕入税額控除制度の適用を受けるためには、取引の相手先である国外事業者が登録国外事業者に該当するか国税庁ホームページで確認し、登録国外事業者であれば、仕入税額控除を行うことができます。

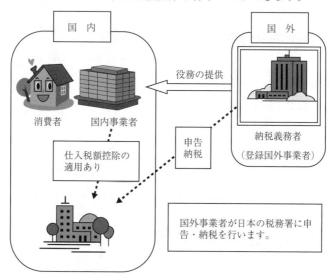

[参　考]　法30⑦～⑨、基通11－1－3（注）2、平成27年改正法附則38①～④、平成27年改正省令2①

「登録国外事業者」の意義

【問19－19】「登録国外事業者」とは、どのような事業者ですか。

【答】「登録国外事業者」とは、「消費者向け電気通信利用役務の提供」を行う課税事業者である国外事業者で、国税庁長官の登録を受けた事業者をいいます。

第19章　国境を越えた役務の提供に係る消費税の課税関係

　国外事業者から受けた「消費者向け電気通信利用役務の提供」については、「登録国外事業者」から受けたもののみが仕入税額控除の対象となります。

　「登録国外事業者」については、登録次第、国税庁ホームページで、当該事業者の氏名又は名称、登録番号及び登録年月日等について公表することとしています。

参　考　平成27年改正法附則39①

登録国外事業者の確認方法

> **【問19－20】**　取引先が「登録国外事業者」であるかどのように確認すればよいですか。

【答】　「登録国外事業者」については、当該事業者の氏名又は名称、登録番号及び登録年月日等について、国税庁ホームページで公表しますので、国税庁ホームページで確認してください。

　また、登録国外事業者から受けた「消費者向け電気通信利用役務の提供」について、仕入税額控除を行うためには、氏名又は名称等の他に、登録番号と登録国外事業者自身が納税義務者であることが記載された請求書等の保存が必要となります。また、「登録国外事業者」は、取引相手からの求めに応じて当該請求書等を発行する義務が課されていますので、これら請求書等も併せて確認してください。

参　考　平成27年改正法附則38④

登録日以前の消費者向け電気通信利用役務の提供の仕入税額控除

> **【問19−21】** インターネットで確認したところ、相手事業者が「登録国外事業者」であることを確認できました。登録年月日以前にも同じ国外事業者から役務の提供を受けていますが、遡って仕入税額控除は可能ですか。

【答】 仕入税額控除を行うことはできません。

　国内における課税仕入れのうち、国外事業者から受けた「消費者向け電気通信利用役務の提供」で仕入税額控除を行うことができるのは、登録国外事業者から提供を受けたもののみです。

　また、登録日の前日までは当該事業者は「登録国外事業者」ではありませんので、登録日前に当該事業者から受けた「消費者向け電気通信利用役務の提供」は、たとえ遡って請求書等の発行を受けたとしても仕入税額控除の対象とはなりません。

参 考 平成27年改正法附則38①

登録番号の記載のない請求書等

> **【問19−22】** 「消費者向け電気通信利用役務の提供」を国外事業者から受けましたが、国外事業者から電子メールで届いた請求書には登録番号の記載がなかったので、インターネットで確認したところ、「登録国外事業者」であることは確認できました。登録番号の記載がない請求書により仕入税額控除は可能ですか。

【答】 国外事業者から受けた「消費者向け電気通信利用役務の提供」で仕入税額控除を行うことができるのは、「登録国外事業者」から提供を受けたもののみです。

第19章　国境を越えた役務の提供に係る消費税の課税関係

　また、このような課税仕入れについても法令に定められた事項が記載され
た帳簿及び請求書等の保存が義務付けられています。

　この記載事項に登録番号も含まれていますので、当該課税仕入れについて
仕入税額控除を行うためには、登録番号を含めた法令に定められた事項が記
載された請求書等の再交付の要求を行っていただいた上で、当該請求書等の
保存をしておく必要があります。

　なお、登録国外事業者は、取引当事者からの求めに応じて請求書等を交付
する義務、及び誤った請求書等を交付した場合には内容を修正した請求書等
を交付する義務が課されています。

[参考]　平成27年改正法附則38④⑤

登録国外事業者になるための要件等

> **【問19-23】**「登録国外事業者」の登録を受けるには、どのような
> 要件を満たしておく必要がありますか。

【答】「消費者向け電気通信利用役務の提供」を行い又は行おうとする国外
事業者は、①又は②の要件を満たしている場合には、納税地を所轄する税務
署長を経由して国税庁長官に申請を行うことにより「登録国外事業者」とし
て登録を受けることができます。

①　国内において行う「消費者向け電気通信利用役務の提供」に係る事務所、
　　事業所その他これらに準ずるものが国内に所在すること

②　消費税に関する税務代理権限を有する税務代理人がいること

　　　（①、②いずれの事業者も納税管理人を定めなければならない場合には、
　　納税管理人を指定しておく必要があります。なお、納税管理人は、税務代
　　理人が兼ねることもできます。）

　　　ただし、次のような事業者は①又は②を満たしていても登録を受けるこ
　　とはできません。

687

イ　国税の滞納があり、かつ、その徴収が著しく困難であること

ロ　次の理由で登録を取り消され、その取消しの日から1年を経過しない者であること

(イ)　消費税につき、正当な理由がなく期限内申告書の提出がなかった場合

(ロ)　国税の滞納があり、かつ、その徴収が著しく困難であること

(ハ)　事実を仮装して記載した請求書等を交付したこと

　また、「登録国外事業者」として登録された事業者は、登録を受けている課税期間においては、事業者免税点制度の適用はありません。例えば、その課税期間の基準期間における課税売上高が1,000万円以下となった場合であっても消費税の納税義務が課されます。

参　考　平成27年改正法附則1二リ、39⑤⑩⑬

登録国外事業者の取消等

> 【問19−24】「登録国外事業者」としての登録をやめる場合の手続き等について教えてください。

【答】「登録国外事業者」が、「登録国外事業者の登録の取消しを求める旨の届出書」(第38号様式)をその納税地を所轄する税務署長を経由して国税庁長官に提出した場合には、その提出した日の属する課税期間の末日の翌日に、当該登録は、その効力を失います(提出した翌課税期間の初日から登録国外事業者でなくなります)。

　ただし、届出書を当該課税期間の末日から起算して30日前の日からその末日までの間に提出した場合には、提出した翌々課税期間の初日から登録の効力を失います。

※　国税庁長官は、「登録国外事業者」が次のいずれかに該当する場合には、登録を取り消すことができることとされています。

第19章　国境を越えた役務の提供に係る消費税の課税関係

① 国外事業者に該当しなくなったこと

② 消費税に係る事務所等が国内に所在しなくなったこと

③ 申告書の提出期限までに、その申告書に係る消費税に関する税務代理権限証書が提出されていないこと

④ 納税管理人を定めていないこと

⑤ 消費税につき、正当な理由がなく期限内申告書の提出がなかったこと

⑥ 国税の滞納があり、かつ、その徴収が著しく困難であること

⑦ 事実を仮装して記載した請求書等を交付したこと

参　考　平成27年改正法附則39⑥⑪

登録国外事業者の発行する請求書等への記載事項

【問19－25】 「登録国外事業者」が作成する請求書等に記載すべき事項はなんですか。

【答】 当分の間、国外事業者が行う「消費者向け電気通信利用役務の提供」については、「登録国外事業者」が行うもののみ仕入税額控除が認められることとされています。

また、「登録国外事業者」から提供を受けた「消費者向け電気通信利用役務の提供」についても他の課税仕入れと同様に帳簿及び請求書等の保存が要件とされており、「登録国外事業者」は、取引相手からの求めに応じて請求書等を発行する義務が課されています。

この場合に「登録国外事業者」が発行すべき請求書等に記載しておくべき事項は、以下のとおりです。

イ 書類の作成者の氏名又は名称及び登録番号

ロ 課税資産の譲渡等を行った年月日（課税期間の範囲内で一定の期間内に行った課税資産の譲渡等につきまとめて当該書類を作成する場合には、当該一定の期間）

689

ハ　課税資産の譲渡等に係る資産又は役務の内容

ニ　課税資産の譲渡等の対価の額（当該課税資産の譲渡等に係る消費税額及び地方消費税額に相当する額がある場合には、当該相当する額を含む。）

ホ　書類の交付を受ける当該事業者の氏名又は名称

ヘ　課税資産の譲渡等を行った者が消費税を納める義務がある旨

　※　下線部が、他の課税仕入れに係る請求書等の記載事項と異なる部分です。

　なお、「消費者向け電気通信利用役務の提供」という取引の性質をかんがみて、仕入税額控除を行う事業者は、取引相手から交付される請求書等については、紙によるものの保存に代えて、法令に規定された記載事項を満たした電子的な請求書等の保存によることができることとされていますので、役務の提供を行った国外事業者は、これら記載事項が記録された電子的な請求書等を発行すれば足りることとなります。

参　考　平成27年改正法附則38①〜④、平成27年改正省令附則２①

事業者向け電気通信利用役務の提供のみを行っている場合の登録の可否

> 【問19−26】　「事業者向け電気通信利用役務の提供」のみを行っている事業者ですが、「登録国外事業者」の登録はできますか。

【答】　「登録国外事業者」は、国内において「消費者向け電気通信利用役務の提供」を行い又は行おうとする事業者のみ登録を行うことができます。

　したがって、「事業者向け電気通信利用役務の提供」のみを行っており、「消費者向け電気通信利用役務の提供」を行う予定がない事業者は登録を行うことはできません。

参　考　平成27年改正法附則38①、39①

第19章　国境を越えた役務の提供に係る消費税の課税関係

特定課税仕入れがある場合の納税義務の判定

【問19－27】　当社は、国内に本店を有する法人ですが、当課税期間に国外事業者から「特定課税仕入れ」である「事業者向け電気通信利用役務の提供」を受けました。また、当課税期間は一般課税で課税売上割合も95％未満なので、特定課税仕入れに係る支払対価の額を課税標準として申告を行います。この場合に、翌々課税期間の納税義務の判定を行う際の基準期間における課税売上高に、特定課税仕入れに係る支払対価の額は含まれるのでしょうか。

【答】　　納税義務の判定は、その事業者が行った課税資産の譲渡等の対価の額から計算した「課税売上高」により判定することとされています。

　「特定課税仕入れ」は、その事業者の仕入れであって、課税資産の譲渡等ではありませんので、「特定課税仕入れ」に係る支払対価の額を課税標準として消費税の申告・納税を行っていたとしても、納税義務の判定や簡易課税制度が適用されるか否かの判定における課税売上高には、特定課税仕入れに係る支払対価の額は含まれません。

参　考　法9①、基通1－4－2（注）4

免税事業者からの特定課税仕入れ

> **【問19−28】** 当社は、当課税期間について簡易課税制度の適用がな
> く、課税売上割合も95％未満の事業者です。このたび、国外の免税
> 事業者にインターネットによる広告配信を依頼しましたが、免税事
> 業者からの特定課税仕入れ（事業者向け電気通信利用役務の提供）
> についても、リバースチャージ方式により申告を行う必要があるの
> でしょうか。

【答】 国外事業者から受けた「事業者向け電気通信利用役務の提供」につい
ては、「特定課税仕入れ」として役務の提供を受けた国内事業者に納税義務
が課されており、いわゆるリバースチャージ方式により消費税の申告をする
必要があります。

　ところで、「特定課税仕入れ」とは、課税仕入れのうち事業として他の者
から受けた「事業者向け電気通信利用役務の提供」をいうこととされており、
その提供者が免税事業者であっても、提供される役務が「事業者向け電気通
信利用役務の提供」に該当するのであれば、「特定課税仕入れ」として役務
の提供を受けた事業者に納税義務が課されます。

　したがって、御質問のように当課税期間に簡易課税制度の適用がなく、課
税売上割合が95％未満であれば、リバースチャージ方式による申告が必要で
す。

参　考　法4①、5①、基通5−8−1

第19章　国境を越えた役務の提供に係る消費税の課税関係

事業者向け電気通信利用役務の提供を受けた場合の内外判定基準

> **【問19－29】**　「事業者向け電気通信利用役務の提供」に係る内外判
> 定基準について教えてください。

【答】　国内事業者が国外事業所等（注）で受ける「事業者向け電気通信利用
役務の提供」のうち、国内以外の地域において行う資産の譲渡等にのみ要す
るものである場合は、国外取引となり、国外事業者が恒久的施設（注）で受
ける「事業者向け電気通信利用役務の提供」のうち、国内において行う資産
の譲渡等に要するものである場合は、国内取引となります（平成29年1月1
日以後に行われる特定仕入れから適用。）。

　（注）　「国外事業者等」又は「恒久的施設」とは、所得税法又は法人税法上の国外
　　　　事業者等又は恒久的施設をいいます。

参　考　法4④

特定課税仕入れがある場合の経理処理

> **【問19－30】**　当社は、税抜経理方式を適用している消費税の課税事
> 業者ですが、国外事業者から「事業者向け電気通信利用役務の提供」
> を受け、その対価を支払った場合の経理処理について教えてくださ
> い。
> 《前提》事業者向け電気通信利用役務の提供（特定課税仕入れ）に
> 　　　　係る対価　10,000円
> 　　　　当該特定課税仕入れに係る消費税等の額　1,000円（対価の
> 　　　　10％相当額）

【答】　次の仕訳例1や仕訳例2の経理処理を行うことになります。

　＜仕訳例1＞

693

特定課税仕入れ　10,000円　／　支払対価（現金）　10,000円
＜仕訳例２＞
　　特定課税仕入れ　10,000円　／　支払対価（現金）　10,000円
　　仮払金　　　　　 1,000円　／　仮受金　　　　　　　1,000円

　特定課税仕入れを行った事業者は、当該特定課税仕入れに係る消費税の申告・納税義務が課されるため、その取引時において国外事業者との間で特定課税仕入れに係る消費税等の額に相当する金銭の受払いがなく、その対価の額と区分すべき消費税等の額はありません。

　したがって、特定課税仕入れの対価を支払った時の会計仕訳は＜仕訳例１＞のようになります。つまり、税抜経理方式又は税込経理方式のいずれの方式を適用している場合であっても、経理処理は同様となります。

　また、税抜経理方式を適用している課税事業者で、いわゆる伝票会計を行うものが決算処理等の都合上、取引時においてその特定課税仕入れに係る消費税等の額に相当する額を、仮受金及び仮払金等の仮勘定を用いて＜仕訳例２＞のように経理処理をすることとしても差し支えありません。

　なお、一般課税により申告を行う場合で、特定課税仕入れを行った課税期間の課税売上割合が95％未満のときは、リバースチャージ方式による消費税等の申告を行う必要がありますので、この特定課税仕入れに係る対価の額については、他の課税仕入れに係る対価の額と区分して管理することが必要となります。

参　考　平成元年３月１日付直法２－１「消費税法等の施行に伴う法人税の取扱いについて」（法令解釈通達）５の２

第20章
令和元年10月1日の消費税率の引上げに係る経過措置

経過措置の概要

> 【問20－1】 31年施行日（令和元年10月1日）以後の取引に適用される経過措置の概要を教えてください。

【答】 31年施行日以後の取引については、原則として、31年新消費税法（新税率）が適用されることとなりますが、こうした原則を厳格に適用することが明らかに困難と認められる取引については、経過措置が設けられており、旧税率（8％）を適用することとされています。

参 考　改正法附則16

【主な経過措置】

内容	適用関係
① 旅客運賃等 　31年施行日以後に行う旅客運送の対価や映画・演劇を催す場所、競馬場、競輪場、美術館、遊園地等への入場料金等のうち、26年施行日から31年施行日の前日までの間に領収しているもの	26年施行日（H26.4.1）　31年施行日（R1.10.1） 対価受領　入場等

695

② 電気料金等 　継続供給契約に基づき、31年施行日前から継続して供給している電気、ガス、水道、電話、灯油に係る料金等で、31年施行日から令和元年10月31日までの間に料金の支払を受ける権利が確定するもの	
③ 請負工事等 　26年指定日から31年指定日の前日までの間に締結した工事（製造を含みます。）に係る請負契約（一定の要件に該当する測量、設計及びソフトウェアの開発等に係る請負契約を含みます。）に基づき、31年施行日以後に課税資産の譲渡等を行う場合における、当該課税資産の譲渡等	
④ 資産の貸付け 　26年指定日から31年指定日の前日までの間に締結した資産の貸付けに係る契約に基づき、31年施行日前から同日以後引き続き貸付けを行っている場合（一定の要件に該当するものに限ります。）における、31年施行日以後に行う当該資産の貸付け	

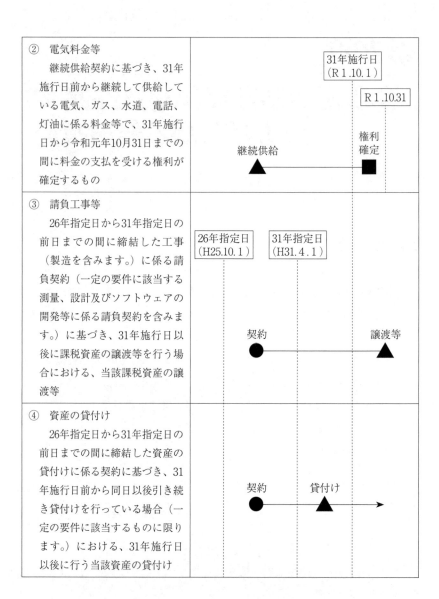

第20章　令和元年10月1日の消費税率の引上げに係る経過措置

	26年指定日 （H25.10.1）	31年指定日 （H31.4.1）	31年施行日 （R1.10.1）

⑤　指定役務の提供

　26年指定日から31年指定日の前日までの間に締結した役務の提供に係る契約で当該契約の性質上役務の提供の時期をあらかじめ定めることができないもので、当該役務の提供に先立って対価の全部又は一部が分割で支払われる契約（割賦販売法に規定する前払式特定取引に係る契約のうち、指定役務の提供※に係るものをいいます。）に基づき、31年施行日以後に当該役務の提供を行う場合において、当該役務の内容が一定の要件に該当する役務の提供

※　「指定役務の提供」とは、冠婚葬祭のための施設の提供その他の便益の提供に係る役務の提供をいいます。

契約　●────────▲　指定役務

⑥　予約販売に係る書籍等

　31年指定日の前日までに締結した不特定多数の者に対する定期継続供給契約に基づき譲渡する書籍その他の物品に係る対価を31年施行日前に領収している場合で、その譲渡が31年施行日以後に行われるもの（軽減対象資産の譲渡等を除きます。）

契約　●────■────▲▲→　対価受領　定期供給

⑦ 特定新聞 　不特定多数の者に週、月その他の一定の期間を周期として定期的に発行される新聞で、発行者が指定する発売日が31年施行日前であるもののうち、その譲渡が31年施行日以後に行われるもの（軽減対象資産の譲渡等を除きます。）	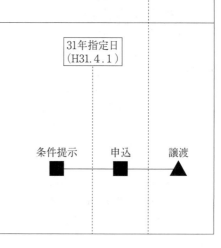
⑧ 通信販売 　通信販売の方法により商品を販売する事業者が、31年指定日の前日までにその販売価格等の条件を提示し、又は提示する準備を完了した場合において、31年施行日前に申込みを受け、提示した条件に従って31年施行日以後に行われる商品の販売（軽減対象資産の譲渡等を除きます。）	

第20章　令和元年10月１日の消費税率の引上げに係る経過措置

⑨　有料老人ホーム 　26年指定日から31年指定日の前日までの間に締結した有料老人ホームに係る終身入居契約（入居期間中の介護料金が入居一時金として支払われるなど一定の要件を満たすものに限ります。）に基づき、31年施行日前から同日以後引き続き介護に係る役務の提供を行っている場合における、31年施行日以後に行われる当該入居一時金に対応する役務の提供	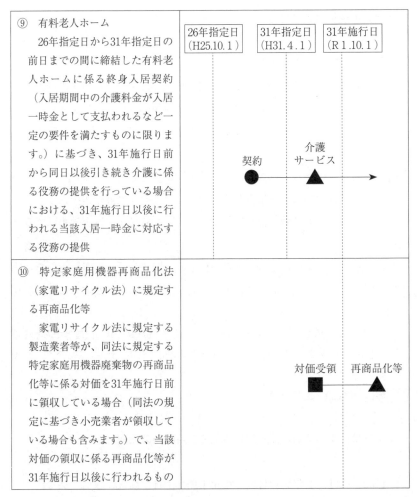
⑩　特定家庭用機器再商品化法（家電リサイクル法）に規定する再商品化等 　家電リサイクル法に規定する製造業者等が、同法に規定する特定家庭用機器廃棄物の再商品化等に係る対価を31年施行日前に領収している場合（同法の規定に基づき小売業者が領収している場合も含みます。）で、当該対価の領収に係る再商品化等が31年施行日以後に行われるもの	

※　上記以外にも、「リース譲渡に係る資産の譲渡等の時期の特例を受ける場合における税率等に関する経過措置」などの経過措置が設けられています。

経過措置の選択適用の可否

> 【問20－2】 経過措置が適用される取引は、必ず経過措置を適用し
> なければなりませんか。例えば、電気料金等の税率等に関する経過
> 措置の適用を受ける電気料金について、新税率（10％）により仕入
> 税額控除の計算をすることはできますか。

【答】 経過措置の各規定により、31年旧消費税法を適用することとされてい
る場合、当該経過措置が適用される取引について必ず経過措置を適用し、旧
税率（8％）により消費税額を計算することとなります（選択適用はできま
せん。）。

　したがって、例えば、電気料金等の税率等に関する経過措置の適用を受け
る電気料金については、旧税率により仕入税額控除の計算をすることとなり
ます。

　※　令和元年10月1日以後に行う資産の譲渡等が軽減対象資産の譲渡等である場合
　　の適用税率に関しては、経過措置の各規定は適用されず、軽減税率が適用されま
　　す。

参 考　平成28年改正令附則4

31年施行日前後の取引に係る消費税法の適用関係の原則

> 【問20－3】 31年施行日（令和元年10月1日）前後の取引に係る消
> 費税法の適用関係を教えてください。

【答】 31年新消費税法は、改正法附則に規定する経過措置が適用される場合
を除き、31年施行日以後に国内において事業者が行う資産の譲渡等並びに31
年施行日以後に国内において事業者が行う課税仕入れ及び保税地域から引き
取られる課税貨物（以下「課税仕入れ等」といいます。）に係る消費税につ

700

第20章　令和元年10月１日の消費税率の引上げに係る経過措置

いて適用し、26年施行日（平成26年４月１日）から31年施行日の前日（令和
元年９月30日）までの間に国内において事業者が行った資産の譲渡等及び課
税仕入れ等に係る消費税については、なお従前の例によることとされていま
す。

　したがって、31年施行日の前日までに締結した契約に基づき行われる資産
の譲渡等及び課税仕入れ等であっても、31年施行日以後に行われるものは、
経過措置が適用される場合を除き、当該資産の譲渡等及び課税仕入れ等につ
いて31年新消費税法が適用されることとなります。

　なお、31年施行日以後に行われる軽減対象資産の譲渡等については、軽減
税率が適用されます。

参　考　改正法附則15、平成31年経過措置通達２

31年施行日前後の返品等の取扱い

> **【問20－４】**　販売商品の返品について、例えば、10月中に返品を受
> けた商品は、９月中の販売に対応するものとして処理している場合、
> 令和元年10月中の返品については令和元年９月中の販売に対応する
> ものとして、31年旧消費税法の規定に基づき売上げに係る対価の返
> 還等に係る消費税額の計算を行って差し支えないですか。

【答】　26年施行日（平成26年４月１日）から31年施行日の前日（令和元年９
月30日）までの間に行った商品の販売について、31年施行日（令和元年10月
１日）以後に商品が返品され、対価の返還等をした場合には、31年旧消費税
法の規定に基づき売上げに係る対価の返還等に係る消費税額を計算すること
とされています。

　御質問のように、合理的な方法により継続して返品等の処理を行っている
場合には、事業者が継続している方法により、売上げに係る対価の返還等に
係る消費税額を計算しても差し支えありません。

701

なお、このように取り扱う場合には、取引当事者間において取り交わす請求書等に適用税率を明記し、取引の相手方は、当該請求書等に記載された税率により仕入れに係る対価の返還等に係る消費税額を計算することとなります。

【参　考】　改正法附則11、16

事業者間で収益・費用の計上基準が異なる場合の取扱い

> 【問20－5】　当社（Ａ社）では、検収基準により仕入れを計上しています。ところで、当社と取引先（Ｂ社）の収益、費用の計上基準の違いにより、当社が、10月初旬に検収基準により仕入れを計上したものであっても、取引先が出荷基準によっている場合、31年施行日（令和元年10月１日）前に出荷された商品は旧税率（８％）が適用されるので、取引先（Ｂ社）から、旧税率に基づく消費税額等が記載された請求書が送付されてくるものと考えられます。このような場合、当社の仕入控除税額の計算はどのように行えばよいですか。

【答】　31年新消費税法は、経過措置が適用される場合を除き、31年施行日以後に行われる資産の譲渡等及び課税仕入れ等について適用されます。

　御質問の事例は、Ｂ社がＡ社に対して、26年施行日（平成26年４月１日）から31年施行日の前日（令和元年９月30日）までの間に行った課税資産の譲渡等ですので、Ａ社においても、31年旧消費税法の規定に基づき仕入控除税額の計算を行うこととなります。

【参　考】　改正法附則15

第20章　令和元年10月１日の消費税率の引上げに係る経過措置

月ごとに役務提供が完了する保守サービスの適用税率

【問20－６】　当社は、事務機器の保守サービスを行っており、保守
サービスの年間契約（月額○○円）を締結しています。この保守サ
ービスについては、月ごと（20日締め）の作業報告書を作成し、保
守料金を請求しており、月ごとに役務提供が完了するものです。こ
の場合、31年施行日（令和元年10月１日）をまたぐ９月21日から10
月20日までの期間に対応する保守サービスについては、新税率（10
％）が適用されますか。

【答】　御質問の役務提供契約は、年間契約とされていますが、月ごとの作業
に対して料金を支払うこととされており、月ごとに役務提供が完了するもの
とのことです。

　したがって、令和元年９月21日から同年10月20日までの役務提供について
は、その役務提供の完了した日である10月20日における税率（10％）が適用
されることとなります。

　（注）　１か月分の料金を日割り計算する等により、９月21日～９月30日の期間に相
　　　　当する金額を算出することも可能ですが、御質問のような取引は、毎月20日締
　　　　めとしている１か月分の計算期間が一の取引単位であるとのことですので、そ
　　　　の取引単位ごとに同一の税率が適用されます。

703

保守料金を前受けする保守サービスの適用税率

> 【問20－7】　当社は、事務機器の保守サービスを行っており、保守
> サービスの契約期間を令和元年10月１日以後１年間とする保守契約
> を令和元年９月30日までに締結するとともに、同日までに一括して
> １年間の保守料金を前受けしています。
>
> 　なお、この保守契約は、月額○○円として保守料金を定めており、
> 中途解約があった場合には、未経過期間分の保守料金を返還するこ
> ととしています。
>
> 　この保守契約に係る取引について、１年間分を一括収受し、前受
> 金として計上したものを毎月の役務提供の完了の都度、収益に計上
> することとしていますが、この場合において、31年施行日（令和元
> 年10月１日）以後、毎月の役務提供の完了の都度、収益に計上する
> 際の適用税率はどのようになりますか。

【答】　役務の提供による資産の譲渡等の時期は、物の引渡しを要するものに
あっては、その目的物の全部を完成して引き渡した日、物の引渡しを要しな
いものにあっては、その約した役務の全部を完了した日とされています。ま
た、前受金に係る資産の譲渡等の時期は、現実に資産の譲渡等を行った時と
されています。

　御質問の保守契約のような、契約期間は１年間であるものの、保守料金が
月額で定められており、その役務提供が月々完了するものについては、この
保守契約に基づき計上した前受金に係る資産の譲渡等の時期は、現実に毎月
の役務提供が完了する時であり、その時の消費税率が適用されます。

　したがって、31年施行日以後、役務提供が完了するものについては、新税
率（10％）が適用されることとなります。

参考　基通９－１－５、９－１－27

704

第20章　令和元年10月1日の消費税率の引上げに係る経過措置

リース資産の分割控除

【問20－8】　所有権移転外ファイナンス・リース取引（所得税法施行令第120条の2第2項第5号又は法人税法施行令第48条の2第5項第5号に規定する「リース取引」をいう。）につき、賃借人が賃貸借処理（通常の賃貸借取引に係る方法に準じた会計処理をいう。）をしている場合には、そのリース料について支払うべき日の属する課税期間における課税仕入れとする処理（以下「分割控除」という。）が認められています。

26年施行日（平成26年4月1日）から31年施行日の前日（令和元年9月30日）までに引渡しを受けたリース資産について分割控除する場合は、31年施行日（令和元年10月1日）以後の支払に係る分割控除についても旧税率（8％）に基づき行うこととなりますか。

【答】　所有権移転外ファイナンス・リース取引については、リース資産の譲渡として取り扱われますので、消費税率は、当該リース資産の譲渡があった時の税率が適用されます。

したがって、26年施行日から31年施行日の前日までに引渡しを受けたリース資産に係る分割控除については、31年旧消費税法が適用され、31年施行日以後の支払に係る分割控除は、旧税率（8％）に基づき行うこととなります。

メンテナンス料を含むコピー機のリース料

【問20－9】 当社の行うコピー機のリース取引（オペレーティング・リース）については、リース料にメンテナンスに係る料金を含む月額料金で契約しています。

契約期間は５年間でその期間中、料金の改定ができないこととなっており、26年指定日（平成25年10月１日）から31年指定日の前日（平成31年３月31日）までに契約を締結し、31年施行日（令和元年10月１日）前から引き続き貸し付けることとなります。

この場合に、資産の貸付けの税率等に関する経過措置が適用されますか。

【答】 メンテナンスを賃貸人の責任として行っており、リース料の算定にその費用を織り込んだ上でリース料を算出している場合は、月額料金の全額について資産の貸付けの税率等に関する経過措置が適用されます。

なお、顧客の選択により、リース契約とは別の契約により付加されるメンテナンス料については、資産の貸付けの税率等に関する経過措置は適用されません。

第20章　令和元年10月1日の消費税率の引上げに係る経過措置

部分完成基準が適用される建設工事等の適用税率

【問20－10】　建設工事等（工事進行基準の規定を受けるものを除く。）については、基通9－1－8《部分完成基準による資産の譲渡等の時期の特例》により、一定の事実がある場合には、その建設工事等の全部が完成しないときにおいても、その課税期間において引き渡した建設工事等の量又は完成した部分に対応する工事代金に係る資産の譲渡等の時期については、その引渡しを行った日とすることとされています。

　このような部分完成基準が適用される建設工事等に対する消費税率の適用関係はどのようになるのですか。

※　当該建設工事等は、平成31年4月1日以後に契約を締結したものであり、工事の請負等の税率等に関する経過措置の適用はありません。

【答】　御質問の建設工事等については、それぞれの「部分引渡し」が行われた日により適用税率を判定することとなりますので、

・　令和元年9月30日までの「部分引渡し」については、旧税率（8％）、

・　令和元年10月1日以後の「部分引渡し」については、新税率（10％）が適用されることとなります。

707

不動産賃貸の賃借料に係る適用税率

【問20−11】　当社は、不動産賃貸業を営む会社ですが、平成31年4月1日以後に契約する賃貸借契約（資産の貸付けの税率等に関する経過措置は適用されないもの）における次の賃貸料に係る消費税の適用税率について教えてください。

① 　当月分（1日から末日まで）の賃貸料の支払期日を前月○日としている賃貸借契約で、令和元年10月分の賃貸料を令和元年9月に受領する場合

② 　当月分の賃貸料の支払期日を翌月○日としている賃貸借契約で、令和元年9月分の賃貸料を令和元年10月に受領する場合

【答】　31年新消費税法は、経過措置が適用される場合を除き、31年施行日（令和元年10月1日）以後に行われる資産の譲渡等及び課税仕入れ等について適用されます。

① 　令和元年10月分の賃貸料であり、31年施行日以後である令和元年10月分の資産の貸付けの対価として受領するものですから、10月末日における税率（10％）が適用されます。

② 　令和元年9月分の賃貸料であり、31年施行日前である令和元年9月分の資産の貸付けの対価として受領するものですから、支払期日を10月としている場合であっても、9月末日における税率（8％）が適用されます。

参　考　改正法附則15

第20章　令和元年10月1日の消費税率の引上げに係る経過措置

未成工事支出金として経理したものの仕入税額控除

【問20－12】　当社は、未成工事支出金として経理した課税仕入れに
つき、その目的物の引渡しをした日の属する課税期間における課税
仕入れとしていますが、この場合において、令和元年9月30日まで
の課税仕入れの金額について未成工事支出金として経理したものを
31年施行日（令和元年10月1日）以後に完成する日の属する課税期
間において課税仕入れとするときは、旧税率（8％）により、仕入
税額控除の計算を行うこととなりますか。

【答】　建設工事等に係る目的物の完成前に行った当該建設工事等のための課
税仕入れ等の金額について未成工事支出金として経理した場合においても、
当該課税仕入れ等については、その課税仕入れ等をした日の属する課税期間
において仕入税額控除を行うこととなりますが、当該未成工事支出金として
経理した課税仕入れ等につき、当該目的物の引渡しをした日の属する課税期
間における課税仕入れ等とすることも、継続適用を条件として認められてい
ます。

　したがって、御質問の場合、令和元年9月30日までの課税仕入れの金額に
ついて未成工事支出金として経理したものを31年施行日以後に完成する日の
属する課税期間において課税仕入れとする場合であっても、当該課税仕入れ
は31年施行日前に行ったものであることから、旧税率（8％）により、仕入
税額控除の計算を行うこととなります。

参　考　基通11－3－5

建設仮勘定として経理したものの仕入税額控除

【問20－13】 当社は、建設仮勘定として経理した課税仕入れにつき、その目的物の完成した日の属する課税期間における課税仕入れとしていますが、この場合において、令和元年9月30日までの課税仕入れの金額について建設仮勘定として経理したものを31年施行日（令和元年10月1日）以後に完成する日の属する課税期間において課税仕入れとするときは、旧税率（8％）により、仕入税額控除の計算を行うこととなりますか。

【答】　建設工事等に係る目的物の完成前に行った当該建設工事等のための課税仕入れ等の金額について建設仮勘定として経理した場合においても、当該課税仕入れ等については、その課税仕入れ等をした日の属する課税期間において仕入税額控除を行うこととなりますが、当該建設仮勘定として経理した課税仕入れ等につき、当該目的物の完成した日の属する課税期間における課税仕入れ等とすることも認められています。

　したがって、御質問の場合、令和元年9月30日までの課税仕入れの金額について建設仮勘定として経理したものを31年施行日以後に完成する日の属する課税期間において課税仕入れとする場合であっても、当該課税仕入れは31年施行日前に行ったものであることから、旧税率（8％）により、仕入税額控除の計算を行うこととなります。

参 考　基通11－3－6

710

第20章　令和元年10月1日の消費税率の引上げに係る経過措置

短期前払費用として処理した場合の仕入税額控除

【問20−14】　当社（3月決算法人）は、平成31年3月に、平成31年4月から令和2年3月までの1年間の保守契約を締結し、同月中に1年分の保守料金を支払いました。

　この保守料金は月極めであり、契約期間が31年施行日（令和元年10月1日）をまたいでいることから、適用税率は次のとおりとなっています。

・　平成31年4月から令和元年9月分までの保守料金には旧税率（8％）

・　令和元年10月から令和2年3月分までの保守料金には新税率（10％）

　当社は、この保守料金について平成31年3月期の法人税の申告において、法人税基本通達2−2−14《短期の前払費用》を適用し、その保守料金の全額をその支払った日の属する事業年度において損金の額に算入することとしています。

　ところで、消費税の課税仕入れの時期についても、基通11−3−8《短期前払費用》の規定により、その支出した日の属する課税期間において行ったものとして取り扱うこととされていますが、この場合、当社は平成31年3月課税期間の消費税の申告において、当該保守料金の仕入税額控除の計算はどのように行えばよいのですか。

【答】　平成31年3月課税期間に係る消費税の申告においては、

・　平成31年4月から令和元年9月分までの保守料金（旧税率（8％）適用分）についてのみ、仕入税額控除を行い、

・　令和元年10月から令和2年3月分までの保守料金（新税率（10％）適用分）に係る消費税等相当額については、仮払金として翌期に繰り越し、翌期の課税期間に係る消費税の申告において、新税率（10％）により、

711

仕入税額控除を行うこととなります。

なお、1年分の保守料金について旧税率（8％）により仕入税額控除を行う場合には、翌課税期間において、新税率が適用される部分（令和元年10月分から令和2年3月分）について8％の税率による仕入対価の返還を受けたものとして処理した上で、改めて新税率（10％）により仕入税額控除を行うこととなります。

(注) 31年新消費税法の規定は、31年施行日以後の課税資産の譲渡等に適用されるものであることから、31年施行日前の課税期間に係る消費税の申告においては、新税率による申告ができないため、御質問の場合においては、上記の方法により消費税の申告を行うこととなります。

第20章　令和元年10月１日の消費税率の引上げに係る経過措置

出来高検収書に基づき支払った工事代金の仕入税額控除

【問20－15】　当社（９月決算法人）は、基通11－6－6《元請業者が作成する出来高検収書の取扱い》の規定を適用して、出来高検収書を作成し下請業者に記載事項の確認を受けることにより、当該出来高検収書に基づき課税仕入れを計上して消費税の申告を行っています。

ところで、当社は、平成31年４月１日以後に下請業者との間で建設工事等の請負契約（工事の請負等の税率等に関する経過措置は適用されないもの）を締結しているものがあり、下請業者から当該建設工事等の目的物の引渡しを受けるのは、令和元年10月１日以後となることから、工事代金は、新税率（10％）により計算しています。

この取引について、令和元年９月課税期間に係る消費税の申告において、令和元年９月30日までに出来高検収書に基づき支払った工事代金の仕入税額控除を行う予定ですが、令和元年10月１日よりも前の課税期間の申告であることから、８％の税率に基づき、仕入税額控除する予定です。

この場合、新税率10％と旧税率８％の差額の２％分については、どのように処理すればよいのですか。

【答】　照会の取引については、翌課税期間以後の課税期間に係る消費税の申告において、既に31年旧消費税法の規定（旧税率（８％））に基づき仕入税額控除をした部分について仕入対価の返還を受けたものとして処理した上で、改めて31年新消費税法の規定（新税率（10％））に基づき仕入税額控除を行うこととなります。

713

26年施行日から31年施行日の前日までの間に「領収している場合」の意義

> 【問20-16】 旅客運賃、映画・演劇を催す場所等への入場料金を26年施行日（平成26年4月1日）から31年施行日の前日（令和元年9月30日）までの間に「領収している場合」とは、具体的にどのような場合をいうのですか。

【答】 事業者が、旅客運賃、映画・演劇を催す場所等への入場料金を26年施行日から31年施行日の前日までの間に領収している場合において、当該対価の領収に係る課税資産の譲渡等が31年施行日（令和元年10月1日）以後に行われるときは、当該課税資産の譲渡等については、旧税率（8％）が適用されます。

ここでいう、26年施行日から31年施行日の前日までの間に「領収している場合」とは、おおむね次のような場合をいいます。

① 乗車、入場又は利用（以下「乗車等」といいます。）をすることができる日が31年施行日以後の特定の日に指定されている乗車券、入場券又は利用券等（以下「乗車券等」といいます。）を26年施行日から31年施行日の前日までの間に販売した場合（前売指定席券、前売入場券等）

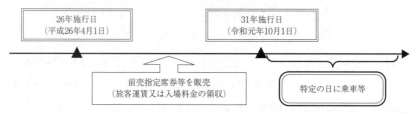

② 乗車等の日が31年施行日以後の一定の期間又は31年施行日前から31年施行日以後にわたる一定の期間の任意の日とされている乗車券等を26年施行日から31年施行日の前日までの間に販売した場合（回数券等）

第20章　令和元年10月1日の消費税率の引上げに係る経過措置

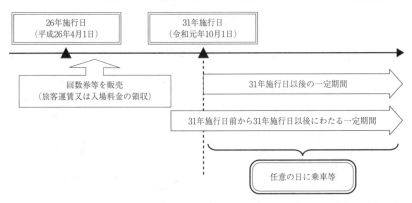

③　31年施行日の前後を通じて又は31年施行日以後の一定期間継続して乗車等することができる乗車券等を26年施行日から31年施行日の前日までの間に販売した場合（定期乗車券等）

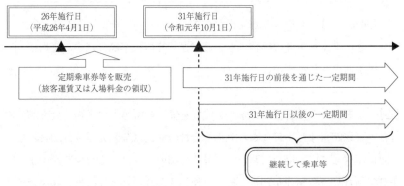

④　スポーツ等を催す競技場等における年間予約席等について、31年施行日の前後を通じて又は31年施行日以後の一定期間継続して独占的に利用させるため、あらかじめ当該一定期間分の入場料金を一括して領収することを内容とする契約を26年施行日から31年施行日の前日までの間に締結している場合（プロ野球の年間予約席等）

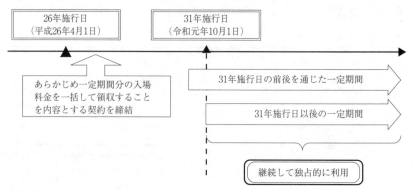

参考 改正法附則5①、16①、平成31年経過措置通達4

乗車券等が発行されない場合

> 【問20－17】 乗車券等が発行されない、いわゆるチケットレスサービスによる乗車等の場合にも、旅客運賃等の税率等に関する経過措置が適用されますか。

【答】 事業者が、旅客運賃、映画・演劇を催す場所等への入場料金を26年施行日（平成26年4月1日）から31年施行日の前日（令和元年9月30日）までの間に領収している場合において、当該対価の領収に係る課税資産の譲渡等が31年施行日（令和元年10月1日）以後に行われるときは、当該課税資産の譲渡等については旧税率（8％）が適用されます。

　この経過措置が適用されるかどうかの判定に当たっては、乗車券等が発行されているかどうかを問いません。

　したがって、乗車券等が発行されない場合であっても、その旅客運賃等を26年施行日から31年施行日の前日までの間に領収している場合には、この経過措置が適用されます。

参考 改正法附則5①、16①

第20章　令和元年10月１日の消費税率の引上げに係る経過措置

ＩＣカードのチャージによる乗車等

【問20－18】　利用者が26年施行日（平成26年４月１日）から31年施行日の前日（令和元年９月30日）の間にＩＣカードに現金をチャージ（入金）し、31年施行日（令和元年10月１日）以後にそのＩＣカードにより乗車券等を購入する場合又は乗車等する場合、旅客運賃等の税率等に関する経過措置が適用されますか。

【答】　事業者が、旅客運賃、映画・演劇を催す場所等への入場料金を26年施行日から31年施行日の前日までの間に領収している場合において、当該対価の領収に係る課税資産の譲渡等が31年施行日以後に行われるときは、当該課税資産の譲渡等については旧税率（８％）が適用されます。

　この26年施行日から31年施行日の前日までの間に「領収している場合」とは、具体的には、乗車券等を31年施行日前に販売した場合をいいますが、ＩＣカードへ現金がチャージ（入金）された時点では、乗車券等の販売を行っていることとならないため、照会の場合、旅客運賃等の税率等に関する経過措置は適用されません。

参 考　改正法附則５①、16①、平成31年経過措置通達４

717

31年施行日以後のプラン変更による追加料金に係る適用税率

【問20-19】 31年施行日（令和元年10月1日）以後の航空料金につき26年施行日（平成26年4月1日）から31年施行日の前日（令和元年9月30日）までの間に領収している場合、旅客運賃等の税率等に関する経過措置が適用されますが、31年施行日以後にアップグレードの申出があり、追加で料金を請求する場合には、その追加料金にも旅客運賃等の税率等に関する経過措置が適用されますか。また、ダウングレードの申出により、料金の一部を返還する場合にはどうなりますか。

【答】 事業者が、旅客運賃、映画・演劇を催す場所等への入場料金を26年施行日から31年施行日の前日までの間に領収している場合において、当該対価の領収に係る課税資産の譲渡等が31年施行日以後に行われるときは、当該課税資産の譲渡等については旧税率（8％）が適用されます。

照会のアップグレードしたことにより追加で請求する料金については、「26年施行日から31年施行日の前日までの間に領収」しているものではありませんので、旅客運賃等の税率等に関する経過措置の適用はありません。

また、ダウングレードを行い、料金の一部を返金する場合には、当該航空料金は、その全額について領収していることから、その全額に旅客運賃等の税率等に関する経過措置が適用されます。

なお、アップグレード等が新たな旅客運送契約の締結となる場合には、31年施行日の前日までの間に領収している金額も含めてその全額に対して、この経過措置は適用されず新税率（10％）が適用されることとなります。

参考 改正法附則5①、16①

第20章　令和元年10月１日の消費税率の引上げに係る経過措置

携帯電話の料金

【問20－20】　当社では、月々の携帯電話の料金について、基本料（定額）、付加機能使用料及び通話料（通話量に応じたもの）を合計して計算し、一括して利用者に請求しています。

　このような場合にも、電気料金等の税率等に関する経過措置の適用対象となりますか。

【答】　電気料金等の税率等に関する経過措置の適用を受ける電気通信役務は、事業者が継続的に提供することを約する契約に基づき、31年施行日（令和元年10月１日）前から継続して提供し、かつ、31年施行日から令和元年10月31日までの間に、検針その他これに類する行為に基づきその役務の提供に係る料金の支払を受ける権利が確定するものです。

　御質問の基本料、付加機能使用料及び通話料等を一括して利用者に請求する携帯電話（電気通信役務の提供）の料金は、一定期間の通話量に応じて支払を受ける権利が確定するものですから、この経過措置の適用対象となります。

定額通信料金

【問20－21】　インターネット通信料金などで、月々の使用量に関係なく定額料金となっている場合、電気料金等の税率等に関する経過措置の適用対象となりますか。

【答】　電気料金等の税率等に関する経過措置の適用を受ける電気通信役務は、事業者が継続的に提供することを約する契約に基づき、31年施行日（令和元年10月１日）前から継続して提供し、かつ、31年施行日から令和元年10月31日までの間に、検針その他これに類する行為に基づきその役務の提供に係る

719

料金の支払を受ける権利が確定するものです。

御質問の通信料金は、使用量の多寡にかかわらず毎月、一定額を支払うものであり、検針等により料金の支払を受ける権利が確定するものではないことから、この経過措置の適用対象となりません。

なお、電気通信役務の料金設定が多段階定額制となっている場合、例えば、「使用量Ａまでは○○円、使用量Ａを超えた場合には××円とする。」といった場合には、その使用量に応じて料金の支払を受ける権利が確定することになりますから、この経過措置の適用対象となります。

参考　平成31年経過措置通達7

貸ビルオーナーがテナントから受け取る電気料金の取扱い

> 【問20－22】　当社は、平成30年４月から所有しているビルの一部をテナントに貸していますが、ビル全体の電気については当社が電力会社と契約していることから、毎月テナントからテナント使用分の電気料金を受け取り、受け取った電気料金を当社の収入として計上しています（電力会社への支払は当社の費用として計上しています。）。当該テナント使用分の電気料金について、31年施行日（令和元年10月１日）から令和元年10月31日までの間に確定するものは、電気料金等の税率等に関する経過措置の適用対象となりますか。

【答】　電気料金等の税率等に関する経過措置の適用要件とされる「継続的に供給し、又は提供することを約する契約」とは、電気等の供給を不特定多数の者に対して行う契約をいうこととされています。

御質問の貸ビルのオーナーが自己の所有するビルのテナントに限って、電気等の供給を行う事業者から購入した電気等を販売する取引は、不特定多数の者に対して行う電気等の供給契約ではないことから、電気料金等の税率等に関する経過措置は適用されません。

720

第20章　令和元年10月１日の消費税率の引上げに係る経過措置

参考　平成31年経過措置通達5

令和元年10月31日後に初めて料金の支払を受ける権利が確定する場合

> 【問20－23】　当市では、水道料金の確定に当たって、２か月に１回
> 検針を行っていますが、例えば、令和元年９月26日（前回検針日）
> 後の使用量について令和元年11月26日に検針し、使用量及びそれに
> 応じた水道料金が確定した場合、電気料金等の税率等に関する経過
> 措置の適用関係はどのようになりますか。

【答】　事業者が継続的に供給し、又は提供することを約する契約に基づき、
31年施行日（令和元年10月１日）前から継続して供給し、又は提供する電気、
ガス、水道水及び電気通信役務等で、令和元年10月31日後に初めて料金の支
払を受ける権利が確定するものにあっては、当該確定した料金のうち、次の
算式により算出した部分について旧税率（８％）が適用されます。

経過措置の対象となる部分	＝	31年施行日以後初めて支払を受ける権利が確定する料金	×	前回確定日※1から令和元年10月31日までの期間の月数※2

				前回確定日※1から31年施行日以後初めて料金の支払を受ける権利が確定する日までの期間の月数※2

※１　前回確定日とは、その直前の料金の支払を受ける権利が確定した日をいい、当該確定した日がない場合には、電気等の供給を開始した日をいいます。
※２　月数は暦に従って計算し、１月に満たない端数を生じたときは１月とします。

したがって、御質問の場合、令和元年11月26日の検針により確定した料金
を、「前回確定日（令和元年９月26日）の翌日から起算して31年施行日以後
初めて料金の支払を受ける権利が確定する日（令和元年11月26日）までの期
間の月数（２月）」で除し、これに、「前回確定日の翌日から起算して令和元
年10月31日までの期間の月数（２月）」を乗じて計算した金額に係る部分、
すなわち、令和元年11月26日の検針により確定した料金の全額について、旧

721

税率（8％）が適用されることとなります。

【計算の詳細】

前回確定日：令和元年9月26日

31年施行日以後初めて料金の支払を受ける権利が確定する日：令和元年11月26日

① 「前回確定日から31年施行日以後初めて料金の支払を受ける権利が確定する日までの期間の月数」【分母】

令和元年9月26日から令和元年11月26日までの期間の月数

起算日：令和元年9月27日（前回確定日の翌日）

応当日の前日の数：令和元年10月26日、令和元年11月26日→ 2月

② 「前回確定日から令和元年10月31日までの期間の月数」【分子】

令和元年9月26日から令和元年10月31日までの期間の月数

起算日：令和元年9月27日（前回確定日の翌日）

イ 応当日の前日の数：令和元年10月26日→ 1月

ロ 令和元年10月31日→ 5日

ハ イ＋ロ＝1月と5日→ 2月

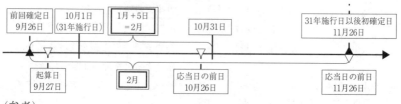

（参考）

○ 国税通則法（抄）

（期間の計算及び期限の特例）

第十条 国税に関する法律において日、月又は年をもつて定める期間の計算は、次に定めるところによる。

一 期間の初日は、算入しない。ただし、その期間が午前零時から始まるとき、又は国税に関する法律に別段の定めがあるときは、この限り

第20章　令和元年10月1日の消費税率の引上げに係る経過措置

でない。

二　期間を定めるのに月又は年をもつてしたときは、暦に従う。

三　前号の場合において、月又は年の始めから期間を起算しないときは、その期間は、最後の月又は年においてその起算日に応当する日の前日に満了する。ただし、最後の月にその応当する日がないときは、その月の末日に満了する。

2　（省略）

参考　改正法附則5②、16①、改正令附則4③④

工事の請負等に係る契約の範囲

【問20－24】　工事の請負等の税率等に関する経過措置の適用対象となる契約は、具体的にどのような契約をいうのですか。

【答】　工事の請負等の税率等に関する経過措置の適用対象となる契約は、26年指定日（平成25年10月1日）から31年指定日の前日（平成31年3月31日）までの間に締結した次の契約です。

① 工事の請負に係る契約

　日本標準産業分類（総務省）の大分類の建設業に係る工事につき、その工事の完成を約し、かつ、それに対する対価を支払うことを約する契約をいいます。

② 製造の請負に係る契約

　日本標準産業分類（総務省）の大分類の製造業に係る製造につき、その製造に係る目的物の完成を約し、かつ、それに対する対価を支払うことを約する契約をいいます。

　（注）　製造物品であっても、その製造がいわゆる「見込み生産」によるものは「製造の請負に係る契約」によって製造されたものにはなりません。

723

③ これらに類する契約

　測量、地質調査、工事の施工に関する調査、企画、立案及び監理並びに設計、映画の制作、ソフトウエアの開発その他の請負に係る契約（委任その他の請負に類する契約を含みます。）で、仕事の完成に長期間を要し、かつ、当該仕事の目的物の引渡しが一括して行われることとされているもののうち、当該契約に係る仕事の内容につき相手方の注文が付されているものをいいます。

　　（注）　建物の譲渡に係る契約で、当該建物の内装若しくは外装又は設備の設置若しくは構造についての当該建物の譲渡を受ける者の注文に応じて建築される建物に係るものもこの経過措置の適用対象となる契約に含まれます。

参　考　改正法附則5③、16①、改正令附則4⑤、平成31年経過措置通達10、11

契約書等のない工事

> **【問20－25】**　工事の請負等の税率等に関する経過措置の適用を受けようとする場合、契約書その他の書類を作成しなければならないのですか。

【答】　工事の請負等の税率等に関する経過措置は、26年指定日（平成25年10月1日）から31年指定日の前日（平成31年3月31日）までの間に工事の請負等に係る契約を締結し、31年施行日（令和元年10月1日）以後に当該契約に係る目的物の引渡し等が行われる工事の請負等について適用されます。

　契約書その他の書類を作成しているかどうかは、この経過措置の適用を受ける要件となっていませんが、経過措置の適用があることを明らかにするためには、契約の締結時期や工事内容が経過措置の適用要件を満たすことについて契約書その他の書類により明らかにしておく必要があります。

参　考　改正法附則5③、16①

第20章　令和元年10月1日の消費税率の引上げに係る経過措置

工事の請負の着手日

【問20－26】　当社が受注した建設工事について、工事の請負等の税率等に関する経過措置の適用を受けようとする場合、当該工事については、31年施行日（令和元年10月1日）前までに着手しなければならないのですか。

【答】　工事の請負等の税率等に関する経過措置は、26年指定日（平成25年10月1日）から31年指定日の前日（平成31年3月31日）までの間に工事の請負等に係る契約を締結し、31年施行日以後に当該契約に係る目的物の引渡し等が行われる工事の請負等について適用されます。

　したがって、31年指定日の前日までに工事の請負契約を締結したものであれば、31年施行日前に着手するかどうか、また、その契約に係る対価の全部又は一部を収受しているかどうかにかかわらず、この経過措置が適用されることとなります。

参　考　改正法附則5③、16①

機械設備等の販売に伴う据付工事

【問20－27】　機械設備等の販売契約において据付工事に関する定めがある場合、当該据付工事について工事の請負等の税率等に関する経過措置が適用されますか。

【答】　26年指定日（平成25年10月1日）から31年指定日の前日（平成31年3月31日）までの間に工事の請負等に係る契約を締結し、31年施行日（令和元年10月1日）以後に当該契約に係る目的物の引渡し等が行われる工事の請負等については、工事の請負等の税率等に関する経過措置が適用されますが、機械設備等の販売契約において据付工事に関する定めがあり、かつ、当該契

725

約においてその据付工事に係る対価の額が合理的に区分されているときは、機械設備等の本体の販売契約とその据付工事に関する契約とに区分して当該経過措置を適用することがその取引の実態に適合するものと考えられますから、当該契約に基づき行われる据付工事については、当該経過措置の対象となる工事の請負に係る契約に基づく工事に該当するものとして取り扱われます。

この取扱いは、据付工事部分を「工事の請負に係る契約」に基づくものとして経過措置の適用対象とするものですから、例えば、その機械設備等の販売契約が31年指定日（平成31年4月1日）以後に締結され、その据付工事が31年施行日以後に行われたときは、経過措置の適用対象とならないということであり、また、その機械設備等の販売契約が26年指定日から31年指定日の前日までに締結されたとしても、31年指定日以後に据付工事に係る対価の額が増額されたときは、その増額部分については経過措置の適用対象になりません。

なお、契約書の名称が「機械販売契約書」等となっていても、その契約内容が機械設備の製造を請け負うものであり、当該製造請負の対価が据付工事に係る対価を含んだところで契約されている場合、当該契約に基づき行われる機械の製造及び据付工事は、その全体についてこの経過措置の適用対象となります。

参考 平成31年経過措置通達12

第20章　令和元年10月１日の消費税率の引上げに係る経過措置

「仕事の目的物の引渡しが一括して行われること」の意義

> 【問20－28】　工事の請負等の税率等に関する経過措置における「工事の請負に係る契約に類する契約」については、「仕事の目的物の引渡しが一括して行われること」が要件とされていますが、完成した部分をその都度引き渡す場合は、この要件を満たさないことになるのですか。また、目的物の引渡しを要しない請負等の契約の場合には、この要件を満たさないことになるのですか。

【答】　次の①、②に掲げるような場合には、請負等の契約に係る目的物の引渡しが部分的に行われるとしても、「仕事の目的物の引渡しが一括して行われること」の要件を満たすこととなります。

①　一の契約により同種の建設工事等を多量に請け負ったような場合で、その引渡量に応じて工事代金等を収入する旨の特約又は慣習がある場合

②　一の建設工事等であっても、その建設工事等の一部が完成し、その完成した部分を引き渡した都度その割合に応じて工事代金等を収入する旨の特約又は慣習がある場合

　また、目的物の引渡しを要しない請負等の契約であっても、例えば、運送、設計、測量などで、その約した役務の全部の完了が一括して行われることとされているものは、「仕事の目的物の引渡しが一括して行われること」の要件を満たすこととなります。

　一方で、例えば、月極めの警備保障又はメンテナンス契約のように期間極めの契約の場合には、その約した役務の全部の完了が一括して行われるものではありませんから「仕事の目的物の引渡しが一括して行われること」の要件を満たしません。

727

「仕事の内容につき相手方の注文が付されていること」の範囲

> 【問20−29】 工事の請負等の税率等に関する経過措置における「工事の請負に係る契約に類する契約」については、「仕事の内容につき相手方の注文が付されている」契約であることが要件とされていますが、この「仕事の内容につき相手方の注文が付されている」契約とは、具体的にはどのようなものですか。

【答】「仕事の内容につき相手方の注文が付されている」契約とは、例えば、次のような契約をいい、注文の内容、注文に係る規模の程度及び対価の額の多寡は問いません。

① 請負等の契約に係る目的物の仕様又は規格等について相手方の指示が付されている場合のその契約

② 請負等の契約に係る目的物の原材料を相手方が支給することとされている場合のその契約

③ 修理又は加工等を目的とする請負等の契約

　なお、具体的には、次のようなものが該当します。

　　○ 名入アルバム、名入タオル、名入引出物の製作

　　○ カップ、トロフィーの名入

　　○ 絵画、工芸品等の修復

　　○ 肖像画、胸像等の製作

　　○ パック旅行の引受け

　　○ 結婚式、披露宴の引受け

　　○ インテリアの製作（カーテン、敷物の取付工事を含みます。）

　　○ どん帳の製作

　　○ 服、ワイシャツ等の仕立て

　　○ 宝飾品の加工

第20章　令和元年10月１日の消費税率の引上げに係る経過措置

「建物の譲渡を受ける者の注文」の範囲

【問20－30】　工事の請負等の税率等に関する経過措置における「工事の請負に係る契約に類する契約」については、「建物の譲渡に係る契約で、当該建物の内装若しくは外装又は設備の設置若しくは構造についての当該建物の譲渡を受ける者の注文に応じて建築される建物に係るものを含む。」とされています。

　この「建物の譲渡を受ける者の注文」とは、具体的にはどのようなものをいうのですか。

【答】　「建物の譲渡を受ける者の注文」とは、例えば、次に掲げる区分に応じ、それぞれに掲げるものにつき付される注文をいいます。

①　建物の内装………畳、ふすま、障子、戸、扉、壁面、床面、天井等

②　建物の外装………玄関、外壁面、屋根等

③　建物の設備………電気設備、給排水又は衛生設備及びガス設備、昇降機設備、冷房、暖房、通風又はボイラー設備等

④　建物の構造………基礎、柱、壁、はり、階段、窓、床、間仕切り等

　（注）１　注文の内容、注文に係る規模の程度及び対価の額の多寡は問いません。

　　　　２　その注文が壁の色又はドアの形状等の建物の構造に直接影響を与えないものも含まれます。

729

建物の譲渡を受ける者の注文の有無の確認方法

> 【問20－31】 工事の請負等の税率等に関する経過措置における「工事の請負に係る契約に類する契約」については、「建物の譲渡に係る契約で、当該建物の内装若しくは外装又は設備の設置若しくは構造についての当該建物の譲渡を受ける者の注文に応じて建築される建物に係るものを含む。」とされています。
>
> この「建物の譲渡を受ける者の注文に応じて建築される建物」であることを明らかにする方法としては、どのような方法がありますか。

【答】 「建物の譲渡を受ける者の注文」とは、例えば、建物の内装である壁面や床面等につき付される注文をいいます。

このような「建物の譲渡を受ける者の注文に応じて建築される建物」であることを明らかにする方法としては、例えば、次のような方法が考えられます。

① 当該建物の譲渡に係る契約書等において建物の内装等に関して注文が付されていることを明らかにする。

② 取引の前提条件を示す申込約款等において、いわゆるオプションを受け付ける部分を明示して、どの部分のオプションを受けたのかを申込書等において明らかにする。

第20章　令和元年10月１日の消費税率の引上げに係る経過措置

青田売りマンション

> **【問20－32】**　マンションの販売を行っている当社では、事前にモデ
> ルルームを公開して、マンションの完成前に売買契約を締結する、
> いわゆる青田売りを行う場合があります。
> 　この場合、工事の請負等の税率等に関する経過措置が適用されま
> すか。

【答】　工事の請負等の税率等に関する経過措置の適用対象となる契約には、
建物の譲渡に係る契約で、当該建物の内装若しくは外装又は設備の設置若し
くは構造についての当該建物の譲渡を受ける者の注文に応じて建築される建
物に係るものも含むこととされています。

　この場合の「注文に応じて」とは、譲渡契約に係る建物について、注文者
が壁の色又はドアの形状等について特別の注文を付すことができることとな
っているものも含まれます。

　したがって、マンションの青田売りの場合であっても、壁の色又はドアの
形状等について特別の注文を付すことができるマンションについて、26年指
定日（平成25年10月１日）から31年指定日の前日（平成31年３月31日）まで
の間に譲渡契約を締結した場合には、この経過措置が適用されます。

　また、次のような場合の経過措置の適用関係は、それぞれ次のとおりとな
ります。

① 　建物の購入者の注文を付すことができる青田売りのマンションであるが、
　購入者の希望により標準仕様（モデルルーム仕様）の建物を譲渡した場合
　……購入者が「標準仕様」という注文を付したのであるから、26年指定
　日から31年指定日の前日までの間に契約をしたものであれば経過措置が適
　用されます。なお、31年指定日（平成31年４月１日）以後に仕様の変更を
　行った場合、当該仕様変更により、譲渡対価の額が変わらない限り、経過
　措置が適用されますが、譲渡対価が増額した場合には、その増額部分につ

731

いては、経過措置は適用されません。

② 建物の購入者の注文を全く付すことができない青田売りマンション（設計図どおりの仕様で建築するマンション）を譲渡した場合……購入者が注文を付すことができないことから、経過措置が適用されません。

③ ②のマンションで、契約後、購入者が内装等の注文を付すことを認め、その仕様に基づいて内装等をして建物を譲渡した場合……既に締結している契約を31年指定日の前日までに変更して、購入者の注文を付して建築した建物を譲渡する場合については、経過措置が適用されます。

参 考 改正令附則4⑤、平成31年経過措置通達13

工事の請負等の税率等に関する経過措置が適用される建設工事の値増金の取扱い

【問20－33】 工事の請負等の税率等に関する経過措置が適用される建設工事について、値増金（資材等の値上り等に応じて授受する一定の金銭）が発生した場合の取扱いはどうなりますか。

【答】 値増金は、建設工事の対価の一部を構成するものであり、工事代金が増額されたこととなるため、増額部分については、工事の請負等の税率等に関する経過措置の適用はありません。

なお、この場合の増額部分については、建設工事の目的物の引渡しの時の税率が適用されることとなります。

（注） 工事進行基準を採用している場合の増額部分に係る対価の適用税率は、資産の譲渡等を行ったものとした時（工事進行基準を適用する課税期間の末日）の税率となります。

第20章　令和元年10月１日の消費税率の引上げに係る経過措置

経過措置適用工事に係る請負金額に増減があった場合

【問20－34】　当社が受注した工事の請負等の税率等に関する経過措置が適用される工事の中には、当初契約の請負金額を一旦減額し、その後増額する場合や、これとは逆に当初契約の請負金額を一旦増額し、その後減額する場合があります。

　このように、請負金額の増減が31年指定日（平成31年４月１日）以後に行われた場合、経過措置の適用関係はどのようになりますか。

【答】　工事の請負等の税率等に関する経過措置が適用される工事について、31年指定日以後に対価の額が増額された場合には、その増額部分については、この経過措置は適用されません。

　したがって、経過措置が適用される工事に係る請負金額（対価の額）について、31年指定日以後に変更が生じた場合には、当初契約の請負金額との差額により次のとおり取り扱われます。

　（注）１　31年指定日の前日（平成31年３月31日）までに締結した変更契約により当初契約の請負金額を増額又は減額している場合には、その変更後の請負金額を基に判定することとなります。

　　　　２　増額の理由が、追加工事など当初の工事契約において定められていなかったことによるものの場合には、このようには取り扱われず、その追加工事ごとに経過措置が適用されるかどうか判断することになります。

①　最終の請負金額が当初契約の請負金額より少ない場合

　最終の請負金額の全額が経過措置の適用対象となります。

733

〔例〕

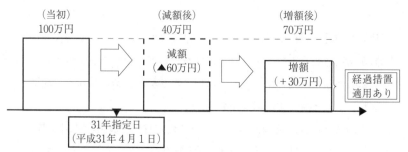

② 最終の請負金額が当初契約の請負金額より多い場合

当初契約の請負金額を超える部分については、経過措置が適用されません（新税率（10％）が適用されます。）。

〔例〕

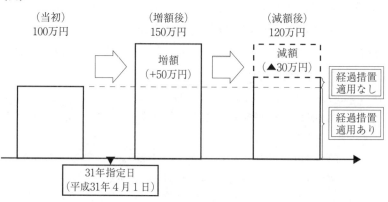

参考　改正法附則5③、16①

第20章　令和元年10月１日の消費税率の引上げに係る経過措置

経過措置の適用を受ける工事のための課税仕入れ

【問20-35】　工事の請負等の税率等に関する経過措置の適用を受ける工事に要する課税仕入れで、31年施行日（令和元年10月１日）以後に行われたものについては、31年新消費税法に基づき仕入控除税額の計算をすることとなるのですか。

【答】　31年新消費税法は、経過措置が適用される場合を除き、31年施行日以後に行われる資産の譲渡等及び課税仕入れ等について適用されます。

　したがって、工事の請負等の税率等に関する経過措置の適用を受ける工事に要する課税仕入れであっても、31年施行日以後の課税仕入れについては、経過措置の適用を受けるものでない限り、31年新消費税法の規定に基づき課税仕入れに係る消費税額（仕入控除税額）を計算することとなります。

[参　考]　改正法附則15

経過措置の適用を受けているものであることの通知

【問20-36】　工事の請負等について、工事の請負等の税率等に関する経過措置の適用を受けた場合、その工事等の引渡しを受ける者（取引の相手方）に対し、経過措置の適用を受けたものであることを書面により通知するものとされていますが、具体的にはどのように行えばよいのですか。

【答】　通知に当たっては、経過措置の適用を受けた（旧税率が適用された）課税資産の譲渡等を特定し、当該課税資産の譲渡等が経過措置の適用を受けたものであることを書面に記載することとなりますので、例えば、消費税法第30条第９項《請求書等の範囲》に規定する請求書等に、経過措置の適用を受けたものであることを表示することにより行って差し支えありません。

735

なお、この通知をしたかどうかは、経過措置の適用関係に影響するものではありません。

（注） 資産の貸付けの税率等に関する経過措置又は工事の請負に係る資産の譲渡等の時期の特例を受ける場合における税率等に関する経過措置の適用を受けた場合の通知についても同様です（工事の請負に係る資産の譲渡等の時期の特例を受ける場合における税率等に関する経過措置の適用を受けた場合には、適用を受けた部分に係る対価の額についても通知する必要があります。）。

参 考 改正法附則16③、7④、平成31年経過措置通達22

資産の貸付けの税率等に関する経過措置の概要

> **【問20－37】** 資産の貸付けの税率等に関する経過措置の概要を教えてください。

【答】 26年指定日（平成25年10月1日）から31年指定日の前日（平成31年3月31日）までの間に締結した資産の貸付けに係る契約に基づき、31年施行日（令和元年10月1日）前から引き続き当該契約に係る資産の貸付けを行っている場合において、当該契約の内容が次の「①及び②」又は「①及び③」に掲げる要件に該当するときは、31年施行日以後に行う当該資産の貸付けについては、旧税率（8％）が適用されます。

ただし、31年指定日（平成31年4月1日）以後に当該資産の貸付けの対価の額の変更が行われた場合、当該変更後における当該資産の貸付けについては、この経過措置は適用されません。

① 当該契約に係る資産の貸付期間及びその期間中の対価の額が定められていること

② 事業者が事情の変更その他の理由により当該対価の額の変更を求めることができる旨の定めがないこと

③ 契約期間中に当事者の一方又は双方がいつでも解約の申入れをすること

736

ができる旨の定めがないこと並びに当該貸付けに係る資産の取得に要した費用の額及び付随費用の額(利子又は保険料の額を含む。)の合計額のうちに当該契約期間中に支払われる当該資産の貸付けの対価の額の合計額の占める割合が100分の90以上であるように当該契約において定められていること

なお、事業者が、この経過措置の適用を受けた課税資産の譲渡等を行った場合には、その相手方に対して当該課税資産の譲渡等がこの経過措置の適用を受けたものであることを書面で通知することとされています。

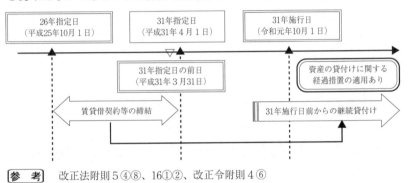

参考 改正法附則5④⑧、16①②、改正令附則4⑥

売買として取り扱われるリース取引

【問20-38】 所得税法又は法人税法上、売買(資産の譲渡)として取り扱われるリース取引について、資産の貸付けの税率等に関する経過措置が適用されますか。

【答】 消費税法の適用に当たって、事業者が行うリース取引が、当該リース取引の目的となる資産の譲渡若しくは貸付け又は金銭の貸付けのいずれに該当するかは、所得税又は法人税の課税所得金額の計算における取扱いの例により判定されます。

資産の貸付けの税率等に関する経過措置の適用対象となるのは、「資産の

貸付け」に係るものですから、所得税法又は法人税法上、売買（資産の譲渡）として取り扱われるリース取引についてはこの経過措置が適用されません。

　なお、売買（資産の譲渡）として取り扱われるリース取引については、改正法附則第16条の２《リース譲渡に係る資産の譲渡等の時期の特例を受ける場合における税率等に関する経過措置》（**問20－53**参照）、改正令附則第６条《リース延払基準の方法により経理した場合のリース譲渡に係る資産の譲渡等の時期の特例を受ける場合における税率等に関する経過措置》（**問20－52**参照）及び改正令附則第８条《リース譲渡の特例計算の方法により経理した場合のリース譲渡に係る資産の譲渡等の時期の特例を受ける場合における税率等に関する経過措置》（**問20－54**参照）の規定が適用される場合があります。

参　考　　基通５－１－９

自動継続条項のある賃貸借契約

> **【問20－39】**　当社が貸し付けているテナントビルに係る賃貸借契約は、31年指定日の前日（平成31年３月31日）までに締結しており、その契約内容は、資産の貸付けの税率等に関する経過措置の適用要件を満たすものです。
>
> 　ところで、この賃貸借契約には、自動継続条項が定められており、いずれか一方からの解約の申出がない限り、当初条件で自動的に賃貸借契約が継続されます。
>
> 　例えば、当初の貸付期間が31年施行日（令和元年10月１日）を含む２年間で、その後２年ごとに自動継続する場合、自動継続期間を含めて、経過措置が適用されますか。

【答】　26年指定日（平成25年10月１日）から31年指定日の前日までの間に締結した資産の貸付けに係る契約に基づき、31年施行日前から引き続き当該契約に係る資産の貸付けを行っている場合において、当該契約の内容が一定の

738

第20章　令和元年10月１日の消費税率の引上げに係る経過措置

要件に該当するときは、31年施行日以後に行う当該資産の貸付けについては、資産の貸付けの税率等に関する経過措置により、旧税率（８％）が適用されます。

　御質問の場合、自動継続条項があるとしても、契約における当初の貸付期間は２年間ですから、その２年間のうち、31年施行日以後に行われる貸付けのみがこの経過措置の適用対象となります。

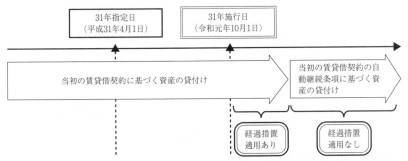

（注）　自動継続条項のある賃貸借契約で、例えば、解約する場合は貸付期間満了日の○月前までに申し出ることとされている場合、解約申出期限を経過したときに当事者間の合意、すなわち新たな契約の締結があったものと考えるのが相当ですから、26年指定日から31年指定日の前日までに解約申出期限が経過して自動継続された契約に基づき、31年施行日前から31年施行日以後引き続き貸付けを行う場合には、その自動継続後の貸付けで31年施行日以後行われるものについてこの経過措置が適用されます。

　　　なお、31年指定日（平成31年４月１日）以後に解約申出期限が経過して自動継続された場合には、その自動継続後の貸付けについてこの経過措置は適用されません。

739

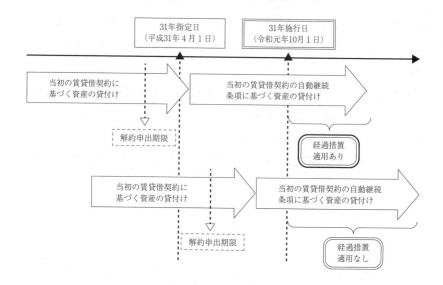

貸付期間中の解約条項がある場合

> 【問20-40】 当社が貸し付けているテナントビルに係る賃貸借契約においては、貸付期間及び貸付期間中の賃貸料が定められており、かつ、賃貸料の変更はできないこととなっていますが、やむを得ない事情が生じた場合には、いつでも解約することができる旨の特約が付されています。
>
> このような解約条項がある賃貸借契約でも、資産の貸付けの税率等に関する経過措置が適用されますか。

【答】 26年指定日（平成25年10月1日）から31年指定日の前日（平成31年3月31日）までの間に締結した資産の貸付けに係る契約に基づき、31年施行日（令和元年10月1日）前から引き続き当該契約に係る資産の貸付けを行っている場合において、当該契約の内容が次の「①及び②」又は「①及び③」に掲げる要件に該当するときは、31年施行日以後に行う当該資産の貸付けにつ

第20章　令和元年10月1日の消費税率の引上げに係る経過措置

いては、旧税率（8％）が適用されます。

①　当該契約に係る資産の貸付期間及びその期間中の対価の額が定められていること

②　事業者が事情の変更その他の理由により当該対価の額の変更を求めることができる旨の定めがないこと

③　契約期間中に当事者の一方又は双方がいつでも解約の申入れをすることができる旨の定めがないこと並びに当該貸付けに係る資産の取得に要した費用の額及び付随費用の額（利子又は保険料の額を含む。）の合計額のうちに当該契約期間中に支払われる当該資産の貸付けの対価の額の合計額の占める割合が100分の90以上であるように当該契約において定められていること

　照会の場合には、解約の申入れをすることができる旨が定められていますから、③の要件を満たしていませんが、①及び②の要件を満たしていますので、この経過措置が適用されます。

参　考　改正法附則5④、16①、改正令附則4⑥

「対価の額が定められている」の意義

【問20−41】　資産の貸付けの税率等に関する経過措置の要件である「対価の額が定められている」とは、どのような場合をいうのですか。

【答】　資産の貸付けの税率等に関する経過措置の要件である「対価の額が定められている」とは、契約において、当該契約期間中の対価の総額が具体的な金額により定められている場合又は総額が計算できる具体的な方法が定められている場合をいいます。

　したがって、次のようなものがこれに該当します。

①　契約期間中の賃貸料の総額を定めているもの

741

② 賃貸料の年額、月額等を、例えば、「年（月）額○○円」と定めており、これに契約期間の年数、月数等を乗じることにより、契約期間中の賃貸料の総額を計算できるもの

③ 貸付けに係る資産の数量及び賃貸料の月額単価を、例えば、「○台貸付け、１台当たり月額○○円とする。」と定めており、これに資産の数量及び契約期間の月数を乗じることにより、契約期間中の賃貸料の総額を計算できるもの

なお、次のようなものは「対価の額が定められている」ものには該当しません。

① 建物の賃貸料を、例えば、「定額料金○○円に売上金額の○％相当額を加算した額とする。」と定めているもの

② 建物の賃貸料を、例えば、「その年の固定資産税の○倍とする。」と定めているもの

賃貸料の変更があらかじめ決まっている場合

【問20－42】 当社が貸し付けているテナントビルに係る賃貸借契約は、26年指定日（平成25年10月１日）から31年指定日の前日（平成31年３月31日）までの間に締結しており、その契約内容は、貸付期間を２年間とし、その期間中の賃貸料につき最初の１年間は月20万円、残りの１年間は月15万円としています。

この賃貸借契約について、資産の貸付けの税率等に関する経過措置が適用されますか。

【答】 資産の貸付けの税率等に関する経過措置の適用要件の１つとして、「対価の額が定められていること」とされています。

御質問の場合には、貸付期間中に賃料が変動しますが、貸付期間及びその期間中の対価の額があらかじめ定められていることから、「対価の額が定め

742

第20章　令和元年10月１日の消費税率の引上げに係る経過措置

られていること」に該当します。

　したがって、御質問の場合、他の適用要件を満たしている場合には、この経過措置が適用されます。

参　考　改正法附則５④一、16①

「協議により同意があった場合に対価を変更することができる」旨の定め

> 【問20－43】　資産の貸付けの税率等に関する経過措置の要件に、「事業者が事情の変更その他の理由により当該対価の額の変更を求めることができる旨の定めがないこと」とありますが、契約書等に「賃貸人は賃借人と協議の上、もしくは、賃借人の同意が得られた場合に変更できる」と定めている場合、この要件に該当しますか。

【答】　資産の貸付けの税率等に関する経過措置の適用要件の１つとして、「対価の額の変更を求めることができる旨の定めがないこと」とされています。

　御質問の場合には、賃借人の同意を得られることを条件としていても、事業者が対価の変更を求めることができる旨の定めがあることとなり、「事業者が事情の変更その他の理由により当該対価の額の変更を求めることができる旨の定めがないこと」の要件に該当しないこととなります。

参　考　改正法附則５④二、16①

743

一定期間賃貸料の変更が行えない場合

> **【問20−44】** 資産の貸付けの税率等に関する経過措置が適用される要件の1つとして「対価の額の変更を求めることができる旨の定めがないこと」とされていますが、例えば、2年間は賃貸料の変更を行うことができないとする定めは、この要件に該当しますか。

【答】 資産の貸付けの税率等に関する経過措置が適用される要件の1つとして、「対価の額の変更を求めることができる旨の定めがないこと」とされています。

御質問の場合には、2年間は賃貸料の変更を行うことができないこととされていますから、その2年間は、「対価の額の変更を求めることができる旨の定めがないこと」の要件を満たします。

したがって、他の要件を満たしている場合には、2年間はこの経過措置が適用されます。

参 考 改正法附則5④二、16①

「消費税率の改正があったときは改正後の税率による」旨の定め

> **【問20−45】** 資産の貸付けの税率等に関する経過措置の要件に、「事業者が事情の変更その他の理由により当該対価の額の変更を求めることができる旨の定めがないこと」とありますが、資産の貸付けに係る契約において、資産を借り受けた者が支払うべき消費税相当分について「消費税率の改正があったときは改正後の税率による」旨を定めている場合、この経過措置が適用されますか。

【答】 資産の貸付けの税率等に関する経過措置の適用要件の1つとして、「対価の額の変更を求めることができる旨の定めがないこと」とされていま

第20章　令和元年10月１日の消費税率の引上げに係る経過措置

す。

　御質問のような「消費税率の改正があったときは改正後の税率による」旨の定めは、「事業者が事情の変更その他の理由により当該対価の額の変更を求めることができる旨の定め」に該当しないものとして取り扱われます。

　したがって、資産の貸付けに係る契約において「消費税率の改正があったときは改正後の税率による」旨の定めがあったとしても、当該契約の内容が他の要件を満たす場合には経過措置が適用されます。

　なお、経過措置の対象となる資産の貸付けについて、当該資産の貸付けに係る契約における「消費税率の改正があったときは改正後の税率による」旨の定めに基づき、31年指定日（平成31年４月１日）以後に賃貸料を変更した場合には、変更後の資産の貸付けについては経過措置の対象となりません。

　参　考　改正法附則５④ただし書、16①、平成31年経過措置通達17

正当な理由による対価の増減

【問20－46】　資産の貸付けの税率等に関する経過措置が適用される資産の貸付けについて、31年指定日（平成31年４月１日）以後に賃貸人が修繕義務を履行しなかったことを理由に賃貸料を減額した場合、この経過措置が適用されることになるのですか。

【答】　資産の貸付けの税率等に関する経過措置は、26年指定日（平成25年10月１日）から31年指定日の前日（平成31年３月31日）までの間に締結した契約に基づき、31年施行日（令和元年10月１日）前から31年施行日以後引き続き行われる資産の貸付けのうち、一定の要件を満たすものに適用されますが、31年指定日以後に資産の貸付けに係る対価の額が変更された場合には、その対価の額を変更した後の貸付けについて、この経過措置を適用することができないこととされています。

　これは、資産の貸付けに係る契約においてその対価の額について変更を求

745

めることができる旨の定めがないとしても、諸般の事情が生じたことにより、当該対価の額が変更された場合には、それにより、事実上、新たな貸付契約が締結されたと同視し得ることから、その変更後の貸付けに係る対価の額の全額について経過措置の対象としないこととするものです。

この場合の対価の額の変更には、増額することのほか減額することも含まれますが、その対価の額の変更が、例えば、賃貸人が修繕義務を履行しないことにより行われたものであるなど、正当な理由に基づくものである場合にまで、新たな貸付契約が締結されたと同視するのは適当ではありません。

したがって、その対価の変更が正当な理由に基づくものである場合には、その対価の変更につき、資産の貸付けの税率等に関する経過措置が適用されないこととなる「当該資産の貸付けの対価の額の変更が行われた場合」に該当しないものとして取り扱われます。

なお、物価変動、租税公課等の増減を理由とする対価の額の変更は、正当な理由に基づくものには該当しません。

参 考 改正法附則5④ただし書、16①、平成31年経過措置通達19

指定役務の提供の税率等に関する経過措置の概要

> 【問20－47】 指定役務の提供の税率等に関する経過措置の概要を教えてください。

【答】 26年指定日（平成25年10月1日）から31年指定日の前日（平成31年3月31日）までの間に締結した役務の提供に係る契約で、その契約の性質上、当該役務の提供の時期をあらかじめ定めることができないものであって、当該役務の提供に先立って対価の全部又は一部が分割して支払われる契約（割賦販売法第2条第6項に規定する前払式特定取引に係る契約のうち、同項に規定する指定役務の提供に係るもの）に基づき、31年施行日（令和元年10月1日）以後に当該契約に係る役務の提供を行う場合において、当該役務の内

746

第20章　令和元年10月１日の消費税率の引上げに係る経過措置

容が次の①及び②に掲げる要件に該当するときは、当該役務の提供について
は、旧税率（８％）が適用されます。

①　当該契約に係る役務の提供の対価の額が定められていること

②　事業者が事情の変更その他の理由により当該対価の額の変更を求めるこ
とができる旨の定めがないこと

　ただし、31年指定日（平成31年４月１日）以後において当該役務の提供の
対価の額の変更が行われた場合は、この経過措置は適用されませんので、新
税率（10％）を適用することとなります。

参考　改正法附則５⑤、16①、改正令附則４⑦

通信販売等の税率等に関する経過措置の概要

> **【問20－48】**　通信販売等の税率等に関する経過措置の概要を教えて
> ください。

【答】　通信販売（不特定かつ多数の者に商品の内容、販売価格その他の条件
を提示し、郵便、電話その他の方法により売買契約の申込みを受けて当該提
示した条件に従って行う商品の販売をいい、予約販売に係る書籍等の税率等
に関する経過措置に規定する契約に係る販売を除きます。）の方法により商
品を販売する事業者が、31年指定日（平成31年４月１日）前にその販売価格
等の条件を提示し、又は提示する準備を完了した場合において、31年施行日
（令和元年10月１日）前に申込みを受け、提示した条件に従って31年施行日
以後に商品を販売するときは、その商品の販売については旧税率（８％）が
適用されます。

　なお、商品の販売が軽減対象資産の譲渡等である場合は、当該経過措置は
適用されず、軽減税率が適用されます。

参考　改正令附則５③、平成28年改正令附則４

747

「不特定かつ多数の者に販売条件を提示すること」の範囲

> **【問20-49】** 通信販売等の税率等に関する経過措置の適用対象となる通信販売は、「不特定かつ多数の者に販売条件を提示すること」が要件とされていますが、具体的にはどのような場合をいうのですか。

【答】 「不特定かつ多数の者に販売条件を提示すること」とは、一般に、新聞、テレビ、チラシ、カタログ、インターネット等の媒体を通じて購読者又は視聴者等に対して販売条件を提示することをいいますから、例えば、○○頒布会、○○友の会等と称する会で、相当数の会員で構成され、かつ、会員数が固定的でないような会が会員等を対象としてこれらの媒体を通じて販売条件を提示するような場合はこれに該当しますが、訪問面談により販売条件を提示することはこれに含まれません。

なお、31年指定日（平成31年4月1日）前に販売条件を提示していること及び提示した販売条件に従って商品の販売が行われたことについては、書類等で明らかにしておく必要があります。

「提示する準備を完了した場合」の範囲

> **【問20-50】** 通信販売等の税率等に関する経過措置の要件である「提示する準備を完了した場合」とは、具体的にはどのような場合をいうのですか。

【答】 通信販売等の税率等に関する経過措置の要件である「提示する準備を完了した場合」とは、販売条件等の提示方法に応じ、いつでも提示することができる状態にある場合をいいますから、例えば、販売条件等を掲載したカタログ等の印刷物の作成を完了した場合などがこれに該当します。

748

第20章　令和元年10月1日の消費税率の引上げに係る経過措置

工事の請負に係る資産の譲渡等の時期の特例を受ける場合における税率等に関する経過措置の概要

> 【問20－51】　工事の請負に係る資産の譲渡等の時期の特例を受ける場合における税率等に関する経過措置の概要を教えてください。

【答】　事業者が、31年指定日（平成31年4月1日）から31年施行日の前日（令和元年9月30日）までの間に締結した消費税法第17条第1項《工事の請負に係る資産の譲渡等の時期の特例》に規定する長期大規模工事又は同条第2項に規定する工事（以下「長期大規模工事等」といいます。）の請負に係る契約に基づき、31年施行日（令和元年10月1日）以後に当該契約に係る目的物の引渡しを行う場合において、当該長期大規模工事等に係る対価の額について31年施行日の属する年又は事業年度以前の年又は事業年度においてこれらの規定の適用を受けるときは、次の算式により計算した金額に係る部分の課税資産の譲渡等については、旧税率（8％）が適用されます。

長期大規模工事等に係る対価の額	×	長期大規模工事等の着手の日から31年施行日の前日までの間に支出した原材料費、労務費その他の経費の額の合計額
		31年施行日の前日の現況により見積もられる工事原価の額

　なお、事業者が、この経過措置の適用を受けた目的物の引渡しを行った場合には、その相手方に対する当該目的物の引渡しがこの経過措置の適用を受けたものであること及び適用を受けた部分に係る対価の額を書面で通知することとされています。

参考　改正法附則7、16①③、改正令附則9

749

リース延払基準の方法により経理した場合のリース譲渡に係る資産の譲渡等の時期の特例を受ける場合における税率等に関する経過措置の概要

> 【問20−52】 リース延払基準の方法により経理した場合のリース譲渡に係る資産の譲渡等の時期の特例を受ける場合における税率等に関する経過措置の概要を教えてください。

【答】 事業者が、26年施行日（平成26年４月１日）から31年施行日の前日（令和元年９月30日）までの間に行ったリース譲渡（所得税法第65条第１項又は法人税法第63条第１項本文に規定するリース譲渡をいいます。）について消費税法施行令第32条の２第１項《リース延払基準の方法により経理した場合のリース譲渡に係る資産の譲渡等の時期の特例》の規定の適用を受けた場合において、同条第２項の規定により31年施行日（令和元年10月１日）以後に資産の譲渡等を行ったものとみなされるリース譲渡延払収益額に係る部分があるときは、当該リース譲渡延払収益額に係る部分の課税資産の譲渡等については、旧税率（８％）が適用されます。

　ところで、消費税法第16条《リース譲渡に係る資産の譲渡等の時期の特例》の規定の適用を受けている事業者が、適用を受けた課税期間の翌課税期間以後の課税期間において同条の規定の適用を受けないこととした場合には、リース譲渡に係る対価の額のうち当該適用を受けないこととした課税期間以後の各課税期間におけるリース譲渡延払収益額に係る部分は、適用を受けないこととした日の属する課税期間において資産の譲渡等を行ったものとみなすこととされています。

　この場合であっても、改正令附則第６条第１項に規定する「31年施行日以後に資産の譲渡等を行ったものとみなされるリース譲渡延払収益額に係る部分」があることには変わりありませんので、当然に同条に規定する経過措置が適用されることとなります。

　これは、消費税法施行令第32条第１項並びに第２項《延払基準の方法によ

750

第20章　令和元年10月1日の消費税率の引上げに係る経過措置

り経理しなかった場合等の処理》及び同令第33条《納税義務の免除を受ける
こととなった場合等の処理》から第35条《合併等の場合のリース譲渡に係る
資産の譲渡等の時期の特例》までの規定の適用がある場合についても同様で
す。

参　考　令32③、32の2③、改正令附則6、平成31年経過措置通達24

**リース譲渡に係る資産の譲渡等の時期の特例を受ける場合における税率等に
関する経過措置の概要**

【問20－53】　リース譲渡に係る資産の譲渡等の時期の特例を受ける
場合における税率等に関する経過措置の概要を教えてください。

【答】　事業者が、26年施行日（平成26年4月1日）から31年施行日の前日（令
和元年9月30日）までの間に行った消費税法第16条第1項《リース譲渡に係
る資産の譲渡等の時期の特例》に規定するリース譲渡（所得税法第65条第1
項又は法人税法第63条第1項本文に規定するリース譲渡をいいます。）につ
いて消費税法第16条第1項の適用を受けた場合において、当該リース譲渡に
係る賦払金の額で31年施行日（令和元年10月1日）以後にその支払期日が到
来するものがあるときは、当該賦払金に係る部分の課税資産の譲渡等につい
ては、旧税率（8％）が適用されます。

　なお、所得税法等の一部を改正する法律（平成30年法律第7号）附則第44
条第1項《長期割賦販売等に係る資産の譲渡等の時期の特例に関する経過措
置》の規定によりなお効力を有する同法による改正前の消費税法第16条に規
定する長期割賦販売等についても、同様に経過措置が適用されます。

参　考　改正法附則16の2①

751

リース譲渡の特例計算の方法により経理した場合のリース譲渡に係る資産の譲渡等の時期の特例を受ける場合における税率等に関する経過措置の概要

> **【問20－54】** リース譲渡の特例計算の方法により経理した場合のリース譲渡に係る資産の譲渡等の時期の特例を受ける場合における税率等に関する経過措置の概要を教えてください。

【答】 事業者が、26年施行日（平成26年４月１日）から31年施行日の前日（令和元年９月30日）までの間に行ったリース譲渡（所得税法第65条第１項又は法人税法第63条第１項本文に規定するリース譲渡をいいます。）について消費税法施行令第36条の２第１項《リース譲渡の特例計算の方法により経理した場合のリース譲渡に係る資産の譲渡等の時期の特例》の規定の適用を受けた場合において、同条第２項の規定により31年施行日（令和元年10月１日）以後に資産の譲渡等を行ったものとみなされるリース譲渡収益額に係る部分があるときは、当該リース譲渡収益額に係る部分の課税資産の譲渡等については、旧税率（８％）が適用されます。

　ところで、消費税法施行令第36条の２第２項の規定の適用を受けている事業者が、適用を受けた課税期間の翌課税期間以後の課税期間において同項の規定の適用を受けないこととした場合には、リース譲渡に係る対価の額のうち当該適用を受けないこととした課税期間以後の各課税期間におけるリース譲渡収益額に係る部分は、適用を受けないこととした日の属する課税期間において資産の譲渡等を行ったものとみなすこととされています。

　この場合であっても、改正令附則第８条第１項に規定する「31年施行日以後に資産の譲渡等を行ったものとみなされるリース譲渡収益額に係る部分」があることには変わりありませんので、当然に同条に規定する経過措置が適用されることとなります。

　これは、消費税法施行令第36条の２第３項の規定又は同条第４項の規定により準用される同令第33条《納税義務の免除を受けることとなった場合等の処

第20章　令和元年10月１日の消費税率の引上げに係る経過措置

理》から第35条《合併等の場合のリース譲渡に係る資産の譲渡等の時期の特例》までの規定の適用がある場合についても同様です。

参　考　令32③、36の２④、改正令附則８、平成31年経過措置通達25

インターネット通販に係る経過措置の適用関係

【問20－55】　当社は、31年指定日（平成31年４月１日）より前からインターネット通販により、電化製品等を販売しています。当該電化製品等の販売価格等の販売条件については、31年指定日から31年施行日の前日（令和元年９月30日）まで変更しないこととしていましたが、令和元年８月に数日間セールを実施し、当該期間に販売する電化製品等を一律200円引きすることとしました。

　この場合、31年施行日（令和元年10月１日）前までに申し込まれたものについて、通信販売等の税率等に関する経過措置の規定が適用されますか。

　また、当社では、電化製品等を販売する際に、電化製品等の対価とは別に送料を受領しています。当該送料についても、通信販売等の税率等に関する経過措置が適用されますか。

【答】　通信販売（不特定かつ多数の者に商品の内容、販売価格その他の条件を提示し、郵便、電話その他の方法により売買契約の申込みを受けて当該提示した条件に従って行う商品の販売をいい、予約販売に係る書籍等の税率等に関する経過措置に規定する契約に係る販売を除きます。）の方法により商品を販売する事業者が、31年指定日前にその販売価格等の条件を提示し、又は提示する準備を完了した場合において、31年施行日前に申込みを受け、提示した条件に従って31年施行日以後に商品を販売するときは、その商品の販売については旧税率（８％）が適用されます。

　御質問の場合、31年指定日からセール開始日の前日までの間の申込みにつ

753

いては、当該申込時の販売条件に従って31年施行日以後に商品の販売をする場合、通信販売等の税率等に関する経過措置が適用されます。この場合、31年指定日前に販売条件を提示していること及び提示した販売条件に従って商品の販売が行われたことについて、書類等で明らかにしておく必要があります。

　また、令和元年8月に数日間セールを行っていますので、当該セール以後においては、新たに販売条件を提示したこととなり、セール終了日以後において、販売条件を当該セール前に戻したとしても、セール開始日以後の商品の販売については、通信販売等の税率等に関する経過措置は適用されません。

　なお、商品の販売に係る対価とは別に受領する送料について、31年指定日前に当該送料に係る条件を提示し、商品の販売の申込時において当該条件に従って送料が確定する場合には、商品の販売と同様に通信販売等の税率等に関する経過措置が適用されます。

参考　改正令附則5③

販売価格が変動しうることを示している場合

【問20－56】　当社のインターネット通販では、予約商品について、申込みから発売の間で商品の価格が下落した場合には、申込時の価格ではなく、下落時の最低価格で販売することとしており、このように販売価格が変更されることがあることについては、当社の運営するインターネットサイトで示しております。

　この場合、通信販売等の税率等に関する経過措置が適用されますか。

【答】　通信販売（不特定かつ多数の者に商品の内容、販売価格その他の条件を提示し、郵便、電話その他の方法により売買契約の申込みを受けて当該提示した条件に従って行う商品の販売をいい、予約販売に係る書籍等の税率等

第20章　令和元年10月1日の消費税率の引上げに係る経過措置

に関する経過措置に規定する契約に係る販売を除きます。）の方法により商品を販売する事業者が、31年指定日（平成31年4月1日）前にその販売価格等の条件を提示し、又は提示する準備を完了した場合において、31年施行日（令和元年10月1日）前に申込みを受け、提示した条件に従って31年施行日以後に商品を販売するときは、その商品の販売について旧税率（8％）が適用されます。

　御質問の場合、予約商品に係る販売価格は、申込時に示された価格から変更される場合があるものであり、参考価格が示されていたにすぎず、実際に販売する時の価格を示していないことから、通信販売等の税率等に関する経過措置の適用要件である「指定日前に販売価格その他の条件を提示し、施行日前に申込みを受けて当該提示した条件に従って施行日以後に商品を販売するとき」には該当せず、この経過措置の適用はありません。

　なお、結果として31年指定日前にインターネットサイトで掲載していた販売価格と譲渡時の販売価格が一致したとしても、変更する可能性のある販売価格を示している以上、この経過措置の適用はありません。

参考　改正令附則5③

第21章
特定非常災害に係る消費税の届出等に関する特例

特例の概要

【問21－1】 特定非常災害の被災者である事業者の方に対する、消費税法の特例について教えてください。

【答】 住宅ローン控除の適用期間に係る特例や住宅取得の際の贈与税の特例といった、災害に関する税制上の措置が講じられましたが、併せて、消費税の届出等に関する特例も設けられました。

　具体的には、「特定非常災害の被害者の権利利益の保全等を図るための特別措置に関する法律」第2条第1項の規定により、特定非常災害として指定された非常災害（以下「特定非常災害」といいます。）の被災者である事業者（以下「被災事業者」といいます。）の方について、①被災事業者が消費税の課税事業者を選択する（やめる）届出又は消費税の簡易課税制度を選択する（やめる）届出をする場合の特例、②被災事業者である新設法人等が基準期間のない各課税期間中に調整対象固定資産を取得した場合又は被災事業者が高額特定資産の仕入れ等を行った場合における事業者免税点制度及び簡易課税制度の適用制限の解除、といった特例が設けられました。

　なお、災害特例については、原則として、平成29年4月1日以後発生する特定非常災害から適用されます。

参考 措法86条の5

第21章　特定非常災害に係る消費税の届出等に関する特例

届出の特例の概要

> **【問21－2】**　被災事業者が消費税の課税事業者を選択する（やめる）届出又は消費税の簡易課税制度を選択する（やめる）届出をする場合の特例について教えてください。

【答】　被災事業者が、その被害を受けたことによって、被災日を含む課税期間以後の課税期間について、課税事業者を選択しようとする（又はやめようとする）場合、又は簡易課税制度を選択しようとする（又はやめようとする）場合には、指定日までに所轄税務署長に「消費税課税事業者選択届出書」等のこれらの選択をしようとする（又はやめようとする）旨の届出書を提出することにより、その適用を受けること（又はやめること）ができることとなりました。

　また、課税事業者を選択した事業者が、課税事業者となった日から2年を経過する日までの間に開始した各課税期間中に調整対象固定資産を取得し、その取得した課税期間の確定申告を一般課税で行う場合には、原則、一定期間、課税事業者の選択をやめる届出書及び簡易課税制度を選択するための届出書の提出ができませんが、災害特例により、被災事業者は、被災日の属する課税期間以後の課税期間から、これらの届出書の提出をすることができることとなりました。

（注1）　被災日とは、事業者が特定非常災害により被災事業者となった日をいいます。

（注2）　指定日とは、特定非常災害の状況及び特定非常災害に係る国税通則法第11条の規定による申告に関する期限の延長の状況を勘案して国税庁長官が定める日となります。

参　考　措法86条の5①②③⑨⑩

事業者免税点制度及び簡易課税制度の適用制限の一部解除

> 【問21-3】 事業者免税点制度及び簡易課税制度の適用制限が一部
> 解除される特例について教えてください。

【答】

1 被災事業者である新設法人等が基準期間のない各課税期間中に調整対象
 固定資産を取得した場合

　新設法人又は特定新規設立法人は、基準期間がない各課税期間（通常設
立1期目及び2期目）中に調整対象固定資産を取得し、その課税期間につ
いて一般課税で申告を行う場合、取得の日の属する課税期間の初日から原
則として3年間は、納税義務が免除されず、その間は簡易課税制度を選択
して申告することができませんが、被災事業者である新設法人又は特定新
規設立法人は、これにかかわらず、被災日を含む課税期間以後の課税期間
から、これらの制限規定が適用されないこととされました。

2 被災事業者が高額特定資産の仕入れ等を行った場合

　高額特定資産の仕入れ等を行い、その課税期間について一般課税で申告
を行う場合、事業者は、その仕入れ等の日の属する課税期間の初日から原
則として3年間は納税義務が免除されず、その間は簡易課税制度を選択し
て申告することができませんが、被災事業者については、被災日を含む課
税期間以後の課税期間から、当該高額特定資産の仕入れ等に係るこれらの
制限は適用されないこととされました。

参考 措法86条の5④⑤⑥⑦

付録1．消費税及び地方消費税申告書・付表記載例

1 申告書（一般用）の作成手順及び記載例……………………… 760
2 申告書（簡易課税用）の作成手順及び記載例………………… 772

付録2．適格請求書発行事業者の登録申請書様式例

●付録1 ●
消費税及び地方消費税申告書・付表記載例

ケース1
課税売上高が5億円以下、かつ、課税売上割合が95%以上の場合

【課税期間】
平成31年1月1日～令和元年12月31日

(単位：円)

	税率6.3% 適用分 （旧税率）	税率6.24% 適用分 （軽減税率）	税率7.8% 適用分 （標準税率）	合計金額
課税売上高 （税込み）	イ 300,000,000	ロ 70,000,000	ハ 40,000,000	410,000,000
免税売上高	－	－	－	10,000,000
非課税売上高	－	－	－	7,000,000
売上対価の返還等 の金額 （税込み）	ニ 10,000,000	ホ 1,500,000	ヘ 2,500,000	14,000,000
課税仕入れの金額 （税込み）	ト 200,000,000	チ 40,000,000	リ 30,000,000	270,000,000
仕入対価の返還等 の金額（課税仕入 れに係るもの（税 込み））	－	ヌ 8,000,000	ル 6,000,000	14,000,000
貸倒処理した金額 （税込み）	ヲ 1,500,000	－	－	1,500,000

(参考)　1　中間納付消費税額　　　　6,300,000円
　　　　2　中間納付地方消費税額　　1,700,000円
　　　　3　基準期間の課税売上高　350,000,000円（税抜き）

【作成手順】　※　付表1－2、2－2は旧税率が適用された取引があ
　　　　　　　　　　る場合に作成
〔1〕　付表1－2　①及び②
〔2〕　付表1－1　①及び②
〔3〕　付表2－2　①
〔4〕　付表2－1　①

付録 1 . 消費税及び地方消費税申告書・付表記載例

〔5〕　付表2－2　⑨～㉓
〔6〕　付表2－1　⑨～㉓
〔7〕　付表1－2　④～⑮
〔8〕　付表1－1　④～⑮
〔9〕　第2表
〔10〕　第1表

付表1－2

①－1欄　<u>課税資産の譲渡等の対価の額（C）【手順①】</u>
　　　　イ300,000,000×100/108＝277,777,777
①欄　　<u>課税標準額（C）</u>
　　　　①－1　277,777,000（千円未満切捨て）
②欄　　<u>消費税額（C）【手順②】</u>
　　　　①C欄277,777,000×6.3％＝17,499,951

付表1－1

※　付表1－2の①～②欄の旧税率分小計X欄を付表1－1の①～②欄
　の旧税率分小計X欄に転記する。
①－1欄　<u>課税資産の譲渡等の対価の額【手順③】</u>
　　　　税率6.24％適用分（D）
　　　　　ロ70,000,000×100/108＝64,814,814
　　　　税率7.8％適用分（E）
　　　　　ハ40,000,000×100/110＝36,363,636
①欄　　<u>課税標準額</u>
　　　　税率6.24％適用分（D）
　　　　　①－1（D）　64,814,000（千円未満切捨て）
　　　　税率7.8％適用分（E）
　　　　　①－1（E）　36,363,000（千円未満切捨て）
②欄　　<u>消費税額【手順④】</u>
　　　　税率6.24％適用分（D）
　　　　　64,814,000×6.24％＝4,044,393

761

税率7.8％適用分（Ｅ）
36,363,000×7.8％＝2,836,314

付表２－２

①欄 　<u>課税売上額（税抜き）【手順⑤】</u>
税率6.3％適用分（Ｃ）
イ300,000,000×100/108
　－ニ10,000,000×100/108＝268,518,518

付表２－１

※　付表２－２の①欄の旧税率分小計Ｘ欄を付表２－１の①欄の旧税率分
小計Ｘ欄に転記する。

①欄 　<u>課税売上額（税抜き）【手順⑥】</u>
税率6.24％適用分（Ｄ）
ロ70,000,000×100/108
　－ホ1,500,000×100/108＝63,425,925
税率7.8％適用分（Ｅ）
ハ40,000,000×100/110
　－ヘ2,500,000×100/110＝34,090,909

付表２－２

⑨欄 　<u>課税仕入れに係る支払対価の額（税込み）【手順⑦】</u>
税率6.3％適用分（Ｃ）
ト200,000,000
⑩欄 　<u>課税仕入れに係る消費税額【手順⑦】</u>
税率6.3％適用分（Ｃ）
ト200,000,000×6.3/108＝11,666,666
⑮欄 　<u>課税仕入れ等の税額の合計額</u>
税率6.3％適用分（Ｃ）
⑩Ｃ欄と同じ
⑯欄 　<u>課税売上高が５億円以下、かつ、課税売上割合が95％以上</u>
<u>の場合</u>

税率6.3％適用分（C）

⑮C欄と同じ

㉓欄　　控除対象仕入税額

税率6.3％適用分（C）

⑯C欄と同じ

付表2－1

⑨欄　　課税仕入れに係る支払対価の額（税込み）【手順⑧】

税率6.24％適用分（D）

チ40,000,000－ヌ8,000,000＝32,000,000

税率7.8％適用分（E）

リ30,000,000－ル6,000,000＝24,000,000

⑩欄　　課税仕入れに係る消費税額【手順⑧】

税率6.24％適用分（D）

⑨D欄32,000,000×6.24/108＝1,848,888

税率7.8％適用分（E）

⑨E欄24,000,000×7.8/110＝1,701,818

⑮欄　　課税仕入れ等の税額の合計額

税率6.24％適用分（D）

⑩D欄と同じ

税率7.8％適用分（E）

⑩E欄と同じ

⑯欄　　課税売上高が5億円以下、かつ、課税売上割合が95％以上の場合

税率6.24％適用分（D）

⑮D欄と同じ

税率7.8％適用分（E）

⑮E欄と同じ

㉓欄　　控除対象仕入税額

税率6.24％適用分（D）

⑯D欄と同じ

税率7.8％適用分（E）

⑯E欄と同じ

763

付表1－2

④欄　　　控除対象仕入税額（C）
　　　　　付表2－2の㉓C欄の金額
⑤－1欄　売上げの返還等対価に係る税額（C）【手順⑨】
　　　　　ニ10,000,000×6.3/108＝583,333
⑤欄　　　返還等対価に係る税額（C）
　　　　　⑤－1Cと同じ
⑥欄　　　貸倒れに係る税額（C）【手順⑩】
　　　　　ヲ1,500,000×6.3/108＝87,499
⑦欄　　　控除税額小計（C）
　　　　　④11,666,666＋⑤583,333＋⑥87,499＝12,337,498
⑨欄　　　差引税額（C）
　　　　　②17,499,951－⑦12,337,498＝5,162,453
⑫欄　　　地方消費税の課税標準となる消費税額・差引税額（C）
　　　　　5,162,453（⑨C欄の金額）
⑬欄　　　合計差引地方消費税の課税標準となる消費税額（C）
　　　　　5,162,453（⑫C欄の金額）
⑮欄　　　譲渡割額・納付額（C）【手順⑪】
　　　　　⑫C欄5,162,453×17/63＝1,393,042

付表1－1

④欄　　　控除対象仕入税額
　　　　　税率6.24％適用分（D）
　　　　　　付表2－1の㉓D欄の金額
　　　　　税率7.8％適用分（E）
　　　　　　付表2－1の㉓E欄の金額
⑤－1欄　売上げの返還等対価に係る税額【手順⑫】
　　　　　税率6.24％適用分（D）
　　　　　　ホ1,500,000×6.24/108＝86,666
　　　　　税率7.8％適用分（E）
　　　　　　ヘ2,500,000×7.8/110＝177,272
⑤欄　　　返還等対価に係る税額

付録１．消費税及び地方消費税申告書・付表記載例

税率6.24％適用分（Ｄ）
 ⑤－１と同じ
税率7.8％適用分（Ｅ）
 ⑤－１と同じ
⑦欄 <u>控除税額小計</u>
税率6.24％適用分（Ｄ）
 ④1,848,888＋⑤86,666＝1,935,554
税率7.8％適用分（Ｅ）
 ④1,701,818＋⑤177,272＝1,879,090
⑨欄 <u>差引税額</u>
税率6.24％適用分（Ｄ）
 ②4,044,393－⑦1,935,554＝2,108,839
税率7.8％適用分（Ｅ）
 ②2,836,314－⑦1,879,090＝957,224
⑫欄 <u>地方消費税の課税標準となる消費税額・差引税額</u>【手順⑬】
税率7.8％適用分（Ｅ）
 ⑨Ｄ欄2,108,839＋⑨Ｅ欄957,224＝3,066,063
⑬欄 <u>合計差引地方消費税の課税標準となる消費税額</u>
税率7.8％適用分（Ｅ）
 3,066,063（⑫Ｅ欄と同じ）
⑮欄 <u>譲渡割額・納付額</u>【手順⑭】
税率7.8％適用分（Ｅ）
 ⑫Ｅ欄3,066,063×22/78＝864,787

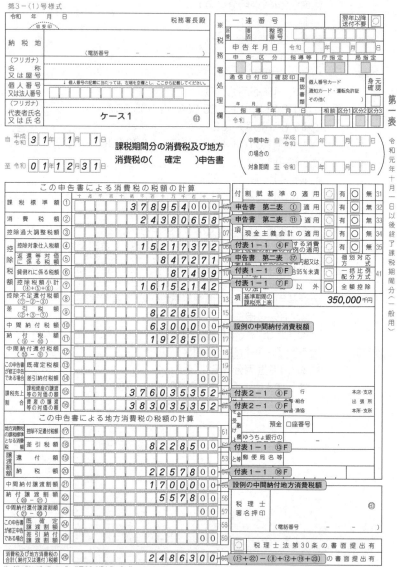

付録1．消費税及び地方消費税申告書・付表記載例

第3-(2)号様式

課税標準額等の内訳書

整理番号 ☐☐☐☐☐☐☐☐

納　税　地	（電話番号　　－　　－　　）
（フリガナ）	
名　　称又は屋号	
（フリガナ）	
代表者氏名又は氏名	**ケース1**

改正法附則による税額の特例計算

軽減売上割合（10営業日）	○	附則38①	51
小売等軽減仕入割合	○	附則38②	52
小売等軽減売上割合	○	附則39①	53

第二表

自 平成 **31** 年 **1** 月 **1** 日　令和
至 令和 **01** 年 **12** 月 **31** 日

課税期間分の消費税及び地方消費税の（ 確定 ）申告書

中間申告 自 平成・令和 ☐☐ 年 ☐☐ 月 ☐☐ 日
の場合の　対象期間 至 令和 ☐☐ 年 ☐☐ 月 ☐☐ 日

令和元年十月一日以後終了

課　税　標　準　額 ※申告書（第一表）の①欄へ	①	3 7 8 9 5 4 0 0 0	← 付表1-1 ①F

課税資産の譲渡等の対価の額の合計額	3 ％ 適用分	②		02
	4 ％ 適用分	③		03
	6.3 ％ 適用分	④	2 7 7 7 7 7 7 7 7	← 付表1-2 ①-1C
	6.24 ％ 適用分	⑤	6 4 8 1 4 8 1 4	← 付表1-1 ①-1D
	7.8 ％ 適用分	⑥	3 6 3 6 3 6 3 6	← 付表1-1 ①-1E
		⑦	3 7 8 9 5 6 2 2 7	← 付表1-1 ①-1F
特定課税仕入れに係る支払対価の額の合計額 （注1）	6.3 ％ 適用分	⑧		11
	7.8 ％ 適用分	⑨		12
		⑩		13

消　費　税　額 ※申告書（第一表）の②欄へ		⑪	2 4 3 8 0 6 5 8	← 付表1-1 ②F
⑪ の 内 訳	3 ％ 適用分	⑫		22
	4 ％ 適用分	⑬		23
	6.3 ％ 適用分	⑭	1 7 4 9 9 9 5 1	← 付表1-2 ②C
	6.24 ％ 適用分	⑮	4 0 4 4 3 9 3	← 付表1-1 ②D
	7.8 ％ 適用分	⑯	2 8 3 6 3 1 4	← 付表1-1 ②E

返還等対価に係る税額 ※申告書（第一表）の⑤欄へ		⑰	8 4 7 2 7 1	← 付表1-1 ⑤F
⑰の内訳	売上げの返還等対価に係る税額	⑱	8 4 7 2 7 1	← 付表1-1 ⑤-1F
	特定課税仕入れの返還等対価に係る税額 （注1）	⑲		33

地方消費税の課税標準となる消費税額 （注2）		⑳	8 2 2 8 5 1 6	← 付表1-1 ⑬F
	4 ％ 適用分	㉑		42
	6.3 ％ 適用分	㉒	5 1 6 2 4 5 3	← 付表1-2 ⑬C
	6.24％及び7.8％ 適用分	㉓	3 0 6 6 0 6 3	← 付表1-1 ⑬E

（注1）⑧・⑨及び⑲欄は、一般課税により申告する場合で、課税売上割合が95％未満、かつ、特定課税仕入れがある事業者のみ記載します。
（注2）⑳～㉓欄が還付税額となる場合はマイナス「－」を付してください。

767

第4-(1)号様式

付表1－1　税率別消費税額計算表　兼　地方消費税の課税標準となる消費税額計算表

						一　般

課　税　期　間		**31・1・1 ～ 01・12・31**	氏名又は名称		**ケース1**	

区　　　　　　分		旧税率分小計 X	税率6.24％適用分 D	税率7.8％適用分 E	合　　計　　F (X＋D＋E)
課　税　標　準　額	①	(付表1-2の①X欄の金額) 277,777 000　円	64,814 000　円	36,363 000　円	※第二表の①欄へ 378,954 000　円
①の内訳 課税資産の譲渡等の対価の額	①-1	(付表1-2の①-1X欄の金額) 277,777,777	※第一表の⑤欄へ □70,000,000×100/108 64,814,814	※第一表の⑦欄へ ハ40,000,000×100/110 36,363,636 ❸	※第二表の⑦欄へ 378,956,227
特定課税仕入れに係る支払対価の額	①-2	(付表1-2の①-2X欄の金額)	※①-2欄は、課税売上割合が95%未満、かつ、特定課税仕入れがある事業者のみ記載する。	※第二表の⑧欄へ	※第二表の⑩欄へ
消　費　税　額	②	(付表1-2の②X欄の金額) 17,499,951	※第一表の①欄へ 64,814,000×6.24% 4,044,393	※第一表の①欄へ 36,363,000×7.8% 2,836,314 ❹	※第二表の⑪欄へ 24,380,658
控　除　過　大　調　整　税　額	③	(付表1-2の③X欄の金額)	(付表2-1の②D欄の合計金額)	(付表2-1の②E欄の合計金額)	※第一表の③欄へ
控除 控除対象仕入税額	④	(付表1-2の④X欄の金額) 11,666,666	(付表2-1の②D欄の金額) 1,848,888	(付表2-1の②E欄の金額) 1,701,818	※第一表の④欄へ 15,217,372
返還等対価に係る税額	⑤	(付表1-2の⑤X欄の金額) 583,333	86,666	177,272	※第二表の⑰欄へ 847,271
⑤の内訳 売上げの返還等の対価に係る税額	⑤-1	(付表1-2の⑤-1X欄の金額) 583,333	ホ1,500,000×6.24/108 86,666	ヘ2,500,000×7.8/110 177,272 ❶❷	※第二表の⑱欄へ 874,271
特定課税仕入れの返還等対価に係る税額	⑤-2	(付表1-2の⑤-2X欄の金額)	※⑤-2欄は、課税売上割合が95%未満、かつ、特定課税仕入れがある事業者のみ記載する。		※第二表の⑲欄へ
除税額 貸倒れに係る税額	⑥	(付表1-2の⑥X欄の金額) 87,499			※第一表の⑥欄へ 87,499
控除税額小計 （④＋⑤＋⑥）	⑦	(付表1-2の⑦X欄の金額) 12,337,498	1,935,554	1,879,090	※第一表の⑦欄へ 16,152,142
控除不足還付税額 （⑦－②－③）	⑧	(付表1-2の⑧X欄の金額) 	※⑪E欄へ	※⑪E欄へ	
差　引　税　額 （②＋③－⑦）	⑨	(付表1-2の⑨X欄の金額) 5,162,453	※⑫E欄へ 2,108,839	957,224	8,228,516
合　計　差　引　税　額 （⑨－⑧）	⑩				※マイナスの場合は第一表の⑧欄へ ※プラスの場合は第一表の⑨欄へ 8,228,516
地方消費税の課税標準となる消費税額 控除不足還付税額	⑪	(付表1-2の⑪X欄の金額)		（⑧D欄と⑧E欄の合計金額）	
差　引　税　額	⑫	(付表1-2の⑫X欄の金額) 5,162,453		（⑨D欄と⑨E欄の合計金額） 2,108,839＋957,224　3,066,063 ❸	8,228,516
合計差引地方消費税の課税標準となる消費税額 （⑫－⑪）	⑬	(付表1-2の⑬X欄の金額) 5,162,453		※第二表の㉒欄へ 3,066,063	※マイナスの場合は第一表の⑱欄へ ※プラスの場合は第一表の⑳欄へ ※第二表の㉖欄へ 8,228,516
譲渡割額 還　付　額	⑭	(付表1-2の⑭X欄の金額)		（⑪E欄×22/78）	
納　税　額	⑮	(付表1-2の⑮X欄の金額) 1,393,042		（⑬E欄×22/78） 3,066,063×22/78 864,787 ❶❹	2,257,829
合計差引譲渡割額 （⑮－⑭）	⑯				※マイナスの場合は第一表の㉑欄へ ※プラスの場合は第一表の㉒欄へ 2,257,829

注意　1　金額の計算においては、1円未満の端数を切り捨てる。
　　　2　旧税率が適用された取引がある場合は、付表1-2を作成してから当該付表を作成する。

(H31.10.1以後終了課税期間用)

768

付録1．消費税及び地方消費税申告書・付表記載例

第4-(5)号様式

付表1-2　税率別消費税額計算表　兼　地方消費税の課税標準となる消費税額計算表
〔経過措置対象課税資産の譲渡等を含む課税期間用〕

一 般

課税期間	31・1・1～01・12・31	氏名又は名称	ケース1

区　　　　分		税率3％適用分 A	税率4％適用分 B	税率6.3％適用分 C	旧税率分小計 X (A+B+C) ※付表1-1の①X欄へ
課税標準額	①	円 000	円 000	277,777 000	277,777 000
①の内訳 課税資産の譲渡等の対価の額	①-1	※第二表の②欄へ	※第二表の③欄へ	※第二表の④欄へ イ300,000,000×100/108 277,777,777 ❶	※付表1-1の①-1X欄へ 277,777,777
特定課税仕入れに係る支払対価の額	①-2	※①-2欄は、課税売上割合が95％未満、かつ、特定課税仕入れがある事業者のみ記載する。		※第二表の⑤欄へ	※付表1-1の①-2X欄へ
消費税額	②	(付表2-2の⑱・⑳A欄の合計金額)	(付表2-2の⑱・⑳B欄の合計金額)	※第二表の⑮欄へ ロ277,777,000×6.3% 17,499,951 ❷	※付表1-1の②X欄へ 17,499,951
控除過大調整税額	③	(付表2-2の㉕・㉗A欄の合計金額)	(付表2-2の㉕・㉗B欄の合計金額)	(付表2-2の㉕・㉗C欄の合計金額)	※付表1-1の③X欄へ
控除税額 控除対象仕入税額	④	(付表2-2の㉔A欄の金額)	(付表2-2の㉔B欄の金額)	(付表2-2の㉔C欄の金額) 11,666,666	※付表1-1の④X欄へ 11,666,666
返還等対価に係る税額	⑤			583,333	※付表1-1の⑤X欄へ 583,333
⑤の内訳 売上げの返還等の対価に係る税額	⑤-1			ニ10,000,000×6.3/108 583,333 ❾	※付表1-1の⑤-1X欄へ 583,333
特定課税仕入れの返還等対価に係る税額	⑤-2	※⑤-2欄は、課税売上割合が95％未満、かつ、特定課税仕入れがある事業者のみ記載する。			※付表1-1の⑤-2X欄へ
貸倒れに係る税額	⑥			ヲ1,500,000×6.3/108 87,499 ❿	※付表1-1の⑥X欄へ 87,499
控除税額小計 (④+⑤+⑥)	⑦			12,337,498	※付表1-1の⑦X欄へ 12,337,498
控除不足還付税額 (⑦-②-③)	⑧		※⑪B欄へ	※⑪C欄へ	※付表1-1の⑧X欄へ
差引税額 (②+③-⑦)	⑨		※⑫B欄へ	※⑫C欄へ 5,162,453	※付表1-1の⑨X欄へ 5,162,453
合計差引税額 (⑨-⑧)	⑩				
地方消費税の課税標準となる消費税額 控除不足還付税額	⑪		(⑧B欄の金額)	(⑧C欄の金額)	※付表1-1の⑪X欄へ
差引税額	⑫		(⑨B欄の金額)	(⑨C欄の金額) 5,162,453	※付表1-1の⑫X欄へ 5,162,453
合計差引地方消費税の課税標準となる消費税額 (⑫-⑪)	⑬		※第二表の㉑欄へ	※第二表の㉒欄へ 5,162,453	※付表1-1の⑬X欄へ 5,162,453
譲渡割額 還付額	⑭		(⑪B欄×25/100)	(⑪C欄×17/63)	※付表1-1の⑭X欄へ
納税額	⑮		(⑫B欄×25/100)	(⑫C欄×17/63) ト5,162,453×17/63 1,393,042 ⓫	※付表1-1の⑮X欄へ 1,393,042
合計差引譲渡割額 (⑮-⑭)	⑯				

注意　1　金額の計算においては、1円未満の端数を切り捨てる。
　　　2　旧税率が適用された取引がある場合には、当該付表を作成してから付表1-1を作成する。

(H31.10.1以後終了課税期間用)

769

第4-(2)号様式

付表2−1　課税売上割合・控除対象仕入税額等の計算表

一般

課税期間	31·1·1～01·12·31	氏名又は名称	ケース1

項目	旧税率分小計 X (付表2-2の⑨X欄の金額)	税率6.24％適用分 D	税率7.8％適用分 E	合計 F (X+D+E)
課税売上額（税抜き）①	268,518,518	ロ70,000,000×100/108 −ホ1,500,000×100/108 → 63,425,925	ハ40,000,000×100/110 −ヘ2,500,000×100/110 → 34,090,909	366,035,352 ⑥
免税売上額 ②				設例の免税売上高を転記 10,000,000
非課税資産の輸出等の金額、海外支店等へ移送した資産の価額 ③				
課税資産の譲渡等の対価の額（①＋②＋③）④				※第一表の①欄へ ※付表2-2の④X欄へ 376,035,352
課税資産の譲渡等の対価の額（④の金額）⑤				376,035,352
非課税売上額 ⑥				設例の非課税売上高を転記 7,000,000
資産の譲渡等の対価の額（⑤＋⑥）⑦				※第一表の⑩欄へ ※付表2-2の⑦X欄へ 383,035,352
課税売上割合（④／⑦）⑧				※付表2-2の⑧X欄へ [98 ％] ※端数切捨て
課税仕入れに係る支払対価の額（税込み）⑨	(付表2-2の⑨X欄の金額) 200,000,000	チ40,000,000−ヌ8,000,000 = 32,000,000	リ30,000,000−ル6,000,000 = 24,000,000	256,000,000 ⑧
課税仕入れに係る消費税額 ⑩	(付表2-2の⑩X欄の金額) 11,666,666	(⑨D欄×6.24/108) =32,000,000×6.24/108 1,848,888	(⑨E欄×7.8/110) =24,000,000×7.8/110 1,701,818	15,217,372
特定課税仕入れに係る支払対価の額 ⑪	(付表2-2の⑪X欄の金額)	※⑪及び⑫欄は、課税売上割合が95%未満、かつ、特定課税仕入れがある事業者のみ記載する。		
特定課税仕入れに係る消費税額 ⑫	(付表2-2の⑫X欄の金額)		(⑪E欄×7.8/100)	
課税貨物に係る消費税額 ⑬	(付表2-2の⑬X欄の金額)			
納税義務の免除を受けない（受ける）こととなった場合における消費税額の調整（加算又は減算）額 ⑭	(付表2-2の⑭X欄の金額)			
課税仕入れ等の税額の合計額（⑩＋⑫＋⑬±⑭）⑮	(付表2-2の⑮X欄の金額) 11,666,666	1,848,888	1,701,818	15,217,372
課税売上高が5億円以下、かつ、課税売上割合が95％以上の場合（⑮の金額）⑯	11,666,666	1,848,888	1,701,818	15,217,372
課税売上高が5億円超又は課税売上割合が95％未満の場合 個別対応方式 ⑮のうち、課税売上げにのみ要するもの ⑰	(付表2-2の⑰X欄の金額)			
⑮のうち、課税売上げと非課税売上げに共通して要するもの ⑱	(付表2-2の⑱X欄の金額)			
個別対応方式により控除する課税仕入れ等の税額〔⑰＋（⑱×④／⑦）〕⑲	(付表2-2の⑲X欄の金額)			
一括比例配分方式により控除する課税仕入れの税額（⑮×④／⑦）⑳	(付表2-2の⑳X欄の金額)			
課税売上割合変動時の調整対象固定資産に係る消費税額の調整（加算又は減算）額 ㉑	(付表2-2の㉑X欄の金額)			
調整対象固定資産を課税業務用（非課税業務用）に転用した場合の調整（加算又は減算）額 ㉒	(付表2-2の㉒X欄の金額)			
控除対象仕入税額〔（⑯、⑲又は⑳の金額）±㉑±㉒〕がプラスの時 ㉓	(付表2-2の㉓X欄の金額) 11,666,666	※付表1-1の④D欄へ 1,848,888	※付表1-1の④E欄へ 1,701,818	15,217,372
控除過大調整税額〔（⑮、⑲又は⑳の金額）±㉑±㉒〕がマイナスの時 ㉔	(付表2-2の㉔X欄の金額)	※付表1-1の③D欄へ	※付表1-1の③E欄へ	
貸倒回収に係る消費税額 ㉕	(付表2-2の㉕X欄の金額)	※付表1-1の③D欄へ	※付表1-1の③E欄へ	

注意
1　金額の計算においては、1円未満の端数を切り捨てる。
2　旧税率が適用された取引がある場合は、付表2-2を作成してから当該付表を作成する。
3　⑧及び⑨欄には、値引き、割戻し、割引きなど仕入対価の返還等の金額がある場合（仕入対価の返還等の金額を仕入金額から直接減額している場合を除く。）には、その金額を控除した後の金額を記載する。

（H31.10.1以後終了課税期間用）

付録1．消費税及び地方消費税申告書・付表記載例

第4-(6)号様式

付表2-2 課税売上割合・控除対象仕入税額等の計算表
[経過措置対象課税資産の譲渡等を含む課税期間用]

一般

課税期間	31・1・1 ～ 01・12・31	氏名又は名称	ケース1

項目		税率3％適用分 A	税率4％適用分 B	税率6.3％適用分 C	旧税率分小計X (A+B+C)
課 税 売 上 額 （ 税 抜 き ）	①	円	円	イ300,000,000×100/108 -二10,000,000×100/108 = 268,518,518	268,518,518 ❺
免 税 売 上 額	②				
非課税資産の輸出等の金額、海外支店等へ移送した資産の価額	③				
課税資産の譲渡等の対価の額（①＋②＋③）	④				376,035,352
課税資産の譲渡等の対価の額（④の金額）	⑤				
非 課 税 売 上 額	⑥				
資産の譲渡等の対価の額（⑤＋⑥）	⑦				383,035,352
課 税 売 上 割 合 （ ④ ／ ⑦ ）	⑧				[98 ％]
課税仕入れに係る支払対価の額（税込み）	⑨			イ 200,000,000	200,000,000 ❼
課税仕入れに係る消費税額	⑩	(※A欄×3/103)	(※B欄×4/105)	(※C欄×6.3/108) イ 200,000,000×6.3/108 = 11,666,666	11,666,666
特定課税仕入れに係る支払対価の額	⑪				
特定課税仕入れに係る消費税額	⑫			(※C欄×6.3/100)	
課税貨物に係る消費税額	⑬				
納税義務の免除を受けない（受ける）こととなった場合における消費税額の調整（加算又は減算）額	⑭				
課税仕入れ等の税額の合計額（⑩＋⑫＋⑬＋⑭）	⑮			11,666,666	11,666,666
課税売上高が5億円以下、かつ、課税売上割合が95％以上の場合（⑮の金額）	⑯			11,666,666	11,666,666
課税売上高が5億円超又は課税売上割合が95％未満の場合	個別対応方式	⑮のうち、課税売上げにのみ要するもの	⑰		
		⑮のうち、課税売上げと非課税売上げに共通して要するもの	⑱		
		個別対応方式により控除する課税仕入れ等の税額〔⑰＋（⑱×④／⑦）〕	⑲		
	一括比例配分方式により控除する課税仕入れ等の税額（⑮×④／⑦）	⑳			
控除税額の調整	課税売上割合変動時の調整対象固定資産に係る消費税額の調整（加算又は減算）額	㉑			
	調整対象固定資産を課税業務用（非課税業務用）に転用した場合の調整（加算又は減算）額	㉒			
差引	控 除 対 象 仕 入 税 額 〔（⑯、⑲又は⑳の金額）±㉑±㉒〕がプラスの時	㉓			11,666,666	11,666,666
	控 除 過 大 調 整 税 額 〔（⑯、⑲又は⑳の金額）±㉑±㉒〕がマイナスの時	㉔			
貸倒回収に係る消費税額	㉕				

771

ケース2

みなし仕入率の特例を適用する場合

【課税期間】

平成31年1月1日～令和元年12月31日

（単位：円）

		税率6.3% 適用分 （旧税率）	税率6.24% 適用分 （軽減税率）	税率7.8% 適用分 （標準税率）	合計金額
課税売上高 （税込み）		イ 23,000,000	ロ 5,000,000	ハ 3,000,000	31,000,000
	うち第二種事業	ニ 18,000,000	ホ 5,000,000	ヘ 2,200,000	25,200,000
	うち第四種事業	ト 5,000,000	0	チ 800,000	5,800,000
免税売上高		−	−		1,000,000
売上対価の返還等 の金額（税込み）		リ 1,500,000	ヌ 300,000	ル 200,000	2,000,000
	うち第二種事業	ヲ 900,000	ワ 300,000	カ 120,000	1,320,000
	うち第四種事業	ヨ 600,000	0	タ 80,000	680,000
貸倒処理した金額 （税込み）		レ 600,000	−	−	600,000

（参考）　基準期間の課税売上高　30,000,000円（税抜き）

【作成手順】　※　付表4−2、5−2は旧税率が適用された取引がある場合に作成

〔1〕　付表4−2　①～②及び⑤
〔2〕　付表4−1　①～②及び⑤
〔3〕　付表5−2
〔4〕　付表5−1
〔5〕　付表4−2　④及び⑥～⑮
〔6〕　付表4−1　④及び⑥～⑮
〔7〕　第2表
〔8〕　第1表

772

付録1．消費税及び地方消費税申告書・付表記載例

付表4－2

①－1欄　課税資産の譲渡等の対価の額（C）【手順①】
　　　　　イ23,000,000×100/108＝21,296,296
①欄　　　課税標準額（C）
　　　　　①－1　21,296,000（千円未満切捨て）
②欄　　　消費税額（C）【手順②】
　　　　　①C欄21,296,000×6.3％＝1,341,648
⑤欄　　　返還等対価に係る税額（C）【手順③】
　　　　　リ1,500,000×6.3/108＝87,499

付表4－1

※　付表4－2の①～②及び⑤欄の旧税率分小計X欄を付表4－1の①～
②及び⑤欄の旧税率分小計X欄に転記する。
①－1欄　課税資産の譲渡等の対価の額【手順④】
　　　　　税率6.24％適用分（D）
　　　　　　ロ5,000,000×100/108＝4,629,629
　　　　　税率7.8％適用分（E）
　　　　　　ハ3,000,000×100/110＝2,727,272
①欄　　　課税標準額
　　　　　税率6.24％適用分（D）
　　　　　　①－1　4,629,000（千円未満切捨て）
　　　　　税率7.8％適用分（E）
　　　　　　①－1　2,727,000（千円未満切捨て）
②欄　　　消費税額【手順⑤】
　　　　　税率6.24％適用分（D）
　　　　　　①－1　4,629,000×6.24％＝288,849
　　　　　税率7.8％適用分（E）
　　　　　　①－1　2,727,000×7.8％＝212,706
⑤欄　　　返還等対価に係る税額【手順⑥】
　　　　　税率6.24％適用分（D）
　　　　　　ヌ300,000×6.24/108＝17,333
　　　　　税率7.8％適用分（E）

773

ル200,000×7.8/110　＝14,181

付表５－２

①欄	<u>課税標準額に対する消費税額（Ｃ）</u>	
	付表４－２の②Ｃ欄の金額	
③欄	<u>売上対価の返還等に係る消費税額（Ｃ）</u>	
	付表４－２の⑤Ｃ欄の金額	
④欄	<u>控除対象仕入税額の計算の基礎となる消費税額（Ｃ）</u>	
	①1,341,648－③87,499＝1,254,149	
⑧欄	<u>第二種事業（小売業等）（Ｃ）【手順⑦】</u>	
	ニ18,000,000×100/108	
	－ヲ900,000×100/108＝15,833,333	
⑩欄	<u>第四種事業（その他）（Ｃ）【手順⑧】</u>	
	ト5,000,000×100/108	
	－ヨ600,000×100/108＝4,074,074	
⑥欄	<u>事業区分別の合計額（事業区分別の課税売上高（税抜き）の明細）（Ｃ）【手順⑨】</u>	
	⑧15,833,333＋⑩4,074,074＝19,907,407	
⑮欄	<u>第二種事業（小売業等）【手順⑩】</u>	
	税率6.3％適用分（Ｃ）	
	ニ18,000,000×6.3/108	
	－ヲ900,000×6.3/108＝997,500	
⑰欄	<u>第四種事業（その他）【手順⑪】</u>	
	税率6.3％適用分（Ｃ）	
	ト5,000,000×6.3/108	
	－ヨ600,000×6.3/108＝256,666	
⑬欄	<u>事業区分別の合計額（事業区分別の課税売上高に係る消費税額の明細）【手順⑫】</u>	
	税率6.3％適用分（Ｃ）	
	⑮997,500＋⑰256,666＝1,254,166	
⑳欄	<u>控除対象仕入税額の計算式区分（原則計算を適用する場合）（Ｃ）【手順⑬】</u>	
	④1,254,149×⑮997,500×80％＋⑰256,666×60％	
	／⑬1,254,166＝951,986	

付録1．消費税及び地方消費税申告書・付表記載例

㉑欄　　　控除対象仕入税額の計算式区分（特例計算を適用する場合）
　　　　（C）【手順⑭】
　　　　（イ）　１種類の事業で75％以上（第二種事業で82.35％）
　　　　④1,254,149×80％＝1,003,319
㉘欄　　　控除対象仕入税額の計算式区分（特例計算を適用する場合）
　　　　（C）【手順⑮】
　　　　（ロ）　２種類の事業で75％以上・第二種事業及び第四種事
　　　　　業（100％）
　　　　④1,254,149×⑮997,500×80％＋（⑬1,254,166－
　　　　　　　　　　　⑮997,500）×60％／⑬1,254,166＝951,986
㊲欄　　　選択可能な計算式区分の内から選択した金額
　　　　⑳欄、㉑欄又は㉘欄のいずれかの計算方法から選択した金額
　　　　本問の場合は㉑欄1,003,319を選択

付表５－１

※　付表５－２の①～㊲欄の旧税率分小計Ｘ欄を付表５－１の①～㊲欄の
旧税率分小計Ｘ欄に転記する。
①欄　　　課税標準額に対する消費税額
　　　　税率6.24％適用分（D）
　　　　　付表４－１の②D欄の金額
　　　　税率7.8％適用分（E）
　　　　　付表４－１の②E欄の金額
③欄　　　売上対価の返還等に係る消費税額
　　　　税率6.24％適用分（D）
　　　　　付表４－１の⑤D欄の金額
　　　　税率7.8％適用分（E）
　　　　　付表４－１の⑤E欄の金額
④欄　　　控除対象仕入税額の計算の基礎となる消費税額
　　　　税率6.24％適用分（D）
　　　　　①288,849－③17,333＝271,516
　　　　税率7.8％適用分（E）
　　　　　①212,706－③14,181＝198,525
⑧欄　　　第二種事業（小売業等）【手順⑯】
　　　　税率6.24％適用分（D）

775

　　　　　　　ホ5,000,000×100/108
　　　　　　　　－ワ300,000×100/108＝4,351,851
　　　　　税率7.8％適用分（Ｅ）
　　　　　　　ヘ2,200,000×100/110
　　　　　　　　－カ120,000×100/110＝1,890,909
⑩欄　　　第四種事業（その他）【手順⑰】
　　　　　税率7.8％適用分（Ｅ）
　　　　　　　チ800,000×100/110
　　　　　　　　－タ80,000×100/110＝654,545
⑥欄　　　事業区分別の合計額（事業区分別の課税売上高（税抜き）の
　　　　　明細）【手順⑱】
　　　　　税率6.24％適用分（Ｄ）
　　　　　　　⑧4,351,851＋⑩0＝4,351,851
　　　　　税率7.8％適用分（Ｅ）
　　　　　　　⑧1,890,909＋⑩654,545＝2,545,454
⑮欄　　　第二種事業（小売業等）【手順⑲】
　　　　　税率6.24％適用分（Ｄ）
　　　　　　　ホ5,000,000×6.24/108
　　　　　　　　－ワ300,000×6.24/108＝271,555
　　　　　税率7.8％適用分（Ｅ）
　　　　　　　ヘ2,200,000×7.8/110
　　　　　　　　－カ120,000×7.8/110＝147,490
⑰欄　　　第四種事業（その他）【手順⑳】
　　　　　税率7.8％適用分（Ｅ）
　　　　　　　チ800,000×7.8/110
　　　　　　　　－タ80,000×7.8/110＝51,054
⑬欄　　　事業区分別の合計額（事業区分別の課税売上高に係る消費税
　　　　　額の明細）【手順㉑】
　　　　　税率6.24％適用分（Ｄ）
　　　　　　　⑮271,555＋⑰0＝271,555
　　　　　税率7.8％適用分（Ｅ）
　　　　　　　⑮147,490＋⑰51,054＝198,544
⑳欄　　　控除対象仕入税額の計算式区分（原則計算を適用する場合）
　　　　　【手順㉒】
　　　　　税率6.24％適用分（Ｄ）

付録 1．消費税及び地方消費税申告書・付表記載例

④271,516×⑮271,555×80％＋⑰0×60％

　／⑬271,555＝217,212

税率7.8％適用分（Ｅ）

　④198,525×⑮147,490×80％＋⑰51,054×60％

　／⑬198,544＝148,610

㉑欄　控除対象仕入税額の計算式区分（特例計算を適用する場合）【手
順㉓】

（イ）　1種類の事業で75％以上（第二種事業で82.35％）

税率6.24％適用分（Ｄ）

　④271,516×80％＝217,212

税率7.8％適用分（Ｅ）

　④198,525×80％＝158,820

㉘欄　控除対象仕入税額の計算式区分（特例計算を適用する場合）【手
順㉔】

（ロ）　2種類の事業で75％以上・第二種事業及び第四種事業(100％)

税率6.24％適用分（Ｄ）

　④271,516×⑮271,555×80％＋⑰0×60％

　／⑬271,555＝217,212

税率7.8％適用分（Ｅ）

　④198,525×⑮147,490×80％＋（⑬198,544－⑮147,490）×

　60％／⑬198,544＝148,610

㊲欄　選択可能な計算式区分の内から選択した金額

税率6.24％適用分（Ｄ）

　㉑217,212を選択

税率7.8％適用分（Ｅ）

　㉑158,820を選択

（注）適用税率ごとに異なる計算方法は選択不可。

付表4－2

④欄　　控除対象仕入税額（Ｃ）

　　　　付表5－2の㊲Ｃ欄の金額

⑥欄　　貸倒れに係る税額（Ｃ）【手順㉕】

　　　　レ600,000×6.3/108＝34,999

⑦欄　　控除税額小計（Ｃ）

777

④1,003,318+⑤87,499+⑥34,999＝1,125,817

⑨欄　　差引税額（C）
　　　　②1,341,648－⑦1,125,817＝215,831
⑫欄　　地方消費税の課税標準となる消費税額・差引税額（C）
　　　　215,831（⑨C欄の金額）
⑬欄　　合計差引地方消費税の課税標準となる消費税額（C）
　　　　215,831（⑫C欄の金額）
⑮欄　　譲渡割額・納付額（C）【手順㉖】
　　　　⑫C欄215,831×17/63＝58,240

付表４－１

※　付表４－２の④及び⑥〜⑮欄の旧税率分小計Ｘ欄を付表４－１の④及
　び⑥〜⑮欄の旧税率分小計Ｘ欄に転記する。
　④欄　控除対象仕入税額
　　　　税率6.24％適用分（D）
　　　　　付表５－１の㊲D欄の金額
　　　　税率7.8％適用分（E）
　　　　　付表５－１の㊲E欄の金額
　⑦欄　控除税額小計
　　　　税率6.24％適用分（D）
　　　　　④217,212＋⑤17,333＝234,545
　　　　税率7.8％適用分（E）
　　　　　④158,820＋⑤14,181＝173,001
　⑨欄　差引税額
　　　　税率6.24％適用分（D）
　　　　　②288,849－⑦234,545＝54,304
　　　　税率7.8％適用分（E）
　　　　　②212,706－⑦173,001＝39,705
　⑫欄　地方消費税の課税標準となる消費税額・差引税額【手順㉗】
　　　　税率7・8％適用分（E）
　　　　　⑨D欄54,304＋⑨E欄39,705＝94,009
　⑬欄　合計差引地方消費税の課税標準となる消費税額
　　　　税率7.8％適用分（E）
　　　　　94,009（⑫E欄と同じ）

付録1．消費税及び地方消費税申告書・付表記載例

⑮欄　　　**譲渡割額・納付額【手順㉘】**
　　　　　税率7.8％適用分（E）
　　　　　　⑫E欄94,009×22/78＝26,515

第3-(3)号様式

令和　年　月　日		税務署長殿

納税地　　　　　　（電話番号　　　－　　　－　　　）

（フリガナ）
名　称
又は屋号

個人番号
又は法人番号　　↓個人番号の記載に当たっては、左端を空欄とし、ここから記載してください。

（フリガナ）
代表者氏名
又は氏名　　　　　　ケース2　　　　　　印

※税務署処理欄

一連番号		翌年以降送付不要

申告年月日　令和　　年　　月　　日
申告区分　指導等　庁指定　局指定
通信日付印　確認印　確認書類　個人番号カード／通知カード・運転免許証／その他（　）　身元確認
指導　年　月　日　相談　区分1　区分2　区分3
令和

第一表

自 平成・令和　**31** 年 **1** 月 **1** 日　　課税期間分の消費税及び地方
至 令和　**01** 年 **12** 月 **31** 日　　消費税の（　確定　）申告書

中間申告　自 平成・令和　　年　　月　　日
の場合の　至 令和　　年　　月　　日
対象期間

令和元年十月一日以後終了課税期間分（簡易課税用）

この申告書による消費税の税額の計算

		十億 千百十 万 千百十一円
課税標準額	①	2 8 6 5 2 0 0 0
消費税額	②	1 8 4 3 2 0 3
貸倒回収に係る消費税額	③	07
控除　控除対象仕入税額	④	1 3 7 9 3 5 1
返還等対価に係る税額	⑤	1 1 9 0 1 3
税額　貸倒れに係る税額	⑥	3 4 9 9 9
控除税額小計（④+⑤+⑥）	⑦	1 5 3 3 3 6 3
控除不足還付税額（⑦-②-③）	⑧	13
差引税額（②+③-⑦）	⑨	3 0 9 8 0 0 15
中間納付税額	⑩	0 0 16
納付税額（⑨-⑩）	⑪	3 0 9 8 0 0 17
中間納付還付税額（⑩-⑨）	⑫	0 0 18
この申告書が修正申告である場合　既確定税額	⑬	19
差引納付税額	⑭	0 0 20
この課税期間の課税売上高	⑮	2 7 8 0 4 7 1 3 21
基準期間の課税売上高	⑯	3 0 0 0 0 0 0 0

この申告書による地方消費税の税額の計算

地方消費税の課税標準となる消費税額　控除不足還付税額	⑰	51
差引税額	⑱	3 0 9 8 0 0 52
譲渡割額　還付額	⑲	53
納税額	⑳	8 4 7 0 0 54
中間納付譲渡割額	㉑	0 0 55
納付譲渡割額（⑳-㉑）	㉒	8 4 7 0 0 56
中間納付還付譲渡割額（㉑-⑳）	㉓	0 0 57
この申告書が修正申告である場合　既確定譲渡割額	㉔	58
差引納付譲渡割額	㉕	59
消費税及び地方消費税の合計（納付又は還付）税額	㉖	3 9 4 5 0 0

※⑨=（①+②）-（⑦+⑧+⑨+⑩）・修正申告の場合は※+⑮
※が還付税額となる場合はマイナス「-」を付してください。

付記項目　割賦基準の適用　有○無 31
延払基準等の適用　有○無 32
工事進行基準の適用　有○無 33
現金主義会計の適用　有○無 34

申告書 第二表 ① 適用
課税標準額に対する消費税額の計算の特例の適用　有○無 35
申告書 第二表 ⑪ 適用

参考事項	事業区分	課税売上高（免税売上高を除く）	売上割合%
付表4-1 ④F	第1種		36
付表4-1 ⑥F	第2種	千円	37
付表4-1 ⑦F	第3種	76	8 2 . 3 38
	第4種		39
	第5種	4,728	1 7 . 6 42
	第6種		

課税売上高（23,000,000×100/108＋
5,000,000×100/108＋3,000,000×100/110）
－課税売上げに係る対価の返還等の金額
（1,500,000×100/108＋300,000×100/108＋
200,000×100/110）
＋免税売上高（1,000,000）

課税期間の課税売上高
設例の基準期間の課税売上高

還付を受けようとする金融機関等　銀行　本店・支店
出張所　本所・支所
預金　口座番号
ゆうちょ銀行の貯金記号番号
郵便局名等

付表4-1 ⑬F
付表4-1 ⑯F

税理士署名押印　印
（電話番号　　　－　　　－　　　）

○ 税理士法第30条の書面提出有
○ 税理士法第33条の2の書面提出有

780

付録１．消費税及び地方消費税申告書・付表記載例

第3-(2)号様式

課税標準額等の内訳書

整理番号 [　　　　　　　　]

納　税　地	（電話番号　　－　　－　　）
（フリガナ）	
名　　称又 は 屋 号	
（フリガナ）	
代表者氏名又 は 氏 名	ケース２

改正法附則による税額の特例計算

軽 減 売 上 割 合（10営業日）		附則38①	51
小 売 等 軽 減 仕 入 割 合		附則38②	52
小 売 等 軽 減 売 上 割 合		附則39①	53

第二表

自 平成・令和 **31** 年 **1** 月 **1** 日　至 令和 **01** 年 **12** 月 **31** 日

課税期間分の消費税及び地方消費税の（　確定　）申告書

中間申告の場合の対象期間　自 平成・令和 [　]年[　]月[　]日　至 令和 [　]年[　]月[　]日

令和元年十月一日以後終了

課　税　標　準　額 ※申告書（第一表）の①欄へ	①	2 8 6 5 2 0 0 0	付表4-1 ①F

課税資産の譲 渡 等 の対 価 の 額の 合 計 額	3 ％ 適 用 分	②		02
	4 ％ 適 用 分	③		03
	6.3 ％ 適 用 分	④	2 1 2 9 6 2 9 6	付表4-2 ①-1C
	6.24 ％ 適 用 分	⑤	4 6 2 9 6 2 9	付表4-1 ①-1D
	7.8 ％ 適 用 分	⑥	2 7 2 7 2 7 2	付表4-1 ①-1E
		⑦	2 8 6 5 3 1 9 7	付表4-1 ①-1F
特定課税仕入れに係る支払対価の額の合計額　　（注1）	6.3 ％ 適 用 分	⑧		11
	7.8 ％ 適 用 分	⑨		12
		⑩		13

消　費　税　額 ※申告書（第一表）の②欄へ		⑪	1 8 4 3 2 0 3	付表4-1 ②F
⑪ の 内 訳	3 ％ 適 用 分	⑫		22
	4 ％ 適 用 分	⑬		23
	6.3 ％ 適 用 分	⑭	1 3 4 1 6 4 8	付表4-2 ②C
	6.24 ％ 適 用 分	⑮	2 8 8 8 4 9	付表4-1 ②D
	7.8 ％ 適 用 分	⑯	2 1 2 7 0 6	付表4-1 ②E

返 還 等 対 価 に 係 る 税 額 ※申告書（第一表）の⑤欄へ	⑰	1 1 9 0 1 3	付表4-1 ⑤F
⑰の内訳　売 上 げ の 返 還 等 対 価 に 係 る 税 額	⑱	1 1 9 0 1 3	付表4-1 ⑤F
特定課税仕入れの返還等対価に係る税額　（注1）	⑲		33

地方消費税の課税標準となる消 費 税 額　（注2）		⑳	3 0 9 8 4 0	付表4-1 ⑬F
	4 ％ 適 用 分	㉑		42
	6.3 ％ 適 用 分	㉒	2 1 5 8 3 1	付表4-2 ⑬C
	6.24％及び7.8％ 適 用 分	㉓	9 4 0 0 9	付表4-1 ⑬E

(注1) ⑧～⑩及び⑲欄は、一般課税により申告する場合で、課税売上割合が95％未満、かつ、特定課税仕入れがある事業者のみ記載します。
(注2) ⑳～㉓欄が還付税額となる場合はマイナス「－」を付してください。

781

第4-(3)号様式

付表4－1　税率別消費税額計算表　兼　地方消費税の課税標準となる消費税額計算表　　［簡易］

課税期間	31・1・1～01・12・31	氏名又は名称	ケース2

区　分		旧税率分小計 X	税率6.24％適用分 D	税率7.8％適用分 E	合　計 F (X＋D＋E)
課　税　標　準　額	①	(付表4-2の①X欄の金額) 円 21,296 000	円 4,629 000	円 2,727 000	※第二表の①欄へ 円 28,652 000
課税資産の譲渡等の対価の額	①-1	(付表4-2の①-1X欄の金額) 21,296,296	※第二表の⑤欄へ ロ5,000,000×100/108 4,629,629	※第二表の⑥欄へ ハ3,000,000×100/110 2,727,272 ④	※第二表の⑦欄へ 28,653,197
消　費　税　額	②	(付表4-2の②X欄の金額) 1,341,648	※付表5-1の①D欄へ ※第二表の⑮欄へ →4,629,000×6.24% 288,849	※付表5-1の①E欄へ ※第二表の⑯欄へ →2,727,000×7.8% 212,706 ⑤	※付表5-1の①F欄へ ※第二表の⑪欄へ 1,843,203
貸倒回収に係る消費税額	③	(付表4-2の③X欄の金額)	※付表5-1の②D欄へ	※付表5-1の②E欄へ	※付表5-1の②F欄へ ※第一表の③欄へ
控除税額	控除対象仕入税額 ④	(付表4-2の④X欄の金額) 1,003,319	(付表5-1の④D欄又は⑤D欄の金額) 217,212	(付表5-1の④E欄又は⑤E欄の金額) 158,820	(付表5-1の④F欄又は⑤F欄の金額) ※第一表の④欄へ 1,379,351
	返還等対価に係る税額 ⑤	(付表4-2の⑤X欄の金額) 87,499	※付表5-1の③D欄へ ヌ300,000×6.24/108 17,333	※付表5-1の③E欄へ ル200,000×7.8/110 14,181 ⑥	※付表5-1の③F欄へ ※第二表の⑰欄へ 119,013
	貸倒れに係る税額 ⑥	(付表4-2の⑥X欄の金額) 34,999			※第一表の⑥欄へ 34,999
	控除税額小計 (④＋⑤＋⑥) ⑦	(付表4-2の⑦X欄の金額) 1,125,817	234,545	173,001	※第一表の⑦欄へ 1,533,363
控除不足還付税額 (⑦－②－③)	⑧	(付表4-2の⑧X欄の金額)	※⑪E欄へ	※⑫E欄へ	
差　引　税　額 (②＋③－⑦)	⑨	(付表4-2の⑨X欄の金額) 215,831	※⑪E欄へ 54,304	※⑫E欄へ 39,705	306,720
合計差引税額 (⑨－⑧)	⑩				※マイナスの場合は第一表の⑧欄へ ※プラスの場合は第一表の⑨欄へ
地方消費税の課税標準となる消費税額	控除不足還付税額 ⑪	(付表4-2の⑪X欄の金額)		(⑧D欄と⑧E欄の合計金額)	
	差　引　税　額 ⑫	(付表4-2の⑫X欄の金額) 215,831		(⑨D欄と⑨E欄の合計金額) 54,304＋39,705 94,009 ㉗	※マイナスの場合は第一表の⑰欄へ ※プラスの場合は第一表の⑱欄へ 309,840
合計差引地方消費税の課税標準となる消費税額 (⑫－⑪)	⑬	(付表4-2の⑬X欄の金額) 215,831		※第二表の㉑欄へ 94,009	※マイナスの場合は第一表の⑰欄へ ※プラスの場合は第一表の⑱欄へ ※第二表の㉑欄へ 309,840
譲渡割額	還　付　額 ⑭	(付表4-2の⑭X欄の金額)		(⑪E欄×22/78)	
	納　税　額 ⑮	(付表4-2の⑮X欄の金額) 58,240		(⑫E欄×22/78) →94,009×22/78 26,515 ㉘	84,755
合計差引譲渡割額 (⑮－⑭)	⑯				※マイナスの場合は第一表の⑲欄へ ※プラスの場合は第一表の⑳欄へ 84,755

注意　1　金額の計算においては、1円未満の端数を切り捨てる。
　　　2　旧税率が適用された取引がある場合は、付表4-2を作成してから当該付表を作成する。

(H31.10.1以後終了課税期間用)

付録 1. 消費税及び地方消費税申告書・付表記載例

第4-(7)号様式

付表4-2 税率別消費税額計算表 兼 地方消費税の課税標準となる消費税額計算表
〔経過措置対象課税資産の譲渡等を含む課税期間用〕

簡 易

課 税 期 間	31・1・1 ～ 01・12・31	氏名又は名称	ケース2

区 分		税率3%適用分 A	税率4%適用分 B	税率6.3%適用分 C	旧税率分小計 X (A+B+C)
課 税 標 準 額	①	円 000	円 000	円 21,296 000	※付表4-1の①X欄へ 円 21,296 000
課税資産の譲渡等の対価の額	①-1	※第二表の②欄へ	※第二表の③欄へ	※第二表の④欄へ イ23,000,000×100/108 21,296,296	※付表4-1の①-1X欄へ 21,296,296	❶
消 費 税 額	②	※付表5-2の①A欄へ ※第二表の⑪欄へ	※付表5-2の①B欄へ ※第二表の⑬欄へ	※付表5-2の①C欄へ ロ 21,296,000×6.3% 1,341,648	※付表4-1の②X欄へ 1,341,648	❷
貸倒回収に係る消費税額	③	※付表5-2の②A欄へ	※付表5-2の②B欄へ	※付表5-2の②C欄へ	※付表4-1の③X欄へ
控除税額 控除対象仕入税額	④	(付表5-2の⑤A欄又は㉑A欄の金額)	(付表5-2の⑤B欄又は㉑B欄の金額)	(付表5-2の⑤C欄又は㉑C欄の金額) 1,003,319	※付表4-1の④X欄へ 1,003,319
返還等対価に係る税額	⑤	※付表5-2の③A欄へ	※付表5-2の③B欄へ	※付表5-2の③C欄へ リ1,500,000×6.3/108 87,499	※付表4-1の⑤X欄へ 87,499	❸
貸倒れに係る税額	⑥			レ600,000×6.3/108 34,999	※付表4-1の⑥X欄へ 34,999	㉕
控除税額小計 (④+⑤+⑥)	⑦			1,125,817	※付表4-1の⑦X欄へ 1,125,817
控除不足還付税額 (⑦-②-③)	⑧		※⑪B欄へ	※⑪C欄へ	※付表4-1の⑧X欄へ
差 引 税 額 (②+③-⑦)	⑨		※⑫B欄へ	※⑫C欄へ 215,831	※付表4-1の⑨X欄へ 215,831
合 計 差 引 税 額 (⑨-⑧)	⑩				
地方消費税の課税標準となる消費税額 控除不足還付税額	⑪		(⑧B欄の金額)	(⑧C欄の金額)	※付表4-1の⑪X欄へ
差 引 税 額	⑫		(⑨B欄の金額)	(⑨C欄の金額) 215,831	※付表4-1の⑫X欄へ 215,831
合計差引地方消費税の課税標準となる消費税額 (⑫-⑪)	⑬		※第二表の㉒欄へ	※第二表の㉓欄へ 215,831	※付表4-1の⑬X欄へ 215,831
譲渡割額 還 付 額	⑭		(⑪B欄×25/100)	(⑪C欄×17/63)	※付表4-1の⑭X欄へ
納 税 額	⑮		(⑫B欄×25/100)	(⑫C欄×17/63) 215,831×17/63 58,240	※付表4-1の⑮X欄へ 58,240	㉖
合 計 差 引 譲 渡 割 額 (⑮-⑭)	⑯				

注意 1 金額の計算においては、1円未満の端数を切り捨てる。
　　 2 旧税率が適用された取引がある場合は、当該付表を作成してから付表4-1を作成する。

(H31.10.1以後終了課税期間用)

783

第4-(4)号様式

付表5-1　控除対象仕入税額等の計算表

簡易

課税期間	31・1・1 ～ 01・12・31	氏名又は名称	ケース2

I　控除対象仕入税額の計算の基礎となる消費税額

項　目		旧税率分小計 X	税率6.24%適用分 D	税率7.8%適用分 E	合計 F (X+D+E)
課税標準額に対する消費税額	①	(付表5-2の①X欄の金額) 1,341,648 円	(付表4-1の②D欄の金額) 288,849	(付表4-1の②E欄の金額) 212,706	(付表4-1の②F欄の金額) 1,843,203
貸倒回収に係る消費税額	②	(付表5-2の②X欄の金額)	(付表4-1の③D欄の金額)	(付表4-1の③E欄の金額)	(付表4-1の③F欄の金額)
売上対価の返還等に係る消費税額	③	(付表5-2の③X欄の金額) 87,499	(付表4-1の⑤D欄の金額) 17,333	(付表4-1の⑤E欄の金額) 14,181	(付表4-1の⑤F欄の金額) 119,013
控除対象仕入税額の計算の基礎となる消費税額 (① ＋ ② － ③)	④	1,254,149	271,516	198,525	1,724,190

II　1種類の事業の専業者の場合の控除対象仕入税額

項　目		旧税率分小計 X	税率6.24%適用分 D	税率7.8%適用分 E	合計 F (X+D+E)
④ × みなし仕入率 (90%・80%・70%・60%・50%・40%)	⑤	(付表5-2の⑤X欄の金額) 円	※付表4-1の④D欄へ 円	※付表4-1の④E欄へ 円	※付表5-1の⑤F欄へ 円

III　2種類以上の事業を営む事業者の場合の控除対象仕入税額

(1)　事業区分別の課税売上高(税抜き)の明細

項　目		旧税率分小計 X	税率6.24%適用分 D	税率7.8%適用分 E	合計 F (X+D+E)	売上割合	
事業区分別の合計額	⑥	(付表5-2の⑥X欄の金額) 19,907,407 円	4,351,851 円	2,545,454 円	26,804,712 円	※第一表「事業区分」欄へ	⑱
第一種事業 (卸売業)	⑦	(付表5-2の⑦X欄の金額)	(⑧4,351,851＋⑳0)	(⑧1,890,909＋⑳654,545)		%	
第二種事業 (小売業等)	⑧	(付表5-2の②/③X欄の金額) 15,833,333	4,351,851	1,890,909	22,076,093	82.3…	⑯
第三種事業 (製造業等)	⑨	ホ5,000,000×100/108－ヲ7300,000×100/108		ヘ2,200,000×100/110－カ120,000×100/110	22,076,093/26,804,712×100		
第四種事業 (その他)	⑩	(付表5-2の⑩X欄の金額) 4,074,074	0	654,545	4,728,619	17.6…	⑰
第五種事業 (サービス業等)	⑪			チ800,000×100/110－タ80,000×100/110	4,728,619/26,804,712×100		
第六種事業 (不動産業)	⑫						

(2)　(1)の事業区分別の課税売上高に係る消費税額の明細

項　目		旧税率分小計 X	税率6.24%適用分 D	税率7.8%適用分 E	合計 F (X+D+E)	
事業区分別の合計額	⑬	(付表5-3の⑬X欄の金額) 1,254,166 円	271,555 円	198,544 円	1,724,265 円	㉑
第一種事業 (卸売業)	⑭	(付表5-2の⑭X欄の金額)	(⑥271,555＋⑦0)	(⑯147,490＋⑦51,054)		
第二種事業 (小売業等)	⑮	(付表5-2の⑮X欄の金額) 997,500	271,555	147,490	1,416,545	⑲
第三種事業 (製造業等)	⑯	ホ5,000,000×6.24/108－ヲ7300,000×6.24/108		ヘ2,200,000×7.8/110－カ120,000×7.8/110		
第四種事業 (その他)	⑰	(付表5-2の⑰X欄の金額) 256,666	0	51,054	307,720	⑳
第五種事業 (サービス業等)	⑱			チ800,000×7.8/110－タ80,000×7.8/110		
第六種事業 (不動産業)	⑲					

注意　1　金額の計算においては、1円未満の端数を切り捨てる。
　　　2　旧税率が適用された取引がある場合は、付表5-2を作成してから当該付表を作成する。
　　　3　課税売上げにつき返品を受け又は値引き・割戻しをした金額(売上対価の返還等の金額)があり、売上(収入)金額から減算しない方法で経理して経費に含めている場合には、⑥から⑫欄には売上対価の返還等の金額(税抜き)を控除した後の金額を記載する。

(1/2)

(H31.10.1以後終了課税期間用)

付録１．消費税及び地方消費税申告書・付表記載例

(3) 控除対象仕入税額の計算式区分の明細

イ 原則計算を適用する場合

控 除 対 象 仕 入 税 額 の 計 算 式 区 分	旧税率分小計 X	税率6.24%適用分 D	税率7.8%適用分 E	合計 F (X+D+E)	
⑭ × みなし仕入率 (⑭×90%+⑮×80%+⑯×70%+⑰×60%+⑱×50%+⑲×40%) ⑳	(付表5-2の⑳X欄の金額) ④271,516× (⑤271,555×80%+⑰0×60%) ⑬271,555 **951,986**	④271,516× (⑤271,555×80%+⑰0×60%) ⑬271,555 **217,212**	④198,525× (⑤147,490×80%+⑰51,054×60%) ⑬198,544 **148,610**	**1,317,808**	㉒

ロ 特例計算を適用する場合

(イ) 1種類の事業で75%以上

控 除 対 象 仕 入 税 額 の 計 算 式 区 分	旧税率分小計 X	税率6.24%適用分 E	税率7.8%適用分 E	合計 F (X+D+E)	
(⑦F/⑥F・⑧F/⑥F・⑨F/⑥F・⑩F/⑥F・⑪F/⑥F・⑫F/⑥F)≧75% ④×みなし仕入率(90%・80%・70%・60%・50%・40%) ㉑	(付表5-2の㉑の金額) **1,003,319**	④271,516×80% 円 **217,212**	④198,525×80% 円 **158,820**	**1,379,351**	㉓

(ロ) 2種類の事業で75%以上

控 除 対 象 仕 入 税 額 の 計 算 式 区 分		旧税率分小計 X	税率6.24%適用分 D	税率7.8%適用分 E	合計 F (X+D+E)	
第一種事業及び第二種事業 (⑦F+⑧F)/⑥F≧75%	④× (⑭×90%+(⑬-⑭)×80%)/⑬ ㉒	(付表5-2の㉒X欄の金額) 円	円	円	円	
第一種事業及び第三種事業 (⑦F+⑨F)/⑥F≧75%	④× (⑭×90%+(⑬-⑭)×70%)/⑬ ㉓	(付表5-2の㉓X欄の金額)				
第一種事業及び第四種事業 (⑦F+⑩F)/⑥F≧75%	④× (⑭×90%+(⑬-⑭)×60%)/⑬ ㉔	(付表5-2の㉔X欄の金額)				
第一種事業及び第五種事業 (⑦F+⑪F)/⑥F≧75%	④× (⑭×90%+(⑬-⑭)×50%)/⑬ ㉕	(付表5-2の㉕X欄の金額)				
第一種事業及び第六種事業 (⑦F+⑫F)/⑥F≧75%	④× (⑭×90%+(⑬-⑭)×40%)/⑬ ㉖	(付表5-2の㉖X欄の金額)				
第二種事業及び第三種事業 (⑧F+⑨F)/⑥F≧75%	④× (⑮×80%+(⑬-⑮)×70%)/⑬ ㉗	(付表5-2の㉗X欄の金額) ④271,516× (⑤271,555×80%+⑰0×60%) ⑬271,555 **951,986**	④271,516× (⑤271,555×80%+⑰0×60%) ⑬271,555 **217,212**	④198,525× (⑤147,490×80%+⑰(198,544-147,490)×60%) ⑬198,544 **148,610**	**1,317,808**	㉔
第二種事業及び第四種事業 (⑧F+⑩F)/⑥F≧75%	④× (⑮×80%+(⑬-⑮)×60%)/⑬ ㉘	(付表5-2の㉘X欄の金額)				
第二種事業及び第五種事業 (⑧F+⑪F)/⑥F≧75%	④× (⑮×80%+(⑬-⑮)×50%)/⑬ ㉙	(付表5-2の㉙X欄の金額)				
第二種事業及び第六種事業 (⑧F+⑫F)/⑥F≧75%	④× (⑮×80%+(⑬-⑮)×40%)/⑬ ㉚	(付表5-2の㉚X欄の金額)				
第三種事業及び第四種事業 (⑨F+⑩F)/⑥F≧75%	④× (⑯×70%+(⑬-⑯)×60%)/⑬ ㉛	(付表5-2の㉛X欄の金額)				
第三種事業及び第五種事業 (⑨F+⑪F)/⑥F≧75%	④× (⑯×70%+(⑬-⑯)×50%)/⑬ ㉜	(付表5-2の㉜X欄の金額)				
第三種事業及び第六種事業 (⑨F+⑫F)/⑥F≧75%	④× (⑯×70%+(⑬-⑯)×40%)/⑬ ㉝	(付表5-2の㉝X欄の金額)				
第四種事業及び第五種事業 (⑩F+⑪F)/⑥F≧75%	④× (⑰×60%+(⑬-⑰)×50%)/⑬ ㉞	(付表5-2の㉞X欄の金額)				
第四種事業及び第六種事業 (⑩F+⑫F)/⑥F≧75%	④× (⑰×60%+(⑬-⑰)×40%)/⑬ ㉟	(付表5-2の㉟X欄の金額)				
第五種事業及び第六種事業 (⑪F+⑫F)/⑥F≧75%	④× (⑱×50%+(⑬-⑱)×40%)/⑬ ㊱	(付表5-2の㊱X欄の金額)				

ハ 上記の計算式区分から選択した控除対象仕入税額

項 目	旧税率分小計 X	税率6.24%適用分 D	税率7.8%適用分 E	合計 F (X+D+E)	
選 択 可 能 な 計 算 式 区 分 (⑳ ～ ㊱) の 内 か ら 選 択 し た 金 額 ㊲	(付表5-2の㊲の金額) 円 **1,003,319**	※付表4-1の④D欄へ 円 **217,212**	※付表4-1の④E欄へ 円 **158,820**	※付表4-1の④F欄へ 円 **1,379,351**	

注意 1 金額の計算においては、1円未満の端数を切り捨てる。
2 旧税率が適用された取引がある場合は、付表5-2を作成してから当該付表を作成する。

(2／2)

(H31.10.1以後終了課税期間用)

第4-(8)号様式

付表5−2　控除対象仕入税額等の計算表
〔経過措置対象課税資産の譲渡等を含む課税期間用〕

簡　易

| 課税期間 | 31・1・1 〜01・12・31 | 氏名又は名称 | ケース2 |

I 控除対象仕入税額の計算の基礎となる消費税額

項　目		税率3%適用分 A	税率4%適用分 B	税率6.3%適用分 C	旧税率分小計 X (A+B+C)
課税標準額に対する消費税額	①	(付表4-2の①A欄の金額) 円	(付表4-2の①B欄の金額) 円	(付表4-2の①C欄の金額) 1,341,648	※付表5-1の①X欄へ 1,341,648
貸倒回収に係る消費税額	②	(付表4-2の③A欄の金額)	(付表4-2の③B欄の金額)	(付表4-2の③C欄の金額)	※付表5-1の②X欄へ
売上対価の返還等に係る消費税額	③	(付表4-2の⑤A欄の金額)	(付表4-2の⑤B欄の金額)	(付表4-2の⑤C欄の金額) 87,499	※付表5-1の③X欄へ 87,499
控除対象仕入税額の計算の基礎となる消費税額 (①＋②−③)	④			1,254,149	1,254,149

II 1種類の事業の専業者の場合の控除対象仕入税額

項　目		税率3%適用分 A	税率4%適用分 B	税率6.3%適用分 C	旧税率分小計 X (A+B+C)
④ × みなし仕入率 (90%・80%・70%・60%・50%・40%)	⑤	※付表4-2の④A欄へ 円	※付表4-2の④B欄へ 円	※付表4-2の④C欄へ 円	※付表5-1の④X欄へ 円

III 2種類以上の事業を営む事業者の場合の控除対象仕入税額

(1) 事業区分別の課税売上高(税抜き)の明細

項　目		税率3%適用分 A	税率4%適用分 B	税率6.3%適用分 C	旧税率分小計 X (A+B+C)	
事業区分別の合計額	⑥	円	⑧15,833,333＋⑩4,074,074 → 19,907,407 円	※付表5-1の⑥X欄へ 円 19,907,407	**⑨**
第一種事業 (卸売業)	⑦				※付表5-1の⑦X欄へ	
第二種事業 (小売業等)	⑧		ニ18,000,000×100/108＝チ900,000×100/108 → 15,833,333	※付表5-1の⑧X欄へ 15,833,333	**⑦**
第三種事業 (製造業等)	⑨				※付表5-1の⑨X欄へ	
第四種事業 (その他)	⑩		ト5,000,000×100/108＝ヨ600,000×100/108 → 4,074,074	※付表5-1の⑩X欄へ 4,074,074	**⑧**
第五種事業 (サービス業等)	⑪				※付表5-1の⑪X欄へ	
第六種事業 (不動産業)	⑫				※付表5-1の⑫X欄へ	

(2) (1)の事業区分別の課税売上高に係る消費税額の明細

項　目		税率3%適用分 A	税率4%適用分 B	税率6.3%適用分 C	旧税率分小計 X (A+B+C)	
事業区分別の合計額	⑬	円	⑮997,500＋⑰256,666 → 1,254,166 円	※付表5-1の⑬X欄へ 円 1,254,166	**⑫**
第一種事業 (卸売業)	⑭				※付表5-1の⑭X欄へ	
第二種事業 (小売業等)	⑮		ニ18,000,000×6.3/108＝チ900,000×6.3/108 → 997,500	※付表5-1の⑮X欄へ 997,500	**⑩**
第三種事業 (製造業等)	⑯				※付表5-1の⑯X欄へ	
第四種事業 (その他)	⑰		ト5,000,000×6.3/108＝ヨ600,000×6.3/108 → 256,666	※付表5-1の⑰X欄へ 256,666	**⑪**
第五種事業 (サービス業等)	⑱				※付表5-1の⑱X欄へ	
第六種事業 (不動産業)	⑲				※付表5-1の⑲X欄へ	

注意　1　金額の計算においては、1円未満の端数を切り捨てる。
　　　2　旧税率が適用された取引がある場合は、当該付表を作成してから付表5−1を作成する。
　　　3　課税売上げにつき返品を受け又は値引き・割戻しをした金額(売上対価の返還等の金額)があり、売上(収入)金額から減算しない方法で経理して経費に含めている場合には、⑥から⑫欄には売上対価の返還等の金額(税抜き)を控除した後の金額を記載する。

(1/2)

(H31.10.1以後終了課税期間用)

付録1. 消費税及び地方消費税申告書・付表記載例

(3) 控除対象仕入税額の計算式区分の明細

イ 原則計算を適用する場合

控除対象仕入税額の計算式区分		税率3%適用分 A	税率4%適用分 B	税率6.3%適用分 C	旧税率分小計 X (A+B+C)	
④ × みなし仕入率 (⑭×90%+⑮×80%+⑯×70%+⑰×60%+⑱×50%+⑲×40%)／⑬	㉑	円	円	円 ④1,254,149×⑬997,500×60%+⑰256,666×60%／⑬1,254,166 **951,986**	※付表5-1の㉑X欄へ 円 **951,986**	⑬

ロ 特例計算を適用する場合

(イ) 1種類の事業で75%以上

控除対象仕入税額の計算式区分 (各項のF欄については付表5-1のF欄を参照のこと)		税率3%適用分 A	税率4%適用分 B	税率6.3%適用分 C	旧税率分小計 X (A+B+C)	
(①F／⑥F・②F／⑥F・③F／⑥F・④F／⑥F・⑤F／⑥F・⑥F／⑥F)≧75% ④×みなし仕入率(90%・80%・70%・60%・50%・40%)	㉑			④1,254,149×80% **1,003,319**	**1,003,319**	⑭

(ロ) 2種類の事業で75%以上

控除対象仕入税額の計算式区分 (各項のF欄については付表5-1のF欄を参照のこと)			税率3%適用分 A	税率4%適用分 B	税率6.3%適用分 C	旧税率分小計 X (A+B+C)	
第一種事業及び第二種事業 (⑦F＋⑧F)／⑥F≧75%	④×	(⑭×90%+(⑬-⑭)×80%)／⑬	㉒	円	円	円	※付表5-1の㉒X欄へ 円
第一種事業及び第三種事業 (⑦F＋⑨F)／⑥F≧75%	④×	(⑭×90%+(⑬-⑭)×70%)／⑬	㉓				※付表5-1の㉓X欄へ
第一種事業及び第四種事業 (⑦F＋⑩F)／⑥F≧75%	④×	(⑭×90%+(⑬-⑭)×60%)／⑬	㉔				※付表5-1の㉔X欄へ
第一種事業及び第五種事業 (⑦F＋⑪F)／⑥F≧75%	④×	(⑭×90%+(⑬-⑭)×50%)／⑬	㉕				※付表5-1の㉕X欄へ
第一種事業及び第六種事業 (⑦F＋⑫F)／⑥F≧75%	④×	(⑭×90%+(⑬-⑭)×40%)／⑬	㉖				※付表5-1の㉖X欄へ
第二種事業及び第三種事業 (⑧F＋⑨F)／⑥F≧75%	④×	(⑮×80%+(⑬-⑮)×70%)／⑬	㉗				※付表5-1の㉗X欄へ	⑮
第二種事業及び第四種事業 (⑧F＋⑩F)／⑥F≧75%	④×	(⑮×80%+(⑬-⑮)×60%)／⑬	㉘		④1,254,149×⑮997,500×80%+(⑬1,254,166-⑮997,500)×60%／⑬1,254,166 **951,986**	**951,986**	
第二種事業及び第五種事業 (⑧F＋⑪F)／⑥F≧75%	④×	(⑮×80%+(⑬-⑮)×50%)／⑬	㉙				※付表5-1の㉙X欄へ
第二種事業及び第六種事業 (⑧F＋⑫F)／⑥F≧75%	④×	(⑮×80%+(⑬-⑮)×40%)／⑬	㉚				※付表5-1の㉚X欄へ
第三種事業及び第四種事業 (⑨F＋⑩F)／⑥F≧75%	④×	(⑯×70%+(⑬-⑯)×60%)／⑬	㉛				※付表5-1の㉛X欄へ
第三種事業及び第五種事業 (⑨F＋⑪F)／⑥F≧75%	④×	(⑯×70%+(⑬-⑯)×50%)／⑬	㉜				※付表5-1の㉜X欄へ
第三種事業及び第六種事業 (⑨F＋⑫F)／⑥F≧75%	④×	(⑯×70%+(⑬-⑯)×40%)／⑬	㉝				※付表5-1の㉝X欄へ
第四種事業及び第五種事業 (⑩F＋⑪F)／⑥F≧75%	④×	(⑰×60%+(⑬-⑰)×50%)／⑬	㉞				※付表5-1の㉞X欄へ
第四種事業及び第六種事業 (⑩F＋⑫F)／⑥F≧75%	④×	(⑰×60%+(⑬-⑰)×40%)／⑬	㉟				※付表5-1の㉟X欄へ
第五種事業及び第六種事業 (⑪F＋⑫F)／⑥F≧75%	④×	(⑱×50%+(⑬-⑱)×40%)／⑬	㊱				※付表5-1の㊱X欄へ

ハ 上記の計算式区分から選択した控除対象仕入税額

項 目		税率3%適用分 A	税率4%適用分 B	税率6.3%適用分 C	旧税率分小計 X (A+B+C)	
選択可能な計算式区分(㉑～㊱)の内から選択した金額	㊲	※付表4-2の①A欄へ 円	※付表4-2の①B欄へ 円	※付表5-1の㊲X欄へ 円 **1,003,319**	※付表4-2の①X欄へ 円 **1,003,319**	

注意 1 金額の計算においては、1円未満の端数を切り捨てる。
2 旧税率が適用された取引がある場合は、当該付表を作成してから付表5-1を作成する。

(2／2)

(H31.10.1以後終了課税期間用)

●付録2●
適格請求書発行事業者の登録申請書様式例

　令和５年10月１日から複数税率に対応した仕入税額控除の方式として、
「適格請求書等保存方式」（いわゆるインボイス制度）が導入されます。
　登録申請書は、令和３年10月１日から提出可能です。

付録２．適格請求書発行事業者の登録申請書様式例

第１−(1)号様式

国内事業者用

適格請求書発行事業者の登録申請書

【1／2】

収受印			
平成　年　月　日	（フリガナ）		
	住 所 又 は 居 所（法 人 の 場 合）本 店 又 は主 た る 事 務 所の 所 在 地	（〒　　−　　）◎（法人の場合のみ公表されます）　　　　　　　　　　　　　　　（電話番号　　　−　　　−　　　）	
申	（フリガナ）		
	納　　税　　地	（〒　　−　　）　　　　　　　　　　　　　　　（電話番号　　　−　　　−　　　）	
請	（フリガナ）		
	氏 名 又 は 名 称	◎　　　　　　　　　　　　　　　　　　　　印	
者	（フリガナ）		
	（法 人 の 場 合）代 表 者 氏 名	印	
税務署長殿	法 人 番 号		

この申請書に記載した次の事項（◎印欄）は、適格請求書発行事業者登録簿に登載されるとともに、国税庁ホームページで公表されます。
1　申請者の氏名又は名称
2　法人（人格のない社団等を除く。）にあっては、本店又は主たる事務所の所在地
　なお、上記1及び2のほか、登録番号及び登録年月日が公表されます。
　また、常用漢字等を使用して公表しますので、申請書に記載した文字と公表される文字とが異なる場合があります。

下記のとおり、適格請求書発行事業者としての登録を受けたいので、所得税法等の一部を改正する法律（平成28年法律第15号）第5条の規定による改正後の消費税法第57条の2第2項の規定により申請します。
※　当該申請書は、所得税法等の一部を改正する法律（平成28年法律第15号）附則第44条第1項の規定により平成35年9月30日以前に提出するものです。

平成35年3月31日（特定期間の判定により課税事業者となる場合は平成35年6月30日）までにこの申請書を提出した場合は、原則として平成35年10月1日に登録されます。

事 業 者 区 分	この申請書を提出する時点において、該当する事業者の区分に応じ、□にレ印を付してください。
	□　課税事業者　　　　　　　　　□　免税事業者
	※　次葉「登録要件の確認」欄を記載してください。また、免税事業者に該当する場合には、次葉「免税事業者の確認」欄も記載してください（詳しくは記載要領等をご確認ください。）。

平成35年3月31日（特定期間の判定により課税事業者となる場合は平成35年6月30日）までにこの申請書を提出することができなかったことにつき困難な事情がある場合は、その困難な事情	

税 理 士 署 名 押 印	印（電話番号　　　−　　　−　　　）

※税務署処理欄	整理番号		部門番号		申請年月日	年　月　日	通信日付印　年　月　日	確認印	
	入力処理	年　月　日	番号確認		身元確認	□　済□　未済	確認書類	個人番号カード／通知カード・運転免許証その他（　　　　　　　　）	
	登録番号　T								

注意　1　記載要領等に留意の上、記載してください。
　　　2　税務署処理欄は、記載しないでください。
　　　3　この申請書を提出するときは、「適格請求書発行事業者の登録申請書（次葉）」を併せて提出してください。

789

第1-(1)号様式次葉

国内事業者用

適格請求書発行事業者の登録申請書（次葉）

氏 名 又 は 名 称

【2／2】

免税事業者の確認	該当する事業者の区分に応じ、□にレ印を付し記載してください。							
	□ 平成35年10月1日の属する課税期間中に登録を受け、所得税法等の一部を改正する法律（平成28年法律第15号）附則第44条第4項の規定の適用を受けようとする事業者 ※ 登録開始日から納税義務の免除の規定の適用を受けないこととなります。							
	事業内容等	個 人 番 号						
		生年月日（個人）又は設立年月日（法人）	1明治・2大正・3昭和・4平成 年　　月　　日		法人のみ記載	事業年度	自　　月　　日 至　　月　　日	
						資本金		円
		事業内容						
	□ 消費税課税事業者（選択）届出書を提出し、納税義務の免除の規定の適用を受けないこととなる課税期間の初日から登録を受けようとする事業者				課税期間の初日 ※ 平成35年10月1日から平成36年3月31日までの間のいずれかの日 平成　　年　　月　　日			

登録要件の確認	課税事業者です。 ※ この申請書を提出する時点において、免税事業者であっても、「免税事業者の確認」欄のいずれかの事業者に該当する場合は、「はい」を選択してください。	□ はい　□ いいえ
	消費税法に違反して罰金以上の刑に処せられたことはありません。 （「いいえ」の場合は、次の質問にも答えてください。）	□ はい　□ いいえ
	その執行を終わり、又は執行を受けることがなくなった日から2年を経過しています。	□ はい　□ いいえ

参考事項	

この申請書は、平成三十三年十月一日から平成三十五年九月三十日までの間に提出する場合に使用します。

付録２．適格請求書発行事業者の登録申請書様式例

第１−⑶号様式

国内事業者用

適格請求書発行事業者の登録申請書

【1／2】

収受印				
平成　年　月　日	申請者	（フリガナ） 住所又は居所 （法人の場合） 本店又は 主たる事務所 の所在地	（〒　　−　　） ◎（法人の場合のみ公表されます） （電話番号　　−　　−　　）	
		（フリガナ） 納　税　地	（〒　　−　　） （電話番号　　−　　−　　）	
		（フリガナ） 氏名又は名称	◎ 　　　　　　　　　　　　　　　印	
	者	（フリガナ） （法人の場合） 代表者氏名		
税務署長殿		法　人　番　号		

この申請書に記載した次の事項（ ◎ 印欄）は、適格請求書発行事業者登録簿に登載されるとともに、国税庁ホームページで公表されます。
1　申請者の氏名又は名称
2　法人（人格のない社団等を除く。）にあっては、本店又は主たる事務所の所在地
　なお、上記1及び2のほか、登録番号及び登録年月日が公表されます。
　また、常用漢字等を使用して公表しますので、申請書に記載した文字と公表される文字とが異なる場合があります。

　下記のとおり、適格請求書発行事業者としての登録を受けたいので、消費税法第57条の2第2項の規定により申請します。

事業者区分	この申請書を提出する時点において、該当する事業者の区分に応じ、□にレ印を付してください。 ※　次葉「登録要件の確認」欄を記載してください。また、免税事業者に該当する場合には、次葉「免税事業者の確認」欄も記載してください（詳しくは記載要領等をご確認ください。）。		
	□　課税事業者（新たに事業を開始した個人事業者又は新たに設立された法人等を除く。）		
	□　免税事業者（新たに事業を開始した個人事業者又は新たに設立された法人等を除く。）		
	□　新たに事業を開始した個人事業者又は新たに設立された法人等		
	□　事業を開始した日の属する課税期間の初日から登録を 　　受けようとする事業者 　　※　課税期間の初日が平成35年9月30日以前の場合の登録 　　年月日は、平成35年10月1日となります。	課税期間の初日 平成　年　月　日	
	□　上記以外の課税事業者		
	□　上記以外の免税事業者		

税理士署名押印	印 （電話番号　　−　　−　　）

※税務署処理欄	整理番号		部門番号		申請年月日	年　月　日		通信日付印 　年　月　日	確認印
	入力処理	年　月　日	番号確認		身元確認	□ 済 □ 未済	確認書類	個人番号カード／通知カード・運転免許証 その他（　　　）	
	登録番号	T							

注意　1　記載要領等に留意の上、記載してください。
　　　2　税務署処理欄は、記載しないでください。
　　　3　この申請書を提出するときは、「適格請求書発行事業者の登録申請書（次葉）」を併せて提出してください。

この申請書は、平成三十五年十月一日から平成三十六年九月三十日までの間に提出する場合に使用します。

第1－(3)号様式次葉

国内事業者用

適格請求書発行事業者の登録申請書（次葉）

【2／2】

氏 名 又 は 名 称	

この申請書は、平成三十五年十月一日から平成三十六年九月三十日までの間に提出する場合に使用します。

該当する事業者の区分に応じ、□にレ印を付し記載してください。

免税事業者の確認

□ 平成35年10月1日の属する課税期間中に登録を受け、所得税法等の一部を改正する法律（平成28年法律第15号）附則第44条第4項の規定の適用を受けようとする事業者
※ 登録開始日から納税義務の免除の規定の適用を受けないこととなります。

事業内容等	個 人 番 号							
	生年月日（個人）又は設立年月日（法人）	1明治・2大正・3昭和・4平成　　　年　　　月　　　日		法人のみ記載	事 業 年 度	自　　月　　日　至　　月　　日		
					資 本 金			円
	事 業 内 容							

□ 消費税課税事業者（選択）届出書を提出し、納税義務の免除の規定の適用を受けないこととなる翌課税期間の初日から登録を受けようとする事業者
※ この場合、翌課税期間の初日の前日から起算して1月前の日までにこの申請書を提出する必要があります。

翌課税期間の初日	平成　　年　　月　　日

□ 上記以外の免税事業者

登録要件の確認

課税事業者です。 ※ この申請書を提出する時点において、免税事業者であっても、「免税事業者の確認」欄のいずれかの事業者に該当する場合は、「はい」を選択してください。	□ はい　□ いいえ
消費税法に違反して罰金以上の刑に処せられたことはありません。 （「いいえ」の場合は、次の質問にも答えてください。）	□ はい　□ いいえ
その執行を終わり、又は執行を受けることがなくなった日から2年を経過しています。	□ はい　□ いいえ

相続による事業承継の確認

相続により適格請求書発行事業者の事業を承継しました。 （「はい」の場合は、以下の事項を記載してください。）	□ はい　□ いいえ

適格請求書発行事業者の死亡届出書	提出年月日	平成　　年　　月　　日	提出先税務署	税務署

被相続人	死 亡 年 月 日	平成　　年　　月　　日		
	（フリガナ）			
	納 税 地	（〒　　－　　）		
	（フリガナ）			
	氏 名			
	登 録 番 号	T		

参考事項

792

付録２．適格請求書発行事業者の登録申請書様式例

第１－⑸号様式

国内事業者用

適格請求書発行事業者の登録申請書

【１／２】

収受印

平成　年　月　日		（フリガナ）	（〒　　－　　） （法人の場合のみ公表されます）
	申	住 所 又 は 居 所 （ 法 人 の 場 合 ） 本 店 又 は 主 た る 事 務 所 の 所 在 地	◎
			（電話番号　　　－　　　－　　　）
		（フリガナ）	（〒　　－　　）
	請	納　　税　　地	
			（電話番号　　　－　　　－　　　）
		（フリガナ）	◎
		氏 名 又 は 名 称	印
	者	（フリガナ）	
		（ 法 人 の 場 合 ） 代 表 者 氏 名	印
＿＿＿＿＿税務署長殿		法 人 番 号	

この申請書は、平成三十六年十月一日以後提出する場合に使用します。

　この申請書に記載した次の事項（ ◎ 印欄）は、適格請求書発行事業者登録簿に登載されるとともに、国税庁ホームページで公表されます。
1　申請者の氏名又は名称
2　法人（人格のない社団等を除く。）にあっては、本店又は主たる事務所の所在地
　なお、上記1及び2のほか、登録番号及び登録年月日が公表されます。
　また、常用漢字等を使用して公表しますので、申請書に記載した文字と公表される文字とが異なる場合があります。

　下記のとおり、適格請求書発行事業者としての登録を受けたいので、消費税法第57条の2第2項の規定により申請します。

事 業 者 区 分	この申請書を提出する時点において、該当する事業者の区分に応じ、□にレ印を付してください。		
	□ 事業を開始した日の属する課税期間の初日から登録を受けようとする事業者	課 税 期 間 の 初 日	
		平成　　年　　月　　日	
	□ 納税義務の免除の規定の適用を受けないこととなる翌課税期間の初日から登録を受けようとする事業者 ※ この場合、翌課税期間の初日の前日から起算して1月前の日までにこの申請書を提出する必要があります。	翌 課 税 期 間 の 初 日	
		平成　　年　　月　　日	
	□ 上記以外の免税事業者		
	□ 上記以外の課税事業者		

税 理 士 署 名 押 印		印
	（電話番号　　　－　　　－　　　）	

※税務署処理欄	整理番号		部門番号		申請年月日	年　月　日	通　信　日　付　印 年　月　日	確認印
	入 力 処 理	年　月　日	番号確認		登録番号	T		

注意　1　記載要領等に留意の上、記載してください。
　　　2　税務署処理欄は、記載しないでください。
　　　3　この申請書を提出するときは、「適格請求書発行事業者の登録申請書（次葉）」を併せて提出してください。

793

第1−(5)号様式次葉

【国内事業者用】

適格請求書発行事業者の登録申請書（次葉）

【2／2】

氏 名 又 は 名 称	

登録要件の確認	課税事業者です。 ※　この申請書を提出する時点において、免税事業者の方が、消費税課税事業者（選択）届出書を既に提出しており、又はこの申請書と同時に提出し、納税義務の免除の規定の適用を受けないこととなる場合は、「はい」を選択してください。	□ はい　□ いいえ
	消費税法に違反して罰金以上の刑に処せられたことはありません。 （「いいえ」の場合は、次の質問にも答えてください。）	□ はい　□ いいえ
	その執行を終わり、又は執行を受けることがなくなった日から２年を経過しています。	□ はい　□ いいえ

相続による事業承継の確認	相続により適格請求書発行事業者の事業を承継しました。 （「はい」の場合は、以下の事項を記載してください。）			□ はい　□ いいえ	
	適格請求書発行事業者の死亡届出書	提出年月日	平成　　年　　月　　日	提出先税務署	税務署
	被相続人	死 亡 年 月 日	平成　　年　　月　　日		
		（フ リ ガ ナ）			
		納 税 地	（〒　　−　　　）		
		（フ リ ガ ナ）			
		氏 名			
		登 録 番 号	T		

参考事項	

この申請書は、平成三十六年十月一日以後提出する場合に使用します。

編者・執筆者等一覧

伊藤　克巳
伊藤　　博
巣山　晃一
西川　孝次
丸根　　剛

令和元年12月改訂 消費税実務問答集

2020年1月20日　発行

編　者　　伊藤　克巳

発行者　　新木　敏克

発行所　　公益財団法人 納税協会連合会
　　　　　〒540-0012 大阪市中央区谷町１−５−４　電話（編集部）06（6135）4062

発売所　　株式会社 清文社
　　　　　大阪市北区天神橋２丁目北２−６（大和南森町ビル）
　　　　　〒530-0041　電話 06（6135）4050　FAX 06（6135）4059
　　　　　東京都千代田区内神田１−６−６（MIFビル）
　　　　　〒101-0047　電話 03（6273）7946　FAX 03（3518）0299
　　　　　URL http://www.skattsei.co.jp/

印刷：㈱廣済堂

■著作権法により無断複写複製は禁止されています。落丁本・乱丁本はお取り替えします。
■本書の内容に関するお問い合わせは編集部までFAX（06-6135-4063）でお願いします。
＊本書の追録情報等は、発売所（清文社）のホームページ（http://www.skattsei.co.jp）をご覧ください。

ISBN978-4-433-60219-2

令和元年11月改訂　便利な文書名索引つき
印紙税ハンドブック

伊藤克巳　編

日常の取引上、広く一般に作成されている文書を網羅・収録（50音順）し、印紙税法の取扱い、留意事項を掲げ簡潔に解説した、印紙税に関する格好のハンドブック。

■A5判472頁/定価：本体 3,000円+税

令和元年6月改訂
印紙税取扱いの手引

沢田佳宏　編

印紙税法をはじめとした法律、政令、省令、告示、さらには関係通達などを体系的に整理・編集。具体的な文書例に基づいた課否判定等を詳細解説。

■B5判776頁/定価：本体 4,000円+税

令和元年版
消費税の取扱いと申告の手引

浜野靖史　編　★Web版サービス付き

消費税に関する最新の関係法令や通達等を体系的に編集し、設例による申告書の記載例と各種届出書等の記載要領を収録した実務手引書。

■B5判1,256頁/定価：本体 4,400円+税

令和元年版
消費税課否判定・
軽減税率判定ハンドブック

沢田佳宏　編

損益計算書、貸借対照表の勘定科目ごとに各取引の判定事例を示して解説するとともに、その判定結果が一目でわかるよう、○×式で解説。また、令和5年10月からの仕込税額控除の方式として導入される「適格請求書等保存方式」についても概説。

■B5判232頁/定価：本体 2,000円+税